차례

Contents

이 책의 구성과 특징 2
국가공인 한자능력검정시험 안내 4

I 쓰기 배정 한자 익히기
쓰기 배정 한자와 대표 훈·음 8
8급 배정 한자 50자 ~ 4급 배정 한자 250자 20

II 읽기 배정 한자 익히기
읽기 배정 한자와 대표 훈·음 122
3급II 배정 한자 ❶ ~ 3급 배정 한자 ❻ 134

III 유형별 한자 익히기
사자 성어 346
반대자·상대자 369
유의자 375
반대어·상대어 392
동음이의어 398
약자 413
첫 음절에서 장음으로 발음되는 한자 419
첫 음절에서 장·단음 두 가지로 발음되는 한자 429
일자다음자 431

IV 실전 감각 익히기
출제 유형 및 대책 436
기출 유사 문제 440
적중 예상 문제 452

모범 답안 482
색인 492

이 책의 구성과 특징

한 권으로 끝내는
한자능력검정시험대비 전문 교재!

❶ 체계적 구성(전체 내용을 4단계로 구성)

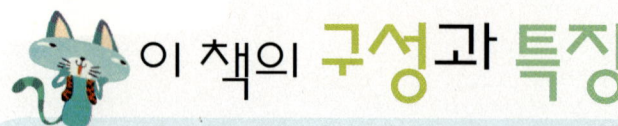

1단계 – 쓰기 배정 한자 익히기

3급 쓰기 배정 한자(8~4급까지의 배정 한자임. 3급Ⅱ 쓰기 배정 한자는 8~4급Ⅱ까지) 1,000자(3급Ⅱ 750字 포함)를 **훈·음, 필순 등**과 함께 급수별로 제시

2단계 – 읽기 배정 한자 익히기

3급Ⅱ 읽기 배정 한자 500자와 3급 읽기 배정 한자 317字를 훈·음, 필순, 활용 한자어 등과 함께 가나다 순으로 제시하였고, **풀면서 익히기**를 통해 학습한 내용을 확인할 수 있도록 구성

3단계 – 유형별 한자 익히기

사자 성어, 반대자·상대자, 유의자, 동음이의어, 약자, 일자다음자 등 **유형에 따른 한자를 한눈에 익힐 수 있도록 표 형태로 구성**

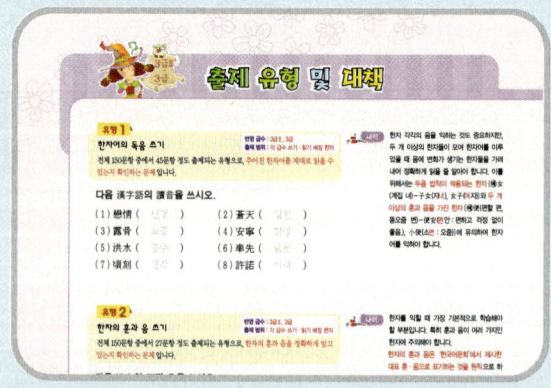

4단계 – 실전 감각 익히기

출제 유형 및 대책 + 기출 유사 문제 + 적중 예상 문제를 통해 **실제 시험에 완벽하게 대비할 수 있도록 구성**

❷ 본문에 한자 쓰기란을 제공

배정 한자의 훈·음 외에 **필순에 따라 쓰면서 자형을 익힐 수 있도록 본문에 한자 쓰기란을** 제공

❸ 도우미식 설명

보다 정확하고 효율적인 학습을 위해 혼동하기 쉬운 부분이나 반드시 확인하고 넘어가야 할 부분에 주의 표시를 하였고, **학습자의 이해를 최대한 돕고자 보충 설명을 추가**

❹ 풍부한 문제 수록

출제 유형과 대책 코너를 두어 실제 시험 유형을 완벽히 익힐 수 있도록 하였고, 고득점 합격을 위해 실제 시험과 유사한 형태의 **최근 기출 유사 문제와 적중 예상 문제를 풍부하게 제공**

국가 공인
한자능력검정시험 안내

● 한자능력검정시험이란?

(사)한국어문회에서 주관하고, 한국한자능력검정회에서 시행하는 국가공인 한자 자격증 시험입니다. 2001년 1월 1일자로 교육인적자원부에 의해 한자능력검정시험이 한자 자격증으로서는 최초로 국가공인을 받았으며, 자격기본법 제27조에 의거하여 국가 자격 취득자와 동등한 대우 및 혜택을 받을 수 있습니다.

● 한자능력검정시험 안내

구분	내용
주관처	(사)한국어문회
시행처	한국한자능력검정회
시험 일시	공인 급수(1급, 2급, 3급, 3급Ⅱ) : 2월, 5월, 8월, 11월
	교육 급수(4급, 4급Ⅱ, 5급, 5급Ⅱ, 6급, 6급Ⅱ, 7급, 7급Ⅱ, 8급) : 2월, 5월, 8월, 11월
	※ 주관처의 사정에 따라 시험 시기 및 횟수는 변경될 수 있음.
응시 자격	모든 급수에 누구나 응시 가능(재학 여부, 학력, 소속, 연령, 국적 등에 상관 없이 원하는 급수에 응시)
접수 방법	방문 접수(각 고사장 지정 접수처에 한함. 반명함판 사진 2매 및 응시료 준비)
	• 방문 접수는 모든 급수 가능하며, 각 고사장 지정 접수처에서 정해진 응시 원서를 작성하여 응시료와 함께 접수
	• 접수시 한자 이름, 주민 등록 번호, 정확한 거주지 기재(급수증 받을 주소)
	• 수험표를 받은 후 수험 번호, 수험 일시, 응시 고사장을 확인 (고사장은 한국한자능력검정회(www.hanja.re.kr)에서 확인 가능)
	인터넷 접수 : 모든 급수 가능하며, www.hangum.re.kr에서 전국 고사장을 대상으로 실시
준비물	수험표, 신분증, 필기구(연필, 유성펜을 제외한 검정색 필기구), 수정 테이프
합격자 발표	1566-1400 또는 www.hangum.re.kr
기타 문의	한국한자능력검정회 전화 1566-1400, 팩스 02-6003-1414~5, 인터넷 www.hanja.re.kr

※ 2015년 08월 기준

● 급수 배정 · 출제 유형

구분	1급	2급	3급	3급Ⅱ	4급	4급Ⅱ	5급	5급Ⅱ	6급	6급Ⅱ	7급	7급Ⅱ	8급
													(한자 수)
읽기 배정 한자	3,500	2,355	1,817	1,500	1,000	750	500	400	300	225	150	100	50
쓰기 배정 한자	2,005	1,817	1,000	750	500	400	300	225	150	50	–	–	–
													(문항 수)
독음	50	45	45	45	32	35	35	35	33	32	32	22	24
한자 쓰기	40	30	30	30	20	20	20	20	20	10	0	0	0
훈음	32	27	27	27	22	22	23	23	22	29	30	30	24
완성형	15	10	10	10	5	5	4	4	3	2	2	2	0
반의어	10	10	10	10	3	3	3	3	3	2	2	2	0
뜻풀이	10	5	5	5	3	3	3	3	2	2	2	2	0
동음이의어	10	5	5	5	3	3	3	3	2	0	0	0	0
부수	10	5	5	5	3	3	0	0	0	0	0	0	0
동의어	10	5	5	5	3	3	3	3	2	0	0	0	0
장단음	10	5	5	5	3	0	0	0	0	0	0	0	0
약자	3	3	3	3	3	3	3	3	0	0	0	0	0
필순	0	0	0	0	0	0	3	3	3	3	2	2	2

● 합격 기준 · 시험 시간

구분	1급	2급·3급·3급Ⅱ	4급·4급Ⅱ·5급·5급Ⅱ	6급	6급Ⅱ	7급	7급Ⅱ	8급
								(문항 수)
출제 문항	200	150	100	90	80	70	60	50
합격 문항	160	105	70	63	56	49	42	35
								(분)
시험 시간	90	60	50	50	50	50	50	50

● 시상 기준

(최저 득점 문항 수)

구분		1급	2급·3급	3급Ⅱ	4급·4급Ⅱ	5급·5급Ⅱ	6급	6급Ⅱ	7급	7급Ⅱ	8급
우수상	초등학생(미취학 포함)	160	105	120	80	90	81	72	63	54	45
	중학생	160	112	127	85	90	–	–	–	–	–
	고등학생	160	120	135	90	–	–	–	–	–	–
우량상	초등학생(미취학 포함)	–	–	112	75	85	76	68	59	51	42
	중학생	–	105	120	80	85	–	–	–	–	–
	고등학생	–	112	127	85	–	–	–	–	–	–

● 국가공인 한자능력급수 취득자 우대 사항

- 자격기본법 제27조에 의거 국가자격 취득자와 동등한 대우 및 혜택을 받습니다.
- 교육인적자원부 훈령 제616호 『학생생활기록부 전산처리 및 관리지침』에 의거 학교생활기록부에 등재, 입시에 활용됩니다.
- 육군 간부 승진 고과에 반영됩니다. (대위~대령/군무원 2급~5급 : 3급 이상, 준·부사관/군무원 6급~8급 : 4급 이상)
- 경제 5단체, 신입 사원 채용 때 전국한자능력검정시험 응시 권고(3급 : 응시 요건, 3급 이상 : 가산점)하고 있습니다.
- 2005학년도 대학수학능력시험부터 '漢文'이 선택 과목으로 채택되었습니다.
- 전국한자능력검정시험의 한자능력급수 취득 시 대입 면접 가산점, 학점, 졸업 인증에 반영됩니다.

시험 전날 및 당일 유의할 사항

1. **준비물 챙기기** : 시험시 필요한 신분증, 수험표, 필기구, 수정 테이프 등의 준비물은 시험 전날 미리 챙겨 놓도록 한다. 또 시험 장소를 미리 알아두고, 시험 시작 20분 전까지 고사실에 입실해야 하므로 여유 있게 시험 장소로 출발하는 것이 좋다.

2. **식사** : 시험 전날 저녁은 조금 모자란다는 느낌이 들 만큼만 먹고 시험 당일 아침은 꼭 챙겨 먹도록 한다. 비타민과 칼슘이 많이 든 과일과 야채를 비롯해 미역, 다시마, 김, 등푸른 생선 등이 바람직하다. 라면, 과자, 햄버거 등의 인스턴트 식품은 뇌의 중추신경을 교란시켜 신경이 과민해지거나 스트레스가 생길 수 있으므로 먹지 않는 것이 좋다. 또한 시험 도중 화장실에 가기 어려우므로 커피나 음료, 맥주 등은 가능한 한 마시지 않도록 한다.

3. **수면** : 시험 전날은 일찍 잠자리에 들도록 한다. 잠이 부족하면 정신이 몽롱하고 집중력이 떨어져 정작 시험장에서 낭패를 보기 쉽다. 밤잠을 설치는 편이라면 30분쯤 가볍게 운동을 해 땀을 낸 뒤 목욕을 하면 숙면을 취할 수 있다.

4. **건강** : '頭寒足熱(두한족열 : 머리는 차게, 발은 뜨겁게)' 건강법을 활용하면 시험날 좋은 컨디션을 유지할 수 있다. 매일 잠자기 전 뜨거운 물로 30분씩 발을 마사지하면 혈액 순환이 잘 되어 피로를 빨리 풀 수 있다. 시험 당일 머리가 아플 때는 정수리에서 상하좌우로 2cm 정도 떨어진 네 부분을 눌러 주면 머리가 맑아지고 집중력이 생긴다. 또 눈이 피로할 때는 눈을 감은 뒤 눈썹 사이, 눈썹 바깥쪽, 눈동자 아래 2cm 지점의 움푹 파인 곳을 눌러 주고 10초 정도 후 서서히 뜨도록 한다. 배가 아플 때는 엄지와 집게 손가락 사이 움푹 팬 곳을 눌러 주면 좋다.

5. **복장** : 시험 당일 날씨에 맞추어 편한 옷을 입도록 한다.

I. 쓰기 배정 한자 익히기

● 구성 및 출제 유형

이 단계는 3급Ⅱ, 3급 쓰기 배정 한자를 익히는 부분으로, 8~4급까지의 배정 한자(3급 쓰기 배정 한자임. 3급Ⅱ 쓰기 배정 한자는 8~4급Ⅱ까지)1000자(3급Ⅱ 750자 포함)를 훈·음, 필순 등과 함께 급수별로 제시하였습니다. 3급Ⅱ와 3급 시험에서는 한자를 쓰는 문제가 30% 정도 출제되는데, 한자어의 뜻을 파악하여 한자로 정확하게 쓸 수 있는지를 확인하는 유형이 주를 이루고 있습니다.

● 학습 방법

낱글자보다는 한자어를 쓰는 문제가 주로 출제되기 때문에, 쓰기 배정 한자만으로 이루어진 한자어를 중심으로 학습하도록 합니다. 특히 한자어에는 동음이의어가 많으므로 한자어의 독음뿐만 아니라 뜻을 함께 익혀 문맥에 맞는 한자어를 한자로 정확히 쓸 수 있도록 학습해야 합니다.

【차례】 쓰기 배정 한자와 대표 훈·음 8 | 8급 배정 한자 50자 20 | 7급 배정 한자 100자 25 | 6급 배정 한자 150자 35 | 5급 배정 한자 200자 50 | 4급Ⅱ 배정 한자 250자 70 | 4급 배정 한자 250자 95

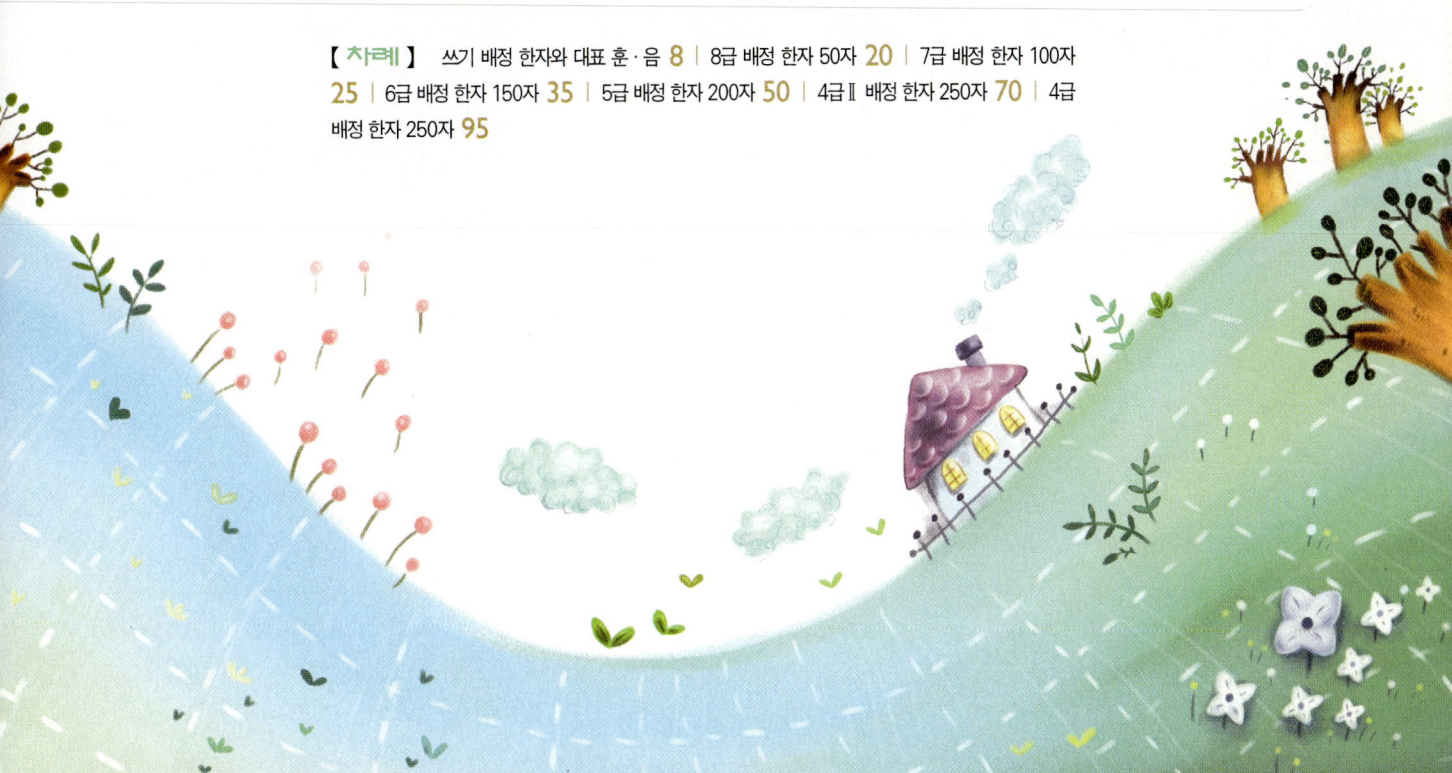

쓰기 배정 한자와 대표 훈·음

- 8급+7급+6급+5급+4급Ⅱ ⇒ 3급Ⅱ 쓰기 배정 한자
- 3급Ⅱ 쓰기 배정 한자+4급 ⇒ 3급 쓰기 배정 한자
- : ⇒ 첫 음절에서 장음(長音)으로 발음되는 한자 | (:) ⇒ 첫 음절에서 장·단음(長·短音) 두 가지로 발음되는 한자

※ 한자 또는 훈·음을 가리고, 가린 부분을 확인란에 써 넣어 얼마나 알고 있는지 자신의 실력을 점검해 보세요.

8급 배정 한자 50字			父	아비 부		長	긴 장(:)	
漢字	훈·음	확인	北	북녘 북, 달아날 배		弟	아우 제:	
校	학교 교:		四	넉 사:		中	가운데 중	
敎	가르칠 교:		山	메 산		靑	푸를 청	
九	아홉 구		三	석 삼		寸	마디 촌:	
國	나라 국		生	날 생		七	일곱 칠	
軍	군사 군		西	서녘 서		土	흙 토	
金	쇠 금, 성 김		先	먼저 선		八	여덟 팔	
南	남녘 남		小	작을 소:		學	배울 학	
女	계집 녀		水	물 수		韓	한국·나라 한(:)	
年	해 년		室	집 실		兄	형 형	
大	큰 대(:)		十	열 십		火	불 화(:)	
東	동녘 동		五	다섯 오:		7급 배정 한자 100字		
六	여섯 륙		王	임금 왕		漢字	훈·음	확인
萬	일만 만:		外	바깥 외:		家	집 가	
母	어미 모:		月	달 월		歌	노래 가	
木	나무 목		二	두 이:		間	사이 간(:)	
門	문 문		人	사람 인		江	강 강	
民	백성 민		一	한 일		車	수레 거·차	
白	흰 백		日	날 일		工	장인 공	

008 쓰기 배정 한자 익히기

空	빌 공		百	일백 백		字	글자 자
口	입 구(:)		夫	지아비 부		自	스스로 자
旗	기 기		不	아닐 부·불		場	마당 장
氣	기운 기		事	일 사:		全	온전 전
記	기록할 기		算	셈 산:		前	앞 전
男	사내 남		上	윗 상:		電	번개 전:
內	안 내:		色	빛 색		正	바를 정(:)
農	농사 농		夕	저녁 석		祖	할아비 조
答	대답 답		姓	성 성:		足	발 족
道	길 도:		世	인간 세:		左	왼 좌:
冬	겨울 동(:)		少	적을 소:		主	임금·주인 주
動	움직일 동:		所	바 소:		住	살 주:
同	한가지 동		手	손 수(:)		重	무거울 중:
洞	골 동:, 밝을 통:		數	셈 수:		地	땅 지
登	오를 등		市	저자 시:		紙	종이 지
來	올 래(:)		時	때 시		直	곧을 직
力	힘 력		植	심을 식		千	일천 천
老	늙을 로:		食	밥·먹을 식		天	하늘 천
里	마을 리:		心	마음 심		川	내 천
林	수풀 림		安	편안 안		草	풀 초
立	설 립		語	말씀 어:		村	마을 촌:
每	매양 매(:)		然	그럴 연		秋	가을 추
面	낯 면:		午	낮 오:		春	봄 춘
名	이름 명		右	오른 우:		出	날 출
命	목숨 명:		有	있을 유:		便	편할 편(:),똥오줌 변
問	물을 문:		育	기를 육		平	평평할 평
文	글월 문		邑	고을 읍		下	아래 하:
物	물건 물		入	들 입		夏	여름 하:
方	모 방		子	아들 자		漢	한수·한나라 한:

漢字	훈·음	확인	漢字	훈·음	확인	漢字	훈·음	확인
海	바다 해:		郡	고을 군:		米	쌀 미	
花	꽃 화		根	뿌리 근		美	아름다울 미(:)	
話	말씀 화		近	가까울 근:		朴	성 박	
活	살 활		今	이제 금		半	반 반:	
孝	효도 효:		急	급할 급		反	돌이킬·돌아올 반:	
後	뒤 후:		級	등급 급		班	나눌 반	
休	쉴 휴		多	많을 다		發	필 발	

6급 배정 한자 150字

漢字	훈·음	확인	漢字	훈·음	확인	漢字	훈·음	확인
			短	짧을 단(:)		放	놓을 방(:)	
			堂	집 당		番	차례 번	
各	각각 각		代	대신 대:		別	다를·나눌 별	
角	뿔 각		對	대할 대:		病	병 병:	
感	느낄 감:		待	기다릴 대:		服	옷 복	
強	강할 강(:)		圖	그림 도		本	근본 본	
開	열 개		度	법도 도(:),헤아릴 탁		部	떼 부	
京	서울 경		讀	읽을 독		分	나눌 분(:)	
界	지경 계:		童	아이 동(:)		使	하여금·부릴 사:	
計	셀 계:		頭	머리 두		死	죽을 사:	
古	예 고:		等	무리 등:		社	모일 사	
苦	쓸 고		樂	즐길 락,노래 악		書	글 서	
高	높을 고		例	법식 례:		席	자리 석	
公	공평할 공		禮	예도 례:		石	돌 석	
共	한가지 공:		路	길 로:		線	줄 선	
功	공 공		綠	푸를 록		雪	눈 설	
果	실과 과:		利	이로울 리:		成	이룰 성	
科	과목 과		李	오얏·성 리:		省	살필 성, 덜 생	
光	빛 광		理	다스릴 리:		消	사라질 소	
交	사귈 교		明	밝을 명		速	빠를 속	
區	구분할·지경 구		目	눈 목		孫	손자 손(:)	
球	공 구		聞	들을 문(:)		樹	나무 수	

漢字	훈·음	확인	漢字	훈·음	확인	漢字	훈·음	확인
術	재주 술		銀	은 은		表	겉 표	
習	익힐 습		音	소리 음		風	바람 풍	
勝	이길 승		飮	마실 음(:)		合	합할 합	
始	비로소 시:		意	뜻 의:		幸	다행 행:	
式	법 식		衣	옷 의		行	다닐 행(:),항렬 항	
信	믿을 신:		醫	의원 의		向	향할 향:	
新	새 신		者	놈 자		現	나타날 현:	
神	귀신 신		作	지을 작		形	모양 형	
身	몸 신		昨	어제 작		號	이름 호(:)	
失	잃을 실		章	글 장		和	화할 화	
愛	사랑 애(:)		在	있을 재:		畫	그림 화:,그을 획	
夜	밤 야:		才	재주 재		黃	누를 황	
野	들 야:		戰	싸움 전:		會	모일 회:	
弱	약할 약		定	정할 정:		訓	가르칠 훈:	
藥	약 약		庭	뜰 정		5급 배정 한자 200字		
洋	큰바다 양		第	차례 제:		漢字	훈·음	확인
陽	볕 양		題	제목 제		價	값 가	
言	말씀 언		朝	아침 조		加	더할 가	
業	업 업		族	겨레 족		可	옳을 가:	
永	길 영:		晝	낮 주		改	고칠 개(:)	
英	꽃부리 영		注	부을 주:		客	손 객	
溫	따뜻할 온		集	모을 집		去	갈 거:	
勇	날랠 용:		窓	창 창		擧	들 거:	
用	쓸 용:		淸	맑을 청		件	물건 건	
運	옮길 운:		體	몸 체		健	굳셀 건:	
園	동산 원		親	친할 친		建	세울 건:	
遠	멀 원:		太	클 태		格	격식 격	
油	기름 유		通	통할 통		見	볼 견:, 뵈올 현:	
由	말미암을 유		特	특별할 특		決	결단할 결	

쓰기 배정 한자와 대표 훈·음

結	맺을 결		能	능할 능		買	살 매:	
敬	공경 경:		團	둥글 단		賣	팔 매(:)	
景	볕 경(:)		壇	단 단		無	없을 무	
競	다툴 경:		談	말씀 담		倍	곱 배(:)	
輕	가벼울 경		當	마땅 당		法	법 법	
告	고할 고:		德	큰 덕		變	변할 변:	
固	굳을 고(:)		到	이를 도:		兵	병사 병	
考	생각할 고(:)		島	섬 도		福	복 복	
曲	굽을 곡		都	도읍 도		奉	받들 봉:	
課	공부할·과정 과(:)		獨	홀로 독		比	견줄 비:	
過	지날 과:		落	떨어질 락		費	쓸 비:	
觀	볼 관		朗	밝을 랑:		鼻	코 비:	
關	관계할 관		冷	찰 랭:		氷	얼음 빙	
廣	넓을 광:		良	어질 량		仕	섬길 사(:)	
橋	다리 교		量	헤아릴 량		史	사기 사:	
具	갖출 구(:)		旅	나그네 려		士	선비 사:	
救	구원할 구:		歷	지날 력		寫	베낄 사	
舊	예 구:		練	익힐 련		思	생각 사(:)	
局	판 국		令	하여금 령(:)		査	조사할 사	
貴	귀할 귀:		領	거느릴 령		産	낳을 산:	
規	법 규		勞	일할 로		商	장사 상	
給	줄 급		料	헤아릴 료(:)		相	서로 상	
基	터 기		流	흐를 류		賞	상줄 상	
己	몸 기		類	무리 류(:)		序	차례 서:	
技	재주 기		陸	뭍 륙		仙	신선 선	
期	기약할 기		馬	말 마		善	착할 선:	
汽	물끓는김 기		末	끝 말		船	배 선	
吉	길할 길		亡	망할 망		選	가릴 선:	
念	생각 념:		望	바랄 망:		鮮	고울 선	

說	말씀 설, 달랠 세		雨	비 우:		操	잡을 조(:)
性	성품 성:		雲	구름 운		調	고를 조
歲	해 세:		雄	수컷 웅		卒	마칠 졸
洗	씻을 세:		元	으뜸 원		種	씨 종(:)
束	묶을 속		原	언덕 원		終	마칠 종
首	머리 수		院	집 원		罪	허물 죄:
宿	잘 숙, 별자리 수:		願	원할 원:		州	고을 주
順	순할 순:		位	자리 위		週	주일 주
示	보일 시:		偉	클 위		止	그칠 지
識	알 식, 기록할 지		以	써 이:		知	알 지
臣	신하 신		耳	귀 이:		質	바탕 질
實	열매 실		因	인할 인		着	붙을 착
兒	아이 아		任	맡길 임(:)		參	참여할 참, 석 삼
惡	악할 악, 미워할 오		再	두 재:		唱	부를 창:
案	책상 안:		材	재목 재		責	꾸짖을 책
約	맺을 약		災	재앙 재		鐵	쇠 철
養	기를 양:		財	재물 재		初	처음 초
漁	고기잡을 어		爭	다툴 쟁		最	가장 최:
魚	물고기 어		貯	쌓을 저:		祝	빌 축
億	억 억		的	과녁 적		充	채울 충
熱	더울 열		赤	붉을 적		致	이를 치:
葉	잎 엽		傳	전할 전		則	법칙 칙, 곧 즉
屋	집 옥		典	법 전:		他	다를 타
完	완전할 완		展	펼 전:		打	칠 타:
曜	빛날 요:		切	끊을 절, 온통 체		卓	높을 탁
要	요긴할 요(:)		節	마디 절		炭	숯 탄:
浴	목욕할 욕		店	가게 점:		宅	집 택·댁
友	벗 우:		停	머무를 정		板	널 판
牛	소 우		情	뜻 정		敗	패할 패:

漢字	훈·음	확인	漢字	훈·음	확인	漢字	훈·음	확인
品	물건 품:		係	맬 계:		斗	말 두	
必	반드시 필		故	연고 고(:)		豆	콩 두	
筆	붓 필		官	벼슬 관		得	얻을 득	
河	물 하		句	글귀 구		燈	등 등	
寒	찰 한		求	구할 구		羅	벌일 라	
害	해할 해:		究	연구할·궁구할 구		兩	두 량:	
許	허락할 허		宮	집 궁		麗	고울 려	
湖	호수 호		權	권세 권		連	이을 련	
化	될 화(:)		極	다할·극진할 극		列	벌일 렬	
患	근심 환		禁	금할 금:		錄	기록할 록	
效	본받을 효:		器	그릇 기		論	논할 론	
凶	흉할 흉		起	일어날 기		留	머무를 류	
黑	검을 흑		暖	따뜻할 난:		律	법칙 률	

4급Ⅱ 배정 한자 250字

漢字	훈·음	확인	漢字	훈·음	확인	漢字	훈·음	확인
			難	어려울 난(:)		滿	찰 만(:)	
			努	힘쓸 노		脈	줄기 맥	
假	거짓 가:		怒	성낼 노:		毛	터럭 모	
街	거리 가(:)		單	홑 단		牧	칠 목	
減	덜 감:		斷	끊을 단:		務	힘쓸 무:	
監	볼 감		檀	박달나무 단		武	호반 무:	
康	편안 강		端	끝 단		味	맛 미:	
講	욀 강:		達	통달할 달		未	아닐 미(:)	
個	낱 개(:)		擔	멜 담		密	빽빽할 밀	
檢	검사할 검:		黨	무리 당		博	넓을 박	
潔	깨끗할 결		帶	띠 대(:)		房	방 방	
缺	이지러질 결		隊	무리 대		訪	찾을 방:	
境	지경 경		導	인도할 도:		防	막을 방	
慶	경사 경:		毒	독 독		拜	절 배:	
經	지날·글 경		督	감독할 독		背	등 배:	
警	깨우칠 경:		銅	구리 동		配	나눌·짝 배:	

伐	칠 벌		城	재 성		深	깊을 심
罰	벌할 벌		星	별 성		眼	눈 안:
壁	벽 벽		盛	성할 성:		暗	어두울 암:
邊	가 변		聖	성인 성:		壓	누를 압
保	지킬 보(:)		聲	소리 성		液	진 액
報	갚을·알릴 보:		誠	정성 성		羊	양 양
寶	보배 보:		勢	형세 세:		如	같을 여
步	걸음 보:		稅	세금 세:		餘	남을 여
復	회복할 복, 다시 부:		細	가늘 세:		逆	거스릴 역
副	버금 부:		掃	쓸 소(:)		演	펼 연:
婦	며느리 부		笑	웃음 소:		煙	연기 연
富	부자 부:		素	본디·흴 소(:)		研	갈 연:
府	마을 부(:)		俗	풍속 속		榮	영화 영
佛	부처 불		續	이을 속		藝	재주 예:
備	갖출 비:		送	보낼 송:		誤	그르칠 오:
悲	슬플 비:		修	닦을 수		玉	구슬 옥
非	아닐 비(:)		守	지킬 수		往	갈 왕:
飛	날 비		受	받을 수(:)		謠	노래 요
貧	가난할 빈		授	줄 수		容	얼굴 용
寺	절 사		收	거둘 수		員	인원 원
師	스승 사		純	순수할 순		圓	둥글 원
舍	집 사		承	이을 승		爲	할 위(:)
謝	사례할 사:		施	베풀 시:		衛	지킬 위
殺	죽일 살, 감할 쇄:		是	이·옳을 시:		肉	고기 육
常	떳떳할 상		視	볼 시:		恩	은혜 은
床	상 상		試	시험 시(:)		陰	그늘 음
想	생각 상:		詩	시 시		應	응할 응:
狀	형상 상, 문서 장:		息	쉴 식		義	옳을 의
設	베풀 설		申	납 신		議	의논할 의(:)

移	옮길 이		竹	대 죽		態	모습 태:
益	더할 익		準	준할 준:		統	거느릴 통:
印	도장 인		衆	무리 중:		退	물러날 퇴:
引	끌 인		增	더할 증		波	물결 파
認	알 인		志	뜻 지		破	깨뜨릴 파:
將	장수 장(:)		指	가리킬 지		包	쌀 포(:)
障	막을 장		支	지탱할 지		布	베·펼 포(:), 보시 보:
低	낮을 저:		至	이를 지		砲	대포 포:
敵	대적할 적		職	직분 직		暴	사나울 폭, 모질 포:
田	밭 전		眞	참 진		票	표 표
絶	끊을 절		進	나아갈 진:		豊	풍년 풍
接	이을 접		次	버금 차		限	한할 한:
政	정사 정		察	살필 찰		港	항구 항:
程	한도·길 정		創	비롯할 창:		航	배 항:
精	정할 정		處	곳 처:		解	풀 해:
制	절제할 제:		請	청할 청		鄕	시골 향
提	끌 제		總	다 총:		香	향기 향
濟	건널 제:		銃	총 총		虛	빌 허
祭	제사 제:		築	쌓을 축		驗	시험 험:
製	지을 제:		蓄	모을 축		賢	어질 현
除	덜 제		忠	충성 충		血	피 혈
際	즈음·가 제:		蟲	벌레 충		協	화할 협
助	도울 조:		取	가질 취:		惠	은혜 혜:
早	이를 조:		測	헤아릴 측		呼	부를 호
造	지을 조:		治	다스릴 치		好	좋을 호:
鳥	새 조		置	둘 치:		戶	집 호:
尊	높을 존		齒	이 치		護	도울 호:
宗	마루 종		侵	침노할 침		貨	재물 화
走	달릴 주		快	쾌할 쾌		確	굳을 확

漢字	훈·음	확인	漢字	훈·음	확인	漢字	훈·음	확인
回	돌아올 회		驚	놀랄 경		奇	기특할 기	
吸	마실 흡		季	계절 계:		寄	부칠 기	
興	일 흥(:)		戒	경계할 계:		機	틀 기	
希	바랄 희		系	이어맬 계:		紀	벼리 기	

4급 배정 한자 250字

漢字	훈·음	확인	漢字	훈·음	확인	漢字	훈·음	확인
			繼	이을 계:		納	들일 납	
暇	틈·겨를 가:		階	섬돌 계		段	층계 단	
刻	새길 각		鷄	닭 계		徒	무리 도	
覺	깨달을 각		孤	외로울 고		盜	도둑 도(:)	
干	방패 간		庫	곳집 고		逃	도망할 도	
看	볼 간		穀	곡식 곡		亂	어지러울 란:	
簡	대쪽·간략할 간(:)		困	곤할 곤:		卵	알 란:	
敢	감히·구태여 감:		骨	뼈 골		覽	볼 람	
甘	달 감		孔	구멍 공:		略	간략할·약할 략	
甲	갑옷 갑		攻	칠 공:		糧	양식 량	
降	내릴 강:, 항복할 항		管	대롱·주관할 관		慮	생각할 려:	
居	살 거		鑛	쇳돌 광:		烈	매울 렬	
巨	클 거:		構	얽을 구		龍	용 룡	
拒	막을 거:		君	임금 군		柳	버들 류(:)	
據	근거 거:		群	무리 군		輪	바퀴 륜	
傑	뛰어날 걸		屈	굽힐 굴		離	떠날 리:	
儉	검소할 검:		窮	다할·궁할 궁		妹	누이 매	
擊	칠 격		券	문서 권		勉	힘쓸 면:	
激	격할 격		勸	권할 권:		鳴	울 명	
堅	굳을 견		卷	책 권(:)		模	본뜰 모	
犬	개 견		歸	돌아갈 귀:		墓	무덤 묘:	
傾	기울 경		均	고를 균		妙	묘할 묘:	
更	고칠 경, 다시 갱:		劇	심할 극		舞	춤출 무:	
			勤	부지런할 근(:)		拍	칠 박	
鏡	거울 경:		筋	힘줄 근		髮	터럭 발	

妨	방해할 방		肅	엄숙할 숙	儒	선비 유
犯	범할 범:		崇	높을 숭	遊	놀 유
範	법 범:		氏	각시·성씨 씨	遺	남길 유
辯	말씀 변:		額	이마 액	隱	숨을 은
普	넓을 보:		樣	모양 양	依	의지할 의
伏	엎드릴 복		嚴	엄할 엄	儀	거동 의
複	겹칠 복		與	더불·줄 여:	疑	의심할 의
否	아닐 부:		域	지경 역	異	다를 이:
負	질 부:		易	바꿀 역, 쉬울 이:	仁	어질 인
憤	분할 분:		延	늘일 연	姉	손위누이 자
粉	가루 분(:)		燃	탈 연	姿	모양 자:
批	비평할 비:		緣	인연 연	資	재물 자
碑	비석 비		鉛	납 연	殘	남을 잔
祕	숨길 비:		映	비칠 영(:)	雜	섞일 잡
射	쏠 사(:)		營	경영할 영	壯	장할 장:
私	사사 사		迎	맞을 영	帳	장막 장
絲	실 사		豫	미리 예:	張	베풀 장
辭	말씀 사		優	넉넉할 우	奬	장려할 장(:)
散	흩을 산:		遇	만날 우:	腸	창자 장
傷	다칠 상		郵	우편 우	裝	꾸밀 장
象	코끼리 상		怨	원망할 원(:)	底	밑 저:
宣	베풀 선		援	도울 원:	積	쌓을 적
舌	혀 설		源	근원 원	籍	문서 적
屬	붙일 속		危	위태할 위	績	길쌈 적
損	덜 손:		圍	에워쌀 위	賊	도둑 적
松	소나무 송		委	맡길 위	適	맞을 적
頌	칭송할·기릴 송:		威	위엄 위	專	오로지 전
秀	빼어날 수		慰	위로할 위	轉	구를 전:
叔	아재비 숙		乳	젖 유	錢	돈 전:

한자	훈·음	한자	훈·음	한자	훈·음
折	꺾을 절	泉	샘 천	疲	피곤할 피
占	점령할 점;, 점칠 점	廳	관청 청	避	피할 피:
點	점 점(:)	聽	들을 청	恨	한 한:
丁	고무래 · 장정 정	招	부를 초	閑	한가할 한
整	가지런할 정:	推	밀 추	抗	겨룰 항:
靜	고요할 정	縮	줄일 축	核	씨 핵
帝	임금 제:	就	나아갈 취:	憲	법 헌:
條	가지 조	趣	뜻 취:	險	험할 험:
潮	조수 · 밀물 조	層	층 층	革	가죽 혁
組	짤 조	寢	잘 침:	顯	나타날 현:
存	있을 존	針	바늘 침(:)	刑	형벌 형
從	좇을 종(:)	稱	일컬을 칭	或	혹 혹
鍾	쇠북 종	彈	탄알 탄:	婚	혼인할 혼
座	자리 좌:	歎	탄식할 탄:	混	섞을 혼:
周	두루 주	脫	벗을 탈	紅	붉을 홍
朱	붉을 주	探	찾을 탐	華	빛날 화
酒	술 주(:)	擇	가릴 택	歡	기쁠 환
證	증거 증	討	칠 토(:)	環	고리 환(:)
持	가질 지	痛	아플 통:	況	상황 황:
智	지혜 · 슬기 지	投	던질 투	灰	재 회
誌	기록할 지	鬪	싸움 투	候	기후 후:
織	짤 직	派	갈래 파	厚	두터울 후:
珍	보배 진	判	판단할 판	揮	휘두를 휘
盡	다할 진:	篇	책 편	喜	기쁠 희
陣	진칠 진	評	평할 평:		
差	다를 차	閉	닫을 폐:		
讚	기릴 찬:	胞	세포 포(:)		
採	캘 채:	爆	불터질 폭		
冊	책 책	標	표할 표		

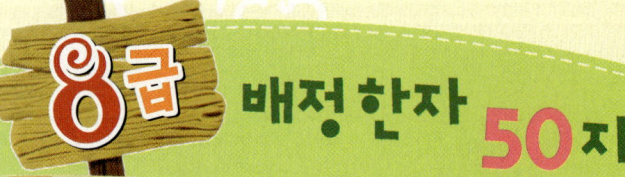 

8급 배정한자 50자

한자의 훈과 음을 생각하며, 순서에 따라 써 보세요.

번호	한자	부수/획수/훈음	필순	단어
001	校	부수: 木, 총 10획, 학교 교	一 十 十 木 木 术 杧 校 校	校長(교장) 學校(학교)
002	敎	부수: 攵 ('攴'의 원형), 총 11획, 가르칠 교	ノ ㄨ ㅅ 耂 爻 爻 孝 教 教 教 教	敎訓(교훈) 說敎(설교)
003	九	부수: 乙, 총 2획, 아홉 구	ノ 九	九族(구족) - 고조·증조·부친·자기·아들·손자·증손·현손까지의 동종(同宗) 친족을 통틀어 이르는 말 / 九天(구천) - 가장 높은 하늘
004	國	부수: 口, 총 11획, 나라 국 (약자는 国, 413쪽)	ㅣ 冂 冋 冋 冋 冋 國 國 國 國 ※ 밖을 먼저 쓰고 안을 나중에 씀!	國家(국가) 愛國(애국)
005	軍	부수: 車, 총 9획, 군사 군	′ 冖 冖 冝 冝 宣 軍	軍旗(군기) 陸軍(육군)
006	金	부수: 金, 총 8획, 쇠 금, 성 김 ※ 글자 자체가 부수임에 유의할 것!	ノ 人 人 今 全 全 金 金	金色(금색) 金氏(김씨) ※'금씨'로 읽지 말 것! ※氏(각시·성씨 씨)-4급 배정 한자
007	南	부수: 十, 총 9획, 남녘 남	一 十 ナ 古 古 冇 声 南 南	南極(남극) 南美(남미) - 남 아메리카
008	女	부수: 女, 총 3획, 계집 녀 ※ 글자 자체가 부수임에 유의할 것!	〈 女 女	女人(여인) 修女(수녀)
009	年	부수: 干, 총 6획, 해 년	′ ㅑ ㅑ ゲ 仁 年	年金(연금) 來年(내년)
010	大	부수: 大, 총 3획, 큰 대 ※ 글자 자체가 부수임에 유의할 것!	一 ナ 大	大家(대가) 偉大(위대)

020 쓰기 배정 한자 익히기

🌱 한자의 훈과 음을 생각하며, 순서에 따라 써 보세요.

011 東 | 부수: 木 / 총 8획 / 동녘 **동**
一 厂 厂 戸 戸 東 東 東
'발해의 동쪽'이라는 뜻으로, 예전에 '우리 나라'를 이르던 말
東洋(동양) 海東(해동)

012 六 | 부수: 八 / 총 4획 / 여섯 **륙**
丶 亠 六 六
한자의 구조 및 사용에 관한 여섯 가지의 명칭. 상형(象形), 지사(指事), 회의(會意), 형성(形聲), 전주(轉注), 가차(假借)를 이른다.
六書(육서) 六面體(육면체)

013 萬 | 약자는 万. 414쪽 >>> | 부수: 艹 / 총 13획 / 일만 **만**
一 艹 艹 艹 艹 苩 苩 苩 苩 萬 萬 萬 萬
萬歲(만세) 千萬(천만)

014 母 | 부수: 母 / 총 5획 / 어미 **모**
ㄴ 乚 뫄 母 母
母國(모국) 産母(산모)

015 木 | 부수: 木 / 총 4획 / 나무 **목**
一 十 才 木
木馬(목마) 原木(원목)

016 門 | 부수: 門 / 총 8획 / 문 **문**
⚠ 글자 자체가 부수임에 유의할 것!
丨 冂 冂 冋 冋 門 門 門 → ⚠ 틀리기 쉬운 필순임
門前(문전) 大門(대문)

017 民 | 부수: 氏 / 총 5획 / 백성 **민**
フ 그 尸 尸 民
'백성'을 질긴 생명력을 가진 잡초에 비유하여 이르는 말
民草(민초) 良民(양민)

018 白 | 부수: 白 / 총 5획 / 흰 **백**
⚠ 모양이 비슷한 '百(일백 백/7)', '自(스스로 자/7)'와 구별할 것!
丿 亻 白 白 白
의심할 바 없이 아주 뚜렷함. '白'이 '밝다'를 뜻함.
白旗(백기) 明白(명백)

019 父 | 부수: 父 / 총 4획 / 아비 **부**
⚠ 글자 자체가 부수임에 유의할 것!
丶 ハ グ 父
아버지와 딸   친아버지
父女(부녀) 生父(생부)

020 北 | 부수: 匕 / 총 5획 / 북녘 **북**, 달아날 **배**
丨 ㅓ ㅓ 圠 北
⚠ '패북'으로 읽지 말 것! 겨루어서 짐. '北'이 '달아나다'를 뜻함.
北方(북방) 敗北(패배)

8급 배정 한자 50자 — 021

Ⅰ 쓰기 배정 한자 익히기

8급 배정 한자 50자

한자의 훈과 음을 생각하며, 순서에 따라 써 보세요.

| 021 | 四 | 넉 사 | 부수: 口, 총 5획 | 획순: 丨 冂 冂 四 四 | 四時(사시) 四海(사해) — 봄·여름·가을·겨울의 네 철 / 사방의 바다, 온 세상 |

| 022 | 山 | 메 산 | 부수: 山, 총 3획 | 획순: 丨 山 山 | 山下(산하) 登山(등산) | ⚠ 글자 자체가 부수임에 유의할 것!

| 023 | 三 | 석 삼 | 부수: 一, 총 3획 | 획순: 一 二 三 | 三面(삼면) 三韓(삼한) — '산'을 예스럽게 이르는 말 / 삼국 시대 이전에, 우리 나라 중남부에 있었던 세 나라. 마한, 진한, 변한을 이른다.

| 024 | 生 | 날 생 | 부수: 生, 총 5획 | 획순: 丿 𠂉 𠂉 牛 生 | 生家(생가) 出生(출생) | ⚠ 글자 자체가 부수임에 유의할 것!

| 025 | 西 | 서녘 서 | 부수: 西, 총 6획 | 획순: 一 丆 冂 丙 西 西 | 西部(서부) 東西(동서)

| 026 | 先 | 먼저 선 | 부수: 儿, 총 6획 | 획순: 丿 𠂉 𠂉 牛 先 先 | 先頭(선두) 先行(선행)

| 027 | 小 | 작을 소 | 부수: 小, 총 3획 | 획순: 丨 小 小 | 小兒(소아) 最小(최소) | ⚠ 모양이 비슷한 '少(적을 소/ 少)'와 구별할 것!

| 028 | 水 | 물 수 | 부수: 水, 총 4획 | 획순: 丨 亅 水 水 → ⚠ 세 번째와 네 번째 획을 한 번에 쓰지 말 것! | 水路(수로) 海水(해수)

| 029 | 室 | 집 실 | 부수: 宀, 총 9획 | 획순: 丶 丶 宀 宀 宀 宁 宰 室 室 | 室內(실내) 敎室(교실)

| 030 | 十 | 열 십 | 부수: 十, 총 2획 | 획순: 一 十 | 十長生(십장생) — 오래도록 살고 죽지 않는다는 열 가지. 해, 산, 물, 돌, 구름, 소나무, 불로초, 거북, 학, 사슴이다. | ⚠ 글자 자체가 부수임에 유의할 것!

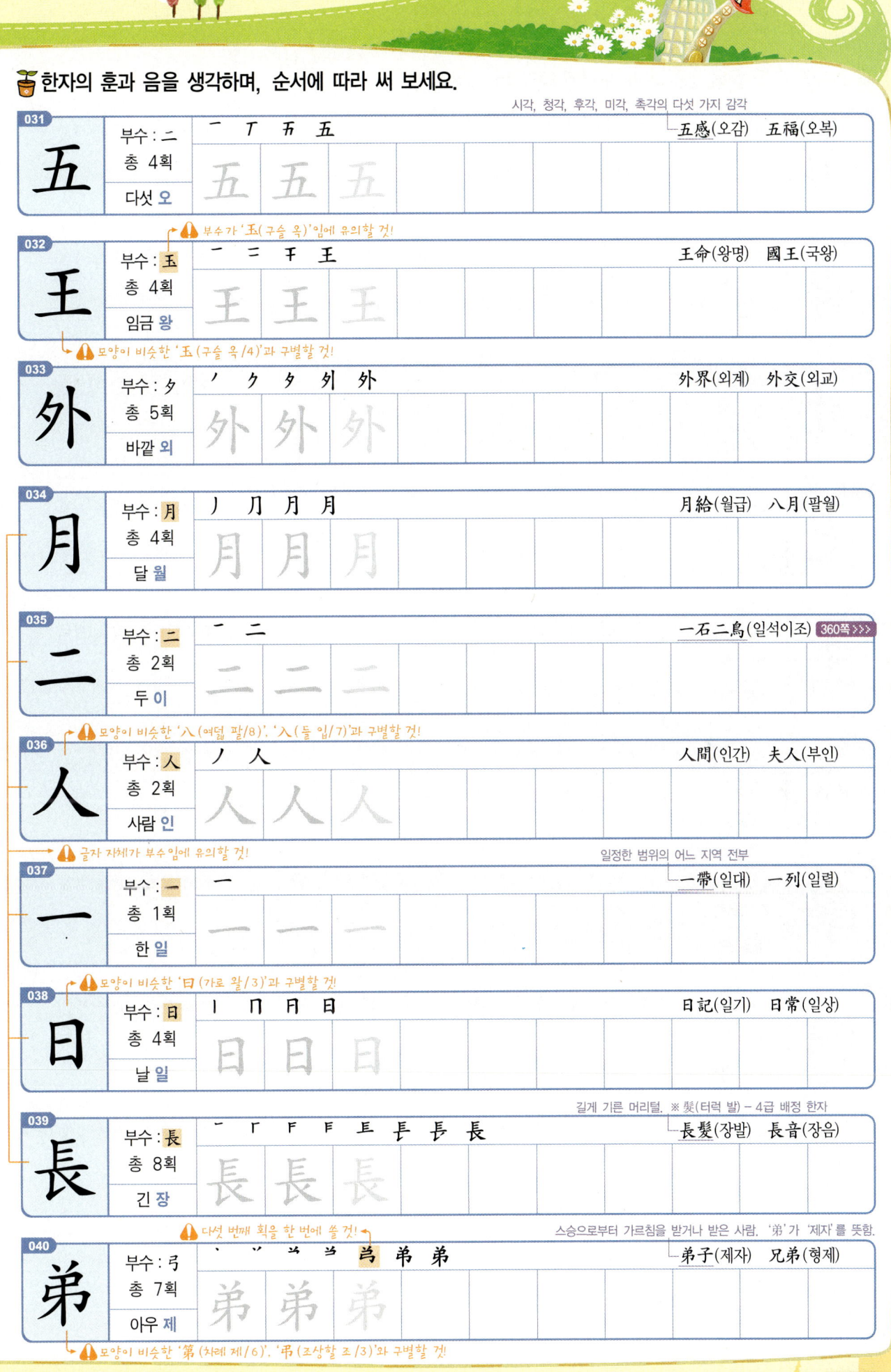

8급 배정 한자 50자

한자의 훈과 음을 생각하며, 순서에 따라 써 보세요.

041 中
- 부수는 'ㅣ(뚫을 곤)'임. 'ㅣ(갈고리 궐)'로 혼동하지 말 것!
- 부수: ㅣ
- 총 4획
- 가운데 중
- 필순: 丨 口 口 中
- 中間(중간) 年中(연중)

042 靑
- 부수: 靑
- 총 8획
- 푸를 청
- 필순: 一 二 キ 土 キ 靑 靑 靑
- 靑年(청년) 靑色(청색)

043 寸
- 글자 자체가 부수임에 유의할 것!
- 부수: 寸
- 총 3획
- 마디 촌
- 필순: 一 寸 寸
- 寸數(촌수) 四寸(사촌)

044 七
- 부수: 一
- 총 2획
- 일곱 칠
- 필순: 一 七
- 七夕(칠석) 七月(칠월)

045 土
- 모양이 비슷한 '士(선비 사/5)'와 구별할 것!
- 부수: 土
- 총 3획
- 흙 토
- 필순: 一 十 土
- 農土(농토) 黃土(황토)

046 八
- 글자 자체가 부수임에 유의할 것!
- 부수: 八
- 총 2획
- 여덟 팔
- 필순: 丿 八
- 키가 얼굴 길이의 여덟 배가 되는 몸. 또는 그런 사람
- 八景(팔경) 八等身(팔등신)

047 學
- 약자는 学. 416쪽 >>>
- 부수: 子
- 총 16획
- 배울 학
- 學問(학문) 學生(학생)

048 韓
- 부수: 韋
- 총 17획
- 한국·나라 한
- 韓國(한국) 北韓(북한)

049 兄
- 부수: 儿
- 총 5획
- 형 형
- 필순: 丨 口 口 尸 兄
- 나이가 비슷하거나 더 많은 학우를 존대하여 이르는 말
- 兄夫(형부) 學兄(학형)

050 火
- 불을 끔. cf.消化(소화): 섭취한 음식물을 분해하여 영양분을 흡수하기 쉬운 형태로 변화시키는 일
- 부수: 火
- 총 4획
- 불 화
- 필순: 丶 丶 火 火
- 火山(화산) 消火(소화)
- 글자 자체가 부수임에 유의할 것!

024 쓰기 배정 한자 익히기

7급 배정 한자 100자

한자의 훈과 음을 생각하며, 순서에 따라 써 보세요.

051 家 / 부수: 宀 / 총 10획 / 집 가
家口(가구) 家族(가족)

052 歌 / 부수: 欠 / 총 14획 / 노래 가
歌手(가수) 國歌(국가)

053 間 / 부수: 門 / 총 12획 / 사이 간
⚠ 모양이 비슷한 '問(물을 문/7)', '開(열 개/6)', '聞(들을 문/6)', '閉(닫을 폐/4)'와 구별할 것!
⚠ 부수를 '日'로 혼동하지 말 것!
間食(간식) 空間(공간)

054 江 / 부수: 水 / 총 6획 / 강 강
'氵'의 원형
江山(강산) 漢江(한강)

055 車 / 부수: 車 / 총 7획 / 수레 거·차
⚠ 글자 자체가 부수임에 유의할 것!
車線(차선) 人力車(인력거)

056 工 / 부수: 工 / 총 3획 / 장인 공
⚠ 글자 자체가 부수임에 유의할 것!
工業(공업) 木工(목공)

057 空 / 부수: 穴 / 총 8획 / 빌 공
⚠ 부수를 '工'으로 혼동하지 말 것!
空席(공석) 高空(고공)

058 口 / 부수: 口 / 총 3획 / 입 구
⚠ 글자 자체가 부수임에 유의할 것!
口傳(구전) 食口(식구)

059 旗 / 부수: 方 / 총 14획 / 기 기
⚠ 세 번째와 네 번째 획의 순서에 유의할 것!
旗手(기수) 國旗(국기)

060 氣 / 부수: 气 / 총 10획 / 기운 기
氣力(기력) 熱氣(열기)

7급 배정 한자 100자

한자의 훈과 음을 생각하며, 순서에 따라 써 보세요.

061 記 기록할 기	부수: 言, 총 10획	記錄(기록) 記者(기자)
062 男 사내 남	부수: 田, 총 7획	男子(남자) 美男(미남)
063 內 안 내	부수: 入, 총 4획	內面(내면) 案內(안내)

⚠ '冂' 안의 글자를 '人(사람 인)'으로 혼동하지 말 것!

| 064 農 농사 농 | 부수: 辰, 총 13획 | 農村(농촌) 都農(도농) |
| 065 答 대답 답 | 부수: 竹, 총 12획 | 答信(답신) 問答(문답) |

'艹'의 원형

| 066 道 길 도 | 부수: 辶, 총 13획 | 道路(도로) 人道(인도) |

'辶'의 원형

| 067 冬 겨울 동 | 부수: 冫, 총 5획 | 冬服(동복) 冬至(동지) |
| 068 動 움직일 동 | 부수: 力, 총 11획 | 動力(동력) 活動(활동) |

형태, 성질, 동작 따위가 서로 같은 것

| 069 同 한가지 동 | 부수: 口, 총 6획 | 同名(동명) 合同(합동) |

⚠ 모양·훈·음·활용 한자어를 구별할 것!   ⚠ '동찰'로 읽지 말 것! 예리한 관찰력으로 사물을 꿰뚫어 봄.

| 070 洞 골 동, 밝을 통 | 부수: 水, 총 9획 | 洞口(동구) 洞察(통찰) |

026 쓰기 배정 한자 익히기

🌱 한자의 훈과 음을 생각하며, 순서에 따라 써 보세요.

| 071 登 | 부수: 癶
총 12획
오를 등 | ノ ⺈ ⺈ ⺈ ⺈ ⺈ 癶 癶 癶 登 登 登 | 登校(등교) 登壇(등단) |

| 072 來 | 약자는 来. 414쪽 >>>
부수: 人
총 8획
올 래 | 一 厂 厂 厂 ㄕ 夾 來 來 | 來年(내년) 傳來(전래) |

| 073 力 | 부수: 力
총 2획
힘 력 | ⺆ 力 | 力道(역도) 地力(지력) |

⚠ 글자 자체가 부수임에 유의할 것!

| 074 老 | 부수: 耂
총 6획
늙을 로 | 一 + 土 耂 耂 老 | 老人(노인) 敬老(경로) |

⚠ 모양이 비슷한 '孝(효도 효/7)'와 구별할 것! ⚠ '동리'로 읽지 말 것!

| 075 里 | 부수: 里
총 7획
마을 리 | 丨 口 日 日 旦 甲 里 | 里長(이장) 洞里(동리) |

| 076 林 | 부수: 木
총 8획
수풀 림 | 一 十 ォ 木 木 材 材 林 | 林野(임야) 山林(산림) |

⚠ 글자 자체가 부수임에 유의할 것!

| 077 立 | 부수: 立
총 5획
설 립 | ㆍ ㅗ 亠 疒 立 | 立身(입신) 成立(성립) |

매 때마다

| 078 每 | 부수: 母
총 7획
매양 매 | ノ 亠 仁 与 每 每 每 | 每番(매번) 每日(매일) |

⚠ 글자 자체가 부수임에 유의할 것

| 079 面 | 부수: 面
총 9획
낯 면 | 一 丆 冂 而 而 而 面 面 面 | 面談(면담) 洗面(세면) |

⚠ 모양이 비슷한 '各(각각 각/6)'과 구별할 것!

| 080 名 | 부수: 口
총 6획
이름 명 | ノ ク タ 夕 名 名 | 名單(명단) 罪名(죄명) |

7급 배정 한자 100자

🌱 한자의 훈과 음을 생각하며, 순서에 따라 써 보세요.

| 081 命 목숨 명 | 부수: 口 총 8획 | ノ 人 ㅅ 合 合 合 命 命 命 命 命 | | 救命(구명) 生命(생명) |

082 問 물을 문
부수: 口 (부수를 '門'으로 혼동하지 말 것!)
총 11획
丨 冂 冂 冂 冂 門 門 門 門 問 問 問
問安(문안) 質問(질문)
모양이 비슷한 '問(물을 문/7)', '開(열 개/6)', '聞(들을 문/6)', '閉(닫을 폐/4)'와 구별할 것!

083 文 글월 문
부수: 文
총 4획
` 丶 亠 ナ 文   文 文 文
文學(문학) 作文(작문)
글자 자체가 부수임에 유의할 것!

084 物 물건 물
부수: 牛
총 8획
丿 ㅗ ㅓ 牛 牜 牜 物 物   物 物 物
物件(물건) 動物(동물)

085 方 모 방 (네모)
부수: 方
총 4획
丶 亠 亐 方   方 方 方
方圓(방원) 方向(방향)
글자 자체가 부수임에 유의할 것! 셋, 네 번째 획의 순서에 유의할 것! 모진 것과 둥근 것. 어떤 방위를 향한 쪽. '方'이 '방위'를 뜻함.

086 百 일백 백
부수: 白
총 6획
一 丆 丆 百 百 百   百 百 百
百穀(백곡) 百方(백방)
모양이 비슷한 '白(흰 백/8)', '首(머리 수/5)'와 구별할 것! 온갖 곡식. ※穀(곡식 곡)-4급 배정 한자

087 夫 지아비 부
부수: 大
총 4획
一 二 丰 夫   夫 夫 夫
夫婦(부부) 夫妻(부처)
모양이 비슷한 '天(하늘 천/7)'과 구별할 것! 남편과 아내. ※妻(아내 처)-3급 배정 한자

088 不 아닐 불·부
부수: 一
총 4획
一 フ 不 不   不 不 不
不通(불통) 不同(부동)
'不'은 뒤에 오는 음이 'ㄷ'이나 'ㅈ'으로 시작할 경우 '부'로 읽힘. '불동'으로 읽지 말 것!

089 事 일 사
부수: 亅
총 8획
一 亓 亓 亓 弖 写 事 事   事 事 事
事業(사업) 行事(행사)
부수는 '亅(갈고리 궐)'임. '丨(뚫을 곤)'으로 혼동하지 말 것!

090 算 셈 산
부수: 竹
총 14획
丿 ㅗ 𥫗 𥫗 𥫗 笞 笞 笞 算 算 算 算 算 算   算 算 算
算數(산수) 淸算(청산)
'艹'의 원형

028 쓰기 배정 한자 익히기

🌱 한자의 훈과 음을 생각하며, 순서에 따라 써 보세요.

| 091 上 | 부수: 一 / 총 3획 / 윗 상 | ㅣ ㅏ 上 | 上端(상단) 以上(이상) |

| 092 色 | ⚠ 모양이 비슷한 '邑(고을 읍/7)'과 구별할 것! | | |
| | 부수: 色 / 총 6획 / 빛 색 | ´ ⺈ ⺈ 주 钅 色 | 色相(색상) 特色(특색) |

| 093 夕 | ⚠ 글자 자체가 부수임에 유의할 것! | | |
| | 부수: 夕 / 총 3획 / 저녁 석 | ノ ク 夕 | 夕陽(석양) 朝夕(조석) |

| 094 姓 | ⚠ 모양이 비슷한 '性(성품 성/5)'과 구별할 것! | | |
| | 부수: 女 / 총 8획 / 성 성 | ㄑ ㄑ 女 女 女 女゠ 姓 姓 | 姓名(성명) 同姓(동성) |

| 095 世 | 약자는 卋. 414쪽 >>> | | |
| | 부수: 一 / 총 5획 / 인간 세 | 一 十 卅 世 世 | 世界(세계) 世上(세상) |

| 096 少 | ⚠ 모양이 비슷한 '小(작을 소/8)'와 구별할 것! | | |
| | 부수: 小 / 총 4획 / 적을 소 | ㅣ ⺌ 小 少 | 少量(소량) 減少(감소) |

| 097 所 | 부수: 戶 / 총 8획 / 바 소 | ´ ⺈ ㄣ 戶 戶 所 所 所 | 所望(소망) 所行(소행) |

| 098 手 | ⚠ 글자 자체가 부수임에 유의할 것! | | 노래를 부르는 것이 직업인 사람. '手'가 '전문가'를 뜻함. |
| | 부수: 手 / 총 4획 / 손 수 | ´ 二 三 手 | 手動(수동) 歌手(가수) |

| 099 數 | 약자는 数. 414쪽 >>> | | |
| | 부수: 攵 / 총 15획 / 셈 수 | ` ㅁ 吕 吕 吕 咼 婁 婁 婁 數 數 數 | 數式(수식) 數學(수학) |

100 市	'攵'의 원형		고기가 한창 잡힐 때에 바다 위에서 열리는 생선 시장
	부수: 巾 / 총 5획 / 저자 시	` 一 亠 方 市	市場(시장) 波市(파시)
	시장(市場)을 예스럽게 이르는 말		

7급 배정 한자 100자 **029**

7급 배정 한자 100자

한자의 훈과 음을 생각하며, 순서에 따라 써 보세요.

| 101 | 時 | 부수: 日, 총 10획, 때 시 | 1 ㄲ ㄲ 日 日- 日土 旷 旷 時 時 | 時間(시간) 日時(일시) |

| 102 | 植 | 부수: 木, 총 12획, 심을 식 | 一 十 才 才 木 杧 杧 栢 栢 楂 植 植 | 植木(식목) 植物(식물) |

| 103 | 食 | 부수: 食, 총 9획, 밥·먹을 식 | ノ 人 人 今 今 今 食 食 食 | 食堂(식당) 飮食(음식) |

⚠ 글자 자체가 부수 임에 유의할 것!

| 104 | 心 | 부수: 心, 총 4획, 마음 심 | ノ 心 心 心 | 心身(심신) 童心(동심) |

⚠ '변안'으로 읽지 말 것!

| 105 | 安 | 부수: 宀, 총 6획, 편안 안 | ` ` 宀 ㄇ 安 安 | 安全(안전) 便安(편안) |

| 106 | 語 | 부수: 言, 총 14획, 말씀 어 | ` ㅗ ㅗ 言 言 言 訂 訐 語 語 語 語 | 語法(어법) 英語(영어) |

'灬'의 원형

| 107 | 然 | 부수: 火, 총 12획, 그럴 연 | ノ ク ク タ タ 夘 然 然 然 然 然 | 當然(당연) 自然(자연) |

⚠ 모양이 비슷한 '牛(소 우/5)'와 구별할 것!

| 108 | 午 | 부수: 十, 총 4획, 낮 오 | ノ ㅗ 仨 午 | 午前(오전) 正午(정오)

⚠ 삐침(ノ)이 짧고 가로획(一)이 길면 삐침을 먼저 씀!   =우의정

| 109 | 右 | 부수: 口, 총 5획, 오른 우 | ノ ナ 才 右 右 | 右相(우상) 右手(우수) |

⚠ 첫 번째와 두 번째 획의 순서를 바꾸어 쓰지 말 것!

| 110 | 有 | 부수: 月, 총 6획, 있을 유 | ノ ナ 才 有 有 有 | 有感(유감) 共有(공유) |

030 쓰기 배정 한자 익히기

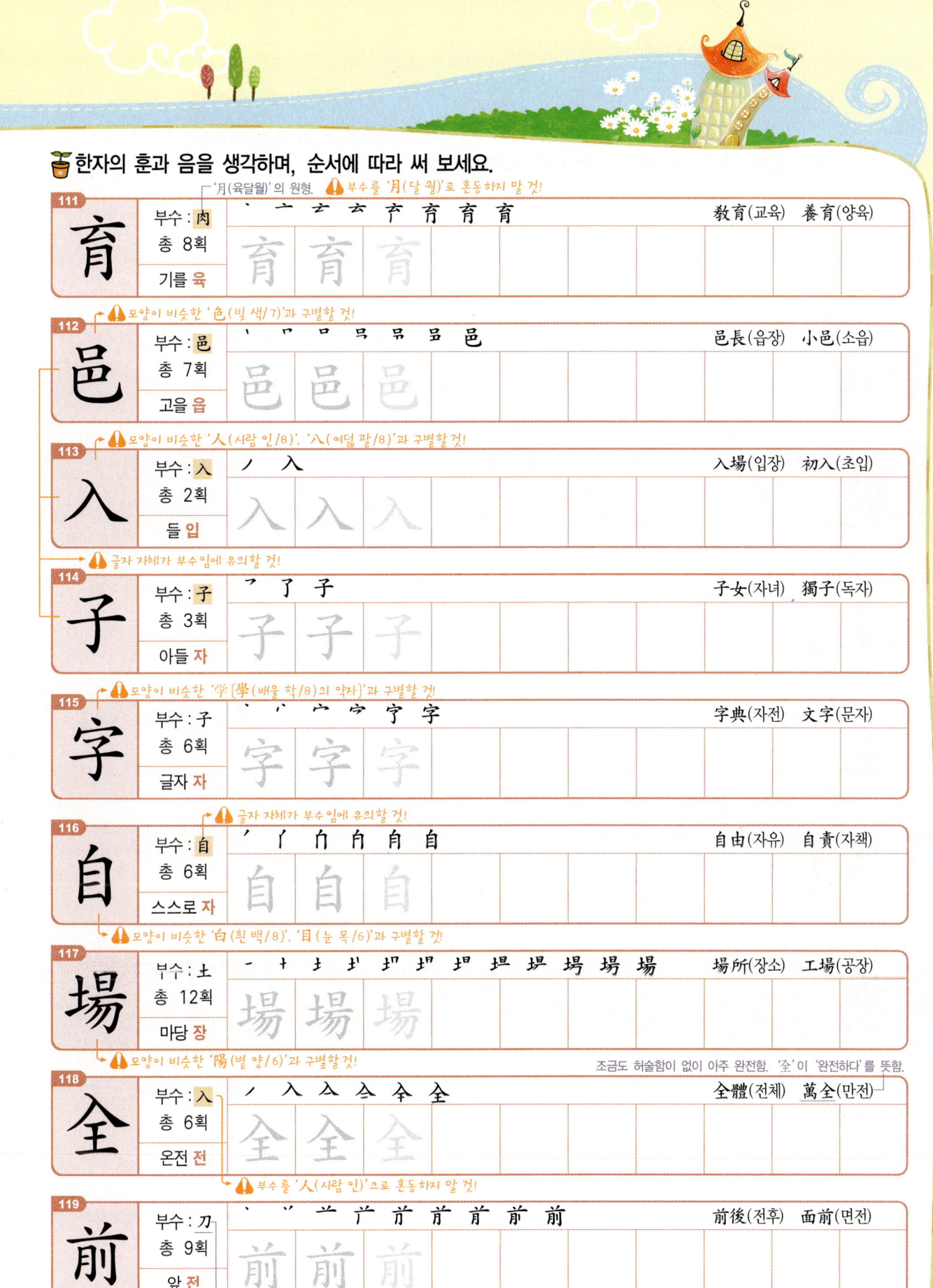

한자의 훈과 음을 생각하며, 순서에 따라 써 보세요.

| 121 正 바를 정 | 부수: 止 총 5획 | 一 丁 下 正 正 | 正直(정직) 改正(개정) |

| 122 祖 할아비 조 | 부수: 示 총 10획 | 一 二 千 гr 示 礻 利 和 和 祖 祖 | 祖孫(조손) 先祖(선조) |

글자 자체가 부수임에 유의할 것!

| 123 足 발 족 | 부수: 足 총 7획 | 丶 口 口 ロ 尸 尸 足 | 足球(족구) 手足(수족) |

삐침(丿)이 길고 가로획(一)이 짧으면 가로획을 먼저 씀!

| 124 左 왼 좌 | 부수: 工 총 5획 | 一 ナ 左 左 左 | 左右(좌우) 左向(좌향) |

세습적으로 나라를 다스리는 최고 지위에 있는 사람. '主'가 '임금'을 뜻함. 배의 주인. '主'가 '주인'을 뜻함.

| 125 主 임금·주인 주 | 부수: 丶 총 5획 | 丶 一 二 キ 主 | 君主(군주) 船主(선주) |

'亻'의 원형

| 126 住 살 주 | 부수: 人 총 7획 | 丿 亻 亻 亻 住 住 住 | 住所(주소) 入住(입주) |

모양이 비슷한 '童(아이 동/6)'과 구별할 것!

| 127 重 무거울 중 | 부수: 里 총 9획 | 一 二 千 千 千 千 重 重 重 | 重量(중량) 輕重(경중) |

| 128 地 땅 지 | 부수: 土 총 6획 | 一 十 土 圠 地 地 | 地面(지면) 農地(농지) |

| 129 紙 종이 지 | 부수: 糸 총 10획 | 丶 幺 幺 幺 糸 糸 紅 紙 紙 紙 | 紙面(지면) 表紙(표지) |

모양이 비슷한 '置(둘 치/4Ⅱ)'와 구별할 것!

| 130 直 곧을 직 | 부수: 目 총 8획 | 一 十 广 古 古 直 直 直 | 直行(직행) 曲直(곡직) |

032 쓰기 배정 한자 익히기

7급 배정 한자 100자

한자의 훈과 음을 생각하며, 순서에 따라 써 보세요.

141	下	부수: 一, 총 3획, 아래 하	一 丁 下	下降(하강) 落下(낙하)

'하항'으로 읽지 말 것!

| 142 | 夏 | 부수: 夂, 총 10획, 여름 하 | 一 丁 丆 爫 疒 甴 百 戸 夏 夏 | 夏服(하복) 夏節(하절) |

부수는 '夂(천천히걸을 쇠)'임. '攵(칠복)'의 변형인 '夊'으로 혼동하지 말 것!

| 143 | 漢 | 부수: 水, 총 14획, 한수·한나라 한 | 氵 氵 氵 汁 汁 汁 浐 浐 漌 漌 漢 漢 | 漢文(한문) 漢陽(한양) |

'氵'의 원형

| 144 | 海 | 부수: 水, 총 10획, 바다 해 | 丶 氵 氵 氵 汁 汁 海 海 海 海 | 海面(해면) 雲海(운해) |

| 145 | 花 | 부수: 艸, 총 8획, 꽃 화 | 一 卝 꺅 꺅 艹 花 花 | 花草(화초) 開花(개화) |

'艹'의 원형

| 146 | 話 | 부수: 言, 총 13획, 말씀 화 | 言 言 訁 訐 訐 話 話 | 話題(화제) 電話(전화) |

| 147 | 活 | 부수: 水, 총 9획, 살 활 | 丶 氵 氵 氵 汗 汗 活 活 | 復活(부활) 再活(재활) |

모양·훈·활용 한자어를 구별할 것!   '복활'로 읽지 말 것!

| 148 | 孝 | 부수: 子, 총 7획, 효도 효 | 一 十 土 耂 耂 孝 孝 | 孝心(효심) 不孝(불효) |

모양이 비슷한 '老(늙을 로/노)'와 구별할 것!   '부효'로 읽지 말 것!

| 149 | 後 | 부수: 彳, 총 9획, 뒤 후 | 丿 ㄔ 彳 彳 华 华 移 後 | 後代(후대) 後學(후학) |

| 150 | 休 | 부수: 人, 총 6획, 쉴 휴 | 丿 亻 仁 什 休 休 | 休養(휴양) 無休(무휴) |

'亻'의 원형

모양이 비슷한 '体(體(몸체)/6)의 약자)'와 구별할 것!

034 쓰기 배정 한자 익히기

6급 배정한자 150자

한자의 훈과 음을 생각하며, 순서에 따라 써 보세요.

151 各 (각각 각)
- 부수: 口
- 총 6획
- 모양이 비슷한 '名(이름 명/7)'과 구별할 것!
- 획순: 丿 ク 夂 冬 各 各
- 各自(각자) 各種(각종)

152 角 (뿔 각)
- 부수: 角
- 총 7획
- 글자 자체가 부수임에 유의할 것!
- 획순: 丿 ク 广 角 角 角 角
- 짐승의 머리에 있는 뿔 / 뛰어난 학식이나 재능을 비유적으로 이르는 말
- 頭角(두각) 直角(직각)

153 感 (느낄 감)
- 부수: 心
- 총 13획
- 획순: 丿 厂 厂 厂 厂 厂 咸 咸 咸 咸 感 感 感
- 感動(감동) 所感(소감)

154 強 (강할 강)
- 부수: 弓
- 총 11획
- 획순: 丿 フ 弓 弓 弘 弘 弘 強 強 強 強
- 強力(강력) 最強(최강)

155 開 (열 개)
- 부수: 門
- 총 12획
- 모양이 비슷한 '間(사이 간/7)', '問(물을 문/7)', '聞(들을 문/6)', '閉(닫을 폐/4)'와 구별할 것!
- 획순: 丨 丨 丨 丨 門 門 門 門 門 閂 開 開
- 開國(개국) 展開(전개)

156 京 (서울 경)
- 부수: 亠
- 총 8획
- 획순: 丶 一 亠 亠 古 亨 亨 京
- 京鄕(경향) 上京(상경)

157 界 (지경 계)
- 부수: 田
- 총 9획
- 획순: 丨 口 日 田 田 甲 罘 界 界
- 나라나 지역 따위의 구간을 가르는 경계
- 各界(각계) 世界(세계)

158 計 (셀 계)
- 부수: 言
- 총 9획
- 획순: 丶 一 亠 亠 言 言 言 計 計
- 計算(계산) 時計(시계)

159 古 (예 고)
- 부수: 口
- 총 5획
- 모양이 비슷한 '苦(쓸 고/4)'와 구별할 것!
- 획순: 一 十 十 古 古
- 아득한 옛날
- 古書(고서) 太古(태고)

160 苦 (쓸 고)
- 부수: 艸
- 총 9획
- '艹'의 원형
- 획순: 一 十 卄 芇 芇 苫 苦 苦 苦
- 괴로움과 즐거움을 아울러 이르는 말. '苦'가 '괴롭다'를 뜻함.
- 苦樂(고락) 産苦(산고)

6급 배정 한자 150자

한자의 훈과 음을 생각하며, 순서에 따라 써 보세요.

161 高 (부수: 高, 총 10획, 높을 고) — 글자 자체가 부수임에 유의할 것!
획순: 亠 亠 宀 市 古 古 高 高 高 高
高級(고급) 最高(최고)

162 公 (부수: 八, 총 4획, 공평할 공)
공중이나 공공 단체의 이익. '公'이 '공공(여러 사람에게 관계되는 일)'을 뜻함.
획순: 丿 八 公 公
公利(공리) 公平(공평)

163 共 (부수: 八, 총 6획, 한가지 공)
형태, 성질, 동작 따위가 서로 같은 것
획순: 一 十 卄 共 共 共
共同(공동) 共生(공생)

164 功 (부수: 力, 총 5획, 공 공) — 모양이 비슷한 '攻(칠 공/4)'과 구별할 것!
획순: 一 丁 工 功 功
功德(공덕) 成功(성공)
공로(일을 마치거나 목적을 이루는 데 들인 노력과 수고)

165 果 (부수: 木, 총 8획, 실과 과)
획순: 丨 冂 冃 日 旦 甲 昇 果
과실나무 — 果樹(과수) 實果(실과)
과일

166 科 (부수: 禾, 총 9획, 과목 과)
획순: 一 二 千 千 禾 禾 科 科 科
科目(과목) 敎科(교과)
모양이 비슷한 '料(헤아릴 료/5)'와 구별할 것!

167 光 (부수: 儿, 총 6획, 빛 광)
획순: 丨 丷 业 严 光
光明(광명) 月光(월광)
모양이 비슷한 '文(글월 문/7)'과 구별할 것!

168 交 (부수: 亠, 총 6획, 사귈 교)
획순: 丶 一 亠 六 亦 交
交際(교제) 親交(친교)

169 區 (부수: 匚, 총 11획, 구분할·지경 구) — 약자는 区. 413쪽>>>
획순: 一 匚 匸 匚 品 品 品 品 品 區
區別(구별) 區分(구분)

170 球 (부수: 玉, 총 11획, 공 구) — '玉'의 원형
획순: 一 二 三 王 王 玎 玎 玪 球 球 球
球場(구장) 地球(지구)

6급 배정 한자 150자

한자의 훈과 음을 생각하며, 순서에 따라 써 보세요.

181 對 (부수: 寸, 총 14획, 대할 대) — 약자는 对. 對面(대면) 對話(대화)

182 待 (부수: 彳, 총 9획, 기다릴 대) — 모양이 비슷한 '侍(모실 시/3Ⅱ)'와 구별할 것! 기다리고 바람. 待望(대망) 期待(기대)

183 圖 (부수: 囗, 총 14획, 그림 도) — 약자는 図. 圖面(도면) 地圖(지도)

184 度 (부수: 广, 총 9획, 법도 도, 헤아릴 탁) — 모양이 비슷한 '席(자리 석/6)'과 구별할 것! 토지(土地)를 측량함. 角度(각도) 度地(탁지)

185 讀 (부수: 言, 총 22획, 읽을 독) — 약자는 読. 讀書(독서) 速讀(속독)

186 童 (부수: 立, 총 12획, 아이 동) — 모양이 비슷한 '重(무거울 중/7)'과 구별할 것! 童話(동화) 神童(신동)

187 頭 (부수: 頁, 총 16획, 머리 두) — 부수를 '豆'로 혼동하지 말 것! ※痛(아플 통) - 4급 배정 한자. 일이나 말의 첫 머리. 頭痛(두통) 序頭(서두)

188 等 (부수: 竹, 총 12획, 무리 등) — '卄'의 원형. 분량을 똑같이 나눔. '等'이 '같다'를 뜻함. 等分(등분) 平等(평등)

189 樂 (부수: 木, 총 15획, 즐길 락, 노래 악) — 약자는 楽. '악원'으로 읽지 말 것! '음락'으로 읽지 말 것! 樂園(낙원) 音樂(음악)

190 例 (부수: 人, 총 8획, 법식 례) — '亻'의 원형. 부수를 '刀(刂)'로 혼동하지 말 것! 설명을 위한 본보기나 용례가 되는 문장. '例'가 '본보기'를 뜻함. 例規(예규) 例文(예문)

법도(法度)와 양식(樣式)을 아울러 이르는 말

038 쓰기 배정 한자 익히기

🌱 한자의 훈과 음을 생각하며, 순서에 따라 써 보세요.

191 禮 (예도 례)
- 약자는 礼. 414쪽 >>>
- 부수: 示
- 총 18획
- 禾 禾 禾 禮 禮 禮 禮 禮 禮 禮 禮 禮
- 禮節(예절) 敬禮(경례)

192 路 (길 로)
- 'ㅛ'의 원형
- 부수: 足
- 총 13획
- ' ⼞ ㅁ ㅁ ㅁ 早 呈 趴 跤 跤 路 路
- 路上(노상) 末路(말로) — 사람의 일생 가운데에서 마지막 무렵

193 綠 (푸를 록)
- ⚠ 모양이 비슷한 '錄(기록할록/4Ⅱ)', '祿(녹 록/3Ⅱ)'과 구별할 것!
- 부수: 糸
- 총 14획
- 綠色(녹색) 新綠(신록)

194 利 (이로울 리)
- 'ㅣ'의 원형. ⚠ 부수를 '禾'로 혼동하지 말 것!
- 부수: 刀
- 총 7획
- 一 二 千 禾 禾 利 利
- 利用(이용) 不利(불리)

195 李 (오얏·성 리)
- ⚠ 모양이 비슷한 '季(계절 계/4)'와 구별할 것!
- 부수: 木
- 총 7획
- 一 十 木 木 本 李 李
- 李花(이화) 桃李(도리) — 복숭아와 자두
- 자두

196 理 (다스릴 리)
- '玉'의 원형
- 부수: 玉
- 총 11획
- 一 二 千 王 玝 玾 玾 珥 理 理 理
- 理性(이성) 處理(처리)

197 明 (밝을 명)
- 부수: 日
- 총 8획
- 丨 冂 冂 日 日 町 明 明
- 明白(명백) 明暗(명암)

198 目 (눈 목)
- ⚠ 모양이 비슷한 '自(스스로 자/7)'와 구별할 것!
- 부수: 目
- 총 5획
- 丨 冂 冂 月 目
- 目禮(목례) 面目(면목) — 얼굴의 생김새 / 남을 대할 만한 체면

199 聞 (들을 문)
- ⚠ 부수를 '門'으로 혼동하지 말 것!
- 부수: 耳
- 총 14획
- 丨 冂 ㅏ ㅏ ㅏ 門 門 門 門 門 聞 聞 聞
- 所聞(소문) 新聞(신문)
- ⚠ 모양이 비슷한 '間(사이 간/7)', '問(물을 문/7)', '開(열 개/6)', '閉(닫을 폐/4)'와 구별할 것!

200 米 (쌀 미)
- 부수: 米
- 총 6획
- ' 丷 二 半 米 米
- 米飮(미음) 白米(백미)
- ⚠ 글자 자체가 부수임에 유의할 것!

6급 배정 한자 150자 **039**

6급 배정 한자 150자

한자의 훈과 음을 생각하며, 순서에 따라 써 보세요.

번호	한자	부수/획수/훈음	필순	예시
201	美	부수: 羊 / 총 9획 / 아름다울 미	부수는 '羊(양 양)'임. '大'로 혼동하지 말 것!	美觀(미관) 美談(미담)
202	朴	부수: 木 / 총 6획 / 성 박	※ 氏(각시·성씨 씨) - 4급 배정 한자 / 꾸밈이 없이 수수함. '朴'이 '소박하다'를 뜻함.	朴氏(박씨) 質朴(질박)
203	半	부수: 十 / 총 5획 / 반 반		半島(반도) 半分(반분)
204	反	부수: 又 / 총 4획 / 돌이킬·돌아올 반	서로 반대되거나 어긋남. '反'이 '뒤집다, 반대로 하다'를 뜻함.	反省(반성) 相反(상반)
205	班	부수: 玉 / 총 10획 / 나눌 반	'玉'의 원형 / 고려·조선 시대에, 지배층을 이루던 신분	班長(반장) 兩班(양반)
206	發	부수: 癶 / 총 12획 / 필 발	약자는 発. 414쪽 >>>	發展(발전) 滿發(만발)
207	放	부수: 攴 / 총 8획 / 놓을 방	'攵'의 원형	放學(방학) 開放(개방)
208	番	부수: 田 / 총 12획 / 차례 번	모양이 비슷한 '香(향기 향/4Ⅱ)'과 구별할 것!	番地(번지) 番號(번호)
209	別	부수: 刀 / 총 7획 / 다를·나눌 별	'刂'의 원형 / '다르다'를 뜻함. '나누다'를 뜻함.	別名(별명) 區別(구별)
210	病	부수: 疒 / 총 10획 / 병 병		病院(병원) 病患(병환)

040 쓰기 배정 한자 익히기

한자의 훈과 음을 생각하며, 순서에 따라 써 보세요.

211 服 — 부수: 月, 총 8획, 옷 복
옷차림. ※裝(꾸밀 장) - 4급 배정 한자
服裝(복장) 禮服(예복)

212 本 — 부수: 木, 총 5획, 근본 본
사물이나 일의 처음과 끝 / 사물이나 일의 중요한 부분과 중요하지 않은 부분
本來(본래) 本末(본말)

213 部 — 부수: 邑, 총 11획, 떼 부
'阝'의 원형. ⚠ 글자의 왼쪽에 위치하여 부수로 쓰이는 '阜(阝)'와 구별할 것!
部分(부분) 南部(남부)

214 分 — 부수: 刀, 총 4획, 나눌 분
서로 나뉘어 떨어짐. ※離(떠날 리) - 4급 배정 한자
分類(분류) 分離(분리)

215 使 — 부수: 人, 총 8획, 하여금·부릴 사
'亻'의 원형. 노동자와 사용자를 아울러 이르는 말
使臣(사신) 勞使(노사)

216 死 — 부수: 歹, 총 6획, 죽을 사
死因(사인) 戰死(전사)

217 社 — 부수: 示, 총 8획, 모일 사
회사 따위에 취직하여 들어감. '社'가 '단체'를 뜻함.
社會(사회) 入社(입사)

218 書 — 부수: 曰, 총 10획, 글 서
⚠ 모양이 비슷한 '晝(낮 주/6)'와 구별할 것!
책을 갖추어 놓고 팔거나 사는 가게. '書'가 '책'을 뜻함.
書店(서점) 書藝(서예)

219 席 — 부수: 巾, 총 10획, 자리 석
⚠ 부수를 '广'으로 혼동하지 말 것!
缺席(결석) 打席(타석)

220 石 — 부수: 石, 총 5획, 돌 석
⚠ 모양이 비슷한 '度(법도 도/6)'와 구별할 것! ⚠ 글자 자체가 부수임에 유의할 것!
石手(석수) 石油(석유)

⚠ 모양이 비슷한 '右(오른 우/7)'와 구별할 것!

6급 배정 한자 150자

6급 배정 한자 150자

한자의 훈과 음을 생각하며, 순서에 따라 써 보세요.

| 221 | 線 | 부수: 糸 / 총 15획 / 줄 선 | ` ` 幺 幺 糸 糸 紌 紌 絈 綜 線 線 | 線路(선로) 直線(직선) |

| 222 | 雪 | 부수: 雨 / 총 11획 / 눈 설 | 一 冂 冖 币 币 币 雨 雪 雪 雪 雪 | 雪景(설경) 大雪(대설) |

⚠ 세 번째와 네 번째 획을 한 번에 쓰지 말 것!

| 223 | 成 | 부수: 戈 / 총 7획 / 이룰 성 | 丿 厂 厂 万 成 成 成 | 成事(성사) 完成(완성) |

⚠ 모양이 비슷한 '戊(천간 무/3)', '戌(개 술/3)'과 구별할 것!

전체에서 일부를 줄이거나 뺌. ※ 略(간략할·약할 략) – 4급 배정 한자

| 224 | 省 | 부수: 目 / 총 9획 / 살필 성, 덜 생 | ⺊ ⺊ 小 少 少 省 省 省 省 | 反省(반성) 省略(생략) |

하는 일 없이 세월을 보냄. '消'가 '소모하다'를 뜻함.

| 225 | 消 | 부수: 水 / 총 10획 / 사라질 소 | 丶 冫 氵 氵 氵 氵 消 消 消 消 | 消日(소일) 消化(소화) |

'氵'의 원형

| 226 | 速 | 부수: 辵 / 총 11획 / 빠를 속 | 一 厂 ㄇ 日 申 束 束 涑 涑 速 | 速度(속도) 風速(풍속) |

'辶'의 원형

할아버지와 손자를 아울러 이르는 말

| 227 | 孫 | 부수: 子 / 총 10획 / 손자 손 | 子 孑 孒 孖 孙 孫 孫 孫 孫 | 孫子(손자) 祖孫(조손) |

나무를 심음. 또는 심은 나무

| 228 | 樹 | 부수: 木 / 총 16획 / 나무 수 | 木 木 木 札 村 桔 桔 桔 植 植 樹 樹 | 樹林(수림) 植樹(식수) |

| 229 | 術 | 부수: 行 / 총 11획 / 재주 술 | 丿 彳 彳 千 朮 朮 秫 徘 術 術 術 | 術數(술수) 技術(기술) |

| 230 | 習 | 부수: 羽 / 총 11획 / 익힐 습 | ㄱ 기 尹 刁 羽 羽 習 習 習 習 | 習得(습득) 自習(자습) |

🌱 한자의 훈과 음을 생각하며, 순서에 따라 써 보세요.

| 231 勝 | 부수: 力
총 12획
이길 승 | ノ 亻 冂 月 月 肝 胖 胖 朕 朕 勝 勝 | 勝利(승리) 決勝(결승) |

| 232 始 | 부수: 女
총 8획
비로소 시 | ㄴ ㄥ 女 女 女' 女' 始 始 | 始終(시종) 始初(시초) |

⚠ 부수를 '戈(창과)'로 혼동하지 말 것!
의식을 진행하는 순서. '式'이 '의식'을 뜻함.

| 233 式 | 부수: 弋
총 6획
법 식 | 一 二 干 王 式 式 | 式順(식순) 法式(법식) |

'亻'의 원형

| 234 信 | 부수: 人
총 9획
믿을 신 | ノ 亻 亻 亻 信 信 信 信 信 | 信念(신념) 信義(신의) |

⚠ 열 번째와 열한 번째 획을 한 번에 쓰지 말 것!

| 235 新 | 부수: 斤
총 13획
새 신 | ㆍ 二 十 立 立 辛 辛 亲 新 新 新 | 新年(신년) 最新(최신) |

육체나 물질에 대립되는 영혼이나 마음. '神'이 '정신'을 뜻함.

| 236 神 | 부수: 示
총 10획
귀신 신 | 一 二 干 示 示 示 和 和 祖 神 | 神話(신화) 精神(정신) |

⚠ 글자 자체가 부수임에 유의할 것!

| 237 身 | 부수: 身
총 7획
몸 신 | ノ 亻 亻 亻 自 自 身 | 身體(신체) 長身(장신) |

⚠ 모양이 비슷한 '矢(화살 시/3)'와 구별할 것!
운동 경기나 승부 따위에서 점수를 잃음. ※ 點(점 점) - 4급 배정 한자

| 238 失 | 부수: 大
총 5획
잃을 실 | ノ ㅏ 二 失 失 | 失格(실격) 失點(실점) |

⚠ 부수를 '爪(爫)'나 '女'로 혼동하지 말 것!

| 239 愛 | 부수: 心
총 13획
사랑 애 | ㆍ ㆍ ㆍ ㆍ 爫 爫 忍 怒 悉 悉 爱 愛 愛 | 愛情(애정) 親愛(친애) |

⚠ 부수를 'ㅗ'나 '人(亻)'으로 혼동하지 말 것!

| 240 夜 | 부수: 夕
총 8획
밤 야 | ㆍ ㆍ 广 广 疒 疒 夜 夜 | 夜光(야광) 晝夜(주야) |

6급 배정 한자 150자 **043**

6급 배정 한자 150자

한자의 훈과 음을 생각하며, 순서에 따라 써 보세요.

241 野 — 부수: 里, 총 11획, 들 야
획순: 野野野野野野野野野野野
예: 野球(야구), 在野(재야) — 초야에 파묻혀 있다는 뜻으로, 공직에 나아가지 아니하고 민간에 있음을 이르는 말
⚠ '子(아들 자)'로 혼동하지 말 것!

242 弱 — 부수: 弓, 총 10획, 약할 약
예: 強弱(강약), 心弱(심약)

243 藥 — 부수: 艸, 총 19획, 약 약 (약자는 薬, 415쪽)
예: 藥局(약국), 藥草(약초)

244 洋 — 부수: 水, 총 9획, 큰바다 양 ('氵'의 원형)
예: 洋服(양복), 海洋(해양) — 서양식의 의복. '洋'이 '서양'을 뜻함.

245 陽 — 부수: 阜, 총 12획, 볕 양 ('阝'의 원형. ⚠ 글자의 오른쪽에 위치하여 부수로 쓰이는 '邑(阝)'과 구별할 것!)
예: 陽地(양지), 太陽(태양)
⚠ 모양이 비슷한 '場(마당 장/7)'과 구별할 것!

246 言 — 부수: 言, 총 7획, 말씀 언
예: 言語(언어), 名言(명언)
⚠ 글자 자체가 부수임에 유의할 것!

247 業 — 부수: 木, 총 13획, 업 업
예: 業體(업체), 商業(상업) — 직업 / 부여된 과업

248 永 — 부수: 水, 총 5획, 길 영
예: 永遠(영원), 永住(영주) — 한곳에 오래 삶.
⚠ 모양이 비슷한 '水(물 수/8)', '氷(얼음 빙/5)'과 구별할 것!

249 英 — 부수: 艸, 총 9획, 꽃부리 영
예: 英語(영어), 英才(영재) — 영국 말. '英'이 '영국'을 뜻함. 뛰어난 재주. '英'이 '뛰어나다'를 뜻함.
꽃잎 전체를 이르는 말

250 溫 — 부수: 水, 총 13획, 따뜻할 온
예: 溫氣(온기), 溫水(온수)

044 쓰기 배정 한자 익히기

한자의 훈과 음을 생각하며, 순서에 따라 써 보세요.

날래다 : 사람이나 동물의 움직임이 나는 듯이 빠르다.

251 勇 | 부수 : 力 | 총 9획 | 날랠 용
필순: 亠 亣 产 产 育 甬 甬 勇 勇
勇氣(용기) 勇士(용사)

252 用 | 부수 : 用 (글자 자체가 부수임에 유의할 것!) | 총 5획 | 쓸 용
필순: ノ 几 刀 月 用
用例(용례) 信用(신용)

253 運 | 부수 : 辶 ('辶'의 원형) | 총 13획 | 옮길 운
사람이 몸을 단련하거나 건강을 위하여 몸을 움직이는 일. '運'이 '움직이다'를 뜻함.
필순: 冖 宀 宀 宀 宀 宣 軍 軍 渾 渾 運
運動(운동) 運送(운송)

254 園 | 부수 : 囗 | 총 13획 | 동산 원
필순: 丨 冂 冂 門 門 周 周 園 園 園 園 園
公園(공원) 庭園(정원)

255 遠 | 부수 : 辶 | 총 14획 | 멀 원
필순: 一 十 土 吉 吉 吉 声 袁 袁 遠 遠 遠 遠
遠近(원근) 永遠(영원)

256 油 | 부수 : 水 | 총 8획 | 기름 유
필순: 丶 丶 氵 汀 汩 油 油 油
原油(원유) 注油(주유)

257 由 | 부수 : 田 (모양이 비슷한 '曲(굽을 곡/5)'과 구별할 것) | 총 5획 | 말미암을 유
필순: 丨 冂 曰 由 由
由來(유래) 自由(자유)
말미암다 : 어떤 현상이나 사물 따위가 원인이나 이유가 되다.

258 銀 | 부수 : 金 | 총 14획 | 은 은
필순: ノ 𠂉 ⺧ 乍 全 金 金 釓 釔 鈤 鉬 銀 銀
銀貨(은화) 水銀(수은)

259 音 | 부수 : 音 (글자 자체가 부수임에 유의할 것!) | 총 9획 | 소리 음
필순: 丶 一 亠 立 产 咅 咅 音 音
音聲(음성) 音節(음절)

260 飮 | 부수 : 食 | 총 13획 | 마실 음
필순: ノ 𠂉 ⺧ 乍 今 今 숁 食 食 飮 飮 飮
飮料(음료) 飮食(음식)

6급 배정 한자 150자

6급 배정 한자 150자

한자의 훈과 음을 생각하며, 순서에 따라 써 보세요.

| 261 意 | 부수: 心
총 13획
뜻 의 | 丶 亠 亠 立 产 音 音 音 音 意 意 意 | 意向(의향) 同意(동의) |

글자 자체가 부수임에 유의할 것!

| 262 衣 | 부수: 衣
총 6획
옷 의 | 丶 亠 亠 ナ 亢 衣 | 衣服(의복) 白衣(백의) |

약자는 医. 415쪽 >>>

| 263 醫 | 부수: 酉
총 18획
의원 의 | (필순) | 醫院(의원) 名醫(명의) |

'耂'의 원형

| 264 者 | 부수: 老
총 9획
놈 자 | 一 十 土 耂 耂 者 者 者 者 | 記者(기자) 作者(작자) |

'亻'의 원형

| 265 作 | 부수: 人
총 7획
지을 작 | 丿 亻 亻 亻 竹 作 作 | 作文(작문) 始作(시작) |

모양·훈·활용 한자어를 구별할 것!   어제와 오늘을 아울러 이르는 말

| 266 昨 | 부수: 日
총 9획
어제 작 | 丨 冂 冂 日 日' 旷 昨 昨 昨 | 昨今(작금) 昨年(작년) |

| 267 章 | 부수: 立
총 11획
글 장 | 丶 亠 亠 立 产 咅 音 音 音 童 章 | 文章(문장) 初章(초장) |

| 268 在 | 부수: 土
총 6획
있을 재 | 一 ナ 才 右 存 在 | 在學(재학) 現在(현재) |

'手(손 수)'의 변형 부수인 '扌'의 모양이 '才'와 유사한 까닭에 '才'가 '手' 부수에 포함된 것임!

| 269 才 | 부수: 手
총 3획
재주 재 | 一 十 才 | 才能(재능) 天才(천재) |

약자는 战. 415쪽 >>>   '삼전'으로 읽지 말 것!

| 270 戰 | 부수: 戈
총 16획
싸움 전 | (필순) | 戰友(전우) 參戰(참전) |

046 쓰기 배정 한자 익히기

🌱 한자의 훈과 음을 생각하며, 순서에 따라 써 보세요.

| 271 定 정할 정 | 약자는 㝎. 415쪽 >>>
부수: 宀
총 8획 | 丶 宀 宀 宀 宁 宇 定 定 | 定立(정립) 固定(고정) |

| 272 庭 뜰 정 | ⚠ 모양이 비슷한 '延(늘일 연/4)', '廷(조정 정/3Ⅱ)'과 구별할 것!
부수: 广
총 10획 | 丶 亠 广 广 庄 庄 庭 庭 庭 庭 | 庭園(정원) 家庭(가정) |

| 273 第 차례 제 | ⚠ 모양이 비슷한 '弟(아우 제/8)'와 구별할 것!   과거에 떨어짐. '第'가 '과거(관리의 등용 시험)'를 뜻함.
부수: 竹
총 11획 | ノ 人 ケ 竹 竺 竺 笃 笃 第 第 | 第一(제일) 落第(낙제) |

↳ '竹'의 원형

| 274 題 제목 제 | 부수: 頁
총 18획 | 日 旦 早 문 문 是 是 題 題 題 題 | 題目(제목) 無題(무제) |

| 275 朝 아침 조 | ⚠ 모양이 비슷한 '潮(밀물·조수 조/4)'와 구별할 것!   왕이 직접 다스리는 나라. '朝'가 '왕조'를 뜻함.
부수: 月
총 12획 | 一 十 𠮷 吉 吉 直 卓 朝 朝 朝 朝 | 朝夕(조석) 王朝(왕조) |

| 276 族 겨레 족 | ⚠ 모양이 비슷한 '旅(나그네 려/5)'와 구별할 것!
부수: 方
총 11획 | 丶 亠 方 方 方 於 於 族 族 | 族長(족장) 民族(민족) |

| 277 晝 낮 주 | 약자는 昼. 416쪽 >>>   대낮
부수: 日
총 11획 | 그 ヨ ヨ 聿 書 書 書 書 晝 | 晝間(주간) 白晝(백주) |

| 278 注 부을 주 | ⚠ 모양이 비슷한 '書(글 서/6)', '畫(그림 화/6)'와 구별할 것!   ※ 射(쏠 사) - 4급 배정 한자
부수: 水
총 8획 | 丶 丶 氵 氵 汁 注 注 注 | 注射(주사) 注入(주입) |

| 279 集 모을 집 | ⚠ 모양이 비슷한 '住(살 주/7)'와 구별할 것!
부수: 隹
총 12획 | ノ 亻 亻 亻 仃 佳 隹 隹 集 集 | 集合(집합) 文集(문집) |

| 280 窓 창 창 | 부수: 穴
총 11획 | 丶 宀 宀 宀 宀 空 空 窓 窓 窓 | 窓門(창문) 鐵窓(철창) |

6급 배정 한자 150자   **047**

한자의 훈과 음을 생각하며, 순서에 따라 써 보세요.

번호	한자	부수/획수/훈음	필순	단어
281	清	부수: 水 / 총 11획 / 맑을 청	丶 丶 氵 氵 氵 汁 浐 清 清 清 清	清潔(청결) 清明(청명)
282	體	부수: 骨 / 총 23획 / 몸 체 (약자는 体. 416쪽 >>>)	丨 冂 日 月 骨 骨 骨 骼 體 體 體 體 體	體育(체육) 身體(신체)
283	親	부수: 見 / 총 16획 / 친할 친	丶 亠 立 产 亲 亲 亲 剃 剃 親 親 (⚠ '체친'으로 읽지 말 것!)	親近(친근) 切親(절친)
284	太	부수: 大 / 총 4획 / 클 태 (⚠ 모양이 비슷한 '大(큰 대/8)'와 구별할 것!)	一 ナ 大 太	太平(태평) 太初(태초) — 하늘과 땅이 생겨난 맨 처음. '太'가 '처음'을 뜻함.
285	通	부수: 辶 / 총 11획 / 통할 통	乛 乛 冎 甬 甬 甬 甬 涌 涌 通	通話(통화) 直通(직통)
286	特	부수: 牛 / 총 10획 / 특별할 특 (⚠ 모양이 비슷한 '待(기다릴 대/6)'와 구별할 것!)	丿 一 ㄠ 牛 牛 牛 牜 特 特 特	特別(특별) 獨特(독특)
287	表	부수: 衣 / 총 8획 / 겉 표 (⚠ 부수가 '衣(옷 의)'임에 유의할 것!)	一 二 キ 主 表 表 表 表	表情(표정) 地表(지표)
288	風	부수: 風 / 총 9획 / 바람 풍 (⚠ 글자 자체가 부수임에 유의할 것!)	丿 几 凡 凡 凨 凨 風 風 風	風速(풍속) 風習(풍습) — 풍속과 습관을 아울러 이르는 말. '風'이 '풍속'을 뜻함.
289	合	부수: 口 / 총 6획 / 합할 합	丿 人 𠆢 合 合 合	合心(합심) 團合(단합)
290	幸	부수: 干 / 총 8획 / 다행 행 (⚠ 모양이 비슷한 '辛(매울 신/3)'과 구별할 것!)	一 十 土 圡 幸 幸 幸 幸	幸福(행복) 多幸(다행)

쓰기 배정 한자 익히기

한자의 훈과 음을 생각하며, 순서에 따라 써 보세요.

291 行 — 부수: 行, 총 6획, 다닐 행, 항렬 항
　`丶 ㇒ 彳 彳 行 行`
　行人(행인)　行列(항렬·행렬)
　※ 글자 자체가 부수임에 유의할 것!
　※ 여럿이 줄지어 감. 또는 그런 줄 / 같은 혈족의 직계에서 갈라져 나간 계통 사이의 대수 관계를 나타내는 말

292 向 — 부수: 口, 총 6획, 향할 향
　`丿 丶 冂 向 向 向`
　方向(방향)　指向(지향)

293 現 — 부수: 玉, 총 11획, 나타날 현
　`一 二 T 王 町 珂 珂 玥 玥 珇 現`
　現狀(현상)　實現(실현)
　※ '王'의 원형
　※ '현장'으로 읽지 말 것!

294 形 — 부수: 彡, 총 7획, 모양 형
　`一 二 于 开 开 形 形`
　形式(형식)　人形(인형)
　※ 모양이 비슷한 '刑(형벌 형/4)'과 구별할 것!

295 號 — 부수: 虍, 총 13획, 이름 호
　`丶 口 口 口 号 号 号 号 号 號 號 號 號`
　國號(국호)　商號(상호)
　※ 약자는 号. 416쪽 >>>

296 和 — 부수: 口, 총 8획, 화할 화
　`丿 二 千 千 禾 禾 和 和`
　和合(화합)　平和(평화)

297 畫 — 부수: 田, 총 12획, 그림 화, 그을 획
　`㇇ ㇒ 크 글 丰 圭 聿 書 書 書 畫 畫`
　畫家(화가)　畫順(획순)
　※ 약자는 画. 416쪽 >>>
　※ 모양이 비슷한 '書(글 서/6)', '晝(낮 주/6)'와 구별할 것!
　※ '화순'으로 읽지 말 것!

298 黃 — 부수: 黃, 총 12획, 누를 황
　`一 十 卄 丱 苙 苺 苺 莆 黃 黃 黃`
　黃河(황하)　牛黃(우황)
　※ 글자 자체가 부수임에 유의할 것!

299 會 — 부수: 曰, 총 13획, 모일 회
　`丿 人 人 스 合 슴 슮 슮 會 會 會 會`
　會見(회견)　面會(면회)
　※ 약자는 会. 416쪽 >>>

300 訓 — 부수: 言, 총 10획, 가르칠 훈
　`丶 二 三 言 言 言 訓 訓 訓 訓`
　訓話(훈화)　敎訓(교훈)

5급 배정 한자 200자

한자의 훈과 음을 생각하며, 순서에 따라 써 보세요.

301 價 — 약자는 価. 413쪽
- 부수: 人
- 총 15획
- 값 가
- 획순: ノ 亻 亻 亻 俨 俨 俨 俨 僧 僧 價
- 價格(가격) 代價(대가)

302 加
- 부수: 力
- 총 5획
- 더할 가
- 획순: フ カ カ 加 加
- 加工(가공) 加熱(가열)

303 可 — '口'를 세로획(다섯 번째 획)보다 먼저 쓸 것!
- 부수: 口
- 총 5획
- 옳을 가
- 획순: 一 ㄣ 可 可 可
- 옳고 그름. ※ 否(아닐 부)-4급 배정 한자
- 可決(가결) 可否(가부)

304 改 — '攵'의 원형
- 부수: 攴
- 총 7획
- 고칠 개
- 획순: フ コ 己 己' 己' 改 改
- 改良(개량) 改造(개조)

305 客 — 주인과 손 / 주되는 것과 부차적인 것
- 부수: 宀
- 총 9획
- 손 객
- 획순: ヽ 宀 宀 宀 灾 安 客 客
- 客室(객실) 主客(주객)

306 去
- 부수: 厶
- 총 5획
- 갈 거
- 획순: 一 十 土 去 去
- 去來(거래) 過去(과거)

307 擧 — 약자는 挙. 413쪽 / 손을 위로 들어 올림. / 찬성과 반대, 경례 따위의 의사를 나타내는 경우에 쓰임.
- 부수: 手
- 총 18획
- 들 거
- 擧手(거수) 選擧(선거)

308 件 — '亻'의 원형
- 부수: 人
- 총 6획
- 물건 건
- 획순: ノ 亻 亻 亻 仁 件
- 物件(물건) 事件(사건)

309 健 — 부수를 '廴'으로 혼동하지 말 것! / 건강하고 씩씩한 사나이
- 부수: 人
- 총 11획
- 굳셀 건
- 획순: ノ 亻 亻 亻 亻 亻 亻 俥 倢 健 健
- 健康(건강) 健兒(건아)

310 建 — 모양·훈·활용 한자어를 구별할 것!
- 부수: 廴
- 총 9획
- 세울 건
- 획순: フ ユ ヨ ㅋ ㅋ 聿 聿 建 建
- 建國(건국) 再建(재건)

050 쓰기 배정 한자 익히기

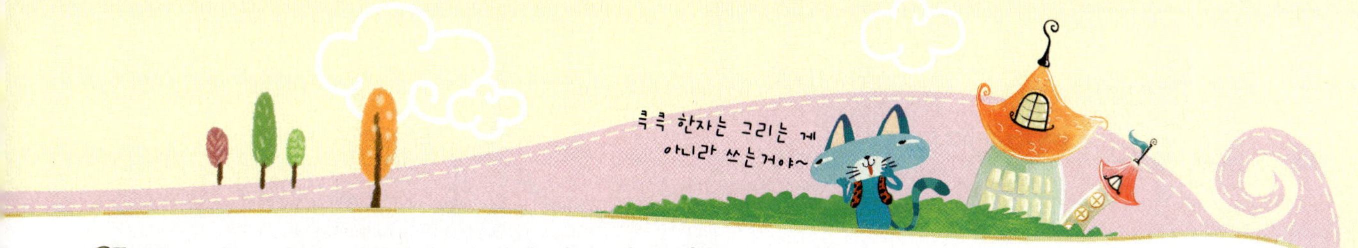

🌱 한자의 훈과 음을 생각하며, 순서에 따라 써 보세요.

| 311 | 부수: 木 총 10획 격식 격 | 一 十 才 木 朴 杉 柊 柊 格 格 | 格式(격식) 品格(품격) |

⚠ 글자 자체가 부수임에 유의할 것! ⚠ '알견'으로 읽지 말 것! 지체가 높고 귀한 사람을 찾아가 뵘. ※謁(뵐 알)-3급 배정 한자

| 312 | 부수: 見 총 7획 볼 견, 뵈올 현 | 1 Π Ħ 月 目 貝 見 | 見聞(견문) 謁見(알현) |

'氵'의 원형   완전히 결정함.

| 313 | 부수: 水 총 7획 결단할 결 | 丶 冫 氵 汀 江 決 決 | 決算(결산) 完決(완결) |

완전하게 끝을 맺음. cf.完決(완결)

| 314 | 부수: 糸 총 12획 맺을 결 | 乙 幺 幺 糸 糸 糽 紝 紝 結 結 結 | 結末(결말) 完結(완결) |

| 315 | 부수: 攵 총 13획 공경 경 | 一 十 卄 艹 芍 苟 苟 茍 莟 敬 敬 | 敬禮(경례) 敬語(경어) |

자연이나 지역의 풍경. '景'이 '경치'로 쓰임.

| 316 | 부수: 日 총 12획 볕 경 | 丶 冂 曰 日 旦 尸 异 昦 景 景 | 景致(경치) 風景(풍경) |

해가 내리쬐는 뜨거운 기운

| 317 | 부수: 立 총 20획 다툴 경 | 丶 二 〒 立 立 立 音 音 竟 竟 竸 競 | 競技(경기) 競賣(경매) |

약자는 軽. 413쪽>>>

| 318 | 부수: 車 총 14획 가벼울 경 | 一 厂 仄 百 亘 車 車 軒 軽 輕 | 輕量(경량) 輕重(경중) |

마음속에 생각하고 있는 것이나 감추어 둔 것을 사실대로 숨김없이 말함.

| 319 | 부수: 口 총 7획 고할 고 | 丿 卜 止 屮 屮 告 告 | 告白(고백) 廣告(광고) |

| 320 | 부수: 口 총 8획 굳을 고 | 丨 冂 冂 円 冃 闬 固 固 | 固着(고착) 固體(고체) |

5급 배정 한자 200자 **051**

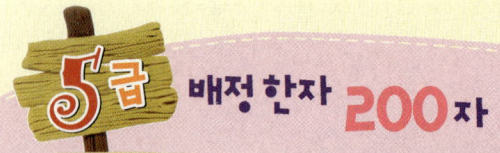 

5급 배정 한자 200자

한자의 훈과 음을 생각하며, 순서에 따라 써 보세요.

번호	한자	부수/획수/훈음	필순	용례
321	考	부수: 老 / 총 6획 / 생각할 고	一 十 土 耂 耂 考	再考(재고) 參考(참고)
322	曲	부수: 曰 / 총 6획 / 굽을 곡	丨 冂 冂 曲 曲 曲	曲線(곡선) 曲直(곡직)
323	課	부수: 言 / 총 15획 / 공부할·과정 과	丶 亠 宀 言 言 言 訁 訁 訁 評 評 課 課	課程(과정) 課題(과제)
324	過	부수: 辶 / 총 13획 / 지날 과	丨 冂 冂 冎 咼 咼 渦 渦 過 過	過勞(과로) 通過(통과)
325	觀	부수: 見 / 총 25획 / 볼 관	艹 艹 艹 芓 莕 萑 萑 雚 雚 雚 觀 觀 觀	觀光(관광) 主觀(주관) 客觀(객관)
326	關	부수: 門 / 총 19획 / 관계할 관	丨 冂 門 門 門 門 閂 閈 閖 關 關 關	關係(관계) 關與(관여)
327	廣	부수: 广 / 총 15획 / 넓을 광	丶 广 广 广 产 庐 庐 庐 席 廣 廣 廣	廣野(광야) 廣場(광장)
328	橋	부수: 木 / 총 16획 / 다리 교	木 木 木 栌 栌 栌 栌 桥 橋 橋 橋 橋	大橋(대교) 陸橋(육교)
329	具	부수: 八 / 총 8획 / 갖출 구	丨 冂 冃 月 目 且 具 具	具色(구색) 畫具(화구)
330	救	부수: 攴 / 총 11획 / 구원할 구	一 十 寸 寸 寸 求 求 求 敖 救 救	救命(구명) 救助(구조)

·구원하다 : 어려움이나 위험에 빠진 사람을 구하여 주다.   cf. 구하다 : 필요한 것을 찾거나 또는 그렇게 하여 얻다.

한자의 훈과 음을 생각하며, 순서에 따라 써 보세요.

331 舊 — 부수: 臼, 총 18획, 예 **구**
⚠ 부수를 '艹(사)'로 혼동하지 말 것! ⚠ 필순에 유의할 것!
艹 扩 花 荅 萑 萑 舊 舊 舊 舊 舊
舊式(구식) 親舊(친구)
— 약자는 旧. 413쪽 >>>

332 局 — 부수: 尸, 총 7획, 판 **국**
ᄀ ᄀ 尸 月 局 局 局
局面(국면) 形局(형국)

333 貴 — 부수: 貝, 총 12획, 귀할 **귀**
⚠ 모양이 비슷한 '責(꾸짖을 책/5)'과 구별할 것!
丶 ᄂ 口 冎 虫 虫 冉 青 昔 昔 貴 貴
貴族(귀족) 貴重(귀중)

334 規 — 부수: 見, 총 11획, 법 **규**
一 二 キ 夫 刲 却 却 担 規 規 規
規定(규정) 法規(법규)

335 給 — 부수: 糸, 총 12획, 줄 **급**
丶 幺 幺 幺 幺 糸 糹 糹 給 給 給 給
給食(급식) 月給(월급)

336 基 — 부수: 土, 총 11획, 터 **기**
一 十 廾 卄 甘 其 其 其 基 基 基
基地(기지) 基準(기준)

337 己 — 부수: 己, 총 3획, 몸 **기**
⚠ 글자 자체가 부수임에 유의할 것!
ᄀ ᄀ 己
自己(자기) 知己(지기) — 자기의 속마음을 참되게 알아주는 친구
⚠ 모양이 비슷한 '已(이미 이/3Ⅱ)', '巳(뱀 사/3)'와 구별할 것!

338 技 — 부수: 手, 총 7획, 재주 **기**
一 十 才 才 扌 扙 技
技能(기능) 特技(특기)
— '扌'의 원형

339 期 — 부수: 月, 총 12획, 기약할 **기**
一 十 廾 卄 甘 其 其 期 期 期 期
期約(기약) 早期(조기) — 이른 시기. '期'가 '때, 시기'를 뜻함.

340 汽 — 부수: 水, 총 7획, 물끓는김 **기**
— '氵'의 원형
丶 丶 氵 氵 汘 汽 汽
汽船(기선) 汽車(기차)
⚠ '기거'로 읽지 말 것!

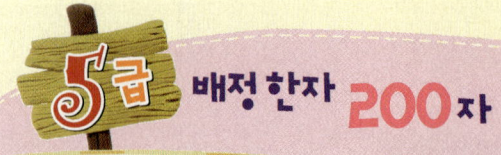 

5급 배정한자 200자

한자의 훈과 음을 생각하며, 순서에 따라 써 보세요.

| 341 吉 | 부수: 口 / 총 6획 / 길할 길 | 一 十 士 吉 吉 吉 | 吉運(길운) 吉日(길일) |

| 342 念 | 부수: 心 / 총 8획 / 생각 념 | ノ 人 亼 今 今 念 念 念 | 念頭(염두) 觀念(관념) |

— '月(육달월)'의 원형. ⚠ 부수를 '月(달 월)'로 혼동하지 말것!

| 343 能 | 부수: 肉 / 총 10획 / 능할 능 | 스 厶 自 自 自 自 能 能 能 | 能力(능력) 本能(본능) |

— 약자는 団 413쪽 >>>
여럿이 모여 이룬 모임. '團'이 '단체'를 뜻함.

| 344 團 | 부수: 口 / 총 14획 / 둥글 단 | 丨 冂 冂 冂 冂 同 同 同 同 周 厠 團 團 團 | 團體(단체) 集團(집단) |

⚠ 모양이 비슷한 '檀(박달나무 단/4Ⅱ)'과 구별할 것!

| 345 壇 | 부수: 土 / 총 16획 / 단 단 | 土 圹 圹 圹 圹 坮 坮 坛 增 壇 壇 | 登壇(등단) 花壇(화단) |

| 346 談 | 부수: 言 / 총 15획 / 말씀 담 | ` 亠 ⺈ 丶 言 言 言 訁 訁 談 談 談 | 談話(담화) 相談(상담) |

— 약자는 当 413쪽 >>>

| 347 當 | 부수: 田 / 총 13획 / 마땅 당 | ㅣ ⺌ ⺌ 尙 尙 尙 尙 當 當 當 當 當 當 | 當選(당선) 正當(정당) |

⚠ 부수를 '心'으로 혼동하지 말것!
남이 잘되기를 비는 말. '德'이 '덕(고매하고 너그러운 도덕적 품성)'을 뜻함.

| 348 德 | 부수: 彳 / 총 15획 / 큰 덕 | 彳 彳 彳 彳 彳 德 德 德 德 德 | 德談(덕담) 道德(도덕) |

— '刂'의 원형

| 349 到 | 부수: 刀 / 총 8획 / 이를 도 | 一 厶 ム 云 至 至 到 到 | 到來(도래) 當到(당도) |

⚠ 모양이 비슷한 '倒(넘어질 도/3Ⅱ)'와 구별할 것!
길게 줄을 지은 모양으로 늘어서 있는 여러 개의 섬

| 350 島 | 부수: 山 / 총 10획 / 섬 도 | ` ⺁ 宀 户 自 鸟 鸟 島 島 島 | 獨島(독도) 列島(열도) |

⚠ 모양이 비슷한 '鳥(새 조/4Ⅱ)'와 구별할것!

054 쓰기 배정 한자 익히기

한자의 훈과 음을 생각하며, 순서에 따라 써 보세요.

번호	한자	부수/획수/훈음	필순	용례
351	都	부수: 邑 / 총 12획 / 도읍 도	一 十 土 耂 耂 者 者 者 者' 都 都	都心(도심) 首都(수도)
352	獨	부수: 犬 / 총 16획 / 홀로 독 (약자는 独)	ノ ノ 犭 犭 犭 犭 犭 犭 犭 獨 獨 獨 獨	獨食(독식) 獨走(독주)
353	落	부수: 艹 / 총 13획 / 떨어질 락	一 十 艹 艹 艹 艹 艹 莎 莎 茨 落 落 落	落選(낙선) 下落(하락)
354	朗	부수: 月 / 총 11획 / 밝을 랑	丶 ㇈ ㇈ 艮 艮 良 良 朗 朗 朗 朗	朗讀(낭독) 明朗(명랑)
355	冷	부수: 冫 / 총 7획 / 찰 랭	丶 冫 冫 个 汵 冷 冷	冷房(냉방) 溫冷(온랭)
356	良	부수: 艮 / 총 7획 / 어질 량	丶 ㇈ ㇈ 艮 艮 良 良	良心(양심) 良質(양질)
357	量	부수: 里 / 총 12획 / 헤아릴 량	丨 口 曰 旦 旦 早 昌 昌 昌 量 量 量	減量(감량) 數量(수량)
358	旅	부수: 方 / 총 10획 / 나그네 려	一 亠 方 方 方 方 於 旅 旅 旅	旅費(여비) 旅行(여행)
359	歷	부수: 止 / 총 16획 / 지날 력	一 厂 厂 厂 厂 厂 厤 厤 厤 歷 歷 歷	歷代(역대) 來歷(내력)
360	練	부수: 糸 / 총 15획 / 익힐 련	丶 乄 幺 幺 糸 糸 糽 糽 細 練 練	練習(연습) 訓練(훈련)

5급 배정 한자 200자　055

한자의 훈과 음을 생각하며, 순서에 따라 써 보세요.

| 361 令 하여금 령 | 부수: 人 총 5획 | ノ 人 ᄉ 今 令 | 법률과 명령을 아울러 이르는 말. '令'이 '명령'을 뜻함. 命令(명령) 法令(법령) |

| 362 領 거느릴 령 | 부수: 頁 총 14획 | 領 (필순) | 領土(영토) 領海(영해) |

약자는 労. 414쪽 >>>

| 363 勞 일할 로 | 부수: 力 총 12획 | 勞 (필순) | 勞動(노동) 勤勞(근로) |

⚠ 모양이 비슷한 '科(과목 과/6)'와 구별할 것!

| 364 料 헤아릴 료 | 부수: 斗 총 10획 | 料 (필순) | 어떤 물건을 만드는 데 들어가는 재료. '料'가 '재료'를 뜻함. 料量(요량) 原料(원료) |

'氵'의 원형

| 365 流 흐를 류 | 부수: 水 총 10획 | 流 (필순) | 流速(유속) 流行(유행) |

| 366 類 무리 류 | 부수: 頁 총 19획 | 類 (필순) | 分類(분류) 魚類(어류) |

'阝'의 원형 ⚠ 글자의 오른쪽에 위치하여 부수로 쓰이는 '邑(阝)'과 구별할 것!

| 367 陸 뭍 륙 | 부수: 阜 총 11획 | 陸 (필순) | 陸地(육지) 內陸(내륙) |

지구의 표면에서 바다를 뺀 나머지 부분

동력이나 일의 양을 나타내는 실용 단위(말 한 마리의 힘에 해당하는 일의 양)

| 368 馬 말 마 | 부수: 馬 총 10획 | 馬 (필순) | 馬力(마력) 競馬(경마) |

⚠ 글자 자체가 부수임에 유의할 것!

| 369 末 끝 말 | 부수: 木 총 5획 | 一 二 午 才 末 | 末期(말기) 週末(주말) |

⚠ 모양이 비슷한 '未(아닐 미/4Ⅱ)'와 구별할 것!

| 370 亡 망할 망 | 부수: 亠 총 3획 | 丶 亠 亡 | 亡身(망신) 敗亡(패망) |

056 쓰기 배정 한자 익히기

🌱 한자의 훈과 음을 생각하며, 순서에 따라 써 보세요.

371 望	부수: 月 총 11획 바랄 망	丶 亠 亡 切 切 妇 妇 望 望 望 望	落望(낙망) 所望(소망)

⚠ 모양·훈·활용 한자어를 구별할 것!

372 買	부수: 貝 총 12획 살 매	丶 冂 冂 四 四 罒 罒 胃 胃 買 買 買	買收(매수) 買入(매입)

─ 약자는 売. 414쪽 >>>

373 賣	부수: 貝 총 15획 팔 매	一 十 土 吉 吉 吉 声 声 壳 壹 賣	強賣(강매) 都賣(도매)

'灬'의 원형

374 無	부수: 火 총 12획 없을 무	丿 二 仁 仁 仨 血 舞 舞 無 無 無	無能(무능) 無色(무색)

─ 약자는 无. 414쪽 >>>

375 倍	부수: 人 총 10획 곱 배	丿 亻 亻 仁 佐 佑 佐 佐 倍 倍	倍加(배가) 倍數(배수)

⚠ 모양이 비슷한 '培(북돋울 배/3Ⅱ)'와 구별할 것!

376 法	부수: 水 총 8획 법 법	丶 冫 氵 汁 汁 法 法 法	法規(법규) 兵法(병법)

─ 약자는 変. 414쪽 >>>

377 變	부수: 言 총 23획 변할 변	言 訁 結 結 結 結 結 縊 縊 戀 戀 變	變化(변화) 不變(불변)

⚠ 부수를 '糸'나 '攴(攵)'으로 혼동하지 말 것!

378 兵	부수: 八 총 7획 병사 병	一 厂 F 斤 丘 兵 兵	兵器(병기) 兵卒(병졸)

행복과 이익을 아울러 이르는 말

379 福	부수: 示 총 14획 복 복	一 二 亍 禾 禾 禾 ネ 禄 福 福 福	福利(복리) 祝福(축복)

부모나 조부모와 같은 웃어른을 받들어 모심.

380 奉	부수: 大 총 8획 받들 봉	一 二 三 声 夫 去 表 奉	奉養(봉양) 信奉(신봉)

5급 배정 한자 200자

5급 배정 한자 200자

한자의 훈과 음을 생각하며, 순서에 따라 써 보세요.

번호	한자	부수/획수/훈음	쓰기 순서	유의사항 / 예시
381	比	부수: 比 / 총 4획 / 견줄 비	一 ト 比 比	글자 자체가 부수임에 유의할 것! / 다른 것과 비교할 때 차지하는 중요도 — 比重(비중) 對比(대비)
382	費	부수: 貝 / 총 12획 / 쓸 비	費費費費費費費費費費費費	모양이 비슷한 '北(북녘 북/8)'과 구별할 것! / 經費(경비) 消費(소비)
383	鼻	부수: 鼻 / 총 14획 / 코 비	鼻鼻鼻鼻鼻鼻鼻鼻鼻鼻鼻鼻鼻鼻	글자 자체가 부수임에 유의할 것! / 콧구멍. ※孔(구멍 공)-4급 배정 한자 / 코웃음 — 鼻孔(비공) 鼻笑(비소)
384	氷	부수: 水 / 총 5획 / 얼음 빙	丶丨氵氷氷	모양이 비슷한 '永(길 영/6)'과 구별할 것! / 氷河(빙하) 結氷(결빙)
385	仕	부수: 人 / 총 5획 / 섬길 사	丿 亻 什 仕	모양이 비슷한 '任(맡길 임/5)'과 구별할 것! / 벼슬살이를 함. '仕'가 '벼슬'을 뜻함. — 仕官(사관) 奉仕(봉사)
386	史	부수: 口 / 총 5획 / 사기 사	丨 口 口 史 史	역사의 발전 법칙에 대한 체계적인 견해. '史'가 '역사'를 뜻함. — 史觀(사관) 歷史(역사)
387	士	부수: 士 / 총 3획 / 선비 사	一 十 士	모양이 비슷한 '土(흙 토/8)'와 구별할 것! / 사(士)와 대부(大夫)를 아울러 이르는 말. 문무 양반(文武兩班)을 일반 평민층에 상대하여 이르는 말임. — 士氣(사기) 士大夫(사대부)
388	寫	부수: 宀 / 총 15획 / 베낄 사	寫寫寫寫寫寫寫寫寫寫寫寫寫寫寫	약자는 写. 414쪽 >>> / 베끼어 씀. — 寫本(사본) 筆寫(필사)
389	思	부수: 心 / 총 9획 / 생각 사	丨 口 曰 田 田 思 思 思	思考(사고) 思想(사상)
390	査	부수: 木 / 총 9획 / 조사할 사	一 十 才 木 杏 杏 杏 査 査	조사하거나 심사하여 결정함. 예) 입학 査定 회의 — 査定(사정) 調査(조사)

058 쓰기 배정 한자 익히기

🌱 한자의 훈과 음을 생각하며, 순서에 따라 써 보세요.

| 391 産 | 부수: 生
총 11획
낳을 산 | 丶 亠 ㅗ 立 产 产 产 产 産 産 | 産苦(산고) 難産(난산) |

| 392 商 | 부수: 口
총 11획
장사 상 | 丶 亠 ㅗ 亠 产 商 商 商 商 商 商 | 商街(상가) 行商(행상) |

⚠ 부수를 '木'으로 혼동하지 말 것!

| 393 相 | 부수: 目
총 9획
서로 상 | 一 十 才 木 朼 机 相 相 相 | 相對(상대) 相反(상반) |

⚠ 모양이 비슷한 '償(갚을 상/3Ⅱ)'과 구별할 것!

| 394 賞 | 부수: 貝
총 15획
상줄 상 | 丶 ⺌ ⺌ ⺍ 氺 肖 常 常 賞 賞 賞 | 賞金(상금) 銀賞(은상) |

⚠ '서렬'로 읽지 말 것!

| 395 序 | 부수: 广
총 7획
차례 서 | 丶 亠 广 庐 庐 序 序 | 序列(서열) 順序(순서) |

⚠ '子(아들 자)'로 혼동하지 말 것!

| 396 仙 | 부수: 人
총 5획
신선 선 | 丿 亻 仉 仙 仙 | 仙女(선녀) 神仙(신선) |

'亻'의 원형

| 397 善 | 부수: 口
총 12획
착할 선 | 丶 丷 ⺌ 䒑 羊 羊 盖 盖 善 善 善 | 善惡(선악) 改善(개선) |

| 398 船 | 부수: 舟
총 11획
배 선 | 丿 刀 月 月 月 舟 舟 舡 舩 船 船 | 船長(선장) 漁船(어선) |

'辶'의 원형

| 399 選 | 부수: 辵
총 16획
가릴 선 | 一 ㄱ 巳 吧 吧 呷 巽 巽 巽 㢠 選 選 | 選手(선수) 選出(선출) |

⚠ 부수를 '羊'으로 혼동하지 말 것!

| 400 鮮 | 부수: 魚
총 17획
고울 선 | 丿 ⺈ 宀 卆 产 肏 角 角 魚 魚 魣 鮮 | 鮮明(선명) 新鮮(신선) |

5급 배정 한자 200자 **059**

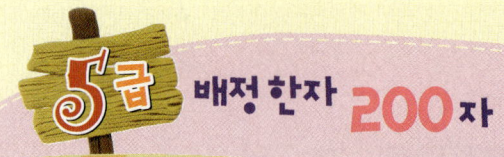 

한자의 훈과 음을 생각하며, 순서에 따라 써 보세요.

401	說 말씀 설, 달랠 세	부수: 言 총 14획	'유설'로 읽지 말 것! 자기 의견 또는 자기 소속 정당의 주장을 선전하며 돌아다님. ※ 遊(놀 유) - 4급 배정 한자 說明(설명) 遊說(유세)

| 402 | 性 성품 성 | 부수: 心 총 8획 | 'ㅣ'의 원형 / 습관이 되어버린 성질. '性'이 '성질'을 뜻함. 性品(성품) 習性(습성) |

모양이 비슷한 '姓(성 성/7)'과 구별할 것!

| 403 | 歲 해 세 | 부수: 止 총 13획 | 歲拜(세배) 萬歲(만세) |

| 404 | 洗 씻을 세 | 부수: 水 총 9획 | 'ㅣ'의 원형 / '세거'로 읽지 말 것! 洗面(세면) 洗車(세차) |

모양이 비슷한 '束(동녘 동/8)'과 구별할 것!

| 405 | 束 묶을 속 | 부수: 木 총 7획 | 結束(결속) 團束(단속) |

| 406 | 首 머리 수 | 부수: 首 총 9획 | 글자 자체가 부수임에 유의할 것! 등급이나 직위 따위에서 맨 윗자리. '首'가 '우두머리, 첫째'를 뜻함. 首席(수석) 元首(원수) |

| 407 | 宿 잘 숙, 별자리 수 | 부수: 宀 총 11획 | '성숙'으로 읽지 말 것! 모든 별자리의 별들 宿食(숙식) 星宿(성수) |

| 408 | 順 순할 순 | 부수: 頁 총 12획 | 順理(순리) 順應(순응) |

| 409 | 示 보일 시 | 부수: 示 총 5획 | 글자 자체가 부수임에 유의할 것! 明示(명시) 展示(전시) |

| 410 | 識 알 식, 기록할 지 | 부수: 言 총 19획 | '표식'으로 읽지 말 것! 표시나 특징으로 어떤 사물을 다른 것과 구별하게 함. 또는 그 표시나 특징. ※ 標(표할 표) - 4급 배정 한자 常識(상식) 標識(표지) |

🌱 한자의 훈과 음을 생각하며, 순서에 따라 써 보세요.

411 臣
- ⚠ 글자 자체가 부수임에 유의할 것!
- 부수: 臣
- 총 6획
- 신하 **신**
- 臣下(신하) 功臣(공신)

412 實
- 약자는 実. 415쪽 >>>
- 부수: 宀
- 총 14획
- 열매 **실**
- 果實(과실) 充實(충실)
- 잘 갖추어지고 알참. '實'이 '차다, 충만하다'를 뜻함.

413 兒
- 약자는 児. 415쪽 >>>
- 부수: 儿
- 총 8획
- 아이 **아**
- 兒童(아동) 育兒(육아)

414 惡
- 약자는 悪. 415쪽 >>>
- ⚠ 네 번째와 다섯 번째 획에 유의할 것!
- 부수: 心
- 총 12획
- 악할 **악**, 미워할 **오**
- 惡黨(악당) 惡寒(오한)
- ⚠ '악한'으로 읽지 말 것! 추위를 싫어함. / 몸이 오슬오슬 춥고 떨리는 증상

415 案
- 부수: 木
- 총 10획
- 책상 **안**
- 書案(서안) 議案(의안)
- 회의에서 심의하고 토의할 안건. '案'이 '안건'을 뜻함.

416 約
- 부수: 糸
- 총 9획
- 맺을 **약**
- 約束(약속) 密約(밀약)

417 養
- 부수: 食
- 총 15획
- 기를 **양**
- 養成(양성) 敎養(교양)

418 漁
- 부수: 水
- 총 14획
- 고기잡을 **어**
- 漁夫(어부) 出漁(출어)

⚠ 모양·훈·활용 한자어를 구별할 것!

419 魚
- 부수: 魚
- 총 11획
- 물고기 **어**
- 魚族(어족) 活魚(활어)

420 億
- '亻'의 원형
- ⚠ 글자 자체가 부수임에 유의할 것!
- 부수: 人
- 총 15획
- 억 **억**
- 億萬長者(억만장자)

⚠ 모양이 비슷한 '意(뜻 의/6)'와 구별할 것!

5급 배정 한자 200자

5급 배정 한자 200자

한자의 훈과 음을 생각하며, 순서에 따라 써 보세요.

| 421 | 熱 | 부수: 火 / 총 15획 / 더울 열 | '灬'의 원형 | 어떤 일에 온 정성을 다하여 골똘하게 힘씀. '熱'이 '열중하다'를 뜻함. 熱心(열심) 發熱(발열) |

| 422 | 葉 | 부수: 艹 / 총 13획 / 잎 엽 | '艹'의 원형 | 잎이 침엽(바늘처럼 가늘고 길며 끝이 뾰족한 잎)으로 된 겉씨 식물. ※針(바늘 침)-4급 배정 한자 落葉(낙엽) 針葉樹(침엽수) |

| 423 | 屋 | 부수: 尸 / 총 9획 / 집 옥 | | 屋上(옥상) 洋屋(양옥) |

| 424 | 完 | 부수: 宀 / 총 7획 / 완전할 완 | | 完工(완공) 完勝(완승) |

| 425 | 曜 | 부수: 日 / 총 18획 / 빛날 요 | | 金曜日(금요일) |

| 426 | 要 | 부수: 襾 / 총 9획 / 요긴할 요 | | 긴요한 일이나 안건 要件(요건) 重要(중요) |

| 427 | 浴 | 부수: 水 / 총 10획 / 목욕할 욕 | '氵'의 원형 | 浴室(욕실) 海水浴(해수욕) |

| 428 | 友 | 부수: 又 / 총 4획 / 벗 우 | | 友愛(우애) 友情(우정) |

| 429 | 牛 | 부수: 牛 / 총 4획 / 소 우 | | 소의 쓸개 속에 병으로 생긴 덩어리. 열을 없애고 독을 푸는 작용을 하여, 중풍·열병 따위에 쓴다. 牛角(우각) 牛黃(우황) |

| 430 | 雨 | 부수: 雨 / 총 8획 / 비 우 | ⚠ 글자 자체가 부수임에 유의할 것! | 雨期(우기) 雨天(우천) |

062 쓰기 배정 한자 익히기

🌱 한자의 훈과 음을 생각하며, 순서에 따라 써 보세요.

| 431 雲 | 부수 : 雨 총 12획 구름 운 | 一 一 戸 币 乕 雨 雪 雪 雪 雲 雲 雲 | 雲集(운집) 白雲(백운) |

| 432 雄 | 부수 : 隹 총 12획 수컷 웅 | 一 ナ ナ 左 広 広 広 対 雄 雄 雄 雄 | 지혜와 재능이 뛰어나고 용맹하여 보통 사람이 하기 어려운 일을 해내는 사람. '雄'이 '뛰어나다'를 뜻함. 雄性(웅성) 英雄(영웅) |

| 433 元 | 부수 : 儿 총 4획 으뜸 원 | 一 二 テ 元 | 元首(원수) 元祖(원조) |

| 434 原 | 부수 : 厂 총 10획 언덕 원 | 一 厂 厂 厂 盾 盾 盾 原 原 原 | 雪原(설원) 草原(초원) |

| 435 院 | 부수 : 阜 총 10획 집 원 | ' 卩'의 원형. ⚠ 글자의 오른쪽에 위치하여 부수로 쓰이는 '邑(卩)'과 구별할 것! ' 3 阝 阝' 阝' 阡 阡 院 院 院 | 法院(법원) 學院(학원) |

| 436 願 | 부수 : 頁 총 19획 원할 원 | 一 厂 厂 厂 盾 盾 盾 原 原 原 原 原 願 願 | 마음에 간절히 생각하고 기원함. 願書(원서) 念願(염원) |

| 437 位 | 부수 : 人 총 7획 자리 위 | '亻'의 원형 ノ 亻 亻 伫 伫 位 位 | 位置(위치) 職位(직위) |

| 438 偉 | 부수 : 人 총 11획 클 위 | ノ 亻 亻 亻 伫 伫 俥 俥 偉 偉 偉 | 偉業(위업) 偉人(위인) |

| 439 以 | 부수 : 人 총 5획 써 이 | ⚠ 획수에 유의할 것! 기준으로 삼는 곳에서부터 그 남쪽 l レ レ 以 以 | 以南(이남) 以前(이전) |

| 440 耳 | 부수 : 耳 총 6획 귀 이 | ⚠ 글자 자체가 부수임에 유의할 것! 생각하는 것이 원만하여 어떤 일을 들으면 곧 이해가 된다는 뜻으로, 나이 예순 살을 이르는 말 一 丆 丆 丆 耳 耳 | 耳目(이목) 耳順(이순) |

5급 배정 한자 200자 **063**

5급 배정한자 200자

한자의 훈과 음을 생각하며, 순서에 따라 써 보세요.

441 因 (인할 인) - 부수: 囗, 총 6획
- 모양이 비슷한 '困(곤할 곤/4)', '囚(가둘 수/3)'와 구별할 것!
- 원인과 결과를 아울러 이르는 말
- 因果(인과) 原因(원인)
- 인하다 : 어떤 사실로 말미암다.

442 任 (맡길 임) - 부수: 人, 총 6획
- 擔任(담임) 責任(책임)
- 모양이 비슷한 '仕(섬길 사/5)'와 구별할 것!

443 再 (두 재) - 부수: 冂, 총 6획
- 再活(재활) 再會(재회)

444 材 (재목 재) - 부수: 木, 총 7획
- 모양이 비슷한 '林(수풀 림/7)'과 구별할 것!
- 材木(재목) 素材(소재)

445 災 (재앙 재) - 부수: 火, 총 7획
- 부수를 '巛'으로 혼동하지 말것!
- 災害(재해) 火災(화재)

446 財 (재물 재) - 부수: 貝, 총 10획
- 財貨(재화) 蓄財(축재)

447 爭 (다툴 쟁) - 부수: 爪, 총 8획
- 약자는 争. 415쪽 >>>
- 競爭(경쟁) 戰爭(전쟁)

448 貯 (쌓을 저) - 부수: 貝, 총 12획
- 부수를 '宀'으로 혼동하지 말것!
- 貯金(저금) 貯水(저수)

449 的 (과녁 적) - 부수: 白, 총 8획
- 이룩하거나 도달하려고 하는 목표나 방향. '的'이 '목표'를 뜻함.
- 的中(적중) 目的(목적)

450 赤 (붉을 적) - 부수: 赤, 총 7획
- 모양이 비슷한 '亦(또 역/3Ⅱ)'과 구별할 것!
- 赤色(적색) 赤字(적자) ← 黑字(흑자)
- 글자 자체가 부수임에 유의할 것!

🌱 한자의 훈과 음을 생각하며, 순서에 따라 써 보세요.

| 451 | 傳 | 부수: 人
총 13획
전할 **전** | 약자는 伝. 415쪽 >>>
亻 亻 亻 亻 佰 佰 伸 伸 俥 偅 傳 傳
傳 傳 傳 | 傳說(전설) 口傳(구전) |

오랫동안 많은 사람에게 널리 읽히고 모범이 될 만한 문학이나 예술 작품 / 옛날의 서적이나 작품. '典'이 '책'을 뜻함.

| 452 | 典 | 부수: 八
총 8획
법 **전** | 丨 冂 日 血 曲 曲 典 典
典 典 典 | 古典(고전) 法典(법전) |

| 453 | 展 | 부수: 尸
총 10획
펼 **전** | ㄱ ㄱ ㄸ 尸 尸 屈 屈 屛 展 展
展 展 展 | 展開(전개) 發展(발전) |

일절: 아주, 전혀, 절대로의 뜻으로, 흔히 사물을 부인하거나 행위를 금지할 때에 쓰는 말 / 일체: 모든 것

| 454 | 切 | 부수: 刀
총 4획
끊을 **절**, 온통 **체** | 一 七 切 切
切 切 切 | 切開(절개) 一切(일절·일체) |

'竹'의 원형   한 해를 날씨에 따라 나눈 그 한 철. '節'이 '때'를 뜻함.

| 455 | 節 | 부수: 竹
총 15획
마디 **절** | ノ ト ケ 𥫗 𥫗 竹 筥 節 節 節 節 節 節 節
節 節 節 | 季節(계절) 關節(관절) |

| 456 | 店 | 부수: 广
총 8획
가게 **점** | 丶 一 广 广 广 庐 店 店
店 店 店 | 賣店(매점) 書店(서점) |

'亻'의 원형

| 457 | 停 | 부수: 人
총 11획
머무를 **정** | 亻 亻 亻 亻 仁 侉 侉 俈 停 停
停 停 停 | 停止(정지) 停留場(정류장) |

'忄'의 원형

| 458 | 情 | 부수: 心
총 11획
뜻 **정** | 丶 丶 忄 忄 忄 忄 情 情 情 情 情
情 情 情 | 愛情(애정) 熱情(열정) |

'扌'의 원형

| 459 | 操 | 부수: 手
총 16획
잡을 **조** | 一 十 扌 扌 扩 扲 拐 揭 操 操 操
操 操 操 | 操心(조심) 操作(조작) |

| 460 | 調 | 부수: 言
총 15획
고를 **조** | 丶 ㆍ ㆍ 言 言 訂 訂 訶 調 調 調 調
調 調 調 | 調節(조절) 調和(조화) |

5급 배정 한자 200자 **065**

5급 배정 한자 200자

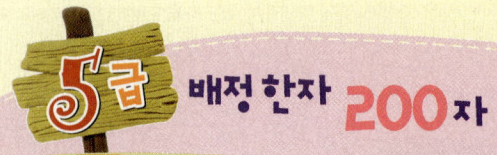

🌱 한자의 훈과 음을 생각하며, 순서에 따라 써 보세요.

461 약자는 卆. 416쪽 >>> 직위가 낮은 병사. '卒'이 '군사, 병사'를 뜻함.
卒 | 부수: 十 / 총 8획 / 마칠 **졸** | 卒兵(졸병) 卒業(졸업)

462 다른 계통과 섞이지 아니한 순수한 종. cf.順從(순종): 순순히 따름.
種 | 부수: 禾 / 총 14획 / 씨 **종** | 種族(종족) 純種(순종)

463
終 | 부수: 糸 / 총 11획 / 마칠 **종** | 終末(종말) 始終(시종)

464 '罒'의 원형
罪 | 부수: 网 / 총 13획 / 허물 **죄** | 罪目(죄목) 無罪(무죄)

465 '川(내 천)'의 본자(本字)로 부수로만 쓰임!
州 | 부수: 巛 / 총 6획 / 고을 **주** | 州郡(주군) 光州(광주)

466 '辶'의 원형
週 | 부수: 辵 / 총 12획 / 주일 **주** | 週末(주말) 每週(매주)

467 글자 자체가 부수임에 유의할 것!
止 | 부수: 止 / 총 4획 / 그칠 **지** | 禁止(금지) 防止(방지)

468 부수를 '口'으로 혼동하지 말것! 게시나 글을 통하여 알림.
知 | 부수: 矢 / 총 8획 / 알 **지** | 告知(고지) 無知(무지)

469 약자는 貭. 416쪽 >>>
質 | 부수: 貝 / 총 15획 / 바탕 **질** | 質量(질량) 本質(본질)

470 모양이 비슷한 '看(볼 간/4)'과 구별할것! 목적한 곳에 다다름. '着'이 '다다르다, 도달하다'를 뜻함.
着 | 부수: 目 / 총 12획 / 붙을 **착** | 着手(착수) 到着(도착)

066 쓰기 배정 한자 익히기

🌱 한자의 훈과 음을 생각하며, 순서에 따라 써 보세요.

471 參 참여할 참, 석 삼	부수: 厶 총 11획	⚠️ '참만'으로 읽지 말 것! 천의 서른 배가 되는 수 ㄥ ㄥ ㄠ ㅿ 夯 夯 參 參	不參(불참) 參萬(삼만)
약자는 参. 416쪽 >>>			

| 472 唱 부를 창 | 부수: 口 총 11획 | ㅣ ㅁ ㅁ 吖 吖 吖 唱 唱 唱 | 歌唱(가창) 合唱(합창) |

| 473 責 꾸짖을 책 | 부수: 貝 총 11획 | ⚠️ 모양이 비슷한 '貴(귀할 귀/5)'와 구별할 것! 一 十 土 圭 丰 青 青 青 青 責 責 | 責望(책망) 問責(문책) |

| 474 鐵 쇠 철 | 부수: 金 총 21획 | 약자는 鉄. 416쪽 >>> ㅅ ㄷ 乍 牟 金 金 釒 鐵 鐵 鐵 鐵 | 鐵橋(철교) 鐵道(철도) |

| 475 初 처음 초 | 부수: 刀 총 7획 | ⚠️ 네 번째 획을 빠뜨리지 말 것! 丶 ㄱ オ ネ ネ 初 初 | 初期(초기) 初等(초등) |

| 476 最 가장 최 | 부수: 曰 총 12획 | ⚠️ 부수는 '曰(가로 왈)'임. '日(날일)'로 혼동하지 말 것! ㅣ ㅁ 曰 旦 早 昌 昌 昌 最 最 最 | 最善(최선) 最初(최초) |

| 477 祝 빌 축 | 부수: 示 총 10획 | 一 二 丁 亍 示 示 祀 祀 祝 祝 | 祝福(축복) 祝願(축원) |

| 478 充 채울 충 | 부수: 儿 총 6획 | 丶 ㅗ 云 去 产 充 | 充電(충전) 充足(충족) |

| 479 致 이를 치 | 부수: 至 총 10획 | ⚠️ 부수를 '支(攵)'으로 혼동하지 말 것! 一 ㄥ ㄥ ㅈ 至 至 至 致 致 致 | 致死(치사) 合致(합치) |

| 480 則 법칙 칙, 곧 즉 | 부수: 刀 총 9획 | 'ㅣ'의 원형 ㅣ ㄇ 月 月 目 貝 貝 則 則 | 規則(규칙) 然則(연즉) 그러면, 그런즉 |

5급 배정 한자 200자

한자의 훈과 음을 생각하며, 순서에 따라 써 보세요.

No.	한자	부수/획수/훈음	필순	예시
481	他	부수: 人, 총 5획, 다를 타 ('亻'의 원형)	丿 亻 亻 他 他	他人(타인) 他鄕(타향)
482	打	부수: 手, 총 5획, 칠 타 ('扌'의 원형)	一 十 扌 才 打	打者(타자) 強打(강타)
483	卓	부수: 十, 총 8획, 높을 탁	丨 卜 ト 占 占 占 卓 卓	두드러진 의견이나 견해 — 卓見(탁견), 둥근 탁자. '卓'이 '탁자'를 뜻함 — 圓卓(원탁)
484	炭	부수: 火, 총 9획, 숯 탄 (부수를 '山'으로 혼동하지 말 것)	丨 山 屵 屵 屵 屵 炭 炭	석탄을 캐내는 광산. ※鑛(쇳돌 광)-4급 배정 한자 — 炭鑛(탄광), 石炭(석탄)
485	宅	부수: 宀, 총 6획, 집 택·댁	丶 宀 宀 宀 宅 宅	家宅(가택), '댁내'로 읽지 말 것! — 宅內(댁내)
486	板	부수: 木, 총 8획, 널 판	一 十 才 木 木 板 板 板	목판으로 인쇄한 책 — 板本(판본), 氷板(빙판)
487	敗	부수: 攴, 총 11획, 패할 패	丨 冂 冂 月 目 貝 貝 敗 敗 敗 敗	'패북'으로 읽지 말 것! — 敗北(패배), 勝敗(승패)
488	品	부수: 口, 총 9획, 물건 품	丨 口 口 口 品 品 品 品 品	品質(품질) 賞品(상품)
489	必	부수: 心, 총 5획, 반드시 필	丶 丿 必 必 必	필순에 유의할것! 꼭 이루어지기를 기약함. — 必勝(필승), 期必(기필)
490	筆	부수: 竹, 총 12획, 붓 필 ('⺮'의 원형)	丿 ⺮ ⺮ ⺮ ⺮ 竺 竺 笃 筆 筆 筆	손수 쓴 글씨. '筆'이 '쓰다'를 뜻함. — 筆法(필법), 親筆(친필)

쓰기 배정 한자 익히기

🌱 한자의 훈과 음을 생각하며, 순서에 따라 써 보세요.

| 491 | 河 | 부수: 水
총 8획
물 하 | 丶 冫 氵 氵 汀 沪 河 河 | 氷河(빙하) 運河(운하) |

'氵'의 원형

| 492 | 寒 | 부수: 宀
총 12획
찰 한 | 丶 宀 宀 宀 宀 宀 宷 実 寒 寒 寒 | 寒暖(한난) 寒冷(한랭) |

⚠ 부수를 '冫'으로 혼동하지 말것!

| 493 | 害 | 부수: 宀
총 10획
해할 해 | 丶 宀 宀 宀 宀 宝 実 害 害 害 | 害惡(해악) 水害(수해) |

⚠ '해오'로 읽지 말 것! 해로움과 악함을 아울러 이르는 말

| 494 | 許 | 부수: 言
총 11획
허락할 허 | 丶 亠 亠 亖 言 言 言 訁 訐 許 許 | 許可(허가) 特許(특허) |

| 495 | 湖 | 부수: 水
총 12획
호수 호 | 丶 冫 氵 沪 汁 浐 浐 湖 湖 湖 湖 湖 | 湖水(호수) 江湖(강호) |

| 496 | 化 | 부수: 匕
총 4획
될 화 | 丿 亻 化 化 | 化合(화합) 強化(강화) |

⚠ 부수를 '人(亻)'으로 혼동하지 말 것!

| 497 | 患 | 부수: 心
총 11획
근심 환 | 丶 口 口 吕 吕 串 串 患 患 患 | 患者(환자) 病患(병환) |

⚠ 모양이 비슷한 '花(꽃 화/7)'와 구별할 것!

| 498 | 效 | 부수: 攴
총 10획
본받을 효 | 丶 亠 亠 六 六 交 交 効 効 效 | 效果(효과) 藥效(약효) |

⚠ 모양이 비슷한 '忠(충성 충/4Ⅱ)'과 구별할 것!

| 499 | 凶 | 부수: 凵
총 4획
흉할 흉 | 丿 乂 凶 凶 | 凶年(흉년) 吉凶(길흉) |

| 500 | 黑 | 부수: 黑
총 12획
검을 흑 | 丶 口 冂 四 甲 里 里 里 黑 黑 黑 | 黑白(흑백) 黑板(흑판) |

⚠ 글자 자체가 부수임에 유의할것!

5급 배정 한자 200자

4급Ⅱ 배정 한자 250자

🌱 한자의 훈과 음을 생각하며, 순서에 따라 써 보세요.

번호	한자	부수/획수/훈음	필순	단어
501	假	부수: 人 / 총 11획 / 거짓 가	약자는 仮. 413쪽	假名(가명) 假想(가상)
502	街	부수: 行 / 총 12획 / 거리 가	부수를 '彳'으로 혼동하지 말 것!	商街(상가) 街路樹(가로수)
503	減	부수: 水 / 총 12획 / 덜 감	모양이 비슷한 '滅(꺼질·멸할 멸/3Ⅱ)'과 구별할 것!	減算(감산) 節減(절감)
504	監	부수: 皿 / 총 14획 / 볼 감	약자는 监. 413쪽 / 단체의 규율과 구성원의 행동을 감독하여 살핌.	監督(감독) 監察(감찰)
505	康	부수: 广 / 총 11획 / 편안 강		康健(강건) 康福(강복)
506	講	부수: 言 / 총 17획 / 욀 강	모양이 비슷한 '構(얽을 구/4)'와 구별할 것! / 학문·기술 따위를 설명하여 가르침. '講'이 '풀이하다'를 뜻함.	講堂(강당) 講義(강의)
507	個	부수: 人 / 총 10획 / 낱 개	'亻'의 원형	個性(개성) 個體(개체)
508	檢	부수: 木 / 총 17획 / 검사할 검	약자는 検. 413쪽	檢算(검산) 檢察(검찰)
509	潔	부수: 水 / 총 15획 / 깨끗할 결	'氵'의 원형	純潔(순결) 淸潔(청결)
510	缺	부수: 缶 / 총 10획 / 이지러질 결	약자는 欠. 413쪽 / 나가야 할 자리에 나가지 않음. '缺'이 '나오지않다'를 뜻함.	缺席(결석) 缺員(결원)

🌱 한자의 훈과 음을 생각하며, 순서에 따라 써 보세요.

511 境
- 부수: 土
- 총 14획
- 지경 **경**
- 획순: 土 圡 圬 圵 圴 坮 培 増 埪 境
- 예: 境界(경계) 國境(국경)
- 나라나 지역 따위의 구간을 가르는 경계

512 慶
- 부수: 心
- 총 15획
- 경사 **경**
- 획순: 广 广 产 产 声 声 庆 庚 磨 慶 慶
- 예: 慶事(경사) 慶祝(경축)

513 經
- 약자는 経. 413쪽 >>>
- 부수: 糸
- 총 13획
- 지날·글 **경**
- 획순: 幺 幺 幺 幺 糸 糸 紀 經 經 經
- 예: 經歷(경력) 經書(경서)
- 옛 성현들이 유교의 사상과 교리를 써 놓은 책

514 警
- 부수: 言
- 총 20획
- 깨우칠 **경**
- 획순: 艹 芍 苎 苟 敬 警
- 예: 警告(경고) 警報(경보)

515 係
- 부수: 人
- 총 9획
- 맬 **계**
- 획순: 丿 亻 亻 仁 任 伍 伒 係 係
- 예: 係員(계원) 關係(관계)

516 故
- '攵'의 원형
- 뜻밖에 일어난 불행한 일. '故'가 '일, 사건'을 뜻함.
- 부수: 攵
- 총 9획
- 연고 **고**
- 획순: 一 十 十 古 古 古 甘 故 故
- 예: 事故(사고) 緣故(연고)
- 이유, 까닭
- ※ 緣(인연 연)-4급 배정 한자

517 官
- 부수: 宀
- 총 8획
- 벼슬 **관**
- 획순: 丶 丶 宀 宀 宀 宁 官 官
- 예: 官服(관복) 官職(관직)

518 句
- ⚠ 모양이 비슷한 '旬(열흘 순/3Ⅱ)'과 구별할 것!
- 진리나 삶에 대한 느낌이나 사상을 간결하고 날카롭게 표현한 말
- 부수: 口
- 총 5획
- 글귀 **구**
- 획순: 丿 勹 勺 句 句
- 예: 句節(구절) 警句(경구)

519 求
- ⚠ 모양이 비슷한 '救(구원할 구/5)'와 구별할 것!
- ⚠ 오른쪽 위의 점은 나중에 찍음.
- 부수: 水
- 총 7획
- 구할 **구**
- 획순: 一 十 寸 寸 求 求 求
- 예: 要求(요구) 請求(청구)

520 究
- 부수: 穴
- 총 7획
- 연구할·궁구할 **구**
- 획순: 丶 丶 宀 宀 宂 究 究
- 예: 硏究(연구) 學究(학구)
- 궁구하다: 속속들이 파고들어 깊게 연구하다.

4급Ⅱ 배정 한자 250자 **071**

한자의 훈과 음을 생각하며, 순서에 따라 써 보세요.

521 宮 | 부수: 宀 | 총 10획 | 집 궁
`、 ′ ⇁ 宀 宀 宀 宁 宮 宮 宮`
宮城(궁성)　古宮(고궁)

522 權 | 약자는 权. 413쪽 >>> | 부수: 木 | 총 22획 | 권세 권
`† † † † † 杧 柠 柠 榨 榨 權 權`
權力(권력)　權利(권리)
⚠ 모양이 비슷한 '觀(볼 관/5)'과 구별할 것!

523 極 | 부수: 木 | 총 13획 | 다할·극진할 극
`一 † † † † † 朽 柘 柘 極 極`
極度(극도)　極貧(극빈)　└ 몹시 가난함.

524 禁 | 부수: 示 | 총 13획 | 금할 금
`一 † † † † 朴 材 林 林 梵 梵 禁`
禁煙(금연)　禁止(금지)

525 器 | 부수: 口 | 총 16획 | 그릇 기
`口 吅 吅 吅 哭 哭 器 器`
樂器(악기)　祭器(제기)
⚠ '낙기', '요기'로 읽지 말 것! 음악을 연주하는 데 쓰는 기구. '器'가 '용기, 기구'를 뜻함.

526 起 | 부수: 走 | 총 10획 | 일어날 기
`一 † 土 丰 丰 丰 走 走 起 起`
起動(기동)　起立(기립)　└ 몸을 일으켜 움직임.

527 暖 | 부수: 日 | 총 13획 | 따뜻할 난
`l 冂 日 日 日 旷 旷 旷 肝 睜 暖 暖`
暖流(난류)　暖房(난방)

528 難 | 부수: 隹 | 총 19획 | 어려울 난
`一 † ± ± 芦 莫 募 鄞 鄞 難 難`
難關(난관)　難解(난해)　└ 일을 하여 나가면서 부딪치는 어려운 고비

529 努 | 부수: 力 | 총 7획 | 힘쓸 노
`く 夕 女 女 奴 奴 努`
努力(노력)　└ 목적을 이루기 위하여 몸과 마음을 다하여 애를 씀. cf.勞力(노력): 힘을 들여 일함.

530 怒 | 부수: 心 | 총 9획 | 성낼 노
`く 夕 女 女 奴 奴 怒 怒 怒`
怒氣(노기)　怒發大發(노발대발)　└ 몹시 노하여 펄펄 뛰며 성을 냄.
⚠ 모양·훈·활용 한자어를 구별할 것!

한자의 훈과 음을 생각하며, 순서에 따라 써 보세요.

531 單 — 약자는 单. 413쪽 >>>
- 부수: 口
- 총 12획
- 홑 단
- 單獨(단독) 單純(단순)
- 짝을 이루지 아니하거나 겹으로 되지 아니한 것

532 斷 — 약자는 断. 413쪽 >>>
- 부수: 斤
- 총 18획
- 끊을 단
- 斷食(단식) 斷絶(단절)

533 檀
- 부수: 木
- 총 17획
- 박달나무 단
- 檀君(단군) 檀木(단목)
- 우리 민족의 시조로 받드는 태초의 임금. ※ 君(임금 군)-4급 배정 한자
- ⚠ 모양이 비슷한 '壇(단 단/5)'과 구별할 것!

534 端
- 부수: 立
- 총 14획
- 끝 단
- 端正(단정) 末端(말단)
- 흐트러진 데 없이 얌전하고 깔끔함. '端'이 '바르다'를 뜻함.

535 達
- 부수: 辶
- 총 13획
- 통달할 달
- 達觀(달관) 未達(미달)
- '辶'의 원형

536 擔 — 약자는 担. 413쪽 >>>
- 부수: 手
- 총 16획
- 멜 담
- 擔當(담당) 擔任(담임)
- 어떤 일을 맡음. '擔'이 '맡다'를 뜻함.

537 黨 — 약자는 党. 413쪽 >>>
- 부수: 黑
- 총 20획
- 무리 당
- 黨論(당론) 黨爭(당쟁)

538 帶
- 부수: 巾
- 총 11획
- 띠 대
- 玉帶(옥대) 熱帶(열대)
- 적도를 중심으로 남북 회귀선 사이에 있는 지대. '帶'가 '지대, 구역'을 뜻함.

539 隊
- 부수: 阜
- 총 12획
- 무리 대
- 隊列(대열) 軍隊(군대)
- '阝'의 원형 ⚠ 글자의 오른쪽에 위치하여 부수로 쓰이는 '邑(阝)'과 구별할 것! ⚠ '대렬'로 읽지 말 것!

540 導
- 부수: 寸
- 총 16획
- 인도할 도
- 善導(선도) 引導(인도)

4급Ⅱ 배정 한자 250자

한자의 훈과 음을 생각하며, 순서에 따라 써 보세요.

| 541 毒 | 부수: 母 / 총 8획 / 독 독 | 一 二 キ 主 丰 青 青 毒 | 毒殺(독살) 毒藥(독약) |

| 542 督 | 부수: 目 / 총 13획 / 감독할 독 | ㅏ ㅏ 卜 ቶ 爿 赤 赤 叔 叔 督 督 督 | 監督(감독) 總督(총독) |

※ 錢(돈 전)-4급 배정 한자

| 543 銅 | 부수: 金 / 총 14획 / 구리 동 | ノ 人 ト 도 牟 全 全 金 釒 釘 鋼 鋼 銅 | 銅錢(동전) 靑銅(청동) |

곡식, 액체, 가루 따위의 부피를 잴 때 쓴다. 한 말은 한 되의 열 배로 약 18리터에 해당한다.

| 544 斗 | 부수: 斗 / 총 4획 / 말 두 | ` ン 三 斗 | 北斗七星(북두칠성) |

⚠ 글자 자체가 부수임에 유의할 것!

| 545 豆 | 부수: 豆 / 총 7획 / 콩 두 | 一 丆 百 百 豆 豆 豆 | 大豆(대두) 綠豆(녹두) |

| 546 得 | 부수: 彳 / 총 11획 / 얻을 득 | ′ ㄅ 彳 彳 彳 彳 彳 得 得 得 得 | 得票(득표) 所得(소득) |

약자는 灯. 414쪽 >>>

| 547 燈 | 부수: 火 / 총 16획 / 등 등 | ` ソ 火 火 炒 炒 炒 炒 燎 燎 燈 燈 | 電燈(전등) 白熱燈(백열등) |

'罒'의 원형 ⚠ '나렬'로 읽지 말 것! 죽 벌여 놓음. 또는 죽 벌여 있음.

| 548 羅 | 부수: 网 / 총 19획 / 벌일 라 | 罒 罒 罒 罘 罘 罘 羅 羅 羅 羅 | 羅列(나열) 新羅(신라) |

약자는 両. 414쪽 >>>

부친과 모친을 아울러 이르는 말

| 549 兩 | 부수: 入 / 총 8획 / 두 량 | 一 丆 币 币 币 兩 兩 | 兩極(양극) 兩親(양친) |

약자는 麗. 414쪽 >>>

아름답고 고움.

| 550 麗 | 부수: 鹿 / 총 19획 / 고울 려 | 麗 麗 麗 麗 麗 麗 麗 麗 麗 麗 麗 | 高麗(고려) 美麗(미려) |

🌱 한자의 훈과 음을 생각하며, 순서에 따라 써 보세요.

551 連
- 부수: 辶
- 총 11획
- 이을 **련**
- '辶'의 원형
- 連結(연결) 連續(연속)

552 列
- 부수: 刂
- 총 6획
- 벌일 **렬**
- '刂'의 원형
- ⚠ '서렬'로 읽지 말 것! 일정한 기준에 따라 순서대로 늘어섬. 또는 그 순서
- 列車(열차) 序列(서열)

553 錄
- 부수: 金
- 총 16획
- 기록할 **록**
- ⚠ 모양이 비슷한 '綠(푸를 록/6)', '祿(녹 록/3Ⅱ)'과 구별할 것!
- 錄畫(녹화) 登錄(등록)

554 論
- 부수: 言
- 총 15획
- 논할 **론**
- 論理(논리) 論說(논설)

555 留
- 부수: 田
- 총 10획
- 머무를 **류**
- 개편이나 임기 만료 때에 그 자리나 직위에 머물러 있음.
- 留任(유임) 留學(유학)

556 律
- 부수: 彳
- 총 9획
- 법칙 **률**
- 規律(규율) 自律(자율)

557 滿
- 부수: 水
- 총 14획
- 찰 **만**
- 약자는 満. 414쪽 >>>
- 마음에 흡족함. '滿'이 '풍족하다, 충분하다'를 뜻함.
- 滿船(만선) 滿足(만족)

558 脈
- 부수: 肉
- 총 10획
- 줄기 **맥**
- '月(육달월)'의 원형. ⚠ 부수를 '月(달 월)'로 혼동하지 말 것!
- 약자는 脉. 414쪽 >>>
- 動脈(동맥) 山脈(산맥)

559 毛
- 부수: 毛
- 총 4획
- 터럭 **모**
- 털가죽. ※皮(가죽 피)-3급Ⅱ 배정 한자
- 毛皮(모피) 羊毛(양모)
- ⚠ 글자 자체가 부수임에 유의할 것!

560 牧
- 부수: 牛
- 총 8획
- 칠 **목**
- 牧童(목동) 放牧(방목)
- ⚠ 부수를 '攵(攴)'으로 혼동하지 말 것!

4급Ⅱ 배정 한자 250자

4급II 배정 한자 250자

한자의 훈과 음을 생각하며, 순서에 따라 써 보세요.

| 561 務 힘쓸 무 | 부수: 力, 총 11획 | 획순: 務 | 教務(교무) 勞務(노무) |

562 武 호반 무 — 부수: 止, 총 8획
⚠ 부수를 '弋'으로 혼동하지 말 것!
군에 적을 두고 군사 일을 맡아보는 관리 / 무과 출신의 벼슬아치
武官(무관) 武術(무술)
└ 고려·조선 시대에, 무관(武官)의 반열

563 味 맛 미 — 부수: 口, 총 8획
別味(별미) 意味(의미)

564 未 아닐 미 — 부수: 木, 총 5획
⚠ 모양이 비슷한 '末(끝 말/5)'과 구별할 것!
未來(미래) 未滿(미만)

565 密 빽빽할 밀 — 부수: 宀, 총 11획
⚠ 모양이 비슷한 '蜜(꿀 밀/3)'과 구별할 것!
남몰래 약속함. '密'이 '은밀하다'를 뜻함.
密約(밀약) 密集(밀집)

566 博 넓을 박 — 부수: 十, 총 12획
博識(박식) 博愛(박애)

567 房 방 방 — 부수: 戶, 총 8획
暖房(난방) 藥房(약방)

568 訪 찾을 방 — 부수: 言, 총 11획
예를 갖추는 의미로 인사차 방문함. cf.豫防(예방): 질병이나 재해 따위가 일어나기 전에 미리 대처하여 막는 일
訪問(방문) 禮訪(예방)

569 防 막을 방 — 부수: 阜, 총 7획
'阝'의 원형. ⚠ 글자의 오른쪽에 위치하여 부수로 쓰이는 '邑(阝)'과 구별할 것
防衛(방위) 防寒(방한)

570 拜 절 배 — 부수: 手, 총 9획
⚠ 모양·훈·활용 한자어를 구별할 것!
⚠ '삼배'로 읽지 말 것!
歲拜(세배) 參拜(참배)

076 쓰기 배정 한자 익히기

한자의 훈과 음을 생각하며, 순서에 따라 써 보세요.

번호	한자	부수/획수/훈음	필순	용례
571	背	부수: 肉, 총 9획, 등 배	丨 ⺊ ⺊ ㇇ 北 北 背 背 背	背景(배경), 背後(배후)
572	配	부수: 酉, 총 10획, 나눌·짝 배	一 丆 丌 丙 丙 酉 酉 酉 酉 配	配給(배급), 配合(배합)
573	伐	부수: 人, 총 6획, 칠 벌	丿 亻 亻 代 伐 伐	伐草(벌초), 北伐(북벌)
574	罰	부수: 网, 총 14획, 벌할 벌	丨 ⺊ ⺊ 罒 罒 罒 罒 罒 罰 罰 罰 罰 罰 罰	罰則(벌칙), 刑罰(형벌)
575	壁	부수: 土, 총 16획, 벽 벽	一 丆 尸 尸 君 君 辟 辟 辟 辟 辟 壁 壁	壁畫(벽화), 絶壁(절벽)
576	邊	부수: 辶, 총 19획, 가 변	自 自 臬 臬 臬 臬 粤 臱 臱 邊 邊 邊	邊方(변방), 江邊(강변)
577	保	부수: 人, 총 9획, 지킬 보	丿 亻 亻 亻 伃 伃 伄 保 保	保安(보안), 保護(보호)
578	報	부수: 土, 총 12획, 갚을·알릴 보	一 十 土 土 幸 幸 幸 幸 却 報 報 報	報恩(보은), 速報(속보)
579	寶	부수: 宀, 총 20획, 보배 보	丶 宀 宀 宀 宀 寍 寍 寍 寍 寶	寶物(보물), 家寶(가보)
580	步	부수: 止, 총 7획, 걸음 보	丨 ⺊ ⺊ 止 步 步 步	步行(보행), 進步(진보)

4급Ⅱ 배정 한자 250자

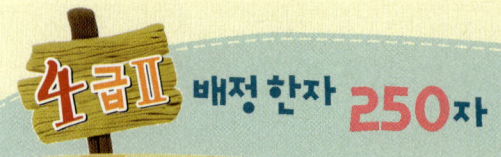

한자의 훈과 음을 생각하며, 순서에 따라 써 보세요.

| 581 | 復 | 부수: 彳 / 총 12획 / 회복할 복, 다시 부 | 원래대로 회복함. '부원'으로 읽지 말 것! | 죽었다가 다시 살아남. '복활'로 읽지 말 것! 復原(복원) 復活(부활) |

582 副 부수: 刀, 총 11획, 버금 부 — 으뜸의 다음 — 副官(부관) 副業(부업)

583 婦 부수: 女, 총 11획, 며느리 부 — 남편과 아내. '婦'가 '아내'로 쓰임. — 夫婦(부부) 孝婦(효부)

584 富 부수: 宀, 총 12획, 부자 부 — 모양이 비슷한 '當(마땅 당/5)'과 구별할 것 — 富強(부강) 貧富(빈부)

585 府 부수: 广, 총 8획, 마을 부 — 정부의 정책을 집행하는 행정부. '府'가 '관청'을 뜻함. — 政府(정부) 學府(학부)

586 佛 부수: 人, 총 7획, 부처 불 — 약자는 仏. 414쪽 — 佛敎(불교) 佛經(불경)

587 備 부수: 人, 총 12획, 갖출 비 — '亻'의 원형 — 具備(구비) 對備(대비)

588 悲 부수: 心, 총 12획, 슬플 비 — ↔ 樂觀(낙관) 393쪽 — 悲觀(비관) 悲運(비운)

589 非 부수: 非, 총 8획, 아닐 비 — 잘못되거나 그른 행위. '非'가 '그르다(옳지 아니함)'를 뜻함. — 非常(비상) 非行(비행)

590 飛 부수: 飛, 총 9획, 날 비 — 글자 자체가 부수임에 유의할 것! 날아오름. cf.非常 404쪽. 틀리기 쉬운 필순임! — 飛上(비상) 飛行(비행)

078 쓰기 배정 한자 익히기

🌱 한자의 훈과 음을 생각하며, 순서에 따라 써 보세요.

591 貧 — ⚠ 모양이 비슷한 '貪(탐낼 탐/3)'과 구별할 것!
- 부수: 貝
- 총 11획
- 가난할 **빈**
- 極貧(극빈) 清貧(청빈)

592 寺
- 부수: 寸
- 총 6획
- 절 **사**
- 寺院(사원) 山寺(산사)

593 師 — 약자는 师 414쪽 >>>
- 부수: 巾
- 총 10획
- 스승 **사**
- 師弟(사제) 教師(교사)

594 舍 — ⚠ 부수를 '人'으로 혼동하지 말 것! ⚠ '사대'로 읽지 말 것!
- 부수: 舌
- 총 8획
- 집 **사**
- 舍宅(사택) 官舍(관사)

595 謝 — 자기의 잘못을 인정하고 용서를 빎. '謝'가 '사죄하다'를 뜻함.
- 부수: 言
- 총 17획
- 사례할 **사**
- 謝過(사과) 感謝(감사)

596 殺 — ⚠ '감살'로 읽지 말 것! 줄어 없어짐. 또는 줄여 없앰.
- 부수: 殳
- 총 11획
- 죽일 **살**, 감할 **쇄**
- 殺蟲(살충) 減殺(감쇄)

597 常 — 사람들이 보통 알고 있거나 알아야 하는 지식. '常'이 '보통, 평소'를 뜻함.
- 부수: 巾
- 총 11획
- 떳떳할 **상**
- 常識(상식) 日常(일상)

598 床
- 부수: 广
- 총 7획
- 상 **상**
- 病床(병상) 平床(평상)

599 想
- 부수: 心
- 총 13획
- 생각 **상**
- 理想(이상) 空想(공상)

600 狀 — 약자는 状 414쪽 >>> ⚠ '장태'로 읽지 말 것! 사물·현상이 놓여 있는 모양이나 형편
- 부수: 犬
- 총 8획
- 형상 **상**, 문서 **장**
- 狀態(상태) 賞狀(상장)

⚠ '상상'으로 읽지 말 것! 상을 주는 뜻을 표하여 주는 증서

4급Ⅱ 배정 한자 250자

4급Ⅱ 배정한자 250자

한자의 훈과 음을 생각하며, 순서에 따라 써 보세요.

601 設 — 부수: 言, 총 11획, 베풀 설
⚠ 모양이 비슷한 '說(말씀 설/5)'과 구별할 것!
建設(건설) 施設(시설)

602 城 — 부수: 土, 총 10획, 재 성
'성(예전에, 적을 막기 위하여 흙이나 돌 따위로 높이 쌓아 만든 담)'의 옛말
城壁(성벽) 都城(도성)

603 星 — 부수: 日, 총 9획, 별 성
구름 모양으로 퍼져 보이는 천체
星雲(성운) 流星(유성)

604 盛 — 부수: 皿, 총 12획, 성할 성
盛行(성행) 豊盛(풍성)

605 聖 — 부수: 耳, 총 13획, 성인 성
지혜와 덕이 매우 뛰어나 길이 우러러 본받을 만한 사람
聖人(성인) 聖典(성전)

606 聲 — 부수: 耳, 총 17획, 소리 성
약자는 声. 414쪽 >>>
⚠ '성락', '성요'로 읽지 말 것!
聲樂(성악) 名聲(명성)

607 誠 — 부수: 言, 총 14획, 정성 성
⚠ 모양이 비슷한 '城(재 성/4Ⅱ)'과 구별할 것!
誠實(성실) 精誠(정성)

608 勢 — 부수: 力, 총 13획, 형세 세
⚠ 모양이 비슷한 '熱(더울 열/5)'과 구별할 것!
세력을 얻음. '勢'가 '세력'을 뜻함.
氣勢(기세) 得勢(득세)
살림살이의 형편 / 일이 되어 가는 형편

609 稅 — 부수: 禾, 총 12획, 세금 세
稅金(세금) 課稅(과세)

610 細 — 부수: 糸, 총 11획, 가늘 세
細工(세공) 細分(세분)

080 쓰기 배정 한자 익히기

한자의 훈과 음을 생각하며, 순서에 따라 써 보세요.

번호	한자	부수/획수/훈음	필순	용례
611	掃	부수: 手, 총 11획, 쓸 소	一 亅 扌 扌 扌 扌 扌 捍 挦 捐 掃 掃	掃除(소제) 淸掃(청소) — 더럽거나 어지러운 것을 쓸고 닦아서 깨끗하게 함.
612	笑	부수: 竹, 총 10획, 웃음 소	ノ ト ケ ケ ケ ケ 竺 竺 笑 笑	談笑(담소) 失笑(실소) — 어처구니가 없어 저도 모르게 웃음이 툭 터져 나옴. 또는 그 웃음
613	素	부수: 糸, 총 10획, 본디·흴 소	一 二 丰 主 丰 丰 孝 素 素 素	素質(소질) 素服(소복) — 본디부터 가지고 있는 성질 / 하얗게 차려입은 옷
614	俗	부수: 人, 총 9획, 풍속 속	ノ 亻 亻 伀 伀 伀 俗 俗 俗	俗談(속담) 風俗(풍속)
615	續	부수: 糸, 총 21획, 이을 속 (약자는 続. 414쪽)	ㄥ ㄠ 幺 糸 糹 結 結 結 綪 綪 續 續	連續(연속) 接續(접속) ⚠ 모양이 비슷한 '讀(읽을 독/6)'과 구별할 것!
616	送	부수: 辶, 총 10획, 보낼 송	ノ ハ ム 스 쏯 쏯 쏯 送 送 送	發送(발송) 放送(방송)
617	修	부수: 人, 총 10획, 닦을 수	ノ 亻 亻 亻 伊 伊 攸 修 修 修	修道(수도) 修練(수련)
618	守	부수: 宀, 총 6획, 지킬 수	丶 丶 宀 宀 守 守	守備(수비) 守護(수호)
619	受	부수: 又, 총 8획, 받을 수	ノ 爫 爫 爫 爫 舀 受 受	受賞(수상) 受容(수용)
620	授	부수: 手, 총 11획, 줄 수	一 亅 扌 扌 扌 扌 扌 拧 拧 授 授	授受(수수) 授與(수여) — 증서, 상장, 훈장 따위를 줌. ※ 與(더불·줄 여)-4급 배정 한자

⚠ 모양·훈·활용 한자어를 구별할 것!

4급 Ⅱ 배정 한자 250자

4급Ⅱ 배정 한자 250자

한자의 훈과 음을 생각하며, 순서에 따라 써 보세요.

번호	한자	부수 / 총획 / 훈음	필순	예시
621	收	부수: 攵 / 총 6획 / 거둘 수	('攴'의 원형) 첫 번째와 두 번째 획의 필순에 유의할 것!	收集(수집) 秋收(추수)
			약자는 収. 414쪽 >>>	
622	純	부수: 糸 / 총 10획 / 순수할 순	모양이 비슷한 '鈍(둔할 둔/3)'과 구별할 것!	純眞(순진) 純化(순화)
623	承	부수: 手 / 총 8획 / 이을 승	어떤 사실을 마땅하다고 받아들임. '承'이 '받다, 받아들이다'를 뜻함.	承認(승인) 傳承(전승)
624	施	부수: 方 / 총 9획 / 베풀 시	모양이 비슷한 '族(겨레 족/6)', '旅(나그네 려/5)', '旋(돌 선/3Ⅱ)'과 구별할 것!	施工(시공) 施賞(시상)
625	是	부수: 日 / 총 9획 / 이·옳을 시	이날 / 옳음과 그름.	是日(시일) 是非(시비)
626	視	부수: 見 / 총 12획 / 볼 시	부수를 '示'로 혼동하지 말 것!	視線(시선) 輕視(경시)
627	試	부수: 言 / 총 13획 / 시험 시		試驗(시험) 入試(입시)
628	詩	부수: 言 / 총 13획 / 시 시	모양이 비슷한 '時(때 시/7)'와 구별할 것!	詩集(시집) 漢詩(한시)
629	息	부수: 心 / 총 10획 / 쉴 식	아들과 딸. '息'이 '자식'을 뜻함. / 쉬다: 숨을 들이마셨다 내보냈다 하다.	安息(안식) 子息(자식)
630	申	부수: 田 / 총 5획 / 납 신	행정 관청에 사실을 보고함. '申'이 '아뢰다'를 뜻함. / 신고하여 청구함. / '원숭이'의 옛말	申告(신고) 申請(신청)

082 쓰기 배정 한자 익히기

🌱 한자의 훈과 음을 생각하며, 순서에 따라 써 보세요.

631 深 깊을 심	부수: 水, 총 11획	深海(심해) 深化(심화)
632 眼 눈 안	부수: 目, 총 11획	⚠ 모양이 비슷한 '眠(잘 면/3Ⅱ)'과 구별할 것! / 불도의 진리를 깨달아 아는 일 / 각막 이식을 통하여 시력을 되찾는 일 — 眼科(안과) 開眼(개안)
633 暗 어두울 암	부수: 日, 총 13획	→ 光明(광명) 393쪽 >>> 暗室(암실) 暗黑(암흑)
634 壓 누를 압	부수: 土, 총 17획	약자는 圧. 415쪽 >>> 電壓(전압) 血壓(혈압)
635 液 진 액	부수: 水, 총 11획	⚠ 모양이 비슷한 '夜(밤 야/6)'와 구별할 것! 液體(액체) 液化(액화)
636 羊 양 양	부수: 羊, 총 6획	⚠ 글자 자체가 부수임에 유의할 것! 羊毛(양모) 山羊(산양)
637 如 같을 여	부수: 女, 총 6획	⚠ 모양이 비슷한 '毋(반 반/6)'과 구별할 것! / 사실과 꼭 같음. / 전과 같음. 如實(여실) 如前(여전)
638 餘 남을 여	부수: 食, 총 16획	'食'의 원형 餘念(여념) 餘分(여분)
639 逆 거스릴 역	부수: 辶, 총 10획	약자는 逆. 415쪽 >>> 逆流(역류) 逆風(역풍)
640 演 펼 연	부수: 水, 총 14획	관객 앞에서 연극·노래·춤 따위의 재주를 나타내 보임. '演'이 '연기하다'를 뜻함. 演技(연기) 講演(강연)

4급Ⅱ 배정 한자 250자

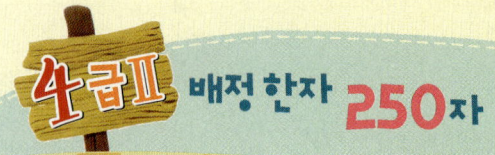 

4급Ⅱ 배정 한자 250자

한자의 훈과 음을 생각하며, 순서에 따라 써 보세요.

641 煙 (연기 연)	부수: 火, 총 13획	담배를 피우는 것을 금함. '煙'이 '담배'를 뜻함. 煙氣(연기) 禁煙(금연)
642 硏 (갈 연)	부수: 石, 총 11획	학문 따위를 연구하고 닦음. '硏'이 '연구하다'를 뜻함. 硏究(연구) 硏修(연수)
643 榮 (영화 영) 약자는 栄. 415쪽	부수: 木, 총 14획	榮光(영광) 虛榮(허영)
644 藝 (재주 예) 약자는 芸. 415쪽	부수: 艹, 총 19획	'艹'의 원형. 藝術(예술) 武藝(무예)
645 誤 (그르칠 오)	부수: 言, 총 14획	誤答(오답) 誤解(오해)
646 玉 (구슬 옥)	부수: 玉, 총 5획	글자 자체가 부수임에 유의할 것! 玉帶(옥대) 白玉(백옥)
647 往 (갈 왕)	부수: 彳, 총 8획	모양이 비슷한 '主(주인 주/7)', '住(살 주/7)', '注(부을 주/8)'와 구별할 것! '왕부'로 읽지 말 것! 往來(왕래) 往復(왕복)
648 謠 (노래 요)	부수: 言, 총 17획	歌謠(가요) 童謠(동요)
649 容 (얼굴 용)	부수: 宀, 총 10획	가구나 그릇 같은 데 들어갈 수 있는 분량. '容'이 '담다'를 뜻함. 容量(용량) 美容(미용)
650 員 (인원 원) 약자는 貟. 415쪽	부수: 口, 총 10획	減員(감원) 滿員(만원) 부수를 '貝'로 혼동하지 말 것!

084 쓰기 배정 한자 익히기

🌱 한자의 훈과 음을 생각하며, 순서에 따라 써 보세요.

| 651 | 圓 | 부수: 口
총 13획
둥글 원 | 丨 冂 冂 冂 冋 同 同 圓 圓 圓 | 圓滿(원만) 圓卓(원탁) |

| 652 | 爲 | 부수: 爪
총 12획
할 위 | '爫'의 원형 / 아무것도 하는 일이 없음. 또는 이루지 못함.
丶 丿 ㄫ ㄫ 爫 爫 爲 爲 爲 爲 | 無爲(무위) 行爲(행위) |

약자는 為. 415쪽 >>>

| 653 | 衛 | 부수: 行
총 15획
지킬 위 | 丿 彳 彳 衤 衤 祃 祃 徍 徍 衛 衛 | 防衛(방위) 護衛(호위) |

| 654 | 肉 | 부수: 肉
총 6획
고기 육 | ⚠ 글자 자체가 부수임에 유의할 것!
丨 冂 内 内 肉 肉 | 肉類(육류) 肉食(육식) |

| 655 | 恩 | 부수: 心
총 10획
은혜 은 | ⚠ 모양이 비슷한 '思(생각 사/5)'와 구별할 것!
丨 冂 冂 囙 因 因 恩 恩 恩 | 恩功(은공) 恩惠(은혜) |

| 656 | 陰 | 부수: 阜
총 11획
그늘 음 | 'ß'의 원형. ⚠ 글자의 오른쪽에 위치하여 부수로 쓰이는 '邑(ß)'과 구별할 것!
ㄱ ß ß' ß'' 阾 阾 陰 陰 陰 陰 | 陰陽(음양) 陰地(음지) |

약자는 陰. 415쪽 >>>

| 657 | 應 | 부수: 心
총 17획
응할 응 | 丶 广 广 广 庐 庐 庐 庐 鹰 鹰 雁 應 | 應答(응답) 應對(응대) |

약자는 応. 415쪽 >>>

정의를 위하여 개인이나 집단이 의로운 일을 도모함.

| 658 | 義 | 부수: 羊
총 13획
옳을 의 | 丶 丷 廾 ¥ 羊 羊 義 義 義 | 義擧(의거) 道義(도의) |

⚠ 모양・훈・활용 한자어를 구별할 것!

| 659 | 議 | 부수: 言
총 20획
의논할 의 | 言 訁 計 詳 詳 詳 詳 議 議 議 | 論議(논의) 會議(회의) |

| 660 | 移 | 부수: 禾
총 11획
옮길 이 | 丿 二 千 千 禾 禾' 秒 秒 移 移 | 移動(이동) 移住(이주) |

4급Ⅱ 배정 한자 250자 **085**

한자의 훈과 음을 생각하며, 순서에 따라 써 보세요.

661 益 부수: 皿, 총 10획, 더할 익 — 公益(공익) 利益(이익)
사회 전체의 이익. '益'이 '이익'을 뜻함.

662 印 부수: 卩, 총 6획, 도장 인 — 印章(인장) 官印(관인)
정부 기관에서 발행하는, 인증이 필요한 문서 따위에 찍는 도장

663 引 부수: 弓, 총 4획, 끌 인 — 引導(인도) 引力(인력)

664 認 부수: 言, 총 14획, 알 인 — 認識(인식) 公認(공인)
'인지'로 읽지 말 것!

665 將 부수: 寸, 총 11획, 장수 장 — 將軍(장군) 將來(장래)
약자는 将. 415쪽 >>>
다가올 앞날. '將'이 '장차'를 뜻함.

666 障 부수: 阜, 총 14획, 막을 장 — 障壁(장벽) 障害(장해)
'阝'의 원형. 글자의 오른쪽에 위치하여 부수로 쓰이는 '邑(阝)'과 구별할 것!

667 低 부수: 人, 총 7획, 낮을 저 — 低價(저가) 低溫(저온)
모양이 비슷한 紙(종이 지/7), 底(밑 저/4), 抵(막을 저/3Ⅱ)와 구별할 것!

668 敵 부수: 攵, 총 15획, 대적할 적 — 敵軍(적군) 強敵(강적)
'攵'의 원형

669 田 부수: 田, 총 5획, 밭 전 — 田園(전원) 火田(화전)
모양이 비슷한 '由(말미암을 유/6)'와 구별할 것!

670 絶 부수: 糸, 총 12획, 끊을 절 — 絶景(절경) 絶交(절교)
더할 나위 없이 훌륭한 경치. '絶'이 '뛰어나다'를 뜻함.

한자의 훈과 음을 생각하며, 순서에 따라 써 보세요.

671 接 — 부수: 手, 총 11획, 이을 접
接續(접속) 間接(간접)

672 政 — 부수: 攵, 총 9획, 정사 정
政經(정경) 政治(정치)
- 정치와 경제를 아울러 이르는 말
- 정치에 관한 일

673 程 — 부수: 禾, 총 12획, 한도·길 정
程度(정도) 旅程(여정)
- 알맞은 한도
- 여행의 과정이나 일정

674 精 — 부수: 米, 총 14획, 정할 정
精氣(정기) 精密(정밀)
- 천지의 만물을 생성하게 하는 원천이 되는 기운. '精'이 '혼, 정기'를 뜻함.
- 정하다: 거칠지 않고 고움.

675 制 — 부수: 刀, 총 8획, 절제할 제
制度(제도) 制限(제한)

⚠ 모양이 비슷한 '堤(둑 제/3)'와 구별할 것!

676 提 — 부수: 手, 총 12획, 끌 제
提示(제시) 提案(제안)

약자는 済. 416쪽 >>>

677 濟 — 부수: 水, 총 17획, 건널 제
經濟(경제) 救濟(구제)
- 어려운 처지에 있는 사람을 도와줌. '濟'가 '건지다, 구제하다'를 뜻함.

⚠ 모양이 비슷한 '際(즈음·가 제/4Ⅱ)', '察(살필 찰/4Ⅱ)'과 구별할 것!

678 祭 — 부수: 示, 총 11획, 제사 제
祭壇(제단) 祭物(제물)

679 製 — 부수: 衣, 총 14획, 지을 제
製造(제조) 製品(제품)

680 除 — 부수: 阜, 총 10획, 덜 제
除去(제거) 除雪(제설)

4급Ⅱ 배정 한자 250자

한자의 훈과 음을 생각하며, 순서에 따라 써 보세요.

681 際 — 부수: 阜, 총 14획, 즈음·가 **제**
交際(교제) 國際(국제)
→ 모양이 비슷한 '祭(제사 제/4Ⅱ)'와 구별할 것!

682 助 — 부수: 力, 총 7획, 도울 **조**
助言(조언) 協助(협조)

683 早 — 부수: 日, 총 6획, 이를 **조**
早期(조기) 早退(조퇴)
→ 부수를 '曰(가로 왈)'로 혼동하지 말 것!

684 造 — 부수: 辵, 총 11획, 지을 **조**
造形(조형) 創造(창조)
여러 가지 재료를 이용하여 구체적인 형태나 형상을 만듦.

685 鳥 — 부수: 鳥, 총 11획, 새 **조**
吉鳥(길조) 不死鳥(불사조) ← 凶鳥(흉조)
→ 글자 자체가 부수임에 유의할 것!
→ 모양이 비슷한 '島(섬 도/5)', '烏(까마귀 오/3Ⅱ)'와 구별할 것!

686 尊 — 부수: 寸, 총 12획, 높을 **존**
尊敬(존경) 尊重(존중)

687 宗 — 부수: 宀, 총 8획, 마루 **종**
宗家(종가) 宗孫(종손)
어떤 사물의 첫째. 또는 어떤 일의 기준

688 走 — 부수: 走, 총 7획, 달릴 **주**
走行(주행) 競走(경주)

689 竹 — 부수: 竹, 총 6획, 대 **죽**
竹馬故友(죽마고우) 362쪽>>>
→ 글자 자체가 부수임에 유의할 것!

690 準 — 부수: 水, 총 13획, 준할 **준**
基準(기준) 準決勝(준결승)
준하다 : 본보기에 비추어 그대로 좇다.

쓰기 배정 한자 익히기

🌱 한자의 훈과 음을 생각하며, 순서에 따라 써 보세요.

691 衆 / 부수: 血 / 총 12획 / 무리 중
大衆(대중) 出衆(출중)

692 增 / 부수: 土 / 총 15획 / 더할 증
약자는 增. 416쪽 >>> ↔ 減少(감소) 392쪽 >>>
增加(증가) 增進(증진)

693 志 / 부수: 心 / 총 7획 / 뜻 지
志士(지사) 意志(의지)

694 指 / 부수: 手 / 총 9획 / 가리킬 지
'扌'의 원형
指目(지목) 指示(지시)

695 支 / 부수: 支 / 총 4획 / 지탱할 지
원줄기에서 갈라져 나간 물줄기. '支'가 '갈리다, 가르다'를 뜻함.
支流(지류) 支持(지지)
⚠ 글자 자체가 부수임에 유의할 것
붙들어서 버티게 함. ※ 持(가질 지)-4급 배정 한자

696 至 / 부수: 至 / 총 6획 / 이를 지
至極(지극) 至誠(지성)
지극한 정성. '至'가 '지극하다'를 뜻함.

697 職 / 부수: 耳 / 총 18획 / 직분 직
⚠ 모양이 비슷한 '識(알 식/5)'과 구별할 것
職員(직원) 公職(공직)

698 眞 / 부수: 目 / 총 10획 / 참 진
⚠ 부수를 '匕', '八'로 혼동하지 말 것
眞理(진리) 寫眞(사진)

699 進 / 부수: 辶 / 총 12획 / 나아갈 진
進路(진로) 進退(진퇴)

700 次 / 부수: 欠 / 총 6획 / 버금 차
⚠ 부수를 'ⅱ'으로 혼동하지 말 것
次男(차남) 次席(차석)

4급Ⅱ 배정 한자 250자 **089**

4급Ⅱ 배정 한자 250자

한자의 훈과 음을 생각하며, 순서에 따라 써 보세요.

번호	한자	부수/획수/훈음	필순	용례
701	察	부수: 宀 / 총 14획 / 살필 찰	丶丶宀宀宀宀宀宀宀宀宀宀察察	觀察(관찰) 省察(성찰) — '생찰'로 읽지 말 것!
702	創	부수: 刀 / 총 12획 / 비롯할 창	ノ𠂉𠂉𠂉𠂉今今今倉倉倉創	創業(창업) 創意(창의) — 비롯하다: 처음으로 시작하다. / 새로운 의견을 생각하여 냄.
703	處	부수: 虍 / 총 11획 / 곳 처	丶丨丨广广虍虍虑虑處處	處地(처지) 近處(근처) — 약자는 処. 416쪽 >>>
704	請	부수: 言 / 총 15획 / 청할 청	丶一三言言言計計計請請請請請	請求(청구) 要請(요청) — 모양이 비슷한 '淸(맑을 청/6)', '情(뜻 정/5)'과 구별할 것!
705	總	부수: 糸 / 총 17획 / 다 총	丿𠂉𠂉幺幺幺糸糹紒紒紒絢絢絢總總	總力(총력) 總理(총리) — 약자는 総. 416쪽 >>>
706	銃	부수: 金 / 총 14획 / 총 총	ノ𠂉𠂉𠂉𠂉釒釒釒釒釒釒鈧銃	銃器(총기) 銃砲(총포) — 모양이 비슷한 '統(거느릴 통/4Ⅱ)'과 구별할 것!
707	築	부수: 竹 / 총 16획 / 쌓을 축	丶丨丨丿丿𠂉竹竹竺竺筑筑筑筑築築	築造(축조) 建築(건축) — 'ㅆ'의 원형
708	蓄	부수: 艹 / 총 14획 / 모을 축	一丨丿丱丱艹芊芊茎茎茎蓄蓄蓄	備蓄(비축) 貯蓄(저축) — 만약의 경우를 대비하여 미리 갖추어 모아 두거나 저축함.
709	忠	부수: 心 / 총 8획 / 충성 충	丨口口中忠忠忠忠	忠誠(충성) 忠孝(충효) — 모양이 비슷한 '患(근심 환/5)'과 구별할 것!
710	蟲	부수: 虫 / 총 18획 / 벌레 충	丨口口中虫虫蚩蟲	蟲齒(충치) 害蟲(해충) — 약자는 虫. 416쪽 >>>

쓰기 배정 한자 익히기

한자의 훈과 음을 생각하며, 순서에 따라 써 보세요.

711 取 / 부수: 又 / 총 8획 / 가질 취
取得(취득) 爭取(쟁취)

712 測 / 부수: 水 / 총 12획 / 헤아릴 측
⚠ 모양이 비슷한 '則(법칙 칙/5)'과 구별할 것!
測量(측량) 計測(계측)

713 治 / 부수: 水 / 총 8획 / 다스릴 치
治安(치안) 法治(법치)

714 置 / 부수: 网 / 총 13획 / 둘 치
設置(설치) 位置(위치)

715 齒 / 부수: 齒 / 총 15획 / 이 치
약자는 歯. 416쪽 >>>
⚠ '치렬'로 읽지 말 것!
齒科(치과) 齒列(치열)

716 侵 / 부수: 人 / 총 9획 / 침노할 침
⚠ 모양이 비슷한 '沈(잠길 침/3Ⅱ)'과 구별할 것!
侵入(침입) 侵害(침해)
침노하다: 남의 나라를 불법으로 쳐들어가거나 쳐들어옴.

717 快 / 부수: 心 / 총 7획 / 쾌할 쾌
快活(쾌활) 輕快(경쾌)
⚠ 모양이 비슷한 '決(결단할 결/5)'과 구별할 것!

718 態 / 부수: 心 / 총 14획 / 모습 태
⚠ '장태'로 읽지 말 것!
狀態(상태) 形態(형태)

719 統 / 부수: 糸 / 총 12획 / 거느릴 통
⚠ 모양이 비슷한 '銃(총 총/4Ⅱ)'과 구별할 것!
지난날로부터 이어 내려오는 사상·관습·행동 따위의 양식. '統'이 '계통'을 뜻함.
統治(통치) 傳統(전통)

720 退 / 부수: 辶 / 총 10획 / 물러날 퇴
退任(퇴임) 退場(퇴장)

4급Ⅱ 배정 한자 250자

4급II 배정 한자 250자

한자의 훈과 음을 생각하며, 순서에 따라 써 보세요.

721 波
- 부수: 水
- 총 8획
- 물결 파
- 'ㅣ'의 원형
- 필순: 丶 氵 氵 汀 汋 波 波 波
- 電波(전파) 風波(풍파)

⚠ 모양·훈·활용 한자어를 구별할 것!

722 破
- 부수: 石
- 총 10획
- 깨뜨릴 파
- 필순: 一 ノ 厂 丆 石 石 石' 石丆 砂 破
- 破局(파국) 破産(파산)

723 包
- 부수: 勹
- 총 5획
- 쌀 포
- 필순: ノ ク 勹 勻 包
- 包容(포용) 小包(소포)

724 布
- 부수: 巾
- 총 5획
- 베·펼 포, 보시 보
- ⚠ 모양이 비슷한 '市(저자 시/7)'와 구별할 것!
- ⚠ '포시'로 읽지 말 것!
- 필순: ノ ナ 才 右 布
- 布告(포고) 布施(보시)
- 자비심으로 남에게 재물이나 불법을 베풂.

725 砲
- 부수: 石
- 총 10획
- 대포 포
- 필순: 一 ノ 厂 丆 石 石 石' 石勹 砲 砲
- 砲兵(포병) 砲手(포수)

726 暴
- 부수: 日
- 총 15획
- 사나울 폭, 모질 포
- ⚠ 독음 주의!
- 필순: 日 旦 昦 昦 昦 昦 暴 暴 暴 暴 暴
- 暴動(폭동) 暴惡(포악)

727 票
- 부수: 示
- 총 11획
- 표 표
- ⚠ 모양이 비슷한 '栗(밤 률/3II)'과 구별할것!
- 필순: 一 二 丙 襾 襾 票 票 票 票 票
- 賣票(매표) 投票(투표)
- 선거를 하거나 가부를 결정할 때에 투표용지에 의사를 표시하여 일정한 곳에 내는 일. ※投(던질 투)-4급 배정 한자

728 豊
- 부수: 豆
- 총 13획
- 풍년 풍
- 필순: 一 П 曲 曲 曹 豊 豊 豊
- 豊年(풍년) 豊盛(풍성)

729 限
- 부수: 阜
- 총 9획
- 한할 한
- 'ㅏ'의 원형 ⚠ 글자의 오른쪽에 위치하여 부수로 쓰이는 '邑(阝)'과 구별할 것!
- 필순: 阝 阝' 阝コ 阝日 限 限 限
- 限界(한계) 無限(무한)
- 한하다 : 어떤 조건, 범위에 제한되거나 국한되다.

730 港
- 부수: 水
- 총 12획
- 항구 항
- 필순: 丶 氵 氵 汁 沣 泮 洪 洪 洪 港 港
- 港口(항구) 空港(공항)

⚠ 모양이 비슷한 '巷(거리 항/3)'과 구별할 것!

092 쓰기 배정 한자 익히기

🌱 한자의 훈과 음을 생각하며, 순서에 따라 써 보세요.

731 航	부수: 舟 총 10획 배 항	航海(항해) 回航(회항)
732 解	약자는 觧 416쪽 부수: 角 총 13획 풀 해	解決(해결) 解答(해답)
733 鄕	'ß'의 원형. 글자의 왼쪽에 위치하여 부수로 쓰이는 '阜(ß)'와 구별할 것! 부수: 邑 총 13획 시골 향	자기 고향이 아닌 고장. '鄕'이 '고향'을 뜻함. 京鄕(경향) 他鄕(타향)
734 香	글자 자체가 부수임에 유의할 것! 부수: 香 총 9획 향기 향	香氣(향기) 香料(향료)
735 虛	모양이 비슷한 '番(차례 번/6)'과 구별할 것! 부수: 虍 총 12획 빌 허	虛空(허공) 虛風(허풍)
736 驗	약자는 験 416쪽 부수: 馬 총 23획 시험 험	일의 좋은 보람. 또는 어떤 작용의 결과. '驗'이 '보람'을 뜻함. 實驗(실험) 效驗(효험)
737 賢	약자는 賢 416쪽 부수: 貝 총 15획 어질 현	賢明(현명) 聖賢(성현)
738 血	피와 살을 아울러 이르는 말 / 부모, 자식, 형제 따위 한 혈통으로 맺어진 육친 부수: 血 총 6획 피 혈	血液(혈액) 血肉(혈육)
739 協	글자 자체가 부수임에 유의할 것! 부수: 十 총 8획 화할 협	協同(협동) 協調(협조)
740 惠	부수를 '力'으로 혼동하지 말 것! 부수: 心 총 12획 은혜 혜	하늘이 베푼 은혜. 또는 자연의 은혜 恩惠(은혜) 天惠(천혜)

4급Ⅱ 배정 한자 250자

4급II 배정한자 250자

한자의 훈과 음을 생각하며, 순서에 따라 써 보세요.

741 呼 — 부수: 口, 총 8획, 부를 호 / 呼客(호객) 呼名(호명)

742 好 — 부수: 女, 총 6획, 좋을 호 / 好感(호감) 良好(양호)

743 戶 — 부수: 戶, 총 4획, 집 호 / 門戶(문호) 窓戶(창호)
⚠ 글자 자체가 부수임에 유의할 것!

744 護 — 부수: 言, 총 21획, 도울 호 / 護國(호국) 看護(간호)
나라를 보호하고 지킴. '護'가 '지키다'를 뜻함.
다쳤거나 앓고 있는 환자나 노약자를 보살펴 돌봄. ※ 看(볼 간) - 4급 배정 한자

745 貨 — 부수: 貝, 총 11획, 재물 화 / 寶貨(보화) 外貨(외화)
⚠ 모양이 비슷한 '貸(빌릴·꿸 대/3II)', '賃(품삯 임/3II)'과 구별할 것!

746 確 — 부수: 石, 총 15획, 굳을 확 / 確固(확고) 確實(확실)

747 回 — 부수: 口, 총 6획, 돌아올 회 / 回歸(회귀) 回復(회복)
⚠ 모양이 비슷한 '向(향할 향/6)'과 구별할 것!
⚠ '회부'로 읽지 말 것!

748 吸 — 부수: 口, 총 7획, 마실 흡 / 吸煙(흡연) 吸入(흡입)

749 興 — 부수: 臼, 총 16획, 일 흥 / 興亡(흥망) 興味(흥미)
약자는 兴. 416쪽 >>>
흥을 느끼는 재미. '興'이 '흥취'를 뜻함.
⚠ 모양이 비슷한 '與(더불·줄 여/4)', '輿(수레 여/3)'와 구별할 것!

750 希 — 부수: 巾, 총 7획, 바랄 희 / 希求(희구) 希望(희망)

4급 배정 한자 250자

한자의 훈과 음을 생각하며, 순서에 따라 써 보세요.

번호	한자	부수/획수/훈음	필순	용례
751	暇	부수: 日, 총 13획, 틈·겨를 **가**	日 旷 旷 旷 旷 旷 旷 旷 暇 暇	餘暇(여가) 休暇(휴가)
752	刻	부수: 刀, 총 8획, 새길 **각** ('刂'의 원형)	` 一 亠 亥 亥 亥 刻 刻	刻印(각인) 陽刻(양각)
753	覺	부수: 見, 총 20획, 깨달을 **각** (약자는 覚)	` ⺌ ⺍ ㇹ 翩 翩 與 覺 覺 覺	感覺(감각) 味覺(미각)
754	干	부수: 干, 총 3획, 방패 **간**	一 二 干	干城(간성) 干支(간지)
755	看	부수: 目, 총 9획, 볼 **간**	一 二 三 手 禾 看 看 看 看	看病(간병) 看板(간판)
756	簡	부수: 竹, 총 18획, 대쪽·간략할 **간**	' ⺮ 筣 筣 簡 簡 簡 簡 簡 簡	竹簡(죽간) 簡單(간단)
757	敢	부수: 攴, 총 12획, 감히·구태여 **감**	一 丅 干 干 耳 耳 耳 取 敢 敢	敢行(감행) 勇敢(용감)
758	甘	부수: 甘, 총 5획, 달 **감**	一 十 廿 廿 甘	甘言(감언) 甘草(감초)
759	甲	부수: 田, 총 5획, 갑옷 **갑**	丨 冂 冂 日 甲	甲兵(갑병) 回甲(회갑)
760	降	부수: 阜, 총 9획, 내릴 **강**, 항복할 **항**	` 阝 阝 阝 队 陉 降 降	降水(강수) 降伏(항복)

- 754: 모양이 비슷한 '于(어조사 우/3)'와 구별할 것! 방패와 성이라는 뜻으로, 나라를 지키는 믿음직한 군대나 인물을 이르는 말. 천간(天干)과 지지(地支). '干'이 '천간'을 뜻함.
- 755: 모양이 비슷한 '着(붙을 착/5)'과 구별할 것!
- 756: 중국에서 종이가 발명되기 전에 글자를 기록하던 대나무 조각. '간략하다'를 뜻함. 대를 쪼갠 조각.
- 757: 일부러 애써.
- 758: 글자 자체가 부수임에 유의할 것!
- 759: 모양이 비슷한 '申(납 신/4Ⅱ)'과 구별할 것! 육십갑자의 갑(甲)으로 되돌아온다는 뜻으로, 예순한 살을 일컫는 말. '甲'이 '첫째천간'을 뜻함.
- 760: '阝'의 원형. 글자의 오른쪽에 위치하여 부수로 쓰이는 '邑(阝)'과 구별할 것! 독음 주의!

4급 배정 한자 250자　095

4급 배정 한자 250자

한자의 훈과 음을 생각하며, 순서에 따라 써 보세요.

| 761 | 居 | 부수: 尸 / 총 8획 / 살 거 | ㄱ ㄱ ㄹ ㅌ 尸 居 居 居 | 居室(거실) 住居(주거) |

762 ⚠ 모양이 비슷한 '臣(신하 신/5)'과 구별할 것!

| 762 | 巨 | 부수: 工 / 총 5획 / 클 거 | 一 厂 ㅋ ㅌ 巨 | 巨物(거물) 巨富(거부) |

763 ⚠ 모양·훈·활용 한자어를 구별할 것!
지시 따위를 따르지 않고 거스름. '拒'가 '어기다'를 뜻함.

| 763 | 拒 | 부수: 手 / 총 8획 / 막을 거 | 一 ㅓ ㅓ 扌 扩 折 拒 拒 | 拒逆(거역) 拒絕(거절) |

764 약자는 拠. **413쪽 >>>**

| 764 | 據 | 부수: 手 / 총 16획 / 근거 거 | 扌 扌' 扩 扩 扩 护 护 护 拷 據 據 據 | 據點(거점) 根據(근거) |

765 'イ'의 원형
남보다 훨씬 뛰어남. 또는 그런 사람

| 765 | 傑 | 부수: 人 / 총 12획 / 뛰어날 걸 | ノ イ イ' 伊 伊 伊' 伊 傑 傑 傑 傑 | 傑作(걸작) 傑出(걸출) |

766 약자는 倹. **413쪽 >>>**

| 766 | 儉 | 부수: 人 / 총 15획 / 검소할 검 | ノ イ イ' 化 伶 伶 伶 儉 儉 | 儉素(검소) 儉約(검약) |

⚠ 모양이 비슷한 '檢(검사할 검/4Ⅱ)', '劍(칼 검/3Ⅱ)'과 구별할 것!

| 767 | 擊 | 부수: 手 / 총 17획 / 칠 격 | 一 百 百 車 車 軎 軎 軗 軗 繋 擊 | 擊破(격파) 反擊(반격) |

768 'ㅣ'의 원형

| 768 | 激 | 부수: 水 / 총 16획 / 격할 격 | ㅣ ㅣ' 沪 泸 汃 渻 溥 灣 澈 激 | 激怒(격노) 感激(감격) |

769 약자는 坚. **413쪽 >>>**

| 769 | 堅 | 부수: 土 / 총 11획 / 굳을 견 | 一 ㅣ 丐 丐 丐 臣 臣' 堅 堅 堅 | 堅固(견고) 堅實(견실) |

770 ⚠ 모양이 비슷한 '大(큰 태/6)'와 구별할 것!
몹시 사나운 개. ※猛(사나울 맹)-3급Ⅱ 배정 한자

| 770 | 犬 | 부수: 犬 / 총 4획 / 개 견 | 一 ナ 大 犬 | 猛犬(맹견) 愛犬(애견) |

⚠ 글자 자체가 부수임에 유의할 것!

096 쓰기 배정 한자 익히기

한자의 훈과 음을 생각하며, 순서에 따라 써 보세요.

번호	한자	부수/획수/훈음	필순	단어
771	傾	부수: 人 / 총 13획 / 기울 경	ノ亻亻个化伫伫伫傾傾傾傾	傾聽(경청) 傾向(경향)

⚠ 모양이 비슷한 '頃(이랑, 잠깐 경/3Ⅱ)'과 구별할 것!
귀를 기울여 들음.

| 772 | 更 | 부수: 曰 / 총 7획 / 고칠 경, 다시 갱 | 一丆币百百更更 | 更新(경신) 更生(갱생) |

⚠ 모양이 비슷한 '便(편할 편/7)'과 구별할 것!
이미 있던 것을 고쳐 새롭게 함. 거의 죽을 지경에서 다시 살아남.

| 773 | 鏡 | 부수: 金 / 총 19획 / 거울 경 | ノ𠂉𠂉午车金金鈩鈩鏡鏡 | 眼鏡(안경) 破鏡(파경) |

깨어진 거울 / 사이가 나빠서 부부가 헤어지는 것을 비유적으로 이르는 말

| 774 | 驚 | 부수: 馬 / 총 23획 / 놀랄 경 | 𦰩苟苟敬敬敬警警驚驚 | 驚異(경이) 驚歎(경탄) |

⚠ 모양이 비슷한 '警(깨우칠 경/4Ⅱ)'과 구별할 것!

| 775 | 季 | 부수: 子 / 총 8획 / 계절 계 | 一二千千禾禾季季 | 季節(계절) 四季(사계) |

⚠ 모양이 비슷한 '李(오얏 리/6)', '秀(빼어날 수/4)'와 구별할 것!

| 776 | 戒 | 부수: 戈 / 총 7획 / 경계할 계 | 一二干开戒戒戒 | 戒律(계율) 警戒(경계) |

⚠ 모양이 비슷한 '成(이룰 성/6)'과 구별할 것!

| 777 | 系 | 부수: 糸 / 총 7획 / 이어맬 계 | 一𠂆玄玄系系 | 系列(계열) 系統(계통) |

⚠ '계렬'로 읽지 말 것!

| 778 | 繼 | 부수: 糸 / 총 20획 / 이을 계 | 𠃋𠃋幺幺糸糸紈緔緔繼繼 | 繼母(계모) 繼走(계주) |

약자는 継. 413쪽 >>>

| 779 | 階 | 부수: 阜 / 총 12획 / 섬돌 계 | 一𠃌阝阝阝阝阝阝階階階 | 階段(계단) 位階(위계) |

'阝'의 원형. ⚠ 글자의 오른쪽에 위치하여 부수로 쓰이는 '邑(阝)'과 구별할 것!
오르내리게 된 돌층계

| 780 | 鷄 | 부수: 鳥 / 총 21획 / 닭 계 | 𠂉爫爫爫爫爫爫鷄鷄鷄 | 鷄卵(계란) 養鷄(양계) |

4급 배정 한자 250자

한자의 훈과 음을 생각하며, 순서에 따라 써 보세요.

781 孤 — 모양이 비슷한 '脈(줄기 맥/4Ⅱ)'과 구별할 것!
- 부수: 子, 총 8획, 외로울 고
- 孤獨(고독), 孤兒(고아)

782 庫
- 부수: 广, 총 10획, 곳집 고
- 國庫(국고), 金庫(금고)
- 곳간(물건을 간직해 두는 곳)으로 지은 집

783 穀
- 부수: 禾, 총 15획, 곡식 곡
- 穀食(곡식), 雜穀(잡곡)

784 困 — 모양이 비슷한 '因(인할 인/5)', '囚(가둘 수/3)'와 구별할 것!
- 부수: 口, 총 7획, 곤할 곤
- 貧困(빈곤), 疲困(피곤)
- 곤하다 : 기운이 없이 나른하다.

785 骨
- 부수: 骨, 총 10획, 뼈 골
- 骨格(골격), 遺骨(유골)
- 글자 자체가 부수임에 유의할 것!

786 孔
- 부수: 子, 총 4획, 구멍 공
- 氣孔(기공), 毛孔(모공)

787 攻 — 모양이 비슷한 '功(공 공/6)'과 구별할 것!
- 부수: 攵, 총 7획, 칠 공
- 공격과 수비. '攻'이 '공격하다'를 뜻함.
- 攻守(공수), 速攻(속공)

788 管
- 부수: 竹, 총 14획, 대롱·주관할 관
- '艹'의 원형
- 管理(관리), 血管(혈관)

789 鑛 — 약자는 鉱 413쪽 >>>
- 부수: 金, 총 23획, 쇳돌 광
- 鑛山(광산), 金鑛(금광)

790 構 — 모양이 비슷한 '講(욀 강/4Ⅱ)'과 구별할 것!
- 부수: 木, 총 14획, 얽을 구
- 構成(구성), 構造(구조)

📌 한자의 훈과 음을 생각하며, 순서에 따라 써 보세요.

| 791 君 | 부수: 口 / 총 7획 / 임금 군 | ㄱ ㄱ ㅋ 尹 尹 君 君 | 君臣(군신) 聖君(성군) |

⚠️ 모양이 비슷한 '郡(고을 군/6)'과 구별할 것!

| 792 群 | 부수: 羊 / 총 13획 / 무리 군 | 같은 지역에 모여 생활하는 많은 부락 — 群落(군락) 群衆(군중) |

| 793 屈 | 부수: 尸 / 총 8획 / 굽힐 굴 | 屈曲(굴곡) 屈服(굴복) |

| 794 窮 | 부수: 穴 / 총 15획 / 다할·궁할 궁 | '다하다'를 뜻함 — '궁하다'를 뜻함 — 窮極(궁극) 貧窮(빈궁) |

⚠️ 모양이 비슷한 '卷(책 권/4)', '拳(주먹 권/3Ⅱ)'과 구별할 것!

| 795 券 | 부수: 刀 / 총 8획 / 문서 권 | 福券(복권) 食券(식권) |

약자는 勧. 413쪽 >>> ⚠️ 모양이 비슷한 '觀(볼 관/5)', '權(권세 권/4Ⅱ)', '勤(부지런할 근/4)'과 구별할 것!

| 796 勸 | 부수: 力 / 총 20획 / 권할 권 | 勸奬(권장) 勸學(권학) |

'卩'의 원형 — 돗자리를 만다는 뜻으로, 빠른 기세로 영토를 휩쓸거나 세력 범위를 넓힘. '卷'이 '말다'를 뜻함.

| 797 卷 | 부수: 卩 / 총 8획 / 책 권 | 卷頭(권두) 席卷(석권) |

약자는 帰. 413쪽 >>>

| 798 歸 | 부수: 止 / 총 18획 / 돌아갈 귀 | 歸家(귀가) 歸路(귀로) |

| 799 均 | 부수: 土 / 총 7획 / 고를 균 | 均等(균등) 均分(균분) |

'刂'의 원형 — 연극이나 방송극 등의 대본. '劇'이 '연극'을 뜻함.

| 800 劇 | 부수: 刀 / 총 15획 / 심할 극 | 劇藥(극약) 劇本(극본) |

⚠️ 모양이 비슷한 '據(근거 거/4)'와 구별할 것!

4급 배정 한자 250자

4급 배정 한자 250자

한자의 훈과 음을 생각하며, 순서에 따라 써 보세요.

801 勤 — 부수: 力, 총 13획, 부지런할 **근**
⚠ 모양이 비슷한 '勤(권할 권/4)'과 구별할 것!
勤儉(근검) 勤勉(근면)

802 筋 — 부수: 竹, 총 12획, 힘줄 **근**
'艹'의 원형
筋力(근력) 鐵筋(철근)

803 奇 — 부수: 大, 총 8획, 기특할 **기**
기특하다: 말하는 것이나 행동하는 것이 신통하여 귀염성이 있다.
기이하고 묘함. '奇'가 '기이하다'를 뜻함.
奇妙(기묘) 奇特(기특)

804 寄 — 부수: 宀, 총 11획, 부칠 **기**
⚠ 모양·훈·활용 한자어를 구별할 것!
남에게 덧붙어 사는 일. '寄'가 '의지하다'를 뜻함.
부치다: 편지나 물건 따위를 일정한 수단이나 방법을 써서 상대에게로 보내다.
寄居(기거) 寄生蟲(기생충)

805 機 — 부수: 木, 총 16획, 틀 **기**
機關(기관) 飛行機(비행기)

806 紀 — 부수: 糸, 총 9획, 벼리 **기**
백 년을 단위로 하는 기간. '紀'가 '해'를 뜻함.
≒記念(기념) — 紀念(기념) 世紀(세기)
그물의 위쪽 코를 꿰어 놓은 줄 / 일이나 글의 뼈대가 되는 줄거리

807 納 — 부수: 糸, 총 10획, 들일 **납**
納得(납득) 納入(납입)

808 段 — 부수: 殳, 총 9획, 층계 **단**
글에서 하나로 묶을 수 있는 짤막한 단위. '段'이 '단락'을 뜻함.
階段(계단) 文段(문단)

809 徒 — 부수: 彳, 총 10획, 무리 **도**
⚠ 부수를 '走'로 혼동하지 말 것! ⚠ '포도'로 읽지 말 것!
暴徒(폭도) 學徒(학도)

810 盜 — 부수: 皿, 총 12획, 도둑 **도**
⚠ 부수를 '水(氵)'로 혼동하지 말 것!
盜賊(도적) 盜聽(도청)

100 쓰기 배정 한자 익히기

한자의 훈과 음을 생각하며, 순서에 따라 써 보세요.

| 811 逃 | 부수: 辶 총 10획 도망할 도 | ノ ノ 丿 儿 北 北 兆 氷 逃 逃 逃 | 逃亡(도망) 逃走(도주) |

'辶'의 원형

| 812 亂 | 부수: 乙 총 13획 어지러울 란 | 亂動(난동) 亂離(난리) |

'乚'의 원형
약자는 乱. **414쪽 >>>**

| 813 卵 | 부수: 卩 총 7획 알 란 | ` 匚 匸 卵 卵 卵 卵 | 鷄卵(계란) 産卵(산란) |

⚠ 모양이 비슷한 '卯(토끼 묘/3)'와 구별할것!

| 814 覽 | 부수: 見 총 21획 볼 람 | 覽 | 觀覽(관람) 遊覽(유람) |

약자는 覧. **414쪽 >>>**

간단하고 짤막함.

| 815 略 | 부수: 田 총 11획 간략할·약할 략 | 略 | 略圖(약도) 簡略(간략) |

약하다: 전체에서 일부를 줄이거나 빼다.

| 816 糧 | 부수: 米 총 18획 양식 량 | 糧 | 糧穀(양곡) 糧食(양식) |

| 817 慮 | 부수: 心 총 15획 생각할 려 | 慮 | 考慮(고려) 心慮(심려) |

'灬'의 원형

몹시 세참. '烈'이 '세차다'를 뜻함.

| 818 烈 | 부수: 火 총 10획 매울 렬 | 烈 | 烈火(열화) 激烈(격렬) |

⚠ 글자 자체가 부수임에 유의할 것!

| 819 龍 | 부수: 龍 총 16획 용 룡 | 龍 | 龍王(용왕) 靑龍(청룡) |

약자는 竜. **414쪽 >>>**

고리버들의 가지나 대오리 따위로 엮어서 상자같이 만든 물건

| 820 柳 | 부수: 木 총 9획 버들 류 | 柳 | 柳器(유기) 細柳(세류) |

4급 배정 한자 250자

4급 배정한자 250자

한자의 훈과 음을 생각하며, 순서에 따라 써 보세요.

여러 해 동안 쌓은 경험에 의하여 이루어진 숙련의 정도 / 나무의 줄기나 가지 따위의 단면에 나타나는 둥근 테

821 輪 — 부수: 車, 총 15획, 바퀴 륜 — 年輪(연륜) 車輪(차륜)
⚠️ 모양이 비슷한 '論(논할 론/4Ⅱ)'과 구별할 것!

822 離 — 부수: 隹, 총 19획, 떠날 리 — 離別(이별) 分離(분리)
약자는 难. 414쪽 >>>

손위 누이나 손아래 누이의 남편

823 妹 — 부수: 女, 총 8획, 누이 매 — 妹夫(매부) 男妹(남매)

학문에 힘씀.

824 勉 — 부수: 力, 총 9획, 힘쓸 면 — 勉學(면학) 勸勉(권면)

⚠️ 모양이 비슷한 '嗚(슬플 오/3)'와 구별할 것!

825 鳴 — 부수: 鳥, 총 14획, 울 명 — 悲鳴(비명) 自鳴鍾(자명종)

본받아 배울 만한 대상. '模'가 '본보기'를 뜻함.

826 模 — 부수: 木, 총 15획, 본뜰 모 — 模範(모범) 模造(모조)

⚠️ 모양이 비슷한 '暮(저물 모/3)', '慕(그릴 모/3)'와 구별할 것!   ⚠️ '생묘'로 읽지 말 것!

827 墓 — 부수: 土, 총 14획, 무덤 묘 — 墓地(묘지) 省墓(성묘)

828 妙 — 부수: 女, 총 7획, 묘할 묘 — 妙技(묘기) 妙案(묘안)
묘하다 : 말할 수 없이 빼어나고 훌륭하다. / 모양이나 동작이 색다르다.

829 舞 — 부수: 舛, 총 14획, 춤출 무 — 舞曲(무곡) 歌舞(가무)

'扌'의 원형

830 拍 — 부수: 手, 총 8획, 칠 박 — 拍手(박수) 拍子(박자)

102 쓰기 배정 한자 익히기

한자의 훈과 음을 생각하며, 순서에 따라 써 보세요.

831 髮 — 부수: 髟, 총 15획, 터럭 **발**
몸에 난 길고 굵은 털
頭髮(두발) 毛髮(모발)

832 妨 — 부수: 女, 총 7획, 방해할 **방**
⚠ 모양이 비슷한 '放(놓을 방/6)', '防(막을 방/4Ⅱ)', '訪(찾을 방/4Ⅱ)'과 구별할 것!
거리낄 것이 없어 괜찮음.
妨害(방해) 無妨(무방)

833 犯 — 부수: 犬, 총 5획, 범할 **범**
'犭'의 원형
犯罪(범죄) 犯行(범행)

834 範 — 부수: 竹, 총 15획, 법 **범**
'⺮'의 원형
規範(규범) 示範(시범)

835 辯 — 부수: 辛, 총 21획, 말씀 **변**
⚠ 부수를 '言'으로 혼동하지 말 것!
능숙하여 막힘이 없는 말
達辯(달변) 言辯(언변)

836 普 — 부수: 日, 총 12획, 넓을 **보**
⚠ 모양이 비슷한 '辨(분별할 변/3)'과 구별할 것!
두루 널리 미침. ※ 遍(두루 편) - 3급 배정 한자
普遍(보편) 普通(보통)

837 伏 — 부수: 人, 총 6획, 엎드릴 **복**
'亻'의 원형
적을 기습하기 위하여 적이 지날 만한 길목에 군사를 숨김. '伏'이 '숨기다'를 뜻함.
伏拜(복배) 伏兵(복병)

838 複 — 부수: 衣, 총 14획, 겹칠 **복**
'衤'의 원형
複數(복수) 複製(복제)

839 否 — 부수: 口, 총 7획, 아닐 **부**
否認(부인) 安否(안부)

840 負 — 부수: 貝, 총 9획, 질 **부**
⚠ 모양이 비슷한 '員(인원 원/4Ⅱ)'과 구별할 것!
負傷(부상) 勝負(승부)
지다 : 내기나 시합, 싸움 따위에서 재주나 힘을 겨루어 상대에게 꺾이다. / 물건을 짊어서 등에 얹다.

4급 배정 한자 250자

4급 배정 한자 250자

한자의 훈과 음을 생각하며, 순서에 따라 써 보세요.

번호	한자	부수/획수/훈음	필순	예시
841	憤	부수: 心, 총 15획, 분할 **분**	′ 忄 忄 忄 忄 忄 忄 忄 忄 忄 忄 憤 憤 憤 憤 ('忄'의 원형)	憤怒(분노), 憤痛(분통)
			⚠ 모양이 비슷한 '墳(무덤 분/3)'과 구별할 것!	
842	粉	부수: 米, 총 10획, 가루 **분**	′ ゛ ¨ 半 半 半 半 粉 粉 粉	粉末(분말), 粉食(분식)
843	批	부수: 手, 총 7획, 비평할 **비**	一 十 扌 扌 扎 扎 批 ('扌'의 원형)	批判(비판), 批評(비평)
844	碑	부수: 石, 총 13획, 비석 **비**	一 丆 ㄏ 石 石 矴 矴 砶 砶 硨 硨 碑 碑	碑石(비석), 墓碑(묘비)
845	祕	부수: 示, 총 10획, 숨길 **비**	一 二 亍 亍 示 礻 秘 秘 祕 祕	祕密(비밀), 極祕(극비)
846	射	부수: 寸, 총 10획, 쏠 **사**	′ 丫 自 自 自 身 身 射 射 射	發射(발사), 注射(주사)
			⚠ 모양이 비슷한 '謝(사례할 사/4Ⅱ)'와 구별할 것!	
847	私	부수: 禾, 총 7획, 사사 **사**	一 二 千 禾 禾 私 私	私談(사담), 私立(사립) ← 公立(공립)
			⚠ 부수를 'ㅿ'로 혼동하지 말 것! 개인의 사사로운 일	
848	絲	부수: 糸, 총 12획, 실 **사**	′ ㄠ 幺 糸 糸 糹 絈 絈 絉 絲 絲 絲	金絲(금사), 鐵絲(철사)
		약자는 糸. 414쪽 >>>		
849	辭	부수: 辛, 총 19획, 말씀 **사**	′ ㄠ 幺 爫 爫 爫 爫 肏 肏 亂 辭 辭 辭	辭說(사설), 辭典(사전) 늘어놓는 말이나 이야기
		약자는 辞. 414쪽 >>>		
850	散	부수: 攵, 총 12획, 흩을 **산**	一 十 卄 廿 艹 昔 昔 昔 昔 散 散 散	散在(산재), 發散(발산) 여기저기 흩어져 있음.

🌱 한자의 훈과 음을 생각하며, 순서에 따라 써 보세요.

| 851 傷 다칠 상 | 부수: 人 / 총 13획 | 'ㅣ'의 원형 / ノ イ イ´ 仁 仁 作 作 俏 俏 傷 傷 | 傷處(상처) 傷心(상심) |

| 852 象 코끼리 상 | 부수: 豕 / 총 12획 | 사물의 모양과 상태. '象'이 '모양'을 뜻함. / ノ ⺈ ⺈ ⺈ 色 多 尹 罗 象 象 象 | 氣象(기상) 現象(현상) |

| 853 宣 베풀 선 | 부수: 宀 / 총 9획 | 丶 ㇔ 宀 宀 宀 宂 宁 宣 宣 | 宣告(선고) 宣言(선언) |

| 854 舌 혀 설 | 부수: 舌 / 총 6획 | ⚠ 글자 자체가 부수임에 유의할 것! / 남에게 시비하거나 헐뜯는 말을 듣게 될 신수 / 一 二 千 千 舌 舌 | 舌戰(설전) 口舌數(구설수) |

| 855 屬 붙일 속 | 부수: 尸 / 총 21획 | 약자는 属. 414쪽 >>> / 산출량이 적어 값이 비싼 금속. '屬'이 '무리'를 뜻함. / ㄱ ㄹ 尸 尸 尸 屈 屈 屬 屬 屬 屬 屬 | 所屬(소속) 貴金屬(귀금속) |

| 856 損 덜 손 | 부수: 手 / 총 13획 | 一 十 扌 扌 扩 捐 捐 捐 捐 損 損 | 損失(손실) 損害(손해) |

| 857 松 소나무 송 | 부수: 木 / 총 8획 | 一 十 才 木 木 朳 松 松 | 松花(송화) 老松(노송) |

| 858 頌 칭송할·기릴 송 | 부수: 頁 / 총 13획 | ⚠ 모양이 비슷한 '領(거느릴 령/5)'과 구별할 것! / ノ ハ 公 公 公´ 公″ 頌 頌 頌 頌 | 讚頌(찬송) 稱頌(칭송) |

| 859 秀 빼어날 수 | 부수: 禾 / 총 7획 | ⚠ 모양이 비슷한 '李(오얏 리/6)', '季(계절 계/4)'와 구별할 것! ⚠ 일곱 번째 획을 두 번에 걸쳐 쓰지 말 것! / 一 二 千 千 禾 禾 秀 | 秀才(수재) 優秀(우수) |

| 860 叔 아재비 숙 | 부수: 又 / 총 8획 | 아버지의 사촌 형제로 오촌이 되는 관계 / 丨 卜 上 十 † 규 叔 叔 | 작은아버지 — 叔父(숙부) 堂叔(당숙) |

'아저씨'의 낮춤말

4급 배정 한자 250자 105

4급 배정 한자 250자

한자의 훈과 음을 생각하며, 순서에 따라 써 보세요.

861 肅	약자는 肅. 415쪽 >>>		
	부수: 聿 총 13획 엄숙할 숙	ㄱ ㄱ ㄱ ㄱ ㄱ ㄱ ㄱ 肅 肅 肅 肅 肅 肅	自肅(자숙) 靜肅(정숙)

862 崇	모양이 비슷한 '宗(마루 종/4Ⅱ)'과 구별할 것!		
	부수: 山 총 11획 높을 숭	' ㄴ 屮 屮 屮 屮 岁 学 崇 崇 崇	崇高(숭고) 崇拜(숭배)

863 氏	글자 자체가 부수임에 유의할 것!		
	부수: 氏 총 4획 각시·성씨 씨	ㄴ ㄷ ㄸ 氏	氏族(씨족) 姓氏(성씨)

'아내'를 달리 이르는 말 · 아주 많은 액수의 돈. '額'이 '한도(정해진 수량)'를 뜻함.

864 額			
	부수: 頁 총 18획 이마 액	' ㄱ ㄱ 宀 穴 客 客 客 容 額 額 額	額數(액수) 巨額(거액)

865 樣			
	부수: 木 총 15획 모양 양	才 才 杧 栐 栐 栐 栐 样 様 様 様 樣	多樣(다양) 外樣(외양)

866 嚴	약자는 厳. 415쪽 >>>		
	부수: 口 총 20획 엄할 엄	' ' 口 严 严 严 严 严 厰 嚴 嚴 嚴	嚴格(엄격) 尊嚴(존엄)

867 與	모양이 비슷한 '興(일 흥/4Ⅱ)', '輿(수레 여/3)'와 구별할 것!		'삼여'로 읽지 말 것!
	부수: 臼 총 14획 더불·줄 여	' ㄥ ㅌ ㅌ ㅌ ㅌ 臼 臼 臼 臼 與	授與(수여) 參與(참여)

약자는 与. 415쪽 >>>

868 域			
	부수: 土 총 11획 지경 역	一 十 土 土 土 圹 圹 域 域 域 域	區域(구역) 聖域(성역)

독음 주의!

869 易			
	부수: 日 총 8획 바꿀 역, 쉬울 이	ㅣ ㄲ ㅂ ㅂ 月 月 易 易	交易(교역) 容易(용이)

870 延	네 번째 획을 두 번에 걸쳐 쓰지 말 것!		
	부수: 廴 총 7획 늘일 연	' ㄱ ㅜ 疋 延 延 延	延命(연명) 延長(연장)

모양이 비슷한 '廷(조정 정/3Ⅱ)'과 구별할 것!

🌱 한자의 훈과 음을 생각하며, 순서에 따라 써 보세요.

| 871 燃 | 부수: 火
총 16획
탈 연 | ` ` ⺀ ⺌ 火 炒 炒 炒 炒 炒 炒 燃 燃 燃 | 燃料(연료) 可燃性(가연성) |

⚠ 모양이 비슷한 '然(그럴 연/7)'과 구별할 것!

서로 관계를 맺게 되는 인연

| 872 緣 | 부수: 糸
총 15획
인연 연 | ` ` ⺡ ⺡ 纟 糸 糹 紵 紵 紵 紵 絆 絆 緣 緣 | 緣分(연분) 因緣(인연) |

⚠ 모양이 비슷한 '綠(푸를 록/6)'과 구별할 것!

| 873 鉛 | 부수: 金
총 13획
납 연 | ノ 人 ト ト 牟 牟 余 金 釒 釒 釤 鈆 鉛 | 鉛筆(연필) 黑鉛(흑연) |

⚠ 모양이 비슷한 '沿(물따라갈·따를 연/3Ⅱ)'과 구별할 것!

| 874 映 | 부수: 日
총 9획
비칠 영 | l 冂 冂 日 日 日' 旷 映 映 | 映畫(영화) 反映(반영) |

⚠ 모양이 비슷한 '榮(영화 영/4Ⅱ)'과 구별할 것!

| 875 營 | 부수: 火
총 17획
경영할 영 | ` ` ⺌ ⺌ ⺌ 火 炒 炒 炒 營 營 營 營 營 | 營業(영업) 經營(경영) |

약자는 営. 415쪽 >>>

| 876 迎 | 부수: 辶
총 8획
맞을 영 | ` ⺈ ⺌ 卬 卬 师 迎 迎 | 迎接(영접) 歡迎(환영) |

약자는 予. 415쪽 >>>

| 877 豫 | 부수: 豕
총 16획
미리 예 | ` ⺈ ⺌ 予 予 孕 豕 豕 豫 豫 豫 | 豫感(예감) 豫約(예약) |

⚠ '子(아들 자)'로 혼동하지 말 것!

우수한 등급. '優'가 '뛰어나다'를 뜻함.

| 878 優 | 부수: 人
총 17획
넉넉할 우 | イ 亻 仁 仁 价 价 僡 優 優 | 優等(우등) 優良(우량) |

어떤 사회적 관계나 태도로 대하는 일. '遇'가 '대접하다'를 뜻함.

| 879 遇 | 부수: 辶
총 13획
만날 우 | 曰 旦 昌 禺 禺 禺 偊 遇 遇 遇 | 待遇(대우) 不遇(불우) |

'阝'의 원형. ⚠ 글자의 왼쪽에 위치하여 부수로 쓰이는 '阜(阝)'와 구별할 것!

| 880 郵 | 부수: 邑
총 11획
우편 우 | ノ 二 三 干 干 乐 垂 垂 郵 郵 | 郵便(우편) 郵票(우표) |

4급 배정 한자 250자 **107**

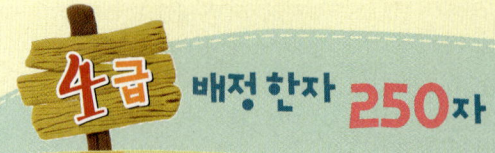

한자의 훈과 음을 생각하며, 순서에 따라 써 보세요.

| 881 | 怨 원망할 원 | 부수: 心 총 9획 | 怨望(원망) 怨恨(원한) |

| 882 | 援 도울 원 | 부수: 手 총 12획 | 救援(구원) 應援(응원) |
모양이 비슷한 '暖(따뜻할 난/4Ⅱ)'과 구별할 것!

| 883 | 源 근원 원 | 부수: 水 총 13획 | 根源(근원) 語源(어원) |
모양이 비슷한 '原(언덕 원/5)'과 구별할 것!

| 884 | 危 위태할 위 | 부수: 卩 총 6획 | 危急(위급) 危機(위기) |
'㔾'의 원형

| 885 | 圍 에워쌀 위 | 부수: 口 총 12획 | 周圍(주위) 包圍(포위) |
모양이 비슷한 '園(동산 원/6)', '圓(둥글 원/4Ⅱ)'과 구별할 것!
약자는 囲. 415쪽 >>>

| 886 | 委 맡길 위 | 부수: 女 총 8획 | 委員(위원) 委任(위임) |
모양이 비슷한 '季(계절 계/4)'와 구별할 것!

| 887 | 威 위엄 위 | 부수: 女 총 9획 | 威勢(위세) 威嚴(위엄) |
모양이 비슷한 '成(이룰 성/6)'과 구별할 것!

| 888 | 慰 위로할 위 | 부수: 心 총 15획 | 慰勞(위로) 慰安(위안) |

| 889 | 乳 젖 유 | 부수: 乙 총 8획 | 乳兒(유아) 牛乳(우유) |
'乚'의 원형
젖먹이. cf.幼兒(유아): 어린아이
모양이 비슷한 '孔(구멍 공/4)'과 구별할 것!

| 890 | 儒 선비 유 | 부수: 人 총 16획 | 儒生(유생) 儒學(유학) |
중국의 공자를 시조로 하는 전통적인 학문. '儒'가 '유교'를 뜻함.

🌱 한자의 훈과 음을 생각하며, 순서에 따라 써 보세요.

| 891 遊 | 부수: 辵
총 13획
놀 유 | '辶'의 원형
丶 亠 う 方 方' 方' 扩 芥 斿 斿 游 遊 遊 | 遊覽(유람) 遊興(유흥) |

| 892 遺 | 부수: 辵
총 16획
남길 유 | ⚠️ 모양이 비슷한 '遣(보낼 견/3)'과 구별할 것!
口 中 虫 虫 书 冉 冉 贵 貴 遺 遺 遺 遺 | 遺物(유물) 遺産(유산) |

| 893 隱 | 부수: 阜
총 17획
숨을 은 | '阝'의 원형. ⚠️ 글자의 오른쪽에 위치하여 부수로 쓰이는 '邑(阝)'과 구별할 것!
了 阝 阝' 阝'' 阝'' 阵 隂 隱 隱 隱 | 隱居(은거) 隱密(은밀) |
약자는 隠. 415쪽 >>>

| 894 依 | 부수: 人
총 8획
의지할 의 | ノ 亻 亻' 亻'' 伫 伩 依 依 | 依存(의존) 依支(의지) |

행사를 치르는 일정한 법식. '儀'가 '예, 예법'을 뜻함.

| 895 儀 | 부수: 人
총 15획
거동 의 | 亻 亻' 亻'' 亻''' 伀 俇 俇 儀 儀 儀 儀 | 儀式(의식) 禮儀(예의) |
몸을 움직임. 또는 그런 짓이나 태도

| 896 疑 | 부수: 疋
총 14획
의심할 의 | 丶 匕 匕 ヒ 乧 努 矣 矣 㐄 疑 疑 疑 | 疑問(의문) 疑心(의심) |

| 897 異 | 부수: 田
총 11획
다를 이 | ⚠️ 부수를 '八'로 혼동하지 말 것!
丨 冂 曰 田 田 罒 甲 甼 罜 異 異 | 異見(이견) 異色(이색) |

사람을 살리는 어진 기술이라는 뜻으로, '의술(醫術)'을 이르는 말

| 898 仁 | 부수: 人
총 4획
어질 인 | '亻'의 원형
ノ 亻 亻 仁 | 仁術(인술) 仁義(인의) |

손위 누이의 남편

| 899 姉 | 부수: 女
총 8획
손위누이 자 | 乚 夕 女 女 女' 妒 姉 姉 | 姉妹(자매) 姉兄(자형) |

| 900 姿 | 부수: 女
총 9획
모양 자 | 丶 冫 冫' 氵 次 次 姿 姿 姿 | 姿勢(자세) 姿態(자태) |

4급 배정 한자 250자 **109**

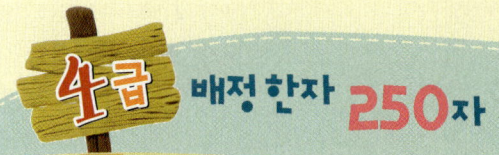 

4급 배정한자 250자

한자의 훈과 음을 생각하며, 순서에 따라 써 보세요.

No.	한자	부수 / 총획 / 훈음	필순	용례
901	資	부수: 貝 / 총 13획 / 재물 자	` ゛ ゛ ゛ 次 次 齐 资 资 资 资 资 資	資本(자본) 資産(자산)
		⚠ 모양이 비슷한 '貨(재물 화/4Ⅱ)'와 구별할 것!		
902	殘	부수: 歹 / 총 12획 / 남을 잔	一 ブ 歹 歹 歹 歹 殘 殘 殘 殘 殘	殘金(잔금) 殘在(잔재)
		약자는 残. 415쪽 >>>		
903	雜	부수: 隹 / 총 18획 / 섞일 잡	` 一 亠 亠 ㅊ 卒 杂 剎 剎 雜 雜 雜	雜穀(잡곡) 雜念(잡념)
		약자는 雑. 415쪽 >>>		
904	壯	부수: 士 / 총 7획 / 장할 장	丨 丬 爿 爿 壯 壯 壯	壯觀(장관) 壯烈(장렬)
		약자는 壮. 415쪽 >>>		
905	帳	부수: 巾 / 총 11획 / 장막 장	丨 冂 巾 巾' 帊 帊 帳 帳 帳 帳 帳	通帳(통장) 揮帳(휘장)
		예금한 사람에게 출납의 상태를 적어 주는 장부. '帳'이 '장부'를 뜻함.		
906	張	부수: 弓 / 총 11획 / 베풀 장	¬ ¬ 弓 弓 弘 弘 張 張 張 張 張	張大(장대) 主張(주장)
		약자는 奨. 415쪽 >>>		
907	奬	부수: 大 / 총 14획 / 장려할 장	丨 丬 爿 爿 ザ ザ ザ 將 將 將 奬	勸奬(권장) 奬學金(장학금)
908	腸	부수: 肉 / 총 13획 / 창자 장	) 刀 月 月' 月刀 胛 胛 胛 腸 腸 腸	斷腸(단장) 大腸(대장)
		'月'은 '육달월'의 원형. ⚠ 부수를 '月(달 월)'로 혼동하지 말 것! 몹시 슬퍼서 창자가 끊어지는 듯함.		
		⚠ 모양이 비슷한 '場(마당 장/7)', '陽(볕 양/6)', '揚(날릴 양/3Ⅱ)'과 구별할 것!		
909	裝	부수: 衣 / 총 13획 / 꾸밀 장	丨 丬 爿 爿 壯 壯 壯 奘 奘 奘 裝	裝置(장치) 服裝(복장)
		약자는 装. 415쪽 >>>		
910	底	부수: 广 / 총 8획 / 밑 저	` 亠 广 广 庀 庄 底 底	底意(저의) 海底(해저)
		⚠ 모양이 비슷한 '低(낮을 저/4Ⅱ)'와 구별할 것!		

110 쓰기 배정 한자 익히기

🌱 한자의 훈과 음을 생각하며, 순서에 따라 써 보세요.

| 911 積 | 부수: 禾
총 16획
쌓을 적 | ノ ノ 千 オ 禾 禾 禾 秆 秆 秸 秸 積 積 | 積金(적금) 積善(적선) |

| 912 籍 | 부수: 竹
총 20획
문서 적 | '⺮'의 원형
ノ ノ ノ ⺮ ⺮ 竿 笋 笋 笋 笋 籍 籍 | 書籍(서적) 除籍(제적) |

하여 온 일의 결과로 얻은 실적. '績'이 '공(이룬 업적)'을 뜻함.

| 913 績 | 부수: 糸
총 17획
길쌈 적 | ㄴ ㄴ ㄠ ㄠ ㄠ 糸 糸 糸 紵 紵 績 績 | 功績(공적) 成績(성적) |

└ 실을 내어 옷감을 짜는 모든 일

| 914 賊 | 부수: 貝
총 13획
도둑 적 | ㅣ ㄇ 冂 目 貝 貝 貝 貯 賊 賊 | 盜賊(도적) 海賊(해적) |

| 915 適 | 부수: 辶
총 15획
맞을 적 | '辶'의 원형
ㅗ ㅗ ㅗ 产 产 商 商 商 商 滴 滴 適 | 適期(적기) 適當(적당) |

| 916 專 | 부수: 寸
총 11획
오로지 전 | 一 ㄷ 戶 百 白 串 車 東 重 專 專 | 專攻(전공) 專門(전문) |

약자는 転. 415쪽 >>>

| 917 轉 | 부수: 車
총 18획
구를 전 | 一 ㄷ 戶 百 車 車 軋 軒 軒 軒 轉 轉 | 自轉(자전) 運轉(운전) |

약자는 銭. 415쪽 >>>

| 918 錢 | 부수: 金
총 16획
돈 전 | ノ ノ ㅅ ㅅ 牟 牟 余 金 金 金 鈂 銭 錢 | 金錢(금전) 銅錢(동전) |

⚠ 모양이 비슷한 '祈(빌 기/3Ⅱ)'와 구별할 것!

| 919 折 | 부수: 手
총 7획
꺾을 절 | 一 十 扌 扌 扩 折 折 | 折半(절반) 骨折(골절) |

⚠ 모양이 비슷한 '店(가게 점/5)'과 구별할 것!   '점령하다'를 뜻함.   '점치다'를 뜻함.

| 920 占 | 부수: 卜
총 5획
점령할·점칠 점 | ㅣ ㅏ ㅑ 占 占 | 占領(점령) 占術(점술) |

4급 배정 한자 250자 **111**

4급 배정 한자 250자

한자의 훈과 음을 생각하며, 순서에 따라 써 보세요.

| 921 點 점 점 | 부수: 黑 / 총 17획 | 획순: 丶 口 丬 日 日 甲 里 黑 黑 黑 黑 黑 黑 點 點 | 點線(점선) 點字(점자) |

약자는 点. 415쪽 >>>

| 922 丁 고무래·장정 정 | 부수: 一 / 총 2획 | 획순: 一 丁 | 兵丁(병정) 壯丁(장정) |

나이가 젊고 기운이 좋은 남자

곡식을 그러모으고 펴거나, 밭의 흙을 고르거나 아궁이의 재를 긁어모으는 데에 쓰이는 'T'자 모양의 기구

| 923 整 가지런할 정 | 부수: 攵 / 총 16획 | 획순: 一 丆 丌 戸 申 束 束 敕 敕 敕 敕 整 | 整列(정렬) 整理(정리) |

약자는 静. 415쪽 >>>

| 924 靜 고요할 정 | 부수: 靑 / 총 16획 | 획순: 一 十 主 青 青 青 青 靑 靖 靖 靜 靜 靜 | 靜肅(정숙) 安靜(안정) |

| 925 帝 임금 제 | 부수: 巾 / 총 9획 | 획순: 丶 亠 立 产 产 产 帝 帝 | 帝國(제국) 帝王(제왕) |

어떤 일을 이루게 하거나 이루지 못하게 하기 위하여 갖추어야 할 상태나 요소. '條'가 '조목'을 뜻함.

| 926 條 가지 조 | 부수: 木 / 총 11획 | 획순: 丿 亻 亻 仃 攸 攸 條 條 條 | 條件(조건) 條目(조목) |

약자는 条. 416쪽 >>>

| 927 潮 조수·밀물 조 | 부수: 水 / 총 15획 | 획순: 丶 氵 氵 汀 汀 沽 泸 泸 泸 渣 渣 渣 渣 潮 潮 | 潮流(조류) 滿潮(만조) |

밀물과 썰물을 통틀어 이르는 말 / 아침에 밀려들었다가 나가는 바닷물

| 928 組 짤 조 | 부수: 糸 / 총 11획 | 획순: 丶 幺 幺 幺 糸 糸 糸 紅 細 細 組 組 | 組立(조립) 組織(조직) |

모양이 비슷한 '在(있을 재/6)'와 구별할 것

| 929 存 있을 존 | 부수: 子 / 총 6획 | 획순: 一 ナ 才 亦 存 存 | 存在(존재) 生存(생존) |

약자는 从. 416쪽 >>>

군대를 따라 전쟁터로 나감.

| 930 從 좇을 종 | 부수: 彳 / 총 11획 | 획순: 丿 亻 彳 彳 彳 彳 从 갺 從 從 從 | 從軍(종군) 順從(순종) |

🌱 한자의 훈과 음을 생각하며, 순서에 따라 써 보세요.

| 931 鍾 | 부수: 金
총 17획
쇠북 종 | ノ ト ト 全 金 金 釒 釒 鈩 鈩 鍾 鍾 | 警鍾(경종) 打鍾(타종) |

| 932 座 | 부수: 广
총 10획
자리 좌 | ⚠ 모양이 비슷한 '坐(앉을 좌/3Ⅱ)'와 구별할 것!
丶 一 广 广 产 应 应 座 座 | 座席(좌석) 星座(성좌) |

| 933 周 | 부수: 口
총 8획
두루 주 | ノ 冂 月 冃 用 用 周 周 | 일정한 경로를 한 바퀴 돎.
周圍(주위) 一周(일주) |

| 934 朱 | 부수: 木
총 6획
붉을 주 | ノ ㅗ 二 牛 牛 朱 | 朱紅(주홍) 印朱(인주) |

| 935 酒 | 부수: 酉
총 10획
술 주 | ⚠ 부수를 '水(氵)'로 혼동하지 말 것!
丶 冫 氵 沪 沪 沔 沔 酒 酒 酒 | 禁酒(금주) 藥酒(약주) |

| 936 證 | 부수: 言
총 19획
증거 증 | 약자는 証 416쪽 >>>
言 訁 訁 訁 訏 訐 訟 證 證 證 證 證 | 證據(증거) 證明(증명) |

| 937 持 | 부수: 手
총 9획
가질 지 | ⚠ 모양이 비슷한 '待(기다릴 대/6)', '特(특별할 특/6)'과 구별할 것! ⚠ '지삼'으로 읽지 말 것!
一 十 扌 扌 扩 护 拌 持 持 | 持參(지참) 所持(소지) |

| 938 智 | 부수: 日
총 12획
지혜·슬기 지 | ノ ㅗ 二 矢 知 知 知 知 智 智 智 | 智略(지략) 奇智(기지) |

| 939 誌 | 부수: 言
총 14획
기록할 지 | 丶 一 二 三 言 言 言 計 計 誌 | 日誌(일지) 雜誌(잡지) |

| 940 織 | 부수: 糸
총 18획
짤 직 | ⚠ 모양이 비슷한 '識(알 식/5)', '職(직분 직/4Ⅱ)'과 구별할 것!
幺 乡 糸 糽 紂 紜 綸 綸 緒 織 織 織 | 織造(직조) 毛織(모직) |

Ⅰ 쓰기 배정 한자 익히기

4급 배정 한자 250자 113

4급 배정 한자 250자

한자의 훈과 음을 생각하며, 순서에 따라 써 보세요.

941 珍 — 약자는 珎. 416쪽 >>>
- 부수: 玉
- 총 9획
- 보배 진
- 珍貴(진귀) 珍味(진미)

942 盡 — 약자는 尽. 416쪽 >>>
- 부수: 皿
- 총 14획
- 다할 진
- 盡心(진심) 賣盡(매진)

943 陣 — 모양이 비슷한 '陳(베풀·묵을 진/3Ⅱ)'과 구별할 것!
- 부수: 阜
- 총 10획
- 진칠 진
- 陣營(진영) 陣地(진지)
- 진치다: 군사들의 대오(편성된 대열)를 배치함. / 자리를 차지함.

정치적·사회적·경제적으로 구분된 서로 대립되는 세력의 어느 한 쪽

944 差
- 부수: 工
- 총 10획
- 다를 차
- 差等(차등) 差異(차이)

945 讚
- 부수: 言
- 총 26획
- 기릴 찬
- 讚歌(찬가) 禮讚(예찬)

946 採 — 모양이 비슷한 '菜(나물 채/3Ⅱ)', '彩(채색 채/3Ⅱ)'와 구별할 것!
- 부수: 手
- 총 11획
- 캘 채
- 採集(채집) 採取(채취)

947 冊
- 부수: 冂
- 총 5획
- 책 책
- 冊房(책방) 書冊(서책)

948 泉
- 부수: 水
- 총 9획
- 샘 천
- 溫泉(온천) 源泉(원천)

949 廳 — 약자는 庁. 416쪽 >>>
- 부수: 广
- 총 25획
- 관청 청
- 廳舍(청사) 官廳(관청)

950 聽 — 약자는 聴. 416쪽 >>>
- 부수: 耳
- 총 22획
- 들을 청
- 聽衆(청중) 視聽(시청)

114 쓰기 배정 한자 익히기

한자의 훈과 음을 생각하며, 순서에 따라 써 보세요.

⚠ 모양이 비슷한 '昭(밝을 소/3)'와 구별할 것!

951 招 | 부수: 手 | 총 8획 | 부를 **초**
一 ナ 扌 扪 护 招 招 招
招待(초대) 招請(초청)

952 推 | 부수: 手 | 총 11획 | 밀 **추**
'扌'의 원형
一 ナ 扌 扌 扩 扩 扩 拊 拊 推 推
推理(추리) 推進(추진)

953 縮 | 부수: 糸 | 총 17획 | 줄일 **축**
ㄥ ㄠ 幺 糸 糹 紵 紵 紵 紵 縮 縮
縮小(축소) 短縮(단축)

목적한 바를 이룸. '就'가 '이루다'를 뜻함.

954 就 | 부수: 尢 | 총 12획 | 나아갈 **취**
一 ニ 亠 亠 宁 京 京 京 尌 就 就
就業(취업) 成就(성취)

955 趣 | 부수: 走 | 총 15획 | 뜻 **취**
一 + 土 + 丰 走 走 赳 赳 趣 趣 趣
趣味(취미) 趣向(취향)

956 層 | 부수: 尸 | 총 15획 | 층 **층**
丿 ㄱ 尸 尸 尸 屄 屄 屄 屌 層
層階(층계) 高層(고층)

957 寢 | 부수: 宀 | 총 14획 | 잘 **침**
丶 宀 宀 宀 宇 宇 宇 宇 寑 寑 寢
寢室(침실) 就寢(취침)

958 針 | 부수: 金 | 총 10획 | 바늘 **침**
丿 𠂉 𠂉 𠂉 𠂉 𠂉 金 金 金 針
針術(침술) 時針(시침)

약자는 称. 416쪽 >>>

959 稱 | 부수: 禾 | 총 14획 | 일컬을 **칭**
丿 二 千 千 千 禾 秆 秆 秆 秆 稱 稱
稱讚(칭찬) 名稱(명칭)

약자는 弹. 416쪽 >>>

용수철처럼 튀거나 팽팽하게 버티는 힘. '彈'이 '튀기다'를 뜻함.

960 彈 | 부수: 弓 | 총 15획 | 탄알 **탄**
⁊ ㄱ 弓 弓 弓 弓' 弹 弹 彈 彈 彈
彈力(탄력) 防彈(방탄)

I 쓰기 배정 한자 익히기

4급 배정 한자 250자 **115**

4급 배정한자 250자

한자의 훈과 음을 생각하며, 순서에 따라 써 보세요.

961 歡 — 모양이 비슷한 '難(어려울 난/4Ⅱ)', '歡(기쁠 환/4)'과 구별할 것!
부수: 欠 / 총 15획 / 탄식할 **탄**
歎息(탄식) 感歎(감탄)

962 脫 — '月(육달월)'의 원형. 부수를 '月(달 월)'로 혼동하지 말 것! 빠진 글자. '脫'이 '빠지다'를 뜻함.
부수: 肉 / 총 11획 / 벗을 **탈**
脫衣(탈의) 脫字(탈자)

963 探 — 'ㅡ'의 원형
부수: 手 / 총 11획 / 찾을 **탐**
探究(탐구) 探査(탐사)

964 擇 — 모양이 비슷한 '深(깊을 심/4Ⅱ)'과 구별할 것!
부수: 手 / 총 16획 / 가릴 **택**
擇日(택일) 選擇(선택)
약자는 択. 416쪽 >>>

965 討 — 여러 사람이 각각 의견을 말하며 논의함. '討'가 '탐구하다, 연구하다'를 뜻함.
부수: 言 / 총 10획 / 칠 **토**
討論(토론) 討伐(토벌)

966 痛 — 모양이 비슷한 '計(셀 계/6)'와 구별할 것!
부수: 疒 / 총 12획 / 아플 **통**
苦痛(고통) 頭痛(두통)

967 投
부수: 手 / 총 7획 / 던질 **투**
投身(투신) 投資(투자)

968 鬪
부수: 鬥 / 총 20획 / 싸움 **투**
鬪爭(투쟁) 鬪志(투지)

969 派 — 모양이 비슷한 '脈(줄기 맥/4Ⅱ)'과 구별할 것!
부수: 水 / 총 9획 / 갈래 **파**
派生(파생) 分派(분파)

970 判 — 'ㅣ'의 원형
부수: 刀 / 총 7획 / 판단할 **판**
判決(판결) 判定(판정)

한자의 훈과 음을 생각하며, 순서에 따라 써 보세요.

=字典(자전)

| 971 篇 | 부수: 竹
총 15획
책 편 | ノ ⺊ ⺊ ⺊ ⺊ ⺊ 竺 竺 笒 笒 笒 笲 箒 篇 篇 | 玉篇(옥편) 長篇(장편) |

| 972 評 | 부수: 言
총 12획
평할 평 | ` 亠 亠 ⺈ ⺕ 言 言 言 訃 訃 評 評 | 評價(평가) 評論(평론) |

⚠ 모양이 비슷한 '開(열 개/6)', '閑(한가할 한/4)'과 구별할 것!

| 973 閉 | 부수: 門
총 11획
닫을 폐 | 丨 卩 卩 卩 門 門 門 門 閉 閉 | 閉店(폐점) 閉會(폐회) |

| 974 胞 | 부수: 肉
총 9획
세포 포 | ノ 刀 月 月 ⺼ 朐 朐 朐 胞 | 同胞(동포) 細胞(세포) |

⚠ 모양이 비슷한 '暴(사나울 폭·모질 포/4Ⅱ)'와 구별할 것!

| 975 爆 | 부수: 火
총 19획
불터질 폭 | ` ⺀ 火 炉 炉 炉 煜 煜 爆 爆 爆 | 爆發(폭발) 爆彈(폭탄) |

⚠ 모양이 비슷한 '票(표 표/4Ⅱ)'와 구별할 것!

| 976 標 | 부수: 木
총 15획
표할 표 | 木 木 木 杧 柛 柛 柛 栖 栖 標 標 標 | 標示(표시) 目標(목표) |

| 977 疲 | 부수: 疒
총 10획
피곤할 피 | ` 亠 广 广 疒 疒 疒 疠 疠 疲 | 疲困(피곤) 疲勞(피로) |

'辶'의 원형

| 978 避 | 부수: 辵
총 17획
피할 피 | ⺀ ⺆ 尸 吕 吕 辟 辟 辟 辟 辟 避 | 避難(피난) 待避(대피) |

'忄'의 원형

| 979 恨 | 부수: 心
총 9획
한 한 | ` 忄 忄 忄 忄 忄 恨 恨 恨 | 恨歎(한탄) 怨恨(원한) |

⚠ 모양이 비슷한 '閉(닫을 폐/4)'와 구별할 것!

| 980 閑 | 부수: 門
총 12획
한가할 한 | 丨 卩 卩 卩 卩 門 門 門 閑 閑 閑 | 閑暇(한가) 農閑期(농한기) |

4급 배정 한자 250자

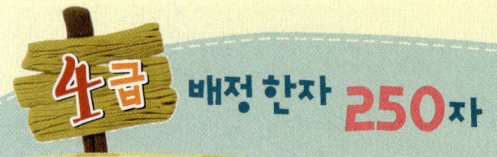 

4급 배정 한자 250자

한자의 훈과 음을 생각하며, 순서에 따라 써 보세요.

981 抗 — 부수: 手, 총 7획, 겨룰 항
모양이 비슷한 '航(배 항/4Ⅱ)'과 구별할 것!
抗拒(항거)　抗爭(항쟁)

982 核 — 부수: 木, 총 10획, 씨 핵
핵반응으로 생기는 힘을 이용한 무기. '核'이 '원자핵'을 뜻함.
核果(핵과)　核武器(핵무기)
모양이 비슷한 '刻(새길 각/4)'과 구별할 것!

983 憲 — 부수: 心, 총 16획, 법 헌
憲法(헌법)　改憲(개헌)

984 險 — 부수: 阜, 총 16획, 험할 험
약자는 険. 416쪽
險難(험난)　險惡(험악)
모양이 비슷한 '檢(검사할 검/4Ⅱ)', '儉(검소할 검/4)'과 구별할 것!

985 革 — 부수: 革, 총 9획, 가죽 혁
제도나 기구 따위를 새롭게 뜯어고침. '革'이 '고치다'를 뜻함.
革帶(혁대)　改革(개혁)
글자 자체가 부수임에 유의할 것!

986 顯 — 부수: 頁, 총 23획, 나타날 현
벼슬, 명성, 덕망이 높아서 이름이 세상에 드러남.
顯功(현공)　顯達(현달)
약자는 顕. 416쪽

987 刑 — 부수: 刀, 총 6획, 형벌 형
刑罰(형벌)　處刑(처형)
모양이 비슷한 '形(모양 형/6)'과 구별할 것!

988 或 — 부수: 戈, 총 8획, 혹 혹
어떤 사람
或是(혹시)　或者(혹자)
모양이 비슷한 '域(지경 역/4)'과 구별할 것!

989 婚 — 부수: 女, 총 11획, 혼인할 혼
結婚(결혼)　未婚(미혼)

990 混 — 부수: 水, 총 11획, 섞을 혼
'氵'의 원형
混成(혼성)　混合(혼합)

118　쓰기 배정 한자 익히기

한자의 훈과 음을 생각하며, 순서에 따라 써 보세요.

991 紅 — 부수: 糸, 총 9획, 붉을 홍
'붉다'를 뜻하는 한자: 赤(붉을 적/5), 朱(붉을 주/4)
紅潮(홍조) 朱紅(주홍)
아침 해가 바다에 비치어 붉게 물든 경치 / 부끄럽거나 취하여 붉어짐.

992 華 — 부수: 艹, 총 12획, 빛날 화
華婚(화혼) 榮華(영화)

993 歡 — 부수: 欠, 총 22획, 기쁠 환
약자는 欢 416쪽 >>>
歡迎(환영) 歡呼(환호)

994 環 — 부수: 玉, 총 17획, 고리 환
'王'의 원형
環境(환경) 花環(화환)

995 況 — 부수: 水, 총 8획, 상황 황
'장황'으로 읽지 말 것!
狀況(상황) 現況(현황)

996 灰 — 부수: 火, 총 6획, 재 회
灰壁(회벽) 灰色(회색)

997 候 — 부수: 人, 총 10획, 기후 후
모양이 비슷한 '侯(제후 후/3)'와 구별할 것!
氣候(기후) 惡天候(악천후)
몹시 나쁜 날씨

998 厚 — 부수: 厂, 총 9획, 두터울 후
厚待(후대) 厚德(후덕)
아주 잘 대접함. '厚'가 '대접하다'를 뜻함.

999 揮 — 부수: 手, 총 12획, 휘두를 휘
'扌'의 원형
發揮(발휘) 指揮(지휘)

1000 喜 — 부수: 口, 총 12획, 기쁠 희
喜悲(희비) 喜色(희색)
기뻐하는 얼굴빛

4급 배정 한자 250자 **119**

MEMO

Ⅱ 읽기 배정 한자 익히기

● 구성 및 출제 유형

이 단계는 3급Ⅱ, 3급 읽기 배정 한자를 익히는 부분으로, 3급Ⅱ 읽기 배정 한자 500자와 3급 읽기 배정 한자 317자를 훈·음, 필순, 활용 한자어 등과 함께 가나다 순으로 제시하였습니다. 또한 풀면서 익히기를 통해 학습한 내용을 확인할 수 있도록 하였습니다. 대개 **독음 쓰기 45문항, 훈·음 쓰기 27문항, 완성형 10문항 정도가 출제**됩니다.

● 학습 방법

읽기 배정 한자는 실제 시험에서 쓰기 문제로 출제되지 않으나 한자의 훈·음과 한자어의 독음을 정확히 알고 있어야 하므로, 한자를 쓰면서 익히는 것이 좋습니다. 3급 배정 한자는 신문 또는 일반 교양서를 무리 없이 읽을 수 있는 수준에 해당하므로, **일상생활 속에서 다양한 한자를 접할 수 있는 신문을 많이 읽는 것도 좋은 학습 방법**입니다.

【차례】 읽기 배정 한자와 대표 훈·음 | 22 | 3급Ⅱ 배정 한자 ❶~❿ | 34 | 3급 배정 한자 ❶~❻ 264

- 3급Ⅱ(500字) | 3급(317字)
- : ⇒ 첫 음절에서 장음(長音)으로 발음되는 한자 | (:) ⇒ 첫 음절에서 장·단음(長·短音) 두 가지로 발음되는 한자

※ 한자 또는 훈·음을 가리고, 가린 부분을 확인란에 써 넣어 얼마나 알고 있는지 자신의 실력을 점검해 보세요.

3급Ⅱ 배정 한자 500字			蓋	덮을 개(:)		溪	시내 계	
漢字	훈·음	확인	距	상거할 거:		姑	시어미 고	
佳	아름다울 가:		乾	하늘·마를 건		稿	원고·볏짚 고	
架	시렁 가:		劍	칼 검:		鼓	북 고	
脚	다리 각		隔	사이뜰 격		哭	울 곡	
閣	집 각		訣	이별할 결		谷	골 곡	
刊	새길 간		兼	겸할 겸		供	이바지할 공:	
幹	줄기 간		謙	겸손할 겸		恐	두려울 공(:)	
懇	간절할 간:		徑	지름길·길 경		恭	공손할 공	
肝	간 간(:)		硬	굳을 경		貢	바칠 공:	
鑑	거울 감		耕	밭갈 경		寡	적을 과:	
剛	굳셀 강		頃	이랑·잠깐 경		誇	자랑할 과:	
綱	벼리 강		啓	열 계:		冠	갓 관	
鋼	강철 강		契	맺을 계:		寬	너그러울 관	
介	낄 개:		桂	계수나무 계:		慣	익숙할 관	
概	대개 개:		械	기계 계:		貫	꿸 관(:)	

122 읽기 배정 한자 익히기

館	집 관	緊	긴할 긴	突	갑자기 돌
狂	미칠 광	諾	허락할 낙	凍	얼 동:
壞	무너질 괴:	娘	계집 낭	絡	이을·얽을 락
怪	괴이할 괴(:)	耐	견딜 내:	欄	난간 란
巧	공교할 교	寧	편안 녕	蘭	난초 란
較	견줄·비교할 교	奴	종 노	浪	물결 랑(:)
丘	언덕 구	腦	골·뇌수 뇌	郎	사내 랑
久	오랠 구:	泥	진흙 니	廊	사랑채·행랑 랑
拘	잡을 구	茶	차 다·차	涼	서늘할 량
菊	국화 국	丹	붉을 단	梁	들보·돌다리 량
弓	활 궁	但	다만 단:	勵	힘쓸 려:
拳	주먹 권:	旦	아침 단	曆	책력 력
鬼	귀신 귀:	淡	맑을 담	戀	그리워할·그릴 련:
菌	버섯 균	踏	밟을 답	聯	연이을 련
克	이길 극	唐	당나라·당황할 당(:)	蓮	연꽃 련
琴	거문고 금	糖	엿 당	鍊	쇠불릴·단련할 련:
禽	새 금	臺	대 대	裂	찢어질 렬
錦	비단 금:	貸	빌릴·꿸 대:	嶺	고개 령
及	미칠 급	倒	넘어질 도:	靈	신령 령
企	꾀할 기	刀	칼 도	爐	화로 로
其	그 기	桃	복숭아 도	露	이슬 로(:)
畿	경기 기	渡	건널 도	祿	녹 록
祈	빌 기	途	길 도:	弄	희롱할 롱:
騎	말탈 기	陶	질그릇 도	賴	의뢰할 뢰:

雷	우레 뢰		猛	사나울 맹:		迫	핍박할 박	
樓	다락 루		盟	맹세 맹		般	가지·일반 반	
漏	샐 루:		盲	소경·눈멀 맹		盤	소반 반	
累	여러·자주 루:		免	면할 면:		飯	밥 반	
倫	인륜 륜		眠	잘 면		拔	뽑을 발	
栗	밤 률		綿	솜 면		芳	꽃다울 방	
率	비율 률, 거느릴 솔		滅	꺼질·멸할 멸		培	북돋울 배:	
隆	높을 륭		銘	새길 명		排	밀칠 배	
陵	언덕 릉		慕	그릴 모:		輩	무리 배:	
吏	벼슬아치·관리 리:		謀	꾀 모		伯	맏 백	
履	밟을 리:		貌	모양 모		繁	번성할 번	
裏	속 리:		睦	화목할 목		凡	무릇 범(:)	
臨	임할 림		沒	빠질 몰		碧	푸를 벽	
麻	삼 마(:)		夢	꿈 몽		丙	남녘 병:	
磨	갈 마		蒙	어두울 몽		補	기울 보:	
莫	없을 막		茂	무성할 무:		譜	족보 보:	
幕	장막 막		貿	무역할 무:		腹	배 복	
漠	넓을 막		墨	먹 묵		覆	덮을 부, 다시 복	
晚	늦을 만:		默	잠잠할 묵		封	봉할 봉	
妄	망령될 망:		紋	무늬 문		峯	봉우리 봉	
媒	중매 매		勿	말 물		逢	만날 봉	
梅	매화 매		尾	꼬리 미:		鳳	봉새 봉	
麥	보리 맥		微	작을 미		付	부칠 부:	
孟	맏 맹(:)		薄	엷을 박		扶	도울 부	

浮	뜰 부		償	갚을 상		衰	쇠할 쇠	
符	부호 부(:)		喪	잃을 상(:)		垂	드리울 수	
簿	문서 부:		尙	오히려 상(:)		壽	목숨 수	
腐	썩을 부:		桑	뽕나무 상		帥	장수 수	
賦	부세 부:		裳	치마 상		愁	근심 수	
附	붙을 부(:)		詳	자세할 상		殊	다를 수	
奔	달릴 분		霜	서리 상		獸	짐승 수	
奮	떨칠 분:		塞	막힐 색, 변방 새		輸	보낼 수	
紛	어지러울 분		索	찾을 색, 노 삭		隨	따를 수	
拂	떨칠 불		徐	천천할 서(:)		需	쓰일·쓸 수	
卑	낮을 비:		恕	용서할 서:		淑	맑을 숙	
妃	왕비 비		緖	실마리 서:		熟	익을 숙	
婢	계집종 비:		署	마을 서:		旬	열흘 순	
肥	살찔 비:		惜	아낄 석		瞬	눈깜짝일 순	
司	맡을 사		釋	풀 석		巡	돌·순행할 순	
斜	비낄 사		旋	돌 선		述	펼 술	
沙	모래 사		禪	선 선		拾	주울 습, 열 십	
祀	제사 사		燒	사를 소(:)		濕	젖을 습	
蛇	긴뱀 사		疏	소통할 소		襲	엄습할 습	
詞	말·글 사		蘇	되살아날 소		乘	탈 승	
邪	간사할 사		訴	호소할 소		僧	중 승	
削	깎을 삭		訟	송사할 송:		昇	오를 승	
森	수풀 삼		刷	인쇄할 쇄:		侍	모실 시:	
像	모양 상		鎖	쇠사슬 쇄:		飾	꾸밀 식	

愼	삼갈 신:		役	부릴 역		愚	어리석을 우	
審	살필 심(:)		疫	전염병 역		憂	근심 우	
甚	심할 심:		譯	번역할 역		羽	깃 우:	
雙	두·쌍 쌍		驛	역 역		韻	운 운:	
亞	버금 아(:)		宴	잔치 연:		越	넘을 월	
我	나 아:		沿	물따라갈·따를 연(:)		僞	거짓 위	
牙	어금니 아		燕	제비 연(:)		胃	밥통 위	
芽	싹 아		軟	연할 연:		謂	이를 위	
阿	언덕 아		悅	기쁠 열		幼	어릴 유	
雅	맑을 아(:)		染	물들 염:		幽	그윽할 유	
岸	언덕 안:		炎	불꽃 염		悠	멀 유	
顔	낯 안:		鹽	소금 염		柔	부드러울 유	
巖	바위 암		影	그림자 영:		猶	오히려 유	
仰	우러를 앙:		譽	기릴·명예 예:		維	벼리 유	
央	가운데 앙		悟	깨달을 오:		裕	넉넉할 유:	
哀	슬플 애		烏	까마귀 오		誘	꾈 유	
若	같을 약, 반야 야		獄	옥 옥		潤	불을 윤:	
壤	흙덩이 양:		瓦	기와 와:		乙	새 을	
揚	날릴 양		緩	느릴 완:		淫	음란할 음	
讓	사양할 양:		欲	하고자할 욕		已	이미 이:	
御	거느릴 어:		慾	욕심 욕		翼	날개 익	
憶	생각할 억		辱	욕될 욕		忍	참을 인	
抑	누를 억		偶	짝 우:		逸	편안할 일	
亦	또 역		宇	집 우:		壬	북방 임:	

賃	품삯 임:	漸	점점 점:	憎	미울 증
刺	찌를 자:, 찌를 척	井	우물 정(:)	曾	일찍 증
慈	사랑 자	亭	정자 정	症	증세 증(:)
紫	자줏빛 자	廷	조정 정	蒸	찔 증
暫	잠깐 잠(:)	征	칠 정	之	갈 지
潛	잠길 잠	淨	깨끗할 정	枝	가지 지
丈	어른 장:	貞	곧을 정	池	못 지
掌	손바닥 장:	頂	정수리 정	振	떨칠 진:
粧	단장할 장	諸	모두 제	辰	별 진, 때 신
莊	씩씩할 장	齊	가지런할 제	鎭	진압할 진(:)
葬	장사지낼 장:	兆	억조 조	陳	베풀 진:, 묵을 진
藏	감출 장:	照	비칠 조:	震	우레 진:
臟	오장 장:	租	조세 조	疾	병 질
栽	심을 재:	縱	세로 종	秩	차례 질
裁	옷마를 재	坐	앉을 좌:	執	잡을 집
載	실을 재:	奏	아뢸 주(:)	徵	부를 징
抵	막을 저:	宙	집 주:	此	이 차
著	나타날 저:	柱	기둥 주	借	빌·빌릴 차:
寂	고요할 적	株	그루 주	錯	어긋날 착
摘	딸 적	洲	물가 주	贊	도울 찬:
笛	피리 적	珠	구슬 주	倉	곳집 창(:)
跡	발자취 적	鑄	쇠불릴 주	蒼	푸를 창
蹟	자취 적	仲	버금 중(:)	昌	창성할 창(:)
殿	전각 전:	卽	곧 즉	債	빚 채:

彩	채색 채:		醉	취할 취:		捕	잡을 포:
菜	나물 채:		側	곁 측		浦	개 포
策	꾀 책		値	값 치		楓	단풍 풍
妻	아내 처		恥	부끄러울 치		皮	가죽 피
尺	자 척		稚	어릴 치		彼	저 피:
戚	친척 척		漆	옻 칠		被	입을 피:
拓	넓힐 척		沈	잠길 침(:), 성 심:		畢	마칠 필
淺	얕을 천:		浸	잠길 침:		何	어찌 하
賤	천할 천:		奪	빼앗을 탈		荷	멜 하(:)
踐	밟을 천:		塔	탑 탑		賀	하례할 하:
遷	옮길 천:		湯	끓을 탕:		鶴	학 학
哲	밝을 철		殆	거의 태		汗	땀 한(:)
徹	통할 철		泰	클 태		割	벨 할
滯	막힐 체		澤	못 택		含	머금을 함
礎	주춧돌 초		兔	토끼 토		陷	빠질 함:
肖	닮을·같을 초		吐	토할 토(:)		恒	항상 항
超	뛰어넘을 초		透	사무칠 투		項	항목 항:
促	재촉할 촉		版	판목 판		響	울릴 향:
觸	닿을 촉		片	조각 편(:)		獻	드릴 헌:
催	재촉할 최:		偏	치우칠 편		懸	달 현:
追	쫓을·따를 추		編	엮을 편		玄	검을 현
畜	짐승 축		廢	폐할·버릴 폐:		穴	굴 혈
衝	찌를 충		弊	폐단·해질 폐:		脅	위협할 협
吹	불 취:		肺	허파 폐:		衡	저울대 형

漢字	훈·음	확인					
慧	슬기로울 혜:		**3급 배정 한자 317字**			矯	바로잡을 교:
浩	넓을 호:		漢字	훈·음	확인	郊	들 교
胡	되 호		却	물리칠 각		俱	함께 구
虎	범 호(:)		姦	간음할 간:		懼	두려워할 구
豪	호걸 호		渴	목마를 갈		狗	개 구
惑	미혹할 혹		慨	슬퍼할 개:		苟	진실로·구차할 구
魂	넋 혼		皆	다 개		驅	몰 구
忽	갑자기 홀		乞	빌 걸		龜	거북 구·귀, 터질 균
洪	넓을 홍		牽	이끌·끌 견		厥	그 궐
禍	재앙 화:		絹	비단 견		軌	바퀴자국 궤:
換	바꿀 환:		肩	어깨 견		叫	부르짖을 규
還	돌아올 환		遣	보낼 견:		糾	얽힐 규
皇	임금 황		卿	벼슬 경		斤	근·날 근
荒	거칠 황		庚	별 경		僅	겨우 근:
悔	뉘우칠 회:		竟	마침내 경:		謹	삼갈 근:
懷	품을 회		癸	북방·천간 계:		肯	즐길 긍:
劃	그을 획		繫	맬 계:		幾	몇 기
獲	얻을 획		枯	마를 고		忌	꺼릴 기
橫	가로 횡		顧	돌아볼 고		旣	이미 기
胸	가슴 흉		坤	땅 곤		棄	버릴 기
戱	놀이 희		郭	둘레·외성 곽		欺	속일 기
稀	드물 희		掛	걸 괘		豈	어찌 기
			塊	흙덩이 괴		飢	주릴 기
			愧	부끄러울 괴:		那	어찌 나:

乃	이에 내:	了	마칠 료:	眉	눈썹 미
奈	어찌 내	僚	동료 료	迷	미혹할 미(:)
惱	번뇌할 뇌	屢	여러 루:	憫	민망할 민
畓	논 답	淚	눈물 루:	敏	민첩할 민
塗	칠할 도	梨	배 리	蜜	꿀 밀
挑	돋울 도	隣	이웃 린	泊	머무를·배댈 박
稻	벼 도	慢	거만할 만:	伴	짝 반:
跳	뛸 도	漫	흩어질 만:	叛	배반할 반:
篤	도타울 독	忙	바쁠 망	返	돌이킬 반:
敦	도타울 돈	忘	잊을 망	倣	본뜰 방
豚	돼지 돈	罔	없을 망	傍	곁 방:
屯	진칠 둔	茫	아득할 망	邦	나라 방
鈍	둔할 둔:	埋	묻을 매	杯	잔 배
騰	오를 등	冥	어두울 명	煩	번거로울 번
濫	넘칠 람:	侮	업신여길 모(:)	飜	번역할 번
掠	노략질할 략	冒	무릅쓸 모	辨	분별할 변:
諒	살펴알·믿을 량	募	모을·뽑을 모	屛	병풍 병(:)
憐	불쌍히여길 련	暮	저물 모:	竝	나란히 병:
劣	못할 렬	某	아무 모:	卜	점 복
廉	청렴할 렴	卯	토끼 묘:	蜂	벌 봉
獵	사냥 렵	廟	사당 묘:	赴	다다를·갈 부:
零	떨어질·영 령	苗	모 묘:	墳	무덤 분
隷	종 례:	戊	천간 무:	朋	벗 붕
鹿	사슴 록	霧	안개 무:	崩	무너질 붕

賓	손 빈		騷	떠들 소		押	누를 압
頻	자주 빈		粟	조 속		殃	재앙 앙
聘	부를 빙		誦	욀 송:		涯	물가 애
似	닮을 사:		囚	가둘 수		厄	액 액
巳	뱀 사:		睡	졸음 수		也	이끼·어조사 야:
捨	버릴 사:		誰	누구 수		耶	어조사 야
斯	이 사		遂	드디어 수		躍	뛸 약
詐	속일 사		須	모름지기 수		楊	버들 양
賜	줄 사:		搜	찾을 수		於	어조사 어,탄식할 오
朔	초하루 삭		雖	비록 수		焉	어찌 언
嘗	맛볼 상		孰	누구 숙		予	나 여
祥	상서 상		循	돌 순		余	나 여
庶	여러 서:		殉	따라죽을 순		汝	너 여:
敍	펼 서:		脣	입술 순		輿	수레 여:
暑	더울 서:		戌	개 술		閱	볼 열
誓	맹세할 서:		矢	화살 시:		泳	헤엄칠 영:
逝	갈 서:		伸	펼 신		詠	읊을 영:
昔	예 석		晨	새벽 신		銳	날카로울 예:
析	쪼갤 석		辛	매울 신		傲	거만할 오:
攝	다스릴·잡을 섭		尋	찾을 심		吾	나 오
涉	건널 섭		餓	주릴 아:		嗚	슬플 오
召	부를 소		岳	큰산 악		娛	즐길 오:
昭	밝을 소		雁	기러기 안:		汚	더러울 오:
蔬	나물 소		謁	뵐 알		擁	낄 옹:

翁	늙은이 옹	夷	오랑캐 이	只	다만 지
臥	누울 와:	而	말이을 이	遲	더딜·늦을 지
曰	가로 왈	姻	혼인 인	姪	조카 질
畏	두려워할 외:	寅	범·동방 인	懲	징계할 징
搖	흔들 요	恣	마음대로·방자할 자:	且	또 차:
遙	멀 요	玆	이 자	捉	잡을 착
腰	허리 요	爵	벼슬 작	慘	참혹할 참
庸	떳떳할 용	酌	술부을·잔질할 작	慙	부끄러울 참
于	어조사 우	墻	담 장	暢	화창할 창:
又	또 우:	哉	어조사 재	斥	물리칠 척
尤	더욱 우	宰	재상 재:	薦	천거할 천:
云	이를 운	滴	물방울 적	尖	뾰족할 첨
違	어긋날 위	竊	훔칠 절	添	더할 첨
緯	씨 위	蝶	나비 접	妾	첩 첩
唯	오직 유	訂	바로잡을 정	晴	갤 청
惟	생각할 유	堤	둑 제	替	바꿀 체
愈	나을 유	弔	조상할 조:	逮	잡을 체
酉	닭 유	燥	마를 조	遞	갈릴 체
閏	윤달 윤:	拙	졸할 졸	抄	뽑을 초
吟	읊을 음	佐	도울 좌:	秒	분초 초
泣	울 읍	舟	배 주	燭	촛불 촉
凝	엉길 응:	俊	준걸 준:	聰	귀밝을 총
宜	마땅 의	遵	좇을 준:	抽	뽑을 추
矣	어조사 의	贈	줄 증	醜	추할 추

丑	소 축	漂	떠다닐 표	穫	거둘 확
逐	쫓을 축	匹	짝 필	丸	둥글 환
臭	냄새 취:	旱	가물 한:	曉	새벽 효:
枕	베개 침:	咸	다 함	侯	제후 후
妥	온당할 타:	巷	거리 항:	毁	헐 훼:
墮	떨어질 타:	亥	돼지 해	輝	빛날 휘
托	맡길 탁	奚	어찌 해	携	이끌 휴
濁	흐릴 탁	該	갖출·마땅 해		
濯	씻을 탁	享	누릴 향:		
誕	낳을·거짓 탄:	軒	집 헌		
貪	탐낼 탐	絃	줄 현		
怠	게으를 태	縣	고을 현:		
把	잡을 파	嫌	싫어할 혐		
播	뿌릴 파(:)	亨	형통할 형		
罷	마칠 파:	螢	반딧불 형		
頗	자못 파	兮	어조사 혜		
販	팔 판	乎	어조사 호		
貝	조개 패:	互	서로 호:		
遍	두루 편	毫	터럭 호		
幣	화폐 폐:	昏	어두울 혼		
蔽	덮을 폐:	弘	클 홍		
抱	안을 포:	鴻	기러기 홍		
飽	배부를 포:	禾	벼 화		
幅	폭 폭	擴	넓힐 확		

3급 II 배정한자 ①

🌱 한자의 훈과 음을 생각하며, 순서에 따라 써 보세요.

001 佳 (아름다울 가)
부수 : 人(亻), 총 8획

- 佳約(가약) : 아름다운 약속 / 사랑하는 사람과 만날 약속 / 부부가 되자는 약속
- 佳人(가인) : 용모가 아름다운 여자
- 佳作(가작) : 매우 뛰어난 작품

⚠️ 모양이 비슷한 '住(살 주/亻)'와 구별할 것!

[활용]
佳境(가경)　佳容(가용)
佳兆(가조)　佳節(가절)
佳趣(가취)　좋은 시절이나 계절

필순: ノ 亻 亻 仆 仹 佳 佳 佳

002 架 (시렁 가)
부수 : 木, 총 9획

- 架空(가공) : 어떤 시설물을 공중에 가설함. / 사실이 아니고 거짓이나 상상으로 꾸며 냄.
- 架橋(가교) : 다리를 놓음. / 서로 떨어져 있는 것을 이어 주는 사물이나 사실
- 書架(서가) : 문서나 책 따위를 얹어 두거나 꽂아 두도록 만든 선반

[활용]
架臺(가대)　架上(가상)
架線(가선)　架設(가설)
高架道路(고가 도로)

필순: フ カ カ 加 加 加 架 架 架

└ 물건을 얹어 놓기 위하여 방이나 벽에 긴 나무를 가로질러 선반처럼 만든 것

003 脚 (다리 각)
부수 : 肉(月), 총 11획

영화·연극 등의 대사·동작·무대 장치 등을 자세히 적어 놓은 대본

- 脚光(각광) : 무대의 앞면 아래쪽에서 배우를 환하게 비추는 조명
- 健脚(건각) : 튼튼하여 잘 걷거나 잘 뛰는 다리. 또는 그런 다리를 가진 사람
- 失脚(실각) : 발을 헛디딤. / 일에 실패하여 있던 지위에서 물러남.

[활용]
脚本(각본)　脚色(각색)
馬脚(마각)　行脚(행각)
脚線美(각선미)
二人三脚(이인 삼각)

💭 馬脚이 드러나다. : 숨기고 있던 일이나 정체가 드러나다.

필순: 月 月 肝 肝 肚 肤 脏 脚

004 閣 (집 각)
부수 : 門, 총 14획

'관서, 내각'을 뜻함.

- 改閣(개각) : 내각을 개편함.
- 入閣(입각) : 내각의 한 사람이 됨.
- 樓閣(누각) : 사방을 바라볼 수 있도록 문과 벽이 없이 다락처럼 높이 지은 집

[활용]
閣下(각하)　巨閣(거각)
高閣(고각)　內閣(내각)
국가의 행정권을 담당하는 최고 합의 기관

필순: 丨 丨 丨 丨 門 門 門 閂 閇 閣 閣

005 刊 (새길 간)
부수 : 刀(刂), 총 5획

계절에 따라 한 해에 네 번 잡지 따위의 간행물을 발간하는 일. 또는 그 간행물

- 刊行(간행) : 책 따위를 인쇄하여 발행함.
- 月刊(월간) : 한 달에 한 번씩 정해 놓고 책을 발행하는 일
- 創刊(창간) : 신문, 잡지 따위의 정기 간행물의 첫 번째 호(號)를 펴냄.

[활용]
季刊(계간)　發刊(발간)
夕刊(석간)　新刊(신간)
朝刊(조간)　出刊(출간)
廢刊(폐간)　休刊(휴간)

필순: 一 二 千 刊 刊

134　읽기 배정 한자 익히기

한자의 훈과 음을 생각하며, 순서에 따라 써 보세요.

006 幹 (줄기 간)
부수: 干, 총 13획

cf. 近間(근간): 요사이

- 幹部(간부): 회사나 단체 등 조직의 중심이 되는, 지도적인 자리에 있는 사람
- 根幹(근간): 뿌리와 줄기 / 사물의 바탕이나 가장 중심이 되는 중요한 부분
- 才幹(재간): 어떤 일을 할 수 있는 재주와 솜씨
  └ '재능'을 뜻함.

[활용]
幹事(간사) 幹枝(간지)
骨幹(골간) 語幹(어간)
幹線道路(간선 도로)

007 懇 (간절할 간)
부수: 心, 총 17획

- 懇求(간구): 간절히 바람.
- 懇切(간절): 지성스럽고 절실함. ⚠ '간체'로 읽지 말 것!
- 懇請(간청): 간절히 청함. 또는 그런 청

[활용]
懇曲(간곡)
懇談會(간담회)
서로 정답게 이야기를 나누는 모임. '懇'이 '정성스럽다'를 뜻함.

008 肝 (간 간)
부수: 肉(月), 총 7획
'육달월'임. ⚠ 부수를 '月(달 월)'로 혼동하지 말 것!

- 肝炎(간염): 간에 생기는 염증을 통틀어 이르는 말
- 肝腸(간장): 간과 창자
- 心肝(심간): 심장과 간장을 아울러 이르는 말

한 토막의 간과 창자라는 뜻으로, 애달프거나 애가 타는 마음을 이르는 말

[활용]
肝油(간유) 洗肝(세간)
九曲肝腸(구곡간장) 348쪽 >>>
一寸肝腸(일촌간장)

cf. 感想(감상): 마음속에서 일어나는 느낌이나 생각

009 鑑 (거울 감)
약자는 鑒. 417쪽 >>>
부수: 金, 총 22획

- 鑑別(감별): 잘 살펴보고 값어치, 참과 거짓, 종류 등을 판단하여 구별함.
- 鑑賞(감상): 주로 예술 작품을 이해하여 즐기고 평가함.
- 鑑識(감식): 어떤 사물의 가치나 진위 따위를 알아냄. 또는 그런 식견
  ⚠ '감지'로 읽지 말 것!   └ '보다'를 뜻함.

[활용]
鑑定(감정) 圖鑑(도감)
年鑑(연감) 印鑑(인감)
鑑定書(감정서)

010 剛 (굳셀 강)
부수: 刀(刂), 총 10획

금속의 단단하고 센 정도

- 剛健(강건): 기상이나 기개가 꿋꿋하고 굳셈.
- 剛斷(강단): 굳세고 꿋꿋하게 견디어 내는 힘
- 剛直(강직): 굳세고 꿋꿋함.

겉으로는 부드럽고 순하게 보이나 속은 곧고 굳셈.

[활용]
剛氣(강기) 剛度(강도)
剛體(강체)
金剛山(금강산)
外柔內剛(외유내강)

3급Ⅱ 배정 한자 ①

한자의 훈과 음을 생각하며, 순서에 따라 써 보세요.

011 綱

- 紀綱(기강) : 규율과 법도를 아울러 이르는 말
- 大綱(대강) : 자세하지 않은, 기본적인 부분만을 따 낸 줄거리
- 要綱(요강) : 근본이 되는 중요한 강령 / 기본이 되는 줄거리나 골자

[활용]
綱領(강령) 綱目(강목)
三綱五倫(삼강오륜)
355쪽 >>>

벼리 강
부수 : 糸, 총 14획

- 그물의 위쪽 코를 꿰어 놓은 줄 / 일이나 글의 뼈대가 되는 줄거리
- 질길 인, 1급 배정 한자
- 강철로 만든 줄. cf.鋼船

012 鋼

- 鋼鐵(강철) : 무쇠를 열처리하여 강도(強度)와 인성(靭性)을 높인 쇠
- 鋼板(강판) : 강철로 만든 철판
- 製鋼(제강) : 시우쇠를 불려 강철을 만듦. 또는 그 강철
  무쇠를 불려서 만든 쇠붙이의 하나
- 강철로 만든 배

[활용]
鋼船(강선) 鋼線(강선)
鍊鋼(연강)
불에 달군 강철

강철 강
부수 : 金, 총 16획

013 介

- 介入(개입) : 자신과 직접적인 관계가 없는 일에 끼어듦.
- 媒介(매개) : 둘 사이에서 양편의 관계를 맺어 줌.
- 仲介(중개) : 제삼자로서 두 당사자 사이에 서서 일을 주선함.

[활용]
介潔(개결) 介在(개재)
介意(개의)
어떤 일 따위를 마음에 두고
생각하거나 신경을 씀.

낄 개
부수 : 人, 총 4획

014 槪

- 槪觀(개관) : 전체를 대강 살펴봄.
- 槪論(개론) : 내용을 대강 추려서 서술함.
- 槪要(개요) : 간결하게 추려 낸 주요 내용

[활용]
槪念(개념) 槪略(개략)
槪說(개설) 大槪(대개)
日氣槪況(일기개황)
어떤 지역의 기상 상황의 흐름을
대체적으로 종합한 것

대개 개
부수 : 木, 총 15획

015 蓋

- 蓋然性(개연성) : 확실하지 않으나 아마 그럴 것이라고 생각되는 성질
- 頭蓋骨(두개골) : 척추동물의 머리를 이루는 뼈를 통틀어 이르는 말
- 無蓋車(무개차) : 덮개나 지붕이 없거나 접었다 폈다 할 수 있는 자동차
  =open car

'부개'로 읽지 말 것!

[활용]
蓋皮(개피) 覆蓋(복개)
軟口蓋(연구개)
蓋世之才(개세지재) 346쪽 >>>
口蓋音化(구개음화)

약자는 盖. 417쪽 >>>

덮을 개
부수 : 艸(艹), 총 14획

한자의 훈과 음을 생각하며, 순서에 따라 써 보세요.

016 距 상거할 거
부수: 足(⻊), 총 12획

- 距離(거리) : 두 개의 물건이나 장소 따위가 공간적으로 떨어진 길이
- 近距離(근거리) : 어느 한 곳에서 다른 곳까지의 짧은 거리
- 長距離(장거리) : 시간이 꽤 걸리는 먼 거리

[활용]
短距離(단거리)
射距離(사거리) 탄알, 포탄 따위가 발사되어 도달할 수 있는 곳까지의 거리

필순: ⼀ ⼆ ⼞ ⼞ ⼞ ⾜ ⾜ 距 距 距 距 距

― 상거(相距)하다 : 서로 떨어져 있다.

017 乾 하늘·마를 건
부수: 乙, 총 11획

- 乾期(건기) : 기후가 건조한 시기
- 乾性(건성) : 공기 중에 쉽게 마르는 성질
- 乾濕(건습) : 마름과 젖음을 아울러 이르는 말

[활용]
乾德(건덕) 乾材(건재)
乾川(건천) 乾草(건초)
乾魚物(건어물)
白手乾達(백수 건달)

필순: ⼀ ⼗ ⼟ ⼟ ⼟ ⾷ ⾷ ⾷ ⾷ 乾 乾

018 劍 칼 검
약자는 剣. 417쪽 >>>
부수: 刀(刂), 총 15획

- 劍客(검객) : 칼 쓰기 기술에 능한 사람
- 劍術(검술) : 검을 가지고 싸우는 기술
- 短劍(단검) : 길이가 짧은 칼

⚠ 모양이 비슷한 '檢(검사할 검/4Ⅱ)', '儉(검소할 검/4)', '險(험할 험/4)'과 구별할 것!

[활용]
劍道(검도) 劍舞(검무)
名劍(명검) 長劍(장검)
銃劍術(총검술)
刻舟求劍(각주구검) 365쪽 >>>
※ 舟(배 주)-3급 배정 한자

필순: ⼃ ⼂ ⼂ 合 合 合 僉 僉 僉 劍 劍

019 隔 사이뜰 격
부수: 阜(⻖), 총 13획

- 隔離(격리) : 다른 것과 통하지 못하게 사이를 막거나 떼어 놓음
- 隔差(격차) : 빈부, 임금, 기술 수준 따위가 서로 벌어져 다른 정도
- 間隔(간격) : 공간적·시간적으로 벌어진 사이

[활용]
隔年(격년) 隔月(격월)
隔意(격의) 隔週(격주)
遠隔制御(원격 제어)
隔世之感(격세지감) 346쪽 >>>

필순: ⼁ ⼂ ⻖ ⻖ ⻖ 阿 阿 阿 隔 隔 隔 隔 隔

020 訣 이별할 결
부수: 言, 총 11획

- 訣別(결별) : 기약없는 이별을 함. 작별 인사를 하고 떠남.
- 訣要(결요) : 없어서는 안 될 중요한 비결이나 요긴한 뜻 '訣'이 '비결, 비법'을 뜻함.
- 永訣(영결) : 죽은 사람과 산 사람이 서로 영원히 헤어짐.

⚠ 모양이 비슷한 '決(결단할 결/5)', '快(쾌할 쾌/4Ⅱ)'와 구별할 것!

[활용]
口訣(구결) 辭訣(사결)
生訣(생결) 要訣(요결)

필순: ⼂ ⼂ ⼆ ⼀ ⾔ ⾔ ⾔ 訂 訣 訣

3급Ⅱ 배정 한자 ①

한자의 훈과 음을 생각하며, 순서에 따라 써 보세요.

021 兼
- 兼備(겸비) : 두 가지 이상을 아울러 갖춤. 예 재색을 兼備한 규수
- 兼用(겸용) : 한 가지를 여러 가지 목적으로 씀.
- 兼任(겸임) : 두 가지 이상의 직무를 아울러 맡아봄.

[활용] 兼床(겸상) 兼業(겸업) 兼職(겸직) 兼人之勇(겸인지용) 347쪽>>>

필순: ノ 八 八 今 今 今 争 争 争 兼

겸할 겸 부수: 八, 총 10획

022 謙
- 謙德(겸덕) : 겸손한 덕성
- 謙讓(겸양) : 겸손한 태도로 남에게 양보하거나 사양함.
- 謙虛(겸허) : 스스로 자신을 낮추고 비우는 태도가 있음.

[활용] 謙稱(겸칭) 자신을 낮추어 겸손하게 이름.

필순: 言 言 言 言 言 許 許 許 謙 謙 謙

겸손할 겸 부수: 言, 총 17획

023 徑
- 徑行(경행) : 지름길을 이용해서 감.
- 口徑(구경) : 원통 모양으로 된 물건의 아가리의 지름. 예 카메라 렌즈의 口徑
- 半徑(반경) : 반지름

⚠ 모양이 비슷한 '經(지날·글 경/4Ⅱ)'과 구별할 것!

가까운 길 지름길 / 돌이 많은 좁은 길

[활용] 徑道(경도) 徑庭(경정) 斜徑(사경) 石徑(석경) 비탈길 小徑(소경) 直徑(직경) 지름

약자는 径. 417쪽>>>

필순: ノ ク 彳 彳 彳 彳 徑 徑 徑 徑

지름길·길 경 부수: 彳, 총 10획

024 硬
- 硬度(경도) : 물체의 단단한 정도
- 硬直(경직) : 몸 따위가 굳어서 뻣뻣하게 됨.
- 強硬(강경) : 굳세게 버티어 굽히지 않음.

[활용] 硬性(경성) 硬水(경수) 硬質(경질) 硬化(경화) 硬貨(경화) 단단하게 굳어짐. 금속으로 만든 화폐

필순: 一 ｢ ｢ 石 石 石 石 矴 硬 硬 硬

굳을 경 부수: 石, 총 12획

025 耕
- 耕作(경작) : 땅을 갈아서 농사를 지음.
- 農耕(농경) : 논밭을 갈아 농사를 지음.
- 水耕(수경) : 생장에 필요한 양분을 녹인 배양액만으로 식물을 재배하는 방법

[활용] 耕地(경지) 筆耕(필경) 休耕(휴경) 晝耕夜讀(주경야독) 362쪽>>>

필순: 一 二 三 丰 丰 丰 耒 耒 耕 耕

밭갈 경 부수: 耒, 총 10획

한자의 훈과 음을 생각하며, 순서에 따라 써 보세요.

026 頃 — 이랑·잠깐 **경**
부수: 頁, 총 11획

- 頃刻(경각): 눈 깜빡할 사이. 또는 아주 짧은 시간
- 頃年(경년): 요 몇 해 사이
- 頃步(경보): 반걸음

⚠ 모양이 비슷한 '傾(기울 경/4)'과 구별할 것!

필순: 一 匕 ヒ 卜 匠 匠 匠 頂 頂 頃 頃

[활용]
頃歲(경세) 頃者(경자)
頃日(경일)
萬頃蒼波(만경창파) 352쪽 >>>
命在頃刻(명재경각) 352쪽 >>>

027 啓 — 열 **계**
부수: 口, 총 11획

'열어주다(가르쳐 인도하다)'를 뜻함.

- 啓導(계도): 남을 깨치어 일깨워 줌.
- 啓發(계발): 슬기나 재능, 사상 따위를 일깨워 줌.
- 啓示(계시): 깨우쳐 보여 줌. / 사람의 지혜로서는 알 수 없는 진리를 신(神)이 가르쳐 알게 함.

지식 수준이 낮거나 인습에 젖은 사람을 가르쳐서 깨우침.

필순: ` ﾉ ɛ 戶 声 所 所 啟 啟 啓 啓

[활용]
啓蒙(계몽) 狀啓(장계)
天啓(천계)
啓明星(계명성)
샛별. 금성(金星)

028 契 — 맺을 **계**
부수: 大, 총 9획

- 契機(계기): 어떤 일이 일어나거나 변화하도록 만드는 결정적인 원인이나 기회
- 契約(계약): 관련되는 사람이나 조직체 사이에서 서로 지켜야 할 의무에 대하여 글이나 말로 정하여 둠. 또는 그런 약속
- 默契(묵계): 말 없는 가운데 뜻이 서로 맞음. 또는 그렇게 하여 성립된 약속

⚠ '계단'으로 읽지 말 것!

필순: 一 二 三 丰 刲 刲 契 契 契

[활용]
契丹(거란) 契員(계원)
契印(계인)
假契約(가계약)
隨意契約(수의 계약)

029 桂 — 계수나무 **계**
부수: 木, 총 10획

⚠ 모양이 비슷한 '柱(기둥 주/3Ⅱ)'와 구별할 것!

- 桂樹(계수): 계수나무. 계수나뭇과의 낙엽 활엽 교목
- 桂皮(계피): 계수나무 껍질을 한방에서 이르는 말
- 月桂冠(월계관): 고대 그리스에서, 월계수의 가지와 잎으로 만들어 경기의 우승 자에게 씌워 주던 관

필순: 一 十 才 木 木 桂 桂 桂 桂 桂

[활용]
月桂樹(월계수)
桂冠詩人(계관 시인)

030 械 — 기계 **계**
부수: 木, 총 11획

- 機械(기계): 동력을 써서 움직이거나 일을 하는 장치
- 器械(기계): 연장, 연모, 그릇, 기구 따위를 통틀어 이르는 말
- 農機械(농기계): 농사짓는 데 쓰는 기계

⚠ 모양이 비슷한 '戒(경계할 계/4)', '機(틀 기/4)'와 구별할 것!

필순: 一 十 才 木 木 杧 柿 柿 械 械 械

[활용]
機械工學(기계 공학)
器械體操(기계 체조)
精密機械(정밀 기계)

3급Ⅱ 배정 한자 ①

한자의 훈과 음을 생각하며, 순서에 따라 써 보세요.

031 溪

- 溪谷(계곡) : 물이 흐르는 골짜기
- 溪流(계류) : 산골짜기에 흐르는 시냇물
- 碧溪水(벽계수) : 물빛이 맑아 푸르게 보이는 시냇물

[활용]
溪水(계수)
清溪川(청계천)

시내 **계**
부수 : 水(氵), 총 13획

032 姑

- 姑母(고모) : 아버지의 누이
- 姑婦(고부) : 시어머니와 며느리를 아울러 이르는 말
- 姑從(고종) : 고종 사촌으로 고모의 자녀

잠시 숨을 쉰다는 뜻으로, 당장에는 탈이 없고 편안함을 비유적으로 이르는 말. '姑'가 '잠시'를 뜻함.

[활용]
姑息(고식)
姑母夫(고모부)
大姑母(대고모)
姑息之計(고식지계) 347쪽 >>>

시어미 **고**
부수 : 女, 총 8획

033 稿

- 稿料(고료) : 원고를 쓴 데 대한 보수
- 寄稿(기고) : 신문, 잡지 따위에 싣기 위하여 원고를 써서 보냄. 또는 그 원고
- 原稿(원고) : 인쇄하거나 발표하기 위하여 쓴 글이나 그림 따위

⚠ 모양이 비슷한 '橋(다리 교/5)'와 구별할 것!

[활용]
送稿(송고) 玉稿(옥고)
遺稿(유고) 草稿(초고)
脫稿(탈고) 投稿(투고)
原稿紙(원고지)

원고 · 볏짚 **고**
부수 : 禾, 총 15획

034 鼓

- 鼓舞(고무) : 북을 치고 춤을 춤. / 힘을 내도록 격려하여 용기를 북돋움.
- 鼓吹(고취) : 북을 치고 피리를 붊. / 의견이나 사상 따위를 열렬히 주장하여 불어 넣음.
- 申聞鼓(신문고) : 조선 시대에, 백성이 억울한 일을 하소연할 때 치게 하던 북

[활용]
鼓動(고동) 鼓手(고수)
法鼓(법고)
勝戰鼓(승전고)
싸움에 이겼을 때 울리는 북

북 **고**
부수 : 鼓, 총 13획

↳ 글자 자체가 부수임에 유의할 것!

035 哭

- 哭聲(곡성) : 곡하는 소리
- 痛哭(통곡) : 소리 높여 슬피 욺.
- 號哭(호곡) : 소리를 내어 슬피 욺. 또는 그런 울음

⚠ 모양이 비슷한 '器(그릇 기/4Ⅱ)'와 구별할 것!

[활용]
大聲痛哭(대성통곡) 351쪽 >>>

울 **곡**
부수 : 口, 총 10획

한자의 훈과 음을 생각하며, 순서에 따라 써 보세요.

036 谷 골 곡
부수: 谷, 총 7획
- 谷泉(곡천): 산골짜기에서 나는 샘물
- 溪谷(계곡): 물이 흐르는 골짜기
- 陵谷(능곡): 언덕과 골짜기를 아울러 이르는 말
- 골짜기 (산과 산 사이에 움푹 패어 들어간 곳)

골짜기에서부터 산꼭대기로 부는 바람
[활용]
谷風(곡풍)
深山幽谷(심산유곡) 356쪽 >>>

필순: ノ 八 夕 父 グ 谷 谷

⚠ 글자 자체가 부수임에 유의할 것!

037 供 이바지할 공
부수: 人(亻), 총 8획
- 供給(공급): 요구나 필요에 따라 물품 따위를 제공함.
- 供養(공양): 웃어른을 모시어 음식 이바지를 함.
- 提供(제공): 갖다 주어 이바지함.

어떤 물건이나 이익 따위를 상대편에게 돌아가도록 함.
신령이나 부처 앞에 바치는 물건
[활용]
供物(공물) 供與(공여)
供出(공출) 佛供(불공)
供給源(공급원)
供養米(공양미)

필순: ノ 亻 亻 亻 伊 供 供 供

이바지하다: 도움이 되게 하다. / 물건들을 갖추어 바라지하다.

038 恐 두려울 공
부수: 心, 총 10획
- 恐龍(공룡): 중생대 쥐라기와 백악기에 걸쳐 번성하였던 거대한 파충류
- 可恐(가공): 두려워하거나 놀랄만함.
- 恐水病(공수병): (물을 보기만 해도 공포를 느끼는 중세가 발작한다는 데서) 사람에게 전염된 '광견병'을 이르는 말

[활용]
恐妻家(공처가)

필순: 一 T I 刃 巩 巩 巩 恐 恐 恐

039 恭 공손할 공
부수: 心(⺗), 총 10획
- 恭敬(공경): 공손히 받들어 모심.
- 恭待(공대): 공손하게 잘 대접함.
- 不恭(불공): 공손하지 않음.

삼가는 태도로 겸손하게 자기를 낮춤.
[활용]
恭儉(공검) 恭謙(공겸)
恭勤(공근) 溫恭(온공)
성격, 태도 따위가 온화하고 공손함.

필순: 一 十 卄 サ 共 共 共 恭 恭

040 貢 바칠 공
부수: 貝, 총 10획
- 貢物(공물): 중앙 관서와 궁중의 수요를 충당하기 위하여 여러 군현에 부과·상납하게 한 특산물
- 貢獻(공헌): 힘을 써 이바지함.
- 朝貢(조공): 종속국이 종주국에 때를 맞추어 예물을 바치던 일. 또는 그 예물

[활용]
貢女(공녀)

필순: 一 T 干 干 干 干 貝 貢 貢 貢

3급Ⅱ 배정 한자 ❶ 141

3급II 배정 한자 ①

한자의 훈과 음을 생각하며, 순서에 따라 써 보세요.

041 寡 적을 과
부수: 宀, 총 14획

- 寡默(과묵): 말이 적고 침착함.
- 寡婦(과부): 남편을 잃고 혼자 지내는 여자
- 寡人(과인): 덕이 적은 사람이라는 뜻으로, 임금이 자기를 낮추어 이르던 일인칭 대명사

[활용]
寡守(과수) 寡少(과소)
寡慾(과욕) 多寡(다과)
獨寡占(독과점)
衆寡不敵(중과부적) 362쪽 >>>

042 誇 자랑할 과
부수: 言, 총 13획

- 誇大(과대): 작은 것을 큰 것처럼 과장함. 예) 誇大 광고에 현혹되어서는 안 된다.
- 誇示(과시): 자랑하여 보임. / 사실보다 크게 나타내어 보임.
- 誇張(과장): 사실보다 지나치게 불려서 나타냄.

지나치게 말을 함. 또는 그 말

[활용]
誇飾(과식) 誇言(과언)
誇大妄想(과대망상)
348쪽 >>>

043 冠 갓 관
부수: 冖, 총 9획

- 金冠(금관): 예전에, 주로 임금이 쓰던 황금으로 만든 관
- 弱冠(약관): 남자 나이 스무 살 된 때를 이르는 말
- 衣冠(의관): 남자의 웃옷과 갓이라는 뜻으로, 남자가 정식으로 갖추어 입는 옷차림을 이르는 말

예전에, 남자가 성년에 이르면 어른이 된다는 의미로 상투를 틀고 갓을 쓰게 하던 예식

닭의 볏 / 맨드라미

[활용]
冠帶(관대) 冠禮(관례)
鷄冠(계관) 王冠(왕관)
月桂冠(월계관)
冠婚喪祭(관혼상제) 348쪽 >>>

044 寬 너그러울 관
부수: 宀, 총 15획

- 寬大(관대): 마음이 너그럽고 큼.
- 寬容(관용): 남의 잘못을 너그럽게 받아들이거나 용서함. 또는 그런 용서
- 寬厚(관후): 마음이 너그럽고 온후함.

[활용]
寬待(관대)
너그럽게 대접함. cf. 寬大

045 慣 익숙할 관
부수: 心(忄), 총 14획

- 慣例(관례): 전부터 해 내려오던 전례(前例)가 관습으로 굳어진 것
- 慣性(관성): 물체가 밖의 힘을 받지 않는 한 정지 또는 등속도 운동의 상태를 지속하려는 성질
- 習慣(습관): 어떤 행위를 오랫동안 되풀이하는 과정에서 저절로 익혀진 행동 방식

[활용]
慣習(관습) 慣用(관용)
慣行(관행)

142 읽기 배정 한자 익히기

한자의 훈과 음을 생각하며, 순서에 따라 써 보세요.

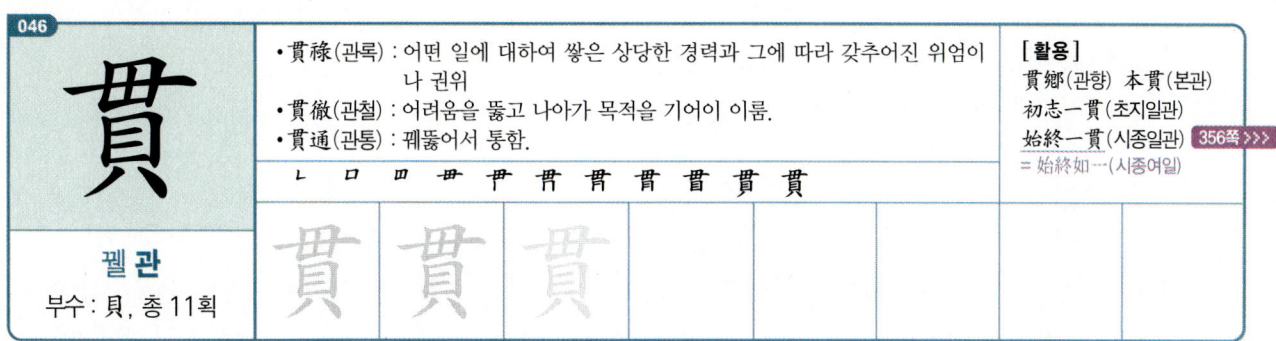

046 貫 꿸 관
부수: 貝, 총 11획

- 貫祿(관록): 어떤 일에 대하여 쌓은 상당한 경력과 그에 따라 갖추어진 위엄이나 권위
- 貫徹(관철): 어려움을 뚫고 나아가 목적을 기어이 이룸.
- 貫通(관통): 꿰뚫어서 통함.

[활용]
貫鄕(관향) 本貫(본관)
初志一貫(초지일관)
始終一貫(시종일관) 356쪽
= 始終如一(시종여일)

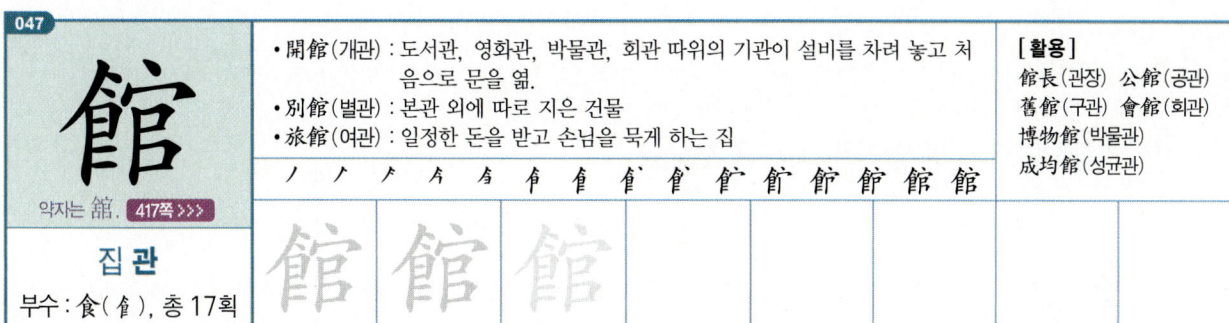

047 館 집 관
약자는 舘. 417쪽
부수: 食(飠), 총 17획

- 開館(개관): 도서관, 영화관, 박물관, 회관 따위의 기관이 설비를 차려 놓고 처음으로 문을 엶.
- 別館(별관): 본관 외에 따로 지은 건물
- 旅館(여관): 일정한 돈을 받고 손님을 묵게 하는 집

[활용]
館長(관장) 公館(공관)
舊館(구관) 會館(회관)
博物館(박물관)
成均館(성균관)

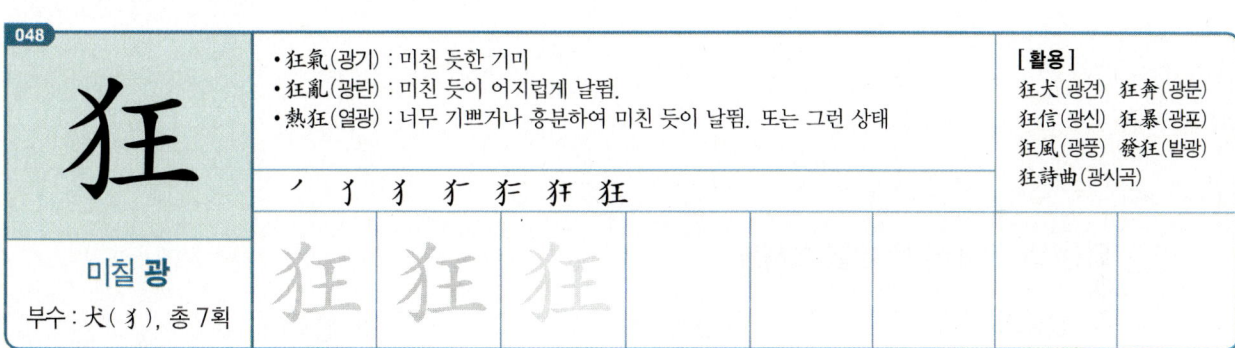

048 狂 미칠 광
부수: 犬(犭), 총 7획

- 狂氣(광기): 미친 듯한 기미
- 狂亂(광란): 미친 듯이 어지럽게 날뜀.
- 熱狂(열광): 너무 기쁘거나 흥분하여 미친 듯이 날뜀. 또는 그런 상태

[활용]
狂犬(광견) 狂奔(광분)
狂信(광신) 狂暴(광포)
狂風(광풍) 發狂(발광)
狂詩曲(광시곡)

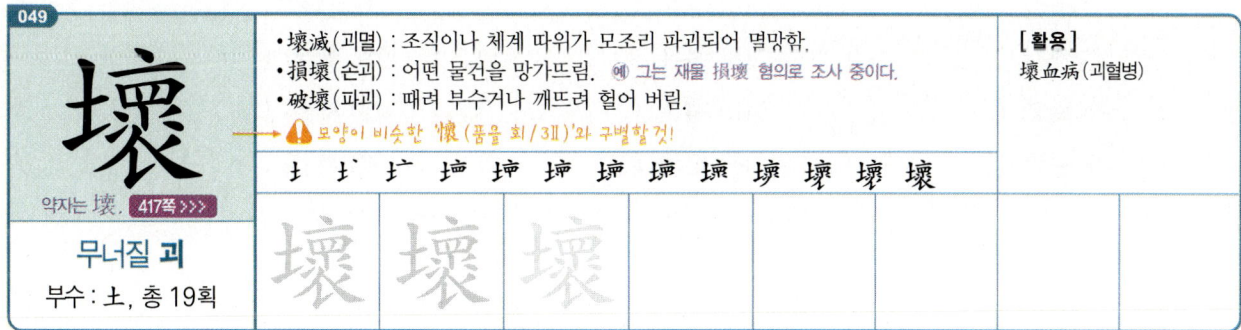

049 壞 무너질 괴
약자는 壊. 417쪽
부수: 土, 총 19획

- 壞滅(괴멸): 조직이나 체계 따위가 모조리 파괴되어 멸망함.
- 損壞(손괴): 어떤 물건을 망가뜨림. 예 그는 재물 損壞 혐의로 조사 중이다.
- 破壞(파괴): 때려 부수거나 깨뜨려 헐어 버림.

⚠ 모양이 비슷한 '懷(품을 회/3Ⅱ)'와 구별할 것!

[활용]
壞血病(괴혈병)

050 怪 괴이할 괴
부수: 心(忄), 총 8획

- 怪談(괴담): 괴상한 이야기
- 怪力(괴력): 괴상할 정도로 뛰어나게 센 힘
- 怪異(괴이): 이상야릇하여 알 수 없음.

[활용]
怪奇(괴기) 怪盜(괴도)
怪物(괴물) 怪變(괴변)
怪漢(괴한) ← 거동이나 차림새가 수상한 사내. '漢'이 '사내'를 뜻함.
怪獸(괴수)
奇巖怪石(기암괴석)

풀연서 익히기

1_ 다음 漢字의 訓과 音을 쓰세요.

(1) 閣 (　　　　)   (2) 冠 (　　　　)   (3) 肝 (　　　　)
(4) 槪 (　　　　)   (5) 鋼 (　　　　)   (6) 寬 (　　　　)
(7) 供 (　　　　)   (8) 徑 (　　　　)   (9) 稿 (　　　　)

2_ 다음 訓과 音에 알맞은 漢字를 쓰세요.

(1) 낄 개　(　　　　)   (2) 북 고　(　　　　)   (3) 칼 검　(　　　　)
(4) 시렁 가 (　　　　)   (5) 바칠 공 (　　　　)   (6) 벼리 강 (　　　　)
(7) 기계 계 (　　　　)   (8) 괴이할 괴(　　　　)   (9) 자랑할 과(　　　　)

3_ 다음 漢字語의 讀音을 쓰세요.

(1) 間隔 (　　　　)   (2) 乾性 (　　　　)   (3) 懇切 (　　　　)
(4) 剛健 (　　　　)   (5) 誇示 (　　　　)   (6) 恭敬 (　　　　)
(7) 刊行 (　　　　)   (8) 半徑 (　　　　)   (9) 寬容 (　　　　)
(10) 契約 (　　　　)   (11) 頃刻 (　　　　)   (12) 幹部 (　　　　)
(13) 破壞 (　　　　)   (14) 架橋 (　　　　)   (15) 桂樹 (　　　　)

4_ 다음 문장에서 밑줄 친 漢字語를 漢字로 쓰세요.

(1) 한강이 시민들의 휴식처로 <u>각광</u>받고 있다. (　　　　)
(2) 그는 자신의 실수에 대해 <u>강경</u>히 부인했다. (　　　　)
(3) 기획력과 추진력을 <u>겸비</u>한 인재를 찾고자 한다. (　　　　)
(4) 농산물 원산지 <u>감별</u> 기준을 새롭게 마련할 예정이다. (　　　　)

실제 시험에서는 2, 4, 5, 7번과 같이 읽기 배정 한자를 쓰는 문제는 출제되지 않으나, 보다 확실한 학습을 위해 쓰기 문제로 구성하였습니다.

5_ 다음 ( ) 안에 알맞은 漢字를 써 넣어 漢字語(四字成語)를 完成하세요.

(1) 大聲痛(　　　) : 큰 소리로 몹시 슬프게 곡을 함.
(2) 晝(　　　)夜讀 : 어려운 여건 속에서도 꿋꿋이 공부함.
(3) 衆(　　　)不敵 : 적은 수효로 많은 수효를 대적하지 못함.
(4) (　　　)息之計 : 우선 당장 편한 것만을 택하는 꾀나 방법

6_ 다음 漢字의 部首를 쓰세요.

(1) 佳 → (　　) 　 (2) 啓 → (　　) 　 (3) 兼 → (　　)
(4) 恐 → (　　) 　 (5) 谷 → (　　) 　 (6) 蓋 → (　　)

7_ 다음 漢字語의 同音異義語를 漢字로 쓰되, 제시된 뜻을 가진 漢字語를 쓰세요.

(1) 近間 – (　　　) : 뿌리와 줄기.
　　　　　　　　　　사물의 바탕이나 가장 중심이 되는 부분
(2) 感想 – (　　　) : 주로 예술 작품을 이해하여 즐기고 평가함.

8_ 다음 漢字語의 뜻을 쓰세요.

(1) 貫通 (　　　　　　　　　　　　　　　　)
(2) 可恐 (　　　　　　　　　　　　　　　　)
(3) 姑婦 (　　　　　　　　　　　　　　　　)
(4) 謙讓 (　　　　　　　　　　　　　　　　)

3급Ⅱ 배정한자 ②

한자의 훈과 음을 생각하며, 순서에 따라 써 보세요.

051 巧 — 공교할 교
부수: 工, 총 5획

- 巧妙(교묘): 솜씨나 재치가 있고 약삭빠름.
- 技巧(기교): 기술이나 솜씨가 아주 교묘함. 또는 그런 기술이나 솜씨
- 精巧(정교): (기계나 세공물 따위가) 아주 세세한 부분까지 정밀하게 잘 되어 있음.
  └ '재주'를 뜻함.

[활용]
計巧(계교)
巧言令色(교언영색)
348쪽 >>>

필순: ― 丅 工 巧 巧

└ 공교하다 : 솜씨나 꾀따위가 재치가 있고 교묘하다.

052 較 — 견줄·비교할 교
부수: 車, 총 13획

- 較差(교차): 최고와 최저와의 차
- 比較(비교): 둘 이상의 사물을 견주어 서로 간의 유사점, 차이점, 일반 법칙 따위를 고찰하는 일
- 日較差(일교차): 기온, 습도, 기압 따위가 하루 동안에 변화하는 차이

[활용]
年較差(연교차)

필순: ― 亠 亓 亓 亘 車 車 軒 軒 軒 軒 較 較

053 丘 — 언덕 구
부수: 一, 총 5획

- 丘陵(구릉): 언덕
- 丘木(구목): 무덤가에 있는 나무
- 丘墓(구묘): 무덤
  └ '무덤'을 뜻함.

예전에, 중국에서 우리 나라를 이르던 말 →
[활용]
青丘(청구)
首丘初心(수구초심)
356쪽 >>>

필순: ノ 厂 斤 斤 丘

054 久 — 오랠 구
부수: ノ, 총 3획

- 悠久(유구): 연대가 아득히 멀고 오래됨.
- 耐久性(내구성): 물질이 원래의 상태에서 변질되거나 변형됨이 없이 오래 견디는 성질
- 持久力(지구력): 오랫동안 버티며 견디는 힘

[활용] 얼마 오래지 아니함.┐
久遠(구원) 未久(미구)
永久(영구) 長久(장구)
日久月深(일구월심)
359쪽 >>>

필순: ノ 乆 久

055 拘 — 잡을 구
부수: 手(扌), 총 8획

얽매여 거리끼지 아니하다. '拘'가 '거리끼다'를 뜻함. 예) 몸살에도 不拘하고 등교하다.

- 拘禁(구금): 피고인 또는 피의자를 공소에 따라 구치소나 교도소 따위에 감금함.
- 拘束(구속): 행동이나 의사의 자유를 제한하거나 속박함.
- 拘置所(구치소): 구속 영장에 의하여 구속된 사람을 판결이 내려질 때까지 수용하는 시설

[활용]
拘引(구인) 不拘(불구)
不拘束(불구속)
└ 사람을 강제로 잡아서 끌고 감.

필순: ― 扌 扌 扌 扚 拘 拘 拘

146 읽기 배정 한자 익히기

✿ 한자의 훈과 음을 생각하며, 순서에 따라 써 보세요.

056 菊 — 국화 국
부수: 艸(艹), 총 12획

- 菊月(국월): 국화꽃이 피는 달이라는 뜻으로, 음력 9월을 달리 이르는 말
- 菊花(국화): 국화과의 여러해살이풀
- 梅蘭菊竹(매란국죽): '매화, 난초, 국화, 대나무' 넷을 이르는 말

필순: 一 十 卄 艹 # 菊 菊 菊 菊 菊 菊 菊

[활용]
- 菊版(국판) 水菊(수국)
- 秋菊(추국) 黃菊(황국)
  - 가로 148mm, 세로 210mm 인 인쇄물의 규격

057 弓 — 활 궁
부수: 弓, 총 3획

한 번 화살에 맞은 새는 구부러진 나무만 보아도 놀란다는 뜻으로, 한 번 혼이 난 일로 의심과 두려운 마음을 품는 것을 이르는 말

- 弓道(궁도): 활 쏘는 데 지켜야 할 도리 / 활을 쏘는 무술
- 弓術(궁술): 활 쏘는 기술
- 洋弓(양궁): 서양식으로 만든 활. 또는 그 활로 겨루는 경기

⚠ 세 번째 획을 두 번에 걸쳐 쓰지 말 것!

필순: 一 ㄱ 弓

[활용]
- 國弓(국궁) 名弓(명궁)
- 石弓(석궁)
- 傷弓之鳥(상궁지조)

⚠ 글자 자체가 부수임에 유의할 것!

058 拳 — 주먹 권
부수: 手, 총 10획

- 拳法(권법): 정신 수양과 신체 단련을 위하여 주먹을 놀리어서 하는 운동
- 拳銃(권총): 한 손으로 다룰 수 있는 짧고 작은 총
- 空拳(공권): 맨주먹

⚠ 모양이 비슷한 '卷(책 권/4)', '券(문서 권/4)'과 구별할 것!

필순: ' ″ 	 ⺍ ⺗ 半 关 关 拳 拳

[활용]
- 拳鬪(권투) 鐵拳(철권)
- 赤手空拳(적수공권)
  - 맨손과 맨주먹이라는 뜻으로, 아무것도 가진 것이 없음을 이르는 말

059 鬼 — 귀신 귀
부수: 鬼, 총 10획

- 鬼神(귀신): 사람이 죽은 뒤에 남는다는 넋
- 惡鬼(악귀): 몹쓸 귀신 ⚠ '오귀'로 읽지 말 것!
- 鬼才(귀재): 세상에서 보기 드물게 뛰어난 재능. 또는 그런 재능을 가진 사람
  - '영리하다'를 뜻함.

필순: ' ″ 白 白 白 甶 甶 鬼 鬼 鬼

[활용]
- 鬼面(귀면) 鬼火(귀화)
- 客鬼(객귀) 雜鬼(잡귀)
- 吸血鬼(흡혈귀)
- 神出鬼沒(신출귀몰) 356쪽 >>>

⚠ 글자 자체가 부수임에 유의할 것!

병원균을 몸 안에 지니고 있어 다른 사람에게 병원균을 옮길 가능성이 있는 사람

060 菌 — 버섯 균
부수: 艸(艹), 총 12획

- 球菌(구균): 둥근 모양으로 생긴 세균을 통틀어 이르는 말
- 殺菌(살균): 세균 따위의 미생물을 죽임.
- 病原菌(병원균): 병의 원인이 되는 균

'菌'이 '균, 세균'을 뜻함.

필순: 一 十 卄 艹 ⺧ 芍 苜 菌 菌 菌 菌 菌

[활용]
- 菌根(균근) 菌類(균류)
- 滅菌(멸균) 無菌(무균)
- 細菌(세균) 大腸菌(대장균)
- 保菌者(보균자)

3급Ⅱ 배정 한자 ❷ 147

3급 II 배정 한자 ②

한자의 훈과 음을 생각하며, 순서에 따라 써 보세요.

061 克 이길 극
부수: 儿, 총 7획

- 克己(극기) : 자기의 감정이나 욕심, 충동 따위를 이성적 의지로 눌러 이김.
- 克明(극명) : 속속들이 똑똑하게 밝힘. / 매우 분명함.
- 克服(극복) : 악조건이나 고생 따위를 이겨 냄.
'잘, 능히'를 뜻함.

[활용]
克己心(극기심)
克己復禮(극기복례)
349쪽 >>>

062 琴 거문고 금
부수: 玉(王), 총 12획

- 風琴(풍금) : 페달을 밟아서 바람을 넣어 소리를 내는 건반 악기
- 心琴(심금) : 자극에 따라 미묘하게 움직이는 마음을 거문고에 비유하여 이르는 말
  - 心琴을 울리다 : 외부의 자극을 받아 마음에 감동을 일으키다.

[활용]
琴道(금도) 琴書(금서)
거문고와 책을 아울러 이르는 말

063 禽 새 금
부수: 内, 총 13획

- 禽獸(금수) : 날짐승과 길짐승이라는 뜻으로, 모든 짐승을 이르는 말
- 家禽(가금) : 집에서 기르는 날짐승. 주로 알이나 고기를 식용하기 위하여 기름.
- 猛禽(맹금) : 수릿과나 맷과의 새와 같이 성질이 사납고 육식을 하는 종을 통틀어 이르는 말
⚠ 열한 번째와 열두 번째 획을 한 번에 쓰지 말 것!

[활용]
禽鳥(금조) 禽獲(금획)
鳴禽(명금)
고운 소리로 우는 새

064 錦 비단 금
부수: 金, 총 16획

⚠ 모양이 비슷한 '綿(솜 면/3Ⅱ)'과 구별할 것!

- 錦衣(금의) : 비단옷
- 錦地(금지) : 상대편이 사는 곳을 높여 이르는 말
- 錦衣夜行(금의야행) : 자랑삼아 하지 않으면 생색이 나지 않음을 이르는 말 / 아무 보람이 없는 일을 함을 이르는 말
349쪽 >>>

[활용]
錦衣還鄕(금의환향)
349쪽 >>>

065 及 미칠 급
부수: 又, 총 4획

- 及第(급제) : 시험이나 검사 따위에 합격함.
- 未及(미급) : 아직 미치지 못함.
- 普及(보급) : 널리 펴서 많은 사람들에게 골고루 미치게 하여 누리게 함.
  어떤 문제에 대하여 말함.
  이미 잘못된 뒤에 아무리 후회하여도 다시 어찌할 수가 없음.

[활용]
論及(논급) 及落(급락)
言及(언급) 급제와 낙제
可及的(가급적)
後悔莫及(후회막급)

148 읽기 배정 한자 익히기

한자의 훈과 음을 생각하며, 순서에 따라 써 보세요.

---

066 企
꾀할 기
부수: 人, 총 6획

- 企圖(기도) : 어떤 일을 이루려고 꾀함. 또는 그런 계획이나 행동
  예) 암살 企圖가 미수에 그쳤다.
- 企業(기업) : 영리(營利)를 얻기 위하여 재화나 용역을 생산하고 판매하는 조직체
- 企劃(기획) : 일을 꾀하여 계획함.

필순: ノ 人 亻 亽 介 企

[활용]
企待(기대) 企望(기망)
어떤 일이 이루어지기를 바람.
公企業(공기업)
私企業(사기업)
中小企業(중소기업)

---

067 其
그 기
부수: 八, 총 8획

⚠️ 모양이 비슷한 '期(기약할 기/5)'와 구별할 것!

- 其間(기간) : 어느 때부터 다른 어느 때까지의 동안
- 其他(기타) : 그 밖의 또 다른 것
- 各其(각기) : 저마다의 사람이나 사물
- cf. 期間(기간) : 어느 일정한 시기부터 다른 어느 일정한 시기까지의 사이

필순: 一 十 卄 丗 甘 甘 其 其

[활용]
其實(기실) 其餘(기여)
其人(기인)
不知其數(부지기수)
그 수를 알 수 없다는 뜻으로, 헤아릴 수 없을 만큼 많음을 이르는 말

---

068 畿
경기 기
부수: 田, 총 15획

cf. 景氣(경기) : 매매나 거래에 나타나는 호황 불황 따위의 경제 활동 상태

- 畿內(기내) : 나라의 수도를 중심으로 하여 사방으로 뻗어 나간 가까운 행정 구역의 안
- 畿湖(기호) : 우리 나라의 서쪽 중앙부를 차지하고 있는 지역. 경기도와 황해도 남부 및 충청남도 북부를 이르는 말
- 京畿(경기) : 서울을 중심으로 한 가까운 주위의 지방 / 경기도

[활용]
京畿道(경기도)

---

069 祈
빌 기
부수: 示, 총 9획

⚠️ 모양이 비슷한 '析(쪼갤 석/3)'과 구별할 것!

- 祈願(기원) : 바라는 일이 이루어지기를 빎.
- 祈求(기구) : 원하는 바가 실현되도록 빌고 바람.
- 祈雨祭(기우제) : 고려 · 조선 시대에, 하지(夏至)가 지나도록 비가 오지 않을 때에 비 오기를 빌던 제사 → 祈晴祭(기청제)

필순: 一 二 亍 示 示 示 祈 祈 祈

[활용]
祈晴祭(기청제)
나라에서 날이 개기를 빌던 제사
※ 晴(갤 청)-3급 배정 한자

---

070 騎
말탈 기
부수: 馬, 총 18획

- 騎馬(기마) : 말을 탐.
- 騎兵(기병) : 말을 타고 싸우는 병사
- 騎士(기사) : 말을 탄 무사 / 중세 유럽에서, 봉건 영주에 속한 무사

필순: 丨 厂 厂 厂 馬 馬 馬 騎 騎 騎 騎 騎

[활용]
騎手(기수)
騎馬隊(기마대)
騎馬戰(기마전)
一騎當千(일기당천)
한 사람의 기병이 천 사람을 당한다는 뜻으로, 싸우는 능력이 아주 뛰어남을 이르는 말

3급 II 배정 한자 ②

한자의 훈과 음을 생각하며, 순서에 따라 써 보세요.

071 緊

- 緊要(긴요) : 꼭 필요하고 중요함.
- 緊張(긴장) : 마음을 졸이고 정신을 바짝 차림. '緊'이 '팽팽하다'를 뜻함.
- 緊縮(긴축) : 바짝 줄이거나 조임. '緊'이 '줄이다'를 뜻함.

매우 다급하고 절박함. — '緊'이 '급하다'를 뜻함.

[활용]
- 緊急(긴급)　緊密(긴밀)
- 緊迫(긴박)　要緊(요긴)
- 緊急事態(긴급 사태)
- 緊縮財政(긴축 재정)

약자는 紧. 417쪽 >>>

긴할 **긴**
부수 : 糸, 총 14획

└ 긴하다 : 매우 중요함. 꼭 필요함.

072 諾

서로의 관계가 매우 가까워 빈틈이 없음.

- 受諾(수락) : 요구를 받아들임. ⚠ '수낙'으로 읽지 말 것!
- 承諾(승낙) : 청하는 바를 들어줌.
- 許諾(허락) : 청하는 일을 하도록 들어줌. ⚠ '허낙'으로 읽지 말 것!

남몰래 허락함. / 비공식적으로 우선 승낙함.

[활용]
- 內諾(내락)　應諾(응낙)
- 快諾(쾌락)

허락할 **낙**
부수 : 言, 총 16획

073 娘

- 娘娘(낭랑) : 왕비나 귀족의 아내를 높여 이르는 말
- 娘子(낭자) : 예전에, '처녀'를 높여 이르던 말
- 娘子軍(낭자군) : 여자로 조직된 군대나 단체

[활용]
- 娘家(낭가)
- =外家(외가)

계집 **낭**
부수 : 女, 총 10획

074 耐

약물의 반복 복용에 의해 약효가 저하하는 현상

- 耐久(내구) : 오래 견딤.
- 耐熱(내열) : 높은 열에 견딤.
- 忍耐(인내) : 괴로움이나 어려움을 참고 견딤.

[활용]
- 耐性(내성)　耐寒(내한)
- 耐火(내화)
- 耐久性(내구성)

견딜 **내**
부수 : 而, 총 9획

⚠ 부수를 '寸'으로 혼동하지 말 것!

075 寧

- 寧日(영일) : 일이 없이 평화스러운 날
- 康寧(강녕) : (대개 윗사람에게 쓰는 말로) 몸이 건강하고 마음이 편안함.
- 安寧(안녕) : 아무 탈 없이 편안함.

[활용]
- 寧邊(영변)
- 壽福康寧(수복강녕)
오래 살고 복을 누리며 건강하고 평안함.

약자는 寍. 417쪽 >>>

편안 **녕**
부수 : 宀, 총 14획

150 읽기 배정 한자 익히기

한자의 훈과 음을 생각하며, 순서에 따라 써 보세요.

076 奴 (종 노)
부수: 女, 총 5획

- 奴婢(노비): 사내종과 계집종을 아울러 이르는 말 — '놈(남을 천대하여 일컫는 말)'을 뜻함.
- 賣國奴(매국노): 사사로운 이익을 위하여 나라의 주권이나 이권을 남의 나라에 팔아먹는 행위를 하는 사람
- 守錢奴(수전노): 돈을 모으기만 하고 도무지 쓰지 않는 사람을 낮잡아 이르는 말

[활용] 奴役(노역) 奴子(노자) 奴才(노재) — 일정 수준에 못 미치는 모자란 재주

필순: ㄑ ㄠ ㄡ 奴 奴

077 腦 (골·뇌수 뇌)
약자는 脳. 417쪽 >>>
부수: 肉(月), 총 13획 — '육달월'임. ⚠ 부수를 '月(달 월)'로 혼동하지 말 것!

- 腦裏(뇌리): 사람의 의식이나 기억, 생각 따위가 들어 있는 영역
- 頭腦(두뇌): 뇌 / 사물을 판단하는 슬기
- 首腦部(수뇌부): 어떤 조직이나 단체, 기관의 가장 중요한 지위에 있는 사람들

[활용] 腦死(뇌사) 腦炎(뇌염) 大腦(대뇌) 洗腦(세뇌) 腦神經(뇌신경) 腦卒中(뇌졸중)

필순: ノ 刀 月 月 月' 月'' 月''' 胶 胶 腦 腦 腦

078 泥 (진흙 니)
부수: 水(氵), 총 8획

- 泥土(이토): 진흙
- 泥海(이해): 진창길
- 雲泥之差(운니지차): 구름과 진흙의 차이라는 뜻으로, 서로 간의 차이가 매우 심함을 이르는 말

[활용] 泥水(이수) 泥中(이중)

필순: ` ` 氵 氵 氵 沪 泥 泥

079 茶 (차 다·차)
⚠ 활용된 한자어의 독음에 유의할 것!
부수: 艸(艹), 총 10획

- 茶器(다기): 차를 달여 마시는 데 쓰는 여러 기물
- 茶道(다도): 차를 달이거나 마실 때의 방식이나 예의범절
- 綠茶(녹차): 푸른빛이 그대로 나도록 말린 부드러운 찻잎. 또는 그 찻잎을 우린 물

[활용] 茶禮(다례) 茶房(다방) 茶室(다실) 茶園(다원) 葉茶(엽차) 紅茶(홍차) 茶飯事(다반사) — 항상 있어서 이상하거나 신통할 것이 없는 일

필순: 一 十 十 十 艹 艾 苓 苓 茶 茶

080 丹 (붉을 단)
⚠ 모양이 비슷한 '舟(배 주/3)'와 구별할 것!
부수: 丶, 총 4획

- 丹粧(단장): 얼굴, 머리, 옷차림 따위를 곱게 꾸밈.
- 丹靑(단청): 옛날식 집의 벽, 기둥, 천장 따위에 여러 가지 빛깔로 그림이나 무늬를 그림. 또는 그 그림이나 무늬
- 丹楓(단풍): 기후 변화로 식물의 잎이 붉은빛이나 누런빛으로 변하는 현상

[활용] 丹誠(단성) — 속에서 우러나오는 정성스러운 마음 / 丹心(단심) 丹田(단전) 朱丹(주단) 一片丹心(일편단심) 360쪽 >>> 七寶丹粧(칠보단장) — 여러 가지 패물로 몸을 꾸밈.

필순: ノ 刀 月 丹

3급 II 배정 한자 ②

한자의 훈과 음을 생각하며, 순서에 따라 써 보세요.

081 但

cf. 端緒(단서) : 어떤 문제를 해결하는 방향으로 이끌어 가는 일의 첫 부분

- 但書(단서) : 법률 조문이나 문서 따위에서, 본문 다음에 그에 대한 어떤 조건이나 예외 따위를 나타내는 글
- 非但(비단) : 부정하는 말 앞에서 '다만', '오직'의 뜻으로 쓰이는 말

[활용]
但只(단지)
다른 것이 아니라 오로지
※ 只(다만 지)-3급 배정 한자

필순: ノ 亻 亻 亻 但 但 但

다만 **단**
부수 : 人(亻), 총 7획

⚠ 모양·훈·활용 한자어를 구별할 것!

082 旦

- 元旦(원단) : 설날 아침
- 一旦(일단) : 우선 먼저
- 歲旦(세단) : =원단(元旦). 설날 아침

[활용]
旦明(단명) 旦夕(단석)
=여명 조석(朝夕)/시기나 상태 따위의 위급함이 절박한 모양

필순: 丨 冂 冃 日 旦

아침 **단**
부수 : 日, 총 5획

083 淡

진하거나 느끼하지 않은 맛. '淡'이 '엷다, 싱겁다'를 뜻함.

- 淡淡(담담) : 차분하고 평온함. / 사사롭지 않고 객관적임. / 담백함.
- 淡水(담수) : 민물. 강이나 호수 따위와 같이 염분이 없는 물
- 冷淡(냉담) : 태도나 마음씨가 동정심 없이 차가움.

[활용]
淡味(담미)
淡水魚(담수어)
淡紅色(담홍색)

⚠ 모양이 비슷한 '談(말씀 담/5)'과 구별할 것!

필순: 丶 丶 氵 氵 汃 汃 涉 涉 涉 淡 淡

맑을 **담**
부수 : 水(氵), 총 11획

084 踏

속세에 초연하며 현실과 동떨어진 것을 고상하게 여기는

- 踏橋(답교) : 다리밟기. 정월 보름날 밤에 다리를 밟는 풍속
- 踏査(답사) : 현장에 가서 직접 보고 조사함.
- 踏襲(답습) : 예로부터 해 오던 방식이나 수법을 좇아 그대로 행함.

[활용]
踏步(답보)-제자리걸음
高踏的(고답적)
人跡未踏(인적미답)
現地踏査(현지 답사)

필순: 丶 口 口 口 甲 甲 甼 趵 趵 跊 踏

밟을 **답**
부수 : 足(⻤), 총 15획

085 唐

여자들이 저고리 위에 덧입는 한복의 하나

- 唐突(당돌) : 꺼리거나 어려워하는 마음이 조금도 없이 올차고 다부짐. / 윗사람에게 대하는 것이 버릇이 없고 주제넘음.
- 唐詩(당시) : 중국 당나라 때의 시인들이 지은 시
- 唐畫(당화) : 중국 당나라 때의 그림 / 중국 사람이 그린 중국풍의 그림

[활용]
唐衣(당의) 唐體(당체)
가로 그은 획은 가늘고, 내려그은 획은 굵은 한자의 글씨체

필순: 丶 亠 广 广 庐 庐 庐 唐 唐 唐

당나라·당황할 **당**
부수 : 口, 총 10획

152 읽기 배정 한자 익히기

한자의 훈과 음을 생각하며, 순서에 따라 써 보세요.

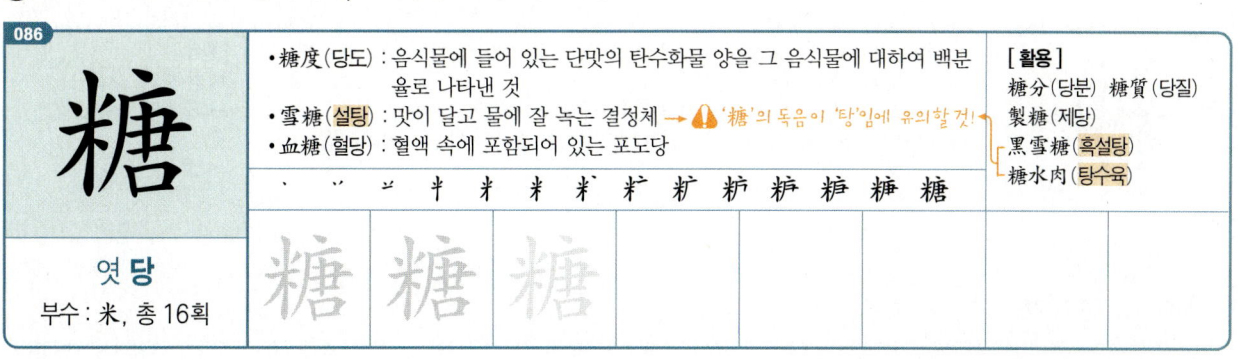

086 糖 엿 당 / 부수: 米, 총 16획

- 糖度(당도): 음식물에 들어 있는 단맛의 탄수화물 양을 그 음식물에 대하여 백분율로 나타낸 것
- 雪糖(설탕): 맛이 달고 물에 잘 녹는 결정체 → ⚠ '糖'의 독음이 '탕'임에 유의할 것!
- 血糖(혈당): 혈액 속에 포함되어 있는 포도당

[활용] 糖分(당분) 糖質(당질) 製糖(제당) 黑雪糖(흑설탕) 糖水肉(탕수육)

어떤 근거가 되도록 일정한 양식으로 기록한 장부나 원부

087 臺 대 대 / 약자는 台 417쪽 >>> / 부수: 至, 총 14획

- 燈臺(등대): 바닷가나 섬 같은 곳에 탑 모양으로 높이 세워 밤에 다니는 배에 목표, 뱃길, 위험한 곳 따위를 알려 주려고 불을 켜 비추는 시설
- 舞臺(무대): 노래, 춤, 연극 따위를 하기 위하여 객석 정면에 만들어 놓은 단
- 展望臺(전망대): 멀리 내다볼 수 있도록 높이 만든 대

[활용] 臺帳(대장) 鏡臺(경대) 寢臺(침대) 土臺(토대) 氣象臺(기상대) 平均臺(평균대) 斷頭臺(단두대) 卓球臺(탁구대)

⚠ 모양이 비슷한 '賃(품삯 임/3Ⅱ)'과 구별할 것!

빌리거나 꾼 것을 다시 다른 사람에게 빌려 주거나 꾸어 줌.

088 貸 빌릴·꾈 대 / 부수: 貝, 총 12획

- 貸與(대여): 빌려 줌.
- 貸借(대차): 꾸어 주거나 꾸어 옴.
- 貸出(대출): 돈이나 물건 따위를 빌려 줌.
- 꾸다('꾸이다'의 준말): 남에게 다음에 받기로 하고 돈이나 물건 따위를 빌려 주다.

[활용] 貸物(대물) 貸付(대부) 貸切(대절) 轉貸(전대) 賃貸料(임대료) 高利貸金(고리 대금)

⚠ 모양이 비슷한 '到(이를 도/5)'와 구별할 것! / '거꾸로되다'를 뜻함.

재산을 잃고 모두 망함.

089 倒 넘어질 도 / 부수: 人(亻), 총 10획

- 倒置(도치): 차례나 위치 따위가 뒤바뀜. 또는 차례나 위치 따위를 뒤바꿈.
- 壓倒(압도): 눌러서 넘어뜨림. / 보다 뛰어난 힘이나 재주로 남을 눌러 꼼짝 못하게 함.
- 卒倒(졸도): 갑자기 정신을 잃고 쓰러짐.

[활용] 倒立(도립) 倒産(도산) 打倒(타도) 一邊倒(일변도) 한쪽으로만 치우침.

칼로 사람이나 물건을 마구 벰.

090 刀 칼 도 / 부수: 刀, 총 2획

- 短刀(단도): 날이 한쪽에만 서 있는 짧은 칼
- 面刀(면도): 얼굴이나 몸에 난 수염이나 잔털을 깎음.
- 執刀(집도): 칼을 손에 잡음. / 수술이나 해부를 하기 위하여 메스를 잡음.

[활용] 刀劍(도검) 刀工(도공) 亂刀(난도) 竹刀(죽도) 單刀直入(단도직입) 351쪽 >>> 一刀兩斷(일도양단) 360쪽 >>>

⚠ 글자 자체가 부수임에 유의할 것!

3급 II 배정 한자 ②

한자의 훈과 음을 생각하며, 순서에 따라 써 보세요.

091 桃 복숭아 도
부수: 木, 총 10획

- 桃李(도리) : 복숭아와 자두. 또는 그 꽃 / 남이 천거한 어진 사람을 비유적으로 이르는 말
- 天桃(천도) : 선가(仙家)에서, 하늘나라에서 난다고 하는 복숭아
- 武陵桃源(무릉도원) : 신선이 살았다는 전설적인 중국의 명승지 352쪽 >>>

복숭아꽃의 빛깔과 같이 연한 분홍색 / 남녀 사이에 일어나는 색정적인 일

[활용]
- 桃色(도색) 桃園(도원)
- 桃花(도화) 紅桃(홍도)
- 黃桃(황도)
- 桃園結義(도원결의)
  의형제를 맺음을 이르는 말

필순: 一 十 才 木 オ 朴 杁 机 桃 桃

092 渡 건널 도
부수: 水(氵), 총 12획

⚠ 모양이 비슷한 '度(법도 도, 헤아릴 탁/6)'과 구별할 것!

- 渡來(도래) : 물을 건너옴. / 외부에서 전해져 들어옴. 예 철새들의 渡來
- 渡河(도하) : 강이나 내를 건넘.
- 過渡期(과도기) : 한 상태에서 다른 새로운 상태로 옮아가거나 바뀌어 가는 도중의 시기

미국으로 건너감.
배를 타고 바다를 건넘.
값을 받고 물건의 소유권을 다른 사람에게 넘김.

[활용]
- 渡美(도미) 渡航(도항)
- 賣渡(매도) 不渡(부도)
- 言渡(언도) 引渡(인도)
- 讓渡所得(양도 소득)

필순: ` ` 氵 氵 氵 泸 泸 泸 泸 渡 渡

093 途 길 도
부수: 辵(辶), 총 11획

- 途上(도상) : 길 위. / 어떤 일이 진행되는 과정이나 도중
- 用途(용도) : 쓰이는 길. 쓰이는 곳
- 壯途(장도) : 중대한 사명이나 장한 뜻을 품고 떠나는 길

'開發途上國(개발도상국)'의 준말
앞으로 잘될 희망이 있음.

[활용]
- 方途(방도) 別途(별도)
- 開途國(개도국)
- 途中下車(도중하차)
- 前途有望(전도유망)

필순: 丿 人 𠆢 𠆢 今 余 余 ㆍ余 涂 涂 途

094 陶 질그릇 도
부수: 阜(阝), 총 11획

술이 거나하게 취함. / 어떠한 것에 마음이 쏠려 취하다시피 됨. '陶'가 '취하다'를 뜻함.

- 陶工(도공) : 옹기장이. 옹기 만드는 일을 업으로 하는 사람
- 陶器(도기) : 붉은 진흙으로 만들어 볕에 말리거나 약간 구운 다음, 오짓물을 입혀 다시 구운 질그릇
- 陶藝(도예) : '도자기 공예'를 줄여 이르는 말

[활용]
- 陶然(도연) 陶人(도인)
- 陶醉(도취)
- 陶山書院(도산 서원)

필순: ㄱ ㄱ 阝 阝 阣 阣 匋 陶 陶 陶

⚠ 글자의 오른쪽에 위치하여 부수로 쓰이는 '邑'의 변형(阝)과 구별할 것!

095 突 갑자기 돌
부수: 穴, 총 9획

서로 맞부딪치거나 맞섬. '突'이 '부딪치다'를 뜻함.

- 突擊(돌격) : 갑자기 냅다 침.
- 突變(돌변) : 뜻밖에 갑자기 달라짐. 또는 그런 변화
- 激突(격돌) : 세차게 부딪침.
  └ '부딪치다'를 뜻함.

생물체에서 어버이의 계통에 없던 새로운 형질이 나타나 유전하는 현상

[활용]
- 突進(돌진) 突破(돌파)
- 突風(돌풍) 追突(추돌)
- 衝突(충돌) 溫突房(온돌방)
- 突然變異(돌연변이)

필순: ` ` 宀 宀 穴 穴 空 突 突

154 읽기 배정 한자 익히기

🍰 한자의 훈과 음을 생각하며, 순서에 따라 써 보세요.

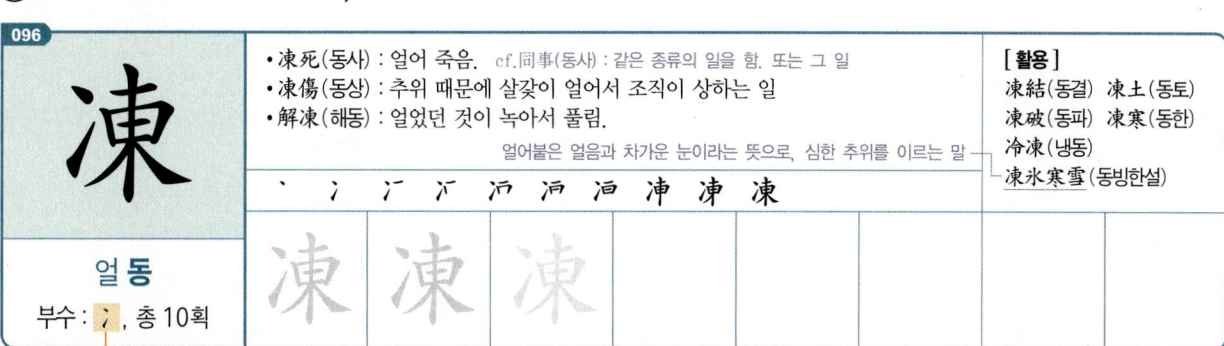

096 凍

- 凍死(동사) : 얼어 죽음. cf.同事(동사) : 같은 종류의 일을 함. 또는 그 일
- 凍傷(동상) : 추위 때문에 살갗이 얼어서 조직이 상하는 일
- 解凍(해동) : 얼었던 것이 녹아서 풀림.

얼어붙은 얼음과 차가운 눈이라는 뜻으로, 심한 추위를 이르는 말

[활용]
- 凍結(동결) 凍土(동토)
- 凍破(동파) 凍寒(동한)
- 冷凍(냉동)
- 凍氷寒雪(동빙한설)

` 冫 冫 冫 汀 沪 沪 浉 凍 凍

얼 **동**
부수: 冫, 총 10획

⚠ 부수를 '水(氵)'로 혼동하지 말 것!

097 絡

실을 감는 데 쓰는 얼레

- 經絡(경락) : 인체 내의 경맥과 낙맥을 아울러 이르는 말
- 脈絡(맥락) : 혈관이 서로 연락되어 있는 계통 / 사물 따위가 서로 이어져 있는 관계나 연관
- 連絡(연락) : 어떤 사실을 상대편에게 알림.

[활용]
- 絡車(낙거)
- 連絡不絕(연락부절)
  왕래가 잦아 소식이 끊이지 아니함.

' 幺 幺 幺 糸 糸 糺 紋 絞 絡 絡

이을 · 얽을 **락**
부수: 糸, 총 12획

098 欄

- 欄干(난간) : 층계, 다리, 마루 따위의 가장자리에 일정한 높이로 막아 세우는 구조물
- 空欄(공란) : 책, 서류, 공책 따위의 지면에 글자 없이 비워 둔 칸이나 줄
  └ '난(책, 신문, 잡지 따위의 지면에 글이나 그림 따위를 싣기 위하여 마련한 자리)'을 뜻함.

[활용]
- 餘滴欄(여적란)
  신문이나 잡지 따위에서 여록이나 가십 따위를 실으려고 마련한 지면 '欄'이 '난'을 뜻함.
- ※ 滴(물방울 적) - 3급 배정 한자

木 杆 杵 杆 杆 杆 榈 榈 榈 欗 欄 欄

난간 **란**
부수: 木, 총 21획

 모양·훈·활용 한자어를 구별할 것!

099 蘭

- 佛蘭西(불란서) : '프랑스'의 음역어
- 和蘭(화란) : '네덜란드'의 음역어 ─ 한자를 가지고 외국어의 음을 나타낸 말
- 蘭草(난초) : 난초과의 식물을 통틀어 이르는 말

친구 사이의 매우 두터운 정을 이르는 말

[활용]
- 春蘭(춘란) 風蘭(풍란)
- 龍舌蘭(용설란)
- 金蘭之契(금란지계) 349쪽 >>>
- 梅蘭菊竹(매란국죽)

艹 艹 芦 芦 芦 門 門 闁 闌 闌 蘭 蘭

난초 **란**
부수: 艸(艹), 총 21획

100 浪

'함부로'를 뜻함.   터무니 없는 헛소문

- 激浪(격랑) : 거센 파도
- 浪費(낭비) : 시간이나 재물 따위를 헛되이 헤프게 씀.
- 浮浪者(부랑자) : 일정하게 사는 곳과 하는 일 없이 떠돌아다니는 사람
  └ '유랑하다'를 뜻함.   터무니없이 거짓되고 실속이 없음.

[활용]
- 浪說(낭설) 浪人(낭인)
- 樂浪(낙랑) 放浪(방랑)
- 流浪(유랑) 風浪(풍랑)
- 虛無孟浪(허무맹랑)

` 冫 冫 氵 汀 泃 泸 浪 浪 浪

물결 **랑**
부수: 水(氵), 총 10획

1_ 다음 漢字의 訓과 音을 쓰세요.

(1) 久 (　　　)　(2) 臺 (　　　)　(3) 奴 (　　　)
(4) 陶 (　　　)　(5) 倒 (　　　)　(6) 絡 (　　　)
(7) 鬼 (　　　)　(8) 腦 (　　　)　(9) 唐 (　　　)

2_ 다음 訓과 音에 알맞은 漢字를 쓰세요.

(1) 길 도　(　　　)　(2) 활 궁　(　　　)　(3) 맑을 담　(　　　)
(4) 빌 기　(　　　)　(5) 다만 단　(　　　)　(6) 편안 녕　(　　　)
(7) 꾀할 기　(　　　)　(8) 난초 란　(　　　)　(9) 허락할 낙 (　　　)

3_ 다음 漢字語의 讀音을 쓰세요.

(1) 騎馬 (　　　)　(2) 丘墓 (　　　)　(3) 娘子 (　　　)
(4) 用途 (　　　)　(5) 家禽 (　　　)　(6) 及第 (　　　)
(7) 欄干 (　　　)　(8) 殺菌 (　　　)　(9) 歲旦 (　　　)
(10) 綠茶 (　　　)　(11) 各其 (　　　)　(12) 天桃 (　　　)
(13) 渡來 (　　　)　(14) 激浪 (　　　)　(15) 比較 (　　　)

4_ 다음 문장에서 밑줄 친 漢字語를 漢字로 쓰세요.

(1) 마당에 핀 국화 몇 송이가 손님들을 반긴다.　(　　　)
(2) 형형색색의 단청이 화사함을 더하고 있었다.　(　　　)
(3) 장교의 돌격 명령에 병사들이 적진으로 뛰어들었다.　(　　　)
(4) 정확한 실태를 파악하기 위해 현장 답사를 하기로 했다.　(　　　)

실제 시험에서는 2, 4, 5, 7번과 같이 읽기 배정 한자를 쓰는 문제는 출제되지 않으나, 보다 확실한 학습을 위해 쓰기 문제로 구성하였습니다.

5_ 다음 ( ) 안에 알맞은 漢字를 써 넣어 漢字語(四字成語)를 完成하세요.

(1) (　　　)言令色 : 아첨하는 말과 알랑거리는 태도

(2) (　　　)己復禮 : 자기의 욕심을 누르고 예의범절을 따름.

(3) (　　　)衣夜行 : 자랑삼아 하지 않으면 생색이 나지 않음.
　　　　　　　　　아무 보람이 없는 일을 함.

(4) 單(　　　)直入 : 여러 말을 늘어놓지 아니하고 바로 요점이나 본문제를 중심적으로 말함.

6_ 다음 漢字의 部首를 쓰세요.

(1) 貸 → (　　　)　　(2) 旦 → (　　　)　　(3) 琴 → (　　　)

(4) 泥 → (　　　)　　(5) 糖 → (　　　)　　(6) 寧 → (　　　)

7_ 다음 漢字語의 同音異義語를 漢字로 쓰되, 제시된 뜻을 가진 漢字語를 쓰세요.

(1) 同事 - (　　　) : 얼어서 죽음.

(2) 景氣 - (　　　) : 서울을 중심으로 한 가까운 주위의 지방 경기도

8_ 다음 漢字語의 뜻을 쓰세요.

(1) 空拳 (　　　　　　　　　　　　　　　)

(2) 耐熱 (　　　　　　　　　　　　　　　)

(3) 緊縮 (　　　　　　　　　　　　　　　)

(4) 拘束 (　　　　　　　　　　　　　　　)

시(詩) 속의 가르침

조선 후기 실학자 중에 이서구(李書九)라는 사람이 있었다. 그는 이덕무, 유득공, 박제가와 함께 사가시인(四家詩人)의 한 사람으로 한문학(漢文學)의 대가이면서 우의정(右議政)까지 벼슬을 지낸 인물이었다.

다음은 이서구가 벼슬 자리를 내놓고 은퇴한 뒤 고향에서 여유로운 삶을 살고 있을 때의 이야기이다.

어느 날, 이서구가 허름한 옷차림을 하고 냇가에서 낚시를 하고 있는데 젊은 선비 하나가 내를 건너기 위해 냇가 쪽으로 다가왔다. 잘 차려입은 옷하며 생김새가 행세깨나 하는 집안의 자제같아 보였다.

젊은 선비는 개울을 건너려고 주변을 한참 둘러 보더니 건널만한 다리가 없자 몹시 난감해 했다. 그러다가 마침 허름한 옷차림으로 낚시를 하고 있는 이서구를 발견하고는 다가와서 아래위로 훑어보더니 말을 건넸다.

"이보시오 노인장, 나를 저 건너편까지 업어서 건네줄 수 있겠소?"

이서구는 젊은이가 버릇없이 말하는 것이 괘씸하게 생각되었지만 짐짓 모른 체하고 말했다.

"그렇게 해 드리지요."

이렇게 해서 이서구의 등에 업혀 편안하게 개울을 건너던 젊은 선비는 개울을 반쯤 건넜

을 때 노인장의 망건에 달려 있는 옥관자(玉貫子)를 보게 되었다. '옥관자'란 옥으로 만든 작은 단추 모양의 고리로, 정삼품(正三品) 당상관(堂上官) 이상만 할 수 있던 것이었다. 젊은 선비가 이 옥관자를 보고 놀라 몸을 움찔거리자 이서구가 말했다.

"가만히 있으시오. 내가 잘못 삐끗해서 넘어지면 젊은이 옷은 물론이고 내 옷도 버릴 것 아니오."

이서구의 등에 업혀 어쩔 줄 몰라 하던 젊은 선비는 내를 건너 땅에 내리자마자 엎드려서 이서구에게 잘못을 빌며 말했다.

"살려 주십시오. 알아뵙지 못하고 죽을 죄를 지었습니다."

그러자 이서구는 젊은 선비에게 붓과 종이가 있는지 물은 후, 그것을 내어 놓자 다음과 같은 글귀를 써 주고는 다시 내를 건너가 낚시를 계속하였다고 한다.

吾看世시옷   내가 세상의 '시옷'을 보니
是非在미음   是非가 '미음'에 있더라.
歸家修리을   집에 돌아가 '리을'을 닦아라.
不然點디귿   그렇지 않으면 '디귿'에 점찍으리라.

이게 도대체 무슨 시인가 한참을 들여다보던 젊은 선비는 시옷은 '사람 인(人)', 미음은 '입 구(口)', 리을은 '몸 기(己)', 디귿(ㄷ)에 점을 찍으면 '망할 망(亡)' 자가 된다는 것을 알아채고는 시를 다음과 같이 풀이할 수 있었다고 한다.

吾看世人하니   내가 세상 사람들을 보니
是非在口라.   옳고 그름이 입에 있구나.
歸家修己하라.   집으로 돌아가서 자신을 닦아라.
不然이면 亡하리라.   그렇지 않으면 망하리라.

吾(나 **오**)	看(볼 **간**)	世(인간 **세**)	人(사람 **인**)
是(옳을 **시**)	非(아닐 **비**)	在(있을 **재**)	口(입 **구**)
歸(돌아갈 **귀**)	家(집 **가**)	修(닦을 **수**)	己(몸 **기**)
不(아닐 **불**)	然(그럴 **연**)	點(점 **점**)	亡(망할 **망**)

3급Ⅱ 배정한자 ③

한자의 훈과 음을 생각하며, 순서에 따라 써 보세요.

101 郎

- 郎君(낭군) : 예전에, 젊은 아내가 자기 남편을 사랑스럽게 이르던 말
- 新郎(신랑) : 갓 결혼하였거나 결혼하는 남자
- 花郎(화랑) : 신라 때에 둔, 청소년의 민간 수양 단체

⚠ 모양이 비슷한 '朗(밝을 랑/5)'과 구별할 것!

[활용]
郎官(낭관) 郎子(낭자)
侍郎(시랑)
花郎徒(화랑도)
신라 때에 둔 화랑의 무리

사내 **랑**
부수 : 邑(⻏), 총 10획

⚠ 글자의 왼쪽에 위치하여 부수로 쓰이는 '阜'의 변형(⻖)과 구별할 것!

102 廊

- 舍廊(사랑) : 집의 안채와 떨어져 있는, 바깥주인이 거처하며 손님을 접대하는 곳
- 行廊(행랑) : 대문간에 붙어 있는 방 / 대문 안에 죽 벌여서 지어 주로 하인이 거처하던 방
- 畫廊(화랑) : 그림 따위의 미술품을 진열하여 전람하도록 만든 방 cf.花郎

[활용]
回廊(회랑)
정당(正堂 : 한 구획 내에 지은 여러 채의 집 가운데 가장 주된 집채)의 좌우에 있는 긴 집채

사랑채·행랑 **랑**
부수 : 广, 총 13획

⚠ 모양·훈·활용 한자어를 구별할 것!

103 涼

- 涼風(양풍) : 서늘한 바람
- 納涼(납량) : 여름철에 더위를 피하여 서늘한 기운을 느낌 예 納涼 특집극
- 荒涼(황량) : 황폐하여 쓸쓸함.
  └ '외롭다'를 뜻함.

[활용]
淸涼(청량)
맑고 서늘함.

서늘할 **량**
부수 : 水(氵), 총 11획

104 梁

- 橋梁(교량) : 시내나 강을 사람이나 차량이 건널 수 있게 만든 다리
- 上梁(상량) : 기둥에 보를 얹고 그 위에 처마 도리와 중도리를 걸고 마지막으로 마룻대를 옮김.
- 梁上君子(양상군자) : 도둑을 완곡하게 이르는 말 357쪽 >>>

[활용]
魚梁(어량)
물고기를 잡는 장치. 물살을 가로막고 물길을 한 군데로만 터놓은 다음에 거기에 통발이나 살을 놓는다.

들보·돌다리 **량**
부수 : 木, 총 11획

— 칸과 칸 사이의 두 기둥을 건너질러 도리와 'ㄴ'자 모양, 마룻대는 '十'자 모양을 이루는 나무

105 勵

- 激勵(격려) : 용기나 의욕이 솟아나도록 북돋워 줌.
- 督勵(독려) : 감독하며 격려함.
- 獎勵(장려) : 좋은 일에 힘쓰도록 북돋아 줌.
  └ '권면하다(알아듣도록 권하고 격려하여 힘쓰게 하다)'를 뜻함.

[활용]
勉勵(면려)
스스로 애써 노력하거나 힘씀. / 남을 고무하여 힘쓰게 함.

약자는 励 417쪽 >>>

힘쓸 **려**
부수 : 力, 총 17획

한자의 훈과 음을 생각하며, 순서에 따라 써 보세요.

106 曆

모양이 비슷한 '歷(지날 력/5)'과 구별할 것!

예수 그리스도가 태어난 해를 기원으로 하는 책력

- 月曆(월력) : 달력. 1년 가운데 달, 날, 요일, 이십사절기, 행사일 따위의 사항을 날짜에 따라 적어 놓은 것
- 陰曆(음력) : 달이 지구를 한 바퀴 도는 시간을 기준으로 만든 역법
- 冊曆(책력) : 천체를 측정하여 해와 달의 움직임과 절기(節氣)를 적어 놓은 책

[활용]
曆法(역법) 西曆(서력)
日曆(일력) 萬歲曆(만세력)
太陽曆(태양력)
太陰曆(태음력)

책력 **력**
부수 : 日, 총 16획

107 戀

부수를 '日(가로 왈)'로 혼동하지 말 것!

이성을 사랑하여 간절히 그리워함.

- 戀歌(연가) : 사랑하는 사람을 그리워하면서 부르는 노래
- 戀書(연서) : 연애하는 남녀 사이에 주고받는 애정의 편지
- 悲戀(비련) : 슬프게 끝나는 사랑

모양이 비슷한 '變(변할 변/5)'과 구별할 것!

[활용]
戀慕(연모) 戀愛(연애)
戀人(연인) 戀敵(연적)
戀情(연정) 失戀(실연)
이성을 그리워하고
사모하는 마음

약자는 恋. 417쪽 >>>

그리워할·그릴 **련**
부수 : 心, 총 23획

108 聯

cf. 年上(연상) : 자기보다 나이가 많음. 또는 그런 사람

'연립 정부'의 줄임말. cf. 戀情

- 聯盟(연맹) : 공동의 목적을 가진 단체나 국가가 서로 돕고 행동을 함께 할 것을 약속함.
- 聯想(연상) : 하나의 관념이 다른 어떤 관념을 불러일으키는 심리 작용
- 聯合(연합) : 두 가지 이상의 사물이 서로 합동하여 하나의 조직체를 만듦.

= 連絡. 어떤 사실을 상대편에게 알림.

[활용]
聯絡(연락) 聯政(연정)
關聯(관련) 對聯(대련)
聯立內閣(연립 내각)
國際聯合(국제 연합)

약자는 联. 417쪽 >>>

연이을 **련**
부수 : 耳, 총 17획

109 蓮

- 蓮根(연근) : 연꽃의 뿌리
- 蓮花(연화) : 연꽃
- 木蓮(목련) : 목련과의 자목련, 백목련 따위를 통틀어 이르는 말

모양이 비슷한 '連(이을 련/4Ⅱ)'과 구별할 것!

[활용]
蓮葉(연엽) 紅蓮(홍련)

연꽃 **련**
부수 : 艹(艸), 총 15획

110 鍊

모양이 비슷한 '練(익힐 련/5)'과 구별할 것!

겪기 어려운 단련이나 고비

- 鍊磨(연마) : 주로 돌이나 쇠붙이, 보석, 유리 따위의 고체를 갈고 닦아서 표면을 반질반질하게 함.
- 修鍊(수련) : 인격, 기술, 학문 따위를 닦아서 단련함.
- 製鍊(제련) : 광석을 녹여서 함유한 금속을 분리·추출하여 정제하는 일

[활용]
敎鍊(교련) 老鍊(노련)
試鍊(시련) 再鍊(재련)
鍊武(연무) 무예를 단련함.
鍊金術(연금술)

쇠불릴·단련할 **련**
부수 : 金, 총 17획

3급Ⅱ 배정 한자 ❸

3급Ⅱ 배정 한자 ③

한자의 훈과 음을 생각하며, 순서에 따라 써 보세요.

111 裂

찢어질 **렬**
부수: 衣, 총 12획

- 決裂(결렬): 여러 갈래로 찢어짐. / 의견이 일치하지 아니하여 각각 헤어짐.
- 分裂(분열): 찢어져 나누어짐. / 집단이나 단체, 사상 따위가 갈라져 나뉨.
- 破裂(파열): 깨어지거나 갈라져 터짐.

피부가 찢어져 생긴 상처

[활용]
- 裂傷(열상)
- 核分裂(핵분열)
- 四分五裂(사분오열) 355쪽
- 支離滅裂(지리멸렬) 362쪽

112 嶺

고개 **령**
부수: 山, 총 17획

모양이 비슷한 '領(거느릴 령/5)'과 구별할 것!

- 嶺東(영동): 강원도에서 대관령 동쪽에 있는 지역을 이르는 말
- 嶺南(영남): 조령(鳥嶺) 남쪽이라는 뜻에서, 경상남북도를 이르는 말
- 分水嶺(분수령): 분수계가 되는 산마루나 산맥 / 어떤 사물이나 사태가 발전하는 전환점을 비유적으로 이르는 말

[활용]
- 嶺西(영서)
- 嶺湖南(영호남)
- 高嶺土(고령토)
- 大關嶺(대관령)

113 靈

신령 **령**
부수: 雨, 총 24획
약자는 灵. 417쪽

- 靈感(영감): 신령스러운 예감이나 느낌 / 창조적인 일의 계기가 되는 기발한 착상이나 자극
  '신령하다(신기하고 영묘하다)'를 뜻함.
- 靈藥(영약): 영묘한 효험이 있는 신령스러운 약
- 靈魂(영혼): 죽은 사람의 넋. '靈'이 '영, 영혼'을 뜻함.

영묘한 힘을 가진 우두머리라는 뜻으로, '사람'을 이르는 말

[활용]
- 靈物(영물) 靈長(영장)
- 靈驗(영험) 妄靈(망령)
- 神靈(신령) 幽靈(유령)
- 靈安室(영안실) 慰靈祭(위령제)

114 爐

화로 **로**
부수: 火, 총 20획
약자는 炉. 417쪽

- 香爐(향로): 향을 피우는 자그마한 화로
- 火爐(화로): 숯불을 담아 놓는 그릇
- 爐邊情談(노변정담): 화롯가에 둘러앉아서 서로 한가롭게 주고받는 이야기

[활용]
- 原子爐(원자로)
- 靑銅火爐(청동 화로)
- 紅爐點雪(홍로점설) 365쪽

115 露

이슬 **로**
부수: 雨, 총 21획

'포로'로 읽지 말 것!

- 露骨(노골): 숨김없이 모두 있는 그대로 드러냄.
- 暴露(폭로): 알려지지 않았거나 감추어져 있던 사실을 드러냄.
  '露'가 '드러내다'를 뜻함.
- 草露(초로): 풀잎에 맺힌 이슬
  草露와 같다.: 인생 따위가 덧없다.

길가의 한데에 물건을 벌여 놓고 장사하는 곳

[활용] 한뎃잠
- 露宿(노숙) 露店(노점)
- 露地(노지) 露天(노천)
- 露出(노출) 發露(발로)
- 吐露(토로)

'露'가 '한데(사방, 상하를 덮거나 가리지 아니한 곳)'를 뜻함.

한자의 훈과 음을 생각하며, 순서에 따라 써 보세요.

126 隆 (높을 룽)
부수: 阜(阝), 총 12획

- 隆起(융기) : 높게 일어나 들뜸. 또는 그런 부분
- 隆盛(융성) : 기운차게 일어나거나 대단히 번성함.
- 隆崇(융숭) : 대우하는 태도가 정중하고 극진함.

임금이나 윗사람의 높은 은혜

[활용]
- 隆恩(융은) 隆興(융흥)
  형세가 세차게 일어남.

필순: ㇀ 丨 阝 阝' 阝⺈ 阡 阡 阡 阡 隆 隆 隆

⚠ 모양이 비슷한 '陸(뭍 륙/5)'과 구별할 것!

127 陵 (언덕 룽)
부수: 阜(阝), 총 11획

- 陵碑(능비) : 능 앞에 세우는 비석
- 王陵(왕릉) : 왕의 무덤
- 丘陵(구릉) : 언덕

임금이나 왕후의 무덤

언덕과 골짜기를 아울러 이르는 말

[활용]
- 陵谷(능곡) 陵寢(능침)
- 武陵桃源(무릉도원)
  352쪽 >>>

필순: ㇀ 丨 阝 阝' 阡 阡 阡 陡 陵 陵 陵

⚠ 글자의 오른쪽에 위치하여 부수로 쓰이는 '邑'의 변형(阝)과 구별할 것!

128 吏 (벼슬아치·관리 리)
부수: 口, 총 6획

- 官吏(관리) : 관직에 있는 사람
- 稅吏(세리) : 세금 징수의 일을 맡아보는 관리
- 淸白吏(청백리) : 재물에 대한 욕심이 없이 곧고 깨끗한 관리

한자의 음과 뜻을 빌려 우리말을 적은 표기법

=吏讀(이두)

[활용]
- 吏道(이도) 吏頭(이두)
- 吏讀(이두) 吏房(이방)

⚠ '이독'으로 읽지 말 것!

⚠ 모양이 비슷한 '使(하여금·부릴 사/6)', '史(사기 사/5)'와 구별할 것!

필순: 一 ㄒ 戸 戸 吏 吏

129 履 (밟을 리)
부수: 尸, 총 15획

- 履修(이수) : 해당 학과를 순서대로 공부하여 마침.
- 履行(이행) : 실제로 행함.
- 履歷書(이력서) : 이력을 적은 문서

[활용]
- 木履(목리)
- 不履行(불이행)

나막신. '履'가 '신'을 뜻함.

필순: ㇀ ㄱ 尸 尸 尸 尸 尸 屈 屈 屈 屈 履

130 裏 (속 리)
부수: 衣, 총 13획

- 裏面(이면) : 뒷면 / 겉으로 나타나거나 눈에 보이지 않는 부분
- 表裏(표리) : 물체의 겉과 속 또는 안과 밖을 통틀어 이르는 말
- 裏書(이서) : 책장이나 어떤 문서의 뒷면에 글씨를 씀. 또는 그 글씨

일의 내용의 옳고 그름.

[활용]
- 腦裏(뇌리)
- 裏面境界(이면경계)
- 表裏不同(표리부동)
  364쪽 >>>

필순: 一 亠 广 ㅎ 膏 膏 膏 亩 重 裏 裏 裏 裏

3급Ⅱ 배정 한자 ③

한자의 훈과 음을 생각하며, 순서에 따라 써 보세요.

131 臨 임할 림
부수: 臣, 총 17획
약자는 临. 417쪽 >>>

- 臨迫(임박) : 어떤 때가 가까이 닥쳐옴.
- 臨時(임시) : 미리 정하지 아니하고 그때그때 필요에 따라 정한 것
- 降臨(강림) : 신이 하늘에서 인간 세상으로 내려옴.

⚠ '항림'으로 읽지 말 것!

[활용]
- 臨床(임상) 臨終(임종) — 환자를 진료하거나 의학을 연구하기 위하여 병상에 임하는 일 / 죽음을 맞이함.
- 臨海(임해) 君臨(군림)
- 臨機應變(임기응변) 360쪽 >>>
- 臨戰無退(임전무퇴) — 세속 오계의 하나. 전쟁에 나아가서 물러서지 않음을 이름.

임하다 : 어떤 사태나 일에 직면하다. / 어떤 장소에 도달하다.

132 麻 삼 마
부수: 麻, 총 11획

- 麻衣(마의) : 삼베옷
- 麻布(마포) : 삼베
- 亂麻(난마) : 어지럽게 얽힌 삼실의 가닥이라는 뜻으로, 갈피를 잡기 어렵게 뒤얽힌 일이나 세태를 비유적으로 이르는 말

[활용]
- 菜麻(채마)
- 大麻草(대마초)
- 快刀亂麻(쾌도난마) — 어지럽게 뒤얽힌 사물을 강력한 힘으로 명쾌하게 처리함을 이르는 말

⚠ 글자 자체가 부수임에 유의할 것!

133 磨 갈 마
부수: 石, 총 16획

- 磨滅(마멸) : 갈려서 닳아 없어짐.
- 硏磨(연마) : 주로 돌이나 쇠붙이, 보석, 유리 따위의 고체를 갈고 닦아서 표면을 반질반질하게 함.
- 磨製石器(마제석기) : 간석기. 날 부분이나 온 면을 갈아서 만든 석기

[활용]
- 達磨(달마)
- 硏磨材(연마재)

⚠ 부수를 '麻'로 혼동하지 말 것!

134 莫 없을 막
부수: 艸(艹), 총 11획

- 莫強(막강) : 더할 수 없이 셈.
- 莫論(막론) : 이것저것 따지고 가려 말하지 아니함.
- 莫逆之友(막역지우) : 허물이 없이 아주 친한 친구 352쪽 >>>

⚠ '색막'으로 읽지 말 것! 쓸쓸하고 막막함.

[활용]
- 莫大(막대) 莫甚(막심)
- 莫重(막중) 索莫(삭막)
- 莫上莫下(막상막하) 352쪽 >>> — 몹시 무지하고 상스러우며 포악함.
- 無知莫知(무지막지)

⚠ 모양·훈·활용 한자어를 구별할 것!

135 幕 장막 막
부수: 巾, 총 14획

- 開幕(개막) : 막을 열거나 올린다는 뜻으로, 연극이나 음악회, 행사 따위를 시작함.
- 序幕(서막) : 연극의 시작이 되는 첫 막 / 무슨 일의 시작
- 帳幕(장막) : 한데에서 볕 또는 비바람을 피할 수 있도록 둘러치는 막 — 판자나 천막 따위로 임시로 간단하게 지은 집

[활용]
- 幕間(막간) 幕舍(막사) — 겉으로 드러나지 아니한 일의 속 내용
- 內幕(내막) 煙幕(연막)
- 銀幕(은막) 字幕(자막) — 영사막 / '영화계'를 비유적으로 이르는 말
- 閉幕(폐막) 單幕劇(단막극)

⚠ 부수를 '艸(艹)'로 혼동하지 말 것!

한자의 훈과 음을 생각하며, 순서에 따라 써 보세요.

136. 漠 (넓을 막)

모양이 비슷한 '莫(없을 막/3Ⅱ)', '幕(장막 막/3Ⅱ)'과 구별할 것!

- 漠漠(막막): 아주 넓거나 멀어 아득함. / 아득하고 막연함.
- 漠然(막연): 갈피를 잡을 수 없게 아득함. / 뚜렷하지 못하고 어렴풋함.
- 沙漠(사막): 강수량이 적고 식물이 거의 자라지 않으며, 자갈과 모래로 뒤덮인 매우 넓은 불모의 땅

획순: 丶 丶 冫 冫 冫 氵 汸 汸 沽 沽 漠 漠 漠 漠

부수: 水(氵), 총 14획

[활용]
廣漠(광막) 荒漠(황막)
아득하게 거칠고 아득하게
넓음. 넓음.

137. 晩 (늦을 만)

모양이 비슷한 '勉(힘쓸 면/4)', '免(면할 면/3Ⅱ)'과 구별할 것!

- 晩秋(만추): 늦가을
- 晩學(만학): 나이가 들어 뒤늦게 공부함.
- 大器晩成(대기만성): 크게 될 사람은 늦게 이루어짐. 351쪽 >>>

획순: 丨 冂 冂 日 日' 日' 日" 旷 睁 晩

부수: 日, 총 11획

나이가 들어 늙어 가는 시기

[활용]
晩年(만년) 晩鍾(만종)
晩婚(만혼)
早晩間(조만간)
晩時之歎(만시지탄) 352쪽 >>>

138. 妄 (망령될 망)

- 妄發(망발): 망령이나 실수로 그릇된 말이나 행동을 함. 또는 그 말이나 행동
- 妄言(망언): 이치나 사리에 맞지 아니하고 망령되게 말함. 또는 그 말
- 輕擧妄動(경거망동): 경솔하여 생각 없이 망령되게 행동함. 또는 그런 행동 347쪽 >>>

획순: 丶 丶 亠 亡 亡 妄

부수: 女, 총 6획

자극을 잘못 지각하거나 없는 자극을 있는 것처럼 생각하는 병적 현상. cf.忘却(망각): 어떤 사실을 잊어버림.

[활용]
妄覺(망각) 妄靈(망령)
妄想(망상) 輕妄(경망)
老妄(노망) 虛妄(허망)

늙거나 정신이 흐려서 말이나 행동이 정상을 벗어남.

139. 媒 (중매 매)

모양이 비슷한 '謀(꾀 모/3Ⅱ)'와 구별할 것!

- 媒介(매개): 둘 사이에서 양편의 관계를 맺어 줌.
- 仲媒(중매): 결혼이 이루어지도록 중간에서 소개하는 일
- 觸媒(촉매): 자신은 변화하지 아니하면서 다른 물질의 화학 반응을 매개하여 반응 속도를 빠르게 하거나 늦추는 일. 또는 그런 물질

획순: 乚 乚 女 女 妒 妒 妒 媒 媒 媒 媒

부수: 女, 총 12획

어떤 작용을 한쪽에서 다른 쪽으로 전달하는 물체

[활용]
媒體(매체)
媒介物(매개물)
仲媒人(중매인)

140. 梅 (매화 매)

- 梅實(매실): 매실나무의 열매
- 梅雨(매우): 매실나무 열매가 익을 무렵에 내리는 비라는 뜻으로, 해마다 초여름인 유월 상순부터 칠월 상순에 걸쳐 계속되는 장마를 이르는 말
- 松竹梅(송죽매): 소나무와 대나무와 매화나무를 아울러 이르는 말

획순: 一 十 扌 木 朽 朽 朾 梅 梅 梅 梅

부수: 木, 총 11획

매화를 치는 일. 또는 그런 그림. cf.梅花
매화꽃

[활용]
梅花(매화) 梅畫(매화)
烏梅(오매) 紅梅(홍매)
梅實酒(매실주)
雪中梅(설중매)
눈 속에 핀 매화

3급II 배정 한자 ③

한자의 훈과 음을 생각하며, 순서에 따라 써 보세요.

141 麥

익은 보리를 거두어들이는 철

- 麥飯(맥반) : 보리밥
- 麥芽(맥아) : 엿기름. 보리에 물을 부어 싹이 트게 한 다음에 말린 것
- 麥酒(맥주) : 알코올성 음료의 하나. 엿기름가루를 물과 함께 가열하여 당화한 후, 홉(hop)을 넣고 발효하여 만듦.

[활용]
- 麥秋(맥추) 大麥(대맥)
- 小麥(소맥) 原麥(원맥)
- 精麥(정맥)

약자는 麦. 417쪽 >>>

보리 맥
부수 : 麥, 총 11획

⚠ 글자 자체가 부수임에 유의할 것!

142 孟

맹자의 어머니가 아들을 가르치기 위하여 세 번이나 이사를 하였음을 이르는 말

- 孟浪(맹랑) : 생각하던 바와 달리 허망함. / 하는 짓이 만만히 볼 수 없을 만큼 똑똑하고 깜찍함. '孟'이 '맹랑하다'를 뜻함.
- 孟秋(맹추) : 초가을 / 음력 칠월을 달리 이르는 말
- 虛無孟浪(허무맹랑) : 터무니없이 거짓되고 실속이 없음.

[활용] 초봄
- 孟子(맹자) 孟春(맹춘)
- 孟夏(맹하) 孟冬(맹동)
- 孟母三遷(맹모삼천)

맏 맹
부수 : 子, 총 8획

⚠ 모양·훈·활용 한자어를 구별할 것!

143 猛

너그러움과 엄함을 아울러 이르는 말

- 猛獸(맹수) : 주로 육식을 하는 사나운 짐승
- 猛烈(맹렬) : 기세가 몹시 세참.
- 勇猛(용맹) : 용감하고 사나움.

[활용] 사나운 위세
- 猛攻(맹공) 猛犬(맹견)
- 猛毒(맹독) 猛威(맹위)
- 猛將(맹장) 猛打(맹타)
- 猛虎(맹호) 寬猛(관맹)

사나울 맹
부수 : 犬(犭), 총 11획

144 盟

동맹을 맺은 개인이나 단체의 우두머리

- 盟約(맹약) : 굳게 맹세한 약속
- 加盟(가맹) : 동맹이나 연맹, 단체에 가입함.
- 血盟(혈맹) : 혈관(血判)을 찍어 굳게 맹세함. 또는 그런 관계
  손가락을 잘라 그 피로 손도장을 찍음.

[활용]
- 盟主(맹주) 同盟(동맹)
- 聯盟(연맹)

맹세 맹
부수 : 皿, 총 13획

145 盲

배우지 못하여 글을 읽거나 쓸 줄을 모름. 또는 그런 사람

- 盲目(맹목) : 눈이 멀어서 보지 못하는 눈 / 이성을 잃어 적절한 분별이나 판단을 못하는 일
- 盲信(맹신) : 옳고 그름을 가리지 않고 덮어놓고 믿는 일
- 盲點(맹점) : 미처 생각이 미치지 못한, 모순되는 점이나 틈

[활용]
- 盲兒(맹아) 盲人(맹인)
- 盲腸(맹장) 文盲(문맹)
- 色盲(색맹)
- 夜盲症(야맹증)

소경 · 눈멀 맹
부수 : 目, 총 8획

눈먼 사람

한자의 훈과 음을 생각하며, 순서에 따라 써 보세요.

146 免 — 면할 **면**
부수: 儿, 총 7획

매겨야 할 부담 따위를 덜어 주거나 면제함.
- 免稅(면세): 세금을 면제함.
- 免罪(면죄): 지은 죄를 면함. — 형사 소송에서, 공소권이 없어져 기소를 면하는 일
- 免職(면직): 일정한 직무에서 물러나게 함.
- ⚠ 모양이 비슷한 '兔(토끼 토/3Ⅱ)'와 구별할 것!

획순: ノ ク ク 与 各 缶 免

[활용]
免訴(면소) 免役(면역)
免除(면제) 免責(면책)
免許(면허) 減免(감면)
謀免(모면) 辭免(사면)

면하다: 책임이나 의무 따위를 지지 않게 되다.

147 眠 — 잘 **면**
부수: 目, 총 10획

영원히 잠든다는 뜻으로, '죽음'을 이르는 말
- 冬眠(동면): 겨울이 되면 동물이 활동을 중단하고 땅속 따위에서 겨울을 보내는 일
- 熟眠(숙면): 잠이 깊이 듦.
- 休眠(휴면): 쉬면서 거의 아무런 활동도 하지 아니함.
- ⚠ 모양이 비슷한 '眼(눈 안/4Ⅱ)'과 구별할 것!

획순: 丨 冂 冂 目 目 旷 旷 眠 眠 眠

[활용]
安眠(안면) 永眠(영면)
不眠症(불면증)
催眠術(최면술)

148 綿 — 솜 **면**
부수: 糸, 총 14획

- 綿密(면밀): 자세하고 빈틈이 없음.
- 綿絲(면사): 솜에서 자아낸 실. 무명실
- 純綿(순면): 순수하게 면사로만 짠 직물
- ⚠ 모양이 비슷한 '錦(비단 금/3Ⅱ)'과 구별할 것!

끊어지지 않고 죽 이어짐. '綿'이 '이어지다'를 뜻함.

획순: ノ ⺄ ⺄ 纟 纟 纟 糸 糸 紆 紆 絔 絔 綿 綿

[활용]
綿綿(면면) 綿羊(면양)
石綿(석면) 原綿(원면)
綿實油(면실유)
綿織物(면직물)

149 滅 — 꺼질·멸할 **멸**
부수: 水(氵), 총 13획

불이 켜졌다 꺼졌다 함. / 먼 곳에 있는 것이 보였다 안 보였다 함.
- 滅種(멸종): 생물의 한 종류가 아주 없어짐, 또는 아주 없애 버림.
- 消滅(소멸): 사라져 없어짐.
- 點滅(점멸): 등불이 켜졌다 꺼졌다 함. 또는 등불을 켰다 껐다 함.
- ⚠ 모양이 비슷한 '減(덜 감/4Ⅱ)'과 구별할 것!

갈려서 닳아 없어짐.

획순: 丶 丶 氵 氵 氵 氵 汇 沪 沪 派 沭 滅 滅

[활용]
滅亡(멸망) 壞滅(괴멸)
磨滅(마멸) 明滅(명멸)
不滅(불멸) 自滅(자멸)
全滅(전멸) 破滅(파멸)

150 銘 — 새길 **명**
부수: 金, 총 14획

감격하여 마음에 깊이 새김. 예) 그 이야기를 듣고 큰 感銘을 받았다.
- 銘記(명기): 마음에 새기어 기억하여 둠.
- 銘心(명심): 잊지 않도록 마음에 깊이 새겨 둠.
- 座右銘(좌우명): 늘 자리 옆에 갖추어 두고 가르침으로 삼는 말이나 문구

획순: ノ ㇏ ㇏ ⺈ 乍 乍 숲 金 金 釣 釣 銘

[활용]
銘文(명문) 感銘(감명)
墓碑銘(묘비명)

1_ 다음 漢字의 訓과 音을 쓰세요.

(1) 栗 (　　　)　　(2) 曆 (　　　)　　(3) 靈 (　　　)
(4) 郎 (　　　)　　(5) 盲 (　　　)　　(6) 戀 (　　　)
(7) 涼 (　　　)　　(8) 鍊 (　　　)　　(9) 梁 (　　　)

2_ 다음 訓과 音에 알맞은 漢字를 쓰세요.

(1) 녹 록　(　　　)　　(2) 다락 루 (　　　)　　(3) 맏 맹　(　　　)
(4) 화로 로 (　　　)　　(5) 높을 륭 (　　　)　　(6) 보리 맥 (　　　)
(7) 우레 뢰 (　　　)　　(8) 넓을 막 (　　　)　　(9) 연꽃 련 (　　　)

3_ 다음 漢字語의 讀音을 쓰세요.

(1) 弄談 (　　　)　　(2) 媒介 (　　　)　　(3) 倫理 (　　　)
(4) 硏磨 (　　　)　　(5) 綿密 (　　　)　　(6) 畫廊 (　　　)
(7) 嶺南 (　　　)　　(8) 勇猛 (　　　)　　(9) 開幕 (　　　)
(10) 官吏 (　　　)　　(11) 梅實 (　　　)　　(12) 雷聲 (　　　)
(13) 樓閣 (　　　)　　(14) 麻衣 (　　　)　　(15) 麥酒 (　　　)

4_ 다음 문장에서 밑줄 친 漢字語를 漢字로 쓰세요.

(1) 이번 화재의 원인은 <u>누전</u>으로 밝혀졌다.　　　　　　　　　(　　　)
(2) 주민들의 독서를 <u>장려</u>하기 위해 도서관을 건립하였다.　(　　　)
(3) 고객과의 <u>신뢰</u>가 쌓이면서 기업의 인지도가 높아졌다.　(　　　)
(4) <u>멸종</u> 위기의 동물을 보호하고자 사냥을 금지하고 있다.　(　　　)

실제 시험에서는 2, 4, 5, 7번과 같이 읽기 배정 한자를 쓰는 문제는 출제되지 않으나, 보다 확실한 학습을 위해 쓰기 문제로 구성하였습니다.

5_ 다음 ( ) 안에 알맞은 漢字를 써 넣어 漢字語(四字成語)를 完成하세요.

(1) (　　)上君子 : 도둑을 완곡하게 이르는 말

(2) (　　)逆之友 : 허물이 없이 아주 친한 친구

(3) 輕擧(　　)動 : 경솔하여 생각 없이 망령되게 행동함. 또는 그런 행동

(4) (　　)戰無退 : 세속 오계의 하나. 전쟁에 나아가서 물러서지 않음을 이름.

6_ 다음 漢字의 部首를 쓰세요.

(1) 眠 → (　　)　　(2) 陵 → (　　)　　(3) 露 → (　　)

(4) 履 → (　　)　　(5) 盟 → (　　)　　(6) 率 → (　　)

7_ 다음 漢字語의 同音異義語를 漢字로 쓰되, 제시된 뜻을 가진 漢字語를 쓰세요.

(1) 聯政 - (　　) : 이성을 그리워하고 사모하는 마음

(2) 年上 - (　　) : 하나의 관념이 다른 어떤 관념을 불러일으키는 심리 작용

8_ 다음 漢字語의 뜻을 쓰세요.

(1) 免罪 (　　　　　　　　　　)

(2) 破裂 (　　　　　　　　　　)

(3) 銘心 (　　　　　　　　　　)

(4) 表裏 (　　　　　　　　　　)

3급 II 배정한자 ④

한자의 훈과 음을 생각하며, 순서에 따라 써 보세요.

151 慕 그릴 모

죽은 사람을 슬프게 사모함.

- 思慕(사모) : 애틋하게 생각하고 그리워함.
- 戀慕(연모) : 이성을 사랑하여 간절히 그리워함.
- 追慕(추모) : 죽은 사람을 그리며 생각함.

⚠ 모양이 비슷한 '墓(무덤 묘/4)', '募(모을·뽑을 모/3)', '暮(저물 모/3)'와 구별할 것!

[활용]
慕情(모정) 敬慕(경모)
崇慕(숭모) 哀慕(애모)
愛慕(애모) 永慕(영모)
사랑하며 그리워함.
cf. 哀慕

필순: 一 十 十 𠂉 𠂇 苎 莒 草 茣 菒 蒐 慕 慕 慕

부수: 心(忄), 총 15획

⚠ 부수를 '艹(艹)'로 혼동하지 말 것!

152 謀 꾀 모

나쁜 꾀로 남을 어려운 처지에 빠지게 함.

- 謀略(모략) : 계책이나 책략 / 사실을 왜곡하거나 속임수를 써 남을 해롭게 함.
- 圖謀(도모) : 어떤 일을 이루기 위하여 대책과 방법을 세움.
- 逆謀(역모) : 반역을 꾀함. 또는 그런 일

배반을 꾀함.

[활용]
謀反(모반) 謀事(모사)
謀議(모의) 謀陷(모함)
共謀(공모) 無謀(무모)
主謀者(주모자)

필순: 言 言 訂 計 計 計 詳 詳 謀 謀

부수: 言, 총 16획

153 貌 모양 모

- 變貌(변모) : 모양이나 모습이 달라지거나 바뀜. 또는 그 모양이나 모습
- 外貌(외모) : 겉으로 드러나 보이는 모양
- 容貌(용모) : 사람의 얼굴 모양

전체의 모습

[활용]
面貌(면모) 美貌(미모)
全貌(전모) 體貌(체모)
片貌(편모) 風貌(풍모)
단편적인 모습

약자는 皃. 417쪽 >>>

필순: ⺌ ⺌ ⺌ 𠂉 多 豸 豸' 豹 豹 貌

부수: 豸, 총 14획

154 睦 화목할 목

- 親睦(친목) : 서로 친하여 화목함.
- 和睦(화목) : 서로 뜻이 맞고 정다움.
- 親睦契(친목계) : 친목을 도모하기 위한 계

⚠ 모양이 비슷한 '陸(뭍 륙/5)', '陵(언덕 릉/3 II)'과 구별할 것!

[활용]
睦族(목족)
동족 또는 친족끼리 화목하게 지냄.

필순: 丨 冂 冂 月 目 目⺊ 目⺊ 睦 睦 睦 睦 睦

부수: 目, 총 13획

155 沒 빠질 몰

어떤 현상이나 대상이 나타났다 사라졌다 함. '沒'이 '숨다, 사라지다'를 뜻함.

- 沒入(몰입) : 깊이 파고들거나 빠짐.
- 沈沒(침몰) : 물속에 가라앉음.
- 沒常識(몰상식) : 상식이 전혀 없음.
  └ '없다'를 뜻함.

모조리 다 죽임. '沒'이 '죽다'를 뜻함.

[활용]
沒頭(몰두) 沒落(몰락)
沒殺(몰살) 沒收(몰수)
日沒(일몰) 出沒(출몰)
陷沒(함몰) 沒知覺(몰지각)

필순: 丶 冫 氵 氵 沪 沒 沒

부수: 水, 총 7획

한자의 훈과 음을 생각하며, 순서에 따라 써 보세요.

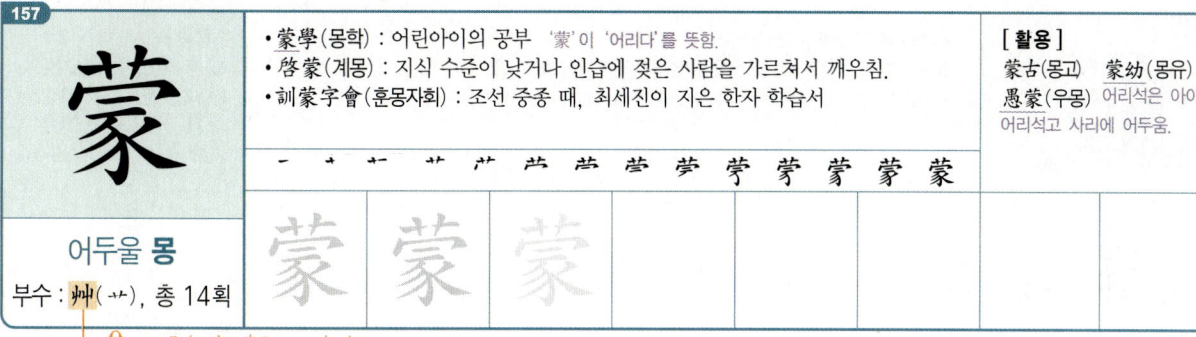

156 夢 꿈 몽 · 부수: 夕, 총 14획
- 夢想(몽상): 꿈속의 생각 / 실현성이 없는 헛된 생각을 함. 또는 그 생각
- 吉夢(길몽): 좋은 징조의 꿈
- 一場春夢(일장춘몽): 헛된 영화나 덧없는 일을 비유적으로 이르는 말

[활용] 惡夢(악몽) 解夢(해몽) 現夢(현몽) 白日夢(백일몽) 同床異夢(동상이몽)

※ 죽은 사람이나 신령이 꿈에 나타남.
※ 약자는 梦. 417쪽
⚠ 부수를 '艸(⺾)'로 혼동하지 말 것!

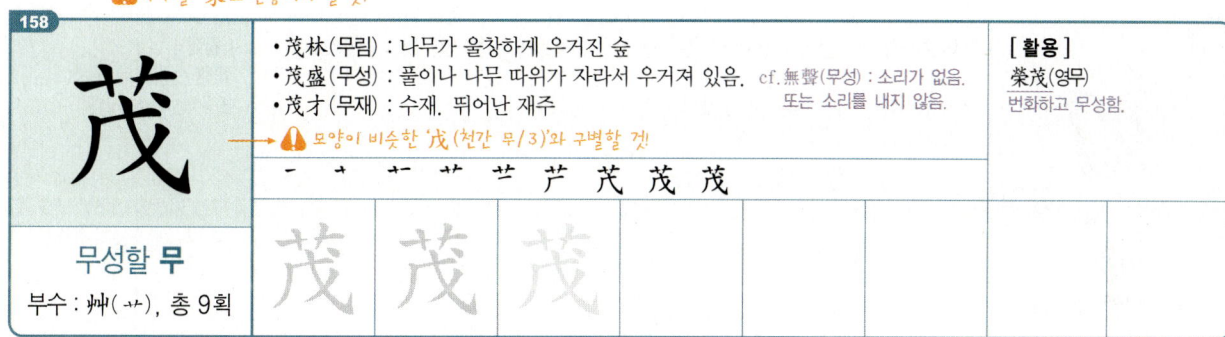

157 蒙 어두울 몽 · 부수: 艸(⺾), 총 14획
- 蒙學(몽학): 어린아이의 공부 '蒙'이 '어리다'를 뜻함.
- 啓蒙(계몽): 지식 수준이 낮거나 인습에 젖은 사람을 가르쳐서 깨우침.
- 訓蒙字會(훈몽자회): 조선 중종 때, 최세진이 지은 한자 학습서

[활용] 蒙古(몽고) 蒙幼(몽유) 愚蒙(우몽) 어리석은 아이 어리석고 사리에 어두움.

⚠ 부수를 '豕'로 혼동하지 말 것!

158 茂 무성할 무 · 부수: 艸(⺾), 총 9획
- 茂林(무림): 나무가 울창하게 우거진 숲
- 茂盛(무성): 풀이나 나무 따위가 자라서 우거져 있음. cf. 無聲(무성): 소리가 없음. 또는 소리를 내지 않음.
- 茂才(무재): 수재. 뛰어난 재주

[활용] 榮茂(영무) 번화하고 무성함.

⚠ 모양이 비슷한 '戊(천간 무/3)'와 구별할 것!

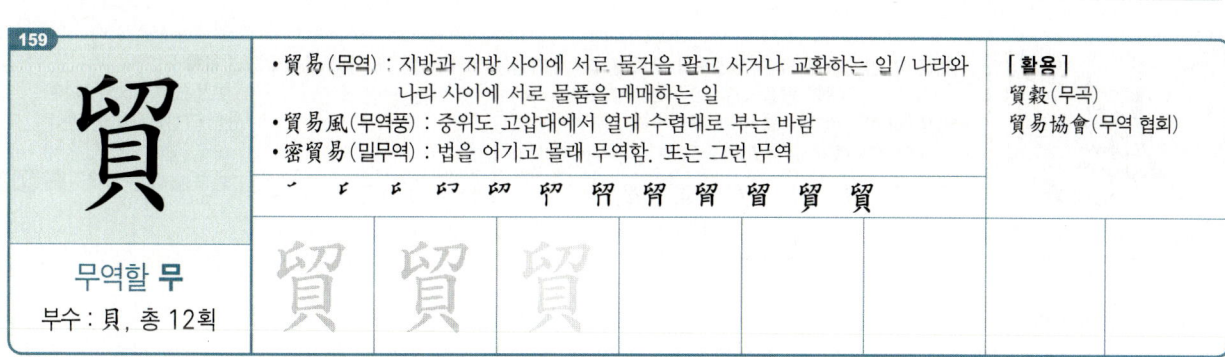

159 貿 무역할 무 · 부수: 貝, 총 12획
- 貿易(무역): 지방과 지방 사이에 서로 물건을 팔고 사거나 교환하는 일 / 나라와 나라 사이에 서로 물품을 매매하는 일
- 貿易風(무역풍): 중위도 고압대에서 열대 수렴대로 부는 바람
- 密貿易(밀무역): 법을 어기고 몰래 무역함. 또는 그런 무역

[활용] 貿穀(무곡) 貿易協會(무역협회)

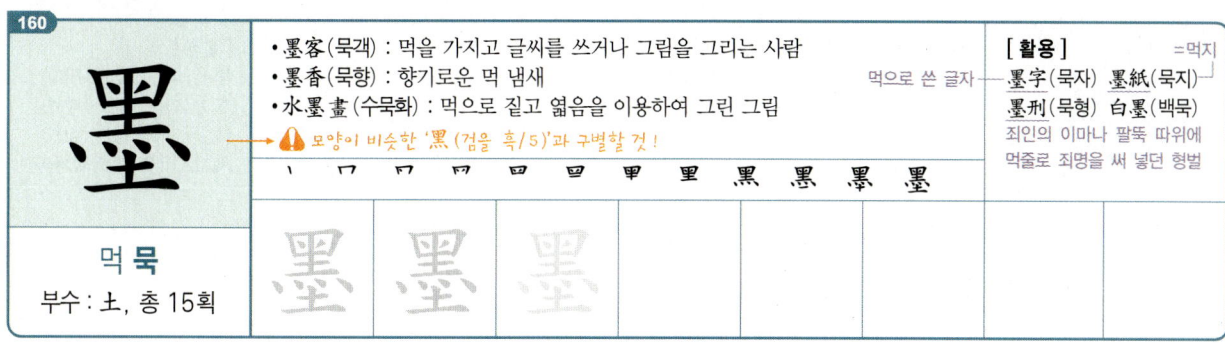

160 墨 먹 묵 · 부수: 土, 총 15획
- 墨客(묵객): 먹을 가지고 글씨를 쓰거나 그림을 그리는 사람
- 墨香(묵향): 향기로운 먹 냄새
- 水墨畫(수묵화): 먹으로 짙고 엷음을 이용하여 그린 그림

[활용] =먹지 먹으로 쓴 글자 墨字(묵자) 墨紙(묵지) 墨刑(묵형) 白墨(백묵) 죄인의 이마나 팔뚝 따위에 먹줄로 죄명을 써 넣던 형벌

⚠ 모양이 비슷한 '黑(검을 흑/5)'과 구별할 것!

3급Ⅱ 배정 한자 ④

한자의 훈과 음을 생각하며, 순서에 따라 써 보세요.

161 默 (잠잠할 묵)
부수: 黑, 총 16획

- 默過(묵과): 잘못을 알고도 모르는 체하고 그대로 넘김.
- 默認(묵인): 모르는 체하고 하려는 대로 내버려 둠으로써 슬며시 인정함.
- 沈默(침묵): 아무 말도 없이 잠잠히 있음. 또는 그런 상태

말 없는 가운데 뜻이 서로 맞음. 또는 그렇게 하여 성립된 약속

[활용]
- 默契(묵계) 默念(묵념)
- 默禮(묵례) 默殺(묵살)
- 默想(묵상) 寡默(과묵)
- 默默不答(묵묵부답)

잠자코 아무 대답도 하지 않음.

필순: 丶 口 曰 日 甲 里 黑 黑 黙 默 默

162 紋 (무늬 문)
부수: 糸, 총 10획

- 細紋(세문): 가늘고 잔 무늬
- 指紋(지문): 손가락 끝마디 안쪽에 있는 살갗의 무늬
- 波紋(파문): 수면에 이는 물결 / 어떤 일이 다른 데에 미치는 영향

[활용]   손금
- 紋銀(문은) 家紋(가문)
- 羅紋(나문) 手紋(수문)
- 魚紋(어문) 縱紋(종문)
- 花紋席(화문석) 세로 무늬

필순: 丶 幺 幺 糸 糸 紟 紋 紋

163 勿 (말 물)
부수: 勹, 총 4획

- 勿驚(물경): '놀라지 마라' 또는 '놀랍게도'의 뜻으로 엄청난 것을 말할 때에 미리 내세우는 말
- 勿禁(물금): 관아에서 금한 일을 특별히 허가하여 주던 일
- 勿論(물론): 말할 것도 없음.

[활용]
- 非禮勿視(비례물시)
  예가 아니면 보지 말라.

필순: 丿 勹 勹 勿

말다: 어떤 일이나 행동을 하지 않거나 그만두다.

164 尾 (꼬리 미)
부수: 尸, 총 7획

어떤 일의 맨 마지막. '尾'가 '끝'을 뜻함.

- 尾行(미행): 다른 사람의 행동을 감시하거나 증거를 잡기 위하여 그 사람 몰래 뒤를 밟음. '尾'가 '뒤밟다'를 뜻함. cf. 美行(미행): 아름다운 행동
- 末尾(말미): 어떤 사물의 맨 끄트머리. '尾'가 '끝'을 뜻함.
- 燕尾服(연미복): 검은 모직물로 지은 남자용의 서양식 예복.

[활용]
- 交尾(교미) 大尾(대미)
- 船尾(선미) 首尾(수미)
- 語尾(어미) 後尾(후미)
- 龍頭蛇尾(용두사미) 358쪽 >>>

필순: 丁 ㄱ 尸 尸 尸 尾 尾

165 微 (작을 미)
부수: 彳, 총 13획

'묘하다'를 뜻함.   분간하기 어려울 정도로 아주 작음.

- 微動(미동): 약간 움직임.
- 微妙(미묘): 섬세하고 야릇하여 무엇이라 딱 잘라 말할 수 없음.
- 微溫的(미온적): 태도가 미적지근한. 또는 그런 것 '微'가 '희미하다'를 뜻함.

⚠ 모양이 비슷한 '徵(부를 징/3Ⅱ)'과 구별할 것!

소리 없이 빙긋이 웃음.

[활용]
- 微量(미량) 微微(미미)
- 微分(미분) 微細(미세)
- 微笑(미소) 微賤(미천)
- 機微(기미) 顯微鏡(현미경)

필순: 丿 彳 彳 彳 衤 쏨 쏨 쑁 쑁 微 微 微 微

한자의 훈과 음을 생각하며, 순서에 따라 써 보세요.

166. 薄 — 엷을 박
부수: 艸(艹), 총 17획

이익을 적게 보고 많이 파는 것. '薄'이 '적다'를 뜻함.

- 薄氷(박빙) : 살얼음 / 근소한 차이를 비유적으로 이르는 말   예) 薄氷의 승부
- 刻薄(각박) : 모질고 박정함.   '薄'이 '박하다(인정이 없음)'를 뜻함.
- 輕薄(경박) : 사람이 진중하지 못하고 가벼움.

⚠ 모양이 비슷한 '簿(문서 부/3Ⅱ)'와 구별할 것!

[활용]
- 薄待(박대)   薄福(박복)
- 薄色(박색)   薄弱(박약)
- 薄情(박정)   野薄(야박) — 인정이 박함.
- 薄利多賣(박리다매)

필순: 艹 艹 艹 艹 艹 薄 薄 蒲 蒲 蓮 薄 薄

167. 迫 — 핍박할 박
부수: 辵(辶), 총 9획

기일이나 시기가 가까이 닥쳐옴. 예) 개봉 迫頭

- 壓迫(압박) : 강한 힘으로 내리누름.
- 促迫(촉박) : 기한이 바싹 닥쳐와서 가까움.
- 緊迫感(긴박감) : 매우 다급하고 절박한 느낌
  └ 핍박하다 : 형세가 절박함. / 바싹 죄어서 몹시 괴롭게 굶.

못살게 굴어서 해롭게 함.

[활용]
- 迫頭(박두)   迫眞(박진)
- 迫害(박해)   急迫(급박)
- 臨迫(임박)   脅迫(협박)
- 強迫觀念(강박 관념)

필순: ′ 亻 白 白 白 泊 迫 迫

168. 般 — 가지·일반 반
부수: 舟, 총 10획

⚠ 모양이 비슷한 '船(배 선/5)'과 구별할 것!

신나게 놀면서 마음껏 즐김. '般'이 '즐기다'를 뜻함.

- 一般(일반) : 한모양이나 마찬가지의 상태 / 특별하지 아니하고 평범한 수준
- 全般(전반) : 어떤 일이나 부문에 대하여 그것에 관계되는 전체. 또는 통틀어서 모두
- 諸般(제반) : 어떤 것과 관련된 모든 것

⚠ '반약심경'으로 읽지 말 것!

[활용]
- 般樂(반락)   今般(금반)
- 般若心經(반야심경)
- 彼此一般(피차일반)
- 364쪽 >>>

필순: ′ 亻 月 月 月 舟 舟 舟 般 般

169. 盤 — 소반 반
부수: 皿, 총 15획

'큰돌'을 뜻함.

- 盤石(반석) : 넓고 평평한 큰 돌
- 基盤(기반) : 기초가 되는 바탕. 또는 사물의 토대
- 地盤(지반) : 땅의 표면 / 일을 이루는 기초나 근거가 될 만한 바탕
  └ '바닥(기초가 되는 바탕)'을 뜻함.

꼬불꼬불하게 얽힘. '盤'이 '굽다'를 뜻함.
자그마한 밥상

[활용]
- 盤曲(반곡)   骨盤(골반)
- 小盤(소반)   巖盤(암반)
- 圓盤(원반)   音盤(음반)
- 終盤(종반)   初盤(초반)

필순: ′ 亻 月 月 月 舟 舟 舟 般 般 般 盤 盤

⚠ 부수를 '舟'로 혼동하지 말 것!

170. 飯 — 밥 반
부수: 食(飠), 총 13획

- 飯店(반점) : 중국 음식을 파는 대중적인 음식점
- 白飯(백반) : 흰밥 / 음식점에서 흰밥에 국과 몇 가지 반찬을 끼워 파는 한 상의 음식
- 茶飯事(다반사) : 항상 있어서 이상하거나 신통할 것이 없는 일

⚠ '차반사'로 읽지 말 것!
⚠ 모양이 비슷한 '飮(마실 음/6)'과 구별할 것!

[활용]
- 飯酒(반주)   朝飯(조반)
- 飯床器(반상기)

필순: ノ 人 亼 亼 今 今 飠 飠 飠 飠 飯 飯

Ⅱ 읽기 배정 한자 익히기

3급Ⅱ 배정 한자 ❹ 175

3급Ⅱ 배정 한자 ④

한자의 훈과 음을 생각하며, 순서에 따라 써 보세요.

171 拔 — '빼어나다'를 뜻함.
- 拔群(발군) : 여럿 가운데에서 특별히 뛰어남.
- 選拔(선발) : 많은 가운데서 골라 뽑음.
- 海拔(해발) : 해면(海面)으로부터 계산하여 잰 육지나 산의 높이

물건이나 글 가운데서 뽑아냄.

[활용]
拔取(발취) 奇拔(기발)
拔山蓋世(발산개세)
힘은 산을 뽑을 만큼 매우 세고, 기개는 세상을 덮을 만큼 웅대함을 이르는 말
拔本塞源(발본색원)
353쪽 >>>

一 † 扌 扌 扩 扐 拔 拔

뽑을 **발**
부수 : 手(扌), 총 8획

172 芳
- 芳年(방년) : 이십 세 전후의 한창 젊은 꽃다운 나이
- 芳草(방초) : 향기롭고 꽃다운 풀
- 芳香(방향) : 꽃다운 향기

푸르게 우거진 나무와 향기로운 풀이라는 뜻으로, 여름철의 자연경관을 이르는 말

[활용]
芳名錄(방명록)
綠陰芳草(녹음방초)
流芳百世(유방백세)
꽃다운 이름이 후세에 길이 전함.

一 † †† ++ ++ 艹 芕 芳 芳

꽃다울 **방**
부수 : 艸(艹), 총 8획

173 培
- 培養(배양) : 식물을 북돋아 기름. / 인격, 역량, 사상 따위가 발전하도록 가르치고 키움.
- 栽培(재배) : 식물을 가꾸어 기름.

⚠ 모양이 비슷한 '倍(곱 배/5)'와 구별할 것!

[활용]
淸淨栽培(청정 재배)
水耕栽培(수경 재배)

一 † 土 圵 圵 圵 培 培 培 培 培

북돋울 **배**
부수 : 土, 총 11획

174 排
- 排擊(배격) : 어떤 사상, 의견, 물건 따위를 물리침.
- 排除(배제) : 받아들이지 아니하고 물리쳐 제외함.
- 排他的(배타적) : 남을 배척하는. 또는 그런 것

⚠ '배편'으로 읽지 말 것! 대변을 몸 밖으로 내보냄.

안에서 밖으로 밀어 내보냄.
머리를 써서 일을 조리 있게 계획함. 예) 排布가 두둑하다.

[활용]
排球(배구) 排氣(배기)
排卵(배란) 排便(배변)
排出(배출) 排布(배포)
排水口(배수구)

一 † 扌 扌 扌 扌 扌 扌 扌 排 排 排

밀칠 **배**
부수 : 手(扌), 총 11획

인재(人材)가 계속하여 나옴. cf.排出(배출)

175 輩
- 同年輩(동년배) : 나이가 같은 또래인 사람
- 不良輩(불량배) : 행실이나 성품이 나쁜 사람들의 무리
- 先後輩(선후배) : 선배와 후배를 아울러 이르는 말

온갖 수단과 방법으로 자신의 이익만을 꾀하는 사람. 또는 그런 무리

[활용]
輩出(배출) 輩行(배행)
徒輩(도배) 雜輩(잡배)
謀利輩(모리배)
暴力輩(폭력배)

丨 ⺈ 키 非 非 非 非 輩 輩 輩

무리 **배**
부수 : 車, 총 15획

한자의 훈과 음을 생각하며, 순서에 따라 써 보세요.

176 伯

- 伯父(백부) : 큰아버지
- 伯兄(백형) : 맏형
- 伯仲(백중) : 맏이와 둘째를 아울러 이르는 말

[활용]
伯母(백모) 伯氏(백씨)
方伯(방백) 畫伯(화백)
伯仲之勢(백중지세)
354쪽 >>>

'화가(畫家)'를 높여 이르는 말

맏 백
부수 : 人(亻), 총 7획

필순: ノ 亻 亻' 亻' 伯 伯 伯

177 繁

- 繁盛(번성) : 한창 성하게 일어나 퍼짐.
- 繁榮(번영) : 번성하고 영화롭게 됨.
- 繁華街(번화가) : 번성하여 화려한 거리

⚠ 모양이 비슷한 '繫(맬 계/3)'와 구별할 것!

[활용]
繁雜(번잡) 繁昌(번창)
農繁期(농번기)
↔ 農閑期(농한기)

번성할 번
부수 : 糸, 총 17획

178 凡

- 凡夫(범부) : 평범한 사내
- 凡常(범상) : 대수롭지 않고 예사로움.
- 非凡(비범) : 보통 수준보다 훨씬 뛰어남.

'凡'이 '범상하다(중요하게 여길 만하지 않고 예사롭다)'를 뜻함.

[활용]
凡例(범례) 凡失(범실)
凡人(범인) 大凡(대범)
凡百事(범백사)
禮儀凡節(예의범절)

평범한 실책

갖가지의 모든 일

무릇 범
부수 : 几, 총 3획

대체로 헤아려 생각하건대

179 碧

- 碧眼(벽안) : 눈동자가 파란 눈 / 서양 사람을 이르는 말
- 碧天(벽천) : 푸른 하늘
- 碧溪水(벽계수) : 물빛이 맑아 푸르게 보이는 시냇물

⚠ 모양이 비슷한 '壁(벽 벽/4Ⅱ)'과 구별할 것!

[활용]
碧空(벽공) 碧海(벽해)
桑田碧海(상전벽해)
355쪽 >>>

푸를 벽
부수 : 石, 총 14획

180 丙

밤 11시에서 새벽 1시 사이 — 하룻밤을 다섯으로 나눈 이름

- 丙夜(병야) : 삼경(三更)을 오야(五夜)의 하나로 이르는 말
- 丙坐(병좌) : 풍수지리에서, 집터나 묏자리가 병방(丙方)을 등진 좌향(坐向)
- 丙子胡亂(병자호란) : 조선 인조 14년(1636)에 청나라가 침입한 난리

'셋째천간'을 뜻함.

[활용]
丙時(병시)

남녘 병
부수 : 一, 총 5획

3급Ⅱ 배정 한자 ④

한자의 훈과 음을 생각하며, 순서에 따라 써 보세요.

181 補
기울 보 — 부수: 衣(衤), 총 12획

결원이 생겼을 때 그 빈자리를 채움.

- 補強(보강) : 보태거나 채워서 본디보다 더 튼튼하게 함.
- 補修(보수) : 낡은 것을 보충하여 수리함.
- 補完(보완) : 모자라거나 부족한 것을 보충하여 완전하게 함.

보충하여 뽑음. / '보궐 선거'를 줄여 이르는 말

[활용]
補講(보강) 補缺(보결)
補給(보급) 補償(보상)
補選(보선) 補藥(보약)
補充(보충) 候補(후보)

필순: ` ㄱ ㅓ ㅓ ㅓ ㅓ 衤 衤 衤 衤 補 補

⚠ 부수를 '示(보일 시)'로 혼동하지 말 것!

182 譜
족보 보 — 부수: 言, 총 19획

- 系譜(계보) : 조상 때부터 내려오는 혈통과 집안의 역사를 적은 책
- 族譜(족보) : 한 가문의 계통과 혈통 관계를 적어 기록한 책
- 樂譜(악보) : 음악의 곡조를 일정한 기호를 써서 기록한 것 ⚠ '낙보'로 읽지 말 것!

⚠ 모양이 비슷한 '普(넓을 보/4)'와 구별할 것!

[활용]
譜表(보표) 年譜(연보)

183 腹
배 복 — 부수: 肉(月), 총 13획

⚠ 모양이 비슷한 '復(회복할 복, 다시 부/4Ⅱ)', '複(겹칠 복/4)'과 구별할 것!

- 腹痛(복통) : 복부에 일어나는 통증을 통틀어 이르는 말
- 腹案(복안) : 마음속에 간직하고 아직 겉으로 드러내지 아니한 생각
- 心腹(심복) : 가슴과 배 / 썩 긴하여 없어서는 안 될 사물 / 마음 놓고 부리거나 일을 맡길 수 있는 사람

'마음'을 뜻함.

[활용]
배를 가름.
腹部(복부) 空腹(공복)
異腹(이복) 割腹(할복)
遺腹子(유복자)
面從腹背(면종복배) 352쪽 >>>

184 覆
덮을 부, 다시 복 — 부수: 襾(覀), 총 18획

⚠ '覆'이 '덮다'를 뜻하지만 '복'으로 읽어야 함('덮을 부'의 경우 한자의 음이 바뀌어 일부 경우에만 '부'가 남아 있고 나머지는 모두 '복'으로 바뀜.)

- 覆蓋(복개) : 덮개 또는 뚜껑 / 하천에 덮개 구조물을 씌워 겉으로 보이지 않도록 함.
- 覆面(복면) : 얼굴을 알아보지 못하도록 얼굴 전부 또는 일부를 헝겊 따위로 싸서 가림. 또는 그러는 데에 쓰는 수건이나 보자기와 같은 물건
- 天覆(천부) : 넓은 하늘이 덮은 그 아래 / 하늘이 넓게 덮이듯이 널리 미침.

[활용]
覆育(부육) 覆載(부재)
천지가 만물을 덮어 기름.

185 封
봉할 봉 — 부수: 寸, 총 9획

단단히 붙여 꼭 봉함. 굳게 막아버리거나 잠금.

- 封印(봉인) : 밀봉(密封)한 자리에 도장을 찍음. 또는 그렇게 찍힌 도장
- 開封(개봉) : 봉하여 두었던 것을 떼거나 엶.
- 同封(동봉) : 두 가지 이상을 같은 곳에 넣거나 싸서 봉함.

겉봉을 봉한 편지

[활용]
封書(봉서) 封鎖(봉쇄)
封紙(봉지) 封窓(봉창)
封合(봉합) 密封(밀봉)
金一封(금일봉)

봉하다 : 열지 못하게 꼭 붙이거나 싸서 막다. / 천자가 영지를 주어 제후로 삼다.

한자의 훈과 음을 생각하며, 순서에 따라 써 보세요.

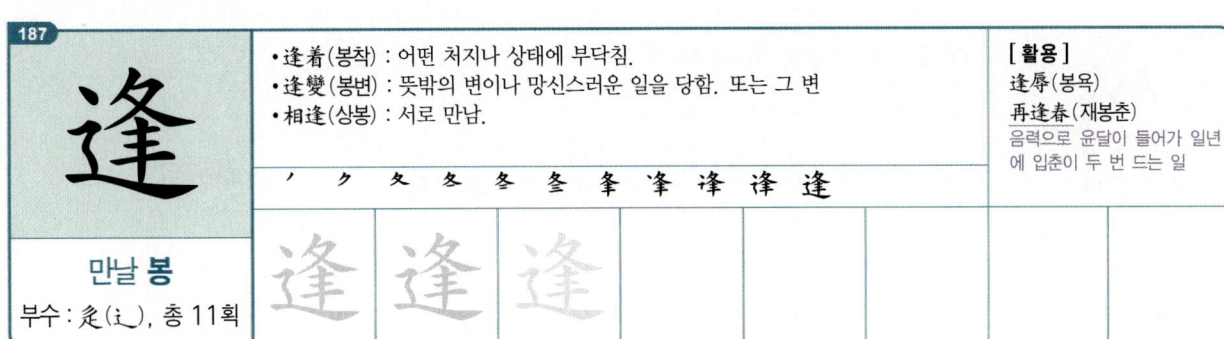

186 **峯** 봉우리 **봉**
부수: 山, 총 10획

- 雲峯(운봉): 산봉우리처럼 뭉게뭉게 피어오른 구름 / 구름이 떠도는 산봉우리
- 主峯(주봉): 최고봉
- 最高峯(최고봉): 어느 지방이나 산맥 가운데 가장 높은 봉우리

[활용]
雪峯(설봉) 靈峯(영봉)
신령스러운 산봉우리

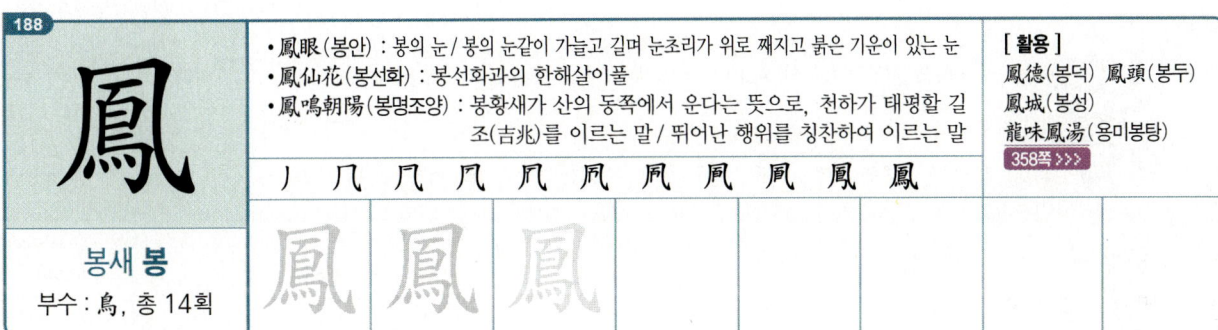

187 **逢** 만날 **봉**
부수: 辵(辶), 총 11획

- 逢着(봉착): 어떤 처지나 상태에 부닥침.
- 逢變(봉변): 뜻밖의 변이나 망신스러운 일을 당함. 또는 그 변
- 相逢(상봉): 서로 만남.

[활용]
逢辱(봉욕)
再逢春(재봉춘)
음력으로 윤달이 들어가 일년에 입춘이 두 번 드는 일

188 **鳳** 봉새 **봉**
부수: 鳥, 총 14획

- 鳳眼(봉안): 봉의 눈 / 봉의 눈같이 가늘고 길며 눈초리가 위로 째지고 붉은 기운이 있는 눈
- 鳳仙花(봉선화): 봉선화과의 한해살이풀
- 鳳鳴朝陽(봉명조양): 봉황새가 산의 동쪽에서 운다는 뜻으로, 천하가 태평할 길조(吉兆)를 이르는 말 / 뛰어난 행위를 칭찬하여 이르는 말

[활용]
鳳德(봉덕) 鳳頭(봉두)
鳳城(봉성)
龍味鳳湯(용미봉탕)
358쪽 >>>

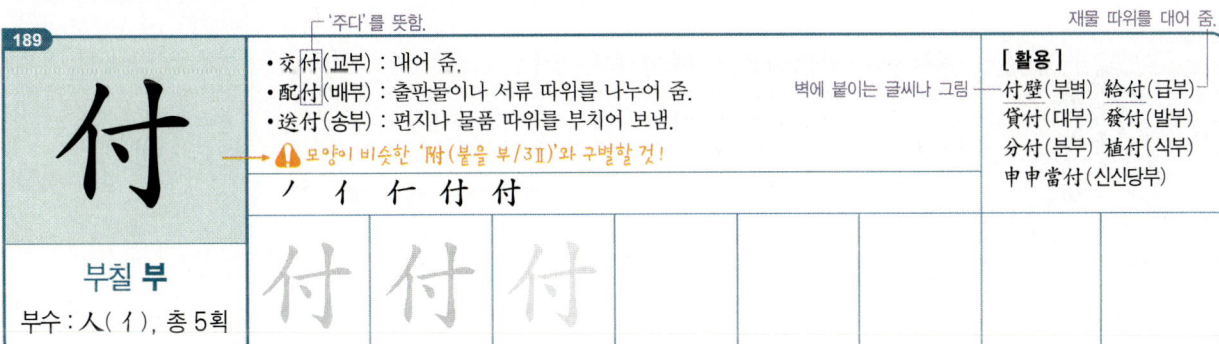

189 **付** 부칠 **부**
부수: 人(亻), 총 5획

'주다'를 뜻함.

- 交付(교부): 내어 줌.
- 配付(배부): 출판물이나 서류 따위를 나누어 줌.
- 送付(송부): 편지나 물품 따위를 부치어 보냄.

⚠ 모양이 비슷한 '附(붙을 부/3Ⅱ)'와 구별할 것!

벽에 붙이는 글씨나 그림

[활용]
付壁(부벽) 給付(급부)
貸付(대부) 發付(발부)
分付(분부) 植付(식부)
申申當付(신신당부)

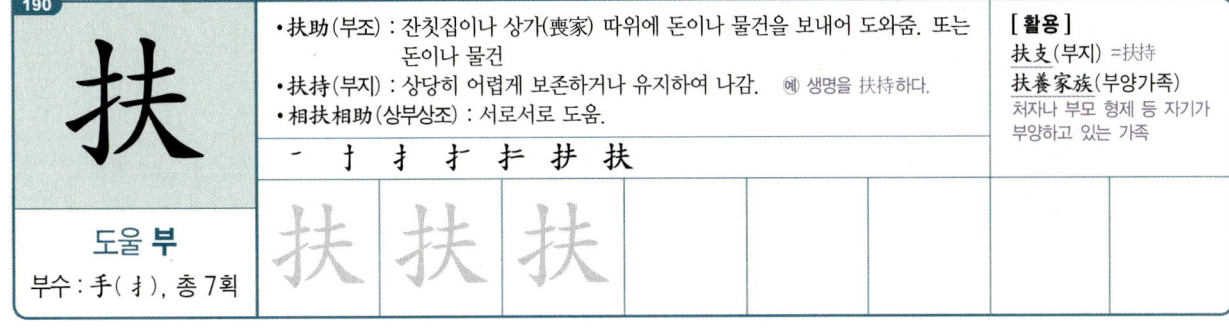

190 **扶** 도울 **부**
부수: 手(扌), 총 7획

- 扶助(부조): 잔칫집이나 상가(喪家) 따위에 돈이나 물건을 보내어 도와줌. 또는 돈이나 물건
- 扶持(부지): 상당히 어렵게 보존하거나 유지하여 나감. 예 생명을 扶持하다.
- 相扶相助(상부상조): 서로서로 도움.

[활용]
扶支(부지) =扶持
扶養家族(부양가족)
처나 부모 형제 등 자기가 부양하고 있는 가족

3급Ⅱ 배정 한자 ④

한자의 훈과 음을 생각하며, 순서에 따라 써 보세요.

191 浮 (뜰 부)
부수: 水(氵), 총 10획

하늘에 떠다니는 구름 / 덧없는 세상일을 비유적으로 이르는 말

- 浮動(부동) : 물이나 공기 중에 떠서 움직임. / 고정되어 있지 않고 움직임.
- 浮力(부력) : 기체나 액체 속에 있는 물체가 그 물체에 작용하는 압력에 의하여 중력(重力)에 반하여 위로 뜨려는 힘
- 浮流(부류) : 떠서 흐름.

어떤 사물을 특정지어서 두드러지게 함.

[활용]
- 浮刻(부각) 浮氣(부기)
- 浮薄(부박) 浮上(부상)
- 浮生(부생) 浮雲(부운)
- 浮沈(부침) 浮黃(부황)

필순: 丶 丶 氵 氵 沙 浮 浮 浮 浮

192 符 (부호 부)
부수: 竹(⺮), 총 11획

주로 사신들이 가지고 다녔으며 둘로 갈라서 하나는 조정에 보관하고 하나는 본인이 가지고 다녔음.

- 符節(부절) : 예전에, 돌이나 대나무·옥 따위로 만들어 신표로 삼던 물건
- 符號(부호) : 일정한 뜻을 나타내기 위하여 따로 정하여 쓰는 기호
- 終止符(종지부) : 마침표

終止符를 찍다. : 어떤 일이 끝장이 나거나 끝장을 내다.

[활용]
- 符書(부서) 符信(부신)
- 符合(부합)
- 名實相符(명실상부)
- 352쪽 >>>

193 簿 (문서 부)
부수: 竹(⺮), 총 19획

고쳐 만들거나 베끼기 전의 본디 장부

- 名簿(명부) : 어떤 일에 관련된 사람의 이름, 주소, 직업 따위를 적어 놓은 장부
- 帳簿(장부) : 물건의 출납이나 돈의 수지(收支) 계산을 적어 두는 책
- 出席簿(출석부) : 출석 상황을 적는 장부

수입과 지출

⚠ 모양이 비슷한 '薄(엷을 박/3Ⅱ)'과 구별할 것!

[활용]
- 簿記(부기) 原簿(원부)
- 主簿(주부)
- 家計簿(가계부)
- 學籍簿(학적부)

194 腐 (썩을 부)
부수: 肉, 총 14획

콩으로 만든 식품의 하나. '腐'가 '두부'를 뜻함.

- 腐心(부심) : 근심, 걱정으로 마음이 썩음.
- 腐敗(부패) : 정치, 사상, 의식 따위가 타락함. / 미생물이 작용하여 질소를 품고 있는 단백질이나 지방 따위의 유기물이 분해되는 과정
- 陳腐(진부) : 사상, 표현, 행동 따위가 낡아서 새롭지 못함.

'腐'가 '묵다'를 뜻함.

[활용]
- 腐植(부식) 豆腐(두부)
- 腐葉土(부엽토)
- 不正腐敗(부정부패)
- 切齒腐心(절치부심)
- 361쪽 >>>

195 賦 (부세 부)
부수: 貝, 총 15획

나누어 줌.

- 賦課(부과) : 세금이나 부담금 따위를 매기어 부담하게 함.
- 賦金(부금) : 부과금. 일정한 기간마다 내거나 받는 돈
- 賦役(부역) : 국가나 공공 단체가 특정한 공익 사업을 위하여 보수 없이 국민에게 의무적으로 책임을 지우는 노역

[활용]
- 賦與(부여) 月賦(월부)
- 割賦(할부) 雜賦金(잡부금)
- 赤壁賦(적벽부)
- 天賦的(천부적)
- '주다'를 뜻함.

- 부세(賦稅) : 세금을 매겨서 부과하는 일

한자의 훈과 음을 생각하며, 순서에 따라 써 보세요.

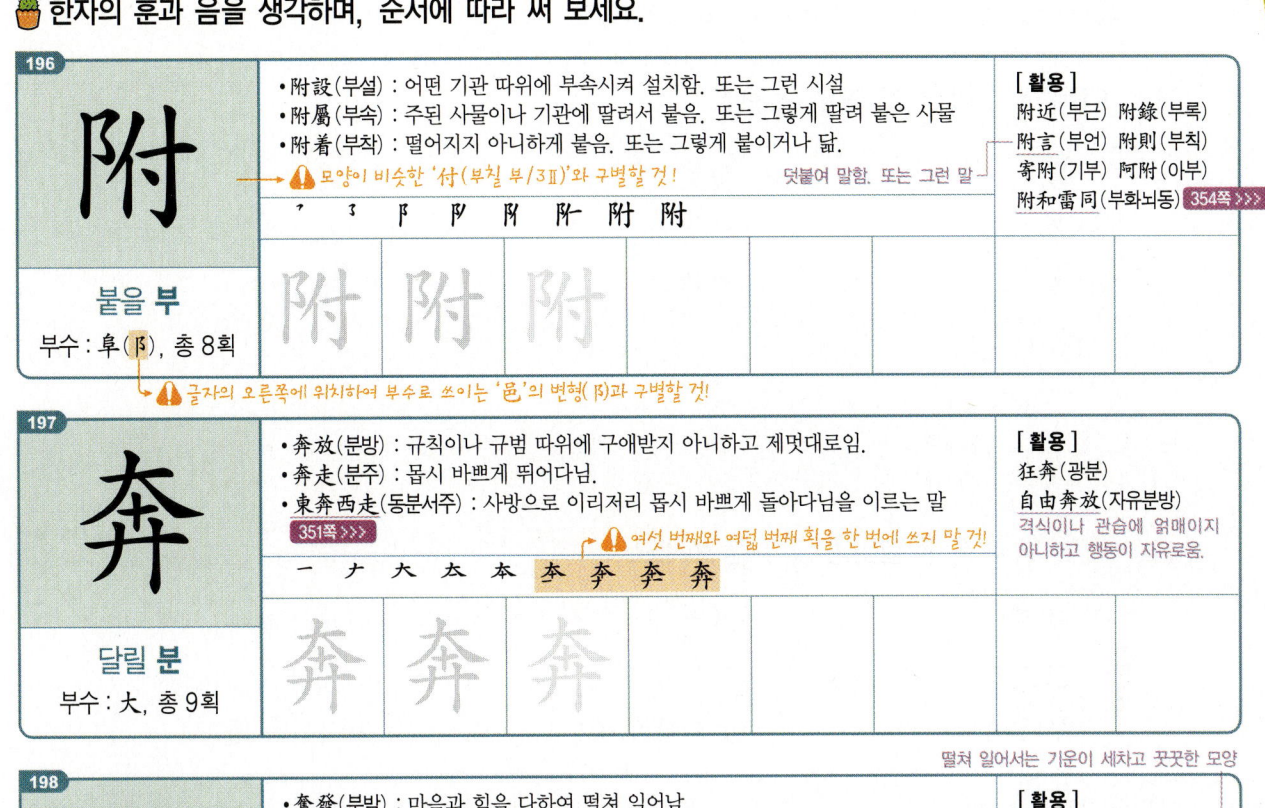

196. 附 붙을 부
부수: 阜(阝), 총 8획

- 附設(부설): 어떤 기관 따위에 부속시켜 설치함. 또는 그런 시설
- 附屬(부속): 주된 사물이나 기관에 딸려서 붙음. 또는 그렇게 딸려 붙은 사물
- 附着(부착): 떨어지지 아니하게 붙음. 또는 그렇게 붙이거나 닮.

⚠ 모양이 비슷한 '付(부칠 부/3Ⅱ)'와 구별할 것!

[활용] 附近(부근) 附錄(부록) 附言(부언) 附則(부칙) 寄附(기부) 阿附(아부) 附和雷同(부화뇌동) 354쪽 >>>

덧붙여 말함. 또는 그런 말

⚠ 글자의 오른쪽에 위치하여 부수로 쓰이는 '邑'의 변형(阝)과 구별할 것!

197. 奔 달릴 분
부수: 大, 총 9획

- 奔放(분방): 규칙이나 규범 따위에 구애받지 아니하고 제멋대로임.
- 奔走(분주): 몹시 바쁘게 뛰어다님.
- 東奔西走(동분서주): 사방으로 이리저리 몹시 바쁘게 돌아다님을 이르는 말 351쪽 >>>

⚠ 여섯 번째와 여덟 번째 획을 한 번에 쓰지 말 것!

[활용] 狂奔(광분) 自由奔放(자유분방)

격식이나 관습에 얽매이지 아니하고 행동이 자유로움.

198. 奮 떨칠 분
부수: 大, 총 16획

떨쳐 일어서는 기운이 세차고 꿋꿋한 모양

- 奮發(분발): 마음과 힘을 다하여 떨쳐 일어남.
- 激奮(격분): 몹시 흥분함. '奮'이 '격분하다'를 뜻함.
- 孤軍奮鬪(고군분투): 외로이 떨어져 있는 군사가 많은 수의 적군과 용감하게 잘 싸움. 347쪽 >>>

[활용] 奮起(분기) 奮然(분연) 奮戰(분전) 發奮(발분) 興奮(흥분) = 奮發

199. 紛 어지러울 분
부수: 糸, 총 10획

⚠ 모양이 비슷한 '粉(가루 분/4)'과 구별할 것!

- 紛亂(분란): 어수선하고 소란스러움.
- 紛紛(분분): 떠들썩하고 뒤숭숭함. / 여럿이 한데 뒤섞여 어수선함. / 소문, 의견 따위가 많아 갈피를 잡을 수 없음.
- 紛爭(분쟁): 말썽을 일으키어 시끄럽고 복잡하게 다툼.

[활용] 紛失(분실) 內紛(내분)

자기도 모르는 사이에 물건 따위를 잃어버림.

200. 拂 떨칠 불
약자는 払. 417쪽 >>>
부수: 手(扌), 총 8획

국가 또는 공공 단체의 재산을 개인에게 팔아넘기는 일

- 未拂(미불): 아직 지급하지 않음.
- 完拂(완불): 남김없이 완전히 지불함.
- 還拂(환불): 이미 지불한 돈을 되돌려 줌.

마음에 거슬림. '拂'이 '거스르다'를 뜻함.

⚠ 모양이 비슷한 '佛(부처 불/4Ⅱ)'과 구별할 것!

⚠ 여섯 번째 획을 주의하여 쓸 것!

[활용] 拂逆(불역) 拂下(불하) 假拂(가불) 過拂(과불) 先拂(선불) 支拂(지불) 後拂(후불) 一時拂(일시불)

3급Ⅱ 배정 한자 ④ 181

풀면서 익히기

1_ 다음 漢字의 訓과 音을 쓰세요.

(1) 鳳 (   )　　(2) 腐 (   )　　(3) 簿 (   )
(4) 慕 (   )　　(5) 附 (   )　　(6) 紋 (   )
(7) 芳 (   )　　(8) 紛 (   )　　(9) 蒙 (   )

2_ 다음 訓과 音에 알맞은 漢字를 쓰세요.

(1) 맏 백　 (   )　　(2) 뜰 부　 (   )　　(3) 봉할 봉　(   )
(4) 엷을 박　(   )　　(5) 부칠 부　(   )　　(6) 떨칠 불　(   )
(7) 무역할 무(   )　　(8) 화목할 목(   )　　(9) 북돋울 배(   )

3_ 다음 漢字語의 讀音을 쓰세요.

(1) 排擊 (   )　　(2) 壓迫 (   )　　(3) 非凡 (   )
(4) 全般 (   )　　(5) 謀略 (   )　　(6) 覆蓋 (   )
(7) 逢着 (   )　　(8) 雲峯 (   )　　(9) 指紋 (   )
(10) 外貌 (   )　　(11) 賦課 (   )　　(12) 符號 (   )
(13) 族譜 (   )　　(14) 夢想 (   )　　(15) 碧眼 (   )

4_ 다음 문장에서 밑줄 친 漢字語를 漢字로 쓰세요.

(1) 남북 관계의 개선을 위한 <u>기반</u>이 마련되어야 한다.　　　　　　(   )
(2) 올해 새로 <u>보강</u>한 타자가 팀에 큰 도움이 되고 있다.　　　　　(   )
(3) 그들은 학교 <u>선후배</u> 사이로 친형제처럼 지내고 있다.　　　　　(   )
(4) 박 노인은 무릎을 꿇고 가족의 건강과 사업의 <u>번성</u>을 빌었다.　(   )

실제 시험에서는 2, 4, 5, 7번과 같이 읽기 배정 한자를 쓰는 문제는 출제되지 않으나, 보다 확실한 학습을 위해 쓰기 문제로 구성하였습니다.

5_ 다음 ( ) 안에 알맞은 漢字를 써 넣어 漢字語(四字成語)를 完成하세요.

(1) 相(　　　)相助 : 서로서로 도움.
(2) 東(　　　)西走 : 사방으로 이리저리 몹시 바쁘게 돌아다님.
(3) (　　　)子胡亂 : 조선 인조 14년(1636)에 청나라가 침입한 난리
(4) 孤軍(　　　)鬪 : 외로이 떨어져 있는 군사가 많은 수의 적군과 용감하게 잘 싸움.

6_ 다음 漢字의 部首를 쓰세요.

(1) 默 → (　　　)　　(2) 勿 → (　　　)　　(3) 飯 → (　　　)
(4) 墨 → (　　　)　　(5) 簿 → (　　　)　　(6) 腹 → (　　　)

7_ 다음 漢字語의 同音異義語를 漢字로 쓰되, 제시된 뜻을 가진 漢字語를 쓰세요.

(1) 無聲 - (　　　) : 풀이나 나무 따위가 자라서 우거져 있음.
(2) 美行 - (　　　) : 다른 사람의 행동을 감시하거나 증거를 잡기 위하여 그 사람 몰래 뒤를 밟음.

8_ 다음 漢字語의 뜻을 쓰세요.

(1) 相逢 (　　　　　　　　　　　)
(2) 微動 (　　　　　　　　　　　)
(3) 沒入 (　　　　　　　　　　　)
(4) 拔群 (　　　　　　　　　　　)

죽어서 한 복수

정지상은 고려 시대 12시인(詩人)의 한 사람으로, 다섯 살 때 강 위에 떠 있는 해오라기를 보고 '何人將白筆 乙字寫江波(하인장백필 을자사강파 : 어느 누가 흰 붓을 가지고 乙자를 강물에 썼는고)'라는 시를 지었다는 이야기가 전해져 올만큼 뛰어난 시인이었다. 그런 정지상에 대해 '백운소설(白雲小說)'에는 다음과 같은 이야기가 실려 있다.

_{고려 시대에 백운거사(白雲居士) 이규보(李奎報)가 지은 시화집(詩話集)}

하루는 정지상이 다음과 같이 시를 지었다.

琳宮梵語罷(임궁범어파)　　절에 염불 소리 끝나니
天色淨琉璃(천색정유리)　　하늘빛은 유리처럼 맑네.

김부식은 이 시를 읽고 너무 탐이 난 나머지 자기가 지은 것으로 하자고 사정하였으나 정지상은 이를 단호히 거절하였다. 김부식은 이에 앙심을 품고 있다가 '묘청의 난'이 일어나자 관련되긴 했지만 처형될 정도의 중죄인은 아니었던 정지상을 가장 먼저 죽였다.

〈당대 시(詩)와 문(文)에서 쌍벽(雙壁)을 이루던 정지상과 김부식은 정치적으로도 크게 대립하였다. 당시에는 '칭제건원(稱帝建元 : 고려 인종 때 왕을 황제라 칭하고, 연호도 제정

하여 쓰자고 하는 주장'과 '서경천도〔西京遷都 : 수도를 개경(開京 : 개성)에서 서경 (西京 : 평양)으로 옮기자는 주장〕'가 강하게 일었는데, 이때 정지상은 묘청과 함께 서경 천도를 주장하고, 문벌 귀족의 중심 세력이었던 김부식은 이를 강력히 반대하며 정지상과 첨예하게 대립하고 있었다. 그러던 중 서경천도가 실패로 돌아가자 묘청과 그의 무리들이 '묘청의 난'을 일으켰는데, 이 반란은 결국 김부식에 의해 진압되었다. 김부식은 반란군 토벌에 앞서 묘청 일파인 정지상을 누구보다 먼저 처형한 후 출정에 임했다고 한다.〉

정지상이 죽고 나서 얼마 후, 길을 가던 김부식은 무르익은 봄 풍경을 보고서 다음과 같은 시를 지어 읊었다.

　　　　　柳色千絲綠(유색천사록)　　버들빛은 천 가지마다 푸르르고
　　　　　桃花萬點紅(도화만점홍)　　복숭아꽃은 만 송이가 붉네.

김부식은 스스로 아주 잘 지은 시라고 만족하며 계속 그 시구를 되풀이하여 읊었는데, 이때 갑자기 허공에서 죽어 귀신이 된 정지상이 나타나 김부식의 뺨을 사정없이 치면서 다음과 같이 말했다.

"이놈아! 누가 일일이 버들가지가 천 가지이고 복숭아꽃이 만 송이인지 세어 보았느냐? 네 시는 시가 아니니 이렇게 고쳐라."

　　　　　柳色絲絲綠(유색사사록)　　버들빛은 가지마다 푸르르고
　　　　　桃花點點紅(도화점점홍)　　복숭아꽃은 송이마다 붉네.

귀신이 된 정지상이 김부식의 시에서 '천사록(千絲綠)'의 '천(千)'을 '사(絲)'로, '만점홍(萬點紅)'의 '만(萬)'을 '점(點)'으로 고친 것이다. 김부식의 시에서 '천사록(千絲綠)'과 '만점홍(萬點紅)'은 숫자 천(千)과 만(萬)의 개념으로 쓴 것이 아니라 수량이 많은 것을 뜻하는 것으로 '버들가지마다 푸르고 복숭아꽃마다 붉다'는 의미로 쓴 것인데, 그것을 모를 리 없는 정지상이 귀신이 되어 나타나 김부식을 혼내 준 것이다.

3급 II 배정한자 ⑤

한자의 훈과 음을 생각하며, 순서에 따라 써 보세요.

201 卑 (낮을 비)
부수: 十, 총 8획

- 卑屈(비굴): 용기나 줏대가 없이 남에게 잘 굽힘.
- 卑俗(비속): 격이 낮고 속됨. 또는 그런 풍속
- 野卑(야비): 성질이나 언행이 상스럽고 더러움.

눈은 높고 마음은 크나 재주가 따르지 못한다는 뜻으로, 이상만 높고 실천이 따르지 못함을 이르는 말

[활용] 卑小(비소) 卑屬(비속) 卑賤(비천) 卑下(비하) 登高自卑(등고자비) 351쪽>>> 眼高手卑(안고수비)

아들 이하의 항렬에 속하는 친족을 통틀어 이르는 말. cf.卑俗

202 妃 (왕비 비)
부수: 女, 총 6획

- 王妃(왕비): 임금의 아내
- 皇妃(황비): 황제의 아내
- 大妃(대비): 선왕(先王)의 후비(后妃)
  선대의 임금 임금의 아내

[활용] 王大妃(왕대비) 살아있는 선왕(先王)의 비

⚠ 부수를 '己'로 혼동하지 말 것!

203 婢 (계집종 비)
부수: 女, 총 11획

- 婢子(비자): 조선 시대에, 별궁·본궁·종친 사이의 문안 편지를 전달하던 여자 종
- 官婢(관비): 예전에, 관가에 속하여 있던 계집종
- 奴婢(노비): 사내종과 계집종을 아울러 이르는 말

[활용] 婢女(비녀) 侍婢(시비) 곁에서 시중을 드는 계집종

204 肥 (살찔 비)
부수: 肉(月), 총 8획

- 肥大(비대): 몸에 살이 쪄서 크고 뚱뚱함.
- 肥料(비료): 경작지에 뿌리는 영양 물질
- 肥滿(비만): 살이 쪄서 몸이 뚱뚱함.

거름주기

[활용] 金肥(금비) 綠肥(녹비) 施肥(시비) 肥肉牛(비육우) 天高馬肥(천고마비) 363쪽>>>

'육달월'임. ⚠ 부수를 '月(달 월)'로 혼동하지 말 것!

205 司 (맡을 사)
부수: 口, 총 5획

- 司書(사서): 서적을 맡아보는 직분
- 司會(사회): 회의나 예식 따위를 진행함.
- 司法府(사법부): 대법원 및 대법원이 관할하는 모든 기관을 통틀어 이르는 말

⚠ 모양이 비슷한 '同(한가지 동/7)'과 구별할 것!

[활용] 司祭(사제) 公司(공사) 上司(상사) 司憲府(사헌부) 司法警察(사법 경찰) 司直當局(사직 당국)

고려·조선 시대에, 정사(政事)를 논의하고 풍속을 바로잡으며 관리의 비행을 조사하여 그 책임을 규탄하는 일을 맡아보던 관아

한자의 훈과 음을 생각하며, 순서에 따라 써 보세요.

206 斜 — 비낄 사
부수: 斗, 총 11획

- 斜面(사면): 경사가 진 평면이나 지면을 수평면에 상대하여 이르는 말
- 斜線(사선): 비스듬하게 비껴 그은 줄
- 斜陽(사양): 저녁때의 햇빛 / 새로운 것에 밀려 점점 몰락해 감을 비유적으로 이르는 말

양쪽 눈의 방향이 같은 방향이 아니어서, 정면을 멀리 바라보았을 때에 양쪽 눈의 시선이 평행하게 되지 아니하는 상태

[활용]
- 斜視(사시)
- 急傾斜(급경사)

필순: ノ 丶 亠 쓰 午 余 余 余 斜 斜 斜

※ 비끼다: 비스듬히 놓이거나 늘어지다. / 비스듬히 비치다.

207 沙 — 모래 사
부수: 水(氵), 총 7획

- 沙工(사공): 뱃사공
- 黃沙(황사): 누런 모래
- 白沙場(백사장): 강가나 바닷가의 흰 모래가 깔려 있는 곳

사과나무의 열매
조선 시대에 만든 자기의 하나. 청자에 백토(白土)로 분을 발라 다시 구워 낸 것

[활용]
- 沙果(사과) 沙器(사기)
- 沙漠(사막) 沙巖(사암)
- 土沙(토사)
- 粉靑沙器(분청사기)

필순: 丶 丶 氵 氵 沙 沙 沙

208 祀 — 제사 사
부수: 示, 총 8획

- 告祀(고사): 액운(厄運)은 없어지고 풍요와 행운이 오도록 집안에서 섬기는 신(神)에게 음식을 차려 놓고 비는 제사
- 祭祀(제사): 신령이나 죽은 사람의 넋에게 음식을 바치어 정성을 나타냄. 또는 그런 의식

[활용]
- 祀天(사천)
하늘에 제사를 지냄.

필순: 一 二 千 千 禾 祀 祀 祀

209 蛇 — 긴뱀 사
부수: 虫, 총 11획

- 蛇足(사족): 뱀을 다 그리고 나서 있지도 아니한 발을 덧붙여 그려 넣는다는 뜻으로, 쓸데없는 군짓을 하여 도리어 잘못되게 함을 이르는 말
- 毒蛇(독사): 이빨에 독이 있어 독액을 분비하는 뱀
- 蛇行川(사행천): 뱀이 기어가는 모양처럼 구불구불 흘러가는 하천

많은 사람이 줄을 지어 길게 늘어선 모양을 이르는 말 — 이무기가 변하여 된다는 용

[활용]
- 蛇龍(사룡) 蛇心(사심)
- 蛇酒(사주) 白蛇(백사)
- 長蛇陣(장사진)
- 龍頭蛇尾(용두사미) 358쪽 >>>

필순: 丶 口 口 中 虫 虫 虵 虵 蚵 蛇 蛇

210 詞 — 말·글 사
부수: 言, 총 12획

- 歌詞(가사): 가곡, 가요, 오페라 따위로 불려질 것을 전제로 하여 쓰여진 글
- 臺詞(대사): 무대 위에서 각본에 따라 배우가 연극 중 하는 말
- 名詞(명사): 사물의 이름을 나타내는 품사
- cf. 大事(대사): 큰일

영어, 프랑스 어, 독일어 따위에서 명사 앞에 놓여 단수, 복수, 성, 격 따위를 나타내는 품사

[활용]
- 冠詞(관사) 動詞(동사)
- 副詞(부사) 作詞(작사)
- 助詞(조사) 品詞(품사)
- 感歎詞(감탄사)

필순: 丶 亠 亠 言 言 言 詞 詞 詞 詞 詞

3급II 배정 한자 ⑤

한자의 훈과 음을 생각하며, 순서에 따라 써 보세요.

211 邪 — 간사할 사
부수: 邑(⻏), 총 7획

- 邪敎(사교): 건전하지 못하고 요사스러운 종교
- 邪心(사심): 바르지 아니한 간사스러운 마음
- 邪惡(사악): 간사하고 악함.

필순: 一 丆 千 牙 岈 邪 邪

[활용] 邪戀(사련) 邪慾(사욕) 酒邪(주사) 邪說(사설)

※ 술 마신 뒤에 버릇으로 하는 못된 언행
※ 그릇되고 간사한 말. 또는 올바르지 않은 논설. cf. 社說(사설): 신문이나 잡지에서 글쓴이의 주장이나 의견을 써 내는 논설 / 私設(사설): 어떤 시설을 개인이 사사로이 설립함. / 私說(사설): 개인의 의견이나 설 / 師說(사설): 스승의 의견이나 학설

⚠ 글자의 왼쪽에 위치하여 부수로 쓰이는 '阜'의 변형(⻖)과 구별할 것!

212 削 — 깎을 삭
부수: 刀(刂), 총 9획

- 削減(삭감): 깎아서 줄임.
- 削髮(삭발): 머리털을 깎음. 또는 그 머리
- 削除(삭제): 깎아서 없앰. / 지워 버림.

필순: ⺍ ⺌ ⺍ ⺌ 肖 肖 肖 削 削

[활용] 切削(절삭) 削奪官職(삭탈관직)
⚠ '체삭'으로 읽지 말 것!
※ 죄를 지은 자의 벼슬과 품계를 빼앗고 벼슬아치의 명부에서 그 이름을 지우던 일

213 森 — 수풀 삼
부수: 木, 총 12획

- 森林(삼림): 나무가 많이 우거진 숲
- 森嚴(삼엄): 분위기 따위가 무서우리만큼 엄숙함. ※ '森'이 '삼엄하다'를 뜻함.
- 森羅萬象(삼라만상): 우주에 있는 온갖 사물과 현상 355쪽>>>

필순: 一 十 才 木 木 木 杰 森 森 森 森 森

※ 나무숲처럼 빽빽하게 들어섬.

[활용] 森列(삼렬) 森立(삼립)
※ 촘촘하게 늘어서 있음. '森'이 '늘어서다'를 뜻함.

214 像 — 모양 상
부수: 人(亻), 총 14획

⚠ 모양이 비슷한 '象(코끼리 상/4)'과 구별할 것!

- 假像(가상): 실물처럼 보이는 거짓 형상
- 石像(석상): 돌을 조각하여 만든 사람이나 동물의 형상
- 虛像(허상): 실제 없는 것이 있는 것처럼 나타나 보이거나 실제와는 다른 것으로 드러나 보이는 모습

필순: 丿 亻 亻 伫 伫 伫 倬 倬 傍 傍 像 像 像

[활용] 群像(군상) 銅像(동상) 佛像(불상) 想像(상상) 映像(영상) 偶像(우상) 坐像(좌상) 肖像(초상)

215 償 — 갚을 상
부수: 人(亻), 총 17획

- 償還(상환): 갚거나 돌려줌.
- 報償(보상): 남에게 진 빚 또는 받은 물건을 갚음.
- 補償(보상): 남에게 끼친 손해를 갚음.

⚠ 구별할 것!
⚠ 모양이 비슷한 '賞(상줄 상/5)'과 구별할 것!

필순: 丿 亻 亻 伫 伫 伫 伫 併 償 償 償 償

※ 다른 사람을 위하여 그 사람의 빚을 갚은 사람이 다른 연대 채무자나 주된 채무자에게 상환을 요구할 수 있는 권리

[활용] 求償權(구상권) 有償修理(유상 수리)

한자의 훈과 음을 생각하며, 순서에 따라 써 보세요.

216 喪 — 잃을 상
부수: 口, 총 12획

"복(죽은 이를 애도하고 장사지내는 의례)"을 뜻함.

- 喪禮(상례) : 상중(喪中)에 지키는 모든 예절
- 喪失(상실) : 어떤 사람과 관계가 끊어지거나 헤어지게 됨. / 어떤 것이 아주 없어지거나 사라짐.
- 初喪(초상) : 사람이 죽어서 장사 지낼 때까지의 일

[활용]
喪家(상가) 喪服(상복)
喪心(상심) 喪葬(상장)
喪主(상주) 問喪(문상)
冠婚喪祭(관혼상제) 348쪽>>>

217 尚 — 오히려 상
부수: 小, 총 8획

무예를 중히 여겨 받듦. '尙'이 '숭상하다'를 뜻함.

- 尙存(상존) : 아직 그대로 존재함.
- 崇尙(숭상) : 높여 소중히 여김.
- 時機尙早(시기상조) : 어떤 일을 하기에 아직 때가 이름.

[활용]
尙武(상무) 尙州(상주)
高尙(고상) 和尙(화상)
경상북도의 서북부에 있는 시
수행을 많이 한 중

218 桑 — 뽕나무 상
부수: 木, 총 10획
약자는 桒. 417쪽>>>

- 桑葉(상엽) : 뽕잎
- 桑田碧海(상전벽해) : 세상일의 변천이 심함을 비유적으로 이르는 말 355쪽>>>

[활용]
桑港(상항)
'샌프란시스코'의 음역어
(한자를 가지고 외국어의 음을 나타낸 말)

219 裳 — 치마 상
부수: 衣, 총 14획

- 衣裳(의상) : 겉에 입는 옷
- 同價紅裳(동가홍상) : 같은 값이면 좋은 물건을 가진다는 의미 351쪽>>>

[활용]
綠衣紅裳(녹의홍상)
연두저고리에 다홍치마라는 뜻으로, 젊은 여자의 고운 옷차림을 이르는 말

220 詳 — 자세할 상
부수: 言, 총 13획

자세하지 않음. cf. 佛像(불상) : 부처의 형상을 표현한 상

- 詳細(상세) : 낱낱이 자세함.
- 詳述(상술) : 자세하게 설명하여 말함.
- 未詳(미상) : 확실하거나 분명하지 않음.

⚠ 모양이 비슷한 '祥(상서 상/3)'과 구별할 것!
⚠ 부수를 '羊'으로 혼동하지 말 것!

[활용]
詳報(상보) 不詳(불상)
자세히 보고하거나 보도함.
또는 그런 보고나 보도

3급Ⅱ 배정 한자 ⑤

한자의 훈과 음을 생각하며, 순서에 따라 써 보세요.

221 霜

- 霜害(상해) : 서리로 인한 피해
- 秋霜(추상) : 가을의 찬 서리
- 風霜(풍상) : 바람과 서리를 아울러 이르는 말 / 많이 겪은 세상의 어려움과 고생을 비유적으로 이르는 말

[활용]
霜菊(상국) 霜髮(상발)
霜雪(상설) 霜葉(상엽)
星霜(성상)
雪上加霜(설상가상) 355쪽 >>>

서리 **상**
부수 : 雨, 총 17획

222 塞

- 塞源(색원) : 근원을 아예 없애 버림.
- 窮塞(궁색) : 아주 가난함.
- 要塞(요새) : 군사적으로 중요한 곳에 튼튼하게 만들어 놓은 방어 시설
  └ '요새'를 뜻함.

⚠ 활용 한자어들의 독음에 유의할 것!

[활용]
閉塞(폐색)
拔本塞源(발본색원)
353쪽 >>>

막힐 **색**, 변방 **새**
부수 : 土, 총 13획

223 索

- 索引(색인) : 어떤 것을 뒤져서 찾아내거나 필요한 정보를 밝힘.
- 思索(사색) : 어떤 것에 대하여 깊이 생각하고 이치를 따짐.
- 鐵索(철삭) : 철사를 꼬아서 만든 줄

⚠ 활용 한자어들의 독음에 유의할 것!

무리와 떨어져 홀로 쓸쓸히 삶. '索'이 '헤어지다'를 뜻함.
삼 따위로 세 가닥을 지어 굵게 꼰 줄

[활용]
索居(삭거) 索道(삭도)
索莫(삭막) 索出(색출)
檢索(검색) 探索(탐색)
└ 쓸쓸한 모양. '索'이 '쓸쓸하다'를 뜻함.

찾을 **색**, 노 **삭**
부수 : 糸, 총 10획
└ 실, 삼, 종이 따위를 가늘게 비비거나 꼬아 만든 줄

224 徐

- 徐步(서보) : 천천히 걷는 걸음
- 徐行(서행) : 사람이나 차가 천천히 감.
- 徐羅伐(서라벌) : '신라'의 옛 이름

⚠ 모양이 비슷한 '除(덜 제/4Ⅱ)'와 구별할 것!

[활용]
徐緩(서완) 疾徐(질서)
진행이 더딤. 빠름과 느림.

천천할 **서**
부수 : 彳, 총 10획

225 恕

- 寬恕(관서) : 죄나 허물 따위를 너그럽게 용서함.
- 容恕(용서) : 지은 죄나 잘못한 일에 대하여 꾸짖거나 벌하지 아니하고 덮어 줌.
- 忠恕(충서) : 충성과 용서라는 뜻으로, 충직하고 동정심이 많음.

⚠ 모양이 비슷한 '怒(성낼 노/4Ⅱ)'와 구별할 것!

[활용]
恕思(서사)
너그러운 마음으로 사정을 살핌.

용서할 **서**
부수 : 心, 총 10획

한자의 훈과 음을 생각하며, 순서에 따라 써 보세요.

226 緒

- 緖論(서론) : 말이나 글 따위에서 본격적인 논의를 하기 위한 실마리가 되는 부분
- 端緖(단서) : 어떤 문제를 해결하는 방향으로 이끌어 가는 일의 첫 부분
- 情緒(정서) : 사람의 마음에 일어나는 여러 가지 감정

선대(先代)부터 이어온 사업. '緒'가 '일'을 뜻함.

[활용]
頭緒(두서) 遺緒(유서)
由緒(유서)
예로부터 전하여 내려오는 까닭과 내력. cf.遺緒

실마리 서
부수 : 糸, 총 15획

감겨 있거나 헝클어진 실의 첫머리 / 일이나 사건을 풀어 나갈 수 있는 첫머리

227 署

- 署名(서명) : 자기의 이름을 써넣음. 또는 써넣은 것 '署'가 '쓰다'를 뜻함.
- 署長(서장) : 경찰서나 세무서와 같이 '서' 자로 끝나는 관서의 우두머리
- 官署(관서) : 관청과 그 부속 기관을 통틀어 이르는 말

⚠ 모양이 비슷한 '暑(더울 서/3)'와 구별할 것!

조직에서 결원이 생겼을 때, 그 직무를 대리함. '署'가 '맡다'를 뜻함.

한 문서에 여러 사람이 잇따라 서명함.

[활용]
署理(서리) 署員(서원)
本署(본서) 部署(부서)
連署(연서) 警察署(경찰서)
官公署(관공서)

마을 서
부수 : 网(罒), 총 14획

'관아(예전에, 벼슬아치들이 모여 나랏일을 처리하던 곳)'를 뜻함.

228 惜

- 惜別(석별) : 서로 애틋하게 이별함. 또는 그런 이별
- 惜敗(석패) : 경기나 경쟁에서 약간의 점수 차이로 아깝게 짐.
- 哀惜(애석) : 슬프고 아까움.

'惜'이 '아깝다'를 뜻함.

⚠ 모양이 비슷한 '借(빌·빌릴 차/3Ⅱ)'와 구별할 것!

[활용]
愛惜(애석)
사랑하고 아깝게 여김.
cf.哀惜

아낄 석
부수 : 心(忄), 총 11획

229 釋

- 釋放(석방) : 법에 의하여 구속하였던 사람을 풀어 자유롭게 하는 일
- 保釋(보석) : 보석 보증금을 받거나 보증인을 세우고 형사 피고인을 구류에서 풀어 주는 일
- 解釋(해석) : 문장이나 사물 따위로 표현된 내용을 이해하고 설명함.

[활용]
釋然(석연) 釋尊(석존)
稀釋(희석)
假釋放(가석방)
手不釋卷(수불석권) 356쪽 >>>

약자는 釈. 417쪽 >>>

풀 석
부수 : 釆, 총 20획

230 旋

- 旋風(선풍) : 회오리바람 / 돌발적으로 일어나 세상을 뒤흔드는 사건을 비유적으로 이르는 말 예 그 음료는 旋風적인 인기를 누리고 있다.
- 旋回(선회) : 둘레를 빙글빙글 돎.
- 周旋(주선) : 일이 잘되도록 여러 가지 방법으로 힘씀.

[활용]
旋律(선율) 旋盤(선반)
急旋回(급선회)
각종 금속 소재를 회전 운동을 시켜서 갈거나 파내거나 도려내는 데 쓰는 공작 기계

돌 선
부수 : 方, 총 11획

돌다 : 물체가 일정한 축을 중심으로 원을 그리면서 움직이다.

3급II 배정 한자 ⑤

한자의 훈과 음을 생각하며, 순서에 따라 써 보세요.

231 禪

임금의 자리를 물려 줌. '禪'이 '물려주다'를 뜻함.
모양이 비슷한 '彈(탄알 탄/4)'과 구별할 것!

- 禪房(선방) : 참선하는 방
- 參禪(참선) : 선사(禪師)에게 나아가 선도를 배워 닦거나, 스스로 선법을 닦아 구함.
- 禪問答(선문답) : 참선하는 사람들끼리 진리를 찾기 위하여 주고받는 대화

[활용]
禪師(선사) 禪寺(선사)
禪院(선원) 坐禪(좌선)
禪讓(선양) 禪位(선위)
口頭禪(구두선)

선 **선**
부수 : 示, 총 17획

마음을 한곳에 모아 고요히 생각하는 일

232 燒

- 燒滅(소멸) : 불살라 없앰.
- 燃燒(연소) : 물질이 산소와 화합할 때에, 많은 빛과 열을 냄. 또는 그런 현상
- 燒失(소실) : 불에 타서 사라짐. 또는 그렇게 잃음.

모양이 비슷한 '曉(새벽 효/3)'와 구별할 것!

[활용]
燒死(소사) 燒印(소인)
燒酒(소주) 燒紙(소지)
燒盡(소진) 燒火(소화)
全燒(전소)

약자는 焼. 417쪽 >>>

사를 **소**
부수 : 火, 총 16획

233 疏

임금에게 글을 올리던 일. 또는 그 글. '疏'가 '상소'를 뜻함.

- 疏外(소외) : 어떤 무리에서 싫어하여 따돌리거나 멀리함. '疏'가 '멀리하다'를 뜻함.
- 疏遠(소원) : 지내는 사이가 두텁지 아니하고 거리가 있어서 서먹서먹함.
- 疏通(소통) : 막히지 아니하고 잘 통함.

=상소대개(上疏大槪) 임금에게 올린 글 내용의 줄거리

'소원하다'를 뜻함.

[활용]
疏槪(소개) 疏明(소명)
疏脫(소탈) 上疏(상소)
生疏(생소) 親疏(친소)
친함과 친하지 아니함. '疏'가 '소원하다'를 뜻함.

소통할 **소**
부수 : 疋(正), 총 12획

234 蘇

'소부'로 읽지 말 것!

- 蘇復(소복) : 원기가 회복됨. 또는 원기가 회복되게 함.
- 蘇生(소생) : 거의 죽어 가다가 다시 살아남.
- 蘇子(소자) : 차조기의 씨를 한방에서 이르는 말

[활용]
蘇聯(소련) 蘇鐵(소철)
소철과의 열대산 상록 교목

되살아날 **소**
부수 : 艸(艹), 총 20획

235 訴

'송사하다'를 뜻함.

'소상'으로 읽지 말 것!

- 起訴(기소) : 검사가 특정한 형사 사건에 대하여 법원에 심판을 요구하는 일
- 勝訴(승소) : 소송에서 이기는 일
- 呼訴(호소) : 억울하거나 딱한 사정을 남에게 하소연함.

하급 법원의 판결에 따르지 않고 상급 법원에 재심을 요구하는 일. cf. 上疏(상소)

[활용]
訴願(소원) 訴狀(소장)
訴請(소청) 公訴(공소)
上訴(상소) 敗訴(패소)
被訴(피소) 抗訴(항소)

호소할 **소**
부수 : 言, 총 12획

🌱 한자의 훈과 음을 생각하며, 순서에 따라 써 보세요.

236 訟 송사할 송
부수: 言, 총 11획

- 訟事(송사): 소송
- 訴訟(소송): 재판에 의하여 원고와 피고 사이의 권리나 의무 따위의 법률 관계를 확정하여 줄 것을 법원에 요구함.

[활용]
民事訴訟(민사 소송)
訴訟記錄(소송 기록)

필순: ﹀ 亠 ㇌ 숁 言 言 言 訁 訟 訟 訟

237 刷 인쇄할 쇄
부수: 刀(刂), 총 8획

- 刷新(쇄신): 나쁜 폐단이나 묵은 것을 버리고 새롭게 함. ← '새롭게하다'를 뜻함.
- 印刷(인쇄): 잉크를 사용하여 판면(版面)에 그려져 있는 글이나 그림 따위를 종이, 천 따위에 박아 냄.
- 縮刷版(축쇄판): 크기를 작게 하여 인쇄한 출판물

[활용]
印刷物(인쇄물)
印刷所(인쇄소)

필순: ㇐ ㇒ ㇈ 尸 尸 吊 吊 刷 刷

238 鎖 쇠사슬 쇄
부수: 金, 총 18획

- 鎖國(쇄국): 다른 나라와의 통상과 교역을 금지함.
- 封鎖(봉쇄): 굳게 막아 버리거나 잠금. ← '鎖'가 '잠그다'를 뜻함.
- 閉鎖(폐쇄): 문 따위를 닫아걸거나 막아 버림.

[활용]
連鎖(연쇄)
사물이나 현상이 사슬처럼 서로 이어져 통일체를 이룸.

239 衰 쇠할 쇠
부수: 衣, 총 10획

- 衰弱(쇠약): 힘이 쇠하고 약함.
- 衰退(쇠퇴): 기세나 상태가 쇠하여 전보다 못하여 감.
- 老衰(노쇠): 늙어서 쇠약하고 기운이 별로 없음.

⚠️ 모양이 비슷한 '哀(슬플 애/3Ⅱ)'와 구별할 것!

[활용]
衰落(쇠락) 衰亡(쇠망)
衰殘(쇠잔)
興亡盛衰(흥망성쇠)
365쪽 >>>

필순: ﹀ 亠 广 产 声 声 亨 亨 衰 衰

240 垂 드리울 수
부수: 土, 총 8획

⚠️ '율선수범'으로 읽지 말 것! 남보다 앞장서서 행동해서 몸소 다른 사람의 본보기가 됨.

- 垂直(수직): 똑바로 드리운 모양. 수평에 대하여 직각을 이룬 상태
- 垂柳(수류): 수양버들
- 懸垂幕(현수막): 극장 따위에 드리운 막 / 선전문 따위를 적어 드리운 막
  삼각형의 각 꼭지점에서 대변에 내린 3개의 수선이 서로 만나는 점

[활용]
垂心(수심) 垂下(수하)
腦下垂體(뇌하수체)
率先垂範(솔선수범)

필순: ㇐ ㇒ 二 三 手 乒 乒 垂 垂

드리우다: 한쪽이 위에 고정된 천이나 줄 따위가 아래로 늘어지다.

3급 II 배정 한자 ⑤

한자의 훈과 음을 생각하며, 순서에 따라 써 보세요.

241 壽

- 壽命(수명) : 생물이 살아있는 연한
- 天壽(천수) : 타고난 수명
- 喜壽(희수) : 나이 일흔일곱 살을 달리 이르는 말
  '喜' 자를 초서체로 쓰면 그 모양이 七十七을 세로로 써 놓은 것과 비슷한 데서 유래

[활용]
- 壽宴(수연) 壽衣(수의)
- 十年減壽(십년감수)
- 壽福康寧(수복강녕)
- 無病長壽(무병장수)

장수(長壽)를 축하하는 잔치. 보통 환갑잔치를 이름.

약자는 寿. 417쪽 >>>

목숨 수
부수 : 士, 총 14획

⚠ 부수를 '土(흙 토)'로 혼동하지 말 것!

242 帥

- 元帥(원수) : 장성 계급의 하나. 대장의 위로 가장 높은 계급
- 將帥(장수) : 군사를 거느리는 우두머리
- 總帥(총수) : 전군을 지휘하는 사람 / 어떤 집단의 우두머리

⚠ 모양이 비슷한 '師(스승 사/4II)'와 구별할 것!

[활용]
- 統帥權(통수권)
- 大元帥(대원수)
- 都元帥(도원수)

한 나라 전체의 병력을 지휘하고 통솔하는 권력

장수 수
부수 : 巾, 총 9획

243 愁

- 愁心(수심) : 매우 근심함. 또는 그런 마음
- 哀愁(애수) : 마음을 서글프게 하는 슬픈 시름
- 鄕愁(향수) : 고향을 그리워하는 마음이나 시름

[활용]
- 旅愁(여수) 憂愁(우수)

근심과 걱정을 아울러 이르는 말

근심 수
부수 : 心, 총 13획

244 殊

⚠ 모양이 비슷한 '珠(구슬 주/3II)', '株(그루 주/3II)'와 구별할 것!

- 殊怪(수괴) : 수상하고 괴이함.
- 殊常(수상) : 보통과는 달리 이상하여 의심스러움.
- 特殊(특수) : 특별히 다름. / 어떤 종류 전체에 걸치지 아니하고 부분에 한정됨. 또는 그런 것

[활용]
- 殊異(수이) 殊特(수특)

특별히 다름. =特殊

다를 수
부수 : 歹, 총 10획

245 獸

- 怪獸(괴수) : 괴상하게 생긴 짐승
- 猛獸(맹수) : 주로 육식을 하는 사나운 짐승. 사자나 범 따위를 이름.
- 獸醫師(수의사) : 가축에 생기는 여러 가지 질병을 진찰하고 치료하는 의사

[활용]
- 禽獸(금수) 百獸(백수)
- 野獸(야수) 鳥獸(조수)
- 五獸不動(오수부동)
- 人面獸心(인면수심) 359쪽 >>>

약자는 獣. 417쪽 >>>

짐승 수
부수 : 犬, 총 19획

닭, 개, 사자, 호랑이, 고양이가 한곳에 모이면 서로 두려워하고 꺼리어 움직이지 못한다는 뜻으로, 사회 조직이 서로 견제하는 여러 세력으로 이루어져 있음을 이르는 말

읽기 배정 한자 익히기

한자의 훈과 음을 생각하며, 순서에 따라 써 보세요.

246 輸

- 輸送(수송): 기차나 자동차, 배, 항공기 따위로 사람이나 물건을 실어 옮김.
- 輸出(수출): 국내의 상품이나 기술을 외국으로 팔아 내보냄.
- 密輸(밀수): 세관을 거치지 아니하고 몰래 물건을 사들여 오거나 내다 팖.

⚠ 모양이 비슷한 '輪(바퀴 륜/4)'과 구별할 것!

[활용]
輸入(수입) 輸血(수혈)
空輸(공수) 運輸(운수)
直輸入(직수입)
逆輸出(역수출)

보낼 수
부수: 車, 총 16획

247 隨

척추동물에서, 의지에 따라 움직일 수 있는 근육

- 隨伴(수반): 붙좇아서 따름. / 어떤 일과 더불어 생김.
- 隨時(수시): 일정하게 정하여 놓은 때 없이 그때그때 상황에 따름. 예 隨時 접수
- 隨意(수의): 자기의 마음대로 함.

병이나 사고로 반신이 마비되는 일

[활용]
隨筆(수필) 隨想錄(수상록)
隨意筋(수의근)
半身不隨(반신불수)
夫唱婦隨(부창부수) 354쪽 >>>

약자는 随. 418쪽 >>>

따를 수
부수: 阜(⻖), 총 16획

⚠ 글자의 오른쪽에 위치하여 부수로 쓰이는 '邑'의 변형(⻏)과 구별할 것!

248 需

- 需給(수급): 수요와 공급을 아울러 이르는 말
- 需要(수요): 어떤 재화나 용역을 일정한 가격으로 사려고 하는 욕구
- 祭需(제수): 제사에 드는 여러 가지 재료

⚠ 모양이 비슷한 '儒(선비 유/4)'와 구별할 것!

[활용]
軍需(군수) 內需(내수)
民需(민수) 必需(필수)
婚需(혼수) 盛需期(성수기)
非需期(비수기)

쓰일·쓸 수
부수: 雨, 총 14획

249 淑

여자로서 행실이 곧고 마음씨가 맑고 고움. cf. 貞淑(정숙): 조용하고 엄숙함.

- 淑女(숙녀): 교양과 예의와 품격을 갖춘 현숙한 여자
- 靜淑(정숙): 조용하고 엄숙함.
- 淑德(숙덕): 착하고 아름다운 덕행

'淑'이 '착하다, 정숙하다'를 뜻함.

⚠ 모양이 비슷한 '叔(아재비 숙/4)'과 구별할 것!

[활용]
淑淸(숙청) 貞淑(정숙)
잘 다스려져서 깨끗함.

맑을 숙
부수: 水(氵), 총 11획

250 熟

⚠ 모양이 비슷한 '熱(더울 열/5)'과 구별할 것!

삶아 익힌 달걀이나 오리알

- 熟考(숙고): 곰곰 잘 생각함. '熟'이 '곰곰(여러모로 깊이 생각하는 모양)'을 뜻함.
- 熟達(숙달): 익숙하게 통달함. '熟'이 '익숙하다'를 뜻함.
- 熟成(숙성): 충분히 이루어짐. / 효소나 미생물의 작용에 의하여 발효된 것이 잘 익음.

잘 알고 있는 손님

[활용]
熟客(숙객) 熟卵(숙란)
熟眠(숙면) 熟語(숙어)
熟知(숙지) 能熟(능숙)
圓熟(원숙) 早熟(조숙)

익을 숙
부수: 火(灬), 총 15획

풀면서 익히기

1_ 다음 漢字의 訓과 音을 쓰세요.

(1) 禪 (   )　　(2) 釋 (   )　　(3) 沙 (   )
(4) 隨 (   )　　(5) 像 (   )　　(6) 卑 (   )
(7) 刷 (   )　　(8) 徐 (   )　　(9) 蘇 (   )

2_ 다음 訓과 音에 알맞은 漢字를 쓰세요.

(1) 장수 수 (   )　　(2) 갚을 상 (   )　　(3) 맑을 숙 (   )
(4) 왕비 비 (   )　　(5) 맡을 사 (   )　　(6) 목숨 수 (   )
(7) 용서할 서 (   )　　(8) 계집종 비 (   )　　(9) 송사할 송 (   )

3_ 다음 漢字語의 讀音을 쓰세요.

(1) 熟考 (   )　　(2) 喪失 (   )　　(3) 端緖 (   )
(4) 詳述 (   )　　(5) 燒滅 (   )　　(6) 愁心 (   )
(7) 輸出 (   )　　(8) 斜線 (   )　　(9) 猛獸 (   )
(10) 訴訟 (   )　　(11) 霜害 (   )　　(12) 索引 (   )
(13) 署長 (   )　　(14) 祭祀 (   )　　(15) 特殊 (   )

4_ 다음 문장에서 밑줄 친 漢字語를 漢字로 쓰세요.

(1) 약관을 정확하게 읽은 뒤 <u>서명</u>을 해야 한다. (   )
(2) 색다른 디자인으로 <u>선풍</u>적인 인기를 모았다. (   )
(3) 규칙적인 운동을 통해 <u>비만</u>을 예방하고 있다. (   )
(4) 지역의 <u>소외</u>된 이웃에게 관심을 갖는 노력이 필요하다. (   )

실제 시험에서는 2, 4, 5, 7번과 같이 읽기 배정 한자를 쓰는 문제는 출제되지 않으나, 보다 확실한 학습을 위해 쓰기 문제로 구성하였습니다.

5_ 다음 ( ) 안에 알맞은 漢字를 써 넣어 漢字語(四字成語)를 完成하세요.

(1) (　　　)羅萬象 : 우주에 있는 온갖 사물과 현상

(2) 時機(　　　)早 : 어떤 일을 하기에 아직 때가 이름.

(3) 同價紅(　　　) : 같은 값이면 좋은 물건을 가진다는 의미

(4) (　　　)田碧海 : 세상일의 변천이 심함을 비유적으로 이르는 말

6_ 다음 漢字의 部首를 쓰세요.

(1) 婢 → (　　　)　　(2) 鎖 → (　　　)　　(3) 垂 → (　　　)

(4) 帥 → (　　　)　　(5) 衰 → (　　　)　　(6) 蛇 → (　　　)

7_ 다음 漢字語의 同音異義語를 漢字로 쓰되, 제시된 뜻을 가진 漢字語를 쓰세요.

(1) 社說 - (　　　) : 그릇되고 간사한 말. 또는 올바르지 않은 논설

(2) 大事 - (　　　) : 무대 위에서 각본에 따라 배우가 연극 중 하는 말

8_ 다음 漢字語의 뜻을 쓰세요.

(1) 削減 (　　　　　　　　　　　　　　　　　　　　)

(2) 塞源 (　　　　　　　　　　　　　　　　　　　　)

(3) 需給 (　　　　　　　　　　　　　　　　　　　　)

(4) 毒蛇 (　　　　　　　　　　　　　　　　　　　　)

3급Ⅱ 배정한자 ⑥

한자의 훈과 음을 생각하며, 순서에 따라 써 보세요.

251 旬 — 열흘 순
부수: 日, 총 6획

- 旬報(순보): 열흘마다 한 번씩 내는 보고 / 열흘에 한 번씩 펴내는 신문이나 잡지
- 上旬(상순): 한 달 가운데 초하루부터 초열흘까지의 사이
- 七旬(칠순): 일흔 날 / 일흔 살 ≒ 稀年(희년)

⚠ 모양이 비슷한 '句(글귀 구/4Ⅱ)', '包(쌀 포/4Ⅱ)'와 구별할 것!

[활용]
旬刊(순간) 中旬(중순)
下旬(하순) 旬望間(순망간) — 음력 초열흘부터 보름까지의 사이
四旬節(사순절)
三旬九食(삼순구식) 355쪽 >>>

252 瞬 — 눈깜짝일 순
부수: 目, 총 17획

- 瞬間(순간): 아주 짧은 동안
- 一瞬(일순): 아주 짧은 시간
- 瞬息間(순식간): 눈을 한 번 깜짝하거나 숨을 한 번 쉴 만한 아주 짧은 동안

[활용]
瞬刻(순각) 瞬時(순시) — 삽시간
瞬視(순시) — 눈을 깜짝거리며 봄.
cf. 瞬時

253 巡 — 돌·순행할 순
부수: 巛, 총 7획

- 巡訪(순방): 나라나 도시 따위를 차례로 돌아가며 방문함.
- 巡視(순시): 돌아다니며 사정(四正)을 보살핌. 또는 그런 사람 cf. 瞬時, 瞬視
- 巡察(순찰): 여러 곳을 돌아다니며 사정을 살핌.
  — 자(子)·오(午)·묘(卯)·유(酉)의 네 방위

[활용]
巡警(순경) 巡禮(순례)
巡行(순행) 一巡(일순) — 여행이나 공부를 하기 위하여 여러 곳으로 돌아다님.

순행(巡幸): 임금이 나라 안을 두루 살피며 돌아다니던 일

254 述 — 펼 술
부수: 辵(辶), 총 9획

- 口述(구술): 입으로 말함.
- 論述(논술): 어떤 것에 관하여 의견을 논리적으로 서술함. 또는 그런 서술
- 著述(저술): 글이나 책 따위를 씀. 또는 그 글이나 책 '述'이 '짓다'를 뜻함.
  — 펴다: 생각, 감정, 기세 따위를 얽매임 없이 자유롭게 표현하거나 주장하다.

자세하게 설명하여 말함. cf. 商術(상술): 장사하는 재주나 꾀

[활용]
述語(술어) 述懷(술회)
記述(기술) 詳述(상술)
略述(약술) 前述(전술)
陳述(진술) — 일이나 상황에 대하여 자세하게 이야기함.

255 拾 — 주울 습, 열 십
부수: 手(扌), 총 9획

⚠ 활용 한자어들의 독음에 유의할 것!

- 拾得(습득): 주워서 얻음.
- 收拾(수습): 흩어진 재산이나 물건을 거두어 정돈함. / 어수선한 사태를 거두어 바로잡음.
- 拾萬(십만): 만의 열 배가 되는 수 '拾'이 '十(열 십)'의 갖은자로 쓰임.

[활용]
拾遺(습유) 拾集(습집) — 남이 잃어버린 것을 주움.

한자의 훈과 음을 생각하며, 순서에 따라 써 보세요.

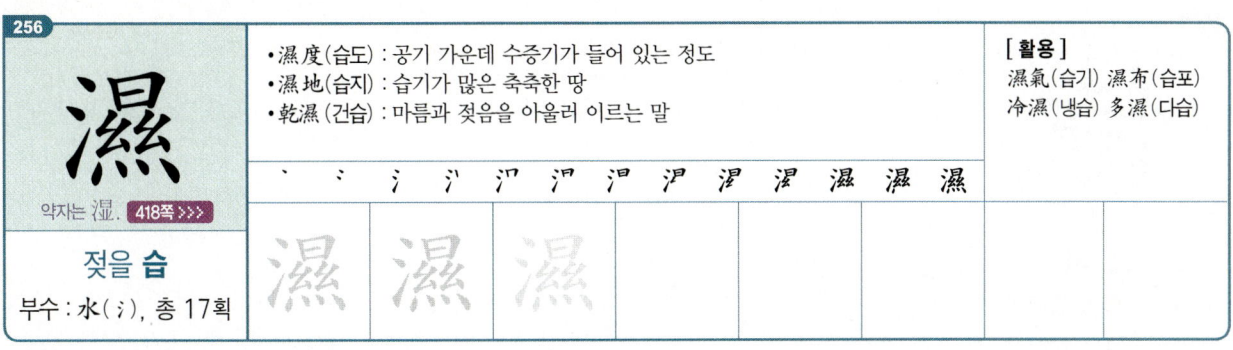

256 濕 젖을 습
약자는 湿. 418쪽
부수: 水(氵), 총 17획

- 濕度(습도): 공기 가운데 수증기가 들어 있는 정도
- 濕地(습지): 습기가 많은 축축한 땅
- 乾濕(건습): 마름과 젖음을 아울러 이르는 말

[활용] 濕氣(습기) 濕布(습포) 冷濕(냉습) 多濕(다습)

'공중 습격'을 줄여 이르는 말 cf. 攻襲

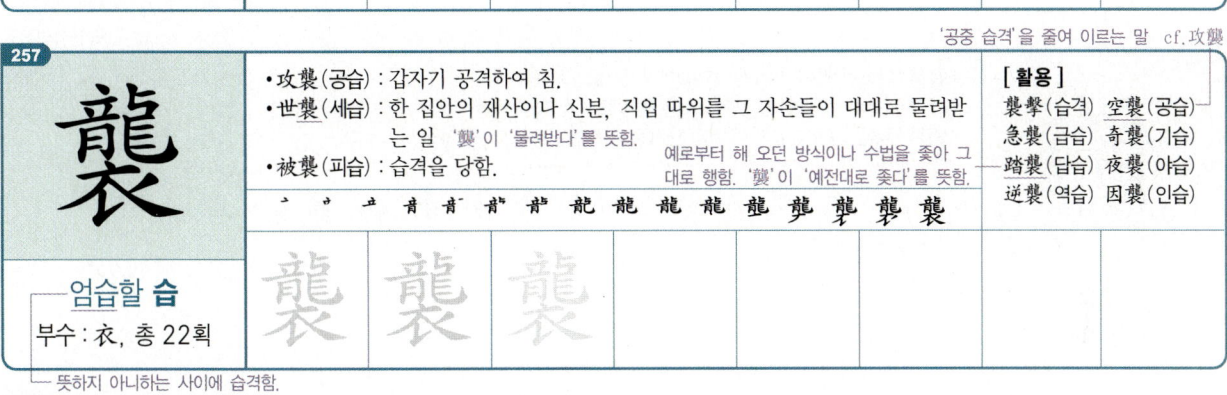

257 襲 엄습할 습
부수: 衣, 총 22획

- 攻襲(공습): 갑자기 공격하여 침.
- 世襲(세습): 한 집안의 재산이나 신분, 직업 따위를 그 자손들이 대대로 물려받는 일 '襲'이 '물려받다'를 뜻함.
- 被襲(피습): 습격을 당함.

예로부터 해 오던 방식이나 수법을 좇아 그대로 행함. '襲'이 '예전대로 좇다'를 뜻함.

[활용] 襲擊(습격) 空襲(공습) 急襲(급습) 奇襲(기습) 踏襲(답습) 夜襲(야습) 逆襲(역습) 因襲(인습)

— 뜻하지 아니하는 사이에 습격함.

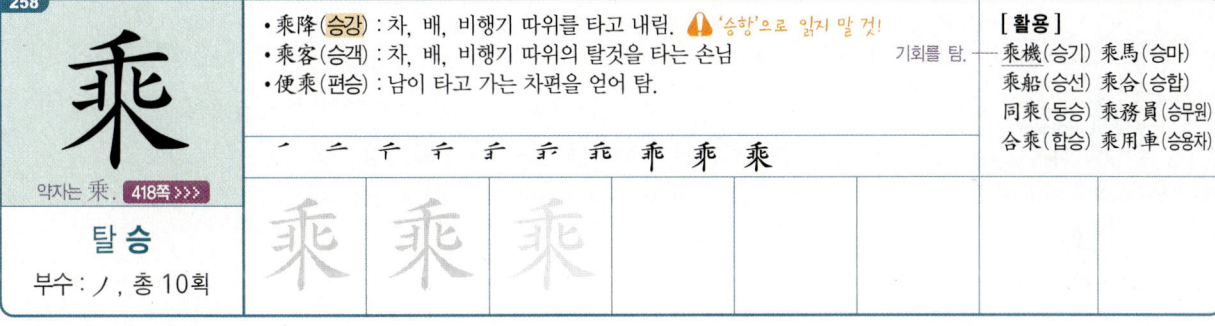

258 乘 탈 승
약자는 乗. 418쪽
부수: 丿, 총 10획

- 乘降(승강): 차, 배, 비행기 따위를 타고 내림. ⚠ '승항'으로 읽지 말 것!
- 乘客(승객): 차, 배, 비행기 따위의 탈것을 타는 손님
- 便乘(편승): 남이 타고 가는 차편을 얻어 탐.

기회를 탐.

[활용] 乘機(승기) 乘馬(승마) 乘船(승선) 乘合(승합) 同乘(동승) 乘務員(승무원) 合乘(합승) 乘用車(승용차)

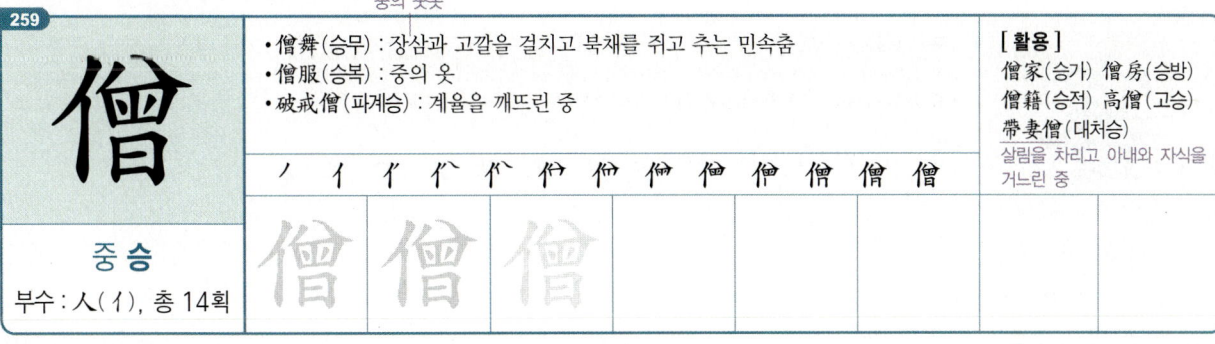

259 僧 중 승
부수: 人(亻), 총 14획

중의 웃옷

- 僧舞(승무): 장삼과 고깔을 걸치고 북채를 쥐고 추는 민속춤
- 僧服(승복): 중의 옷
- 破戒僧(파계승): 계율을 깨뜨린 중

[활용] 僧家(승가) 僧房(승방) 僧籍(승적) 高僧(고승) 帶妻僧(대처승) 살림을 차리고 아내와 자식을 거느린 중

⚠ '승항기'로 읽지 말 것!

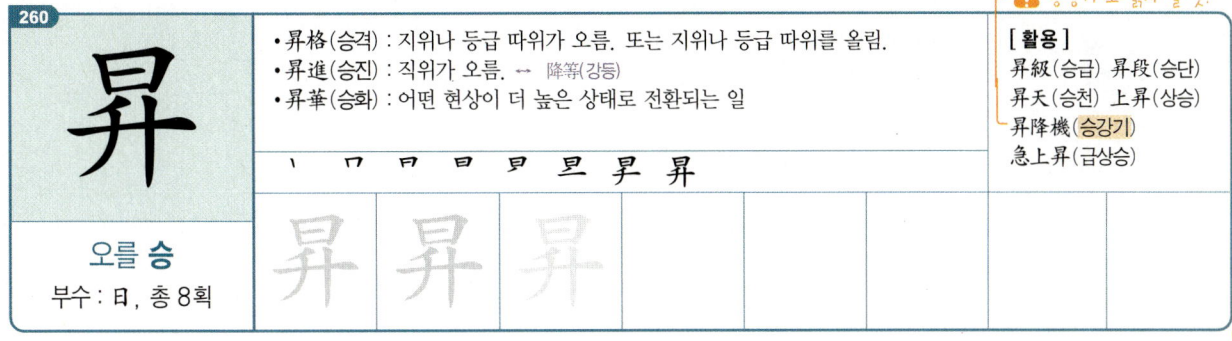

260 昇 오를 승
부수: 日, 총 8획

- 昇格(승격): 지위나 등급 따위가 오름. 또는 지위나 등급 따위를 올림.
- 昇進(승진): 직위가 오름. ↔ 降等(강등)
- 昇華(승화): 어떤 현상이 더 높은 상태로 전환되는 일

[활용] 昇級(승급) 昇段(승단) 昇天(승천) 上昇(상승) 昇降機(승강기) 急上昇(급상승)

3급 II 배정 한자 ❻

한자의 훈과 음을 생각하며, 순서에 따라 써 보세요.

261 侍 (모실 시)
부수: 人(亻), 총 8획

- 侍女(시녀) : 항상 몸 가까이에서 시중을 드는 여자
- 侍衛(시위) : 임금이나 어떤 모임의 우두머리를 모시어 호위함.
- 侍醫(시의) : 궁중에서, 임금과 왕족의 진료를 맡은 의사
- 모양이 비슷한 '待(기다릴 대/6)', '持(가질 지/4)'와 구별할 것!

필순: 丿 亻 亻 亻 亻 侍 侍 侍

[활용]
侍郞(시랑) 侍從(시종)
侍下(시하) 內侍(내시) — 부모나 조부모를 모시고 있는 처지
嚴妻侍下(엄처시하)
層層侍下(층층시하)

262 飾 (꾸밀 식)
부수: 食(飠), 총 14획

- 假飾(가식) : 말이나 행동 따위를 거짓으로 꾸밈.
- 修飾(수식) : 겉모양을 꾸밈. / 문장의 표현을 화려하게, 또는 기교 있게 꾸밈.
- 裝飾(장식) : 옷이나 액세서리 따위로 치장함. 또는 그 꾸밈새

내용이 없이 거죽만을 좋게 꾸밈. cf.粉食(분식) : 밀가루 따위로 만든 음식을 먹음.

[활용]
服飾(복식) 粉飾(분식) — 내용이 없이 거죽만을 좋게 꾸밈.
修飾語(수식어)
虛禮虛飾(허례허식) — 정성이 없이 겉으로만 번드르르하게 꾸밈.

263 愼 (삼갈 신)
부수: 心(忄), 총 13획

- 愼口(신구) : 말을 함부로 하지 아니하고 삼감.
- 愼言(신언) : 말을 삼감.
- 愼重(신중) : 매우 조심스러움.

[활용]
愼獨(신독) 愼默(신묵) — 홀로 있을 때에도 도리에 어그러짐이 없도록 몸가짐을 바로하고 언행을 삼감.
愼終(신종) 愼擇(신택) — 신중히 가려 선택함.
謙愼(겸신)

— 삼가다: 몸가짐이나 언행을 조심하다.

264 審 (살필 심)
부수: 宀, 총 15획

- 審理(심리) : 사실을 자세히 조사하여 처리함.
- 審査(심사) : 자세하게 조사하여 등급이나 당락 따위를 결정함. cf.深思(심사) : 깊이 생각함. 또는 깊은 생각
- 審美眼(심미안) : 아름다움을 살펴 찾는 안목
- 모양이 비슷한 '番(차례 번/6)'과 구별할 것!

[활용]
審問(심문) 審議(심의)
審判(심판) 豫審(예심)
誤審(오심) 原審(원심)
主審(주심) 抗告審(항고심)

265 甚 (심할 심)
부수: 甘, 총 9획

- 甚難(심난) : 매우 어려움. 매우 곤란함.
- 極甚(극심) : 몹시 심함.
- 激甚(격심) : 매우 심함.

[활용]
甚大(심대) 甚惡(심악)
甚深(심심) 몹시 나쁨.

🌵 한자의 훈과 음을 생각하며, 순서에 따라 써 보세요.

266 雙

약자는 双. 418쪽 >>>

두·쌍 **쌍**
부수: 隹, 총 18획

- 雙方(쌍방) : 이쪽과 저쪽 또는 이편과 저편을 아울러 이르는 말
- 雙手(쌍수) : 오른쪽과 왼쪽의 두 손 ── 雙手를 들다 : 기꺼이 지지하거나 환영함.
- 無雙(무쌍) : 견줄만한 짝이 없음. 둘도 없이 썩 뛰어남.
  ※ 變化無雙(변화무쌍) : 비할 데 없이 변화가 심함.

획순: ノ 亻 亻 亻 仹 仹 仹 隹 雔 雙 雙

[활용]
雙曲線(쌍곡선)
雙罰罪(쌍벌죄)
雙眼鏡(쌍안경)
雙頭馬車(쌍두마차)

267 亞

약자는 亜. 418쪽 >>>

┌ 버금 **아**
부수: 二, 총 8획
└ 으뜸 바로 아래

- 亞流(아류) : 둘째가는 사람이나 사물 / 문학 예술, 학문에서 독창성이 없이 모방하는 일이나 그렇게 한 것. 또는 그런 사람
- 亞熱帶(아열대) : 열대와 온대의 중간 지대
- 亞細亞(아세아) : '아시아'의 음역어

획순: 一 丅 ㄒ 邧 邧 邧 亞 亞 ⚠ 네 번째, 다섯 번째 획을 주의할 것!

[활용]
亞麻(아마) 亞目(아목)
亞鉛(아연) 亞洲(아주)
亞獻(아헌) 東南亞(동남아)
東北亞(동북아)

268 我

나 **아**
부수: 戈, 총 7획

- 我執(아집) : 자기중심의 좁은 생각에 집착하여 다른 사람의 의견이나 입장을 고려하지 아니하고 자기만을 내세우는 것
- 沒我(몰아) : 자기를 잊고 있는 상태
- 無我之境(무아지경) : 정신이 한곳에 온통 쏠려 스스로를 잊고 있는 경지

획순: ノ 一 二 于 手 我 我

[활용]
我國(아국) 我軍(아군)
小我(소아) 自我(자아)
我田引水(아전인수) 357쪽 >>>
物我一體(물아일체)

269 牙

어금니 **아**
부수: 牙, 총 4획
⚠ 글자 자체가 부수임에 유의할 것!

─ 대학(大學)을 비유적으로 이르는 말
- 牙城(아성) : 예전에, 주장(主將)이 거처하던 성 / 아주 중요한 근거지를 비유적으로 이르는 말
- 象牙(상아) : 코끼리의 어금니
- 象牙塔(상아탑) : 속세를 떠나 오로지 학문이나 예술에만 잠기는 경지

획순: 一 二 于 牙

[활용] 상아로 만든 그릇
毒牙(독아) 牙器(아기) ┘
齒牙(치아)
西班牙(서반아)
  스페인

270 芽

싹 **아**
부수: 艸(艹), 총 8획

- 發芽(발아) : 초목의 눈이 틈. / 씨앗에서 싹이 틈.
- 麥芽(맥아) : 엿기름
- 新芽(신아) : 새싹

획순: 一 ㅗ ㅛ 芋 芋 芊 芽 芽

[활용]
芽甲(아갑) 綠芽(녹아)
       여름눈

읽기 배정 한자 익히기

3급 II 배정 한자 ⑥

한자의 훈과 음을 생각하며, 순서에 따라 써 보세요.

271 阿
- '阿'가 '아첨하다'를 뜻함.
- 阿片(아편) : 덜 익은 양귀비 열매에 상처를 내어 흘러나온 진(津)을 굳혀 말린 고무 모양의 흑갈색 물질
- 阿附(아부) : 남의 비위를 맞추어 알랑거림.
- 曲學阿世(곡학아세) : 바른 길에서 벗어난 학문으로 세상 사람에게 아첨함. 348쪽>>>

[활용]
阿丘(아구) 阿洲(아주)
阿房宮(아방궁)
阿修羅(아수라)
사천왕에 딸린 여덟 귀신 중 하나로, 싸우기를 좋아함.

언덕 **아**
부수 : 阜(阝), 총 8획

⚠️ 글자의 오른쪽에 위치하여 부수로 쓰이는 '邑'의 변형(阝)과 구별할 것!

272 雅
- 雅淡(아담) : 고상하고 깔끔함. / 조촐하고 산뜻함.
- 端雅(단아) : 단정하고 아담함. — 아담한 정취
- 優雅(우아) : 아름다운 품위와 아취(雅趣)가 있음. / 부드럽고 고움.

'雅'가 '고상하다'를 뜻함.

⚠️ 모양이 비슷한 '稚(어릴 치/3)'와 구별할 것!

[활용]
雅量(아량) 雅樂(아악)
雅號(아호) 清雅(청아)
속된 티가 없이 맑고 아름다움.

맑을 **아**
부수 : 隹, 총 12획

273 岸
강, 호수, 바다 따위의 건너편에 있는 언덕이나 기슭
- 沿岸(연안) : 강이나 호수, 바다를 따라 잇닿아 있는 육지
- 彼岸(피안) : 사바세계 저쪽에 있는 깨달음의 세계
- 海岸(해안) : 바다와 육지가 맞닿은 부분
  괴로움이 많은 인간 세계. 석가모니불이 교화하는 세계를 이름.

[활용]
對岸(대안) 西岸(서안)
東海岸(동해안)
海岸線(해안선)

언덕 **안**
부수 : 山, 총 8획

274 顔
- 童顔(동안) : 어린아이의 얼굴
- 紅顔(홍안) : 붉은 얼굴이라는 뜻으로, 젊어서 혈색이 좋은 얼굴을 이르는 말
- 顔面不知(안면부지) : 얼굴을 모름. 또는 얼굴도 모르는 사람
  뻔뻔스러워 부끄러움이 없음.

顔色이 굳어지다 : 갑자기 심각한 표정을 나타내다.

[활용]
顔料(안료) 顔色(안색)
無顔(무안) 容顔(용안)
厚顔無恥(후안무치)
破顔大笑(파안대소) 364쪽>>>

낯 **안**
부수 : 頁, 총 18획

275 巖
- 巖盤(암반) : 다른 바위 속으로 돌입하여 불규칙하게 굳어진 큰 바위. 바위 바닥
- 巖壁(암벽) : 깎아지른 듯 높이 솟은 벽 모양의 바위
- 巖石(암석) : 지각을 구성하고 있는 단단한 물질

[활용]
巖刻畫(암각화)
沈積巖(침적암)
奇巖怪石(기암괴석)
기이하게 생긴 바위와 괴상하게 생긴 돌

바위 **암**
부수 : 山, 총 23획

한자의 훈과 음을 생각하며, 순서에 따라 써 보세요.

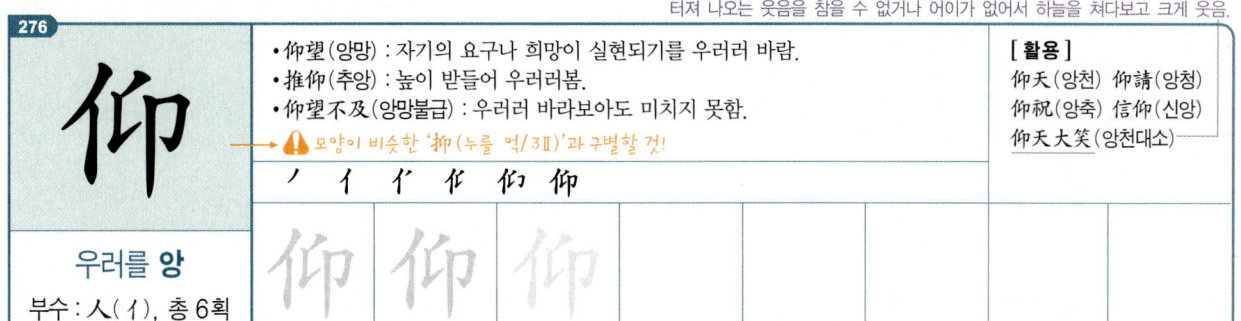

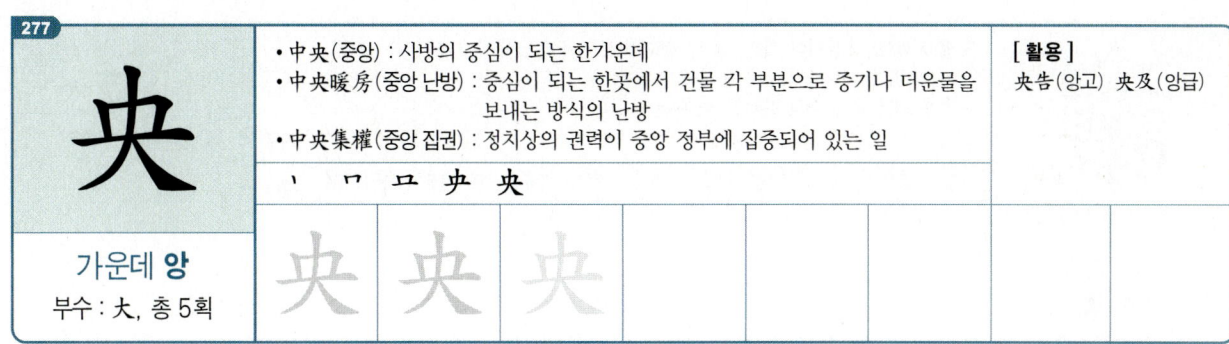

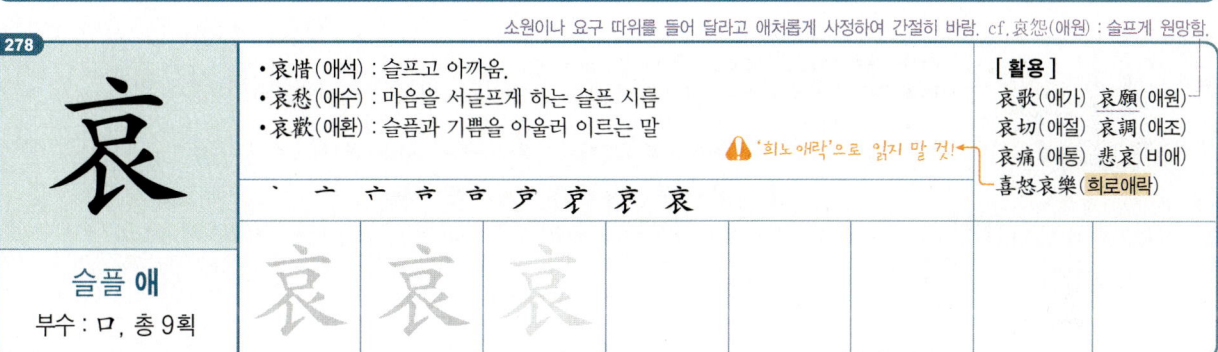

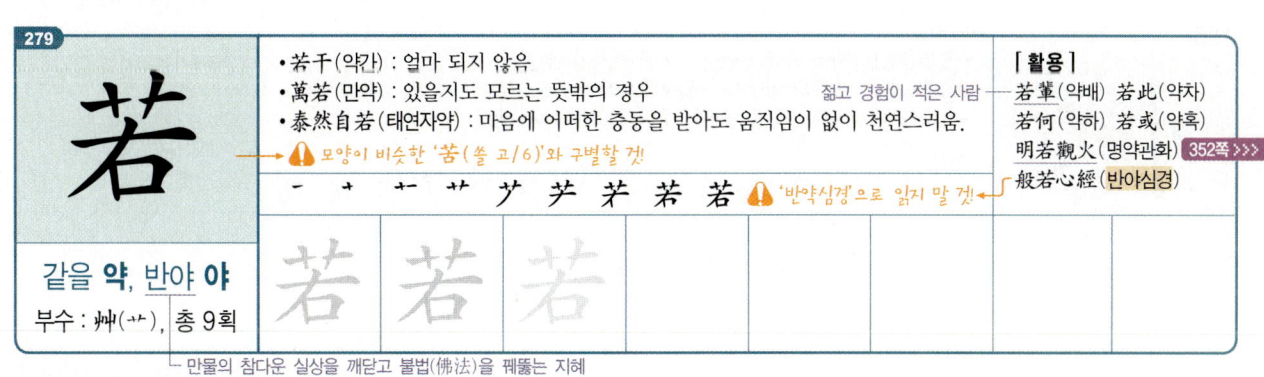

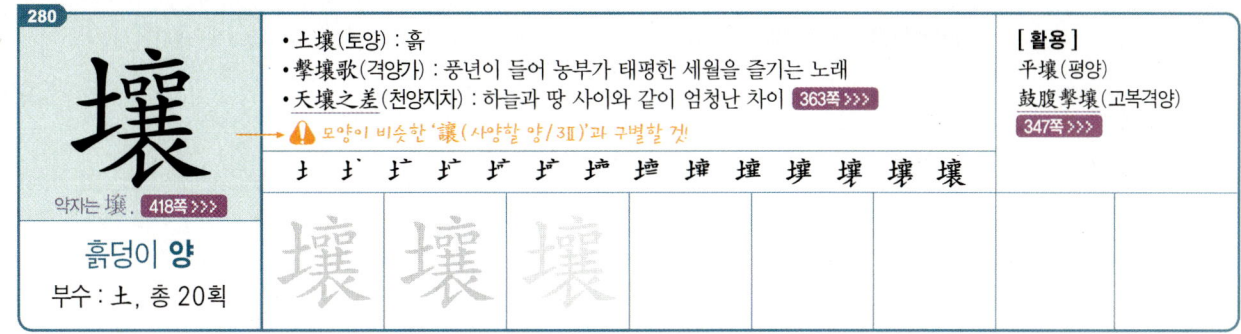

3급 II 배정 한자 ⑥

한자의 훈과 음을 생각하며, 순서에 따라 써 보세요.

281 揚 (날릴 양)
부수: 手(扌), 총 12획

- 止揚(지양) : 더 높은 단계로 오르기 위하여 어떠한 것을 하지 아니함.
- 讚揚(찬양) : 아름답고 훌륭함을 크게 기리고 드러냄. '揚'이 '나타내다'를 뜻함.
- 意氣揚揚(의기양양) : 뜻한 바를 이루어 만족한 마음이 얼굴에 나타난 모양

⚠ 모양이 비슷한 '場(마당 장/7)', '陽(볕 양/6)'과 구별할 것!

필순: 一 十 扌 扌 扩 护 护 押 捋 捋 揚 揚

가라앉은 것이 떠오름. 또는 떠오르게 함. 예 경기 浮揚

[활용]
揚名(양명) 高揚(고양)
浮揚(부양) 宣揚(선양)
抑揚(억양) 引揚(인양)
立身揚名(입신양명) 361쪽 >>>

282 讓 (사양할 양)
부수: 言, 총 24획
약자는 讓. 418쪽 >>>

- 讓步(양보) : 길이나 자리, 물건 따위를 사양하여 남에게 미루어 줌.
- 讓與(양여) : 자기의 소유를 남에게 건네 줌.
- 讓位(양위) : 임금의 자리를 물려줌.

⚠ 모양이 비슷한 '壤(흙덩이 양/3II)'과 구별할 것!

겸손히 남에게 사양하는 마음

필순: 言 訁 訁 訁 訁 謪 譁 譁 譁 譁 讓 讓 讓

사양(辭讓) : 겸손하여 받지 아니하거나 응하지 아니함.

[활용]
讓渡(양도) 謙讓(겸양)
分讓(분양) 移讓(이양)
辭讓之心(사양지심)
讓渡所得(양도 소득)

283 御 (거느릴 어)
부수: 彳, 총 11획

- 御命(어명) : 임금의 명령을 이르던 말
- 御用(어용) : 임금이 쓰는 것을 이르던 말 / 정부에서 쓰는 일 / 자신의 이익을 위하여 권력자나 권력 기관에 영합하여 줏대 없이 행동하는 것을 낮잡아 이르는 말
- 制御(제어) : 상대편을 억눌러서 제 마음대로 다룸. '御'가 '제압하다'를 뜻함.

필순: ノ ノ 彳 彳 彳 彳 徉 徉 徘 御 御

권력자의 비호를 받고 그에게 아부하기 위하여 그의 정책을 찬양하거나 정당화하는 학자

[활용]
御使(어사) 御前(어전)
御殿(어전) 御字(어자)
御用學者(어용학자)
暗行御史(암행어사)

284 憶 (생각할 억)
부수: 心(忄), 총 16획

- 憶念(억념) : 마음 속에 단단히 기억하여 잊지 아니함. 또는 그런 기억
- 記憶(기억) : 이전의 인상이나 경험을 의식 속에 간직하거나 도로 생각해 냄.
- 追憶(추억) : 지나간 일을 돌이켜 생각함. 또는 그런 생각

⚠ 모양이 비슷한 '億(억 억/5)'과 구별할 것!

필순: 丶 丶 忄 忄 忄 忄 怜 怜 惴 憶 憶 憶 憶 憶

[활용]
憶起(억기)
記憶力(기억력)
記憶喪失(기억 상실)

285 抑 (누를 억)
부수: 手(扌), 총 7획

혹은 억누르고 혹은 찬양함. / 음(音)의 상대적인 높이를 변하게 함.

- 抑留(억류) : 억지로 머무르게 함.
- 抑壓(억압) : 자기의 뜻대로 자유로이 행동하지 못하도록 억지로 억누름.
- 抑制(억제) : 감정이나 욕망, 충동적 행동 따위를 내리눌러서 그치게 함.

⚠ 모양이 비슷한 '仰(우러를 앙/3II)'과 구별할 것!

도대체 무슨 심정이냐라는 뜻으로, 무슨 생각으로 그러는지 마음을 알 수 없음을 이르는 말

필순: 一 十 扌 扌 扚 抑 抑

[활용]
抑揚(억양) 抑止(억지)
抑強扶弱(억강부약) 357쪽 >>>
抑何心情(억하심정)

🌼 한자의 훈과 음을 생각하며, 순서에 따라 써 보세요.

286 亦 — 또 역
부수: 亠, 총 6획

- 亦是(역시) : 또한 / 생각하였던 대로
- 亦然(역연) : 또한 그러함.
- 亦參其中(역참기중) : 남의 일에 또한 참여함.

⚠ 모양이 비슷한 '赤(붉을 적/5)'과 구별할 것!

[활용]
亦且(역차) 亦何(역하)
※ 且(또 차)-3급 배정 한자

획순: 丶 一 亠 亣 亦 亦

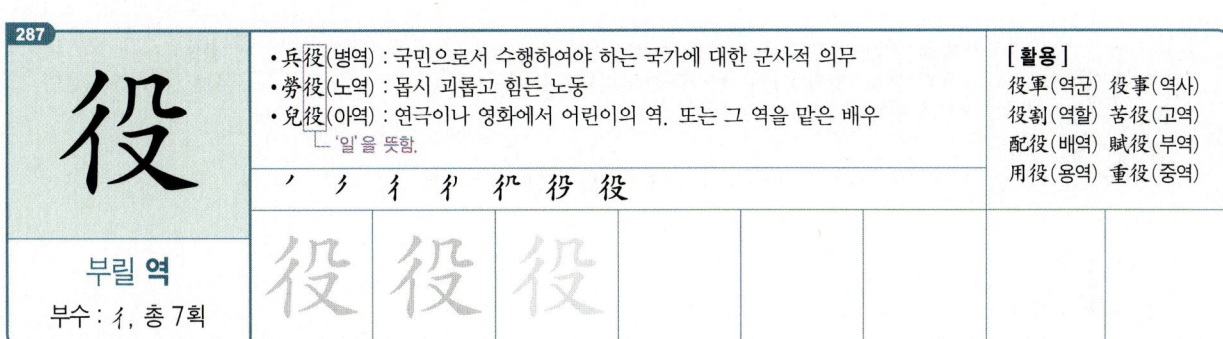

287 役 — 부릴 역
부수: 彳, 총 7획

- 兵役(병역) : 국민으로서 수행하여야 하는 국가에 대한 군사적 의무
- 勞役(노역) : 몹시 괴롭고 힘든 노동
- 兒役(아역) : 연극이나 영화에서 어린이의 역. 또는 그 역을 맡은 배우
  └ '일'을 뜻함.

[활용]
役軍(역군) 役事(역사)
役割(역할) 苦役(고역)
配役(배역) 賦役(부역)
用役(용역) 重役(중역)

획순: 丿 彳 彳 彳 役 役 役

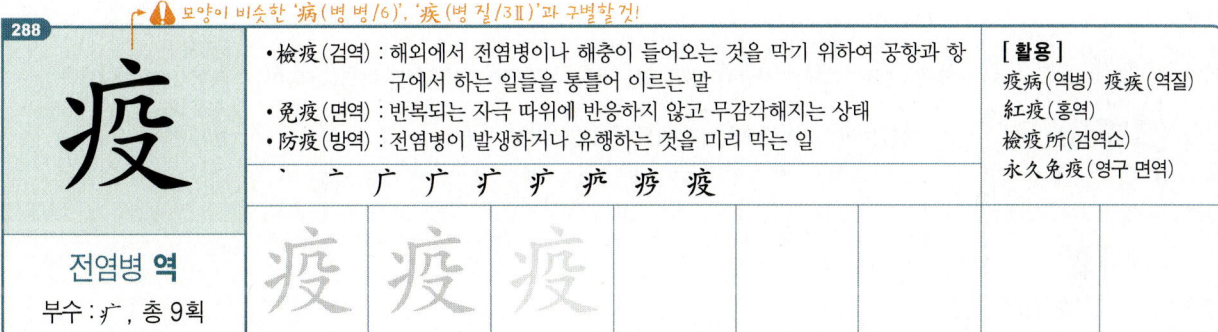

288 疫 — 전염병 역
부수: 疒, 총 9획

⚠ 모양이 비슷한 '病(병 병/6)', '疾(병 질/3Ⅱ)'과 구별할 것!

- 檢疫(검역) : 해외에서 전염병이나 해충이 들어오는 것을 막기 위하여 공항과 항구에서 하는 일들을 통틀어 이르는 말
- 免疫(면역) : 반복되는 자극 따위에 반응하지 않고 무감각해지는 상태
- 防疫(방역) : 전염병이 발생하거나 유행하는 것을 미리 막는 일

[활용]
疫病(역병) 疫疾(역질)
紅疫(홍역)
檢疫所(검역소)
永久免疫(영구 면역)

획순: 丶 一 广 疒 疒 疒 疫 疫 疫

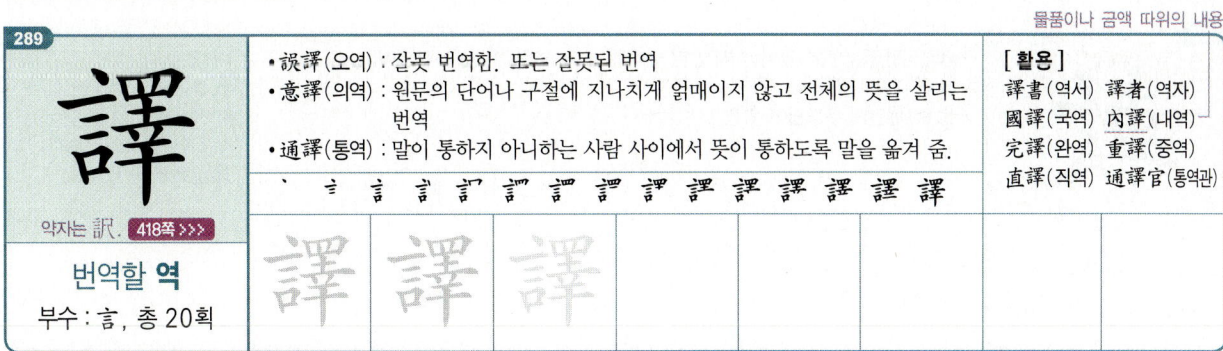

289 譯 — 번역할 역
약자는 訳. 418쪽 >>>
부수: 言, 총 20획

물품이나 금액 따위의 내용

- 誤譯(오역) : 잘못 번역함. 또는 잘못된 번역
- 意譯(의역) : 원문의 단어나 구절에 지나치게 얽매이지 않고 전체의 뜻을 살리는 번역
- 通譯(통역) : 말이 통하지 아니하는 사람 사이에서 뜻이 통하도록 말을 옮겨 줌.

[활용]
譯書(역서) 譯者(역자)
國譯(국역) 內譯(내역)
完譯(완역) 重譯(중역)
直譯(직역) 通譯官(통역관)

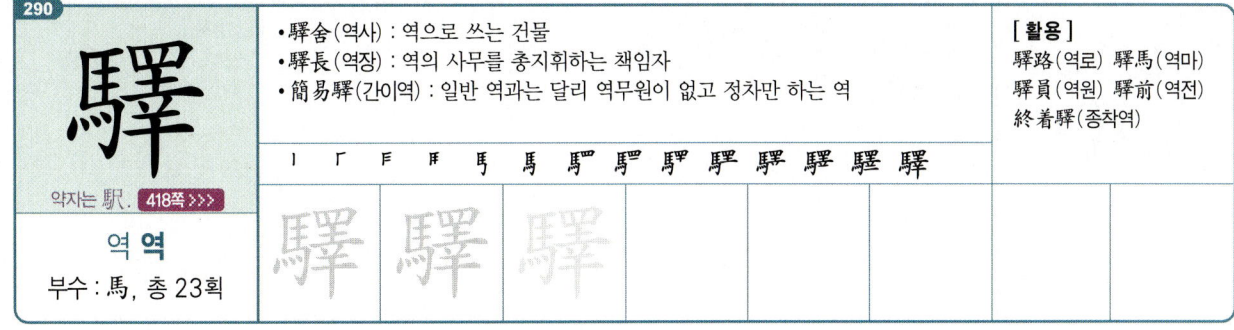

290 驛 — 역 역
약자는 駅. 418쪽 >>>
부수: 馬, 총 23획

- 驛舍(역사) : 역으로 쓰는 건물
- 驛長(역장) : 역의 사무를 총지휘하는 책임자
- 簡易驛(간이역) : 일반 역과는 달리 역무원이 없고 정차만 하는 역

[활용]
驛路(역로) 驛馬(역마)
驛員(역원) 驛前(역전)
終着驛(종착역)

3급Ⅱ 배정 한자 ❻

3급 II 배정 한자 ❻

한자의 훈과 음을 생각하며, 순서에 따라 써 보세요.

291 宴 — 잔치 연
부수: 宀, 총 10획

- 宴會(연회): 축하, 위로, 환영, 석별 따위를 위하여 여러 사람이 모여 베푸는 잔치
- 壽宴(수연): 장수(長壽)를 축하하는 잔치. 보통 환갑잔치를 이름.
- 祝宴(축연): 축하하는 뜻을 나타내기 위하여 베푸는 잔치

[활용] 小宴(소연) 酒宴(주연) 祝賀宴(축하연) 回甲宴(회갑연)

292 沿 — 물따라갈·따를 연
부수: 水(氵), 총 8획

- 沿道(연도): 큰 도로 좌우에 연하여 있는 곳 예) 沿道를 메운 시민들
- 沿岸(연안): 강이나 호수, 바다를 따라 잇닿아 있는 육지
- 沿革(연혁): 변천하여 온 과정

[활용] 沿邊(연변) 沿海(연해)

293 燕 — 제비 연
부수: 火(灬), 총 16획

중국 베이징(北京)의 옛 이름

- 燕息(연식): 한가로이 집에서 쉼 '燕'이 '편안하다'를 뜻함.
- 燕賀(연하): 제비가 사람이 집을 짓는 것을 축하하며 기뻐한다는 뜻으로, 남이 집을 지은 것을 축하하는 말
- 燕尾服(연미복): 검은 모직물로 지은 남자용의 서양식 예복

[활용] 燕京(연경) 燕安(연안) 燕巖(연암) 歸燕(귀연) 春燕(춘연)

294 軟 — 연할 연
부수: 車, 총 11획

- 軟骨(연골): 나이가 어려 아직 뼈가 굳지 않은 체질. 또는 그런 사람
- 軟弱(연약): 무르고 약함.
- 柔軟(유연): 부드럽고 연함.

⚠ 모양이 비슷한 '較(견줄·비교할 교/3Ⅱ)'와 구별할 것!

[활용] 軟禁(연금) 軟性(연성) 軟水(연수) 軟食(연식) 軟質(연질) 軟化(연화) 軟體動物(연체 동물)

295 悅 — 기쁠 열
부수: 心(忄), 총 10획

- 悅樂(열락): 기뻐하고 즐거워함. ⚠ '열악'으로 읽지 말 것!
- 法悅(법열): 참된 이치를 깨달았을 때 느끼는 황홀한 기쁨
- 喜悅(희열): 기쁨과 즐거움

[활용] 感悅(감열) 滿悅(만열) 和悅(화열) 만족하여 기뻐함.

206 읽기 배정 한자 익히기

한자의 훈과 음을 생각하며, 순서에 따라 써 보세요.

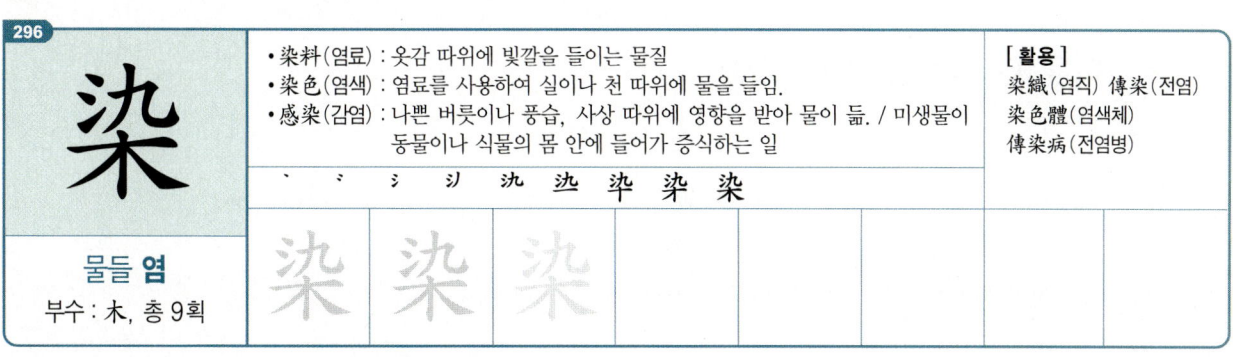

296 染 물들 염 부수: 木, 총 9획

- 染料(염료): 옷감 따위에 빛깔을 들이는 물질
- 染色(염색): 염료를 사용하여 실이나 천 따위에 물을 들임.
- 感染(감염): 나쁜 버릇이나 풍습, 사상 따위에 영향을 받아 물이 듦. / 미생물이 동물이나 식물의 몸 안에 들어가 증식하는 일

[활용] 染織(염직) 傳染(전염) 染色體(염색체) 傳染病(전염병)

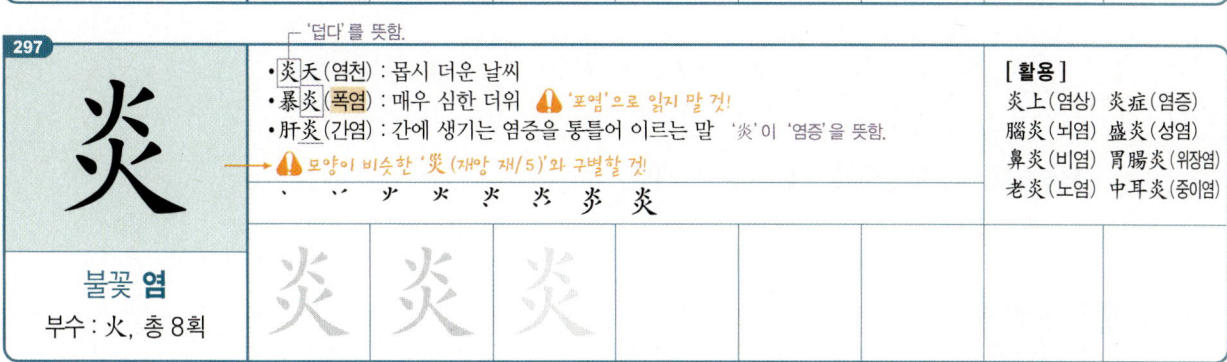

297 炎 불꽃 염 부수: 火, 총 8획

'덥다'를 뜻함.
- 炎天(염천): 몹시 더운 날씨
- 暴炎(폭염): 매우 심한 더위 ⚠ '포염'으로 읽지 말 것!
- 肝炎(간염): 간에 생기는 염증을 통틀어 이르는 말 '炎'이 '염증'을 뜻함.

⚠ 모양이 비슷한 '炭(개암 재/5)'와 구별할 것!

[활용] 炎上(염상) 炎症(염증) 腦炎(뇌염) 盛炎(성염) 鼻炎(비염) 胃腸炎(위장염) 老炎(노염) 中耳炎(중이염)

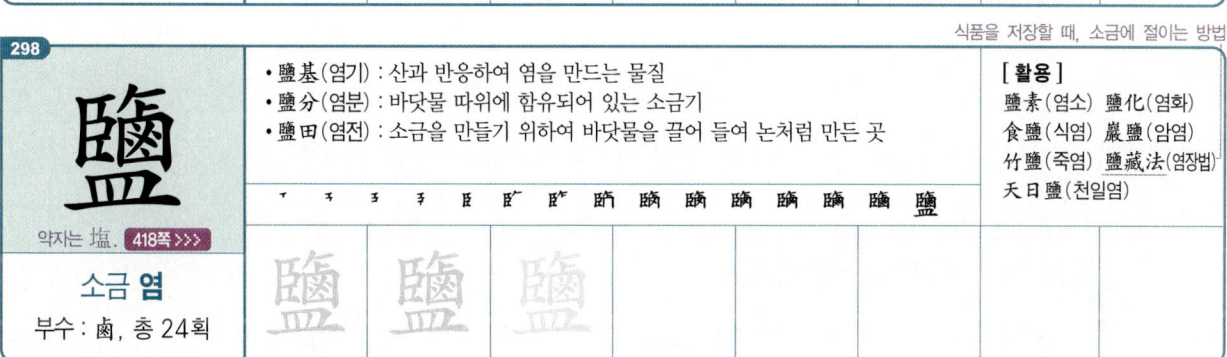

298 鹽 소금 염 약자는 塩. 418쪽 >>> 부수: 鹵, 총 24획

식품을 저장할 때, 소금에 절이는 방법
- 鹽基(염기): 산과 반응하여 염을 만드는 물질
- 鹽分(염분): 바닷물 따위에 함유되어 있는 소금기
- 鹽田(염전): 소금을 만들기 위하여 바닷물을 끌어 들여 논처럼 만든 곳

[활용] 鹽素(염소) 鹽化(염화) 食鹽(식염) 巖鹽(암염) 竹鹽(죽염) 鹽藏法(염장법) 天日鹽(천일염)

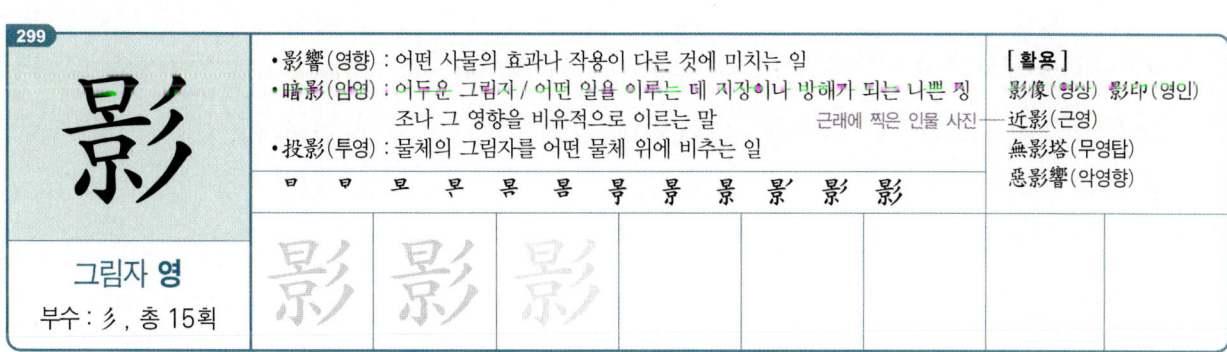

299 影 그림자 영 부수: 彡, 총 15획

- 影響(영향): 어떤 사물의 효과나 작용이 다른 것에 미치는 일
- 暗影(암영): 어두운 그림자 / 어떤 일을 이루는 데 지장이나 방해가 되는 나쁜 징조나 그 영향을 비유적으로 이르는 말
- 投影(투영): 물체의 그림자를 어떤 물체 위에 비추는 일

근래에 찍은 인물 사진
[활용] 影像(영상) 影印(영인) 近影(근영) 無影塔(무영탑) 惡影響(악영향)

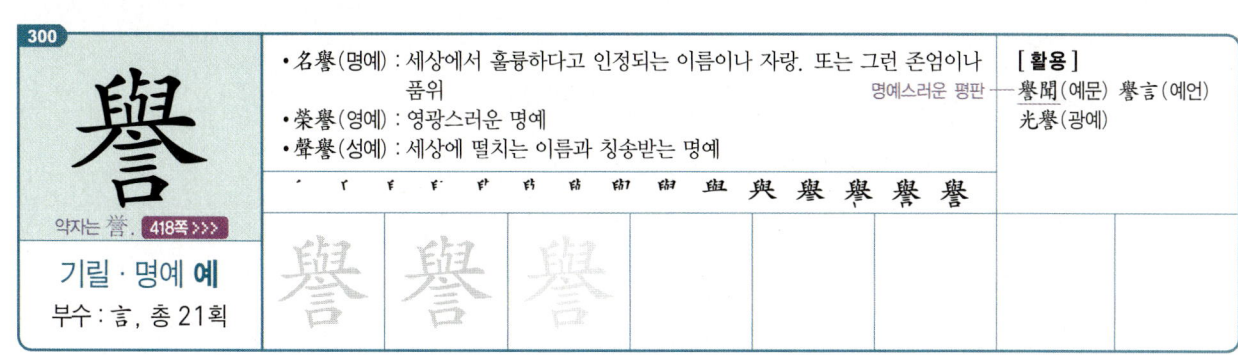

300 譽 기릴·명예 예 약자는 誉. 418쪽 >>> 부수: 言, 총 21획

- 名譽(명예): 세상에서 훌륭하다고 인정되는 이름이나 자랑. 또는 그런 존엄이나 품위
- 榮譽(영예): 영광스러운 명예
- 聲譽(성예): 세상에 떨치는 이름과 칭송받는 명예

명예스러운 평판
[활용] 譽聞(예문) 譽言(예언) 光譽(광예)

3급Ⅱ 배정 한자 ❻ 207

풀면서 익히기

1_ 다음 漢字의 訓과 音을 쓰세요.

(1) 芽 (   )　　(2) 乘 (   )　　(3) 亦 (   )
(4) 染 (   )　　(5) 審 (   )　　(6) 揚 (   )
(7) 沿 (   )　　(8) 燕 (   )　　(9) 御 (   )

2_ 다음 訓과 音에 알맞은 漢字를 쓰세요.

(1) 중 승　(   )　　(2) 모실 시 (   )　　(3) 누를 억 (   )
(4) 열흘 순 (   )　　(5) 부릴 역 (   )　　(6) 기쁠 열 (   )
(7) 전염병 역 (   )　　(8) 가운데 앙 (   )　　(9) 같을 약 (   )

3_ 다음 漢字語의 讀音을 쓰세요.

(1) 驛舍 (   )　　(2) 優雅 (   )　　(3) 發芽 (   )
(4) 榮譽 (   )　　(5) 通譯 (   )　　(6) 瞬間 (   )
(7) 記憶 (   )　　(8) 鹽基 (   )　　(9) 假飾 (   )
(10) 讓步 (   )　　(11) 攻襲 (   )　　(12) 亞流 (   )
(13) 祝宴 (   )　　(14) 巖壁 (   )　　(15) 哀惜 (   )

4_ 다음 문장에서 밑줄 친 漢字語를 漢字로 쓰세요.

(1) 달아나던 도둑은 순찰을 돌던 경찰에게 붙잡히고 말았다.　　(   )
(2) 연일 기승을 부리는 폭염으로 빙과류의 수요가 늘고 있다.　　(   )
(3) 마구 버려진 쓰레기들 때문에 토양이 오염되어 가고 있다.　　(   )
(4) 가습기는 수증기를 내어 실내의 습도를 조절하는 전기 기구이다.　　(   )

실제 시험에서는 2, 4, 5, 7번과 같이 읽기 배정 한자를 쓰는 문제는 출제되지 않으나, 보다 확실한 학습을 위해 쓰기 문제로 구성하였습니다.

5_ 다음 ( ) 안에 알맞은 漢字를 써 넣어 漢字語(四字成語)를 完成하세요.

(1) (　　)面不知 : 얼굴을 모름. 또는 얼굴도 모르는 사람
(2) 無(　　)之境 : 정신이 한곳에 온통 쏠려 스스로를 잊고 있는 경지
(3) 曲學(　　)世 : 바른 길에서 벗어난 학문으로 세상 사람에게 아첨함.
(4) 意氣(　　)揚 : 뜻한 바를 이루어 만족한 마음이 얼굴에 나타난 모양

6_ 다음 漢字의 部首를 쓰세요.

(1) 岸 → (　　)　　(2) 拾 → (　　)　　(3) 鹽 → (　　)
(4) 雙 → (　　)　　(5) 影 → (　　)　　(6) 甚 → (　　)

7_ 다음 漢字語의 同音異義語를 漢字로 쓰되, 제시된 뜻을 가진 漢字語를 쓰세요.

(1) 商術 - (　　) : 자세하게 설명하여 말함.
(2) 深思 - (　　) : 자세하게 조사하여 등급이나 당락 따위를 결정함.

8_ 다음 漢字語의 뜻을 쓰세요.

(1) 愼言 (　　　　　　　　　　　　　　)
(2) 極甚 (　　　　　　　　　　　　　　)
(3) 軟弱 (　　　　　　　　　　　　　　)
(4) 乘降 (　　　　　　　　　　　　　　)

팔도(八道)의 명칭과 사람들의 기질

팔도(八道)란 조선 태종 13년(1413년) 때 확정된 경기, 충청, 전라, 경상, 강원, 황해, 평안, 함경(함길) 8개 도의 지방 행정 구역 명칭이다. 팔도(八道)라 부르는 지명(地名)에는 나름대로의 근거가 있는데, 당시 도(道)의 이름을 정할 때 그 지역에서 가장 큰 고을과 두 번째 고을의 머리 글자를 따서 만들었다고 한다.

〈팔도의 명칭〉

- 강원도(江原道)는 '강릉(江陵)'과 '원주(原州)'의 머리 글자를 딴 것이다.
- 경기도(京畿道)는 서울이라는 뜻의 '경(京)'과 서울을 중심으로 5백리 이내를 뜻하는 '기(畿)'를 합친 것이다.
- 경상도(慶尙道)는 '경주(慶州)'와 '상주(尙州)'의 머리 글자를 딴 것이다.
- 전라도(全羅道)는 '전주(全州)'와 '나주(羅州)'의 머리 글자를 딴 것이다.
- 충청도(忠淸道)는 '충주(忠州)'와 '청주(淸州)'의 머리 글자를 딴 것이다.
- 평안도(平安道)는 '평양(平壤)'과 '안주(安州)'의 머리 글자를 딴 것이다.
- 함경도(咸鏡道)는 '함흥(咸興)'과 '경성(鏡城)'의 머리 글자를 딴 것이다.
- 황해도(黃海道)는 '황주(黃州)'와 '해주(海州)'의 머리 글자를 딴 것이다.

〈팔도 사람들의 기질〉

예로부터 전해 내려오는 팔도 사람들의 기질을 평한 사자 성어(四字成語)가 있는데, 이는 주로 그 지방 사람들의 말을 중심으로 한 평에서 비롯된 것이다.

- **경기도**(京畿道) - 경중미인(鏡中美人)

  거울 속의 미인처럼 우아하고 단정하다는 뜻으로, 단아하고 정갈한 경기도 사람들의 기질에서 나온 말이다.

- **함경도**(咸鏡道) - 이전투구(泥田鬪狗)

  진흙 밭에서 싸우는 개처럼 맹렬하고 악착스럽다는 뜻으로, 저돌적이고 목표 의식이 분명한 함경도 사람들의 기질에서 나온 말이다. 요즈음은 이전투구(泥田鬪狗)라는 말이 정치판 등에 빗대어 부정적인 의미로 사용되나, 원래 이 말은 만주나 옛소련 등지까지 명성이 자자했던 풍산개를 비유한 말이다. 예부터 풍산개 두 마리만 있으면 호랑이도 잡는다고 했는데, 이처럼 어려운 난관을 극복하고 자신의 목표를 향해 돌진하는 함경도 사람들의 집념을 표현한 것이다.

- **평안도**(平安道) - 맹호출림(猛虎出林)

  숲 속에서 나온 범처럼 매섭고 사납다는 뜻으로, 도전적이고 억센 평안도 사람들의 기질에서 나온 말이다.

- **황해도**(黃海道) - 석전경우(石田耕牛)

  거친 자갈밭을 가는 소처럼 묵묵하고 억세다는 뜻으로, 인내심이 강하고 부지런하며 힘든 일도 묵묵히 해 내는 황해도 사람들의 기질에서 나온 말이다.

- **강원도**(江原道) - 암하노불(巖下老佛)

  큰 바위 아래에 있는 부처님처럼 어질고 인자하다는 뜻으로, 무뚝뚝하고 진득한 강원도 사람들의 기질에서 나온 말이다.

- **충청도**(忠淸道) - 청풍명월(淸風明月)

  맑은 바람과 밝은 달처럼 부드럽고 고매하다는 뜻으로, 순수하고 진지한 충청도 사람들의 기질에서 나온 말이다.

- **전라도**(全羅道) - 풍전세류(風前細柳)

  바람결에 날리는 버드나무처럼 멋을 알고 풍류를 즐긴다는 뜻으로, 부드럽고 영리하며 정겨운 전라도 사람들의 기질에서 나온 말이다.

- **경상도**(慶尙道) - 태산준령(泰山峻嶺)

  큰 산과 험한 고개처럼 선이 굵고 우직하다는 뜻으로, 거칠고 무뚝뚝해 보이지만 믿음직스러운 경상도 사람들의 기질에서 나온 말이다.

3급 II 배정한자 ①

한자의 훈과 음을 생각하며, 순서에 따라 써 보세요.

301 悟 (깨달을 오)
부수: 心(忄), 총 10획

- 悟性(오성): 지성이나 사고의 능력 / 감성 및 이성과 구별되는 지력(知力)
- 覺悟(각오): 앞으로 해야 할 일이나 겪을 일에 대한 마음의 준비
- 悔悟(회오): 잘못을 뉘우치고 깨달음.

⚠ '성오'로 읽지 말 것! 반성하여 깨달음.

[활용]
悟悅(오열) 省悟(성오)
깨닫고 기뻐함

302 烏 (까마귀 오)
부수: 火(灬), 총 10획

'해'를 달리 이르는 말, 태양 속에 세 개의 발을 가진 까마귀가 있다는 전설에서 유래

- 烏梅(오매): 덜 익은 푸른 매실을 짚불 연기에 그슬려 말린 것
- 烏合之卒(오합지졸): 임시로 모여들어서 규율이 없고 무질서한 병졸 또는 군중을 이르는 말 (358쪽 >>>)

⚠ 모양이 비슷한 '鳥(새 조 / 4 II)'와 구별할 것!

[활용]
烏金(오금) 烏石(오석)
烏竹(오죽) 金烏(금오)
烏骨鷄(오골계)

⚠ '김오'로 읽지 말 것!

303 獄 (옥 옥)
부수: 犬(犭), 총 14획

감옥살이를 하다가 감옥에서 죽음.

- 獄苦(옥고): 옥살이를 하는 고생
- 監獄(감옥): 죄인을 가두어 두는 곳
- 投獄(투옥): 옥에 가둠.

반역, 살인 따위의 크고 중대한 범죄를 다스림.
죄인을 가두어 두는 건물

⚠ 각 한자어의 뜻을 구별할 것!
⚠ 왼쪽의 '犬'이 부수임에 유의할 것!

[활용]
獄事(옥사) 獄死(옥사)
獄舍(옥사) 監獄(감옥)
地獄(지옥) 出獄(출옥)
脫獄(탈옥) 下獄(하옥)

304 瓦 (기와 와)
부수: 瓦, 총 5획

- 瓦當(와당): 기와의 마구리
- 瓦屋(와옥): 기와집
- 瓦解(와해): 기와가 깨진다는 뜻으로, 조직이나 계획 따위가 산산이 무너지고 흩어짐을 이르는 말

= 농와지경(弄瓦之慶). 딸을 낳은 즐거움. 중국에서 딸을 낳으면 흙으로 만든 실패를 장난감으로 주었다는 데서 유래. '瓦'가 '실패'를 뜻함.

옥(玉)이 못 되고 기와가 되어 안전하게 남는다는 뜻으로, 아무 보람도 없이 목숨을 이어 감을 비유적으로 이르는 말

⚠ 글자 자체가 부수임에 유의할 것!

[활용]
瓦器(와기) 瓦全(와전)
弄瓦(농와) 鬼瓦(귀와)
青瓦臺(청와대)

305 緩 (느릴 완)
부수: 糸, 총 15획

긴장된 상태나 급박한 것을 느슨하게 함. '緩'이 '느슨하다'를 뜻함.

- 緩急(완급): 느림과 빠름
- 緩行(완행): 느리게 감.
- 緩衝(완충): 대립하는 것 사이에서 불화나 충돌을 누그러지게 함.
  └ '느슨하다'를 뜻함.

[활용]
緩和(완화)
緩衝地帶(완충 지대)
緩行列車(완행열차)

한자의 훈과 음을 생각하며, 순서에 따라 써 보세요.

306 欲 하고자할 **욕** / 부수: 欠, 총 11획
- 欲求(욕구): 무엇을 얻거나 무슨 일을 하고자 바라는 일
- 情欲(정욕): 마음속에 일어나는 여러 가지 욕구
- 欲速不達(욕속부달): 일을 빨리 하려고 하면 도리어 이루지 못함.
  ⚠ '욕속 불달'로 읽지 말 것!

[활용] 欲求不滿(욕구 불만)

⚠ 모양·훈·활용 한자어를 구별할 것!

307 慾 욕심 **욕** / 부수: 心, 총 15획
- 慾心(욕심): 분수에 넘치게 무엇을 탐내거나 누리고자 하는 마음
- 禁慾(금욕): 욕구나 욕망을 억제하고 금함.
- 野慾(야욕): 자기 잇속만 채우려는 더러운 욕심

[활용] 物慾(물욕) 性慾(성욕) 食慾(식욕) 意慾(의욕) 私利私慾(사리사욕) 사사로운 이익과 욕심

308 辱 욕될 **욕** / 부수: 辰, 총 10획
- 困辱(곤욕): 심한 모욕. 또는 참기 힘든 일
- 屈辱(굴욕): 남에게 억눌리어 업신여김을 받음.
- 恥辱(치욕): 수치와 모욕을 아울러 이르는 말

자기와 교제하게 된 것이 그 사람에게는 욕이 된다는 뜻으로, 말하는 이가 교분이 있는 사람을 상대하여 자기를 낮추어 이르는 일인칭 대명사

[활용] 辱說(욕설) 辱知(욕지) 雪辱(설욕) 榮辱(영욕) 忍辱(인욕)

⚠ 부수를 '寸'으로 혼동하지 말 것!

둘로 나누어 나머지 없이 떨어지는 수

309 偶 짝 **우** / 부수: 人(亻), 총 11획
- 偶發(우발): 우연히 일어남. 또는 그런 일
- 偶然(우연): 아무런 인과 관계가 없이 뜻하지 아니하게 일어난 일
- 配偶者(배우자): 부부의 한쪽에서 본 다른 쪽

'偶'가 '우연히'를 뜻함.

[활용] 偶像(우상) 偶數(우수) 偶人(우인) 偶像崇拜(우상 숭배)

나무, 돌, 쇠붙이, 흙 따위로 만든 신불(神佛: 신령과 부처)이나 사람의 형상. '偶'가 '허수아비'를 뜻함.

310 宇 집 **우** / 부수: 宀, 총 6획
- 宇宙(우주): 무한한 시간과 만물을 포함하고 있는 끝없는 공간의 총체
- 屋宇(옥우): 여러 집채
- 宇宙船(우주선): 우주 공간을 비행하기 위한 비행 물체

⚠ 모양이 비슷한 '字(글자 자/7)'와 구별할 것!

[활용] 氣宇(기우) 宇宙基地(우주 기지)

3급Ⅱ 배정 한자 ⑦

한자의 훈과 음을 생각하며, 순서에 따라 써 보세요.

311 愚
말하는 이가 형으로 대접하는 사람을 상대하여 자기를 낮추어 이르는 일인칭 대명사

- 愚弄(우롱) : 사람을 어리석게 보고 함부로 대하거나 웃음거리로 만듦.
- 愚惡(우악) : 어리석고 포악함. ⚠ '우오'로 읽지 말 것!
- 愚直(우직) : 어리석고 고지식함.

우공이 산을 옮겼다는 뜻으로, 어떤 일이든지 끊임없이 노력하면 마침내 성공함을 비유하는 말

[활용]
愚見(우견) 愚弟(우제)
愚公移山(우공이산)
愚問賢答(우문현답)

필순: ノ 冂 日 日 日 厚 禺 禺 禺 愚

어리석을 우
부수 : 心, 총 13획

312 憂
- 憂慮(우려) : 근심하거나 걱정함. 또는 그 근심과 걱정
- 憂愁(우수) : 근심과 걱정을 아울러 이르는 말
- 憂患(우환) : 집안에 복잡한 일이나 환자가 생겨서 나는 걱정이나 근심

⚠ 모양이 비슷한 '優(넉넉할 우/4)'와 구별할 것!

[활용]
憂國(우국)
內憂外患(내우외환) 350쪽 >>>
識字憂患(식자우환) 356쪽 >>>

필순: 一 厂 亓 丙 酉 百 直 恵 惪 惪 憂 憂

근심 우
부수 : 心, 총 15획

313 羽
오음(五音: 궁(宮), 상(商), 각(角), 치(徵), 우(羽))의 하나, 가장 맑은 음임.

- 羽毛(우모) : 깃털
- 羽翼(우익) : 새의 날개 / 보좌하는 일. 또는 그 일을 하는 사람
- 羽族(우족) : 날짐승을 통틀어 이르는 말

[활용]
羽聲(우성)
項羽壯士(항우장사)
항우 같은 장사라는 뜻으로, 힘이 아주 센 사람을 비유적으로 이르는 말

필순: ノ 刁 刁 羽 羽 羽

깃 우
부수 : 羽, 총 6획

⚠ 글자 자체가 부수임에 유의할 것!

314 韻
고상하고 우아한 멋. '韻'이 '기품'을 뜻함.

- 韻文(운문) : 일정한 운자(韻字)를 달아 지은 글. 시의 형식으로 지은 글
- 韻字(운자) : 한시의 운으로 다는 글자
- 餘韻(여운) : 아직 가시지 않고 남아 있는 운치

한자의 음(音)과 운(韻)을 아울러 이르는 말, 머두 자음은 음, 나머지 부분은 운임.

[활용]
韻律(운율) 韻致(운치)
音韻(음운)

필순: 丶 亠 立 产 咅 咅 音 音 音 韵 韵 韻 韻

운 운
부수 : 音, 총 19획

한자의 음절에서 성모(聲母 – 우리 나라 말의 초성에 해당하는 부분)를 제외한 부분, 또는 그것을 종류에 따라 나눈 것

315 越
- 越權(월권) : 자기 권한 밖의 일에 관여함.
- 越等(월등) : 수준이나 실력이 훨씬 뛰어나게
- 卓越(탁월) : 남보다 훨씬 뛰어남.

국경이나 경계선을 넘는 일

[활용]
越境(월경) 越冬(월동)
越班(월반) 越尺(월척)
優越(우월) 移越(이월)
超越(초월) 追越(추월)
옮기어 넘김.

필순: 一 十 土 + 丰 走 走 走 越 越 越 越

넘을 월
부수 : 走, 총 12획

한자의 훈과 음을 생각하며, 순서에 따라 써 보세요.

316. 僞 (거짓 위)
- 僞善(위선) : 겉으로만 착한 체함. 또는 그런 짓이나 일
- 僞裝(위장) : 본래의 정체나 모습이 드러나지 않도록 거짓으로 꾸밈.
- 僞證(위증) : 거짓으로 증명함. 또는 그런 증거

⚠ 모양이 비슷한 '爲(할 위/4Ⅱ)'와 구별할 것!

[활용] 僞造(위조) 眞僞(진위) 虛僞(허위)

약자는 偽. 418쪽 >>>
부수 : 人(亻), 총 14획

317. 胃 (밥통 위)
- 胃壁(위벽) : 위의 안쪽을 형성하는 벽
- 胃腸(위장) : 위(胃)와 장(腸)을 아울러 이르는 말
- 胃炎(위염) : 위 점막에 생기는 염증성 질환을 통틀어 이르는 말

⚠ '위렴'으로 읽지 말 것!

[활용] 胃散(위산) 胃痛(위통) 健胃(건위) — 위를 튼튼하게 함. 또는 튼튼한 위
胃下垂(위하수) — 위가 정상 위치보다 처지는 병증

부수 : 肉(月), 총 9획
'육달월'임. ⚠ 부수를 '月(달 월)'과 혼동하지 말 것!

318. 謂 (이를 위)
- 可謂(가위) : 한마디의 말로 이르자면. 또는 그런 뜻에서 참으로
- 所謂(소위) : 이른바

• 북한산의 가을 풍경은 可謂 일품이다.
• 그는 많은 돈을 들여서 所謂 감투라는 것을 쓰게 되었다.

이를 위
부수 : 言, 총 16획
이르다 : 무엇이라고 말하다.

오륜(五倫)의 하나, 어른과 어린이 사이에는 엄격한 차례가 있고 복종해야 할 질서가 있음을 뜻한다.

319. 幼 (어릴 유)
- 幼年(유년) : 어린 나이나 때. 또는 어린 나이의 아이
- 幼兒(유아) : 생후 1년부터 만 6세까지의 어린아이
- 幼蟲(유충) : 알에서 나온 후 아직 다 자라지 아니한 벌레. 애벌레

[활용] 幼稚園(유치원) 長幼有序(장유유서)

부수 : 幺, 총 5획

320. 幽 (그윽할 유)
'귀신'을 뜻함. 저승. '幽'가 '저승'을 뜻함.

- 幽靈(유령) : 죽은 사람의 혼령
- 幽明(유명) : 어둠과 밝음을 아울러 이르는 말 / 저승과 이승을 아울러 이르는 말
- 幽閉(유폐) : 아주 깊숙이 가두어 둠.

'가두다'를 뜻함.

[활용] 幽界(유계) 幽宅(유택) 幽玄(유현) — 이치가 알기 어려울 정도로 깊고 그윽하며 미묘함. 무덤
深山幽谷(심산유곡) 356쪽 >>>

부수 : 幺, 총 9획

3급 II 배정 한자 ⑦

한자의 훈과 음을 생각하며, 순서에 따라 써 보세요.

321 悠

'悠'가 '한가하다'를 뜻함.

- 悠久(유구) : 아득하게 오램.
- 悠然(유연) : 침착하고 여유가 있음.
- 悠悠自適(유유자적) : 속세를 떠나 아무 속박 없이 조용하고 편안하게 삶.

[활용]
悠遠(유원) 悠長(유장)
아득히 멂. 길고 오램.

획순: 丿 亻 亻 亻 攸 攸 攸 悠 悠 悠 悠

멀 **유**
부수: 心, 총 11획

322 柔

두 사람이 맨손으로 맞잡고 상대편이 공격해 오는 힘을 이용하여 던져 넘어뜨리거나 조르거나 눌러 승부를 겨루는 운동

- 柔軟(유연) : 부드럽고 연함. cf. 悠然(유연)
- 溫柔(온유) : 성격이 온화하고 부드러움.
- 懷柔(회유) : 어루만지고 잘 달래어 시키는 말을 듣도록 함. 겉으로는 부드럽고 순하게 보이나 속은 곧고 굳셈.

⚠ '子(아들 자)'로 혼동하지 말 것!

[활용]
柔道(유도) 柔順(유순)
柔弱(유약) 柔和(유화)
外柔內剛(외유내강)
優柔不斷(우유부단) 358쪽>>>

획순: 一 그 그 了 予 矛 矛 柔 柔

부드러울 **유**
부수: 木, 총 9획

323 猶

'망설이다'를 뜻함.

- 猶豫(유예) : 망설여 일을 결행하지 아니함. / 일을 결행하는 데 날짜나 시간을 미룸. 또는 그런 기간
- 猶不足(유부족) : 아직도 모자람. 또는 오히려 모자람.

[활용]
過猶不及(과유불급) 348쪽>>>
執行猶豫(집행 유예)

획순: 丿 犭 犭 犭 犭 犴 犷 猶 猶 猶 猶 猶

오히려 **유**
부수: 犬(犭), 총 12획

324 維

'유지하다, 지탱하다'를 뜻함.   나라를 다스리는 데 지켜야 할 네 가지 원칙, 곧 예(禮), 의(義), 염(廉), 치(恥)

- 維新(유신) : 낡은 제도를 고쳐 새롭게 함. '維'가 '이, 이에'를 뜻함.
- 維持(유지) : 어떤 상태나 상황을 그대로 보존하거나 변함없이 계속하여 지탱함.
- 維歲次(유세차) : '이 해의 차례는'이라는 뜻으로, 제문(祭文)의 첫머리에 관용적으로 쓰는 말
   └'이'를 뜻함.   죽은 사람에 대하여 애도의 뜻을 나타낸 글

[활용]
四維(사유)
維持費(유지비)

획순: 乚 幺 幺 幺 糸 糸 糽 糾 絆 絆 絆 維 維 維

벼리 **유**
부수: 糸, 총 14획

└ 그물의 위쪽 코를 꿰어 놓은 줄

325 裕

- 裕福(유복) : 살림이 넉넉함.
- 富裕(부유) : 재물이 넉넉함.   마음이 넓고 큼.
- 餘裕(여유) : 물질적·공간적·시간적으로 넉넉하여 남음이 있는 상태

[활용]
裕寬(유관) 裕足(유족)
富裕層(부유층)

획순: 丶 亠 ㅋ ㅋ 衤 衤 衤 衤 衧 衧 裕 裕

넉넉할 **유**
부수: 衣(衤), 총 12획

216 읽기 배정 한자 익히기

한자의 훈과 음을 생각하며, 순서에 따라 써 보세요.

326 誘 (꾈 유)
부수: 言, 총 14획

사람이나 물건을 목적한 장소나 방향으로 이끎. cf. 柔道(유도)

- 誘發(유발) : 어떤 것에 이끌려 다른 일이 일어남.
- 誘致(유치) : 꾀어서 데려옴. / 행사나 사업 따위를 이끌어 들임.
- 勸誘(권유) : 어떤 일 따위를 하도록 권함.

[활용]
誘導(유도)　誘引(유인)
誘惑(유혹)
誘導彈(유도탄)
請誘法(청유법)

327 潤 (불을 윤)
부수: 水(氵), 총 15획

사실을 과장하거나 미화함을 비유적으로 이르는 말

- 潤澤(윤택) : 윤기 있는 광택 / 살림이 풍부함. '潤'이 '윤'을 뜻함.
- 利潤(이윤) : 장사 따위를 하여 남은 돈
- 浸潤(침윤) : 수분이 스며들어 젖음. / 사상이나 분위기 따위가 사람들에게 번져 나감. '潤'이 '젖다'를 뜻함.

[활용]
潤氣(윤기)　潤色(윤색)
潤筆(윤필)
붓을 적신다는 뜻으로, 그림을 그리거나 글씨를 쓰는 일을 이르는 말. '潤'이 '적시다'를 뜻함.

- 불다 : 분량이나 수효가 많아지다.

328 乙 (새 을)
부수: 乙, 총 1획

하룻밤을 오경(五更)으로 나눈 둘째 부분, 밤 아홉 시부터 열한 시 사이이다.

- 乙夜(을야) : '이경(二更)'을 오야(五夜)의 하나로 이르는 말
- 乙種(을종) : 갑, 을, 병 따위로 차례를 매길 때에 그 둘째
- 甲男乙女(갑남을녀) : 평범한 사람들을 이르는 말 346쪽 >>>

[활용]
오야(五夜) : 하룻밤을 다섯으로 나눈 이름. 갑야(甲夜), 을야(乙夜), 병야(丙夜), 정야(丁夜), 무야(戊夜)를 이른다.

글자 자체가 부수임에 유의할 것!

329 淫 (음란할 음)
부수: 水(氵), 총 11획

- 淫談(음담) : 음란하고 방탕한 이야기
- 淫亂(음란) : 음탕하고 난잡함.
- 淫行(음행) : 음란한 짓을 함. 또는 그런 행실

[활용]
賣淫(매음)　手淫(수음)
荒淫(황음)
함부로 음탕한 짓을 함.

330 已 (이미 이)
부수: 己, 총 3획

- 已往(이왕) : 지금보다 이전
- 不得已(부득이) : 마지못하여 하는 수 없이　'부득이'로 읽지 말 것!
- 已往之事(이왕지사) : 이미 지나간 일

→ 모양이 비슷한 '己(몸 기/5)', '巳(뱀 사/3)'와 구별할 것!

[활용]
已甚(이심)
지나치게 심함.
'已'가 '너무'를 뜻함.

'己(몸 기)'가 부수임에 유의할 것!

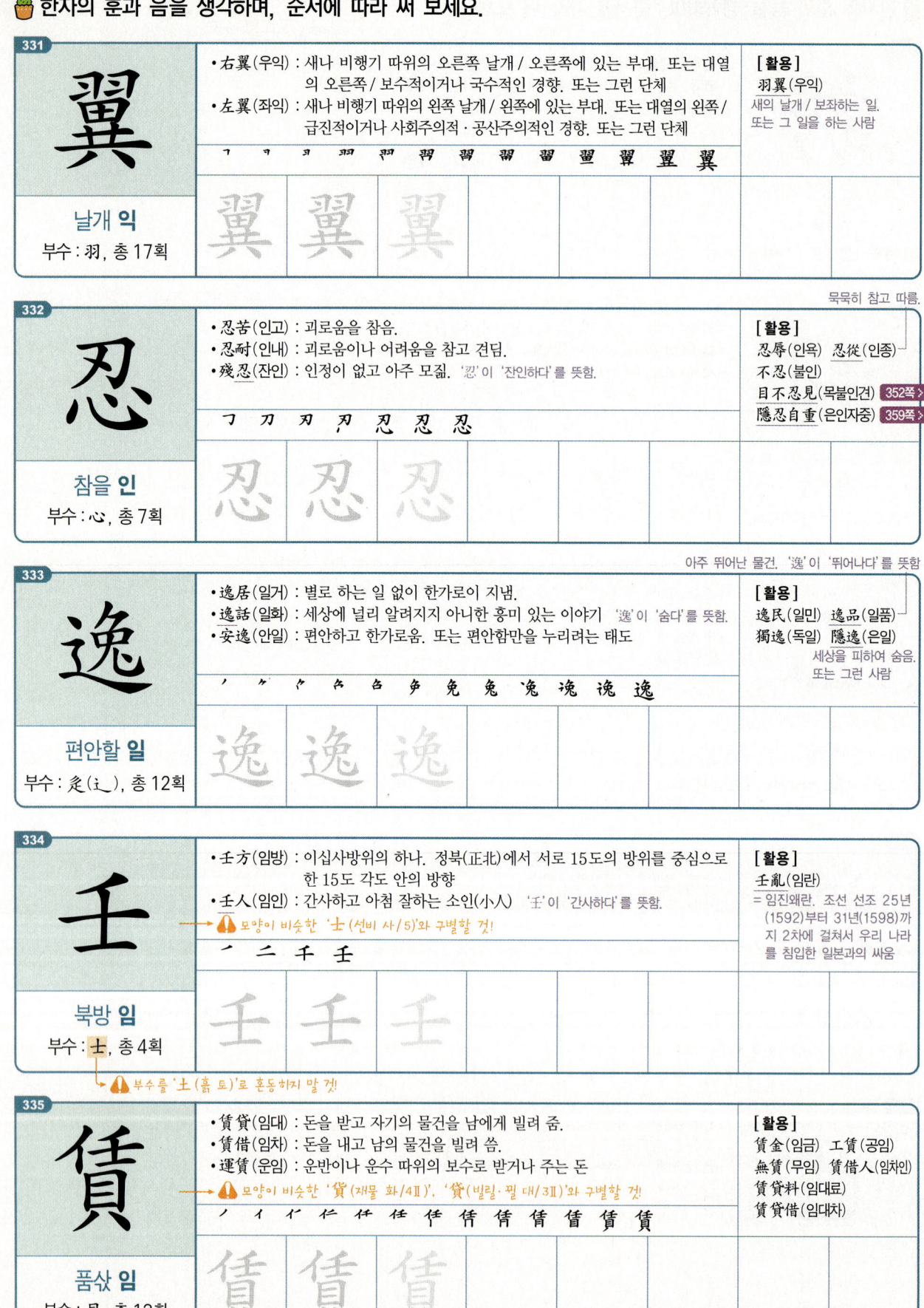

한자의 훈과 음을 생각하며, 순서에 따라 써 보세요.

336 刺 (찌를 자·척)
부수: 刀(刂), 총 8획

얼굴이나 팔뚝의 살을 따고 홈을 내어 먹물로 죄명을 찍어 넣던 벌. '刺'가 '문신하다'를 뜻함.

- 刺客(자객): 사람을 몰래 암살하는 일을 전문으로 하는 사람
- 刺傷(자상): 칼 따위의 날카로운 것에 찔려서 입은 상처
- 亂刺(난자): 칼이나 창 따위로 마구 찌름.

[활용]
- 刺字(자자)
- 刺殺(자살·척살): 칼 따위로 사람을 찔러 죽임.
- ⚠ 독음이 두 가지임에 유의할 것!

필순: 一 ㄱ ㄿ 市 束 束 剌 刺

337 慈 (사랑 자)
부수: 心, 총 13획

남을 불쌍히 여겨 도와줌.

- 慈堂(자당): 남의 어머니를 높여 이르는 말
- 慈悲(자비): 남을 깊이 사랑하고 가엾게 여김. 또는 그렇게 여겨서 베푸는 혜택
- 仁慈(인자): 마음이 어질고 무던하며 자애스러움.

⚠ 세 번째 획을 두 획으로 나누어 쓰지 말 것!

[활용]
- 慈母(자모) 慈善(자선)
- 慈愛(자애) 慈兄(자형)
- 慈惠(자혜) 無慈悲(무자비)
- 大慈大悲(대자대비)

338 紫 (자줏빛 자)
부수: 糸, 총 12획

울긋불긋한 여러 가지 꽃의 빛깔. 또는 그런 빛깔의 꽃

- 紫色(자색): 자주색. 짙은 남빛을 띤 붉은색
- 紫煙(자연): 보랏빛 연기. / 담배 연기
- 紫雲(자운): 자줏빛 구름이라는 뜻으로, 상서로운 구름을 이르는 말

산은 자줏빛으로 선명하고 물은 맑다는 뜻으로, 경치가 아름다움을 이르는 말

[활용]
- 紫石英(자석영)
- 紫外線(자외선)
- 山紫水明(산자수명)
- 千紫萬紅(천자만홍)

339 暫 (잠깐 잠)
부수: 日, 총 15획

- 暫時(잠시): 짧은 시간
- 暫定(잠정): 임시로 정함.

[활용]
- 暫時 동안 쉬면서 머리를 식혔다.
- 두 나라는 농산물 개방에 관한 暫定 협정을 맺었다.

⚠ 부수를 '曰(가로 왈)'로 혼동하지 말 것!

340 潛 (잠길 잠)
부수: 水(氵), 총 15획

드러나지 않게 숨음. '潛'이 '숨다'를 뜻함.

- 潛入(잠입): 남몰래 숨어듦.
- 潛跡(잠적): 종적을 아주 숨김. '潛'이 '숨다'를 뜻함.
- 潛行(잠행): 남몰래 숨어서 오고 감. '몰래'를 뜻함.

겉으로 드러나지 않고 속에 잠겨 있거나 숨어 있음. '潛'이 '숨다'를 뜻함.

[활용]
- 潛伏(잠복) 潛水(잠수)
- 潛在(잠재)
- 潛望鏡(잠망경)

3급Ⅱ 배정 한자 ❼ 219

3급Ⅱ 배정 한자 ⑦

한자의 훈과 음을 생각하며, 순서에 따라 써 보세요.

341 丈 (어른 장)
부수: 一, 총 3획

- 丈母(장모) : 아내의 어머니
- 大丈夫(대장부) : 건장하고 씩씩한 사내 '丈'이 '사나이'를 뜻함.
- 春府丈(춘부장) : 남의 아버지를 높여 이르는 말

⚠ 모양이 비슷한 '文(글월 문/7)'과 구별할 것!

필순: 一 ナ 丈

[활용]
- 丈人(장인) 査丈(사장) — 사돈집의 웃어른을 높여 이르는 말
- 女丈夫(여장부)
- 老人丈(노인장) — '노인'을 높여 이르는 말
- 氣高萬丈(기고만장) 349쪽 >>>

342 掌 (손바닥 장)
부수: 手, 총 12획

- 管掌(관장) : 일을 맡아서 주관함. '掌'이 '맡다'를 뜻함.
- 合掌(합장) : 두 손바닥을 합하여 마음이 한결같음을 나타냄. 또는 그런 예법
- 如反掌(여반장) : 손바닥을 뒤집는 것 같다는 뜻으로, 일이 매우 쉬움을 이르는 말

[활용]
- 分掌(분장) — 일이나 임무를 나누어 맡아 처리함. '掌'이 '맡다'를 뜻함.
- 車掌(차장) — 기차 따위에서 찻삯을 받거나 차의 원활한 운행과 승객의 편의를 도모하는 사람. '掌'이 '맡다'를 뜻함.
- 仙人掌(선인장)
- 孤掌難鳴(고장난명) 347쪽 >>>
- 拍掌大笑(박장대소) 353쪽 >>>

343 粧 (단장할 장)
부수: 米, 총 12획

- 粧飾(장식) : 옷이나 액세서리 따위로 치장함.
- 丹粧(단장) : 얼굴, 머리, 옷차림 따위를 곱게 꾸밈.
- 化粧(화장) : 화장품을 바르거나 문질러 얼굴을 곱게 꾸밈.

[활용]
- 粧鏡(장경) 內粧(내장) — 내부 수장 (內部修粧 : 집 안을 손질하고 꾸밈, 또는 그 일)을 줄여서 이르는 말
- 治粧(치장) 美粧院(미장원)
- 銀粧刀(은장도)
- 七寶丹粧(칠보단장) — 여러 가지 패물로 몸을 꾸밈. 또는 그 꾸밈새

344 莊 (씩씩할 장)
부수: 艸(艹), 총 11획
약자는 荘 418쪽 >>>

⚠ 모양이 비슷한 '壯(장할 장/4)'과 구별할 것!

- 莊嚴(장엄) : 씩씩하고 웅장하며 위엄 있고 엄숙함.
- 莊重(장중) : 장엄하고 정중함.
- 別莊(별장) : 살림을 하는 집 외에 경치 좋은 곳에 따로 지어 놓고 때때로 묵으면서 쉬는 집 '莊'이 '별장'을 뜻함.

[활용]
- 莊園(장원) 莊子(장자)
- 山莊(산장)
- 老莊思想(노장 사상) — 노자와 장자의 사상. 예(禮)를 통해 세상을 교화하려 한 유가(儒家)에 대하여 매우 비판적이었다.

345 葬 (장사지낼 장)
부수: 艸(艹), 총 13획

- 葬禮(장례) : 장사를 지내는 일. 또는 그런 예식
- 移葬(이장) : 무덤을 옮겨 씀.
- 火葬(화장) : 죽은 사람을 불에 살라 장사 지냄. cf.化粧(화장)

[활용]
- 葬儀(장의) 葬地(장지)
- 國葬(국장) 水葬(수장) — 시체를 물속에 넣어 장사 지냄. / 물속에서 잃어버리거나 물속에 가라앉힘.
- 安葬(안장) 合葬(합장)
- 葬送曲(장송곡) — 장례 때 연주하는 곡을 통틀어 이르는 말

한자의 훈과 음을 생각하며, 순서에 따라 써 보세요.

346 藏 (감출 장)
부수: 艸(艹), 총 18획

- 藏書(장서): 책을 간직하여 둠. 또는 그 책
- 死藏(사장): 사물 따위를 필요한 곳에 활용하지 않고 썩혀 둠.
- 貯藏(저장): 물건이나 재화 따위를 모아서 간수함.

[활용]
- 祕藏(비장) 私藏(사장) — 개인이 사사로이 간직함. 또는 그 물건. cf.死藏
- 所藏(소장) 收藏(수장) — 거두어서 깊이 간직함. cf.水葬(수장)
- 愛藏(애장) 藏中(장중)
- 愛藏品(애장품)

⚠ 모양·훈·활용 한자어를 구별할 것!

347 臟 (오장 장)
부수: 肉(月), 총 22획 — '육달월'임. ⚠ 부수를 '月(달월)'로 혼동하지 말 것!

- 臟器(장기): 내장의 여러 기관 cf.長期(장기): 오랜 기간
- 肝臟(간장): 간. 가로막 바로 밑의 오른쪽에 있는 기관
- 五臟(오장): 간장, 심장, 비장, 폐장, 신장의 다섯 가지 내장을 통틀어 이르는 말

[활용]
- 內臟(내장) 心臟(심장)

348 栽 (심을 재)
부수: 木, 총 10획

- 栽培(재배): 식물을 심어 가꿈.
- 植栽(식재): 초목을 심어 재배함.
- 移栽(이재): 옮겨서 재배함.

[활용]
- 輪栽(윤재) = 돌려짓기. 같은 땅에 여러 가지 농작물을 해마다 바꾸어 심는 일

⚠ 모양·훈·활용 한자어를 구별할 것!

349 裁 (옷마를 재)
부수: 衣, 총 12획 — 마르다: 옷감이나 재목 따위의 재료를 치수에 맞게 자르다.

- 裁斷(재단): 옷감이나 재목 따위를 치수에 맞도록 재거나 자르는 일
- 裁量(재량): 자기의 생각과 판단에 따라 일을 처리함. '裁'가, '결단하다, 판가름하다'를 뜻함.
- 裁判(재판): 옳고 그름을 따져 판단함.

일정한 규칙이나 관습의 위반에 대하여 제한하거나 금지함. 또는 그런 조치. '裁'가 '누르다, 제압하다'를 뜻함.

[활용]
- 裁可(재가) 裁定(재정)
- 決裁(결재) 獨裁(독재)
- 洋裁(양재) 制裁(제재) — 양복을 재단하고 재봉하는 일
- 仲裁(중재) 總裁(총재)

350 載 (실을 재)
부수: 車, 총 13획

- 記載(기재): 문서 따위에 기록하여 올림.
- 登載(등재): 일정한 사항을 장부나 대장에 올림.
- 積載(적재): 물건이나 짐을 선박, 차량 따위의 운송 수단에 실음.

소설이나 논문 따위의 글을 출판물에 실을 때에 전체를 다 실음.

어떤 곳에 이미 발표되었던 글을 다른 곳에 그대로 옮겨 실음. cf.全載

[활용]
- 滿載(만재) 連載(연재)
- 全載(전재) 轉載(전재)
- 千載一遇(천재일우) 363쪽 >>>

풀이연습 익히기

1_ 다음 漢字의 訓과 音을 쓰세요.

(1) 韻 (　　　)　　(2) 獄 (　　　)　　(3) 悠 (　　　)
(4) 逸 (　　　)　　(5) 翼 (　　　)　　(6) 維 (　　　)
(7) 葬 (　　　)　　(8) 栽 (　　　)　　(9) 刺 (　　　)

2_ 다음 訓과 音에 알맞은 漢字를 쓰세요.

(1) 깃 우　(　　　)　　(2) 감출 장　(　　　)　　(3) 사랑 자　(　　　)
(4) 집 우　(　　　)　　(5) 실을 재　(　　　)　　(6) 이미 이　(　　　)
(7) 손바닥 장(　　　)　　(8) 옷마를 재 (　　　)　　(9) 단장할 장 (　　　)

3_ 다음 漢字語의 讀音을 쓰세요.

(1) 僞善 (　　　)　　(2) 暫時 (　　　)　　(3) 幼兒 (　　　)
(4) 胃炎 (　　　)　　(5) 欲求 (　　　)　　(6) 潛入 (　　　)
(7) 猶豫 (　　　)　　(8) 忍耐 (　　　)　　(9) 瓦解 (　　　)
(10) 淫亂 (　　　)　　(11) 越等 (　　　)　　(12) 幽靈 (　　　)
(13) 利潤 (　　　)　　(14) 賃貸 (　　　)　　(15) 紫色 (　　　)

4_ 다음 문장에서 밑줄 친 漢字語를 漢字로 쓰세요.

(1) 잘못된 소문으로 그는 큰 곤욕을 치렀다.　　　　　　　　　(　　　)
(2) 공항에서 우연히 초등학교 동창을 만났다.　　　　　　　　(　　　)
(3) 주 5일제 도입으로 직장인들의 시간적 여유가 많아졌다.　(　　　)
(4) 학습에 흥미를 유발할 수 있도록 도와 주는 것이 중요하다.(　　　)

실제 시험에서는 2, 4, 5, 7번과 같이 읽기 배정 한자를 쓰는 문제는 출제되지 않으나, 보다 확실한 학습을 위해 쓰기 문제로 구성하였습니다.

5_ 다음 ( ) 안에 알맞은 漢字를 써 넣어 漢字語(四字成語)를 完成하세요.

(1) (　　)往之事 : 이미 지나간 일

(2) 甲男(　　)女 : 평범한 사람들을 이르는 말

(3) (　　)速不達 : 일을 빨리 하려고 하면 도리어 이루지 못함.

(4) (　　)合之卒 : 임시로 모여들어서 규율이 없고 무질서한 병졸 또는 군중을 이르는 말

6_ 다음 漢字의 部首를 쓰세요.

(1) 悟 → (　　)　　(2) 莊 → (　　)　　(3) 壬 → (　　)

(4) 誘 → (　　)　　(5) 幽 → (　　)　　(6) 栽 → (　　)

7_ 다음 漢字語의 同音異義語를 漢字로 쓰되, 제시된 뜻을 가진 漢字語를 쓰세요.

(1) 長期 - (　　) : 내장의 여러 기관

(2) 誘導 - (　　) : 두 사람이 맨손으로 맞잡고 상대편이 공격해 오는 힘을 이용하여 던져 넘어뜨리거나 조르거나 눌러 승부를 겨루는 운동

8_ 다음 漢字語의 뜻을 쓰세요.

(1) 所謂　(　　　　　　　　　　　　　　　)

(2) 緩急　(　　　　　　　　　　　　　　　)

(3) 愚直　(　　　　　　　　　　　　　　　)

(4) 春府丈 (　　　　　　　　　　　　　　　)

3급II 배정한자 ⑧

한자의 훈과 음을 생각하며, 순서에 따라 써 보세요.

351 抵 막을 저
부수: 手(扌), 총 8획

'닥뜨리다(닥쳐오는 사물에 부딪다)'를 뜻함. 대체로 보아서, '抵'가 '대컨(=대저)'을 뜻함.

- 抵當(저당) : 맞서서 겨룸. / 부동산이나 동산을 채무의 담보로 잡거나 담보로 잡힘.
- 抵觸(저촉) : 서로 부딪치거나 모순됨. / 법률이나 규칙 따위에 위반되거나 거슬림.
- 抵抗(저항) : 어떤 힘이나 조건에 굽히지 아니하고 거역하거나 버팀.

모양이 비슷한 '低(낮을 저/4II)'와 구별할 것! 죽기를 각오하고 굳세게 저항함.

[활용]
- 大抵(대저)
- 根抵當(근저당)
- 無抵抗(무저항)
- 抵死爲限(저사위한)

352 著 나타날 저
부수: 艸(艹), 총 13획

모양이 비슷한 '者(놈 자/6)'와 구별할 것! 글이나 책 따위를 씀. 또 그 글이나 책

- 著名(저명) : 세상에 이름이 널리 드러나 있음.
- 編著(편저) : 편집하여 저술함.
- 顯著(현저) : 뚜렷이 드러남.
    └ '짓다'를 뜻함.

문학, 예술, 학술에 속하는 창작물에 대하여 저작자나 그 권리 승계인이 행사하는 배타적·독점적 권리

[활용]
- 著書(저서) 著述(저술)
- 著者(저자) 著作(저작)
- 共著(공저) 論著(논저)
- 著作權(저작권)

353 寂 고요할 적
부수: 宀, 총 11획

모양이 비슷한 '叔(아재비 숙/4)'과 구별할 것! 사라져 없어짐. 곧 죽음을 이르는 말

- 孤寂(고적) : 외롭고 쓸쓸함.
- 入寂(입적) : 중이 죽음. 예) 성철 스님은 나이 82세, 법랍 59년으로 入寂하였다.
- 閑寂(한적) : 한가하고 고요함.
    └ '열반'을 뜻함.

[활용]
- 寂滅(적멸) 寂寂(적적)
- 靜寂(정적)

354 摘 딸 적
부수: 手(扌), 총 14획

모양이 비슷한 '滴(물방울 적/3)'과 구별할 것!

- 摘發(적발) : 숨겨져 있는 일이나 드러나지 아니한 것을 들추어 냄.
- 摘出(적출) : 끄집어내거나 솎아 냄.
- 指摘(지적) : 꼭 집어서 가리킴.
    └ '들추어내다'를 뜻함.

[활용]
- 摘示(적시) 摘芽(적아)
- 摘要(적요) 순지르기
- 요점을 뽑아 적음.
- 또는 그 기록

355 笛 피리 적
부수: 竹(⺮), 총 11획

- 警笛(경적) : 주의나 경계를 하도록 소리를 울리는 장치. 또는 그 소리
- 汽笛(기적) : 기차나 배 따위에서 증기를 내뿜는 힘으로 경적 소리를 내는 장치
- 鼓笛隊(고적대) : 피리와 북으로 짜여진 의식(儀式) 및 행진용 음악대
    └ 행사를 치르는 일정한 법칙

[활용]
- 縱笛(종적)
- 세로피리

한자의 훈과 음을 생각하며, 순서에 따라 써 보세요.

356 跡

상식으로는 생각할 수 없는 기이한 일

- 遺跡(유적) : 남아 있는 자취(건축물이나 싸움터 또는 역사적인 사건이 벌어졌던 곳이나 패총, 고분 따위를 이름.)
- 足跡(족적) : 발자취
- 追跡(추적) : 도망하는 사람의 뒤를 밟아서 쫓음.

[활용]
- 奇跡(기적) 人跡(인적)
- 潛跡(잠적) 筆跡(필적)

발자취 **적**
부수 : 足(⻊), 총 13획

⚠ 모양·훈·활용 한자어를 구별할 것!

357 蹟

- 古蹟(고적) : 남아 있는 옛날 건물이나 물건
- 史蹟(사적) : 역사적으로 중요한 사건이나 시설의 자취
- 聖蹟(성적) : 성스러운 사적이나 고적

[활용]
- 事蹟(사적) 遺蹟(유적)
  = 遺跡
- 사업의 남은 자취 cf. 史蹟

자취 **적**
부수 : 足(⻊), 총 18획

358 殿

- 殿堂(전당) : 높고 크게 지은 화려한 집
- 宮殿(궁전) : 임금이 거처하는 집
- 御殿(어전) : 임금이 있는 궁전을 이르던 말

왕이나 왕비 또는 왕족을 높여 부르는 말

[활용]
- 殿下(전하) 內殿(내전)
- 佛殿(불전) 聖殿(성전)
- 神殿(신전) 大雄殿(대웅전)
- 集賢殿(집현전)

전각 **전**
부수 : 殳, 총 13획

└ 궁궐. '전(殿)'이나 '각(閣)'자가 붙은 커다란 집을 이르는 말

359 漸

차차 번져서 물듦.

- 漸增(점증) : 점점 증가함.
- 漸進(점진) : 조금씩 앞으로 나아감. 섬섬 술어늚. 또는 섬섬 줄여 감.
- 漸次(점차) : 차례를 따라 조금씩

[활용]
- 漸減(점감) 漸染(점염)
- 漸進的(점진적)
- 漸入佳境(점입가경)
361쪽 >>>

점점 **점**
부수 : 水(氵), 총 14획

360 井

짜임새와 조리가 있음. 예 논리가 井然하다.

- 井間(정간) : 바둑판 따위와 같이, 가로세로로 여러 개의 나란한 금을 그어 '井'자 모양으로 된 각각의 칸살
- 油井(유정) : 석유갱. 석유의 원유를 퍼내는 샘
- 井華水(정화수) : 이른 새벽에 길은 우물물

井中觀天(정중관천)

[활용]
- 井然(정연)
- 井間紙(정간지)
- 市井雜輩(시정잡배)
- 坐井觀天(좌정관천) 362쪽 >>>

우물 **정**
부수 : 二, 총 4획

3급 II 배정 한자 ⑧

한자의 훈과 음을 생각하며, 순서에 따라 써 보세요.

361 亭 (정자 정)
- 亭子(정자) : 경치가 좋은 곳에 놀거나 쉬기 위하여 지은 집
- 料亭(요정) : 요릿집
- 驛亭(역정) : 예전에, 역참에 마련되어 있던 정자를 이르던 말

⚠ 모양이 비슷한 '停(머무를 정/5)'과 구별할 것!

부수 : 亠, 총 9획

[활용]
八角亭(팔각정)
지붕을 여덟 모가 지도록 지은 정자

362 廷 (조정 정)
- 開廷(개정) : 법정을 열어 재판을 시작하는 일
- 法廷(법정) : 법원이 소송 절차에 따라 송사를 심리하고 판결하는 곳
- 朝廷(조정) : 임금이 나라의 정치를 신하들과 의논하거나 집행하는 곳

⚠ 모양이 비슷한 '庭(뜰 정/6)', '延(늘일 연/4)'과 구별할 것!

부수 : 廴, 총 7획

[활용]
廷論(정론) 宮廷(궁정) ─ 궁궐
出廷(출정) 退廷(퇴정)
閉廷(폐정) 休廷(휴정)
─ 법정에 나가는 일

363 征 (칠 정)
- 征伐(정벌) : 적 또는 죄 있는 무리를 무력으로써 침.
- 征服(정복) : 남의 나라나 이민족 따위를 정벌하여 복종시킴.
- 遠征(원정) : 먼 곳으로 싸우러 나감.

정벌하러 가는 길 / 여행하는 길

부수 : 彳, 총 8획

군에 입대하여 싸움터에 나감. cf. 出廷

[활용] = 征伐(정벌)
征途(정도) 征討(정토)
長征(장정) 出征(출정)
遠征隊(원정대)
遠征競技(원정 경기)

364 淨 (깨끗할 정)
- 淨潔(정결) : 매우 깨끗하고 깔끔함.
- 淨化(정화) : 불순하거나 더러운 것을 깨끗하게 함.
- 淸淨(청정) : 맑고 깨끗함.

⚠ 모양이 비슷한 '爭(다툴 쟁/5)'과 구별할 것!

부수 : 水(氵), 총 11획

[활용]
淨水(정수) 不淨(부정)
洗淨(세정) 自淨(자정)
淨水器(정수기)
西方淨土(서방 정토)

365 貞 (곧을 정)
cf. 靜肅(정숙) : 조용하고 엄숙함.
- 貞淑(정숙) : 여자로서 행실이 곧고 마음씨가 맑고 고움.
- 貞節(정절) : 여자의 곧은 절개
- 忠貞(충정) : 충성스럽고 지조가 곧음.

부수 : 貝, 총 9획

[활용]
貞潔(정결) 貞操(정조)
童貞(동정) 不貞(부정)
童貞女(동정녀)

한자의 훈과 음을 생각하며, 순서에 따라 써 보세요.

366 頂
정수리 정
부수: 頁, 총 11획

- cf. 正常(정상): 특별한 변동이나 탈이 없이 제대로인 상태
- 頂上(정상): 산 따위의 맨 꼭대기 / 그 이상 더없는 최고의 상태
- 絶頂(절정): 산의 맨 꼭대기 / 사물의 진행이나 발전이 최고의 경지에 달한 상태
- 頂門一針(정문일침): 정수리에 침을 놓는다는 뜻으로, 따끔한 충고나 교훈을 이르는 말

[활용]
頂點(정점) 登頂(등정)
山頂(산정)
頂上會談(정상 회담)

367 諸
모두 제
부수: 言, 총 16획

춘추 전국 시대의 여러 학파
- cf. 帝國(제국): 황제가 다스리는 나라
- 諸國(제국): 여러 나라
- 諸君(제군): 통솔자나 지도자가 여러 명의 아랫사람을 문어적으로 조금 높여 이르는 이인칭 대명사
- 諸般(제반): 어떤 것과 관련된 모든 것
  여러 점잖은 분들

[활용]
諸公(제공) 諸氏(제씨)
諸員(제원) 諸位(제위)
諸賢(제현)
諸子百家(제자백가)

368 齊
약자는 斉. 418쪽 >>>
가지런할 제
부수: 齊, 총 14획

- 齊唱(제창): 여러 사람이 다 같이 큰 소리로 외침.
- 整齊(정제): 정돈하여 가지런히 함.
- 修身齊家(수신제가): 몸과 마음을 닦아 수양하고 집안을 다스림.
- ⚠ 모양이 비슷한 '濟(건널 제/4Ⅱ)'와 구별할 것!
- ⚠ 글자 자체가 부수임에 유의할 것!

[활용]
一齊(일제)
여럿이 한꺼번에 함.
예 一齊 단속

369 兆
억조 조
부수: 儿, 총 6획

= 萬民(만민). 모든 백성
- 吉兆(길조): 좋은 일이 있을 조짐. '兆'가 '조짐, 징조'를 뜻함.
- 億兆(억조): 억과 조를 아울러 이르는 말
- 徵兆(징조): 어떤 일이 생길 기미
- ⚠ 모양이 비슷한 '北(북녘 북/8)', '比(견줄 비/5)', '非(아닐 비/4Ⅱ)'와 구별할 것!

[활용]
兆民(조민) 兆占(조점)
前兆(전조) 凶兆(흉조)
億兆蒼生(억조창생)
수많은 백성

370 照
비칠 조
부수: 火(灬), 총 13획

어떤 사람의 인적 사항을 관계되는 기관에 알아보는 일
- 照度(조도): 단위 면적이 단위 시간에 받는 빛의 양
- 觀照(관조): 고요한 마음으로 사물이나 현상을 관찰하거나 비추어 봄.
- 落照(낙조): 저녁에 지는 햇빛
  참고로 비교하고 대조하여 봄.

[활용]
照鑑(조감) 照明(조명)
照準(조준) 照會(조회)
對照(대조) 日照權(일조권)
參照(참조) 前照燈(전조등)

3급Ⅱ 배정 한자 ⑧ 227

3급Ⅱ 배정 한자 ❽

🌱 한자의 훈과 음을 생각하며, 순서에 따라 써 보세요.

371 租 (조세 조)
부수: 禾, 총 10획

- 租稅(조세): 국가 또는 지방 공공 단체가 필요한 경비로 사용하기 위하여 국민이나 주민으로부터 강제로 거두어들이는 금전
- 租借(조차): 삯을 물기로 하고 집이나 땅 따위를 빌림. / 특별한 합의에 따라 한 나라가 다른 나라 영토의 일부를 빌려 일정한 기간 동안 통치하는 일

[활용]
租界(조계)
租稅法(조세법)
準租稅(준조세)

372 縱 (세로 종)
부수: 糸, 총 17획

능선을 따라 산을 걸어, 많은 산봉우리를 넘어가는 일. ㉠ 지리산 縱走를 계획하다.

- 縱斷(종단): 세로로 끊거나 길이로 자름. / 남북의 방향으로 건너가거나 건너옴.
- 縱隊(종대): 세로로 줄을 지어 늘어선 대형
- 操縱(조종): 비행기나 선박, 자동차 따위의 기계를 다루어 부림.

거리낌 없이 제멋대로 행동함. '縱'이 '제멋대로하다'를 뜻함.

[활용]
縱的(종적) 縱走(종주)
放縱(방종)
操縱士(조종사)
縱橫無盡(종횡무진) 362쪽>>>

373 坐 (앉을 좌)
부수: 土, 총 7획

부자(父子), 형제(兄弟), 숙질(叔姪)의 죄로 무고하게 처벌을 당하는 일. cf. 連坐

- 坐視(좌시): 참견하지 아니하고 앉아서 보기만 함.
- 連坐(연좌): 여러 사람이 자리에 잇대어 앉음. ㉠ 그들은 連坐 농성에 돌입했다.
- 正坐(정좌): 몸을 바르게 하고 앉음.

⚠ 모양이 비슷한 '座(자리 좌/4)'와 구별할 것!

[활용]
坐像(좌상) 坐藥(좌약)
坐罪(좌죄) 坐板(좌판)
對坐(대좌) 緣坐(연좌)
坐不安席(좌불안석) 362쪽>>>

374 奏 (아뢸 주)
부수: 大, 총 9획

임금에게 아뢰던 일

- 奏樂(주악): 음악을 연주함. 또는 그 음악 ⚠ '주락'으로 읽지 말 것!
- 奏請(주청): 임금에게 아뢰어 청하던 일
- 演奏(연주): 악기를 다루어 곡을 표현하거나 들려주는 일

⚠ 모양이 비슷한 '奉(받들 봉/5)', '泰(클 태/3Ⅱ)'와 구별할 것!

'奏'가 '연주하다'를 뜻함.

[활용]
奏達(주달) 奏文(주문)
奏效(주효) 獨奏(독주)
伏奏(복주) 前奏(전주)
變奏(변주) 協奏(협주)

아뢰다: 말씀드려 알리다.

375 宙 (집 주)
부수: 宀, 총 8획

- 宇宙(우주): 무한한 시간과 만물을 포함하고 있는 끝없는 공간의 총체
- 宇宙船(우주선): 우주 공간을 비행하기 위한 비행 물체
- 宇宙人(우주인): 우주 비행을 위하여 특수 훈련을 받은 비행사

[활용]
宇宙基地(우주 기지)

한자의 훈과 음을 생각하며, 순서에 따라 써 보세요.

376 柱 기둥 주 · 부수: 木, 총 9획
모양이 비슷한 '桂(계수나무 계/3Ⅱ)'와 구별할 것!

- 柱聯(주련): 기둥이나 벽 따위에 장식으로 써서 붙이는 글귀
- 柱石(주석): 기둥과 주춧돌을 아울러 이르는 말 / 가장 중요한 자리에 있거나 구실을 하는 사람을 비유적으로 이르는 말
- 支柱(지주): 어떠한 물건이 쓰러지지 아니하도록 버티어 괴는 기둥

一 十 十 才 木 ホ 札 村 柱 柱 — 기둥을 세우고 마룻대를 올림.

[활용] 石柱(석주) 電柱(전주) 鐵柱(철주) 望柱石(망주석) 四柱八字(사주팔자) 立柱上梁(입주상량)

377 株 그루 주 · 부수: 木, 총 10획
모양이 비슷한 '珠(구슬 주/3Ⅱ)'와 구별할 것!

- 株券(주권): 주주의 출자에 대하여 교부하는 유가 증권
- 株式(주식): 주식회사의 자본을 구성하는 단위 ('주식'을 뜻함.)
- 株價指數(주가 지수): 주가의 변동을 나타내는 지수 — 어떤 분야에서 발전될 가망이 많은 사람을 비유적으로 이르는 말

一 十 十 才 木 ホ 杧 林 株 株

[활용] 株主(주주) 株總(주총) 新株(신주) 優良株(우량주) 有望株(유망주) 守株待兔(수주대토) 356쪽 >>>

378 洲 물가 주 · 부수: 水(氵), 총 9획
모양이 비슷한 '州(고을 주/5)'와 구별할 것!

- 滿洲(만주): 중국 둥베이(東北) 지방을 이르는 말
- 亞洲(아주): 아세아 주('아시아 주'의 음역어) '洲'가 '뭍'을 뜻함.
- 三角洲(삼각주): 강어귀에, 강물이 운반하여 온 모래나 흙이 쌓여 이루어진 편평한 지형

丶 丶 氵 氵 汈 汎 汎 洲 洲

[활용] 美洲(미주) 六大洲(육대주)

379 珠 구슬 주 · 부수: 玉(王), 총 10획

구슬로 꾸민 신발

- 珠玉(주옥): 구슬과 옥을 아울러 이르는 말
- 念珠(염주): 염불할 때에, 손으로 돌려 개수를 세거나 손목 또는 목에 거는 법구
- 眞珠(진주): 진주조개·대합·전복 따위의 조가비나 살 속에 생기는 딱딱한 덩어리 = 眞珠

一 二 干 王 玎 玎 玕 珠 珠

[활용] 珠閣(주각) 珠履(수리) 珠算(주산) 珠殿(주전) 默珠(묵주) 寶珠(보주) 珍珠(진주) 如意珠(여의주)

부수를 '王(임금 왕)'으로 혼동하지 말 것!

380 鑄 쇠불릴 주 · 부수: 金, 총 22획
약자는 鋳. 418쪽 >>>

- 鑄物(주물): 쇠붙이를 녹여 거푸집에 부은 다음, 굳혀서 만든 물건
- 鑄造(주조): 녹인 쇠붙이를 거푸집에 부어 물건을 만듦.
- 鑄錢(주전): 돈을 주조함. 또는 그 돈

金 金 金 釒 鈩 鋳 鋳 鋳 鋳 鋳 鑄 鑄

[활용] 鑄工(주공) 鑄鐵(주철) 鑄貨(주화) — 쇠붙이를 녹여 화폐를 만듦. 또는 그 화폐

3급Ⅱ 배정 한자 ⑧ 229

3급Ⅱ 배정 한자 ❽

한자의 훈과 음을 생각하며, 순서에 따라 써 보세요.

381 仲 — 버금 중
부수: 人(亻), 총 6획

- '가운데'를 뜻함.
- 仲媒(중매) : 결혼이 이루어지도록 중간에서 소개하는 일
- 仲裁(중재) : 분쟁에 끼어들어 쌍방을 화해시킴.
- 伯仲(백중) : 맏이와 둘째를 아울러 이르는 말

자기의 둘째 형 — 仲兄(중형)
가을이 한창인 때라는 뜻으로, 음력 팔월을 달리 이르는 말 — 仲秋(중추)

[활용]
仲兄(중형) 仲秋(중추)
仲介人(중개인)
秋夕(추석) — 仲秋節(중추절)
伯仲之勢(백중지세) 354쪽 >>>

필순: ノ 亻 亻 亻 仃 仲

으뜸의 바로 아래

382 卽 — 곧 즉
부수: 卩, 총 9획

- 卽決(즉결) : 그 자리에서 곧 결정함. 또는 그런 결정에 따라 마무리를 지음.
- 卽時(즉시) : 어떤 일이 행하여지는 바로 그때
- 卽興(즉흥) : 그 자리에서 바로 일어나는 감흥
- ⚠ 모양이 비슷한 '旣(이미 기/3)'와 구별할 것!

곧 반응을 보이는, 약 따위의 효험
한 번 건드리기만 해도 폭발할 것 같이 몹시 위급한 상태

[활용]
卽刻(즉각) 卽死(즉사)
卽席(즉석) 卽位(즉위)
卽效(즉효)
一觸卽發(일촉즉발)

필순: ノ 亻 白 白 白 自 皀 卽 卽

383 憎 — 미울 증
부수: 心(忄), 총 15획

- 憎惡(증오) : 아주 사무치게 미워함. 또는 그런 마음 ⚠ '증악'으로 읽지 말 것!
- 可憎(가증) : 보기에 괘씸하고 얄미움.
- 愛憎(애증) : 사랑과 미움을 아울러 이르는 말
- ⚠ 모양이 비슷한 '僧(중 승/3Ⅱ)', '增(더할 증/4Ⅱ)'과 구별할 것!

[활용]
怨憎(원증)
원망하고 증오함.

필순: ' ' 亻 忄 忄 忄 忄 忄 忄 忄 忄 忄 忄 忄 忄 忄 憎 憎 憎

⚠ 모양·훈·활용 한자어를 구별할 것!

384 曾 — 일찍 증
부수: 曰, 총 12획
약자는 曽 418쪽 >>>

- 曾孫(증손) : 손자의 아들. 또는 아들의 손자
- 曾祖父(증조부) : 아버지의 할아버지. 또는 할아버지의 아버지
- 未曾有(미증유) : 지금까지 한 번도 있어 본 적이 없음.
- ⚠ 모양이 비슷한 '會(모일 회/6)'와 구별할 것!

[활용]
曾往(증왕)
이미 지나가 버린 그때

필순: ノ 八 八 竹 丛 伶 曱 曽 曽 曾 曾

⚠ 부수를 '日(날 일)'로 혼동하지 말 것!

385 症 — 증세 증
부수: 疒, 총 10획

- 症勢(증세) : 병을 앓을 때 나타나는 여러 가지 상태나 모양
- 痛症(통증) : 아픈 증세
- 不眠症(불면증) : 밤에 잠을 자지 못하는 현상
- ⚠ 모양이 비슷한 '病(병 병/6)', '疾(병 질/3Ⅱ)'과 구별할 것!

[활용]
炎症(염증) 重症(중증)
症狀(증상) 症候群(증후군)
健忘症(건망증) 食困症(식곤증)
疑妻症(의처증) 後遺症(후유증)

필순: ` 亠 广 广 广 疒 疒 疔 症 症

230 읽기 배정 한자 익히기

한자의 훈과 음을 생각하며, 순서에 따라 써 보세요.

386 蒸 (찔 증)
약자는 烝. 418쪽 >>>
부수: 艸(艹), 총 14획

- 蒸發(증발): 어떤 물질이 액체 상태에서 기체 상태로 변함. 또는 그런 현상
- 汗蒸(한증): 높은 온도로 몸을 덥게 하여 땀을 내어서 병을 다스리는 일
- 水蒸氣(수증기): 기체 상태로 되어 있는 물

[활용]
蒸氣(증기)
汗蒸幕(한증막)

387 之 (갈 지)
부수: 丿, 총 4획

'~의, ~하는'을 뜻함.
- 之東之西(지동지서): 동쪽으로도 가고 서쪽으로도 간다는 뜻으로, 뚜렷한 목적 없이 이리저리 갈팡질팡함을 이르는 말
- 窮餘之策(궁여지책): 궁한 나머지 생각다 못하여 짜낸 계책
- 一筆揮之(일필휘지): 글씨를 단숨에 죽 내리 씀.

⚠ 세 번째, 네 번째 획을 한 번에 쓰지 말 것!

[활용]
結者解之(결자해지) 347쪽 >>>
金蘭之契(금란지계) 349쪽 >>>
愛之重之(애지중지) — 매우 사랑하고 소중히 여기는 모양
晩時之歎(만시지탄) 352쪽 >>>

388 枝 (가지 지)
부수: 木, 총 8획

⚠ 모양이 비슷한 '技(재주 기/5)'와 구별할 것!

- 枝葉(지엽): 식물의 가지와 잎 / 본질적이거나 중요하지 아니하고 부차적인 부분
- 幹枝(간지): 식물의 줄기와 가지
- 金枝玉葉(금지옥엽): 금으로 된 가지와 옥으로 된 잎이라는 뜻으로, 임금의 가족을 높여 이르는 말 / 귀한 자손을 이르는 말

[활용]
枝肉(지육)

389 池 (못 지)
부수: 水(氵), 총 6획
넓고 오목하게 팬 땅에 물이 괴어 있는 곳

- 蓮池(연지): 연못
- 水源池(수원지): 물이 흘러나오는 근원이 되는 곳
- 貯水池(저수지): 물을 모아 두기 위하여 하천이나 골짜기를 막아 만든 큰 못 — 홍수 때에 하천의 수량을 조절하는 천연 또는 인공의 저수지

[활용]
天池(천지) 乾電池(건선지)
遊水池(유수지)
蓄電池(축전지)
酒池肉林(주지육림) 362쪽 >>>

390 振 (떨칠 진)
부수: 手(扌), 총 10획

- 振動(진동): 흔들려 움직임. / 냄새 따위가 아주 심하게 나는 상태
- 振作(진작): 떨쳐 일으킴. 또는 떨쳐 일어남. — 무력(武力)을 떨쳐 드러냄.
- 振興(진흥): 떨치어 일어남. 또는 그렇게 되게 함.

[활용]
振武(진무) 不振(부진) — 어떤 일이 이루어지는 기세나 힘 따위가 활발하지 아니함. 예) 성적 不振
三振(삼진) — 야구에서, 타자가 세 번의 스트라이크로 아웃되는 일

II 읽기 배정 한자 익히기

3급II 배정 한자 ❽ 231

3급Ⅱ 배정 한자 ❽

한자의 훈과 음을 생각하며, 순서에 따라 써 보세요.

391 辰 — 별 진, 때 신
부수: 辰, 총 7획

- 辰時(진시): 십이시의 다섯째 시. 오전 일곱 시부터 아홉 시까지
- 生辰(생신): 생일(生日)을 높여 이르는 말
- 日月星辰(일월성신): 해와 달과 별을 통틀어 이르는 말

⚠ 활용 한자어들의 독음에 유의할 것!
⚠ '일월성진'으로 읽지 말 것!

길한 시절 / 길일(吉日)

[활용]
辰方(진방) 辰宿(진수)
吉辰(길신)
壬辰年(임진년)

필순: 一 厂 厂 斤 辰 辰 辰

392 鎭 — 진압할 진
부수: 金, 총 18획

- 鎭壓(진압): 강압적인 힘으로 억눌러 진정시킴.
- 鎭靜(진정): 몹시 소란스럽고 어지러운 일을 가라앉힘.
- 鎭痛(진통): 아픈 것을 가라앉혀 멎게 하는 일
- cf. 眞情(진정): 참되고 애틋한 정이나 마음

⚠ 글자 자체가 부수임에 유의할 것!

죽은 사람의 넋을 달래어 고이 잠들게 함.
무게가 있고 점잖음.

[활용]
鎭山(진산) 鎭定(진정)
鎭重(진중) 鎭魂(진혼)
鎭火(진화) 重鎭(중진)

393 陳 — 베풀 · 묵을 진
부수: 阜(阝), 총 11획

- 陳列(진열): 여러 사람에게 보이기 위하여 물건을 죽 벌여 놓음.
- 陳述(진술): 일이나 상황에 대하여 자세하게 이야기함. 또는 그런 이야기
- 陳腐(진부): 케케묵고 낡음.

⚠ 모양이 비슷한 '陣(진칠 진/4)'과 구별할 것!
⚠ 글자의 오른쪽에 위치하여 부수로 쓰이는 '邑'의 변형(阝)과 구별할 것!

실정이나 사정을 진술함. 예) 정부에 대책을 세워달라고 陳情했다.
주장이나 사실 따위를 밝히기 위하여 의견이나 내용을 드러내어 말하거나 글로 씀. 예) 의견 開陳

[활용]
陳設(진설) 陳情(진정)
開陳(개진) 新陳(신진)
新陳代謝(신진대사)
— 새것과 묵은 것을 아울러 이르는 말

394 震 — 우레 진
부수: 雨, 총 15획

- 震怒(진노): 존엄한 존재가 크게 노함.
- 震源(진원): 최초로 지진파가 발생한 지역
- 餘震(여진): 큰 지진이 일어난 다음에 얼마 동안 잇따라 일어나는 작은 지진
- '지진'을 뜻함.

두렵고 무서워서 떪. '震'이 '떨다'를 뜻함.
우리 나라를 예스럽게 이르는 말
지진을 견디어 냄.

[활용]
震驚(진경) 震恐(진공)
震檀(진단) 震度(진도)
震動(진동) 強震(강진)
耐震(내진) 微震(미진)

⚠ 부수를 '辰'으로 혼동하지 말 것!

395 疾 — 병 질
부수: 疒, 총 10획

- 疾病(질병): 몸의 온갖 병
- 疾走(질주): 빨리 달림. '疾'이 '빠르다'를 뜻함.
- 怪疾(괴질): 원인을 알 수 없는 이상한 병

⚠ 모양이 비슷한 '病(병 병/6)'과 구별할 것!

밉게 봄. '疾'이 '미워하다'를 뜻함.
병으로 인한 괴로움.

[활용]
疾苦(질고) 疾視(질시)
疾風(질풍) 疾患(질환)
惡疾(악질) 眼疾(안질)
— 눈병

한자의 훈과 음을 생각하며, 순서에 따라 써 보세요.

396 秩 (차례 질)
부수: 禾, 총 10획

- 秩高(질고): 관직이나 녹봉 따위가 높음. ('벼슬'을 뜻함.)
- 秩滿(질만): 관직에서 임무를 맡은 기간이 만료됨. (벼슬아치에게 일 년 또는 계절 단위로 나누어 주던 금품)
- 秩序(질서): 혼란 없이 순조롭게 이루어지게 하는 사물의 순서나 차례

⚠ 모양이 비슷한 '秋(가을 추/7)'와 구별할 것!

필순: 秩

[활용]
- 秩米(질미) 秩然(질연)
- 祿秩(녹질) = 녹봉. '秩'이 '녹'을 뜻함.
- 無秩序(무질서)

397 執 (잡을 집)
부수: 土, 총 11획

- 執念(집념): 한 가지 일에 매달려 마음을 쏟음. 또는 그 마음이나 생각
- 執務(집무): 사무를 행함.
- 執着(집착): 어떤 것에 늘 마음이 쏠려 잊지 못하고 매달림.

(붓을 잡는다는 뜻으로, 직접 글을 쓰는 것을 이르는 말)

[활용]
- 執權(집권) 執刀(집도)
- 執事(집사) 執銃(집총)
- 執筆(집필) 執行(집행)
- 固執(고집) 我執(아집)

398 徵 (부를 징)
부수: 彳, 총 15획

⚠ 모양이 비슷한 '微(작을 미/3Ⅱ)'와 구별할 것!

- 徵集(징집): 물건을 거두어 모음. / 병역 의무자를 현역에 복무할 의무를 부과하여 불러 모음.
- 象徵(상징): 추상적인 개념이나 사물을 구체적인 사물로 나타냄. ('徵'이 '나타내다'를 뜻함.)
- 追徵(추징): 부족한 것을 뒤에 추가하여 징수함.

(어떤 일이 생길 기미. '徵'이 '조짐'을 뜻함.)

[활용]
- 徵發(징발) 徵收(징수)
- 徵用(징용) 徵兆(징조)
- 徵表(징표) 徵候(징후)
- 性徵(성징) 特徵(특징)

399 此 (이 차)
부수: 止, 총 6획

- 此後(차후): 지금부터 이후
- 如此(여차): 이와 같음.
- 彼此(피차): 저것과 이것을 아울러 이르는 말 / 이쪽과 저쪽의 양쪽

⚠ 모양이 비슷한 '北(북녘 북/8)', '比(견줄 비/5)'와 구별할 것!
⚠ 부수를 '匕'로 혼동하지 말 것!

(때마침 주어진 기회. 예) 이 문제를 此際에 꼭 짚고 넘어가자.)

[활용]
- 此際(차제)
- 此日彼日(차일피일) 363쪽 >>>
- 彼此一般(피차일반) 364쪽 >>>

400 借 (빌・빌릴 차)
부수: 人(亻), 총 10획

- 借名(차명): 남의 이름을 빌려 씀. 또는 그 이름
- 借入(차입): 돈이나 물건을 꾸어 들임.
- 借用證(차용증): 남의 돈이나 물건을 빌린 것을 증명하는 문서

(남에게 모르는 것을 물어봄. / 시험 삼아 한번 물어 봄.)

[활용]
- 借問(차문) 借邊(차변)
- 假借(가차) 貸借(대차)
- 租借(조차)
- 賃貸借(임대차)

3급Ⅱ 배정 한자 ❽ 233

풀면서 익히기

1_ 다음 漢字의 訓과 音을 쓰세요.

(1) 珠 (   )   (2) 曾 (   )   (3) 廷 (   )
(4) 貞 (   )   (5) 鎭 (   )   (6) 著 (   )
(7) 鑄 (   )   (8) 寂 (   )   (9) 齊 (   )

2_ 다음 訓과 音에 알맞은 漢字를 쓰세요.

(1) 못 지   (   )   (2) 이 차   (   )   (3) 전각 전 (   )
(4) 막을 저 (   )   (5) 잡을 집 (   )   (6) 우레 진 (   )
(7) 우물 정 (   )   (8) 기둥 주 (   )   (9) 세로 종 (   )

3_ 다음 漢字語의 讀音을 쓰세요.

(1) 淨潔 (   )   (2) 徵集 (   )   (3) 株式 (   )
(4) 諸般 (   )   (5) 開廷 (   )   (6) 伯仲 (   )
(7) 滿洲 (   )   (8) 奏樂 (   )   (9) 照度 (   )
(10) 憎惡 (   )   (11) 宇宙 (   )   (12) 蒸發 (   )
(13) 生辰 (   )   (14) 租稅 (   )   (15) 史蹟 (   )

4_ 다음 문장에서 밑줄 친 漢字語를 漢字로 쓰세요.

(1) 마을 입구에 아담한 <u>정자</u>를 지었다.   (   )
(2) 소란스러운 <u>경적</u> 소리와 매연이 도로 위를 채우고 있었다.   (   )
(3) 불법으로 국내에 농산물을 들여오려던 자들이 <u>적발</u>되었다.   (   )
(4) 발효 식품이 <u>질병</u> 예방에 효과적이라는 연구 결과가 나왔다.   (   )

실제 시험에서는 2, 4, 5, 7번과 같이 읽기 배정 한자를 쓰는 문제는 출제되지 않으나, 보다 확실한 학습을 위해 쓰기 문제로 구성하였습니다.

5_ 다음 ( ) 안에 알맞은 漢字를 써 넣어 漢字語(四字成語)를 完成하세요.

(1) (　　　)入佳境 : 들어갈수록 점점 재미가 있음.

(2) (　　　)門一針 : 정수리에 침을 놓는다는 뜻으로, 따끔한 비판이나 충고나 교훈을 이르는 말

(3) (　　　)不安席 : 마음이 불안하거나 걱정스러워서 한군데에 가만히 앉아 있지 못하고 안절부절못하는 모양을 이르는 말

(4) 之東(　　　)西 : 동쪽으로도 가고 서쪽으로도 간다는 뜻으로, 뚜렷한 목적 없이 이리저리 갈팡질팡함을 이르는 말

6_ 다음 漢字의 部首를 쓰세요.

(1) 秩 → (　　　)　　(2) 症 → (　　　)　　(3) 征 → (　　　)

(4) 兆 → (　　　)　　(5) 執 → (　　　)　　(6) 振 → (　　　)

7_ 다음 漢字語의 同音異義語를 漢字로 쓰되, 제시된 뜻을 가진 漢字語를 쓰세요.

(1) 正常 - (　　　) : 산 따위의 맨 꼭대기 그 이상 더없는 최고의 상태

(2) 眞情 - (　　　) : 몹시 소란스럽고 어지러운 일을 가라앉힘.

8_ 다음 漢字語의 뜻을 쓰세요.

(1) 足跡 (　　　　　　　　　　　　　)

(2) 幹枝 (　　　　　　　　　　　　　)

(3) 借入 (　　　　　　　　　　　　　)

(4) 卽時 (　　　　　　　　　　　　　)

파자점(破字占) 이야기

한자의 자획을 나누거나 합쳐서 맞히는 놀이를 '파자(破字)'라고 하며, 임의로 한자(漢字)를 하나 짚게 한 후 그 글자를 파자(破字)하여 길흉(吉凶)을 점치는 것을 '파자점(破字占)'이라고 한다.

〈자식의 성별을 알아맞힌 파자점〉

옛날에 친하게 지내던 두 부인이 거의 비슷한 시기에 아기를 낳게 되었다. 아들인지 딸인지 궁금해하던 두 부인은 고민끝에 파자점을 잘 친다는 점쟁이를 찾아갔다. 찾아온 이유를 들은 점쟁이는 점치는 한자 책을 펴 놓고서 두 사람에게 글자를 하나씩 짚으라고 했다. 먼저 한 부인이 '初(처음 초)'를 짚었다. 그러자 점쟁이가

"당신은 아들을 낳겠소."

라고 말했다. 곁에서 지켜보던 다른 부인은 곰곰이 생각해 보다가 자기도 아들을 낳고 싶어 앞 사람과 같이 '初'자를 짚었다. 그랬더니 이번에는 점쟁이가

"당신은 딸을 낳겠소."

라고 하는 것이 아닌가? 그래서 두 번째로 '初'를 짚은 부인이

"둘 다 같은 글자를 짚었는데 어째서 저 사람은 아들을 낳는다고 하고, 저는 딸을 낳는다고 하십니까?"

라고 물었다. 그러자 점쟁이가

"저 분은 오른쪽의 '刀(칼 도)' 자를 짚었으니 옷 옆에 칼을 차는 남자 아이를 낳을 것이고, 당신은 왼쪽의 '衤(=衣, 옷 의)'를 짚었으니 칼로 옷을 재단하는 여자 아이를 낳는다고 한 것이오."
라고 말했다고 한다.

> **파자 Quiz**
> 1. 10월 10일인 글자는?
> 2. 밭둑이 무너진 글자는?
> 3. 산 밑에서 개를 부르는 글자는?
>
> ⇨ 정답은 아래쪽에

〈'一(한 일)'에 얽힌 파자점〉

옛날에 파자점을 잘 치기로 유명한 점쟁이가 있었다. 어느 날, 한 형제에게 각각 하나의 글자를 짚으라고 하니 둘 다 '一'을 짚은 적이 있었다. 그 점쟁이는 먼저 '一'을 짚은 사람이 동생이고, 나중에 짚은 사람은 형이라고 말했다. 형제가 그 이유를 물으니 '下'를 쓸 때는 '一'을 먼저 긋고, '上'은 '一'을 나중에 긋기 때문에 필순으로 누가 형이고 아우인지 알아맞힌 것이라고 하였다.

또 한번은 아버지가 병을 앓고 있는 두 사람에게 각각 글자를 짚으라고 하니 둘 다 '一'을 짚은 적이 있었다. 점쟁이는 먼저 '一'을 짚은 사람은 아버지의 병이 위험할 것이고, 나중에 '一'을 짚은 사람은 아버지가 살아날 것이라고 말했다. 그 이유는 '死'의 필순은 '一'이 먼저이고, '生'의 필순은 '一'이 끝이기 때문이라고 하였으니, 이 또한 필순으로 생사(生死)를 점친 것이었다.

이 두 이야기를 전해 들은 임금님은 평범한 선비의 복장을 하고 직접 점쟁이를 찾아가 땅 위에다 '一'을 그어 보였다. 그러자 점쟁이가 얼른 큰 절을 올리며

"'土' 위에 '一'을 그으면 '王'이니 당신은 임금이십니다."

라고 하는 것이었다. 이에 임금님은 걸인을 깨끗이 씻겨 점치는 사람에게 가 '一'을 짚으라고 하니,

"땅(土) 위에 길게 누워 있으니(一) 이는 아무데서나 잠을 자는 걸인이로다."

라고 풀이하여 임금과 걸인을 정확히 알아맞혔다고 한다.

> 정답| 1. 朝(아침 조) - 해를 긴 해넘이월 十日十月 2. 十(열 십) - 田(밭 전)에서 둑(□)이 무너지면 十, 임. 3. 哭(울 곡) - 山(메 산) 아래에서 犬(개)를 부름(□)이 개를 부름.

3급 II 배정한자 ⑨

한자의 훈과 음을 생각하며, 순서에 따라 써 보세요.

cf. 到着(도착) : 목적한 곳에 다다름.

401 錯 어긋날 착
부수 : 金, 총 16획

'그릇하다, 잘못하다'를 뜻함. / 뒤바뀌어 거꾸로 됨. / 본능이나 감정 또는 덕성의 이상(異常)으로 사회나 도덕에 어그러진 행동을 나타냄.

- 錯覺(착각) : 어떤 사물이나 사실을 실제와 다르게 지각하거나 생각함.
- 錯視(착시) : 시각적인 착각 현상
- 錯誤(착오) : 착각을 하여 잘못함. 또는 그런 잘못

'錯'이 '뒤섞다, 뒤섞이다'를 뜻함.

[활용]
錯亂(착란) 錯列(착렬)
錯雜(착잡) 倒錯(도착)
施行錯誤(시행착오)

→ 모양이 비슷한 '借(빌·빌릴 차/3II)'와 구별할 것!

ノ 亻 亠 牟 牟 金 金⁻ 釒 鋝 錯 錯 錯

402 贊 도울 찬
부수 : 貝, 총 19획

찬성과 불찬성을 아울러 이르는 말

- 贊反(찬반) : 찬성과 반대를 아울러 이르는 말
- 贊成(찬성) : 어떤 행동이나 견해, 제안 따위가 옳거나 좋다고 판단하여 수긍함.
- 贊助(찬조) : 어떤 일의 뜻에 찬동하여 도와줌.

[활용]
贊同(찬동) 贊否(찬부)
贊意(찬의) 贊票(찬표)
協贊(협찬)

→ 모양이 비슷한 '讚(기릴 찬/4)'과 구별할것!

403 倉 곳집 창
부수 : 人, 총 10획

미처 어찌할 사이 없이 매우 급작스러움. '倉'이 '갑자기'를 뜻함.

- 倉庫(창고) : 물건이나 자재를 저장하거나 보관하는 건물
- 營倉(영창) : 법을 어긴 군인을 가두기 위하여 부대 안에 설치한 감옥
- 彈倉(탄창) : 탄알을 재어 두는 통

'倉'이 '옥사'를 뜻함.

[활용]
穀倉(곡창) 倉卒(창졸)
穀倉地帶(곡창 지대)

곡식을 쌓아 두는 창고 / 곡식이 많이 생산되는 지방을 비유적으로 이르는 말

— 예전에, 곳간으로 쓰려고 지은 집

모양·훈·활용 한자어를 구별할 것!

404 蒼 푸를 창
부수 : 艸(⺾), 총 14획

- 蒼空(창공) : 맑고 푸른 하늘
- 蒼遠(창원) : 아득하게 멀거나 오램. '蒼'이 '아득하다'를 뜻함.
- 古色蒼然(고색창연) : 오래되어 예스러운 풍치나 모습이 그윽함.

[활용]
蒼白(창백) 蒼天(창천)
萬頃蒼波(만경창파) **352쪽>>>**
億兆蒼生(억조창생)

수많은 백성. '蒼'이 '백성'을 뜻함.

405 昌 창성할 창
부수 : 日, 총 8획

착한 말 / 옳은말 / 사리에 맞고 훌륭한 말. '昌'이 '착하다'를 뜻함.

- 昌盛(창성) : 기세가 크게 일어나 잘 뻗어 나감.
- 繁昌(번창) : 번화하게 창성함.
- 隆昌(융창) : 기운차게 일어나거나 대단히 번성함.

평안북도의 벽동(碧潼)과 창성(昌城) 지방에서 나는 크고 억센 소 / '벽창호(碧昌 – 고집이 세며 완고하고 우둔하여 말이 도무지 통하지 아니하는 무뚝뚝한 사람)'의 원말

[활용]
昌言(창언) 昌運(창운)
昌德宮(창덕궁)
碧昌牛(벽창우)

ノ 冂 日 日 日 昌 昌 昌

→ 부수를 '曰(가로 왈)'로 혼동하지 말 것!

238 읽기 배정 한자 익히기

한자의 훈과 음을 생각하며, 순서에 따라 써 보세요.

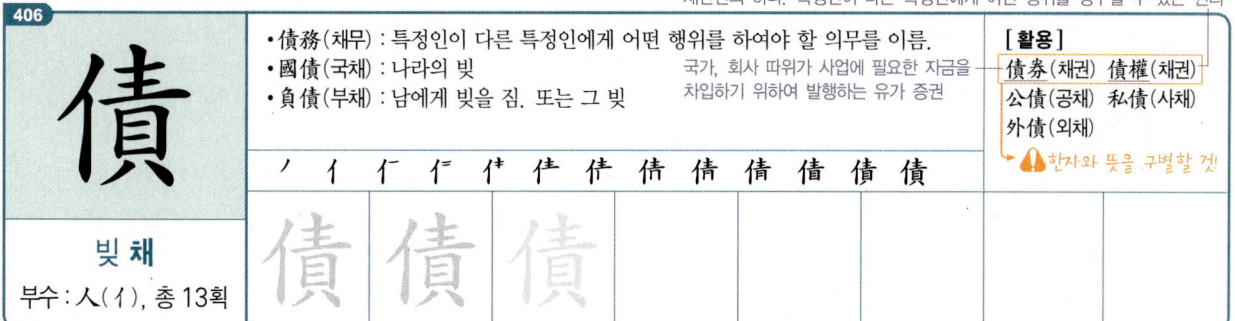

406 債 빛 채
부수: 人(亻), 총 13획

- 債務(채무): 특정인이 다른 특정인에게 어떤 행위를 하여야 할 의무를 이름.
- 國債(국채): 나라의 빚
- 負債(부채): 남에게 빚을 짐. 또는 그 빚

재산권의 하나. 특정인이 다른 특정인에게 어떤 행위를 청구할 수 있는 권리

[활용]
債券(채권) 債權(채권)
公債(공채) 私債(사채)
外債(외채)

국가, 회사 따위가 사업에 필요한 자금을 차입하기 위하여 발행하는 유가 증권

⚠ 한자와 뜻을 구별할 것!

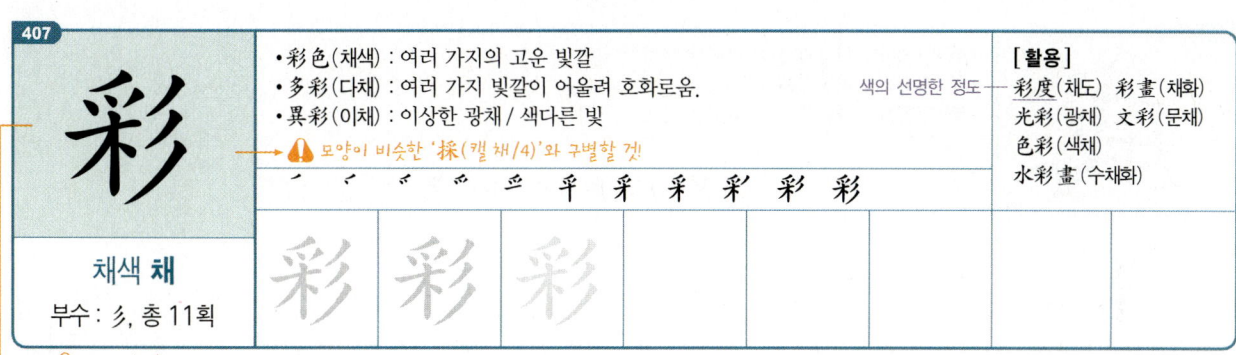

407 彩 채색 채
부수: 彡, 총 11획

- 彩色(채색): 여러 가지의 고운 빛깔
- 多彩(다채): 여러 가지 빛깔이 어울려 호화로움.
- 異彩(이채): 이상한 광채 / 색다른 빛

→ ⚠ 모양이 비슷한 '採(캘 채/4)'와 구별할 것!

색의 선명한 정도

[활용]
彩度(채도) 彩畫(채화)
光彩(광채) 文彩(문채)
色彩(색채)
水彩畫(수채화)

→ ⚠ 모양·훈·활용 한자어를 구별할 것!

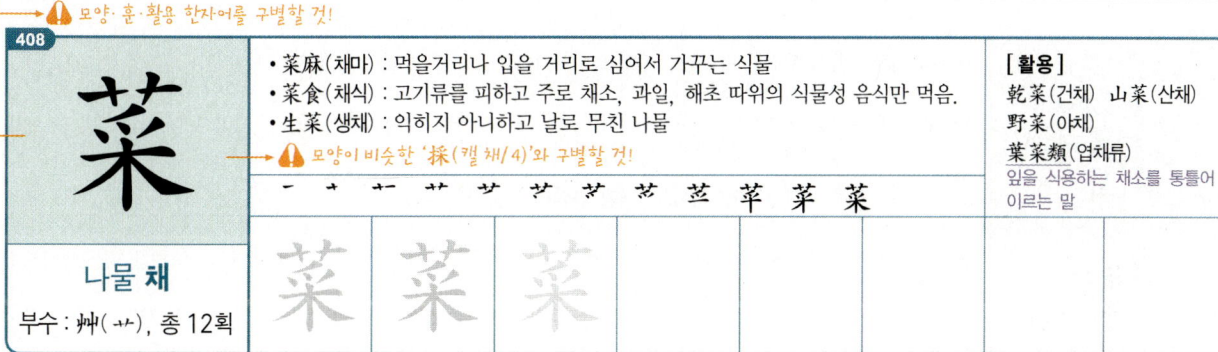

408 菜 나물 채
부수: 艸(艹), 총 12획

- 菜麻(채마): 먹을거리나 입을 거리로 심어서 가꾸는 식물
- 菜食(채식): 고기류를 피하고 주로 채소, 과일, 해초 따위의 식물성 음식만 먹음.
- 生菜(생채): 익히지 아니하고 날로 무친 나물

⚠ 모양이 비슷한 '採(캘 채/4)'와 구별할 것!

[활용]
乾菜(건채) 山菜(산채)
野菜(야채)
葉菜類(엽채류)

잎을 식용하는 채소를 통틀어 이르는 말

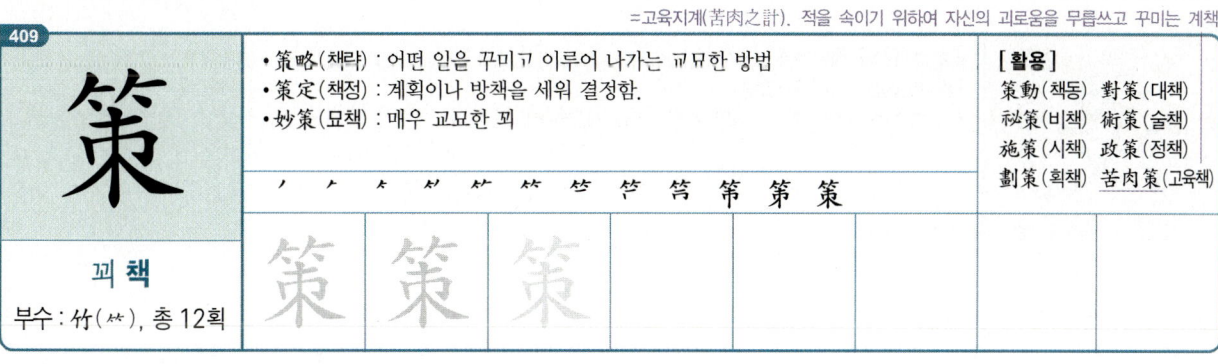

=고육지계(苦肉之計). 적을 속이기 위하여 자신의 괴로움을 무릅쓰고 꾸미는 계책

409 策 꾀 책
부수: 竹(⺮), 총 12획

- 策略(책략): 어떤 일을 꾸미고 이루어 나가는 교묘한 방법
- 策定(책정): 계획이나 방책을 세워 결정함.
- 妙策(묘책): 매우 교묘한 꾀

[활용]
策動(책동) 對策(대책)
秘策(비책) 術策(술책)
施策(시책) 政策(정책)
劃策(획책) 苦肉策(고육책)

=夫婦(부부)

410 妻 아내 처
부수: 女, 총 8획

- 妻弟(처제): 아내의 여자 동생
- 妻兄(처형): 아내의 언니
- 喪妻(상처): 아내의 죽음을 당함.

⚠ '오처'로 읽지 말것!

[활용]
妻家(처가) 妻男(처남)
本妻(본처) 夫妻(부처)
惡妻(악처) 恐妻家(공처가)
良妻(양처) 愛妻家(애처가)

3급Ⅱ 배정 한자 ❾

한자의 훈과 음을 생각하며, 순서에 따라 써 보세요.

411. 尺 (자 척)
- 尺度(척도) : 자로 재는 길이의 표준 / 평가하거나 측정할 때 의거할 기준
- 越尺(월척) : 낚시에서, 낚은 물고기가 한 자가 넘음. 또는 그 물고기
- 縮尺(축척) : 지도에서의 거리와 지표에서의 실제 거리와의 비율

⚠️ 모양이 비슷한 '戶(집 호/4Ⅱ)'와 구별할 것!

필순: ㄱ ㄱ 尸 尺

[활용]
- 尺土(척토) 尺貫法(척관법) — 얼마 안 되는 좁은 논밭 / 길이의 단위는 척(尺), 양의 단위는 승(升), 무게의 단위는 관(貫)으로 하는 도량형법
- 三尺童子(삼척동자) — 키가 석 자 정도 밖에 되지 않는 어린아이. 철없는 어린아이를 이름.
- 九尺長身(구척장신)

부수 : 尸, 총 4획
- 길이의 단위. 한 자는 한 치의 열 배로 약 30.3cm에 해당한다.

412. 戚 (친척 척)
- 戚臣(척신) : 임금과 성이 다르나 일가인 신하
- 外戚(외척) : 어머니 쪽의 친척
- 親戚(친척) : 친족과 외척을 아울러 이르는 말

⚠️ 모양이 비슷한 '戌(다 함/3)'과 구별할 것!

필순: ノ 厂 厂 厂 戸 戸 戚 戚 戚

[활용]
- 婚戚(혼척) — 혼인에 의하여 맺어진 친척
- 一家親戚(일가친척) — 일가와 외척, 인척의 모든 겨레붙이

부수 : 戈, 총 11획

413. 拓 (넓힐 척)
⚠️ '拓'의 훈·음은 '박을 탁'임. '척본'이라고 읽지 말 것! 비석 따위에 새겨진 글씨나 무늬를 종이에 그대로 떠냄. 또는 그렇게 떠낸 종이

- 干拓(간척) : 육지에 면한 바다나 호수의 일부를 둑으로 막고, 그 안의 물을 빼내어 육지로 만드는 일
- 開拓(개척) : 거친 땅을 일구어 논이나 밭과 같이 쓸모 있는 땅으로 만듦. / 새로운 영역, 운명, 진로 따위를 처음으로 열어 나감.

필순: 一 ナ 扌 扌 扩 打 拓 拓

[활용]
- 拓本(탁본)
- 干拓地(간척지)

부수 : 手(扌), 총 8획

414. 淺 (얕을 천)
- 淺薄(천박) : 학문이나 생각 따위가 얕거나, 말이나 행동 따위가 상스러움.
- 深淺(심천) : 깊음과 얕음
- 日淺(일천) : 시작한 지 얼마 되지 않음. / 날짜가 많지 않음.

약자는 浅. 418쪽 >>>

필순: 丶 冫 氵 汀 汢 浅 浅 淺 淺 淺

[활용]
- 淺學(천학) — 학식이 얕음. 또는 그런 사람

부수 : 水(氵), 총 11획

415. 賤 (천할 천)
- 賤待(천대) : 업신여기어 천하게 대우하거나 푸대접함.
- 微賤(미천) : 신분이나 지위 따위가 하찮고 천함.
- 卑賤(비천) : 신분이 낮고 천함.

약자는 賎. 418쪽 >>>

필순: 丨 冂 冂 目 目 貝 貝 貝 肷 肷 肷 賤

[활용]
- 賤民(천민) 賤視(천시)
- 賤職(천직) 貴賤(귀천)

부수 : 貝, 총 15획

⚠️ 모양·훈·활용 한자어를 구별할 것!

🌵 한자의 훈과 음을 생각하며, 순서에 따라 써 보세요.

416 踐

- 踐踏(천답) : 발로 짓밟음.
- 踐約(천약) : 약속을 지켜 실천함.
- 實踐(실천) : 생각한 바를 실제로 행함.

말한 대로 실천함.

[활용]
踐言(천언) 踐行(천행)
踐歷(천력) 실지로 행함.
이곳저곳을 널리 돌아다님.

약자는 践. 418쪽 >>>

밟을 **천**
부수 : 足(⻊), 총 15획

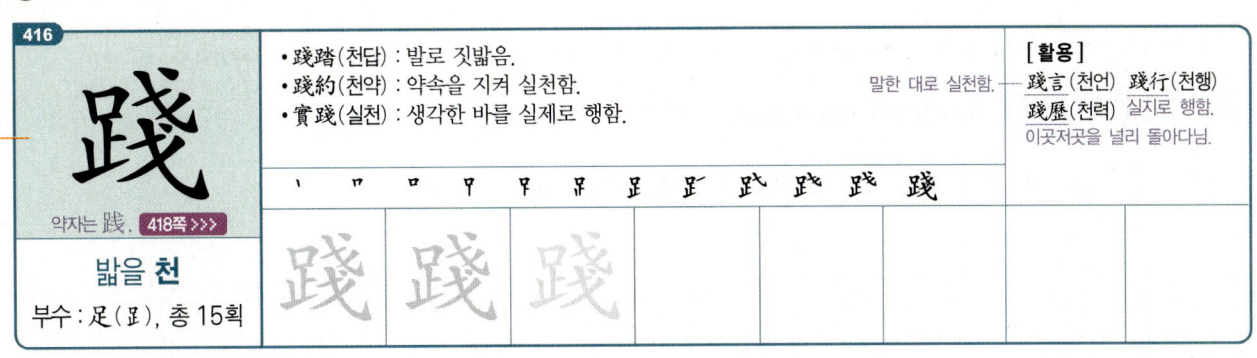

=맹모삼천지교(孟母三遷之敎), 맹자의 어머니가 아들을 가르치기 위하여 세 번이나 이사를 하였음을 이르는 말

417 遷

- 遷都(천도) : 도읍을 옮김.
- 左遷(좌천) : 낮은 관직이나 지위로 떨어지거나 외직으로 전근됨을 이르는 말
- 改過遷善(개과천선) : 지난날의 잘못이나 허물을 고쳐 올바르고 착하게 됨.
  346쪽 >>>

[활용]
遷移(천이) 變遷(변천)
孟母三遷(맹모삼천)
三遷之敎(삼천지교)

약자는 迁. 418쪽 >>>

옮길 **천**
부수 : 辵(辶), 총 16획

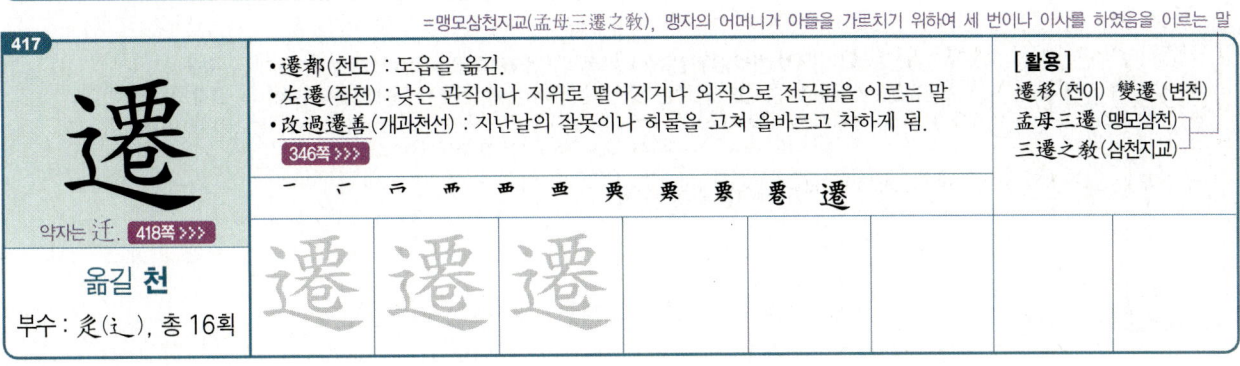

418 哲

- 哲理(철리) : 아주 깊고 오묘한 이치
- 哲學(철학) : 인간과 세계에 대한 근본 원리와 삶의 본질 따위를 연구하는 학문
- 明哲(명철) : 총명하고 사리에 밝음.

⚠ 모양이 비슷한 '啓(열 계/3Ⅱ)'와 구별할 것!

[활용]
哲人(철인) 賢哲(현철)
어질고 사리에 밝음.
또는 그런 사람

밝을 **철**
부수 : 口, 총 10획

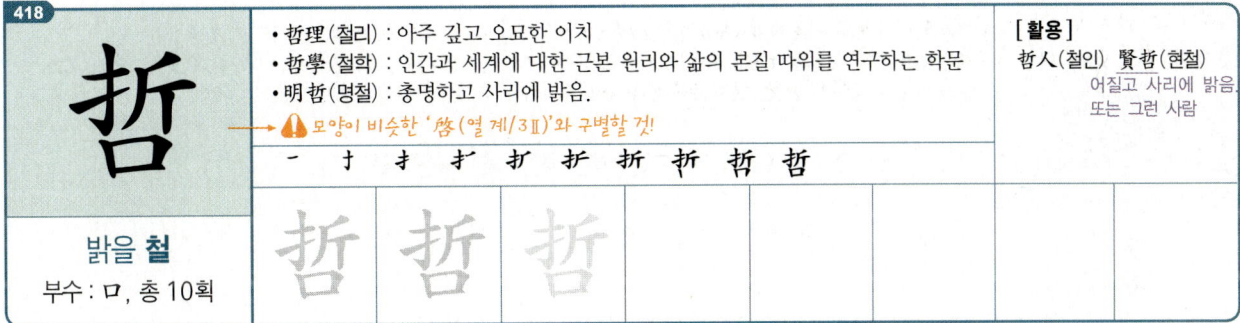

하늘에 사무치는 크나큰 원한

419 徹

- 徹夜(철야) : 밤새움.
- 貫徹(관철) : 어려움을 뚫고 나아가 목적을 기어이 이룸.
- 透徹(투철) : 사리가 분명하고 뚜렷하거나 사리에 어긋남이 없이 철저함.

[활용]
徹底(철저) 冷徹(냉철)
徹天之恨(철천지한)
徹頭徹尾(철두철미)
363쪽 >>>

통할 **철**
부수 : 彳, 총 15획

⚠ 부수를 '攴(攵)'으로 혼동하지 말 것!

객지에 가서 머물고 있음. '滯'가 '머무르다'를 뜻함.

420 滯

- 滯納(체납) : 세금 따위를 기한까지 내지 못하여 밀림.
- 積滯(적체) : 쌓이고 쌓여 제대로 통하지 못하고 막힘.
- 停滯(정체) : 사물이 발전하거나 나아가지 못하고 한자리에 머물러 그침.

⚠ '심체'로 읽지 말 것! 어떤 현상이나 사물이 진전하지 못하고 제자리에 머무름.

[활용]
滯留(체류) 滯拂(체불)
滯賃(체임) 滯在(체재)
滯症(체증) 延滯(연체)
沈滯(침체)

막힐 **체**
부수 : 水(氵), 총 14획

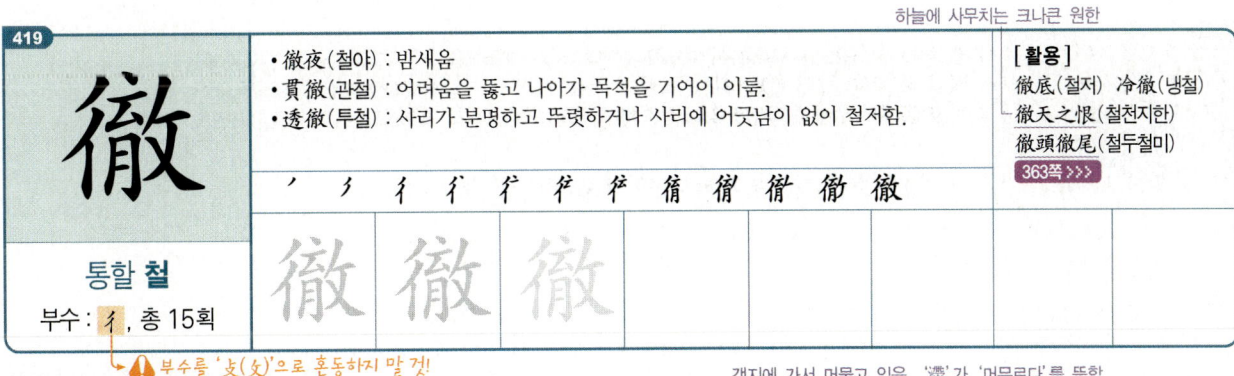

3급 II 배정 한자 ❾

한자의 훈과 음을 생각하며, 순서에 따라 써 보세요.

421 礎

- 礎石(초석) : 주춧돌. 기둥 밑에 기초로 받쳐 놓은 돌
- 基礎(기초) : 사물의 기본이 되는 토대
- 定礎(정초) : 사물의 기초를 잡아 정함.

[활용]
基礎工事(기초 공사)
구조물을 지탱할 수 있도록 기반을 다지는 공사

주춧돌 초
부수 : 石, 총 18획

422 肖

cf. 初喪(초상) : 사람이 죽어서 장사 지낼 때까지의 일

- 肖像(초상) : 사진, 그림 따위에 나타낸 사람의 얼굴이나 모습
- 不肖(불초) : 어버이의 덕망이나 유업을 이어받지 못함. 또는 그렇게 못나고 어리석은 사람

[활용]
肖像畫(초상화)
不肖子(불초자)
아들이 부모를 상대하여 자기를 낮추어 이르는 일인칭 대명사

닮을·같을 초
부수 : 肉(月), 총 7획

'육달월'임. ⚠ 부수를 '月(달 월)'로 혼동하지 말 것!

423 超

- 超過(초과) : 일정한 수나 한도 따위를 넘음.
- 超越(초월) : 어떠한 한계나 표준을 뛰어넘음.
- 超自然(초자연) : 자연을 넘어서 자연의 이치로 설명할 수 없는 신비적인 존재

[활용]
超然(초연) 超人(초인)
超脫(초탈) 超高速(초고속)
超非常(초비상)
超音波(초음파)

뛰어넘을 초
부수 : 走, 총 12획

424 促

- 促求(촉구) : 급하게 재촉하여 요구함.
- 促進(촉진) : 다그쳐 빨리 나아가게 함.
- 督促(독촉) : 일이나 행동을 빨리 하도록 재촉함.

촉박하여 매우 급함.
[활용]
促急(촉급) 促迫(촉박)
促成(촉성)
재촉하여 빨리 이루어지게 함.

재촉할 촉
부수 : 人(亻), 총 9획

425 觸

자신은 변화하지 아니하면서 다른 물질의 화학 반응을 매개하여 반응 속도를 빠르게 하거나 늦추는 일

- 觸覺(촉각) : 물건이 피부에 닿아서 느껴지는 감각
- 感觸(감촉) : 외부의 자극을 피부 감각으로 느끼는 일. 또는 그런 느낌
- 一觸卽發(일촉즉발) : 한 번 건드리기만 해도 폭발할 것같이 몹시 위급한 상태

[활용]
觸角(촉각) 觸媒(촉매)
觸發(촉발) 觸手(촉수)
抵觸(저촉) 接觸(접촉)

약자는 触. 418쪽 >>>

닿을 촉
부수 : 角, 총 20획

한자의 훈과 음을 생각하며, 순서에 따라 써 보세요.

426 催 재촉할 최
부수: 人(亻), 총 13획

- 催告(최고): 재촉하는 뜻을 알림.
- 催淚(최루): 눈물샘을 자극하여 눈물을 흘리게 함.
- 開催(개최): 모임이나 회의 따위를 주최하여 엶.
  └ '베풀다, 열다'를 뜻함.

[활용]
主催(주최) 催促(최촉)
催眠(최면) =재촉
催淚彈(최루탄)

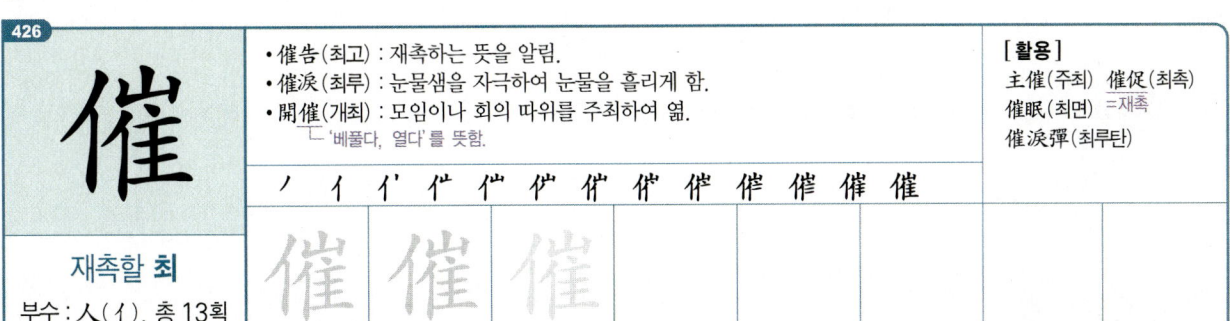

427 追 쫓을·따를 추
부수: 辵(辶), 총 10획

- 追擊(추격): 뒤쫓아 가며 공격함.
- 追放(추방): 일정한 지역이나 조직 밖으로 쫓아냄.
- 追憶(추억): 지나간 일을 돌이켜 생각함. 또는 그런 생각
- ⚠ 모양이 비슷한 '迫(핍박할 박/3Ⅱ)'과 구별할 것!

지나간 사실을 소급하여 추후에 인정함.

[활용]
追加(추가) 追求(추구)
追窮(추궁) 追念(추념)
追突(추돌) 追慕(추모)
追認(추인) 追跡(추적)

지나간 일을 돌이켜 생각함. / 죽은 사람을 생각함.

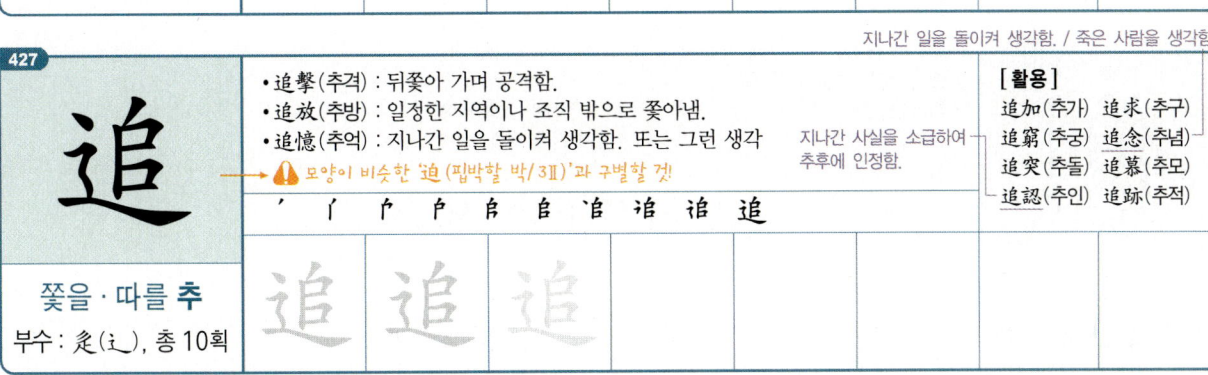

428 畜 짐승 축
부수: 田, 총 10획

- 畜舍(축사): 가축을 기르는 건물
- 家畜(가축): 집에서 기르는 짐승. 소, 말, 돼지, 닭, 개 따위를 통틀어 이름.
- 牧畜(목축): 소·말·양·돼지 따위의 가축을 많이 기르는 일
- ⚠ 모양이 비슷한 '蓄(모을 축/4Ⅱ)'과 구별할 것!

[활용]
畜産(축산) 畜生(축생)
畜養(축양) 畜牛(축우)

사람이 기르는 온갖 짐승 / 사람답지 못한 짓을 하는 사람을 낮잡아 이르는 말

429 衝 찌를 충
부수: 行, 총 15획

- 衝突(충돌): 서로 맞부딪치거나 맞섬. '衝'이 '부딪치다'를 뜻함.
- 衝天(충천): 하늘을 찌를 듯이 공중으로 높이 솟아오름.
- 折衝(절충): 이해 관계가 서로 다른 상대와 교섭하거나 담판함을 이르는 말
  지세(地勢)가 군사적으로 아주 중요한 곳. '衝'이 '목, 요소'를 뜻함.

[활용]
衝擊(충격) 衝動(충동)
相衝(상충) 緩衝(완충)
要衝地(요충지)
左衝右突(좌충우돌) 362쪽>>>

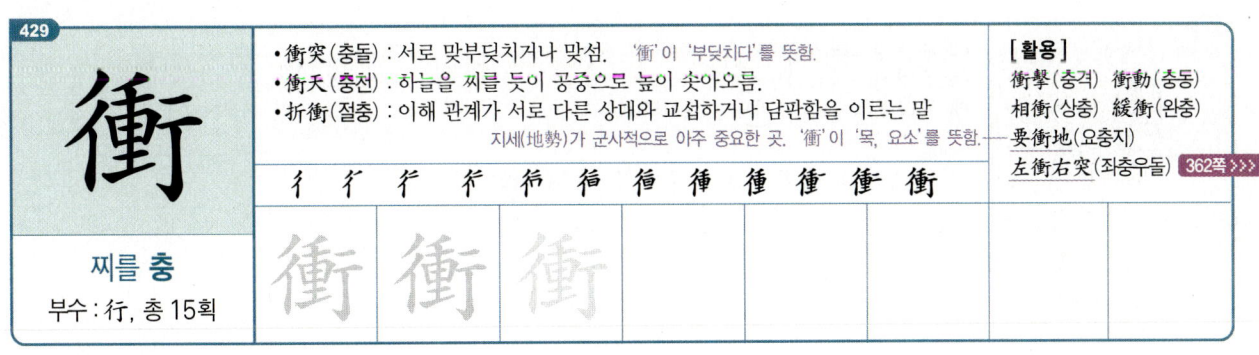

430 吹 불 취
부수: 口, 총 7획

- 吹入(취입): 공기 따위를 불어 넣음. / 레코드나 녹음기의 녹음판에 소리를 넣음.
- 吹打(취타): 군대에서, 관악기와 타악기를 연주하던 일. 또는 그런 군악
- 鼓吹(고취): 북을 치고 피리를 붊. / 힘을 내도록 격려하여 용기를 북돋움.
- ⚠ 모양이 비슷한 '吸(마실 흡/4Ⅱ)'과 구별할 것!

[활용]
大吹打(대취타)
吹奏樂(취주악)
목관 악기, 금관 악기 따위의 취주 악기를 주체로 하고 타악기를 곁들인 합주 음악

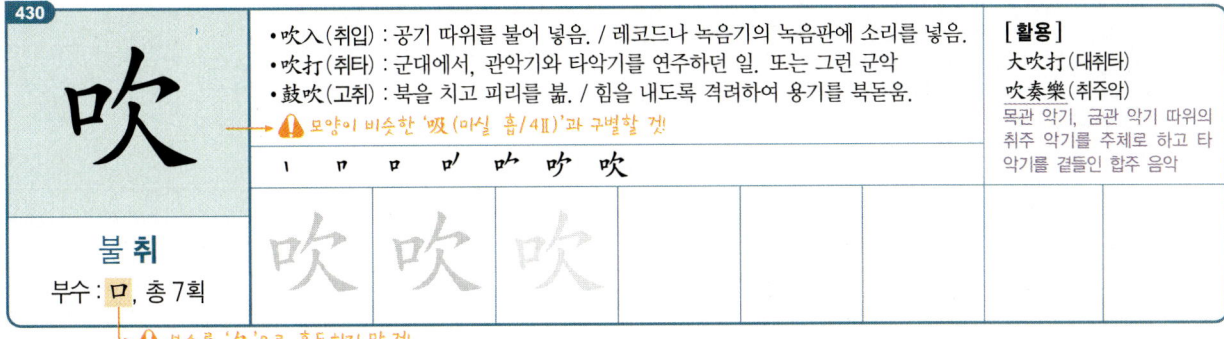

⚠ 부수를 '欠'으로 혼동하지 말 것!

3급Ⅱ 배정 한자 ⓽

한자의 훈과 음을 생각하며, 순서에 따라 써 보세요.

431 醉

- 陶醉(도취) : 술이 거나하게 취함. / 어떠한 것에 마음이 쏠려 취하다시피 됨.
- 滿醉(만취) : 술에 잔뜩 취함.
- 熟醉(숙취) : 술에 흠뻑 취함.

[활용]
醉客(취객) 醉氣(취기)
醉中(취중) 醉興(취흥)
心醉(심취)
醉生夢死(취생몽사) 364쪽 >>>

약자는 酔. 418쪽 >>>

취할 **취**
부수 : 酉, 총 15획

432 側

- 側近(측근) : 곁의 가까운 곳
- 側面(측면) : 옆면. / 사물이나 현상의 한 부분. 또는 한쪽 면
- 貴側(귀측) : 주로 편지 글에서, 상대편이 속한 단체를 높여 이르는 말

⚠ 모양이 비슷한 '則(법칙 칙/5)', '測(헤아릴 측/4Ⅱ)'과 구별할 것!

[활용]
南側(남측) 反側(반측)
兩側(양측) 右側(우측)
左側(좌측) 外側(외측)

곁 **측**
부수 : 人(亻), 총 11획

⚠ 부수를 '刀(刂)'로 혼동하지 말 것!

433 値

- 數値(수치) : 계산하여 얻은 값
- 價値(가치) : 사물이 지니고 있는 쓸모
- 加重値(가중치) : 일반적으로 평균치를 산출할 때 개별치에 부여되는 중요도

⚠ 모양이 비슷한 '直(곧을 직/7)'과 구별할 것!

[활용]
價値觀(가치관)
絶對値(절대치)
平均値(평균치)
稀少價値(희소가치) ← 드물기 때문에 인정되는 가치

값 **치**
부수 : 人(亻), 총 10획

434 恥

- 恥部(치부) : 남에게 드러내고 싶지 아니한 부끄러운 부분
- 恥事(치사) : 격에 떨어져 남부끄러움.
- 恥辱(치욕) : 수치와 모욕을 아울러 이르는 말

⚠ 모양이 비슷한 '取(가질 취/4Ⅱ)'와 구별할 것!

[활용]
雪恥(설치) ← 부끄러움을 씻음.
國恥日(국치일)
厚顔無恥(후안무치) ← 뻔뻔스러워 부끄러움이 없음.

부끄러울 **치**
부수 : 心, 총 10획

⚠ 부수를 '耳'로 혼동하지 말 것!

435 稚

- 稚氣(치기) : 어리고 유치한 기분이나 감정
- 稚魚(치어) : 알에서 깬 지 얼마 안 되는 어린 물고기
- 幼稚(유치) : 나이가 어림. / 수준이 낮거나 미숙함.

[활용]
幼稚園(유치원)

어릴 **치**
부수 : 禾, 총 13획

⚠ 부수를 '隹'로 혼동하지 말 것!

한자의 훈과 음을 생각하며, 순서에 따라 써 보세요.

436 漆 (옻 칠)
아주 캄캄한 밤. '漆'이 '검다'를 뜻함.
- 漆器(칠기) : 옻칠을 한 나무 그릇
- 漆板(칠판) : 검정이나 초록색 따위의 칠을 하여 그 위에 분필로 글씨를 쓰거나 그림을 그리게 만든 널조각
- 漆黑(칠흑) : 옻칠처럼 검고 광택이 있음. 또는 그런 빛깔

[활용] 漆夜(칠야) 金漆(금칠) 漆工藝(칠공예)

약자는 柒. 418쪽 >>>
부수 : 水(氵), 총 14획
옻나무에서 나는 진. 처음 나올 때는 회색이지만 물기를 없애면 검붉은 색으로 변한다.

437 沈 (잠길 침, 성 심)
- 沈降(침강) : 밑으로 가라앉음.
- 沈沒(침몰) : 물속에 가라앉음.
- 沈潛(침잠) : 겉으로 드러나지 아니하게 물속 깊숙이 가라앉거나 숨음.

'침씨'로 읽지 말 것!

[활용] 沈氏(심씨) 沈默(침묵) 沈着(침착) 沈痛(침통) 擊沈(격침) 浮沈(부침) — 배를 공격하여 가라앉힘. 陰沈(음침) — 물 위에 떠올랐다 물 속에 잠겼다 함.

부수 : 水(氵), 총 7획

438 浸 (잠길 침)
'배다(스며들거나 스며 나오다)'를 뜻함.
- 浸濕(침습) : 물이 스며들어 젖음.
- 浸染(침염) : 좋은 영향을 받아 마음이 점점 변화함.
- 浸透(침투) : 액체 따위가 스며들어 뱀. / 세균이나 병균 따위가 몸속에 들어옴.

⚠ 모양이 비슷한 '侵(침노할 침/4Ⅱ)'과 구별할 것!

[활용] 浸禮(침례) 浸水(침수) 浸潤(침윤) — 수분이 스며들어 젖음. / 사상이나 분위기 따위가 사람들에게 번져 나감.

부수 : 水(氵), 총 10획

439 奪 (빼앗을 탈)
죄를 지은 자의 벼슬과 품계를 빼앗고 벼슬아치의 명부에서 그 이름을 지우던 일
- 奪還(탈환) : 빼앗겼던 것을 도로 빼앗아 찾음.
- 收奪(수탈) : 강제로 빼앗음.
- 爭奪(쟁탈) : 서로 다투어 빼앗음.

⚠ 모양이 비슷한 '奮(떨칠 분/3Ⅱ)'과 구별할 것!

[활용] 奪取(탈취) 奪胎(탈태) 強奪(강탈) 侵奪(침탈) 削奪官職(삭탈관직)

부수 : 大, 총 14획
⚠ 부수를 '寸'으로 혼동하지 말 것!

440 塔 (탑 탑)
속세를 떠나 오로지 학문이나 예술에만 잠기는 경지 / 대학(大學)을 비유적으로 이르는 말
- 佛塔(불탑) : 절에 세운 탑
- 鐵塔(철탑) : 철재로 조립하여 높이 세운 구조물
- 金字塔(금자탑) : '金' 자 모양의 탑이라는 뜻으로, 피라미드를 이르던 말 / 길이 후세에 남을 뛰어난 업적을 비유적으로 이르는 말

[활용] 金塔(금탑) 石塔(석탑) 燈塔(등탑) 管制塔(관제탑) 寺塔(사탑) 司令塔(사령탑) 象牙塔(상아탑)

부수 : 土, 총 13획
⚠ 부수를 '艸(艹)'로 혼동하지 말 것!

3급Ⅱ 배정 한자 ⑨ 245

3급Ⅱ 배정 한자 ❾

한자의 훈과 음을 생각하며, 순서에 따라 써 보세요.

441 湯

- 湯藥(탕약) : 달여서 마시는 한약
- 熱湯(열탕) : 끓는 물이나 국. / 100℃에 가까운 온도의 물
- 重湯(중탕) : 끓는 물속에 음식 담은 그릇을 넣어 익히거나 데움.

⚠️ 모양이 비슷한 '傷(다칠 상/4)'과 구별할 것!

[활용]
冷湯(냉탕) 溫湯(온탕)
雜湯(잡탕) 再湯(재탕)
雙和湯(쌍화탕)
金城湯池(금성탕지) 349쪽>>>

끓을 **탕**
부수 : 水(氵), 총 12획

442 殆

- 殆半(태반) : 거의 절반
- 危殆(위태) : 형세가 어려운 지경임. '殆'가 '위태하다'를 뜻함.
- 殆無心(태무심) : 거의 마음을 쓰지 아니함.

[활용]
困殆(곤태)
곤란하고 위태로움.

거의 **태**
부수 : 歹, 총 9획

443 泰

'타이(Thailand)'의 음역어

- 泰山(태산) : 높고 큰 산 / 크고 많음을 비유적으로 이르는 말
- 泰斗(태두) : 어떤 분야에서 가장 권위가 있는 사람을 비유적으로 이르는 말
- 泰然(태연) : 마땅히 머뭇거리거나 두려워할 상황에서 태도나 기색이 아무렇지도 않은 듯이 예사로움.

[활용]
泰國(태국) 泰平(태평)
國泰民安(국태민안) 348쪽>>>
天下泰平(천하태평)
泰然自若(태연자약)

클 **태**
부수 : 水(氺), 총 10획

444 澤

- 德澤(덕택) : 베풀어 준 은혜나 도움 '澤'이 '은혜'를 뜻함.
- 潤澤(윤택) : 윤기 있는 광택 / 살림이 풍부함. '澤'이 '윤기'를 뜻함.
- 惠澤(혜택) : 은혜와 덕택을 아울러 이르는 말 '澤'이 '은혜'를 뜻함.

⚠️ 모양이 비슷한 '擇(가릴 택/4)'과 구별할 것!

[활용]
光澤(광택) 澤雨(택우)
河海之澤(하해지택)
큰 강이나 바다와 같은 덕택

약자는 沢. 418쪽>>>

못 **택**
부수 : 水(氵), 총 16획

넓고 오목하게 팬 땅에 물이 괴어 있는 곳

445 兎

- 兎舍(토사) : 토끼장
- 兎月(토월) : '달'을 달리 이르는 말   동물이 눈을 뜨고 자는 현상
- 赤兎馬(적토마) : 중국 삼국 시대에 관우가 탔다는 준마의 이름

거북의 털과 토끼의 뿔이라는 뜻으로, 있을 수 없는 일을 이르는 말

[활용]
兎眼(토안) 兎影(토영)
家兎(가토) 野兎(야토)
龜毛兎角(귀모토각)

토끼 **토**
부수 : 儿, 총 8획

📖 한자의 훈과 음을 생각하며, 순서에 따라 써 보세요.

446 吐

- 吐露(토로) : 마음에 있는 것을 죄다 드러내어서 말함.
- 吐說(토설) : 숨겼던 사실을 비로소 밝히어 말함.
- 實吐(실토) : 거짓 없이 사실대로 다 말함.

[활용] 吐氣(토기) 吐出(토출) 吐血(토혈)

필순: ㅣ 口 口 叶 吐

토할 **토**
부수: 口, 총 6획

⚠ 부수를 '土'로 혼동하지 말 것!

447 透

- 透明(투명) : 물 따위가 속까지 환히 비치도록 맑음. '透'가 '맑다, 투명하다'를 뜻함.
- 透寫(투사) : 그림, 글씨 따위를 얇은 종이 밑에 받쳐 놓고 그대로 그리어 베낌.
- 透視(투시) : 막힌 물체를 환히 꿰뚫어 봄. 또는 대상의 내포된 의미까지 봄.
  └ '통하다, 투과하다'를 뜻함.

[활용] 浸透(침투) 透明體(투명체) 透水層(투수층) 透視圖(투시도)

필순: ノ ニ 千 千 禾 秀 秀 秀 透 透 透

사무칠 **투**
부수: 辵(辶), 총 11획

└ 사무치다: 깊이 스며들거나 멀리까지 미치다.

448 版

- 版圖(판도) : 한 나라의 영토 / 어떤 세력이 미치는 영역 또는 범위
- 出版(출판) : 서적이나 회화 따위를 인쇄하여 세상에 내놓음.
- 縮刷版(축쇄판) : 크기를 작게 하여 인쇄한 출판물

⚠ 모양이 비슷한 '叛(배반할 반/3)'과 구별할 것!

[활용] 版權(판권) 版畵(판화) 銅版(동판) 新版(신판) 再版(재판) 決定版(결정판) 初版(초판) 限定版(한정판)

필순: ノ ノ ㅏ 片 片 斤 版 版

판목 **판**
부수: 片, 총 8획

└ 인쇄를 위하여 그림이나 글씨를 새긴 나무. 또는 그런 재료로 쓰는 목판

449 片

- 片道(편도) : 가고 오는 길 가운데 어느 한쪽. 또는 그 길
- 斷片(단편) : 끊어지거나 쪼개진 조각 ── 단편적인 모습
- 破片(파편) : 깨어지거나 부서진 조각 ── 한 조각의 종이 / 안부 따위를 적어 보내는 글 : 便紙. cf.片志

[활용] 자그마한 뜻
片貌(편모) 片志(편지) 片紙(편지) 石片(석편) 一片丹心(일편단심) 360쪽 >>>
片利共生(편리 공생) ── 어느 한쪽은 이익을 받으나, 다른 쪽은 이익도 해도 없는 공생의 한 양식

필순: ノ ノ 广 片

조각 **편**
부수: 片, 총 4획

⚠ 글자 자체가 부수임에 유의할 것!

아버지가 죽거나 이혼하여 홀로 있는 어머니. cf.片貌(편모)

450 偏

- 偏見(편견) : 공정하지 못하고 한쪽으로 치우친 생각
- 偏愛(편애) : 어느 한 사람이나 한쪽만을 치우치게 사랑함.
- 偏重(편중) : 한쪽으로 치우침.

⚠ 모양이 비슷한 '編(엮을 편/3Ⅱ)'과 구별할 것!

체계가 서고 조직화된 이유가 있는 망상을 계속 고집하는 정신병

[활용] 偏母(편모) 偏食(편식) 偏在(편재) 偏差(편차) 偏向(편향) 偏頭痛(편두통) 偏執症(편집증)

필순: ノ イ イ 仁 仁 伊 伊 偏 偏 偏

치우칠 **편**
부수: 人(亻), 총 11획

3급Ⅱ 배정 한자 ❾ 247

풀면서 익히기

1_ 다음 漢字의 訓과 音을 쓰세요.

(1) 値 (   )   (2) 哲 (   )   (3) 踐 (   )
(4) 滯 (   )   (5) 促 (   )   (6) 昌 (   )
(7) 錯 (   )   (8) 超 (   )   (9) 沈 (   )

2_ 다음 訓과 音에 알맞은 漢字를 쓰세요.

(1) 불 취   (   )   (2) 얕을 천 (   )   (3) 채색 채 (   )
(4) 곳집 창 (   )   (5) 토끼 토 (   )   (6) 넓힐 척 (   )
(7) 아내 처 (   )   (8) 토할 토 (   )   (9) 푸를 창 (   )

3_ 다음 漢字語의 讀音을 쓰세요.

(1) 湯藥 (   )   (2) 偏重 (   )   (3) 家畜 (   )
(4) 開催 (   )   (5) 浸濕 (   )   (6) 潤澤 (   )
(7) 幼稚 (   )   (8) 追憶 (   )   (9) 鐵塔 (   )
(10) 恥辱 (   )   (11) 陶醉 (   )   (12) 越尺 (   )
(13) 菜食 (   )   (14) 側近 (   )   (15) 微賤 (   )

4_ 다음 문장에서 밑줄 친 漢字語를 漢字로 쓰세요.

(1) 개교 10주년을 맞아 교지를 출판하였다.   (   )
(2) 이번 갈등은 종교 간의 충돌로 번지고 있다.   (   )
(3) 그들은 모이기만 하면 이권 쟁탈에 열을 올린다.   (   )
(4) 올해는 복지 산업에 많은 예산을 책정할 방침이다.   (   )

3급Ⅱ 배정 한자 ❾

실제 시험에서는 2, 4, 5, 7번과 같이 읽기 배정 한자를 쓰는 문제는 출제되지 않으나, 보다 확실한 학습을 위해 쓰기 문제로 구성하였습니다.

5_ 다음 ( ) 안에 알맞은 漢字를 써 넣어 漢字語(四字成語)를 完成하세요.

(1) 古色(　　　)然 : 오래되어 예스러운 풍치나 모습이 그윽함.

(2) 改過(　　　)善 : 지난날의 잘못이나 허물을 고쳐 올바르고 착하게 됨.

(3) 一(　　　)卽發 : 한 번 건드리기만 해도 폭발할 것같이 몹시 위급한 상태

(4) (　　　)利共生 : 어느 한쪽은 이익을 받으나, 다른 쪽은 이익도 해도 없는 공생의 한 양식

6_ 다음 漢字의 部首를 쓰세요.

(1) 畜 → (　　)   (2) 透 → (　　)   (3) 尺 → (　　)

(4) 贊 → (　　)   (5) 奪 → (　　)   (6) 戚 → (　　)

7_ 다음 漢字語의 同音異義語를 漢字로 쓰되, 제시된 뜻을 가진 漢字語를 쓰세요.

(1) 初喪 - (　　　) : 사진, 그림 따위에 나타낸 사람의 얼굴이나 모습

(2) 到着 - (　　　) : 뒤바뀌어 거꾸로 됨.
　　　　　　　　　 본능이나 감정 또는 덕성의 이상(異常)으로 사회나 도덕에 어그러진 행동을 나타냄.

8_ 다음 漢字語의 뜻을 쓰세요.

(1) 礎石 (　　　　　　　　　　　　　　　　　　　　　　)

(2) 殆半 (　　　　　　　　　　　　　　　　　　　　　　)

(3) 妻兄 (　　　　　　　　　　　　　　　　　　　　　　)

(4) 明哲 (　　　　　　　　　　　　　　　　　　　　　　)

3급II 배정한자 ⑩

한자의 훈과 음을 생각하며, 순서에 따라 써 보세요.

451 編 (엮을 편)
부수: 糸, 총 15획

- 編物(편물): 뜨개질 / 뜨개질하여 만든 옷이나 소품
- 編成(편성): 엮어 모아서 책·신문·영화 따위를 만듦.
- 編著(편저): 편집하여 저술함.

몽골 인이나 만주인의 풍습으로, 남자의 머리를 뒷부분만 남기고 나머지 부분을 깎아 뒤로 길게 땋아 늘임. 또는 그런 머리. '編'의 훈음은 '땋을 변'임.

예전에, 관례를 하기 전에 머리를 길게 땋아 늘이던 일. 또는 그 머리

한자어의 뜻에 따라 독음이 달라짐에 유의할 것!

[활용]
編曲(편곡) 編隊(편대)
編入(편입) 編制(편제)
改編(개편) 續編(속편)
編髮(편발 · 변발)

452 廢 (폐할·버릴 폐)
약자는 廃. 418쪽 >>>
부수: 广, 총 15획

- 廢刊(폐간): 신문, 잡지 따위의 간행을 폐지함.
- 廢鑛(폐광): 광산에서 광물을 캐내는 일을 중지함. 또는 그 광산
- 廢止(폐지): 실시하여 오던 제도나 법규, 일 따위를 그만두거나 없앰.

[활용]
廢農(폐농) 廢業(폐업)
廢油(폐유) 廢品(폐품)
存廢(존폐) 統廢合(통폐합)
荒廢(황폐) 老廢物(노폐물)

말하는 이가 자기 집을 낮추어 이르는 말. cf. 廢家(폐가): 버려두어 낡아 빠진 집

453 弊 (폐단·해질 폐)
부수: 廾, 총 15획

- 弊端(폐단): 어떤 일이나 행동에서 나타나는 옳지 못한 경향이나 해로운 현상
- 民弊(민폐): 민간에 끼치는 폐해
- 疲弊(피폐): 지치고 쇠약하여짐.

→ 모양이 비슷한 '蔽(덮을 폐/3)', '幣(화폐 폐/3)'와 구별할 것!

적절하지 아니하게 사용하여 일어나는 말의 폐단이나 결점

[활용]
弊家(폐가) 弊社(폐사)
弊習(폐습) 弊風(폐풍)
弊害(폐해) 惡弊(악폐)
語弊(어폐) 作弊(작폐)

454 肺 (허파 폐)
부수: 肉(月), 총 9획

'폐염'으로 읽지 말 것!

- 肺炎(폐렴): 폐에 생기는 염증
- 肺病(폐병): 폐에 관한 질병을 통틀어 이르는 말
- 肺活量(폐활량): 허파 속에 최대한도로 공기를 빨아들여 다시 배출하는 공기의 양

탄소 가루를 많이 흡입하여 그것이 폐에 누적됨으로써 호흡 곤란이 생기는 병

[활용]
肺患(폐환) 炭肺(탄폐)
肺結核(폐결핵)
肺氣量(폐기량)
= 肺活量

└ '육달월'임. → 부수를 '月(달 월)'로 혼동하지 말 것!

455 捕 (잡을 포)
부수: 手(扌), 총 10획

- 捕手(포수): 야구에서, 본루를 지키며 투수가 던지는 공을 받는 선수
- 捕卒(포졸): 조선 시대에, 포도청에 속한 군졸
- 捕獲(포획): 적병을 사로잡음. / 짐승이나 물고기를 잡음.

→ 오른쪽 위의 점을 마지막에 찍을 것!

[활용]
生捕(생포)
捕盜廳(포도청)

조선 시대에, 범죄자를 잡거나 다스리는 일을 맡아보던 관아

→ 모양·훈·활용 한자어를 구별할 것!

🌱 한자의 훈과 음을 생각하며, 순서에 따라 써 보세요.

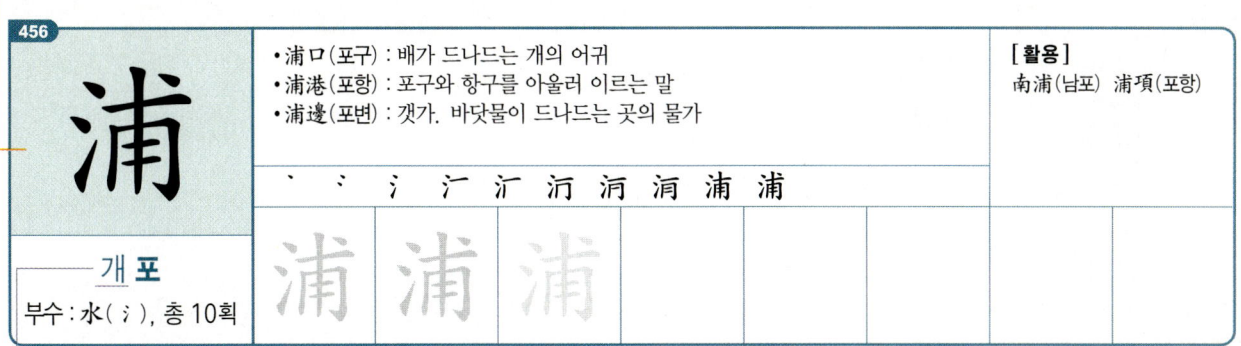

456 浦 개 **포**
부수: 水(氵), 총 10획
- 浦口(포구): 배가 드나드는 개의 어귀
- 浦港(포항): 포구와 항구를 아울러 이르는 말
- 浦邊(포변): 갯가. 바닷물이 드나드는 곳의 물가

[활용] 南浦(남포) 浦項(포항)

↳ 강이나 내에 바닷물이 드나드는 곳

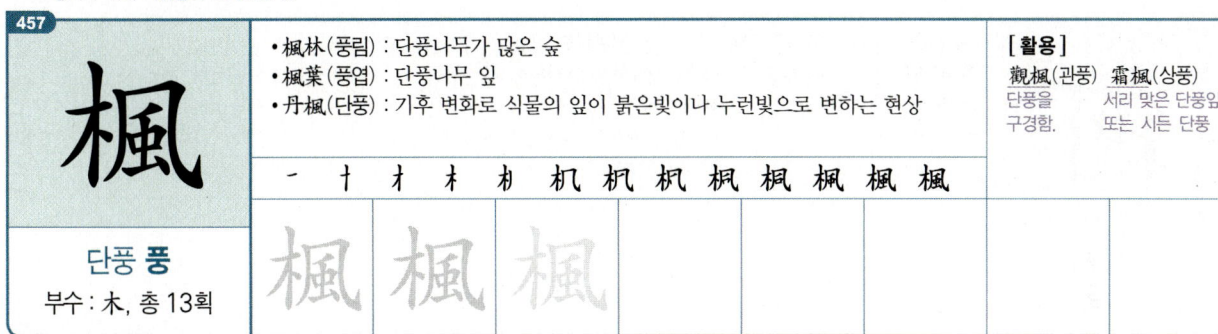

457 楓 단풍 **풍**
부수: 木, 총 13획
- 楓林(풍림): 단풍나무가 많은 숲
- 楓葉(풍엽): 단풍나무 잎
- 丹楓(단풍): 기후 변화로 식물의 잎이 붉은빛이나 누런빛으로 변하는 현상

[활용]
觀楓(관풍) 단풍을 구경함.
霜楓(상풍) 서리 맞은 단풍잎. 또는 시든 단풍

⚠ 모양·훈·활용 한자어를 구별할 것!

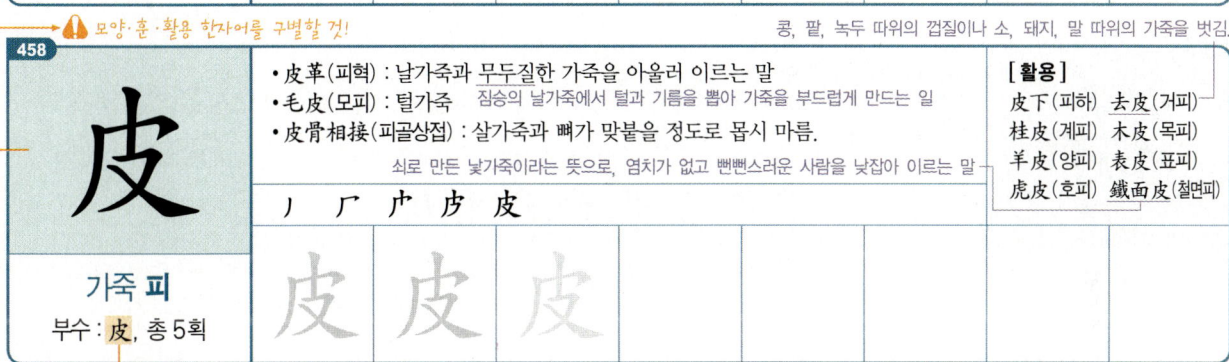

458 皮 가죽 **피**
부수: 皮, 총 5획

콩, 팥, 녹두 따위의 껍질이나 소, 돼지, 말 따위의 가죽을 벗김.

- 皮革(피혁): 날가죽과 무두질한 가죽을 아울러 이르는 말
- 毛皮(모피): 털가죽 — 짐승의 날가죽에서 털과 기름을 뽑아 가죽을 부드럽게 만드는 일
- 皮骨相接(피골상접): 살가죽과 뼈가 맞붙을 정도로 몹시 마름.
  쇠로 만든 낯가죽이라는 뜻으로, 염치가 없고 뻔뻔스러운 사람을 낮잡아 이르는 말

[활용]
皮下(피하) 去皮(거피)
桂皮(계피) 木皮(목피)
羊皮(양피) 表皮(표피)
虎皮(호피) 鐵面皮(철면피)

⚠ 글자 자체가 부수임에 유의할 것!

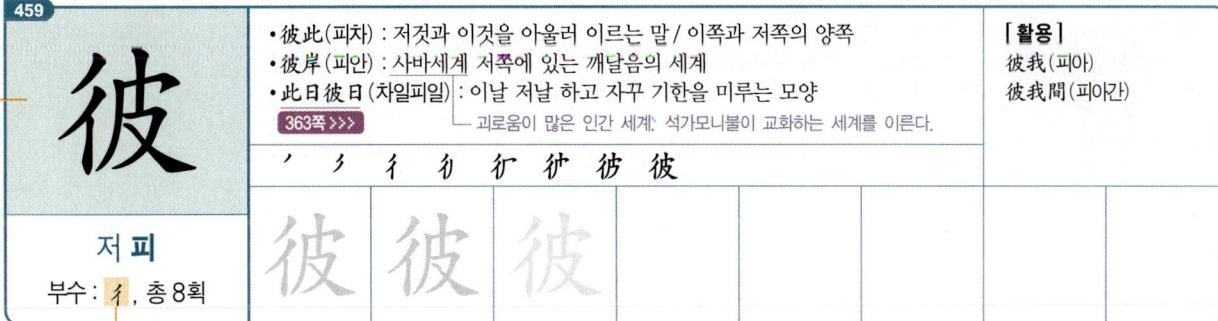

459 彼 저 **피**
부수: 彳, 총 8획
- 彼此(피차): 저것과 이것을 아울러 이르는 말 / 이쪽과 저쪽의 양쪽
- 彼岸(피안): 사바세계 저쪽에 있는 깨달음의 세계
- 此日彼日(차일피일): 이날 저날 하고 자꾸 기한을 미루는 모양
  363쪽 >>> ↳ 괴로움이 많은 인간 세계. 석가모니불이 교화하는 세계를 이른다.

[활용]
彼我(피아)
彼我間(피아간)

⚠ 부수를 '皮'로 혼동하지 말 것!

460 被 입을 **피**
부수: 衣(衤), 총 10획
- 被擊(피격): 습격이나 사격을 받음.
- 被殺(피살): 죽임을 당함.
- 被害(피해): 생명이나 신체, 재산, 명예 따위에 손해를 입음.

↳ 입다: 옷을 몸에 꿰거나 두르다. / 받거나 당하다.

[활용]
被告(피고) 被服(피복)
被選(피선) — 선거에 뽑힘.
被訴(피소)
被寫體(피사체) — 사진을 찍는 대상이 되는 물체
被害妄想(피해망상)

⚠ 부수를 '皮'로 혼동하지 말 것!

3급 II 배정 한자 ⑩

한자의 훈과 음을 생각하며, 순서에 따라 써 보세요.

461 畢 (마칠 필)
부수: 田, 총 11획

- 畢生(필생) : 살아 있는 동안 / 생명의 마지막까지 다함.
- 畢業(필업) : 하고 있던 학업이나 사업을 마침.
- 未畢(미필) : 아직 끝내지 못함.

⚠ 네 번째 획과 마지막 획을 한 획으로 혼동하지 말 것!

필순: 丶 丨 冂 円 田 甲 甼 畢 畢 畢 畢

[활용]
檢査畢(검사필) 검사를 마침.
檢定畢(검정필) 검정을 마침.

462 何 (어찌 하)
부수: 人(亻), 총 7획

- 何等(하등) : '아무런', '아무' 또는 '얼마만큼'의 뜻을 나타내는 말
- 何必(하필) : 다른 방도를 취하지 아니하고 어찌하여 꼭
- 何如間(하여간) : 어찌하든 간에

⚠ 'ㅁ'와 'ㅣ'의 순서를 혼동하지 말 것!

필순: 丿 亻 イ 仁 仃 何 何

[활용]
何時(하시) 何處(하처)

⚠ 모양·훈·활용 한자어를 구별할 것!

463 荷 (멜 하)
부수: 艸(艹), 총 11획

- 荷役(하역) : 짐을 싣고 내리는 일
- 荷重(하중) : 어떤 물체 따위의 무게
- 出荷(출하) : 짐이나 상품 따위를 내어 보냄.

'荷'가 '짐'을 뜻함.

짐을 짐. cf.部下(부하) : 직책상 자기보다 더 낮은 자리에 있는 사람

[활용] 짐 임자
荷物(하물) 荷主(하주)
荷置(하치) 負荷(부하)
入荷(입하) 集荷(집하)

⚠ 부수를 '人(亻)'으로 혼동하지 말 것!

464 賀 (하례할 하)
부수: 貝, 총 12획

- 賀客(하객) : 축하하는 손님
- 賀禮(하례) : 축하하여 예를 차림.
- 致賀(치하) : 남이 한 일에 대하여 고마움이나 칭찬의 뜻을 표시함.

필순: 丶 力 加 加 加 賀 賀 賀 賀 賀 賀

새해를 축하하기 위하여 간단한 글이나 그림을 담아 보내는 편지

[활용] 새해를 축하함.
賀正(하정) 慶賀(경하)
祝賀(축하)
年賀狀(연하장)
年賀郵便(연하우편)

⚠ 부수를 '力'이나 'ㅁ'로 혼동하지 말 것!

465 鶴 (학 학)
부수: 鳥, 총 21획

- 鶴髮(학발) : 두루미의 깃털처럼 희다는 뜻으로, 하얗게 센 머리 또는 그런 사람을 이르는 말
- 鶴首苦待(학수고대) : 학의 목처럼 목을 길게 빼고 간절히 기다림. 364쪽>>>

[활용] 두루미
鶴舞(학무) 白鶴(백학)
仙鶴(선학) 丹頂鶴(단정학)
群鶏一鶴(군계일학) 348쪽>>>

한자의 훈과 음을 생각하며, 순서에 따라 써 보세요.

466 汗 (땀 한)
부수: 水(氵), 총 6획

- 汗蒸(한증): 높은 온도로 몸을 덥게 하여 땀을 내어서 병을 다스리는 일
- 發汗(발한): 병을 다스리려고 몸에 땀을 내는 일
- 不汗黨(불한당): 떼를 지어 돌아다니며 재물을 마구 빼앗는 사람들의 무리

말이 땀을 흘리며 전장(戰場)을 오간다는 뜻으로, 싸움터에서 이긴 공로를 이르는 말 / 말이 땀을 흘릴 정도의 노역(勞役)을 이르는 말

심신이 쇠약하여 잠자는 사이에 저절로 나는 식은땀

[활용]
盜汗(도한)
汗蒸幕(한증막)
汗馬之勞(한마지로)

필순: ㆍㆍ氵氵汗汗

467 割 (벨 할)
부수: 刀(刂), 총 12획

- 割據(할거): 땅을 나누어 차지하고 굳게 지킴.
- 割賦(할부): 돈을 여러 번에 나누어 냄.
- 割當(할당): 몫을 갈라 나눔.
- '나누다'를 뜻함.

배를 가름.

소중한 시간, 돈, 공간 따위를 아깝게 여기지 아니하고 선뜻 내어 줌.

[활용]
割腹(할복) 割愛(할애)
割引(할인) 割增(할증)
分割(분할) 役割(역할)

필순: ㆍ宀宀宁宔害害害割

468 含 (머금을 함)
부수: 口, 총 7획

- 含量(함량): 물질이 어떤 성분을 포함하고 있는 분량
- 含有(함유): 물질이 어떤 성분을 포함하고 있음.
- 含蓄(함축): 겉으로 드러내지 아니하고 속에 간직함.

분한 마음을 품고 원한을 쌓음.

[활용]
包含(포함)
含有量(함유량)
含蓄性(함축성)
含憤蓄怨(함분축원)

필순: ノ 人 ハ 今 今 含 含

469 陷 (빠질 함)
부수: 阜(阝), 총 11획

- 陷沒(함몰): 물속이나 땅속에 빠짐.
- 缺陷(결함): 부족하거나 완전하지 못하여 흠이 되는 부분
- 謀陷(모함): 나쁜 꾀로 남을 어려운 처지에 빠지게 함.

⚠ 여섯 번째와 일곱 번째 획을 한 획으로 혼동하지 말 것!

[활용]
陷落(함락)
땅이 무너져 내려앉음. / 적의 성, 요새, 진지 따위를 공격하여 무너뜨림.

필순: ㆍ阝阝阝阝陷陷陷陷陷

⚠ 글자의 오른쪽에 위치하여 부수로 쓰이는 '邑'의 변형(阝)과 구별할 것!

470 恒 (항상 항)
부수: 心(忄), 총 9획

- 恒久(항구): 변함없이 오래감.
- 恒常(항상): 언제나 변함없이
- 恒溫(항온): 늘 일정한 온도

천구 위에서 서로의 상대 위치를 바꾸지 아니하고 별자리를 구성하는 별

[활용]
恒星(항성) 恒時(항시)
恒心(항심) 恒用(항용)

필순: ㆍ忄忄忄忄恒恒恒恒

3급Ⅱ 배정 한자 ⑩

한자의 훈과 음을 생각하며, 순서에 따라 써 보세요.

471 項 (항목 항)
부수: 頁, 총 12획

- 項目(항목): 법률이나 규정 따위의 낱낱의 조나 항목
- 事項(사항): 일의 항목이나 내용
- 條項(조항): 법률이나 규정 따위의 조목이나 항목

= 칼, 죄인에게 씌우던 형틀. '項'이 '목'을 뜻함.

다항식에서 계수는 다르나 문자 인수가 같은 두 개 이상의 항

[활용]
各項(각항)　前項(전항)
項鎖(항쇄)
同類項(동류항)
公知事項(공지 사항)

필순: 一丁工工巧巧項項項項項項

⚠ 부수를 'エ'으로 혼동하지 말 것!

472 響 (울릴 향)
부수: 音, 총 22획

- 響應(향응): 소리 나는 데에 따라 그 소리와 마주쳐 같이 울림.
- 反響(반향): 어떤 사건이나 발표 따위가 세상에 영향을 미치어 일어나는 반응
- 影響(영향): 어떤 사물의 효과나 작용이 다른 것에 미치는 일

⚠ '오영향'으로 읽지 말 것!

[활용]
音響(음향)
交響曲(교향곡)
惡影響(악영향)
交響樂團(교향악단)

473 獻 (드릴 헌)
부수: 犬, 총 20획
약자는 献 418쪽 >>>

- 獻金(헌금): 돈을 바침. 또는 그 돈
- 獻納(헌납): 돈이나 물건을 바침.
- 貢獻(공헌): 힘을 써 이바지함.

[활용]
獻上(헌상)　獻身(헌신)
獻血(헌혈)　獻花(헌화)
文獻(문헌)　奉獻(봉헌)
進獻(진헌)

474 懸 (달 현)
부수: 心, 총 20획

- 懸隔(현격): 사이가 많이 벌어져 있음. 또는 차이가 매우 심함. '懸'이 '멀다'를 뜻함.
- 懸命(현명): 어떤 일을 위하여 목숨을 내걺. cf. 賢明(현명): 어질고 슬기로워 사리에 밝음.
- 懸板(현판): 글자나 그림을 새겨 문 위나 벽에 다는 널조각

널빤지의 조각

⚠ 모양이 비슷한 '縣(고을 현/3)'과 구별할 것!

[활용]
懸案(현안)
懸賞金(현상금)
懸垂幕(현수막)
懸賞手配(현상 수배)

└ 달다: 물건을 일정한 곳에 걸거나 매어 놓다.

475 玄 (검을 현)
부수: 玄, 총 5획

사신(四神)의 하나. 북쪽 방위를 지키는 신령을 상징하는 짐승을 이름. '玄'이 '북쪽'을 뜻함.

- 玄關(현관): 건물의 출입문이나 건물에 붙이어 따로 달아낸 문간
- 玄妙(현묘): 이치나 기예의 경지가 헤아릴 수 없이 미묘함. '玄'이 '심오하다'를 뜻함.
- 玄孫(현손): 증손자의 아들. 또는 손자의 손자
  └ '현손'을 뜻함.

[활용]
玄武(현무)　玄米(현미)
玄黃(현황)　幽玄(유현)
검은 하늘빛과 누런 땅 빛/
하늘과 땅

필순: 丶 一 ナ 玄 玄

⚠ 글자 자체가 부수임에 유의할 것!

254　읽기 배정 한자 익히기

한자의 훈과 음을 생각하며, 순서에 따라 써 보세요.

476 穴 (굴 혈)
부수: 穴, 총 5획

- 穴居(혈거) : 동굴 속에서 삶. 또는 그런 동굴
- 洞穴(동혈) : 깊고 넓은 굴의 구멍
- 虎穴(호혈) : 범이 사는 굴

제주도 동문 밖의 땅에 난 세 개의 큰 구멍. 탐라의 개조(開祖)인 고(高), 부(夫), 양(良) 삼신(三神)이 나왔다는 전설이 있는 곳

14 경맥(經脈)에 속해 있는 혈(穴)을 이르는 말

[활용]
- 經穴(경혈) 墓穴(묘혈)
- 三姓穴(삼성혈)
  시체가 놓이는 무덤의 구덩이 부분을 이르는 말

획순: ` ` `^` `宀` `宀` `穴`

⚠ 글자 자체가 부수임에 유의할 것!

477 脅 (위협할 협)
부수: 肉(月), 총 10획

- 脅迫(협박) : 남에게 어떤 일을 하도록 위협함.
- 威脅(위협) : 힘으로 으르고 협박함.
- 誘脅(유협) : 달래기도 하고 으르기도 함.

약한 사람을 으르고 다잡음.

[활용]
- 脅弱(협약) 脅奪(협탈)
- 脅迫狀(협박장)

⚠ '협박상'으로 읽지 말 것!

'육달월'임. ⚠ 부수를 '月(달 월)'로 혼동하지 말 것!

478 衡 (저울대 형)
부수: 行, 총 16획

- 衡平(형평) : 균형이 맞음. 또는 그런 상태
- 均衡(균형) : 어느 한쪽으로 기울거나 치우치지 아니하고 고른 상태
- 度量衡(도량형) : 길이, 부피, 무게 따위의 단위를 재는 법

'衡'이 '평평하다'를 뜻함.

저울추와 저울대라는 뜻으로, 저울을 이르는 말

[활용]
- 衡度(형도) 權衡(권형)
- 平衡(평형)
- 不均衡(불균형)
  저울과 자를 아울러 이르는 말

⚠ 모양이 비슷한 '衝(찌를 충/3II)'과 구별할 것!

479 慧 (슬기로울 혜)
부수: 心, 총 15획

- 慧性(혜성) : 민첩하고 총명한 성질
- 慧眼(혜안) : 사물을 꿰뚫어 보는 안목과 식견
- 智慧(지혜) : 사물의 이치를 빨리 깨닫고 사물을 정확하게 처리하는 정신적 능력

[활용]
- 慧心(혜심) 慧悟(혜오)
- 知慧(지혜) 슬기롭고 민첩함.

480 浩 (넓을 호)
부수: 水(氵), 총 10획

'크다'를 뜻함.

- 浩歌(호가) : 큰 소리로 노래를 부름. 또는 그 노래
- 浩大(호대) : 매우 넓고 큼.
- 浩然之氣(호연지기) : 하늘과 땅 사이에 가득 찬 넓고 큰 원기 / 거침없이 넓고 큰 기개

365쪽 >>>

[활용]
- 浩氣(호기) 浩然(호연)
- = 浩然之氣 넓고 큼.

3급II 배정 한자 ⑩

한자의 훈과 음을 생각하며, 순서에 따라 써 보세요.

481 胡 — 되 호
부수: 肉(月), 총 9획

모양이 비슷한 '湖(호수 호/5)'와 구별할 것!

- 胡亂(호란): 호인(胡人)들이 일으킨 난리
- 胡人(호인): 만주 사람
- 胡壽(호수): 오래도록 삶. '胡'가 '오래살다'를 뜻함.

예전에, 두만강 근방에 살던 미개 민족을 이르던 말

필순: 一 十 十 古 古 古 胡 胡 胡

[활용]
丙子胡亂(병자호란)
조선 인조 14년(1636)에 청나라가 침입한 난리

'육달월'임. ⚠ 부수를 '月(달 월)'로 혼동하지 말 것!

482 虎 — 범 호
부수: 虍, 총 8획

- 虎口(호구): 범의 아가리라는 뜻으로, 매우 위태로운 처지나 형편을 이르는 말
- 虎患(호환): 호랑이에게 당하는 화(禍)
- 猛虎(맹호): 사나운 범

범을 길러서 화근을 남긴다는 뜻으로, 화근이 될 것을 길러서 후환을 당하게 됨을 이르는 말

호랑이는 죽어서 가죽을 남긴다는 뜻으로, 사람은 죽어서 명예를 남겨야 함을 이르는 말

필순: 丨 卜 ト 广 卢 虎 虎 虎

[활용]
虎皮(호피) 虎穴(호혈)
白虎(백호)
虎死留皮(호사유피)
養虎遺患(양호유환)

483 豪 — 호걸 호
부수: 豕, 총 14획

- 豪傑(호걸): 지혜와 용기가 뛰어나고 기개와 풍모가 있는 사람
- 豪雨(호우): 줄기차게 내리는 크고 많은 비. '豪'가 '세차다'를 뜻함.
- 强豪(강호): 실력이나 힘이 뛰어나고 강한 사람. 또는 그런 집단

씩씩하고 호방한 기상

[활용]
豪氣(호기) 豪言(호언)
豪族(호족) 豪快(호쾌)
豪華(호화) 文豪(문호)
富豪(부호) 土豪(토호)

484 惑 — 미혹할 혹
부수: 心, 총 12획

- 不惑(불혹): 미혹되지 아니함. / '마흔 살'을 이르는 말
- 誘惑(유혹): 꾀어서 정신을 혼미하게 하거나 좋지 아니한 길로 이끎.
- 疑惑(의혹): 의심하여 수상히 여김. 또는 그런 마음

⚠ 모양이 비슷한 '感(느낄 감/6)', '或(혹 혹/4)'과 구별할 것!

[활용]
惑星(혹성) 困惑(곤혹)
當惑(당혹) 곤란한 일을 당하여 어찌할 바를 모름.

미혹하다: 무엇에 홀려 정신을 차리지 못하다.

485 魂 — 넋 혼
부수: 鬼, 총 14획

- 魂靈(혼령): 죽은 사람의 넋
- 鎭魂(진혼): 죽은 사람의 넋을 달래어 고이 잠들게 함.
- 鬪魂(투혼): 끝까지 투쟁하려는 기백

[활용]
商魂(상혼) 靈魂(영혼)
더 많은 이익을 얻으려는 상인의 정신

256 읽기 배정 한자 익히기

한자의 훈과 음을 생각하며, 순서에 따라 써 보세요.

486 忽 — 갑자기 홀
부수: 心, 총 8획

- 忽待(홀대) : 소홀히 대접함.
- 忽然(홀연) : 뜻하지 아니하게 갑자기 — '忽'이 '소홀히하다'를 뜻함.
- 疏忽(소홀) : 대수롭지 아니하고 예사로움.

[활용]
忽視(홀시) 눈여겨보지 아니하고 슬쩍 보아 넘김. / 얕잡아 봄.

필순: ノ ク 勹 勿 勿 忽 忽 忽

487 洪 — 넓을 홍
부수: 水(氵), 총 9획

- 洪範(홍범) : 모범이 되는 큰 규범
- 洪福(홍복) : 큰 행복 예) 나의 성공은 부모님의 洪福이다.
- 洪水(홍수) : 큰물
  └ '크다'를 뜻함.

[활용]
洪魚(홍어) 가오릿과의 바닷물고기

필순: 丶 ㇀ 氵 氵 汁 汁 洪 洪 洪

488 禍 — 재앙 화
부수: 示, 총 14획

- 禍根(화근) : 재앙의 근원
- 輪禍(윤화) : 전차, 자동차 따위의 육상(陸上) 교통 기관에 의하여 입는 재해
- 災禍(재화) : 재앙(災殃)과 화난(禍難)을 아울러 이르는 말
  cf. 財貨(재화) : 사람이 바라는 바를 충족시켜 주는 모든 물건

[활용]
禍福(화복) 禍因(화인)
士禍(사화) 戰禍(전화)
舌禍(설화) 筆禍(필화)
吉凶禍福(길흉화복) 350쪽 >>>

필순: 一 二 千 禾 利 利 祠 祠 禍 禍

489 換 — 바꿀 환
부수: 手(扌), 총 12획

- 換算(환산) : 어떤 단위나 척도로 된 것을 다른 단위나 척도로 고쳐서 헤아림.
- 換率(환율) : 외국환 시세 ⚠ '환솔'로 읽지 말 것!
- 轉換(전환) : 다른 방향이나 상태로 바뀌거나 바꿈.

[활용]
換氣(환기) 換買(환매)
換物(환물) 換錢(환전)
變換(변환) 外換(외환)
物物交換(물물 교환)

필순: 一 ㇀ 扌 扩 扩 扩 护 护 挽 挽 換 換

490 還 — 돌아올 환
부수: 辵(辶), 총 17획

중이 다시 속인이 됨. 또는 그런 일

- 還元(환원) : 본디의 상태로 다시 돌아감. 또는 그렇게 되게 함.
- 還拂(환불) : 이미 지불한 돈을 되돌려 줌.
- 償還(상환) : 갚거나 돌려줌.
  이전의 소속으로 다시 돌려보냄. cf. 還俗

[활용]
還甲(환갑) 還給(환급)
還付(환부) 還俗(환속)
還屬(환속) 還收(환수)
歸還(귀환) 送還(송환)

필순: 口 罒 罒 罒 罒 罒 睘 睘 睘 睘 環 環 還 還

3급 II 배정 한자 ⑩

한자의 훈과 음을 생각하며, 순서에 따라 써 보세요.

491 皇

- 皇宮(황궁) : 황제의 궁궐
- 皇女(황녀) : 황제의 딸
- 皇族(황족) : 황제의 가까운 친척

중국 고대 전설에 나오는 삼황과 오제를 아울러 이르는 말

[활용]
皇妃(황비) 皇室(황실)
皇恩(황은) 皇帝(황제)
敎皇(교황)
三皇五帝(삼황오제)

필순: 丿 ⺉ 白 白 白 白 皇 皇 皇

임금 **황**
부수 : 白, 총 9획

⚠ 부수를 '玉(구슬 옥)'으로 혼동하지 말 것!

492 荒

- 荒唐(황당) : 터무니없고 허황함.
- 荒廢(황폐) : 집, 토지, 삼림 따위가 거칠고 못 쓸 상태에 있음.
- 虛荒(허황) : 거짓되고 근거가 없음. / 들떠서 황당함.

'荒'이 '허황하다'를 뜻함.

[활용]
荒年(황년) 荒涼(황량)
荒城(황성) 荒野(황야)
凶荒(흉황)
곡식 농사가 잘 안되어 농사가 결딴남. '荒'이 '흉년'을 뜻함.

필순: 一 十 艹 艹 芒 荒 荒 荒 荒 荒

거칠 **황**
부수 : 艸(艹), 총 10획

493 悔

⚠ 모양이 비슷한 '侮(업신여길 모 /3)'와 구별할 것!

- 悔改(회개) : 잘못을 뉘우치고 고침.
- 悔心(회심) : 잘못을 뉘우치는 마음
- 悔恨(회한) : 뉘우치고 한탄함.

[활용]
後悔莫及(후회막급)
이미 잘못된 뒤에 아무리 후회하여도 다시 어찌할 수가 없음.

필순: 丶 丶 忄 忄 忄 忄 忙 悔 悔 悔 悔

⚠ 꿰뚫는 획은 마지막에 쓸 것!

뉘우칠 **회**
부수 : 心(忄), 총 10획

494 懷

'편안히하다'를 뜻함.

- 懷柔(회유) : 어루만지고 잘 달래어 시키는 말을 듣도록 함.
- 懷疑(회의) : 의심을 품음. 또는 마음속에 품고 있는 의심 cf. 會議(회의) : 여럿이 모여 의논함.
- 述懷(술회) : 마음속에 품고 있는 여러 가지 생각을 말함. 또는 그런 말

[활용]
懷古(회고) 感懷(감회)
所懷(소회)
마음에 품고 있는 회포

⚠ 모양이 비슷한 '壞(무너질 괴 /3II)'와 구별할 것!

약자는 懐. 418쪽 >>>

품을 **회**
부수 : 心(忄), 총 19획

495 劃

- 劃一(획일) : 모두가 한결같아서 변함이 없음. / 줄을 친 듯이 가지런함.
- 企劃(기획) : 일을 꾀하여 계획함. '劃'이 '꾀하다'를 뜻함.
- 劃期的(획기적) : 어떤 과정이나 분야에서 전혀 새로운 시기를 열어 놓을 만큼 뚜렷이 구분되는

[활용]
劃數(획수) 劃策(획책)
計劃(계획) 區劃(구획)

필순: 一 ユ 宀 亖 聿 聿 書 書 書 晝 畫 劃

그을 **획**
부수 : 刀(刂), 총 14획

한자의 훈과 음을 생각하며, 순서에 따라 써 보세요.

496 獲 - 얻을 획
부수: 犬(犭), 총 17획

- 獲得(획득) : 얻어 내거나 얻어 가짐.
- 漁獲(어획) : 수산물을 잡거나 채취함. 또는 그 수산물
- 捕獲(포획) : 적병을 사로잡음. / 짐승이나 물고기를 잡음.

⚠ 모양이 비슷한 '護(도울 호/4Ⅱ)'와 구별할 것!
⚠ 부수를 '艹(艸)'로 혼동하지 말 것!

짐승이나 물고기 따위를 마구 잡음.
[활용]
- 濫獲(남획)
※ 濫(넘칠 람) - 3급 배정 한자

497 橫 - 가로 횡
부수: 木, 총 16획

- 橫隊(횡대) : 가로로 줄을 지어 늘어선 대형(隊形)
- 橫領(횡령) : 공금이나 남의 재물을 불법으로 차지하여 가짐.
- 橫斷(횡단) : 도로나 강 따위를 가로지름.

제멋대로 굴며 몹시 난폭함. ⚠ '횡폭'으로 읽지 말 것!
'橫'이 '방자하다'를 뜻함.

아무 거리낌 없이 제멋대로 행동함.
[활용]
- 橫書(횡서) 橫財(횡재)
- 橫暴(횡포) 橫行(횡행)
- 縱橫無盡(종횡무진)
- 橫斷步道(횡단보도)

뜻밖에 재물을 얻음. 또는 그 재물. '橫'이 '뜻밖의'를 뜻함.

498 胸 - 가슴 흉
부수: 肉(月), 총 10획

- 胸背(흉배) : 가슴과 등을 아울러 이르는 말/ 가슴의 뒷부분
- 胸像(흉상) : 사람의 모습을 가슴까지만 표현한 그림이나 조각
- 胸圍(흉위) : 가슴둘레

'육달월'임. ⚠ 부수를 '月(달 월)'로 혼동하지 말 것!

[활용]
- 胸部(흉부) 胸中(흉중)
- 雙鶴胸背(쌍학흉배)
  한 쌍의 학을 수놓은 흉배. 당상관 이상의 문관 공복에 붙였다.

499 戲 - 놀이 희
부수: 戈, 총 17획

- 戲曲(희곡) : 공연을 목적으로 하는 연극의 대본
- 戲弄(희롱) : 말이나 행동으로 실없이 놀림.
- 遊戲(유희) : 즐겁게 놀며 장난함. 또는 그런 행위

실없이 희롱으로 웃음.
자신의 그림이나 글씨를 겸손하게 이르는 말

⚠ 부수를 '虍'로 혼동하지 말 것!

실없이 희롱으로 부르는 이름. 풍자의 뜻을 붙인 이름을 말함.
[활용]
- 戲笑(희소) 戲稱(희칭)
- 戲筆(희필) 戲畫(희화)
  실없이 장난삼아 그린 그림 / 익살맞게 그린 그림

500 稀 - 드물 희
부수: 禾, 총 12획

- 稀代(희대) : 희세. 세상에 드묾. 예) 稀代의 영웅
- 稀薄(희박) : 기체나 액체 따위의 밀도나 농도가 짙지 못하고 낮거나 엷음. / 어떤 일이 이루어질 가능성이 적음.
- 稀釋(희석) : 용액에 물이나 다른 용매를 더하여 농도를 묽게 함.

중국 당(唐)나라 시인 두보(杜甫)의 〈곡강시(曲江詩)〉에 나오는 '인생칠십고래희(人生七十古來稀)'에서 유래

흔하지 아니하고 드묾.
[활용]
- 稀貴(희귀) 稀年(희년)
- 稀微(희미) 稀壽(희수)
- 稀有(희유) 古稀(고희)
- 稀少價値(희소가치)
  일흔 살을 이르는 말

Ⅱ 읽기 배정 한자 익히기

1_ 다음 漢字의 訓과 音을 쓰세요.

(1) 胡 (   )   (2) 玄 (   )   (3) 荒 (   )
(4) 彼 (   )   (5) 劃 (   )   (6) 何 (   )
(7) 皇 (   )   (8) 弊 (   )   (9) 編 (   )

2_ 다음 訓과 音에 알맞은 漢字를 쓰세요.

(1) 벨 할   (   )   (2) 넓을 호 (   )   (3) 가로 횡 (   )
(4) 잡을 포 (   )   (5) 입을 피 (   )   (6) 항목 항 (   )
(7) 바꿀 환 (   )   (8) 놀이 희 (   )   (9) 넓을 홍 (   )

3_ 다음 漢字語의 讀音을 쓰세요.

(1) 浦口 (   )   (2) 廢刊 (   )   (3) 胸像 (   )
(4) 出荷 (   )   (5) 丹楓 (   )   (6) 稀薄 (   )
(7) 恒久 (   )   (8) 衡平 (   )   (9) 慧眼 (   )
(10) 疏忽 (   ) (11) 疑惑 (   ) (12) 懸命 (   )
(13) 獲得 (   ) (14) 缺陷 (   ) (15) 威脅 (   )

4_ 다음 문장에서 밑줄 친 漢字語를 漢字로 쓰세요.

(1) 많은 하객들로 결혼식장이 붐볐다.   (   )
(2) 폐렴으로 일주일간 입원한 적이 있다.   (   )
(3) 중부 지방의 집중 호우로 많은 피해가 예상된다.   (   )
(4) 콩에는 항암 효과가 있는 성분이 함유되어 있다.   (   )

실제 시험에서는 2, 4, 5, 7번과 같이 읽기 배정 한자를 쓰는 문제는 출제되지 않으나, 보다 확실한 학습을 위해 쓰기 문제로 구성하였습니다.

5_ 다음 ( ) 안에 알맞은 漢字를 써 넣어 漢字語(四字成語)를 完成하세요.

(1) (　　　)然之氣 : 하늘과 땅 사이에 가득찬 넓고 큰 원기
　　　　　　　　거침 없이 넓고 큰 기개

(2) (　　　)骨相接 : 살가죽과 뼈가 맞붙을 정도로 몹시 마름.

(3) 此日(　　　)日 : 이날 저날 하고 자꾸 기한을 미루는 모양

(4) (　　　)首苦待 : 학의 목처럼 목을 길게 빼고 간절히 기다림.

6_ 다음 漢字의 部首를 쓰세요.

(1) 虎 → (　　　)　　(2) 魂 → (　　　)　　(3) 衡 → (　　　)

(4) 穴 → (　　　)　　(5) 響 → (　　　)　　(6) 豪 → (　　　)

7_ 다음 漢字語의 同音異義語를 漢字로 쓰되, 제시된 뜻을 가진 漢字語를 쓰세요.

(1) 財貨 - (　　　) : 재앙과 화난을 아울러 이르는 말

(2) 會議 - (　　　) : 의심을 품음. 또는 마음속에 품고 있는 의심

8_ 다음 漢字語의 뜻을 쓰세요.

(1) 償還 (　　　　　　　　　　　　　　　　　)

(2) 未畢 (　　　　　　　　　　　　　　　　　)

(3) 悔心 (　　　　　　　　　　　　　　　　　)

(4) 獻金 (　　　　　　　　　　　　　　　　　)

간지와 띠 이야기

'간지(干支)'란 육십 갑자의 위 단위를 이루는 요소인 '천간(天干)'과 육십 갑자의 아래 단위를 이루는 요소인 '지지(地支)'를 아울러 이르는 말이다. 하늘에 있는 10가지 기운을 일컫는 천간을 '십간(十干)'이라고 하며, 땅에 있는 12가지 기운을 일컫는 지지를 '십이지(十二支)'라고 한다.

天干(천간)	甲(갑)	乙(을)	丙(병)	丁(정)	戊(무)	己(기)	庚(경)	辛(신)	壬(임)	癸(계)	·	·
地支(지지)	子(자)	丑(축)	寅(인)	卯(묘)	辰(진)	巳(사)	午(오)	未(미)	申(신)	酉(유)	戌(술)	亥(해)

위의 표에서 볼 수 있는 10개의 천간과 12개의 지지를 차례대로 조합하여 배열하면, '甲子(갑자)'에서 시작해서 '癸亥(계해)'로 끝나는 60개의 간지가 만들어진다. 이렇게 만들어진 60개의 간지가 '육십 갑자(六十甲子)'이다.

간지는 예로부터 그 해의 연도를 표시하는 데 주로 쓰여 왔다. 우리가 알고 있는 '임진왜란(壬辰倭亂 : 壬辰년에 일어난 왜란)'이나 '갑신정변(甲申政變 : 甲申년에 일어난 정변)'과 같은 역사적인 사건들은 이러한 간지를 이용한 것이다.

天干(천간)	甲(갑)	乙(을)	丙(병)	丁(정)	戊(무)	己(기)	庚(경)	辛(신)	壬(임)	癸(계)
연도의 끝자리 수	4	5	6	7	8	9	0	1	2	3

간지에서 지지의 앞에 오는 천간은 사람의 손가락 수에서 연상된 것이기 때문에 그 수가 10개이다. 때문에 간지로 표기할 때, 10년 단위로 항상 같은 것이 오게 된다. 예를 들어 2008년은 끝자리가 8로 끝나는 해이기 때문에 '무(戊)'로 시작하는 간지가 된다. 마찬가지로 2018년도 '戊'로 시작하는 간지가 되는 것이다.

地支(지지)	子(자)	丑(축)	寅(인)	卯(묘)	辰(진)	巳(사)	午(오)	未(미)	申(신)	酉(유)	戌(술)	亥(해)
띠	쥐	소	호랑이	토끼	용	뱀	말	양	원숭이	닭	개	돼지

간지에서 지지는 띠를 나타낸다. 지지는 열두 달의 변화에서 나온 것으로 12개이며 각각을 상징하는 동물이 있다. 이 열두 가지 동물들에게는 각각의 특성이 있어서 띠에 따라 그 사람의 운세가 결정된다는 속설이 있다. 쥐의 해에 태어난 사람은 평생 먹고 살 걱정이 없고, 소의 해에 태어난 사람은 일복이 많으며, 호랑이의 해에 태어난 사람은 천성이 강직하고 위엄이 있으며, 용의 해에 태어난 사람은 상상력이 풍부하고, 양의 해에 태어난 사람은 온순하며, 원숭이의 해에 태어난 사람은 재주가 많다는 등의 이야기가 그것이다.

이처럼 천간과 지지를 알고 있으면, 위의 표를 참고해서 자신이 태어난 해의 간지를 알아낼 수 있다. 1989년(뱀띠의 해)의 간지를 알아보면, 이 해는 끝자리 수가 9로 끝나기 때문에 천간은 '己(기)'이고, 뱀띠이기 때문에 지지는 '巳(사)'가 된다. 따라서 1989년은 '己巳年(기사년)'이 되는 것이다.

간지 Quiz

1. 윤호는 토끼의 해인 1975년에 태어났다. 윤호의 동생은 윤호보다 4살 어리다. 윤호와 윤호 동생이 태어난 해의 각각의 간지는?
2. 갑오개혁(甲午改革)이 일어난 해를 서기 연도로 나타내면?

[정답] 1. 윤호는 乙卯년, 윤호 동생은 己未년 2. 1894년

3급 배정한자

🍰 한자의 훈과 음을 생각하며, 순서에 따라 써 보세요.

지워서 없애 버림. cf.燒却

501 却 물리칠 **각**
부수: 卩, 총 7획

⚠ 모양이 비슷한 '脚(다리 각/3Ⅱ)'과 구별할 것!

- 却說(각설) : 말이나 글 따위에서, 이제까지 다루던 내용을 그만두고 화제를 다른 쪽으로 돌림.
- 燒却(소각) : 불에 태워 없애 버림.
- 退却(퇴각) : 뒤로 물러감.

[활용]
却下(각하) 棄却(기각)
冷却(냉각) 忘却(망각)
賣却(매각) 消却(소각)
減價償却(감가상각)

국가 기관에 대한 행정상 신청을 배척하는 처분

획순: 一 十 土 去 去 却 却

502 姦 간음할 **간**
부수: 女, 총 9획

- 姦淫(간음) : 부부가 아닌 남녀가 성 관계를 맺음.
- 姦通(간통) : 결혼하여 배우자가 있는 사람이 배우자가 아닌 사람과 성적 관계를 맺음.
- 强姦(강간) : 폭행 또는 협박 따위의 불법적인 수단으로 부녀자를 간음함.

[활용]
姦夫(간부) 姦婦(간부)
姦所(간소) 姦情(간정)
輪姦(윤간) 姦通罪(간통죄)
近親相姦(근친상간)

획순: 〱 〱 女 女 女 姦 姦 姦 姦

503 渴 목마를 **갈**
부수: 水(氵), 총 12획

입술이나 입 안, 목 따위가 타는 듯이 몹시 마름.

- 渴求(갈구) : 간절히 바라고 구함.
- 枯渴(고갈) : 물이 말라서 없어짐. 돈이나 물건 따위가 거의 없어져 매우 귀해짐.
- 飢渴(기갈) : 배고픔과 목마름을 아울러 이르는 말

飢渴이 들다 : 몹시 굶주려서 간절히 음식을 탐내다.

[활용]
渴急(갈급) 渴望(갈망)
渴症(갈증) 苦渴(고갈)
燥渴(조갈) 酒渴(주갈)
解渴(해갈) 渴水期(갈수기)

획순: 丶 氵 氵 汀 泸 泸 渇 渇 渇 渇 渴

504 慨 슬퍼할 **개**
부수: 心(忄), 총 14획

- 慨世(개세) : 세상 형편을 개탄함.
- 慨歎(개탄) : 분하거나 못마땅하게 여겨 한탄함.
- 憤慨(분개) : 몹시 분하게 여김.

⚠ 모양이 비슷한 '槪(대개 개/3Ⅱ)'와 구별할 것!

[활용]
感慨無量(감개무량)
365쪽 >>>

획순: 丶 丶 忄 忄 忄 忄 忄 忄 慨 慨 慨 慨 慨 慨

505 皆 다 **개**
부수: 白, 총 9획

- 皆勤(개근) : 학교나 직장 따위에 일정한 기간 동안 하루도 빠짐없이 출석하거나 출근함.
- 皆兵(개병) : 국민 모두가 병역의 의무를 가짐.
- 擧皆(거개) : 거의 모두

[활용]
皆骨山(개골산)
겨울의 '금강산'을 이르는 말

획순: 一 上 上 比 比 皆 皆 皆 皆

한자의 훈과 음을 생각하며, 순서에 따라 써 보세요.

506 乞 (빌 걸)
부수: 乙, 총 3획

- 乞食(걸식): 음식 따위를 빌어먹음. 또는 먹을 것을 빎.
- 求乞(구걸): 돈이나 곡식, 물건 따위를 거저 달라고 빎.
- 哀乞(애걸): 소원을 들어 달라고 애처롭게 빎.

이 집 저 집 돌아다니며 빌어먹음.

[활용]
乞求(걸구) 乞盟(걸맹)
乞命(걸명) 乞人(걸인)
哀乞伏乞(애걸복걸)
門前乞食(문전걸식) — 적에게 싸움을 끝내고 화해를 청함.

507 牽 (이끌·끌 견)
부수: 牛, 총 11획

처음으로 벼슬함. / 결혼을 이룸. 곽원진이란 사람이 자기가 끌어당긴 실을 쥐고 있는 여자를 아내로 삼은 고사(故事)에 의함.

- 牽連(견련): 서로 얽히어 관계를 가짐. 또는 그렇게 관계시킴.
- 牽引(견인): 끌어서 당김.
- 牽制(견제): 일정한 작용을 가함으로써 상대편이 지나치게 세력을 펴거나 자유롭게 행동하지 못하게 억누름.

牽連을 보다: 서로가 속으로 은근히 꺼리거나 '겁내다'.

[활용]
牽絲(견사) 拘牽(구견)
牽引車(견인차)
牽強附會(견강부회) 365쪽>>>
牽牛織女(견우직녀)

508 絹 (비단 견)
부수: 糸, 총 13획

명주실로 바탕을 조금 거칠게 짠 비단

- 絹絲(견사): 깁이나 비단을 짜는 명주실
- 絹布(견포): 비단/비단과 무명을 아울러 이르는 말
- 本絹(본견): 다른 실을 섞지 아니하고 명주실로만 짠 비단

[활용]
生絹(생견)
絹織物(견직물)
人造絹(인조견)

509 肩 (어깨 견)
부수: 肉(月), 총 8획
└ '육달월'임. ⚠ 부수를 '月(달 월)'로 혼동하지 말 것!

- 肩骨(견골): 어깨뼈
- 肩章(견장): 군인, 경찰관 등이 제복의 어깨에 붙이는, 직위나 계급을 밝히는 표장
- 比肩(비견): 앞서거나 뒤서지 않고 어깨를 나란히 한다는 뜻으로, 낫고 못할 것이 없이 정도가 서로 비슷함을 이르는 말

[활용]
肩帶(견대) 肩頭(견두)
肩等(견등) 肩部(견부)
路肩(노견) 雙肩(쌍견)
肩關節(견관절)

510 遣 (보낼 견)
부수: 辶(辵), 총 14획

- 遣歸(견귀): 본래 있던 곳으로 보냄.
- 分遣(분견): 구성원의 일부를 떼 내어서 보냄.
- 派遣(파견): 일정한 임무를 주어 사람을 보냄.

⚠ 모양이 비슷한 '遺(남길 유/4)'와 구별할 것!

[활용]
遣唐(견당)
당나라에 사신을 보냄.

3급 배정 한자

🌱 한자의 훈과 음을 생각하며, 순서에 따라 써 보세요.

511 卿 — 벼슬 경
부수: 卩, 총 12획

- 육조 판서 / 삼정승(영의정, 좌의정, 우의정)
- 卿相(경상) : 육경(六卿)과 삼상(三相)을 아울러 이르는 말
- 卿士大夫(경사대부) : 조선 시대에, 영의정, 좌의정, 우의정 이외의 모든 벼슬아치를 통틀어 이르던 말

재상. ※ 尹(성 윤)-2급 배정 한자
[활용] 卿輩(경배) 卿尹(경윤) 公卿大夫(공경대부)
= 卿等(경등). 임금이 신하를 가리키던 이인칭 대명사

필순: ⺊ ⺊ 匚 匚 匄 卯 卯 卯 卯 卿 卿 卿

512 庚 — 별 경
부수: 广, 총 8획

⚠ 모양이 비슷한 '康(편안 강/4Ⅱ)'과 구별할 것!

- 庚時(경시) : 이십사시(二十四時)의 열여덟째 시. 오후 네 시 반부터 다섯 시 반까지의 동안
- 庚炎(경염) : '삼복더위'를 달리 이르는 말
- 同庚(동경) : 육십갑자가 같다는 뜻으로, 같은 나이를 이르는 말

=三伏(삼복)
[활용] 庚癸(경계) 庚方(경방) 庚伏(경복) 庚熱(경열) 庚辰(경진) =庚炎(경염)

필순: 丶 一 广 戶 庐 庚 庚 庚

513 竟 — 마침내 경
부수: 立, 총 11획

- 竟夜(경야) : 밤을 새움.
- 究竟(구경) : 가장 지극한 깨달음.
- 畢竟(필경) : 끝장에 가서는

⚠ 모양이 비슷한 '意(뜻 의/6)', '境(지경 경/4Ⅱ)'과 구별할 것!

[활용] 竟夕(경석)

필순: 丶 一 立 立 产 音 音 音 音 竟 竟

514 癸 — 북방·천간 계
부수: 癶, 총 9획

- 癸未(계미) : 육십갑자(六十甲子)의 스무째
- 癸水(계수) : 월경
- 癸時(계시) : 이십사시(二十四時)의 둘째 시. 오전 영시 반에서 한 시 반까지의 동안

[활용] 癸方(계방) 癸坐(계좌) 癸丑日記(계축일기) 조선 시대 수필 형식의 기사문(記事文)

필순: ノ フ ダ ダ 癶 癶 癸 癸 癸

天干(천간) : 육십갑자의 위 단위를 이루는 요소. 갑(甲), 을(乙), 병(丙), 정(丁), 무(戊), 기(己), 경(庚), 신(辛), 임(壬), 계(癸)

515 繫 — 맬 계
부수: 糸, 총 19획

소속하여 매임.

- 繫留(계류) : 일정한 곳을 벗어나지 못하도록 밧줄 같은 것으로 붙잡아 매어 놓음.
- 連繫(연계) : 서로 밀접한 관련을 가짐. 또는 그런 관계
- 捕繫(포계) : 잡아서 묶어 두거나 옥 속에 가둠.

⚠ 모양이 비슷한 '擊(칠 격/4)'과 구별할 것!

[활용] 繫索(계삭) 繫船(계선) 繫屬(계속) 繫獄(계옥) 繫風捕影(계풍포영)
밧줄로 물건을 붙들어 맴.
⚠ '계색'으로 읽지 말 것!

필순: 一 厂 百 亘 車 車 軎 軗 軗 殸 毄 毄 毄 繫 繫

바람을 매어두고 그림자를 잡는다는 뜻으로, 허망하거나 이루기 어려운 일의 비유

한자의 훈과 음을 생각하며, 순서에 따라 써 보세요.

말라죽은 나무에서 꽃이 핀다는 뜻으로, 곤궁한 처지에 빠졌던 사람이 행운을 만나서 잘 됨을 비유적으로 이르는 말

516 枯 / 마를 고
부수: 木, 총 9획

- 枯死(고사): 나무나 풀 따위가 말라 죽음. cf.故事(고사): 유래가 있는 옛날의 일
- 枯葉(고엽): 마른 잎
- 榮枯盛衰(영고성쇠): 인생이나 사물의 번성함과 쇠락함이 서로 바뀜.

⚠ 모양이 비슷한 '姑(시어미 고/3Ⅱ)'와 구별할 것!

[활용]
枯渴(고갈) 枯木(고목)
└ 枯木生花(고목생화)

517 顧 / 돌아볼 고
부수: 頁, 총 21획

⚠ 모양이 비슷한 '願(원할 원/5)'과 구별할 것!

- 顧客(고객): 상점 따위에 물건을 사러 오는 손님
- 顧問(고문): 의견을 물음. / 어떤 분야에 대하여 전문적인 지식과 풍부한 경험을 가지고 자문에 응하여 의견을 제시하고 조언을 하는 직책
- 三顧草廬(삼고초려): 인재를 맞아들이기 위하여 참을성 있게 노력함.

[활용]
顧慮(고려) 一顧(일고)
回顧錄(회고록)
四顧無親(사고무친)
367쪽 >>>

518 坤 / 땅 곤
부수: 土, 총 8획

- 坤方(곤방): 팔방(八方)의 하나. 정남과 정서의 한가운데를 중심으로 한 45도 안의 방향
- 坤殿(곤전): 왕비가 거처하던 궁전
- 乾坤(건곤): 하늘과 땅을 아울러 이르는 말 =天地(천지)

[활용]
坤宮(곤궁) 坤德(곤덕)
坤道(곤도) 坤位(곤위)

519 郭 / 둘레·외성 곽
부수: 邑(阝), 총 11획

어떤 구역의 안

- 城郭(성곽): 내성(內城)과 외성(外城)을 통틀어 이르는 말
- 外郭(외곽): 바깥 테두리 / 성 밖으로 다시 둘러쌓은 성
- 一郭(일곽): 하나의 담장으로 둘러친 지역. 또는 같은 성질의 것이 모여서 이루어진 구역

[활용]
└ 郭內(곽내) 郭氏(곽씨)
山郭(산곽)

⚠ 글자의 왼쪽에 위치하여 부수로 쓰이는 '阜'의 변형(阝)과 구별할 것!

520 掛 / 걸 괘
부수: 手(扌), 총 11획

- 掛念(괘념): 마음에 두고 걱정하거나 잊지 않음. 예) 급하면 掛念 말고 가 보게.
- 掛圖(괘도): 벽에 걸어 놓고 보는 학습용 그림이나 지도
- 掛鐘時計(괘종시계): 시간마다 종이 울리는 시계. 보통 벽에 걸어 둠.

[활용]
掛意(괘의)
=掛念(괘념)

3급 배정 한자 ①

한자의 훈과 음을 생각하며, 순서에 따라 써 보세요.

521. 塊 — 흙덩이 **괴**
부수: 土, 총 13획

- 塊石(괴석): 돌멩이
- 金塊(금괴): 금덩이
- 地塊(지괴): 땅덩이

덩어리로 된 석탄

[활용] 塊炭(괴탄) 銀塊(은괴) 土塊(토괴)

⚠ 모양이 비슷한 '鬼(귀신 귀/3Ⅱ)', '魂(넋 혼/3Ⅱ)'과 구별할 것!

522. 愧 — 부끄러울 **괴**
부수: 心(忄), 총 13획

- 愧色(괴색): 부끄러워하는 얼굴빛
- 自愧(자괴): 스스로 부끄러워함.
- 慙愧(참괴): 매우 부끄러워함.

[활용] 愧心(괴심) 自愧之心(자괴지심)

⚠ 모양이 비슷한 '橋(다리 교/5)', '稿(원고·볏짚 고/3Ⅱ)'와 구별할 것!

523. 矯 — 바로잡을 **교**
부수: 矢, 총 17획

- 矯正(교정): 틀어지거나 잘못된 것을 바로잡음. cf.校庭(교정): 학교의 마당이나 운동장
- 矯導(교도): 바로잡아 인도함.
- 矯角殺牛(교각살우): 잘못된 점을 고치려다가 그 방법이나 정도가 지나쳐 오히려 일을 그르침을 이르는 말 [366쪽 >>>]

[활용] 矯僞(교위) 속여 꾸밈.

524. 郊 — 들 **교**
부수: 邑(阝), 총 9획

- 郊外(교외): 도시의 주변 지역
- 近郊(근교): 도시의 가까운 변두리에 있는 마을이나 들
- 遠郊(원교): 도시에서 멀리 떨어져 있는 지역

[활용] 近郊農業(근교 농업) 近郊園藝(근교 원예)

⚠ 글자의 왼쪽에 위치하여 부수로 쓰이는 '阜'의 변형(阝)과 구별할 것!

525. 俱 — 함께 **구**
부수: 人(亻), 총 10획

- 俱存(구존): 부모가 모두 살아 계심.
- 俱現(구현): 내용이 속속들이 다 드러남.
- 俱樂部(구락부): '클럽'의 음역어(일본식 음역어임)

⚠ 모양이 비슷한 '具(갖출 구/5)'와 구별할 것!

[활용] 俱全(구전) 부족한 것 없이 넉넉함.

한자의 훈과 음을 생각하며, 순서에 따라 써 보세요.

526 懼 두려워할 구
부수: 心(忄), 총 21획

- 懼然(구연): 두려워하는 모양
- 敬懼(경구): 공경하면서 두려워함.
- 疑懼(의구): 의심하고 두려워함.

조심하고 두려워함.

염려하고 두려워함.

[활용]
戒懼(계구) 危懼(위구)
疑懼心(의구심)
勇者不懼(용자불구)

527 狗 개 구
부수: 犬(犭), 총 8획

- 走狗(주구): 달음질하는 개라는 뜻으로, 사냥할 때 부리는 개를 이르는 말
- 黃狗(황구): 털빛이 누런 개
- 羊頭狗肉(양두구육): 겉보기만 그럴듯하게 보이고 속은 변변하지 아니함을 이르는 말

[활용]
水狗(수구) 海狗(해구)
狗馬之心(구마지심)
개나 말이 주인에 대하여 가지는 충성심이란 뜻으로, 자기의 진심을 낮추어 이르는 말

⚠ '手(손 수)'의 변형인 '扌'로 혼동하지 말 것

528 苟 진실로·구차할 구
부수: 艸(艹), 총 9획

- 苟免(구면): 위험이나 재난 따위에서 간신히 벗어남.
- 苟安(구안): 한때 겨우 편안함. / 일시적인 안락을 꾀함.
- 苟且(구차): 살림이 몹시 가난함. / 말이나 행동이 떳떳하거나 버젓하지 못함.

[활용]
苟存(구존) 苟容(구용)
苟活(구활) 비굴하게 남의 비위를 맞춤.

529 驅 몰 구
약자는 駆, 417쪽
부수: 馬, 총 21획

- 驅迫(구박): 못 견디게 괴롭힘.
- 驅使(구사): 사람이나 동물을 함부로 몰아쳐 부림. / 말이나 수사법, 기교, 수단 따위를 능숙하게 마음대로 부려 씀. 예) 외국어 驅使 능력
- 驅逐(구축): 어떤 세력 따위를 몰아서 쫓아냄.

해충 따위를 몰아내어 없앰.

[활용]
驅步(구보) 驅除(구제)
驅蟲(구충) 先驅者(선구자)
乘勝長驅(승승장구)

530 龜 거북 구·귀, 터질 균
약자는 亀, 417쪽
부수: 龜, 총 16획

※ 旨(뜻 지)-2급 배정 한자

- 龜鑑(귀감): 거울로 삼아 본받을 만한 모범
- 龜甲(귀갑): 거북의 등딱지
- 龜裂(균열): 거북의 등에 있는 무늬처럼 갈라져 터짐.
⚠ '구열', '귀열'로 읽지 말 것!

[활용]
龜頭(귀두) 龜卜(귀복)
龜船(귀선) 龜占(귀점)
龜旨歌(구지가)
龜毛兔角(구모토각)
거북의 털과 토끼의 뿔이라는 뜻으로, 있을 수 없는 일을 이르는 말

⚠ 글자 자체가 부수임에 유의할 것

3급 배정 한자 ①

한자의 훈과 음을 생각하며, 순서에 따라 써 보세요.

531 厥 — 그 궐
부수: 厂, 총 12획

'조아리다'를 뜻함.

- 厥角(궐각) : 이마가 땅에 닿도록 경례를 함.
- 厥女(궐녀) : 말하는 이와 듣는 이가 아닌 여자를 낮잡아 이르는 삼인칭 대명사
- 厥者(궐자) : '그'를 낮잡아 이르는 말

필순: 一 厂 厂 厂 厂 厈 屵 屵 厥 厥 厥 厥

[활용]
厥明(궐명) 厥尾(궐미)
厥後(궐후) 突厥(돌궐)
그 뒤. 또는 그 이후

532 軌 — 바퀴자국 궤
부수: 車, 총 9획

차바퀴의 둘레에 강판으로 만든 벨트를 걸어 놓은 장치

- 軌道(궤도) : 수레가 지나간 바큇자국이 난 길 / 일이 발전하는 정상적이며 본격적인 방향과 단계
- 軌跡(궤적) : 수레바퀴가 지나간 자국 / 선인의 행적
- 常軌(상궤) : 언제나 따라야 하는 떳떳하고 올바른 길

필순: 一 厂 冂 冃 百 亘 車 車 軌

[활용]
軌度(궤도) 軌範(궤범)
廣軌(광궤) 同軌(동궤)
無限軌道(무한궤도)

533 叫 — 부르짖을 규
부수: 口, 총 5획

- 叫聲(규성) : 부르짖는 소리
- 叫號(규호) : 큰 목소리로 부르짖음.
- 絶叫(절규) : 있는 힘을 다하여 절절하고 애타게 부르짖음.

필순: 丨 冂 口 叩 叫

[활용]
哀叫(애규)

534 糾 — 얽힐 규
부수: 糸, 총 8획

어떠한 사실을 자세히 조사하여 살핌.

- 糾明(규명) : 어떤 사실을 자세히 따져서 바로 밝힘. 예) 원인을 糾明하다.
- 糾錯(규착) : 서로 얽히고 뒤섞임.
- 紛糾(분규) : 이해나 주장이 뒤얽혀서 말썽이 많고 시끄러움.

필순: 幺 幺 幺 糸 糸 糸 紌 糾

[활용]
糾正(규정) 糾察(규찰)
糾彈(규탄) 糾合(규합)

535 斤 — 근 · 날 근
부수: 斤, 총 4획

- 斤量(근량) : 저울로 단 무게
- 斤兩(근량) : 무게를 나타내는 단위인 근과 냥을 아울러 이르는 말
- 斤數(근수) : 저울에 단 무게의 수

⚠ 모양이 비슷한 '斥(물리칠 척/3)'과 구별할 것!

필순: 一 厂 斤 斤

[활용]
千斤萬斤(천근만근)
무게가 천 근이나 만 근이나 된다는 뜻으로, 아주 무거움을 비유적으로 이르는 말

270 읽기 배정 한자 익히기

한자의 훈과 음을 생각하며, 순서에 따라 써 보세요.

536 僅 겨우 근
부수: 人(亻), 총 13획

- 僅僅(근근) : 어렵사리 겨우
- 僅少(근소) : 얼마 되지 않을 만큼 아주 적음. 예 僅少한 표 차이로 당선되다.
- 僅僅得生(근근득생) : 겨우겨우 살아감.

[활용]
僅僅扶持(근근부지)
겨우겨우 견디어 나감.

⚠ 모양·훈·활용 한자어를 구별할 것!

537 謹 삼갈 근
부수: 言, 총 18획

- 謹愼(근신) : 말이나 행동을 삼가고 조심함.
- 謹嚴(근엄) : 점잖고 엄숙함.
- 謹弔(근조) : 사람의 죽음에 대하여 삼가 슬픈 마음을 나타냄. 몸가짐이나 행동을 삼감. cf.謹愼

한문 투의 편지 글 첫머리에서, '삼가 아룁니다'의 뜻으로 쓰는 말

[활용]
謹啓(근계) 謹告(근고)
謹身(근신)
謹賀新年(근하신년)
삼가 새해를 축하한다는 뜻으로, 새해의 복을 비는 인사말

─ 삼가다 : 몸가짐이나 언행을 조심하다.

538 肯 즐길 긍
부수: 肉(月), 총 8획

- 肯意(긍의) : 옳거나 맞다고 수긍하는 의사
- 肯定(긍정) : 그러하다고 생각하여 옳다고 인정함.
- 首肯(수긍) : 옳다고 인정함.

⚠ '긍락'으로 읽지 말 것! 기꺼이 승낙함.

[활용]
肯諾(긍낙)
肯定文(긍정문)

⚠ 부수를 '止'로 혼동하지 말 것!

539 幾 몇 기
부수: 幺, 총 12획

- 幾微(기미) : 낌새(어떤 일을 알아차릴 수 있는 눈치)
- 幾百(기백) : 백의 몇 배가 되는 수. 또는 그런 수의
- 幾死之境(기사지경) : 거의 죽게 된 경우나 상황

⚠ 모양이 비슷한 '機(틀 기/4)', '畿(경기 기/3Ⅱ)'와 구별할 것!

[활용]
얼마 ─ 幾何(기하) 幾日(기일)
幾何級數(기하급수)

540 忌 꺼릴 기
부수: 心, 총 7획

- 忌故(기고) : 해마다 사람이 죽은 날에 제사를 지내는 일. 또는 그날
- 忌避(기피) : 꺼리거나 싫어하여 피함.
- 禁忌(금기) : 마음에 꺼려서 하지 않거나 피함.

[활용]
忌日(기일) 忌祭(기제)
忌中(기중)
= 喪中. 상제(부모나 조부모가 세상을 떠나서 거상 중에 있는 사람)의 몸으로 있는 동안

─ 꺼리다 : 자신에게 해가 될까하여 피하거나 싫어하다.

3급 배정 한자 ❶ 271

3급 배정 한자 ❶

한자의 훈과 음을 생각하며, 순서에 따라 써 보세요.

수형자(죄인으로서 형벌을 받고 있는 사람)

541 旣
이미 기
부수: 无, 총 11획

- 旣望(기망) : 음력으로 매달 열엿샛날
- 旣得權(기득권) : 특정한 자연인, 법인, 국가가 정당한 절차를 밟아 이미 차지한 권리
- 旣成服(기성복) : 일정한 기준 치수에 맞추어서 대량으로 미리 지어 놓은 옷

[활용]
旣約(기약) 旣存(기존)
旣婚(기혼) 旣決囚(기결수)
旣往之事(기왕지사)
旣定事實(기정사실)
이미 지나간 일

542 棄
약자는 弃 417쪽 >>>
버릴 기
부수: 木, 총 12획

- 棄却(기각) : 물품을 내버림. / 소송을 수리한 법원이 소송이 이유가 없거나 적법하지 않다고 판단하여 무효를 선고하는 일
- 遺棄(유기) : 내다 버림.
- 破棄(파기) : 깨뜨리거나 찢어서 내버림. / 계약, 조약, 약속 따위를 깨뜨려 버림.

[활용]
棄權(기권) 棄兒(기아)
棄世(기세) 廢棄(폐기)
自暴自棄(자포자기)
職務遺棄(직무유기)

남을 놀리거나 속여서 우습게 봄. / 남을 업신여겨 비웃음.

543 欺
속일 기
부수: 欠, 총 12획

- 欺罔(기망) : 남을 속여 넘김.
- 欺弄(기롱) : 남을 속이거나 비웃으며 놀림.
- 詐欺(사기) : 나쁜 꾀로 남을 속임.

⚠ 모양이 비슷한 '期(기약할 기/5)', '斯(이 사/3)'와 구별할 것!

[활용]
欺世(기세) 欺笑(기소)
欺心(기심) 欺隱(기은)
欺惑(기혹)
속여서 홀리게 함.

544 豈
어찌 기
부수: 豆, 총 10획

- 豈若(기약) : 어떠하겠느냐
- 豈唯(기유) : 어찌 그뿐이겠는가
- 豈不知(기부지) : 어찌 모르겠는가

[활용]
豈止(기지) 豈敢(기감)
어찌 ~에 그치겠는가

545 飢
주릴 기
부수: 食(飠), 총 11획

- 飢餓(기아) : 굶주림
- 飢寒(기한) : 굶주리고 헐벗어 배고프고 추움.
- 虛飢(허기) : 몹시 굶어서 배고픈 느낌

[활용]
飢渴(기갈) 飢死(기사)
배고픔과 목마름을 아울러 이르는 말

주리다 : 제대로 먹지 못하여 배를 곯다.

읽기 배정 한자 익히기

한자의 훈과 음을 생각하며, 순서에 따라 써 보세요.

546 那 (어찌 나)
부수: 邑(阝), 총 7획

- 那落(나락): 지옥 / 벗어나기 어려운 절망적인 상황을 비유적으로 이르는 말
- 那邊(나변): 어느 곳 또는 어디
- 印度支那(인도지나): '인도차이나'의 음역어

[활용] 那何(나하)

필순: フ ⇒ ⇒ 月 月' 那 那

⚠ 글자의 왼쪽에 위치하여 부수로 쓰이는 '阜'의 변형(阝)과 구별할 것!

547 乃 (이에 내)
부수: 丿, 총 2획
└ 이러하여서 곧

- 乃父(내부): 그이의 아버지
- 乃至(내지): '얼마에서 얼마까지'의 뜻을 나타내는 말
- 終乃(종내): 끝내

[활용] 그 아들 — 乃子(내자) 乃祖(내조)
人乃天(인내천)
사람이 곧 한울이라는 천도교의 기본사상

필순: 丿 乃 ⚠ 두 번째 획에 주의할 것!

548 奈 (어찌 내)
부수: 大, 총 8획

- 奈何(내하): (주로 한문 투의 문장 끝에서 '내하오' 꼴로 쓰여) 어찌함의 뜻을 나타내는 말
- 莫無可奈(막무가내): 도무지 융통성이 없고 고집이 세어 어찌할 수 없음.

[활용] 奈落(나락) = 那落(나락)

필순: 一 ナ 大 太 峇 杏 奈 奈

549 惱 (번뇌할 뇌)
약자는 悩. 417쪽 >>>
부수: 心(忄), 총 12획

⚠ '뇌살'로 읽지 말 것!

- 惱殺(뇌쇄): 애가 타도록 몹시 괴로워함. 또는 그렇게 괴롭힘. 특히 여자의 아름다움이 남자를 매혹시켜 애가 타게 함을 이름.
- 苦惱(고뇌): 괴로워서 번뇌함.
- 百八煩惱(백팔번뇌): 사람이 지닌 108가지의 번뇌

[활용] 惱亂(뇌란) 惱神(뇌신) 惱心(뇌심)
마음속으로 괴로워함.

550 畓 (논 답)
부수: 田, 총 9획
논에 심어서 나는 곡식

- 乾畓(건답): 조금만 가물어도 물이 곧 마르는 논. 물이 실려 있지 않은 논
- 田畓(전답): 논과 밭을 아울러 이르는 말
- 天水畓(천수답): 빗물에 의하여서만 벼를 심어 재배할 수 있는 논

[활용] 畓穀(답곡) 墓畓(묘답)
묘에서 지내는 제사의 비용을 마련하기 위하여 경작하던 논

필순: 丨 亅 亅 水 水 沓 沓 畓 畓

풀 면서 익히기

1_ 다음 漢字의 訓과 音을 쓰세요.

(1) 庚 (　　　　) 　(2) 卿 (　　　　) 　(3) 厥 (　　　　)
(4) 懼 (　　　　) 　(5) 俱 (　　　　) 　(6) 驅 (　　　　)
(7) 軌 (　　　　) 　(8) 塊 (　　　　) 　(9) 癸 (　　　　)

2_ 다음 訓과 音에 알맞은 漢字를 쓰세요.

(1) 빌 걸 　(　　　) 　(2) 땅 곤 　(　　　) 　(3) 이미 기 　(　　　)
(4) 겨우 근 (　　　) 　(5) 꺼릴 기 (　　　) 　(6) 주릴 기 (　　　)
(7) 버릴 기 (　　　) 　(8) 이에 내 (　　　) 　(9) 근·날 근 (　　　)

3_ 다음 漢字語의 讀音을 쓰세요.

(1) 掛念 (　　　　) 　(2) 苟且 (　　　　) 　(3) 姦通 (　　　　)
(4) 顧客 (　　　　) 　(5) 退却 (　　　　) 　(6) 絶叫 (　　　　)
(7) 紛糾 (　　　　) 　(8) 龜鑑 (　　　　) 　(9) 皆勤 (　　　　)
(10) 城郭 (　　　　) 　(11) 渴求 (　　　　) 　(12) 肩章 (　　　　)
(13) 自愧 (　　　　) 　(14) 絹絲 (　　　　) 　(15) 派遣 (　　　　)

4_ 다음 문장에서 밑줄 친 漢字語를 漢字로 쓰세요.

(1) 친구의 변명이 전혀 수긍이 안 되는 것은 아니다.　　　　　(　　　)
(2) 그 사업가는 계속된 실패로 절망의 나락에 떨어졌다.　　　　(　　　)
(3) 집안 사정을 모르는 사람들은 필경 오해할 공산이 크다.　　(　　　)
(4) 인생의 고뇌에서 벗어나고자 종교를 찾는 사람들이 있다.　　(　　　)

실제 시험에서는 2, 4, 5, 7번과 같이 읽기 배정 한자를 쓰는 문제는 출제되지 않으나, 보다 확실한 학습을 위해 쓰기 문제로 구성하였습니다.

5_ 다음 (   ) 안에 알맞은 漢字를 써 넣어 漢字語(四字成語)를 完成하세요.

(1) (   )死之境 : 거의 죽게 된 경우나 상황

(2) 感(   )無量 : 마음속에서 느끼는 감동이나 느낌이 끝이 없음.

(3) (   )賀新年 : 삼가 새해를 축하한다는 뜻으로, 새해의 복을 비는 인사말

(4) (   )馬之心 : 개나 말이 주인에 대하여 가지는 충성심이란 뜻으로, 자기의 진 심을 낮추어 이르는 말

6_ 다음 漢字의 部首를 쓰세요.

(1) 豈 → (   )   (2) 欺 → (   )   (3) 乞 → (   )

(4) 奈 → (   )   (5) 肯 → (   )   (6) 畓 → (   )

7_ 다음 漢字語의 同音異義語를 漢字로 쓰되, 제시된 뜻을 가진 漢字語를 쓰세요.

(1) 故事 - (   ) : 나무나 풀 따위가 말라 죽음.

(2) 校庭 - (   ) : 틀어지거나 잘못된 것을 바로잡음.

8_ 다음 漢字語의 뜻을 쓰세요.

(1) 牽引 (   )

(2) 郊外 (   )

(3) 田畓 (   )

(4) 連繫 (   )

3급 배정한자 ②

한자의 훈과 음을 생각하며, 순서에 따라 써 보세요.

551 塗 (칠할 도)
모양이 비슷한 '途(길 도/3Ⅱ)'와 구별할 것!

- 塗料(도료) : 물건의 겉에 칠하여 그것을 썩지 않게 하거나 채색에 쓰는 재료
- 塗裝(도장) : 도료를 칠하거나 바름.
- 塗炭(도탄) : 진구렁에 빠지고 숯불에 탄다는 뜻으로, 몹시 곤궁하여 고통스러운 지경을 이르는 말 '塗'가 '진흙'을 뜻함.

[활용]
塗工(도공) 塗色(도색)
道聽塗說(도청도설)
길거리에 퍼져 돌아다니는 뜬소문

부수 : 土, 총 13획

552 挑 (돋울 도)

- 挑發(도발) : 남을 집적거려 일이 일어나게 함.
- 挑戰(도전) : 정면으로 맞서 싸움을 걺.
- 挑出(도출) : 시비나 싸움을 걺.

모양이 비슷한 '桃(복숭아 도/3Ⅱ)'와 구별할 것!

[활용]
挑禍(도화)
재앙이나 화를 일으킴.

부수 : 手(扌), 총 9획

553 稻 (벼 도)

- 稻作(도작) : 벼를 심고 가꾸어 거두는 일
- 陸稻(육도) : 밭에 심는 벼
- 早稻(조도) : 제철보다 일찍 여무는 벼

[활용]
稻熱病(도열병)
立稻先賣(입도선매)
아직 논에서 자라고 있는 벼를 미리 돈을 받고 팖.

부수 : 禾, 총 15획

554 跳 (뛸 도)

- 跳梁(도량) : 거리낌 없이 함부로 날뛰어 다님.
- 跳躍(도약) : 몸을 위로 솟구쳐 뛰는 일 / 더 높은 단계로 발전하는 것을 비유적으로 이르는 말
- 高跳(고도) : 몸을 솟구쳐 높이 뜀.

[활용]
跳驅(도구) 跳奔(도분)
跳丸(도환)

부수 : 足(𧾷), 총 13획

555 篤 (도타울 독)
병이 매우 중하여 생명이 위태로움. '篤'이 '위독하다'를 뜻함.

- 篤實(독실) : 인정 있고 성실함. / 믿음이 두텁고 성실함.
- 篤厚(독후) : 성실하고 친절하며 인정이 두터움.
- 篤志家(독지가) : 도탑고 친절한 마음을 가진 사람 / 남을 위한 자선 사업이나 사회사업에 물심양면으로 참여하여 지원하는 사람

[활용]
篤信(독신) 敦篤(돈독)
危篤(위독)
篤農家(독농가)
농사를 열심히 짓는 착실한 사람

도탑다 : 서로의 관계에 사람이나 인정이 많고 깊다.

부수 : 竹(⺮), 총 16획

🌱 한자의 훈과 음을 생각하며, 순서에 따라 써 보세요.

556 敦 (도타울 돈)

- 敦篤(돈독) : 인정이 두터움. 돈후함. 예) 敦篤한 우정
- 敦睦(돈목) : 정이 두텁고 화목함.
- 敦厚(돈후) : 인정이 두터움. 돈독함.

⚠ 모양이 비슷한 '孰(누구 숙/3)', '郭(둘레 곽/3)'과 구별할 것!

[활용] 敦化門(돈화문) 창덕궁의 정문

부수: 攴(攵), 총 12획

557 豚 (돼지 돈)

- 豚舍(돈사) : 돼지우리. 돼지를 가두어 기르는 곳
- 養豚(양돈) : 돼지를 먹여 기름. 또는 그 돼지
- 種豚(종돈) : 씨를 받으려고 기르는 돼지

[활용] 豚兒(돈아) 豚肉(돈육) 豚皮(돈피) 家豚(가돈)
남에게 자기의 아들을 낮추어 이르는 말

⚠ 부수를 '月(달 월)', '肉(고기 육)'으로 혼동하지 말 것!

부수: 豕, 총 11획

558 屯 (진칠 둔)

- 屯防(둔방) : 진을 치고 적을 막음.
- 屯兵(둔병) : 군사가 주둔함. 또는 그 군사
- 屯營(둔영) : 군사가 주둔하고 있는 군영

군영(軍營)을 지킴.

[활용] 屯守(둔수) 屯田(둔전) 屯陣(둔진) 머물러 진을 침.

부수: 屮, 총 4획

559 鈍 (둔할 둔)

물건을 만들거나 일을 할 때 쓰는 기구와 재료

- 鈍器(둔기) : 무딘 연모나 병기 / 날이 없는 도구
- 鈍才(둔재) : 둔한 재주. 또는 재주가 둔한 사람
- 鈍濁(둔탁) : 성질이 굼뜨고 흐리터분함. / 소리가 굵고 거칠며 웅숭깊음.

⚠ 모양이 비슷한 '純(순수할 순/4Ⅱ)'과 구별할 것!

[활용] 鈍感(둔감) 鈍筆(둔필) 鈍化(둔화) 愚鈍(우둔) 어리석고 둔함.

부수: 金, 총 12획

560 騰 (오를 등)

물가 따위가 계속하여 오름.

- 騰貴(등귀) : 물건 값이 뛰어오름.
- 騰落(등락) : 물가 따위가 오르고 내림.
- 反騰(반등) : 물가나 주식 따위의 시세가 떨어지다가 갑자기 오름. 예) 주가 反騰

[활용] 飛騰(비등) 續騰(속등) 漸騰(점등) 暴騰(폭등) 急騰勢(급등세) 物價急騰(물가 급등)

부수: 馬, 총 20획

3급 배정 한자 ❷

한자의 훈과 음을 생각하며, 순서에 따라 써 보세요.

561 濫 넘칠 람
부수: 水(氵), 총 17획
약자는 滥, 417쪽 >>>

- '함부로'를 뜻함.
- 濫發(남발): 법령이나 지폐, 증서 따위를 마구 공포하거나 발행함.
- 濫用(남용): 일정한 기준이나 한도를 넘어서 함부로 씀. 예) 약물 濫用
- 濫獲(남획): 짐승이나 물고기 따위를 마구 잡음.
- ⚠ 모양이 비슷한 '監(볼 감/4Ⅱ)'과 구별할 것!

나무를 함부로 베어 냄.

[활용]
濫伐(남벌)
職權濫用(직권 남용)

필순: 丶 氵 氵 氵 氵 沪 沪 洖 洖 澩 澩 澩 濫 濫

562 掠 노략질할 략
부수: 手(扌), 총 11획

- ⚠ 모양이 비슷한 '涼(서늘할 량/3Ⅱ)'과 구별할 것!
- 掠奪(약탈): 폭력을 써서 남의 것을 억지로 빼앗음.
- 侵掠(침략): 남의 나라를 불법으로 쳐들어가서 약탈함.
- 掠奪婚(약탈혼): 원시 시대에, 신부 될 사람을 다른 부족으로부터 빼앗아 오는 결혼 형태

[활용]
掠治(약치)
掠奪經濟(약탈 경제)

필순: 一 扌 扌 扌 扩 扩 护 护 拧 掠 掠

563 諒 살펴알·믿을 량
부수: 言, 총 15획

- ⚠ 모양·훈·음·활용 한자어를 구별할 것!
- 諒知(양지): 살피어 앎. 예) 지역에 따라 정전이 될 수도 있으니 諒知하시기 바랍니다.
- 諒解(양해): 남의 사정을 잘 헤아려 너그러이 받아들임.
- 海諒(해량): 바다와 같은 넓은 마음으로 너그럽게 양해함.

[활용]
諒察(양찰)
다른 사람의 사정 따위를 잘 헤아려 살핌.

필순: 丶 二 三 言 言 言 訁 訁 訂 訢 詝 詝 諒 諒

564 憐 불쌍히여길 련
부수: 心(忄), 총 15획

어리거나 약한 사람을 가엾게 여기어 사랑함.
- 可憐(가련): 가엾고 불쌍함.
- 哀憐(애련): 애처롭고 가엾게 여김.
- 淸純可憐(청순가련): 깨끗하고 순수하며 동정이 가도록 애틋함.
- ⚠ 모양이 비슷한 '隣(이웃 린/3)'과 구별할 것!

[활용]
憐憫(연민) 愛憐(애련)
同病相憐(동병상련)
366쪽 >>>

필순: 丶 丨 忄 忄 忄 忄 忄 怜 怜 怜 怜 憐 憐

565 劣 못할 렬
부수: 力, 총 6획

보통의 수준이나 등급보다 낮음. ↔ 優等(우등)
- 劣惡(열악): 품질·형편·성질 따위가 몹시 나쁨.
- 庸劣(용렬): 평범하고 재주가 남보다 못함.
- 拙劣(졸렬): 옹졸하고 천하여 서투름.
- ⚠ 모양이 비슷한 '尖(뾰족할 첨/3)'과 구별할 것!

[활용]
劣等(열등) 劣性(열성)
劣勢(열세) 卑劣(비열)
優劣(우열) 사람의 하는 짓이나 성품이 천하고 졸렬함.

필순: 丨 丨 小 少 尖 劣

278 읽기 배정 한자 익히기

한자의 훈과 음을 생각하며, 순서에 따라 써 보세요.

566 廉 청렴할 렴
부수: 广, 총 13획

- 廉價(염가): 매우 싼 값
- 廉恥(염치): 체면을 차릴 줄 알며 부끄러움을 아는 마음
- 淸廉(청렴): 성품과 행실이 높고 맑으며, 탐욕이 없음. — 마음이 맑고 깨끗하며 탐욕이 없음.

[활용]
- 廉客(염객) 廉探(염탐)
- 低廉(저렴)
- 破廉恥(파렴치) — 염치를 모르고 뻔뻔스러움.
- 淸廉潔白(청렴결백)

567 獵 사냥 렵
약자는 猟, 417쪽 >>>
부수: 犬(犭), 총 18획

- 獵奇(엽기): 비정상적이고 괴이한 일이나 사물에 흥미를 느끼고 찾아다님.
- 密獵(밀렵): 허가를 받지 않고 몰래 사냥함.
- 涉獵(섭렵): 물을 건너 찾아다닌다는 뜻으로, 많은 책을 널리 읽거나 여기저기 찾아다니며 경험함을 이르는 말 — '찾아다니다'를 뜻함.

[활용]
- 獵犬(엽견) 獵官(엽관) — 관직을 얻으려고 갖은 방법으로 노력함.
- 獵夫(엽부) 獵師(엽사)
- 獵色(엽색) 獵銃(엽총)
- 禁獵(금렵) 田獵(전렵)

568 零 떨어질·영 령
부수: 雨, 총 13획

- 零度(영도): 온도, 각도, 고도 따위의 도수(度數)를 세는 기점이 되는 자리
- 零細(영세): 작고 가늘어 변변하지 못함. / 살림이 보잘것없고 몹시 가난함.
- 零點(영점): 얻은 점수가 없음. / 능력이나 성과가 전혀 없음을 비유적으로 이르는 말 — 초목의 잎이 시들어 떨어짐. / 세력이나 살림이 줄어들어 보잘것없이 됨.

[활용]
- 零落(영락) 零封(영봉)
- 零上(영상) 零時(영시)
- 零細民(영세민)
- 零細業者(영세업자)

569 隷 종 례
부수: 隶, 총 16획

- 隷書(예서): 한자의 팔체서의 한 가지. 중국 진(秦)나라 때 정막(程邈)이 전서(篆書)의 번잡한 점을 생략하여 만든 글씨체임.
- 隷屬(예속): 남의 지배나 지휘 아래 매임.
- 奴隷(노예): 남의 소유물로 되어 부림을 당하는 사람 — 남의 집에서 대대로 천한 일을 하던 사람

[활용]
- 隷臣(예신) 隷人(예인) — 하인
- 同隷(동례) 輿隷(여례)
- 直隷(직례) 賤隷(천례) — 천민과 노예를 아울러 이르는 말

570 鹿 사슴 록
부수: 鹿, 총 11획
⚠ 글자 자체가 부수임에 유의할 것!

- 鹿角(녹각): 사슴의 머리에 난 뿔
- 白鹿潭(백록담): 제주도 한라산 봉우리에 있는 화구호(화산의 분출구가 막혀 물이 괸 호수) ※ 潭(못 담) - 2급 배정 한자
- 指鹿爲馬(지록위마): 윗사람을 농락하여 권세를 마음대로 함을 이르는 말 368쪽 >>>

[활용]
- 鹿血(녹혈) 白鹿(백록)
- 靑鹿(청록) 逐鹿(축록) — 제위나 정권 따위를 얻으려고 다투는 일을 이르는 말

3급 배정 한자 ❷ 279

3급 배정 한자 ②

한자의 훈과 음을 생각하며, 순서에 따라 써 보세요.

571 了 **마칠 료**
- 滿了(만료) : 기한이 다 차서 끝남.
- 修了(수료) : 일정한 학과를 다 배워 끝냄.
- 完了(완료) : 완전히 끝마침.

[활용]
了解(요해) 終了(종료)
修了式(수료식)
깨달아서 알아냄.=了得(요득)

부수 : 亅, 총 2획

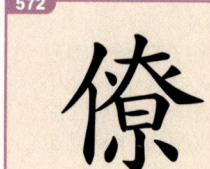 부수를 'ㅣ(뚫을 곤)'으로 혼동하지 말 것!

572 僚 **동료 료**
- 閣僚(각료) : 한 나라의 내각을 구성하는 각 장관
- 官僚(관료) : 직업적인 관리. 또는 그들의 집단
- 幕僚(막료) : 중요한 계획의 입안이나 시행 따위의 일을 보좌하는 사람
  - '관리(벼슬아치)'를 뜻함.

[활용]
僚友(요우) 同僚(동료)
臣僚(신료) 같은 직장이나 같은 부문에서 함께 일하는 사람

부수 : 人(亻), 총 14획

573 屢 **여러 루**
- 屢年(누년) : 여러 해
- 屢代(누대) : 여러 대
- 屢次(누차) : 여러 차례

모양이 비슷한 '樓(다락 루/3Ⅱ)'와 구별할 것!

[활용]
屢屢(누누) 屢世(누세)
屢代奉祀(누대봉사)
여러 대의 조상의 제사를 받듦.

부수 : 尸, 총 14획

574 淚 **눈물 루**
- 感淚(감루) : 매우 감격하여 흘리는 눈물
- 落淚(낙루) : 눈물을 흘림. 또는 그 눈물
- 血淚(혈루) : 피눈물

[활용]
淚管(누관) 淚水(누수)
催淚彈(최루탄)

부수 : 水(氵), 총 11획

575 梨 **배 리**
- 梨園(이원) : 배나무 동산. [본디는 당(唐)나라 때의 배우(俳優) 양성소로서] '배우들의 사회'나 '연극계'를 이르는 말
- 烏飛梨落(오비이락) : 아무 관계도 없이 한 일이 공교롭게도 때가 같아 억울하게 의심을 받거나 난처한 위치에 서게 됨을 이르는 말
  367쪽 >>>

[활용]
梨花(이화) 山梨(산리)

부수 : 木, 총 11획

한자의 훈과 음을 생각하며, 순서에 따라 써 보세요.

576 隣 (이웃 린)

- 隣近(인근) : 이웃한 가까운 곳
- 隣接(인접) : 이웃하여 있음. 또는 옆에 닿아 있음.
- 善隣(선린) : 이웃하고 있는 지역 또는 나라와 사이좋게 지냄. 또는 그런 이웃

⚠ 모양이 비슷한 '憐(불쌍히여길 련/3)'과 구별할 것!

[활용]
隣村(인촌) 가까운 이웃
近隣(근린) 交隣(교린) 이웃 나라와의 사귐.

부수 : 阜(阝), 총 15획

⚠ 글자의 오른쪽에 위치하여 부수로 쓰이는 '邑'의 변형(阝)과 구별할 것!

577 慢 (거만할 만)

- 傲慢(오만) : 태도나 행동이 건방지거나 거만함. 또는 그 태도나 행동
- 緩慢(완만) : 가파르지 않음. / 행동이 느릿느릿함.
- 自慢(자만) : 자신이나 자신과 관련 있는 것을 스스로 자랑하며 뽐냄.

— 거만하다 : 잘난 체하며 남을 업신여기다.

[활용]
慢性(만성) 怠慢(태만)

부수 : 心(忄), 총 14획

⚠ 모양·훈·활용 한자어를 구별할 것!

578 漫 (흩어질 만)

어떤 목적이 없이 되는대로 하는 태도가 있음.   한가롭게 슬슬 걷는 걸음

- 浪漫(낭만) : 실현성이 적고 매우 정서적이며 이상적으로 사물을 파악하는 심리 상태. 또는 그런 심리 상태로 인한 감미로운 분위기
- 放漫(방만) : 맺고 끊는 데가 없이 제멋대로 풀어져 있음.
- 散漫(산만) : 어수선하여 질서나 통일성이 없음.

[활용]
漫談(만담) 漫步(만보)
漫然(만연) 漫評(만평)
漫筆(만필) 漫畫(만화)
時事漫評(시사 만평)

부수 : 水(氵), 총 14획

579 忙 (바쁠 망)

- 奔忙(분망) : 몹시 바쁨.
- 忙中閑(망중한) : 바쁜 가운데 잠깐 얻어 낸 틈
- 公私多忙(공사다망) : 공적·사적인 일 따위로 매우 바쁨.

[활용]
忙月(망월)
농사일로 바쁜 달

부수 : 心(忄), 총 6획

580 忘 (잊을 망)

- 忘却(망각) : 어떤 사실을 잊어버림.
- 備忘錄(비망록) : 잊지 않으려고 중요한 골자를 적어 둔 것. 또는 그런 책자
- 背恩忘德(배은망덕) : 남에게 입은 은덕을 저버리고 배신함. 366쪽 >>>
  forget me not

[활용]
不忘(불망) 忘年會(망년회)
勿忘草(물망초)
健忘症(건망증)
刻骨難忘(각골난망) 365쪽 >>>

부수 : 心, 총 7획

3급 배정 한자 ❷ **281**

3급 배정 한자 ②

한자의 훈과 음을 생각하며, 순서에 따라 써 보세요.

581 罔 없을 망
부수: 网, 총 8획

- 罔極(망극): 임금이나 어버이의 은혜가 워낙 커서 갚을 길이 없음.
- 罔測(망측): 정상적인 상태에서 벗어나 너무나 어이가 없거나 차마 볼 수가 없음.
- 罔極之恩(망극지은): 끝없이 베풀어 주는 혜택이나 고마움

[활용] 罔民(망민) 欺罔(기망) ― 남을 속여 넘김. 怪常罔測(괴상망측)

⚠ 부수를 '冂'으로 혼동하지 말 것!

필순: 丨 冂 冂 冂 冈 罔 罔 罔

582 茫 아득할 망
부수: 艸(艹), 총 10획

- 茫漠(망막): 넓고 멂. / 뚜렷한 구별이 없음.
- 蒼茫(창망): 넓고 멀어서 아득함.
- 茫然自失(망연자실): 멍하니 정신을 잃음. 366쪽 >>>

― 아득하다: 보이는 것이나 들리는 것이 희미하고 매우 멀다.

[활용] 茫洋(망양) 茫茫大海(망망대해) ― 한없이 크고 넓은 바다

필순: 一 十 艹 艹 艹 艹 汁 沣 茫 茫

583 埋 묻을 매
부수: 土, 총 10획

⚠ 두 한자어의 뜻을 구별할 것! cf.賣場(매장): 물건을 파는 장소

- 埋沒(매몰): 보이지 아니하게 파묻거나 파묻힘.
- 埋葬(매장): 시체나 유골 따위를 땅속에 묻음. 예 시체 埋葬
- 埋藏(매장): 묻어서 감춤. / 지하자원 따위가 땅속에 묻히어 있음. 예 석유 埋藏

⚠ 모양이 비슷한 '理(다스릴 리/6)'와 구별할 것!

[활용] 埋立(매립) 埋伏(매복) 埋魂(매혼) 生埋葬(생매장) 暗埋葬(암매장)

필순: 一 十 土 圤 坦 坦 坦 坦 埋 埋

584 冥 어두울 명
부수: 冖, 총 10획

― '저승'을 뜻함. 사람이 죽은 뒤에 간다는 영혼의 세계

- 冥界(명계): 사람이 죽은 뒤에 간다는 영혼의 세계
- 冥福(명복): 죽은 뒤 저승에서 받는 복
- 冥想(명상): 고요히 눈을 감고 깊이 생각함. 또는 그런 생각

[활용] 冥感(명감) 冥鬼(명귀) 冥途(명도) 冥府(명부) 冥王星(명왕성)

필순: 冖 冖 冖 冝 冝 冝 冥 冥 冥

585 侮 업신여길 모
부수: 人(亻), 총 9획

- 侮慢(모만): 남을 업신여기고 저만 잘난 체함.
- 侮辱(모욕): 깔보고 욕되게 함.
- 受侮(수모): 모욕을 받음. 예 온갖 受侮를 겪다.

⚠ 모양이 비슷한 '悔(뉘우칠 회/3Ⅱ)'와 구별할 것!

[활용] 侮弄(모롱) 侮笑(모소) 侮辱罪(모욕죄) ― 남을 업신여겨 비웃음.

필순: 丿 亻 亻 仁 仁 侮 侮 侮 侮

한자의 훈과 음을 생각하며, 순서에 따라 써 보세요.

586 冒 무릅쓸 **모** — 부수: 冂, 총 9획

- 冒廉(모렴) : 염치없는 줄 알면서도 이를 무릅쓰고 함. =冒沒廉恥(모몰염치)
- 冒雨(모우) : 비를 무릅씀.
- 冒險(모험) : 위험을 무릅쓰고 어떠한 일을 함. 또는 그 일

함부로 나감.

[활용]
冒耕(모경) 冒頭(모두)
冒濫(모람) 冒認(모인)
冒進(모진) 冒稱(모칭)
冒寒(모한) 僞冒(위모)

땅 임자의 허락 없이 남의 땅에 농사를 지음.
이름을 거짓으로 꾸며 냄.

필순: 丨 冂 冃 冃 冃 冒 冒 冒 冒

587 募 모을·뽑을 **모** — 부수: 力, 총 13획

cf. 共謀(공모) : 두 사람 이상이 어떤 불법적인 행위를 하기로 합의하는 일

- 募金(모금) : 기부금이나 성금 따위를 모음.
- 公募(공모) : 일반에게 널리 공개하여 모집함.
- 應募(응모) : 모집에 응하거나 지원함.

⚠ 모양이 비슷한 '墓(무덤 묘/4)', '摹(그릴 모/3Ⅱ)', '暮(저물 모/3)'와 구별할 것!

[활용]
募軍(모군) 募兵(모병)
募集(모집) 急募(급모)

588 暮 저물 **모** — 부수: 日, 총 15획

⚠ 모양·훈·활용 한자어를 구별할 것!

- 暮秋(모추) : 늦은 가을. 음력 9월을 달리 이르는 말
- 歲暮(세모) : 한 해가 끝날 무렵. 설을 앞둔 섣달 그믐께를 이름.
- 朝三暮四(조삼모사) : 간사한 꾀로 남을 속여 희롱함을 이르는 말

저녁때의 경치
나이가 늙어가는 시기

늙바탕(늙어 버린 판). cf. 暮景

[활용]
暮景(모경) 暮境(모경)
暮年(모년) 暮色(모색)
暮雨(모우)
朝令暮改(조령모개) 368쪽 >>>

589 某 아무 **모** — 부수: 木, 총 9획

⚠ 모양이 비슷한 '謀(꾀 모/3Ⅱ)'와 구별할 것!

- 某時(모시) : 아무 때. 또는 아무 시간
- 某種(모종) : 어떠한 종류 ㉮ 某種의 거래가 있었다.
- 某處(모처) : 어떠한 곳 ㉮ 모월 모시 某處에서 만나기로 했다.

어떤 사람을 특별히 정하지 않고 이르는 인칭 대명사

아무 나라. 또는 어떠한 나라. cf. 母國(모국) : 자기가 태어난 나라

[활용]
某國(모국) 某年(모년)
某某(모모) 某氏(모씨)
某月(모월)
아무 달

590 卯 토끼 **묘** — 부수: 卩, 총 5획

⚠ 모양이 비슷한 '卵(알 란/4)'과 구별할 것!

- 卯方(묘방) : 이십사방위(二十四方位)의 하나. 정동(正東)을 중심으로 한 15도 안의 방향
- 卯時(묘시) : 십이시의 넷째 시. 오전 다섯 시에서 일곱 시까지
- 乙卯(을묘) : 육십갑자의 쉰두째

'卯'가 '넷째지지'를 뜻함.

[활용]
卯日(묘일) 卯正(묘정)
破卯(파묘)
날이 샐 무렵

3급 배정 한자 ❷ 283

3급 배정 한자 ②

한자의 훈과 음을 생각하며, 순서에 따라 써 보세요.

591 廟 사당 묘
약자는 庿. 417쪽 >>>
부수: 广, 총 15획
- 廟堂(묘당): 종묘와 명당을 아울러 이르는 말
- 文廟(문묘): 공자를 모신 사당
- 宗廟(종묘): 조선 시대에, 역대 임금과 왕비의 위패를 모시던 왕실의 사당

[활용]
廟社(묘사) 廟議(묘의)
東廟(동묘)
종묘와 사직을 아울러 이르는 말

조상의 신주(神主)를 모셔 놓은 집

592 苗 모 묘
부수: 艸(艹), 총 9획
- 苗木(묘목): 옮겨 심는 어린나무
- 苗板(묘판): 볍씨를 뿌리어 모를 기르는 곳
- 育苗(육묘): 묘목이나 모를 기름.

⚠ 모양이 비슷한 '笛(피리 적/3Ⅱ)'과 구별할 것!

[활용]
苗床(묘상) 苗族(묘족)
種苗(종묘)

옮겨 심기 위하여 가꾸어 기른 어린 벼

593 戊 천간 무
부수: 戈, 총 5획
- 戊夜(무야): '오경(五更)'을 오야의 하나로 이르는 말
- 戊辰(무진): 육십갑자의 다섯째

⚠ 모양이 비슷한 '成(이룰 성/6), 茂(무성할 무/3Ⅱ)'와 구별할 것!

[활용]
戊午士禍(무오사화)

육십갑자의 위 단위를 이루는 요소. 갑(甲), 을(乙), 병(丙), 정(丁), 무(戊), 기(己), 경(庚), 신(辛), 임(壬), 계(癸)

594 霧 안개 무
부수: 雨, 총 19획
- 霧散(무산): 안개가 걷히듯 흩어져 없어짐.
- 煙霧(연무): 연기와 안개를 아울러 이르는 말
- 雲霧(운무): 구름과 안개를 아울러 이르는 말

⚠ 모양이 비슷한 '霜(서리 상/3Ⅱ), 露(이슬 로/3Ⅱ)'와 구별할 것!

[활용]
曉霧(효무)
五里霧中(오리무중) 367쪽 >>>
새벽녘에 끼는 안개

595 眉 눈썹 미
부수: 目, 총 9획

중국 촉한(蜀漢) 때 마량(馬良)의 다섯 형제가 모두 재주가 있었는데 그중에서도 눈썹 속에 흰 털이 난 량(良)이 가장 뛰어났다는 데서 유래

- 眉間(미간): 두 눈썹의 사이
- 眉月(미월): 눈썹같이 생긴 초승달
- 白眉(백미): 흰 눈썹이라는 뜻으로, 여럿 가운데에서 가장 뛰어난 사람이나 훌륭한 물건을 비유적으로 이르는 말

[활용]
眉目(미목)
眉目秀麗(미목수려)
얼굴이 아주 아름다움.

한자의 훈과 음을 생각하며, 순서에 따라 써 보세요.

예 迷宮에 빠지다.

596 迷 (미혹할 미)
부수: 辵(辶), 총 10획

- 迷路(미로): 어지럽게 갈래가 져서, 한번 들어가면 다시 빠져나오기 어려운 길
- 迷信(미신): 비과학적이고 종교적으로 망령되다고 판단되는 신앙. 또는 그런 신앙을 가지는 것
- 迷惑(미혹): 무엇에 홀려 정신을 차리지 못함.

[활용]
迷宮(미궁) 迷夢(미몽)
迷兒(미아) 昏迷(혼미)
길이나 집을   의식이 흐림.
잃고 헤매는
아이

597 憫 (민망할 민)
부수: 心(忄), 총 15획

- 憫笑(민소): 어리석음을 비웃음.
- 憫然(민연): 딱함.
- 憐憫(연민): 불쌍하고 가련하게 여김.

[활용]
憫憐(민련)

— 민망하다 : 답답하고 딱하여 안타깝다.

598 敏 (민첩할 민)
부수: 攴(攵), 총 11획

- 敏感(민감): 감각이 예민함.
- 機敏(기민): 눈치가 빠르고 동작이 날쌤. — 민첩한 슬기
- 銳敏(예민): 감각이 날카로움. / 사물에 대한 이해나 판단이 날카롭고 빠름.

[활용]   날쌔고 활발함.
敏智(민지) 敏活(민활)
過敏(과민) 不敏(불민)
慧敏(혜민)

599 蜜 (꿀 밀)
부수: 虫, 총 14획

⚠ 모양이 비슷한 '密(빽빽할 밀/4Ⅱ)'과 구별할 것!

- 蜜語(밀어): 남녀 사이의 달콤하고 정다운 이야기
- 蜜月(밀월): 꿀같이 달콤한 달이라는 뜻으로, 결혼 직후의 즐겁고 달콤한 시기를 비유적으로 이르는 말 — honeymoon
- 蜂蜜(봉밀): 꿀

[활용]
蜜源(밀원)
蜜月旅行(밀월 여행)
口蜜腹劍(구밀복검)
366쪽 >>>

600 泊 (머무를·배댈 박)
부수: 水(氵), 총 8획

- 民泊(민박): 여행할 때에 일반 민가에서 묵음.
- 宿泊(숙박): 여관이나 호텔 따위에서 잠을 자고 머무름.
- 外泊(외박): 자기 집이나 일정한 숙소에서 자지 아니하고 딴 데 나가서 잠.

⚠ 모양이 비슷한 '拍(칠 박/4)', '迫(핍박할 박/3Ⅱ)'과 구별할 것!

[활용]
淡泊(담박)
담백함.

풀면서 익히기

1_ 다음 漢字의 訓과 音을 쓰세요.

(1) 獵 (　　　　)   (2) 僚 (　　　　)   (3) 淚 (　　　　)
(4) 廟 (　　　　)   (5) 忘 (　　　　)   (6) 隣 (　　　　)
(7) 諒 (　　　　)   (8) 敏 (　　　　)   (9) 泊 (　　　　)

2_ 다음 訓과 音에 알맞은 漢字를 쓰세요.

(1) 종 례 (　　　　)   (2) 뛸 도 (　　　　)   (3) 마칠 료 (　　　　)
(4) 오를 등 (　　　　)   (5) 못할 렬 (　　　　)   (6) 바쁠 망 (　　　　)
(7) 토끼 묘 (　　　　)   (8) 민망할 민 (　　　　)   (9) 거만할 만 (　　　　)

3_ 다음 漢字語의 讀音을 쓰세요.

(1) 挑發 (　　　　)   (2) 冥福 (　　　　)   (3) 稻作 (　　　　)
(4) 篤實 (　　　　)   (5) 豚舍 (　　　　)   (6) 鈍濁 (　　　　)
(7) 梨花 (　　　　)   (8) 濫用 (　　　　)   (9) 掠奪 (　　　　)
(10) 可憐 (　　　　)   (11) 淸廉 (　　　　)   (12) 零細 (　　　　)
(13) 鹿角 (　　　　)   (14) 屢次 (　　　　)   (15) 屯兵 (　　　　)

4_ 다음 문장에서 밑줄 친 漢字語를 漢字로 쓰세요.

(1) <u>묘판</u>을 만드느라 농부들의 일손이 바쁘다. (　　　　)
(2) 꾸준한 훈련 없이 마라톤에 도전하는 것은 <u>모험</u>이다. (　　　　)
(3) 많은 사람들 앞에서 <u>모욕</u>을 당하자 얼굴이 붉어졌다. (　　　　)
(4) 한 유명 인사가 경기도 <u>모처</u>에서 여름 휴가를 보낸다고 한다. (　　　　)

실제 시험에서는 2, 4, 5, 7번과 같이 읽기 배정 한자를 쓰는 문제는 출제되지 않으나, 보다 확실한 학습을 위해 쓰기 문제로 구성하였습니다.

5_ 다음 ( ) 안에 알맞은 漢字를 써 넣어 漢字語(四字成語)를 完成하세요.

(1) (　　)然自失 : 멍하니 정신을 잃음.

(2) (　　)極之恩 : 끝없이 베풀어 주는 혜택이나 고마움.

(3) 朝三(　　)四 : 간사한 꾀로 남을 속여 희롱함을 이르는 말

(4) 口(　　)腹劍 : 입에는 꿀이 있고 배 속에는 칼이 있다는 뜻으로, 말로는 친한 듯
하나 속으로는 해칠 생각이 있음을 이르는 말

6_ 다음 漢字의 部首를 쓰세요.

(1) 戊 → (　　)　　(2) 塗 → (　　)　　(3) 劣 → (　　)

(4) 梨 → (　　)　　(5) 冒 → (　　)　　(6) 眉 → (　　)

7_ 다음 漢字語의 同音異義語를 漢字로 쓰되, 제시된 뜻을 가진 漢字語를 쓰세요.

(1) 共謀 - (　　) : 일반에게 널리 공개하여 모집함.

(2) 賣場 - (　　) : 시체나 유골 따위를 땅속에 묻음.

8_ 다음 漢字語의 뜻을 쓰세요.

(1) 眉間 (　　　　　　　　　　)

(2) 煙霧 (　　　　　　　　　　)

(3) 迷惑 (　　　　　　　　　　)

(4) 散漫 (　　　　　　　　　　)

3급 배정한자 ③

🧁 한자의 훈과 음을 생각하며, 순서에 따라 써 보세요.

601 伴 (짝 반)
부수: 人(亻), 총 7획

- 伴奏(반주): 노래나 기악의 연주를 도와주기 위하여 옆에서 다른 악기를 연주함. 또는 그렇게 하는 연주
- 同伴(동반): 일을 하거나 길을 가는 따위의 행동을 할 때 함께 짝을 함. 또는 그 짝
- 隨伴(수반): 붙좇아서 따름. / 어떤 일과 더불어 생김.

필순: ノ 亻 亻 亻 伫 伴 伴

[활용] 짝. cf.伴友
伴友(반우) 伴偶(반우) — 함께 짝하여 지내는 친구
伴寢(반침) 伴行(반행) — 한방 또는 한곳에서 같이 잠.

602 叛 (배반할 반)
부수: 又, 총 9획

- 叛逆(반역): 나라와 겨레를 배반함. / 통치자에게서 나라를 다스리는 권한을 빼앗으려고 함. =反逆
- 謀叛(모반): 자기 나라를 배반하고 남의 나라를 좇기를 꾀함.
- 背叛(배반): 믿음과 의리를 저버리고 돌아섬. =背反

필순: ノ ソ ビ ビ 半 半 判 叛 叛

[활용]
叛旗(반기) 叛徒(반도)
叛亂(반란) — 반란을 꾀하거나 그에 가담한 무리

603 返 (돌이킬 반)
부수: 辵(辶), 총 8획

- 返納(반납): 도로 바침. 또는 도로 돌려줌.
- 返送(반송): 도로 돌려보냄.
- 返還(반환): 빌리거나 차지했던 것을 되돌려 줌./되돌아감.

필순: 一 厂 厂 反 反 汳 返 返

[활용]
=返信 — 返書(반서) 返信(반신)
返品(반품) — 회답하는 편지나 전보 따위의 통신

604 倣 (본뜰 방)
부수: 人(亻), 총 10획

- 倣刻(방각): 본디의 모양새를 그대로 본떠서 새김.
- 倣似(방사): 아주 비슷함.
- 模倣(모방): 다른 것을 본뜨거나 본받음.

⚠ 모양이 비슷한 '傲(거만할 오/3)'와 구별할 것!

필순: ノ 亻 亻 亻 亻 仿 仿 仿 倣 倣

⚠ 부수를 '方', '攴(攵)'으로 혼동하지 말 것!

[활용]
倣此(방차) — 이것을 본뜸.
倣古主義(방고주의) — 옛날의 한문학을 따르는 태도

605 傍 (곁 방)
부수: 人(亻), 총 12획

- 傍系(방계): 직접적이고 주된 계통에서 갈라져 나가거나 벗어나 있는 관련 계통
- 傍觀(방관): 어떤 일에 직접 나서서 관여하지 않고 곁에서 보기만 함.
- 傍證(방증): 사실을 직접 증명할 수 있는 증거가 되지는 않지만, 주변의 상황을 밝힘으로써 간접적으로 증명에 도움을 주는 증거

적용할 만한 법조문이 없을 때에 비슷한 법조문을 참조하는 일. cf.傍助

필순: ノ 亻 亻 亻 仁 伫 伫 伫 倅 倅 傍 傍

[활용] 곁에서 도와줌.
傍白(방백) 傍助(방조)
傍照(방조) 傍聽客(방청객)
傍若無人(방약무인)
366쪽 >>>

288 읽기 배정 한자 익히기

🌱 한자의 훈과 음을 생각하며, 순서에 따라 써 보세요.

606 邦

- 聯邦(연방) : 자치권을 가진 다수의 나라가 공통의 정치 이념 아래에서 연합하여 구성하는 국가
- 友邦(우방) : 서로 우호적인 관계를 맺고 있는 나라
- 合邦(합방) : 둘 이상의 나라가 하나로 합침. 또는 그렇게 만듦.

자기 나라에서 제작된 영화
[활용]
邦國(방국) 邦畫(방화)
萬邦(만방)
異邦人(이방인)

나라 **방**
부수 : 邑(⻏), 총 7획

⚠ 글자의 왼쪽에 위치하여 부수로 쓰이는 '阜'의 변형(⻖)과 구별할 것!

술상에 차려 놓은 그릇. 또는 거기에 담긴 음식. cf. 背叛(배반)

607 杯

- 乾杯(건배) : 건강, 행복 따위를 빌면서 서로 술잔을 들어 마심.
- 苦杯(고배) : 쓴 술잔 / 쓰라린 경험을 비유적으로 이르는 말
- 祝杯(축배) : 축하하는 뜻으로 마시는 술. 또는 그런 술잔

[활용]
杯盤(배반) 毒杯(독배)
聖杯(성배) 銀杯(은배)
一杯(일배)

잔 **배**
부수 : 木, 총 8획

608 煩

- 煩惱(번뇌) : 마음이 시달려서 괴로움. 또는 그런 괴로움
- 煩雜(번잡) : 번거롭게 뒤섞여 어수선함.
- 食少事煩(식소사번) : 먹을 것은 적은데 할 일은 많음. 367쪽 >>>

⚠ 모양이 비슷한 '頻(자주 빈/3)'과 구별할 것!

[활용]
頻煩(빈번)
百八煩惱(백팔번뇌)
366쪽 >>>

번거로울 **번**
부수 : 火, 총 13획

609 飜

'뒤집다'를 뜻함.

- 飜覆(번복) : 이리저리 뒤집힘. / 이리저리 뒤쳐 고침.
- 飜案(번안) : 원작의 내용이나 줄거리는 그대로 두고 풍속, 인명, 지명 따위를 시대나 풍토에 맞게 바꾸어 고침.
- 飜譯(번역) : 어떤 언어로 된 글을 다른 언어의 글로 옮김.

먹었던 마음을 뒤집음. '飜'이 '뒤집다'를 뜻함.

[활용]
飜刻(번각) 飜意(번의)
한 번 새긴 책판을 본보기로 삼아 그 내용을 다시 새김.

번역할 **번**
부수 : 飛, 총 21획

610 辨

- 辨明(변명) : 어떤 잘못이나 실수에 대하여 구실을 대며 그 까닭을 말함.
- 辨別(변별) : 사물의 옳고 그름이나 좋고 나쁨을 가림.
- 辨濟(변제) : 남에게 진 빚을 갚음. / 남에게 끼친 손해를 물어 줌. =辨償

⚠ 모양이 비슷한 '辯(말씀 변/4)'과 구별할 것!

[활용]
辨償(변상)
辨理士(변리사)
辨證法(변증법)

분별할 **변**
부수 : 辛, 총 16획

⚠ 부수를 '刀(刂)'로 혼동하지 말 것!

3급 배정 한자 ❸

한자의 훈과 음을 생각하며, 순서에 따라 써 보세요.

---

611 屏 / 병풍 병 / 부수: 尸, 총 11획

세상에서 물러나 집에만 있음. cf.屛去

- 屛去(병거): 물리쳐 버림. '屛'이 '물리치다'를 뜻함.
- 屛門(병문): 골목 어귀의 길가
- 屛風(병풍): 바람을 막거나 무엇을 가리거나 또는 장식용으로 방 안에 치는 물건

[활용]
屛居(병거)
屛門親舊(병문친구)
골목 어귀의 길가에 모여 막벌이를 하는 사람

획순: 一 コ ア ア 戸 戸 屛 屛 屛 屛 屛

---

612 竝 / 나란히 병 / 부수: 立, 총 10획

두 가지 이상의 일이 한꺼번에 일어남. 또는 그 일

- 竝列(병렬): 나란히 늘어섬. 또는 나란히 늘어놓음.
- 竝立(병립): 나란히 섬.
- 竝行(병행): 둘 이상의 사물이 나란히 감. / 둘 이상의 일을 한꺼번에 행함.

[활용]
竝發(병발) 竝設(병설)
竝用(병용) 竝進(병진)
竝稱(병칭)
둘 이상을 한데 아울러서 칭함.

획순: 丶 亠 十 ㅠ 立 立 竝 竝 竝 竝

---

613 卜 / 점 복 / 부수: 卜, 총 2획

짐을 싣는 말. '卜'이 '짐바리(말이나 소로 실어 나르는 짐)'를 뜻함.

- 卜居(복거): 살 만한 곳을 가려서 정함. → '卜'이 '점치다'를 뜻함.
- 卜吉(복길): 좋은 날을 가려서 받음.
- 卜債(복채): 점을 쳐 준 값으로 점쟁이에게 주는 돈

점을 치는 사람을 높여 이르는 말

[활용]
卜馬(복마) 卜術(복술)
卜師(복사) 卜人(복인)
卜日(복일)
점을 쳐서 좋은 날을 가림. '卜'이 '점치다'를 뜻함.

⚠ 글자 자체가 부수임에 유의할 것!

---

614 蜂 / 벌 봉 / 부수: 虫, 총 13획

- 蜂起(봉기): 벌떼처럼 떼 지어 세차게 일어남.
- 蜂針(봉침): 침 모양으로 된, 벌의 산란관
- 養蜂(양봉): 꿀을 얻기 위하여 벌을 기름.

⚠ 모양이 비슷한 '峯(봉우리 봉/3Ⅱ)'과 구별할 것!

[활용]
蜂蜜(봉밀) 蜂出(봉출)
벌 떼처럼 나옴.

획순: 丿 ㄇ 口 中 虫 虫 虾 蚁 蚁 蜂 蜂 蜂 蜂

---

615 赴 / 다다를·갈 부 / 부수: 走, 총 9획

- 赴役(부역): 병역이나 부역(賦役)을 치르러 나감. / 사사로이 서로의 일을 도와줌.
- 赴援(부원): 구원하러 감.
- 赴任(부임): 임명이나 발령을 받아 근무할 곳으로 감.

⚠ 모양이 비슷한 '起(일어날 기/4Ⅱ)'와 구별할 것!

[활용]
赴召(부소)
임금의 부름을 받고 나아가거나 나아옴.

획순: 一 十 土 キ 井 丰 走 赴 赴

⚠ 부수를 '卜'으로 혼동하지 말 것!

---

290 읽기 배정 한자 익히기

한자의 훈과 음을 생각하며, 순서에 따라 써 보세요.

616 墳

무덤 **분**
부수: 土, 총 15획

- 墳墓(분묘): 무덤. 송장이나 유골을 땅에 묻어 놓은 곳
- 古墳(고분): 고대에 만들어진 무덤
- 雙墳(쌍분): 같은 묏자리에 합장하지 아니하고 나란히 쓴 부부의 두 무덤

⚠ 모양이 비슷한 '憤(분할 분/4)'과 구별할 것!

[활용]
封墳(봉분)
흙을 둥글게 쌓아 올려서 무덤을 만듦. 또는 그 무덤

617 朋

벗 **붕**
부수: 月, 총 8획

- 朋黨(붕당): 중국의 후한·당나라·송나라 때에 발생한 정치적 당파 / 조선 시대에, 이념과 이해에 따라 이루어진 사림의 집단을 이르던 말
- 朋輩(붕배): 지위나 나이가 서로 비슷한 벗
- 朋友有信(붕우유신): 벗 사이에는 믿음이 있어야 함. 366쪽 >>>

[활용]
朋執(붕집)
朋友責善(붕우책선)
벗끼리 서로 좋은 일을 하도록 권함.

⚠ 모양·훈·활용 한자어를 구별할 것!

618 崩

무너질 **붕**
부수: 山, 총 11획

- 崩壞(붕괴): 무너지고 깨어짐.
- 崩落(붕락): 무너져서 떨어짐.
- 崩御(붕어): 임금이 세상을 떠남.
  └ '죽다'를 뜻함.

흙이 무너지고 기와가 깨진다는 뜻으로, 어떤 조직이나 사물이 손을 쓸 수 없을 정도로 무너져 버림을 이르는 말

[활용]
崩積土(붕적토)
土崩瓦解(토붕와해)

619 賓

손 **빈**
부수: 貝, 총 14획

⚠ 모양이 비슷한 '寶(보배 보/4Ⅱ)'와 구별할 것!

안손님(여자 손님). cf.來賓

- 賓客(빈객): 귀한 손님
- 國賓(국빈): 나라에서 정식으로 초대한 외국 손님. 주로 외국의 국가 원수가 이 대우를 받음.
- 來賓(내빈): 모임에 공식적으로 초대를 받고 온 사람

[활용]
賓服(빈복) 貴賓(귀빈)
內賓(내빈) 外賓(외빈)
接賓(접빈)
迎賓館(영빈관)

620 頻

자주 **빈**
부수: 頁, 총 16획

거듭되는 횟수가 매우 잦음. '數(셈 수)'의 훈·음은 '자주 삭'임.

- 頻度(빈도): 같은 현상이나 일이 반복되는 도수(度數)
- 頻發(빈발): 어떤 일이나 현상이 자주 일어남.
- 頻繁(빈번): 일이 매우 잦음.

⚠ 모양이 비슷한 '煩(번거로울 번/3)'과 구별할 것!

[활용]
頻數(빈삭) 頻出(빈출)
자주 나오거나 나타남.

3급 배정 한자 ③

한자의 훈과 음을 생각하며, 순서에 따라 써 보세요.

621 聘

- 聘母(빙모) : 장모. 아내의 어머니
- 聘丈(빙장) : 장인. 아내의 아버지
- 招聘(초빙) : 예를 갖추어 불러 맞아들임.

[활용]
- 聘禮(빙례) =혼례(婚禮)
- 聘問(빙문) 예의를 갖추어 방문함.
- 聘父(빙부) 장인
- 聘召(빙소) 예의를 갖추어 부름.

부를 **빙**
부수 : 耳, 총 13획

622 似

- 近似(근사) : 거의 같음. / 그럴듯하게 괜찮음.
- 類似(유사) : 서로 비슷함.
- 似而非(사이비) : 겉으로는 비슷하나 속은 완전히 다름. 또는 그런 것

[활용]
- 相似(상사) 서로 모양이 비슷함. cf. 上司(상사) : 자기보다 벼슬이나 지위가 위인 사람
- 近似値(근사치)
- 類似品(유사품)
- 非夢似夢(비몽사몽) 완전히 잠이 들지도 잠에서 깨어나지도 않은 어렴풋한 상태

닮을 **사**
부수 : 人(亻), 총 7획

623 巳

⚠ 모양이 비슷한 '己(몸 기/5)', '已(이미 이/3Ⅱ)'와 구별할 것!

- 巳時(사시) : 십이시(十二時)의 여섯째 시. 오전 아홉 시부터 열한 시까지임.
- 己巳(기사) : 육십갑자의 여섯째
- 乙巳條約(을사조약) : 조선 광무 9년(1905)에 일본이 한국의 외교권을 빼앗기 위하여 강제적으로 맺은 조약

[활용]
- 巳進申退(사진신퇴) 조선 시대에, 벼슬아치가 사시(巳時)에 출근하고 신시(申時)에 퇴근하던 일

뱀 **사**
부수 : 己, 총 3획

⚠ 부수가 '己(몸 기)'임에 유의할 것!

624 捨

- 取捨(취사) : 쓸 것은 쓰고 버릴 것은 버림.
- 喜捨(희사) : 어떤 목적을 위하여 기꺼이 돈이나 물건을 내놓음.
- 捨生取義(사생취의) : 목숨을 버리고 의를 좇는다는 뜻으로, 목숨을 버릴지언정 옳은 일을 함을 이르는 말

[활용]
- 捨命(사명) 捨身(사신)
- 用捨(용사) 投捨(투사)
- 四捨五入(사사오입) '반올림'의 전 용어
- 取捨選擇(취사선택) 368쪽 >>>

버릴 **사**
부수 : 手(扌), 총 11획

⚠ 모양이 비슷한 '拾(주울 습, 열 십/3Ⅱ)'과 구별할 것!

625 斯

- 斯界(사계) : 해당되는 분야. 또는 그런 사회
- 斯學(사학) : 그 방면의 학문 / '유학(儒學)'을 이르는 말
- 斯文亂賊(사문난적) : 성리학에서, 교리를 어지럽히고 사상에 어긋나는 언행을 하는 사람을 이르는 말

[활용]
- 斯文(사문) 유학(儒學)의 도의나 문화를 이르는 말
- 阿斯達(아사달) 단군이 고조선을 개국할 때의 도읍

this - 이 **사**
부수 : 斤, 총 12획

⚠ 모양이 비슷한 '期(기약할 기/5)', '欺(속일 기/3)'와 구별할 것!

한자의 훈과 음을 생각하며, 순서에 따라 써 보세요.

626. 詐 (속일 사)
부수: 言, 총 12획

- 詐欺(사기): 나쁜 꾀로 남을 속임.
- 詐取(사취): 남의 것을 거짓으로 속여서 빼앗음.
- 詐稱(사칭): 이름, 직업, 나이, 주소 따위를 거짓으로 속여 이름.

cf. 史記(사기): 역사적 사실을 기록한 책 / 중국 한나라의 사마천이 엮은 역사책

⚠ 모양이 비슷한 '作(지을 작/6)', '許(허락할 허/5)'와 구별할 것!

[활용] 詐計(사계) 詐巧(사교)
간사하게 남을 속이는 꾀

남을 교묘하게 속임. 또는 그런 속임수

627. 賜 (줄 사)
부수: 貝, 총 15획

- 賜額(사액): 임금이 사당(祠堂), 서원(書院), 누문(樓門) 따위에 이름을 지어서 새긴 편액을 내리던 일
- 下賜(하사): 임금이 신하에게, 또는 윗사람이 아랫사람에게 물건을 줌.
- 厚賜(후사): 물건 따위를 후하게 내려 줌.

다락문

[활용] 賜姓(사성) 賜藥(사약) 御賜花(어사화)
조선 시대에, 문무과에 급제한 사람에게 임금이 하사하던 종이꽃

628. 朔 (초하루 삭)
부수: 月, 총 10획

- 朔望(삭망): 음력 초하룻날과 보름날을 아울러 이르는 말
- 朔風(삭풍): 겨울철에 북쪽에서 불어오는 찬 바람 '朔'이 '북쪽'을 뜻함.
- 滿朔(만삭): 아이 낳을 달이 다 참. 또는 달이 차서 배가 몹시 부름.

⚠ 부수를 '肉(月)'으로 혼동하지 말 것!

[활용] 기러기 朔禽(삭금) 朔方(삭방) 八朔童(팔삭동)
팔삭둥이, 임신한 지 여덟 달 만에 낳은 아이

629. 嘗 (맛볼 상)
부수: 口, 총 14획
약자는 甞 417쪽 >>>

- 嘗味(상미): 맛을 봄.
- 嘗試(상시): 시험하여 봄. '嘗'이 '시험하다'를 뜻함.
- 未嘗不(미상불): 아닌 게 아니라 과연 ⓔ 이곳의 경치는 未嘗不 절경이다.

[활용] 嘗食(상식) 嘗新(상신)
음식에 독물이 있는지 없는지를 알아보기 위하여 시식함.

630. 祥 (상서 상)
부수: 示, 총 11획

- 祥夢(상몽): 상서로운 꿈
- 祥雲(상운): 복되고 좋은 일이 있을 조짐이 보이는 구름
- 吉祥(길상): 운수가 좋을 조짐

복되고 길한 일이 일어날 조짐

⚠ 모양이 비슷한 '詳(자세할 상/3Ⅱ)'과 구별할 것!
사람이 죽은 지 두 돌 만에 지내는 제사. '祥'이 '제사'를 뜻함.

[활용] 大祥(대상) 發祥地(발상지) 不祥事(불상사)
상서롭지 못한 일

⚠ 부수를 '羊'으로 혼동하지 말 것!

3급 배정 한자 ③

한자의 훈과 음을 생각하며, 순서에 따라 써 보세요.

---

631 庶

특별한 명목이 없는 여러 가지 일반적인 사무

- 庶幾(서기): 거의. '庶'가 '가깝다'를 뜻함.
- 庶母(서모): 아버지의 첩
- 庶民(서민): 아무 벼슬이나 신분적 특권을 갖지 못한 일반 사람

[활용]
庶務(서무) 庶子(서자)
庶出(서출)

`丶 一 广 广 庐 庐 庐 庐 庶 庶 庶`

여러 서
부수: 广, 총 11획

⚠ 부수를 '火(灬)'로 혼동하지 말 것!

---

632 敍

'주다(관직과 직위를 주다)'를 뜻함.   죄를 지어 면관(免官)되었던 사람을 다시 벼슬자리에 등용함.

- 敍述(서술): 사건이나 생각 따위를 차례대로 말하거나 적음.
- 追敍(추서): 죽은 뒤에 관등을 올리거나 훈장 따위를 줌.
- 敍事詩(서사시): 역사적 사실이나 신화, 전설, 영웅의 사적 따위를 서사적 형태로 쓴 시

[활용]
敍事(서사) 敍用(서용)
敍任(서임) 敍品(서품)
敍情詩(서정시)
自敍傳(자서전)

약자는 叙. 417쪽 >>>

`丿 人 스 亼 亼 介 余 余 余 余 敍`

펼 서
부수: 攴, 총 11획

---

633 暑

⚠ 모양이 비슷한 '署(마을 서/3Ⅱ)'와 구별할 것!

- 暑炎(서염): 몹시 심한 더위
- 處暑(처서): 이십사절기의 하나. 입추와 백로 사이에 들며, 태양이 황경 150도에 달한 시각으로 양력 8월 23일경임.
- 避暑(피서): 더위를 피하여 시원한 곳으로 옮김.

[활용]
暑氣(서기) 暑夏(서하)
大暑(대서) 小暑(소서)
暴暑(폭서) 寒暑(한서)
避暑地(피서지)

⚠ '포서'로 읽지 말 것!

`丶 丨 口 曰 旦 旦 早 昇 昇 昇 暑 暑 暑`

더울 서
부수: 日, 총 13획

⚠ 부수를 '曰(가로 왈)'로 혼동하지 말 것!

---

634 誓

- 誓約(서약): 맹세하고 약속함.
- 誓願(서원): 신불(神佛)이나 자기 마음속에 맹세하여 소원을 세움. 또는 그 소원
- 宣誓(선서): 여럿 앞에서 성실할 것을 맹세함.

[활용]
誓文(서문) 誓言(서언)
盟誓(맹서) 默誓(묵서)

`一 十 扌 扌 扩 折 折 折 折 誓 誓 誓 誓 誓`

맹세할 서
부수: 言, 총 14획

⚠ 부수를 '手(扌)'나 '斤'으로 혼동하지 말 것!

---

635 逝

먼 곳으로 떠남. / 먼 곳으로 떠나 돌아오지 아니한다는 뜻으로, 죽는 일을 이르는 말

- 逝去(서거): '사거(死去: 죽어서 세상을 떠남.)'의 높임말
- 仙逝(선서): 사람의 죽음을 높여 이르는 말
- 長逝(장서): 영영 가고 돌아오지 아니한다는 뜻으로, '죽음'을 완곡하게 이르는 말
  cf. 藏書(장서): 책을 간직하여 둠. 또는 그 책

[활용]
逝世(서세) 逝川(서천)
急逝(급서) 永逝(영서)
遠逝(원서)

`一 十 扌 扌 扩 折 折 折 逝 逝 逝`

갈 서
부수: 辵(辶), 총 11획

한자의 훈과 음을 생각하며, 순서에 따라 써 보세요.

636 昔 — 아주 먼 과거 · 예 석
부수: 日, 총 8획

- 昔年(석년): 여러 해 전
- 宿昔(숙석): 그리 멀지 아니한 옛날
- 今昔之感(금석지감): 지금과 옛날의 차이가 너무 심하여 생기는 느낌

⚠️ 모양이 비슷한 '借(빌·빌릴 차/3Ⅱ)'와 구별할 것!

[활용] 지난해 — 昔歲(석세) 昔日(석일) 昔者(석자) 今昔(금석)

획순: 一 十 卄 世 芷 昔 昔 昔

637 析 — 쪼갤 석
부수: 木, 총 8획

- 析出(석출): 분석하여 냄.
- 分析(분석): 얽혀 있거나 복잡한 것을 풀어서 개별적인 요소나 성질로 나눔.
- 解析(해석): 사물을 자세히 풀어서 논리적으로 밝힘.

⚠️ 모양이 비슷한 '祈(빌 기/3Ⅱ)'와 구별할 것!

[활용] 析出(석출) 辯析(변석) 분석하여 냄.

옳고 그름을 따져서 사물의 이치를 분명히 밝힘.

획순: 一 十 才 木 朩 朽 析 析

⚠️ 부수를 '斤'으로 혼동하지 말 것!

638 攝 — 다스릴 · 잡을 섭
약자는 摂 (417쪽 >>>)
부수: 手(扌), 총 21획

- 攝政(섭정): 군주가 직접 통치할 수 없을 때에 군주를 대신하여 나라를 다스림. 또는 그런 사람. '攝'이 '대신하다'를 뜻함.
- 攝理(섭리): 아프거나 병에 걸린 몸을 잘 조리함. / 대신하여 처리하고 다스림. / 자연계를 지배하고 있는 원리와 법칙

[활용] 攝生(섭생) 攝氏(섭씨) 攝取(섭취) 包攝(포섭)

병에 걸리지 않도록 건강관리를 잘하여 오래 살기를 꾀함.

획순: 一 十 扌 扌 扩 扩 护 护 捛 揖 攝 攝

639 涉 — 건널 섭
부수: 水(氵), 총 10획

'관계하다'를 뜻함.

- 涉獵(섭렵): 물을 건너 찾아다닌다는 뜻으로, 많은 책을 널리 읽거나 여기저기 찾아다니며 경험함을 이르는 말
- 干涉(간섭): 직접 관계가 없는 남의 일에 부당하게 참견함.
- 交涉(교섭): 어떤 일을 이루기 위하여 서로 의논하고 절충함.

연락을 취하여 의논함. '涉'이 '관계하다'를 뜻함.

[활용] 涉外(섭외) 涉水(섭수) 關涉(관섭) 內政干涉(내정 간섭) 幕後交涉(막후교섭)

획순: 丶 氵 氵 汁 汁 沙 涉 涉 涉 涉

640 召 — 부를 소
부수: 口, 총 5획

- 召命(소명): 임금이 신하를 부르는 명령
- 召集(소집): 단체나 조직체의 구성원을 불러서 모음.
- 應召(응소): 소집에 응함.

⚠️ 모양이 비슷한 '招(부를 초/4)', '昭(밝을 소/3)'와 구별할 것!

[활용] 召還(소환) 遠禍召福(원화소복) 화를 물리치고 복을 불러들임.

획순: 丁 刀 召 召 召

⚠️ 부수를 '刀'로 혼동하지 말 것!

3급 배정 한자 ③

한자의 훈과 음을 생각하며, 순서에 따라 써 보세요.

641 昭
- 昭明(소명) : 사물에 밝음. / 밝고 영리함.
- 昭詳(소상) : 분명하고 자세함.
- 昭應(소응) : 감응이 선명하게 드러남.

⚠️ 모양이 비슷한 '招(부를 초/4)', '召(부를 소/3)'와 구별할 것!

[활용]
昭光(소광) 昭朗(소랑)
밝게 반짝 매우 밝음.
이는 별

밝을 소
부수 : 日, 총 9획

642 蔬
- 蔬果(소과) : 채소와 과일을 아울러 이르는 말
- 蔬飯(소반) : 변변하지 아니한 음식
- 菜蔬(채소) : 밭에서 기르는 농작물

⚠️ 모양이 비슷한 '疏(소통할 소/3Ⅱ)'와 구별할 것!

[활용]
蔬菜(소채) 魚蔬(어소)
생선과 채소를 아울러 이르는 말

나물 소
부수 : 艹(艸), 총 16획

643 騷
- 騷動(소동) : 사람들이 놀라거나 흥분하여 시끄럽게 법석거리고 떠들어 대는 일
- 騷亂(소란) : 시끄럽고 어수선함.
- 騷音(소음) : 불규칙하게 뒤섞여 불쾌하고 시끄러운 소리

시인과 문사(文士)를 통틀어 이르는 말

[활용]
騷客(소객) 騷人(소인)
騷人墨客(소인묵객)
367쪽 >>>

떠들 소
부수 : 馬, 총 20획

644 粟
- 粟麥(속맥) : 조와 보리 따위의 잡곡을 통틀어 이르는 말
- 粟米(속미) : 좁쌀
- 粟田(속전) : 조를 심은 밭

⚠️ 모양이 비슷한 '栗(밤 률/3Ⅱ)'과 구별할 것!

[활용]
粟豆(속두) 倉粟(창속)
곳집 안에 저장되어 있는 곡물

조 속
부수 : 米, 총 12획

645 誦
- 誦讀(송독) : 소리를 내어 글을 읽음. / 외워서 글을 읽음.
- 朗誦(낭송) : 크게 소리를 내어 글을 읽거나 욈.
- 暗誦(암송) : 글을 보지 아니하고 입으로 욈.

[활용]
誦經(송경) 誦詠(송영)
愛誦(애송)
시가를 외워 읊조림.

욀 송
부수 : 言, 총 14획

읽기 배정 한자 익히기

한자의 훈과 음을 생각하며, 순서에 따라 써 보세요.

646 囚 - 가둘 수
⚠️ 모양이 비슷한 '因(인할 인/5)', '困(곤할 곤/4)'과 구별할 것!

죄인을 잡아 가두어 둠.

- 囚衣(수의) : 죄수가 입는 옷
- 旣決囚(기결수) : 죄인으로서 형벌을 받고 있는 사람
- 良心囚(양심수) : 사상이나 신념을 내세워 행동한 이유로 투옥되거나 구금되어 있는 사람

'죄수'를 뜻함.

[활용]
- 囚禁(수금) 囚役(수역)
- 拘囚(구수) 罪囚(죄수)
- 未決囚(미결수)
- 脫獄囚(탈옥수)

부수 : 囗, 총 5획

⚠️ 부수를 '口(입 구)'로 혼동하지 말 것!

647 睡 - 졸음 수
- 睡眠(수면) : 잠을 자는 일
- 假睡(가수) : 의식이 반쯤 깨어 있는 옅은 잠
- 午睡(오수) : 낮잠

⚠️ 모양이 비슷한 '郵(우편 우/4)', '垂(드리울 수/3Ⅱ)'과 구별할 것!

⚠️ '혼수장태'로 읽지 말 것!

[활용]
- 昏睡狀態(혼수상태)
  완전히 의식을 잃고 인사불성이 된 상태

부수 : 目, 총 13획

648 誰 - 누구 수
- 誰何(수하) : 어두워서 상대편의 정체를 식별하기 어려울 때 경계하는 자세로 상대편의 정체나 아군끼리 약속한 암호를 확인함. 또는 그런 일 / 누구
- 誰某(수모) : '아무개'를 문어적으로 이르는 말

[활용]
- 신병들은 중대장에게 誰何하는 요령을 배웠다.

부수 : 言, 총 15획

649 遂 - 드디어 수
- 遂行(수행) : 생각하거나 계획한 대로 일을 해냄.
- 未遂(미수) : 목적한 바를 시도하였으나 이루지 못함.
- 完遂(완수) : 뜻한 바를 완전히 이루거나 다 해냄.

→ '遂'가 '이루다'를 뜻함.

[활용]
- 毛遂自薦(모수자천)
  자기가 자기를 추천함. 중국 춘추 전국 시대에 조나라 평원군이 초나라에 구원을 청하기 위하여 사신을 물색할 때에 모수가 스스로를 추천하였다는 데서 유래

부수 : 辶(辶), 총 13획

650 須 - 모름지기 수
- 須知(수지) : 자신이 소속된 일에 대하여 모름지기 알아야 함.
- 必須(필수) : 꼭 있어야 하거나 하여야 함.

사리를 따져 보건대 마땅히. 또는 반드시

[활용]
- 必須科目(필수 과목)
- 必須條件(필수 조건)

부수 : 頁, 총 12획

⚠️ 부수를 '彡'으로 혼동하지 말 것!

3급 배정 한자 ❸ 297

풀건서 익히기

1_ 다음 漢字의 訓과 音을 쓰세요.

(1) 屛 (   )   (2) 騷 (   )   (3) 粟 (   )
(4) 蔬 (   )   (5) 竝 (   )   (6) 析 (   )
(7) 攝 (   )   (8) 須 (   )   (9) 庶 (   )

2_ 다음 訓과 音에 알맞은 漢字를 쓰세요.

(1) 예 석   (   )   (2) 무덤 분 (   )   (3) 상서 상 (   )
(4) 본뜰 방 (   )   (5) 누구 수 (   )   (6) 밝을 소 (   )
(7) 돌이킬 반 (   )   (8) 드디어 수 (   )   (9) 번역할 번 (   )

3_ 다음 漢字語의 讀音을 쓰세요.

(1) 伴奏 (   )   (2) 聯邦 (   )   (3) 祝杯 (   )
(4) 煩惱 (   )   (5) 叛逆 (   )   (6) 辨別 (   )
(7) 卜債 (   )   (8) 蜂針 (   )   (9) 崩壞 (   )
(10) 頻繁 (   )   (11) 聘丈 (   )   (12) 朔風 (   )
(13) 賜額 (   )   (14) 嘗味 (   )   (15) 暑炎 (   )

4_ 다음 문장에서 밑줄 친 漢字語를 漢字로 쓰세요.

(1) 한 시인이 자작시를 <u>낭송</u>했다.   (   )
(2) 정부는 고인이 된 한 예술가에게 훈장을 <u>추서</u>했다.   (   )
(3) 그의 지나친 <u>간섭</u>으로 모두가 스트레스를 받고 있다.   (   )
(4) 신입 사원들은 모두 사칙을 잘 지키겠다고 <u>서약</u>했다.   (   )

실제 시험에서는 2, 4, 5, 7번과 같이 읽기 배정 한자를 쓰는 문제는 출제되지 않으나, 보다 확실한 학습을 위해 쓰기 문제로 구성하였습니다.

5_ 다음 ( ) 안에 알맞은 漢字를 써 넣어 漢字語(四字成語)를 完成하세요.

(1) (　　　)友有信 : 벗 사이에는 믿음이 있어야 함.

(2) 食少事(　　　) : 먹을 것은 적은데 할 일은 많음.

(3) (　　　)文亂賊 : 성리학에서, 교리를 어지럽히고 사상에 어긋나는 언행을 하는 사람을 이르는 말

(4) (　　　)生取義 : 목숨을 버리고 의를 좇는다는 뜻으로, 목숨을 버릴지언정 옳은 일을 함을 이르는 말

6_ 다음 漢字의 部首를 쓰세요.

(1) 赴 → (　　　)　　(2) 賓 → (　　　)　　(3) 巳 → (　　　)

(4) 蜂 → (　　　)　　(5) 屛 → (　　　)　　(6) 斯 → (　　　)

7_ 다음 漢字語의 同音異義語를 漢字로 쓰되, 제시된 뜻을 가진 漢字語를 쓰세요.

(1) 史記　(　　　) : 나쁜 꾀로 남을 속임.

(2) 藏書 − (　　　) : 영영 가고 돌아오지 아니한다는 뜻으로, '죽음'을 완곡하게 이르는 말

8_ 다음 漢字語의 뜻을 쓰세요.

(1) 午睡 : (　　　　　　　　　　　　　　　　　　)

(2) 類似 : (　　　　　　　　　　　　　　　　　　)

(3) 囚衣 : (　　　　　　　　　　　　　　　　　　)

(4) 召命 : (　　　　　　　　　　　　　　　　　　)

정조 對 다산의 대결

실학(實學)의 대가로 일컬어지는 다산(茶山) 정약용(丁若鏞)은 자연 과학과 기술, 특히 '이용후생(利用厚生 : 기구를 편리하게 쓰고 먹을 것과 입을 것을 넉넉하게 하여, 국민의 생활을 나아지게 함)'에 관련된 여러 분야에 큰 업적을 남겼다. 정조는 이런 정약용의 학문과 사람됨을 알아보고 평소 그를 매우 아끼고 총애했다고 한다.

다음은 두 사람이 한글과 한문의 의미와 음을 이용해 주고받은 시이다.

> 정조 : 말니 마치(馬齒) 하나 둘 이리(一二)
> 다산 : 닭의 깃이 계우(鷄羽) 열 다섯 이오(一五)
> 정조 : 보리 뿌리 맥근맥근(麥根麥根)
> 다산 : 오동 열매 동실동실(桐實桐實)
> 정조 : 아침 까치 조작조작(朝鵲朝鵲)
> 다산 : 낮 송아지 오독오독(午犢午犢)

馬(말 **마**)	齒(이 **치**)	鷄(닭 **계**)	羽(깃 **우**)	麥(보리 **맥**)	根(뿌리 **근**)
桐(오동나무 **동**)	實(열매 **실**)	朝(아침 **조**)	鵲(까치 **작**)	午(낮 **오**)	犢(송아지 **독**)

하루는 정조와 정약용이 같은 글자 셋을 모아 한 글자로 만든 한자를 누가 많이 알고 있는지 내기를 하였다고 한다.

'계집 녀(女)'가 셋 모이면 '간음할 간(姦)'
'날 일(日)'이 셋 모이면 '맑을 정(晶)'
'물 수(水)'가 셋 모이면 '아득할 묘(淼)'
'나무 목(木)'이 셋 모이면 '수풀 삼(森)'
'돌 석(石)'이 셋 모이면 '돌무더기 뢰(磊)'
'밭 전(田)'이 셋 모이면 '밭사이땅 뢰(畾)'
'입 구(口)'가 셋 모이면 '물건 품(品)'
'불 화(火)'가 셋 모이면 '불꽃 염(焱)'
'벌레 훼(虫)'가 셋 모이면 '벌레 충(蟲)'
'귀 이(耳)'가 셋 모이면 '소곤거릴 섭(聶)'
'수레 거(車)'가 셋 모이면 '울릴 굉(轟)'
'사슴 록(鹿)'이 셋 모이면 '거칠 추(麤)'
'용 룡(龍)'이 셋 모이면 '용갈 답(龘)'.

이렇게 서로 글자를 모으다가 다산이 먼저 정조에게 아뢰었다.
"전하, 전하께서는 한 글자만은 제게 미치지 못할 것이옵니다."
그러자 자전을 모두 외울 정도로 학문적 자부심이 강했던 정조가 말했다.
"자전에 나오는 글자를 하나도 빠짐없이 외우고 있는데, 한 글자는 미치지 못할 것이라니 말도 안 되는 소리다."
그래도 다산은 정조에게 단 한 글자만은 생각하지 못 하셨을 것이라며 자신의 주장을 굽히지 않았다.

결국 정조와 다산은 서로가 써 놓은 글자를 비교하여 보았다. 두 사람이 쓴 글자들은 순서는 달랐지만 꼭 같은 것들이 이어져 있었다. 하지만 단 한 글자가 정조에게는 없었.

그것은 바로 너무도 쉬운 '석 삼(三)' 자였다. 정조는 같은 글자가 삼각형 형태로 구성된 것만 염두에 두느라고 '三' 자는 미처 생각하지 못한 것이었다.

3급 배정한자 ④

한자의 훈과 음을 생각하며, 순서에 따라 써 보세요.

651 搜 — 찾을 수
부수: 手(扌), 총 13획

- 搜檢(수검) : 금제품(禁制品) 따위를 수색하여 검사함. — 법령에 의하여 소유나 거래가 금지되어 있는 물품
- 搜査(수사) : 찾아서 조사함.
- 搜索(수색) : 구석구석 뒤지어 찾음.
  ⚠ '수삭'으로 읽지 말 것!

[활용]
搜訪(수방) – 찾아서 가 봄.
搜所聞(수소문)
搜索令狀(수색 영장)

652 雖 — 비록 수
부수: 隹, 총 17획

- 雖然(수연) : 비록 그러하나, 비록 ~하더라도
- 雖聖人亦有所不知焉(수성인역유소부지언) : 비록 성인이라도 역시 알지 못하는 바가 있다.
  ⚠ 모양이 비슷한 '誰(누구 수/3)'와 구별할 것!

[활용]

653 孰 — 누구 숙
부수: 子, 총 11획

- 孰誰(숙수) : 누구. 어떤 사람
- 孰若(숙약) : 두 가지 사물이나 두 인물을 이 말의 위와 아래에 들어 어느 쪽이 나으냐고 묻는 말 – 묻는 사람은 아래쪽이 낫다고 생각하고 하는 말임.
  ⚠ 모양이 비슷한 '熟(익을 숙/3Ⅱ)'과 구별할 것!

[활용]

654 循 — 돌 순
부수: 彳, 총 12획

낡은 관습이나 폐단을 벗어나지 못하고 당장의 편안함만을 취함.

- 循行(순행) : 여러 곳으로 돌아다님. / 명령을 좇아 행함.
- 循環(순환) : 한차례 돌아서 다시 먼저의 자리로 돌아옴. 또는 그것을 되풀이함.
- 因循(인순) : 내키지 아니하여 머뭇거림. / 낡은 인습을 버리지 아니하고 지킴.

[활용]
循吏(순리)
因循姑息(인순고식)
循環道路(순환 도로)
血液循環(혈액 순환)

655 殉 — 따라죽을 순
부수: 歹, 총 10획

- 殉國(순국) : 나라를 위하여 목숨을 바침.
- 殉葬(순장) : 한 집단의 지배층 계급에 속하는 사람이 죽었을 때 그 사람의 뒤를 따라 강제로 혹은 자진하여 산 사람을 함께 묻던 일. 또는 그런 장례법
- 殉職(순직) : 직무를 다하다가 목숨을 잃음.

[활용]
殉敎(순교) 殉死(순사)
殉節(순절)
충절이나 정절을 지키기 위하여 죽음.

한자의 훈과 음을 생각하며, 순서에 따라 써 보세요.

656 脣 (입술 순)
- 脣音(순음) : 두 입술 사이에서 나는 소리
- 脣亡齒寒(순망치한) : 서로 이해관계가 밀접한 사이에 어느 한쪽이 망하면 다른 한쪽도 그 영향을 받아 온전하기 어려움을 이르는 말

[활용] 脣頭(순두) 丹脣(단순) 紅脣(홍순) 여자의 붉고 고운 입술

부수 : 肉(月), 총 11획

⚠️ 부수를 '辰'으로 혼동하지 말 것!

657 戌 (개 술)
- 戌年(술년) : 지지(地支)가 술(戌)로 된 해. 개해
- 戌時(술시) : 십이시(十二時)의 열한째 시. 오후 일곱 시부터 아홉 시까지
- 戌日(술일) : 지지(地支)가 술(戌)로 된 날. 개날

⚠️ 모양이 비슷한 '茂(무성할 무/3Ⅱ)', '戊(천간 무/3)'와 구별할 것!

[활용] ※ 지지(地支) 육십갑자의 아래 단위를 이루는 요소. 자(子), 축(丑), 인(寅), 묘(卯), 진(辰), 사(巳), 오(午), 미(未), 신(申), 유(酉), 술(戌), 해(亥)

부수 : 戈, 총 6획

658 矢 (화살 시)
'맹세하다'를 뜻함.
- 矢心(시심) : 마음속으로 맹세함.
- 矢言(시언) : 굳게 맹세한 말
- 弓矢(궁시) : 활과 화살을 아울러 이르는 말

⚠️ 모양이 비슷한 '失(잃을 실/6)'과 구별할 것!

[활용] 矢石(시석) 전쟁에 쓰던 화살과 돌

부수 : 矢, 총 5획

⚠️ 글자 자체가 부수임에 유의할 것!

659 伸 (펼 신)
cf. 身長(신장) : 키, 伸長(신장) : 길이 따위를 길게 늘임.
- 伸張(신장) : 세력이나 권리 따위가 늘어남. 또는 늘어나게 함.
- 伸縮(신축) : 늘고 줆. 또는 늘이고 줄임.
- 追伸(추신) : 뒤에 덧붙여 말한다는 뜻으로, 편지의 끝에 더 쓰고 싶은 것이 있을 때에 그 앞에 쓰는 말

[활용] 伸長(신장) 屈伸(굴신) 國力伸張(국력 신장) 팔, 다리 따위를 굽혔다 폈다 함.

부수 : 人(亻), 총 7획

660 晨 (새벽 신)
cf. 神聖(신성) : 매우 거룩하고 성스러움.
- 晨鷄(신계) : 새벽을 알리는 닭
- 晨星(신성) : 샛별
- 昏定晨省(혼정신성) : 부모를 잘 섬기고 효성을 다함을 이르는 말

[활용] 晨鍾(신종) 晨昏(신혼) 새벽과 해 질 무렵을 아울러 이르는 말

부수 : 日, 총 11획

3급 배정 한자 ④ 303

3급 배정 한자 ④

한자의 훈과 음을 생각하며, 순서에 따라 써 보세요.

cf. 申告(신고): 국민이 법령의 규정에 따라 행정 관청에 일정한 사실을 진술·보고함.   이십사방위의 하나. 북북서 방향

661 辛 매울 신
부수: 辛, 총 7획

- 辛苦(신고): 어려운 일을 당하여 몹시 애씀. 또는 그런 고생
- 辛勝(신승): 경기 따위에서 힘들게 겨우 이김.
- 香辛料(향신료): 음식에 맵거나 향기로운 맛을 더하는 조미료

⚠ 모양이 비슷한 '幸(다행 행/6)'과 구별할 것!

[활용]
辛味(신미) 辛方(신방)
千辛萬苦(천신만고)
368쪽 >>>

⚠ 글자 자체가 부수임에 유의할 것!

662 尋 찾을 심
부수: 寸, 총 12획

- 尋訪(심방): 방문하여 찾아봄.
- 尋常(심상): 대수롭지 않고 예사로움. 범상(凡常)함. 예) 병세가 尋常치 않다. 찾아서 밝힘.
- 推尋(추심): 찾아내어 가지거나 받아 냄.

[활용]
尋究(심구) 尋問(심문)
尋思(심사) 尋人(심인)
사람을 찾음.
예) 尋人 광고

663 餓 주릴 아
부수: 食(飠), 총 16획

- 餓鬼(아귀): 전생에 지은 죄로 아귀도에 태어난 귀신 / 염치없이 먹을 것이나 탐내는 사람을 욕으로 이르는 말 – 몸이 앙상하게 마르고 배가 엄청나게 큰데, 목구멍이 바늘구멍 같아서 음식을 먹을 수 없어 늘 굶주림으로 괴로워한다고 한다.
- 餓死(아사): 굶어 죽음.
- 飢餓(기아): 굶주림.

[활용]
寒餓(한아)
추위와 굶주림

664 岳 큰산 악
부수: 山, 총 8획

- 岳母(악모): 편지 따위에서, '장모(丈母)'를 이르는 말
- 山岳(산악): 높고 험준하게 솟은 산들
- 五岳(오악): 우리 나라의 이름난 다섯 산. 동의 금강산, 서의 묘향산, 남의 지리산, 북의 백두산, 중앙의 삼각산을 이름.

[활용]
장인 岳父(악부) 岳丈(악장)
冠岳山(관악산)
山岳會(산악회)

665 雁 기러기 안
부수: 隹, 총 12획

한나라의 사신 소무가 흉노에게 붙잡혀 있을 당시 기러기의 다리에 편지를 매어 한나라로 보냈다는 고사에서 유래

- 雁書(안서): 먼 곳에서 소식을 전하는 편지
- 雁足(안족): 거문고, 가야금, 아쟁 따위의 줄을 고르는 기구
- 雁行(안항): 기러기의 행렬이란 뜻으로, 남의 형제를 높여 이르는 말   = 雁書

⚠ "안행"으로 읽지 말 것!

[활용]
雁奴(안노) 雁堂(안당)
雁信(안신) 雁陣(안진)
木雁(목안) 鴻雁(홍안)
候雁(후안)

304 읽기 배정 한자 익히기

한자의 훈과 음을 생각하며, 순서에 따라 써 보세요.

임금이 문묘에 참배한 뒤 실시하던 비정규적인 과거 시험

666 謁 / 뵐 알 / 부수: 言, 총 16획

- 謁廟(알묘): 종묘나 사당에 배알함.
- 謁見(알현): 지체가 높고 귀한 사람을 찾아가 뵘. ⚠ '알견'으로 읽지 말 것!
- 拜謁(배알): 지위가 높거나 존경하는 사람을 찾아가 뵘.

⚠ 모양이 비슷한 '渴(목마를 갈/3)'과 구별할 것!

[활용]
謁聖(알성)
謁聖試(알성시)
謁聖及第(알성 급제)

667 押 / 누를 압 / 부수: 手(扌), 총 8획

- 押送(압송): 피고인 또는 죄인을 어느 한 곳에서 다른 곳으로 호송하는 일
- 押收(압수): 물건의 점유를 취득하는 강제 처분
- 押韻(압운): 시가에서, 시행의 일정한 자리에 같은 운을 규칙적으로 다는 일. 또는 그 운

[활용]
押領(압령) 押留(압류)
押印(압인) 差押(차압)
假押留(가압류)
도장 따위를 찍음.

668 殃 / 재앙 앙 / 부수: 歹, 총 9획

⚠ 모양이 비슷한 '映(비칠 영/4)'과 구별할 것!

- 殃慶(앙경): 재앙과 경사를 아울러 이르는 말
- 殃禍(앙화): 어떤 일로 인하여 생기는 재난
- 災殃(재앙): 뜻하지 아니하게 생긴 불행한 변고. 또는 천재지변으로 인한 불행한 사고

[활용]
殃及子孫(앙급자손)
화가 자손에게 미침.

669 涯 / 물가 애 / 부수: 水(氵), 총 11획

- 涯岸(애안): 물가
- 生涯(생애): 살아 있는 한평생의 기간
- 天涯(천애): 하늘의 끝 / 까마득하게 멀리 떨어져 있는 곳을 비유적으로 이르는 말 / 이승에 살아 있는 핏줄이나 부모가 없음을 이르는 말

예 天涯의 고아

[활용]
涯際(애제) 無涯(무애)
水涯(수애)
넓고 멀어서
끝이 없음.

670 厄 / 액 액 / 부수: 厂, 총 4획
모질고 사나운 운수

- 厄運(액운): 액을 당할 운수
- 災厄(재액): 재앙으로 인한 불운
- 橫厄(횡액): 뜻밖에 닥쳐오는 불행

[활용]
厄年(액년) = 횡액
橫來之厄(횡래지액)
送厄迎福(송액영복)

3급 배정 한자 ④

한자의 훈과 음을 생각하며, 순서에 따라 써 보세요.

671 也 이끼·어조사 **야** / 부수: 乙(乚), 총 3획
- 也無妨(야무방): 해로울 것이나 걱정할 것이 없음.
- 及其也(급기야): 마지막에 가서는. 예) 及其也 법원에 소송을 제기하기에 이르렀다.
- 言則是也(언즉시야): 말인즉 옳음.

[활용] 獨也靑靑(독야청청) : 남들이 모두 절개를 꺾는 상황 속에서도 홀로 절개를 굳세게 지키고 있음을 비유적으로 이르는 말

672 耶 어조사 **야** / 부수: 耳, 총 9획
- 耶蘇(야소): '예수'의 음역어
- 有耶無耶(유야무야): 있는 듯 없는 듯 흐지부지함.
- 千耶萬耶(천야만야): 가파로운 산이나 벼랑 같은 것이 천길만길이나 되는 듯 까마득하게 높거나 깊은 모양

[활용] 耶蘇敎(야소교) '예수교'의 음역어

⚠ 부수를 '邑(阝)'으로 혼동하지 말 것!

673 躍 뛸 **약** / 부수: 足(⻊), 총 21획

단번에 높이 뛰어오름. 예) 一躍 스타가 되다.

- 躍動(약동): 생기 있고 활발하게 움직임.
- 飛躍(비약): 나는 듯이 높이 뛰어오름. 예) 飛躍적인 경제 성장
- 暗躍(암약): 어둠 속에서 날고 뛴다는 뜻으로, 남들 모르게 맹렬히 활동함을 이르는 말

[활용] 躍進(약진) 跳躍(도약) 一躍(일약) 活躍(활약) 猛活躍(맹활약) 눈부실 정도로 뛰어난 활약

⚠ 모양이 비슷한 '場(마당 장/7)', '陽(볕 양/6)', '揚(날릴 양/3Ⅱ)'과 구별할 것!

674 楊 버들 **양** / 부수: 木, 총 13획
- 楊柳(양류): 버드나무
- 楊枝(양지): 나무로 만든 이쑤시개. 불교도들에게 냇버들 가지로 이를 깨끗이 하게 한 데서 유래함.
- 楊貴妃(양귀비): 양귀비과의 한해살이 풀

[활용] 白楊(백양) 赤楊(적양)

⚠ 활용 한자어들의 독음에 유의할 것!

슬픔이나 탄식을 나타내는 소리 ⚠ '어호'로 읽지 말 것!

675 於 어조사 **어**, 탄식할 **오** / 부수: 方, 총 8획
- 於相半(어상반): 양쪽의 수준, 역량, 수량, 의견 따위가 서로 걸맞아 비슷함.
- 於此彼(어차피): 이렇게 하든지 저렇게 하든지. 또는 이렇게 되든지 저렇게 되든지
- 甚至於(심지어): 더욱 심하다 못하여 나중에는

[활용] 於乎(오호) 於其中(어기중) 중간 정도에 해당함. 於是乎(어시호) 이제야. 또는 이에 있어서 於中間(어중간)

한자의 훈과 음을 생각하며, 순서에 따라 써 보세요.

676. 焉 (어찌 언)
부수: 火(灬), 총 11획

- 終焉(종언) : 없어지거나 죽어서 존재가 사라짐.
- 於焉間(어언간) : 알지 못하는 동안에 어느덧
- 焉敢生心(언감생심) : 감히 그런 마음을 품을 수 없음.

일곱 번째 획을 두 번에 걸쳐 쓰지 말 것!

필순: 一 丅 下 〒 正 正 正 焉 焉 焉 焉

[활용]
焉烏(언오)
'焉'이나 '烏'자와 같이 서로 글자 모양이 비슷해서 틀리기 쉬운 글자

677. 予 (나 여)
부수: 亅, 총 4획

'주다'를 뜻함.

- 予奪(여탈) : 주는 일과 빼앗는 일
- 予一人(여일인) : 천자(天子)의 자칭(自稱) / 임금 또는 왕

모양이 비슷한 '子(아들 자/7)'와 구별할 것!

필순: フ フ 了 予

세 번에 걸쳐 쓰지 않도록 유의할 것!

[활용]
- 予一人이 어찌 감히 선왕이 규정한 중요한 제도를 고칠 수 있겠소

'나'를 뜻하는 한자인 '我(나아/3Ⅱ)', '吾(나 오/3)'도 함께 알아둘 것!

678. 余 (나 여)
부수: 人, 총 7획

- 余等(여등) : '우리'를 문어적으로 이르는 말
- 余輩(여배) : '우리'를 문어적으로 이르는 말
- 余月(여월) : 음력 4월을 달리 이르는 말

필순: 丿 人 人 스 今 余 余

[활용]

679. 汝 (너 여)
부수: 水(氵), 총 6획

- 汝等(여등) : '너희'를 문어적으로 이르는 말
- 汝輩(여배) : '너희'를 문어적으로 이르는 말
- 汝矣島(여의도) : 서울특별시 영등포구에 속한, 한강 가운데 있는 섬

필순: 丶 氵 氵 汋 汝 汝

[활용]

680. 輿 (수레 여)
부수: 車, 총 17획

- 輿論(여론) : 사회 대중의 공통된 의견
- 輿望(여망) : 어떤 개인이나 사회에 대한 많은 사람의 기대를 받음. 또는 그 기대
- 輿地(여지) : 만물을 싣는 수레 같은 땅이라는 뜻으로, 지구나 대지를 이르는 말

모양이 비슷한 '興(일 흥/4Ⅱ)', '與(더불·줄 여/4)'와 구별할 것!

[활용]
喪輿(상여)
大東輿地圖(대동여지도)

3급 배정 한자 ④

3급 배정 한자 ④

한자의 훈과 음을 생각하며, 순서에 따라 써 보세요.

681. 閱 (볼 열)

부수: 門, 총 15획

- 閱覽(열람) : 책이나 문서 따위를 죽 훑어보거나 조사하면서 봄.
- 檢閱(검열) : 어떤 행위나 사업 따위를 살펴 조사하는 일
- 査閱(사열) : 조사하거나 검열하기 위하여 하나씩 쭉 살펴봄.

[활용]
- 閱讀(열독)
- 閱歷(열력) = 經歷(경력). 여러 가지 일을 겪어 지내 옴.
- 閱兵(열병)
- 校閱(교열)

필순: 丨 冂 冂 冂 門 門 門 門 閂 閆 閱 閱 閱 閱

682. 泳 (헤엄칠 영)

부수: 水(氵), 총 8획

⚠ 모양이 비슷한 '永(길 영/6)'과 구별할 것!

- 泳法(영법) : 헤엄치는 방법
- 背泳(배영) : 위를 향하여 반듯이 누워 양팔을 번갈아 회전하여 물을 밀치면서 두 발로 물장구를 치는 수영법
- 遊泳(유영) : 물속에서 헤엄치며 놂.

the butterfly stroke

[활용]
- 競泳(경영)
- 水泳(수영)
- 蝶泳(접영)
- 平泳(평영)
- 混泳(혼영)

필순: 丶 丶 氵 氵 汀 汭 泳 泳

683. 詠 (읊을 영)

부수: 言, 총 12획

⚠ 모양·훈·활용 한자어를 구별할 것!

- 詠歌(영가) : 갑오개혁 이후에 발생한 근대 음악 형식의 하나. 서양 악곡의 형식을 빌려 지은 간단한 노래.
- 詠歎(영탄) : 목소리를 길게 뽑아 깊은 정회(情懷)를 읊음.
- 吟詠(음영) : 시가(詩歌) 따위를 읊음.

[활용]
詠歎法(영탄법)
감탄사나 감탄 조사 따위를 이용하여 기쁨·슬픔·놀라움과 같은 감정을 강하게 나타내는 수사법

필순: 丶 亠 ᅩ 言 言 言 言 訂 訂 詠 詠 詠

684. 銳 (날카로울 예)

부수: 金, 총 15획

⚠ 모양이 비슷한 '銃(총 총/4Ⅱ)'과 구별할 것!

굳세고 날쌘 기병

- 銳角(예각) : 직각보다 작은 각
- 銳利(예리) : 끝이 뾰족하거나 날이 선 상태에 있음. / 관찰이나 판단이 정확하고 날카로움. 예) 양측이 尖銳하게 대립하고 있다.
- 尖銳(첨예) : 끝이 뾰족하고 서슬이 날카로움. / (사상이나 행동이) 급진적이고 과격함.

[활용]
- 銳騎(예기)
- 銳刀(예도)
- 銳敏(예민)
- 銳兵(예병)
- 銳將(예장)
- 銳智(예지)
- 新銳(신예)
- 精銳(정예) 새롭고 기세나 힘이 뛰어남.

필순: 丿 丶 ᅩ 牟 牟 金 金 金 釘 釦 鈆 鈁 銳

685. 傲 (거만할 오)

부수: 人(亻), 총 13획

- 傲慢(오만) : 태도나 행동이 건방지거나 거만함. 또는 그 태도나 행동
- 傲氣(오기) : 능력은 부족하면서도 남에게 지기 싫어하는 마음
- 傲霜孤節(오상고절) : '국화(菊花)'를 이르는 말 367쪽>>>

⚠ 모양이 비슷한 '倣(본뜰 방/3)'과 구별할 것!

[활용]
傲視(오시)
오만하게 봄.

필순: 丿 亻 亻 伊 伊 件 侍 侍 俤 俤 傲 傲 傲

한자의 훈과 음을 생각하며, 순서에 따라 써 보세요.

686 吾 (나 오)
모양이 비슷한 '悟(깨달을 오/3Ⅱ)'와 구별할 것!

- 吾等(오등): '우리'를 문어적으로 이르는 말
- 吾兄(오형): 나의 형이라는 뜻으로, 정다운 벗 사이의 편지에서 상대를 이르는 말
- 吾鼻三尺(오비삼척): 자기 사정이 급하여 남을 돌볼 겨를이 없음을 이르는 말 (367쪽 >>>)

[활용] 吾輩(오배) 吾人(오인) =吾等

부수: 口, 총 7획

필순: 一 丆 五 五 吾 吾 吾

687 嗚 (슬플 오)

- 嗚呼(오호): 슬플 때나 탄식할 때 내는 소리
- 嗚呼哀哉(오호애재): '아, 슬프도다' 라는 뜻으로, 슬플 때나 탄식할 때 쓰는 말
- 嗚呼痛哉(오호통재): '아, 비통하다' 라는 뜻으로, 슬플 때나 탄식할 때 하는 말

모양이 비슷한 '鳴(울 명/4)'과 구별할 것!

[활용]
- 천은이 망극하사 조정에 간신이 가득하도다. 嗚呼痛哉라.

부수: 口, 총 13획

필순: 丨 口 口 口' 口' 口' 吖 呯 呴 嗚 嗚 嗚 嗚

688 娛 (즐길 오)
모양이 비슷한 '誤(그르칠 오/4Ⅱ)'와 구별할 것!

- 娛樂(오락): 쉬는 시간에 여러 가지 방법으로 기분을 즐겁게 하는 일
- 娛遊(오유): 재미있고 즐겁게 놂.
- 娛樂室(오락실): 오락에 필요한 시설이 되어 있는 방. 또는 오락을 하는 방

일곱 번째 획을 두 번에 걸쳐 쓰지 말 것!

[활용] 電子娛樂(전자 오락)

부수: 女, 총 10획

필순: 乚 夕 女 女' 妒 娚 娛 娛 娛 娛

689 汚 (더러울 오)

- 汚染(오염): 더럽게 물듦
- 汚辱(오욕): 명예를 더럽히고 욕되게 함. (汚辱의 세월)
- 貪官汚吏(탐관오리): 백성의 재물을 탐내어 빼앗는, 행실이 깨끗하지 못한 관리 (더럽고 손상함)

더러워진 이름이나 명예

[활용]
- 汚名(오명) 汚物(오물)
- 汚損(오손) 汚水(오수)
- 汚點(오점)
- 環境汚染(환경오염)

부수: 水(氵), 총 6획

필순: 丶 冫 氵 汀 汚 汚

690 擁 (낄 옹)

- 擁立(옹립): 임금으로 받들어 모심.
- 擁衛(옹위): 좌우에서 부축하며 지키고 보호함.
- 抱擁(포옹): 사람을 또는 사람끼리 품에 껴안음. / 남을 아량으로 너그럽게 품어 줌.

축대 벽

[활용]
- 擁壁(옹벽) 擁書(옹서)
- 擁護(옹호)
- 두둔하고 편들어 지킴.

부수: 手(扌), 총 16획

필순: 一 亅 扌 扌 扩 扩 扩 扩 捧 擕 擁 擁 擁

3급 배정 한자 ④

한자의 훈과 음을 생각하며, 순서에 따라 써 보세요.

691 翁 (늙은이 옹)

- 翁主(옹주) : 조선 시대에, 임금의 후궁에게서 난 딸을 이르던 말
- 老翁(노옹) : 늙은 남자
- 塞翁之馬(새옹지마) : 인생의 길흉화복은 변화가 많아서 예측하기가 어렵다는 말 367쪽 >>>

[활용] 翁姑(옹고) 婦翁(부옹)
시아버지와 시어머니

필순: ノ 八 公 公 公 슿 슿 翁 翁 翁
부수 : 羽, 총 10획

692 臥 (누울 와)

- 臥龍(와룡) : 누워 있는 용 / 앞으로 큰일을 할, 초야(草野)에 묻혀 있는 큰 인물을 비유적으로 이르는 말 (궁벽한 시골)
- 臥病(와병) : 병으로 자리에 누움. 또는 병을 앓고 있음.
- 臥席終身(와석종신) : 제 명(命)을 다하고 편안히 자리에 누워서 죽음.

[활용] 臥房(와방) 臥治(와치) 高臥(고와) 安臥(안와) 行住坐臥(행주좌와)
다니고, 머물고, 앉고, 눕고 하는 일상의 움직임을 통틀어 이르는 말

필순: 一 丆 丅 千 臣 臤 臥
부수 : 臣, 총 8획

693 曰 (가로 왈)

⚠ 모양이 비슷한 '日(날 일/8)'과 구별할 것!

- 曰可曰否(왈가왈부) : 어떤 일에 대하여 옳거니 옳지 아니하거니 하고 말함.
- 曰是曰非(왈시왈비) : 잘잘못을 말함.
- 曰兄曰弟(왈형왈제) : 서로 형이니 아우니 하고 부름.

가로다 : '말하다'를 예스럽게 이르는 말

[활용] 曰若(왈약) 曰者(왈자)

필순: 丨 冂 日 曰
부수 : 曰, 총 4획

⚠ 글자 자체가 부수임에 유의할 것!

694 畏 (두려워할 외)

- 畏懼(외구) : 무서워하고 두려워함.
- 畏友(외우) : 아끼고 존경하는 벗
- 敬畏(경외) : 공경하면서 두려워함.

[활용] 畏忌(외기) 畏敬(외경)
두려워하고 꺼림.

필순: 丨 冂 日 田 田 田 甼 畏 畏
부수 : 田, 총 9획

695 搖 (흔들 요)

⚠ 모양이 비슷한 '謠(노래 요/4Ⅱ)'와 구별할 것!

- 搖動(요동) : 흔들리어 움직임. 또는 흔들어 움직임.
- 搖亂(요란) : 시끄럽고 떠들썩함.
- 搖之不動(요지부동) : 흔들어도 꿈쩍하지 아니함. 367쪽 >>>

⚠ '요지불동'으로 읽지 말 것!

[활용] 動搖(동요) 扶搖(부요)
물체 따위가 흔들리고 움직임. / 생각이나 처지가 확고하지 못하고 흔들림.

필순: 一 † 扌 扌 扩 扩 护 护 抨 搮 摇 搖 搖
부수 : 手(扌), 총 13획

🌱 한자의 훈과 음을 생각하며, 순서에 따라 써 보세요.

696 遙

- 遙望(요망) : 멀리 바라보거나 멀리서 바라봄.
- 遙拜(요배) : 대상이 멀리 떨어져 있을 때 연고가 있는 쪽을 바라보고 절을 함. 또는 그렇게 하는 절
- 遙遠(요원) : 아득히 멂. 예) 고향으로 돌아갈 날이 遙遠하다.

[활용] 遙昔(요석) 아주 먼 옛날

훈음: 멀 요
부수: 辵(辶), 총 14획

필순: 丿 ク タ タ ケ ゟ 冬 冬 쥬 쥬 `쥬 遙 遙 遙

697 腰

- 腰帶(요대) : 허리띠
- 腰痛(요통) : 허리와 엉덩이 부위가 아픈 증상
- 腰絶(요절) : 몹시 우스워서 허리가 부러질 듯함.

[활용] 腰刀(요도) 細腰(세요)

훈음: 허리 요
부수: 肉(月), 총 13획
└ '육달월' 임. ⚠ 부수를 '月(달 월)'로 혼동하지 말 것!

필순: 丿 几 月 月 月 肝 肝 肝 胛 腰 腰 腰 腰

698 庸

- 庸劣(용렬) : 평범하고 재주가 남보다 못함. ┐ '庸'이 '어리석다'를 뜻함.
- 庸拙(용졸) : 못나고 좀스러움.
- 中庸(중용) : 지나치거나 모자라지도 아니하고 한쪽으로 치우치지도 아니한, 떳떳하며 변함이 없는 상태나 정도

[활용] 庸人(용인) 庸才(용재) 登庸(등용) =登用(등용). 인재를 뽑아서 씀.

훈음: 떳떳할 용
부수: 广, 총 11획

필순: 丶 亠 广 广 户 户 户 庠 庠 庸 庸

699 于

⚠ 모양이 비슷한 '千(방패 간/4)'과 구별할 것!

- 于歸(우귀) : 전통 혼례에서, 대례(大禮)를 마치고 3일 후 신부가 처음으로 시집에 들어감. └ 혼인날 지르는 큰 예식
- 于今(우금) : 지금에 이르기까지
- 于先(우선) : 어떤 일에 앞서서

[활용] 至于今(지우금) 예로부터 오늘에 이르기까지

훈음: 어조사 우
부수: 二, 총 3획

필순: 一 二 于

└ ⚠ 부수를 'ㅣ(갈고리 궐)'로 혼동하지 말 것!

700 又

- 又新(우신) : 다시 새롭게 함.
- 又況(우황) : 하물며
- 又重之(우중지) : 더욱이

[활용] 又且(우차)

훈음: 또 우
부수: 又, 총 2획

필순: 丿 又

└ ⚠ 글자 자체가 부수임에 유의할 것!

풀이연서 익히기

1_ 다음 漢字의 訓과 音을 쓰세요.

(1) 余 (   )   (2) 矢 (   )   (3) 雖 (   )
(4) 岳 (   )   (5) 涯 (   )   (6) 孰 (   )
(7) 楊 (   )   (8) 雁 (   )   (9) 翁 (   )

2_ 다음 訓과 音에 알맞은 漢字를 쓰세요.

(1) 멀 요   (   )   (2) 재앙 앙 (   )   (3) 액 액   (   )
(4) 볼 열   (   )   (5) 누울 와 (   )   (6) 나 여   (   )
(7) 너 여   (   )   (8) 읊을 영 (   )   (9) 또 우   (   )

3_ 다음 漢字語의 讀音을 쓰세요.

(1) 敬畏 (   )   (2) 娛樂 (   )   (3) 輿論 (   )
(4) 謁見 (   )   (5) 循環 (   )   (6) 腰絶 (   )
(7) 銳利 (   )   (8) 飛躍 (   )   (9) 飢餓 (   )
(10) 殉職 (   )   (11) 嗚呼 (   )   (12) 遊泳 (   )
(13) 押收 (   )   (14) 伸縮 (   )   (15) 搜索 (   )

4_ 다음 문장에서 밑줄 친 漢字語를 漢字로 쓰세요.

(1) 수영을 하려면 <u>우선</u> 준비 운동을 해라.   (   )
(2) 산비탈에 있는 <u>옹벽</u>을 보수하여 장마에 대비했다.   (   )
(3) 그는 경기에서 승리했지만 반칙왕이라는 <u>오명</u>을 쓰게 되었다. (   )
(4) 지나치거나 모자라지 않고, 한쪽에 치우치지 않는 것이 <u>중용</u>이다. (   )

실제 시험에서는 2, 4, 5, 7번과 같이 읽기 배정 한자를 쓰는 문제는 출제되지 않으나, 보다 확실한 학습을 위해 쓰기 문제로 구성하였습니다.

5_ 다음 ( ) 안에 알맞은 漢字를 써 넣어 漢字語(四字成語)를 完成하세요.

(1) 言則是(　　　) : 말인즉 옳음.

(2) (　　　)之不動 : 흔들어도 꼼짝하지 아니함.

(3) (　　　)鼻三尺 : 자기 사정이 급하여 남을 돌볼 겨를이 없음.

(4) (　　　)亡齒寒 : 서로 이해관계가 밀접한 사이에 어느 한쪽이 망하면 다른 한쪽도 그 영향을 받아 온전하기 어려움.

6_ 다음 漢字의 部首를 쓰세요.

(1) 戌 → (　　　)　　(2) 尋 → (　　　)　　(3) 耶 → (　　　)

(4) 焉 → (　　　)　　(5) 曰 → (　　　)　　(6) 傲 → (　　　)

7_ 다음 漢字語의 同音異義語를 漢字로 쓰되, 제시된 뜻을 가진 漢字語를 쓰세요.

(1) 神聖 - (　　　) : 샛별

(2) 申告 - (　　　) : 어려운 일을 당하여 몹시 애씀. 또는 그런 고생

8_ 다음 漢字語의 뜻을 쓰세요.

(1) 腰帶 (　　　　　　　　　　　　　　　　)

(2) 遙遠 (　　　　　　　　　　　　　　　　)

(3) 銳角 (　　　　　　　　　　　　　　　　)

(4) 雁書 (　　　　　　　　　　　　　　　　)

3급 배정 한자 ⑤

한자의 훈과 음을 생각하며, 순서에 따라 써 보세요.

701 尤

- 尤物(우물) : 가장 좋은 물건 '尤'가 '으뜸'을 뜻함.
- 尤妙(우묘) : 더욱 묘함.
- 尤甚(우심) : 더욱 심함. 예) 오랜 가뭄에 한파까지 겹쳐 백성들의 생활고는 尤甚하였다.

잘못과 뉘우침을 아울러 이르는 말. '尤'가 '허물'을 뜻함.

[활용]
尤極(우극) 尤悔(우회)
더욱

一 ナ 九 尤

더욱 우
부수 : 尢, 총 4획

702 云

- 云云(운운) : 글이나 말을 인용하거나 생략할 때에, 이러이러하다고 말함의 뜻으로 쓰는 말
- 云爲(운위) : 말과 행동을 아울러 이르는 말
- 云謂(운위) : 일러 말함. 예) 환경 문제를 云謂하다.

[활용]
紛云(분운)
이러니저러니 말이 많음. /
떠들썩하여 복잡하고 어지러움.

一 二 亍 云

이를 운
부수 : 二, 총 4획

└ 이르다 : 무엇이라고 말하다.

703 違

- 違背(위배) : 법률, 명령, 약속 따위를 지키지 않고 어김. ─ '違'가 '어기다'를 뜻함.
- 違約(위약) : 약속이나 계약을 어김.
- 違和感(위화감) : 조화되지 아니하는 어설픈 느낌

[활용]
違反(위반) 違法(위법)
違憲(위헌) 非違(비위)
법에 어긋남.
또는 그런 일

一 十 ㅗ 䒑 丹 告 書 韋 韋 津 津 違

어긋날 위
부수 : 辶(辵), 총 13획

⚠ 모양·훈·활용 한자어를 구별할 것!

704 緯

- 緯度(위도) : 지구 위의 위치를 나타내는 좌표축 중에서 가로로 된 것
- 緯線(위선) : 적도에 평행하게 지구의 표면을 남북으로 자른 가상의 선
- 經緯(경위) : 직물(織物)의 날과 씨를 아울러 이르는 말 / 일이 진행되어 온 과정

[활용]
南緯(남위) 北緯(북위)

ㄥ ㄠ ㄠ 幺 糸 糸 紅 紅 紝 絳 絝 緯 緯 緯

씨 위
부수 : 糸, 총 15획

└ 천, 돗자리, 짚신 따위를 짤 때에 가로로 놓는 실, 노끈, 새끼 따위

705 唯

- 唯一(유일) : 오직 하나밖에 없음.
- 唯一無二(유일무이) : 오직 하나뿐이고 둘도 없음.
- 唯我獨尊(유아독존) : 세상에서 자기 혼자 잘났다고 뽐내는 태도
367쪽 >>>

[활용]
唯物論(유물론)
唯心論(유심론)
唯唯諾諾(유유낙낙)
명령하는 대로 순종함.

丨 丨 口 叭 吖 吖 吖 吖 唯 唯

오직 유
부수 : 口, 총 11획

⚠ 모양·훈·활용 한자어를 구별할 것!

한자의 훈과 음을 생각하며, 순서에 따라 써 보세요.

706 惟 (생각할 유)
'오직'을 뜻함.

- 惟獨(유독) : 많은 것 가운데 홀로 두드러지게 = 唯獨
- 思惟(사유) : 대상을 두루 생각하는 일
- 竊惟(절유) : 자기 혼자 가만히 여러모로 생각함.

[활용]
惟憂(유우) 심각하게 걱정함.
伏惟(복유) 삼가 엎드려 생각하옵건대

부수: 心(忄), 총 11획

707 愈 (나을 유)

- 愈愚(유우) : 어리석음을 고침. '愈'가 '고치다'를 뜻함.
- 愈愈(유유) : 자꾸 더하여지는 모양 '愈'가 '더하다'를 뜻함.
- 愈出愈怪(유출유괴) : 갈수록 더 괴상함. '愈'가 '더욱'을 뜻함.

[활용]
愈更(유경) – 더욱 더
愈甚(유심)
愈往愈甚(유왕유심) 갈수록 더욱 심함.

부수: 心, 총 13획

낫다 : 병이나 상처 따위가 고쳐져 본래대로 되다. / 보다 더 좋거나 앞서 있다.

정서(正西)를 중심으로 한 15도 각도 안의 방위

708 酉 (닭 유)

- 酉年(유년) : 해의 간지(干支)가 유(酉)로 된 해
- 酉時(유시) : 십이시(十二時)의 열째 시. 오후 다섯 시부터 일곱 시까지임.
- 乙酉(을유) : 육십갑자의 스물두째

→ ⚠ 모양이 비슷한 '西(서녘 서/8)'와 구별할 것!

[활용]
酉方(유방) 酉聖(유성)
'술(酒)'의 별칭

부수: 酉, 총 7획

→ ⚠ 글자 자체가 부수임에 유의할 것!

원본에서 빠진 글을 따로 모아 엮은 문집

709 閏 (윤달 윤)

- 閏年(윤년) : 윤달이나 윤일이 든 해
- 閏月(윤월) : 윤달. 윤년에 드는 달. 달력의 계절과 실제 계절과의 사이를 조절하기 위하여, 1년 중의 달수가 어느 해보다 많은 달을 이름.
- 閏日(윤일) : 윤날. 윤년에 드는 날. 곧 2월 29일을 이름.

[활용]
閏朔(윤삭) 閏集(윤집)
正閏(정윤)
평년과 윤년을 아울러 이르는 말

부수: 門, 총 12획

→ ⚠ 부수를 '玉(王)'으로 혼동하지 말 것!

시가(詩歌) 따위를 읊음. cf.陰影(음영) : 어두운 부분

710 吟 (읊을 음)

- 吟曲(음곡) : 곡조 또는 음곡(音曲)을 외어 읊음.
- 吟味(음미) : 시가를 읊조리며 그 맛을 감상함. / 어떤 사물 또는 개념의 속 내용을 새겨서 느끼거나 생각함.
- 吟誦(음송) : 시가(詩歌) 따위를 소리 높여 읊음. 또는 소리를 내어 책을 읽음.

[활용]
吟詠(음영) 吟情(음정)
吟唱(음창)
吟風弄月(음풍농월) 367쪽 >>>
吟遊詩人(음유 시인)

부수: 口, 총 7획

중세 유럽에서 여러 지방을 떠돌아다니면서 시를 읊던 시인

3급 배정 한자 ⑤

한자의 훈과 음을 생각하며, 순서에 따라 써 보세요.

711 泣 (울 읍)
부수: 水(氵), 총 8획

- 泣訴(읍소) : 눈물을 흘리며 간절히 하소연함.
- 感泣(감읍) : 감격하여 목메어 욺. 예) 친절에 感泣하다.
- 飮泣(음읍) : 흐느끼어 욺. / 눈물을 삼킴.

필순: 丶 丶 氵 氵 汁 汁 沪 泣

[활용]
泣血(읍혈) 눈물을 흘리며 슬프게 욺.

712 凝 (엉길 응)
부수: 冫, 총 16획

⚠ 모양이 비슷한 '疑(의심할 의/4)'와 구별할 것!

- 凝固(응고) : 액체 따위가 엉겨서 뭉쳐 딱딱하게 굳어짐.
- 凝視(응시) : 눈길을 모아 한 곳을 똑바로 바라봄. '凝'이 '모으다'를 뜻함.
- 凝縮(응축) : 한데 엉겨 굳어서 줄어듦. / 내용의 핵심이 어느 한곳에 집중되어 쌓여 있음.

내려가지 아니하고 걸리거나 막힘.

[활용]
凝結(응결) 凝積(응적)
凝集(응집) 凝滯(응체)
凝血(응혈)
凝灰巖(응회암)

713 宜 (마땅 의)
부수: 宀, 총 8획

⚠ 모양이 비슷한 '且(또 차/3)'와 구별할 것!

무엇을 하기에 알맞고 마땅함.

- 宜當(의당) : 사물의 이치에 따라 마땅히
- 時宜(시의) : 그 당시의 사정에 알맞음. 또는 그런 요구
- 便宜(편의) : 형편이나 조건 따위가 편하고 좋음.
  ⚠ '변의'로 읽지 말 것!

[활용]
宜德(의덕) 適宜(적의)

714 矣 (어조사 의)
부수: 矢, 총 7획

- 汝矣島(여의도) : 서울특별시 영등포구에 속한, 한강 가운데 있는 섬
- 萬事休矣(만사휴의) : 모든 것이 헛수고로 돌아감을 이르는 말

실질적인 뜻이 없이 다른 글자를 보조하여 주는 한문의 토

[활용]
- 휴일이면 많은 시민들이 汝矣島 공원을 찾는다.
- 어렵게 세운 계획이 萬事休矣로 변해 버렸다.

715 夷 (오랑캐 이)
부수: 大, 총 6획

⚠ 모양이 비슷한 '吏(벼슬아치·관리 리/4Ⅱ)'와 구별할 것!

- 東夷(동이) : 예전에, 동쪽의 오랑캐라는 뜻으로, 중국 사람이 그들의 동쪽에 사는 한국·일본·만주 등의 민족을 낮잡아 이르던 말
- 征夷(정이) : 오랑캐를 정벌함.
- 洋夷(양이) : 서양 오랑캐라는 뜻으로, 서양 사람을 낮잡아 이르는 말

[활용]
夷界(이계) 夷滅(이멸)
島夷(도이) 邊夷(변이)
以夷制夷(이이제이) - 오랑캐로 오랑캐를 무찌른다는 뜻으로, 한 세력을 이용하여 다른 세력을 제어함을 이르는 말

⚠ 부수를 '弓'으로 혼동하지 말 것!

한자의 훈과 음을 생각하며, 순서에 따라 써 보세요.

716 而
- 접속사로서 '그리하고', '그러나' 등의 뜻으로 쓰임.
- 而立(이립) : 나이 서른 살을 달리 이르는 말
- 而今以後(이금이후) : 지금으로부터 이후 그 후 / 그 때부터
- 形而上學(형이상학) : 사물의 본질, 존재의 근본 원리를 사유나 직관에 의하여 탐구하는 학문

[활용] 슬프기는 하나 비참하지는 아니함.
而還(이환)
似而非(사이비)
哀而不悲(애이불비)
形而下學(형이하학)

말이을 **이**
부수 : 而, 총 6획

⚠ 글자 자체가 부수임에 유의할 것!

717 姻
- 姻叔(인숙) : 고모부
- 姻戚(인척) : 혼인에 의하여 맺어진 친척
- 婚姻(혼인) : 남자와 여자가 부부가 되는 일

[활용]
姻家(인가)
인척(姻戚)의 집

혼인 **인**
부수 : 女, 총 9획

718 寅
- 寅念(인념) : 삼가 생각함. '寅'이 '공경하다'를 뜻함.
- 寅時(인시) : 십이시의 셋째 시. 오전 세 시에서 다섯 시까지임.
- 丙寅(병인) : 육십갑자의 셋째

⚠ 모양이 비슷한 '黃(누를 황/6)'과 구별할 것!

[활용]
寅月(인월)
천간(天干)이 인(寅)으로 된 달. 음력 정월

범·동방 **인**
부수 : 宀, 총 11획

719 恣
⚠ '자폭'으로 읽지 말 것! 제멋대로 날뜀.
- 恣意(자의) : 제멋대로 하는 생각
- 恣行(자행) : 제멋대로 해 나감. 또는 삼가는 태도가 없이 선방시세 행동함.
- 放恣(방자) : 꺼리거나 삼가는 태도가 보이지 않고 교만스러움.

[활용]
恣樂(자락) 恣暴(자포)
마음대로 즐김

마음대로·방자할 **자**
부수 : 心, 총 10획

720 玆
- 今玆(금자) : 올해
- 來玆(내자) : 내년(來年)

[활용]
'玆'는 '玄+玄'과 '艸(艹)+玆'로 구분할 수 있다. 첫 번째 글자는 '검을 자'로 '玄'이 부수이고, 두 번째 글자는 '우거질 자'로 '艸(艹)'가 부수이다. 두 글자 모두 '이'라는 훈을 갖고 있는데, '이'를 뜻할 때는 모양의 구분 없이 쓰고 있다. 본문에서는 '艸(艹)'가 부수인 한자를 실었다.

this―이 **자**
부수 : 艸(艹), 총 10획

3급 배정 한자 ⑤

한자의 훈과 음을 생각하며, 순서에 따라 써 보세요.

721 爵 (벼슬 작)
제사 때에, 술잔을 올림. '爵'이 '술잔'을 뜻함.

- 爵號(작호) : 관작의 칭호 / 작위(爵位)의 칭호
- 侯爵(후작) : 다섯 등급으로 나눈 귀족의 작위 가운데 둘째 작위. 또는 그 작위에 있는 사람
- 高官大爵(고관대작) : 지위가 높고 훌륭한 벼슬. 또는 그런 위치에 있는 사람

[활용]
- 爵位(작위) 公爵(공작)
- 男爵(남작) 伯爵(백작)
- 人爵(인작) 子爵(자작)
- 天爵(천작) 獻爵(헌작)

부수: 爪(爫), 총 18획

722 酌 (술부을·잔질할 작)
'헤아리다'를 뜻함.
⚠ '경장 참작', '경상 삼작', '경장 삼작'으로 읽지 말 것!

- 酌定(작정) : 일의 사정을 잘 헤아려 결정함. 또는 그런 결정
- 參酌(참작) : 이리저리 비추어 보아서 알맞게 고려함. '酌'이 '참작하다'를 뜻함.
- 酌交(작교) : 술을 따라 서로 권함.

잔에 술을 따르는 일

[활용]
- 酌婦(작부) 自酌(자작)
- 添酌(첨작) 淸酌(청작)
- 無酌定(무작정)
- 情狀參酌(정상 참작)

부수: 酉, 총 10획

723 墻 (담 장)

- 墻內(장내) : 담의 안
- 越墻(월장) : 담을 넘음.
- 路柳墻花(노류장화) : 아무나 쉽게 꺾을 수 있는 길가의 버들과 담 밑의 꽃이라는 뜻으로, 창녀나 기생을 비유적으로 이르는 말

[활용]
- 墻外(장외) 墻壁(장벽)
- 담 바깥 담과 벽을 아울러 이르는 말

부수: 土, 총 16획

724 哉 (어조사 재)
약자는 㦲. 418쪽 >>>

- 快哉(쾌재) : 일 따위가 마음먹은 대로 잘되어 만족스럽게 여김.
- 哉生明(재생명) : 달의 밝은 부분이 처음 생긴다는 뜻으로, 음력 초사흗날을 이르는 말
- 嗚呼痛哉(오호통재) : '아, 비통하다'는 뜻으로, 슬플 때나 탄식할 때 하는 말

[활용]
- 哀哉(애재)
- '슬프도다'의 뜻으로, 슬퍼서 울고 싶은 상태일 때 하는 말

부수: 口, 총 9획

725 宰 (재상 재)
'도살하다'를 뜻함.
무덤 둘레에 심는 나무. '宰'가 '무덤'을 뜻함.

- 宰殺(재살) : 몰래 사람을 죽임. / 가축을 허가 없이 몰래 죽임.
- 宰相(재상) : 임금을 돕고 모든 관원을 지휘하고 감독하는 일을 맡아보던 이품 이상의 벼슬. 또는 그 벼슬에 있던 벼슬아치
- 主宰(주재) : 어떤 일을 중심이 되어 맡아 처리함. '宰'가 '주관하다'를 뜻함.

[활용]
- 宰木(재목) 宰府(재부)
- 宰臣(재신) 宰牛(재우)
- 宰人(재인) 宰制(재제)

부수: 宀, 총 10획

318 읽기 배정 한자 익히기

한자의 훈과 음을 생각하며, 순서에 따라 써 보세요.

726

滴

물방울 **적**

부수 : 水(氵), 총 14획

•滴水(적수) : 떨어지는 물방울
•餘滴(여적) : 글을 다 쓰거나 그림을 다 그리고 난 뒤에 남은 먹물 / 어떤 기록에서 빠진 나머지 사실의 기록

[활용]
餘滴欄(여적란)
신문이나 잡지 따위에서 여록(餘錄)이나 가십 따위를 실으려고 마련한 지면

丶 丶 氵 氵 氵 氵 氵 氵 汸 渧 滴 滴 滴 滴

滴 滴 滴

727

竊

약자는 窃. 418쪽 >>>

훔칠 **절**

부수 : 穴, 총 22획

'몰래'를 뜻함.
•竊念(절념) : 자기 혼자 가만히 여러모로 생각함.
•竊盜(절도) : 남의 물건을 몰래 훔침. 또는 그런 사람
•竊取(절취) : 남의 물건을 몰래 훔치어 가짐.

[활용]
땅을 훔쳐 그 곳을 근거로 함.
竊據(절거) 竊思(절사) = 竊念
竊笑(절소) 竊視(절시)
竊位(절위) 竊聽(절청)
지위를 훔친다는 뜻으로, 재덕(才德)이 없으면서 벼슬자리에 오름을 비유적으로 이르는 말

竊 竊 竊

728

蝶

나비 **접**

부수 : 虫, 총 15획

•蝶泳(접영) : 수영 방법의 한 가지. 버터플라이 수영법
•胡蝶(호접) : 나비
•胡蝶夢(호접몽) : 나비에 관한 꿈이라는 뜻으로, 인생의 덧없음을 이르는 말. 중국의 장자(莊子)가 꿈에 나비가 되어 즐겁게 놀았다는 데서 유래함.

[활용]
蝶舞(접무)

蝶 蝶 蝶

729

訂

바로잡을 **정**

부수 : 言, 총 9획

•訂正(전정) : 글자나 글 따위의 잘못을 고쳐서 바로잡음.
•訂定(정정) : 잘잘못을 의논하여 결정함.
•修訂(수정) : 글이나 글자의 잘못된 점을 고침.
뜻을 구별할 것!

[활용]
改訂(개정) 校訂(교정)
改訂版(개정판)

丶 亠 亠 亠 亠 言 言 訁 訂

訂 訂 訂

730

堤

둑 **제**

부수 : 土, 총 12획

•堤防(제방) : 물가에 흙이나 돌, 콘크리트 따위로 쌓은 둑
•防潮堤(방조제) : 높이 밀려드는 조수의 피해를 막기 위하여 바닷가에 쌓은 둑
•防波堤(방파제) : 파도를 막기 위하여 항만에 쌓은 둑
모양이 비슷한 '提(끌 제/4Ⅱ)'와 구별할 것!

[활용]
육지에서 강이나 바다로 길게 내밀어 만든 둑
突堤(돌제) 長堤(장제)
기다란 둑

一 十 土 圵 圵 圵 坦 垾 垾 埕 堤 堤

堤 堤 堤

3급 배정 한자 ⑤

한자의 훈과 음을 생각하며, 순서에 따라 써 보세요.

양쪽 언덕에 줄이나 쇠사슬을 건너지르고, 거기에 의지하여 매달아 놓은 다리, '弔'가 '매달다'를 뜻함.

731 弔 (조상할 조)
부수: 弓, 총 4획

- 弔旗(조기) : 조의를 표하기 위하여 깃봉에서 기의 한 폭만큼 내려서 다는 국기
- 弔問(조문) : 남의 죽음에 대하여 슬퍼하는 뜻을 드러내어 상주(喪主)를 위문함.
- 弔詞(조사) : 죽은 사람을 슬퍼하여 조상(弔喪)의 뜻을 표하는 글이나 말

⚠ 모양이 비슷한 '弟(아우 제/8)', '弓(활 궁/3Ⅱ)'과 구별할 것!

[활용]
弔客(조객) 弔哭(조곡) = 弔詞
弔橋(조교) 弔辭(조사)
弔喪(조상) 弔意(조의)
謹弔(근조) 慶弔事(경조사)
= 弔問

필순: ㄱ ㄱ 弓 弔

732 燥 (마를 조)
부수: 火, 총 17획

- 燥渴(조갈) : 입술이나 입 안, 목 따위가 타는 듯이 몹시 마름.
- 燥剛(조강) : 땅바닥에 축축한 기운이 없어 보송보송함.
- 乾燥(건조) : 말라서 습기가 없음.

⚠ 모양이 비슷한 '操(잡을 조/5)'와 구별할 것!

[활용]
燥葉(조엽) 燥濕(조습)
燥渴症(조갈증)

733 拙 (졸할 졸)
부수: 手(扌), 총 8획

- 拙速(졸속) : 어설프고 빠름. 또는 그런 태도
- 拙筆(졸필) : 졸렬한 글씨나 글 / 글씨나 글을 잘 쓰지 못하는 사람 / 자기가 쓴 글씨를 겸손하게 이르는 말
- 稚拙(치졸) : 유치하고 졸렬함.

도량이 좁고 졸렬한 사내

[활용]
拙稿(졸고) 拙劣(졸렬)
拙作(졸작) 拙著(졸저)
拙戰(졸전) 拙意(졸의)
拙丈夫(졸장부)

졸하다 : 재주나 재능이 없다. / 솜씨가 서투르다. / 주변이 없고 생각이 좁아 옹졸하다.

734 佐 (도울 좌)
부수: 人(亻), 총 7획

- 佐命(좌명) : 임금을 도움. / 천명을 받아 임금이 될 사람을 도움.
- 補佐(보좌) : 상관을 도와 일을 처리함.
- 保佐(보좌) : 보호하여 도움.

→ ⚠ 뜻을 구별할 것!

⚠ 모양이 비슷한 '左(왼 좌/7)'와 구별할 것!

[활용]
佐郞(좌랑) 上佐(상좌)
스승의 대를 이을 여러 중 가운데에서 가장 높은 사람

735 舟 (배 주)
부수: 舟, 총 6획

- 舟遊(주유) : 뱃놀이   cf. 注油(주유) : 자동차 따위에 기름을 넣음.
- 方舟(방주) : 네모진 모양의 배 / 두 척의 배를 나란히 함. 또는 그런 배
- 一葉片舟(일엽편주) : 한 척의 조그마한 배

[활용]
舟車(주거) 舟師(주사)
刻舟求劍(각주구검)
365쪽 >>>

⚠ 글자 자체가 부수임에 유의할 것!

한자의 훈과 음을 생각하며, 순서에 따라 써 보세요.

736. 俊 (준걸 준)
부수: 人(亻), 총 9획

- 俊傑(준걸) : 재주와 슬기가 매우 뛰어남. 또는 그런 사람
- 俊秀(준수) : 재주와 슬기가 남달리 뛰어남. / 풍채가 썩 빼어남.
- 俊才(준재) : 아주 뛰어난 재주. 또는 재주가 뛰어난 사람

필순: ノ 亻 亻 亻 俨 佟 佟 俊 俊

[활용]
俊德(준덕) 俊異(준이)
英俊(영준)

재능이 뚜렷이 뛰어남. 또는 그런 사람

737. 遵 (좇을 준)
부수: 辵(辶), 총 16획

전례나 명령 따위에 의거하여 따름.

- 遵法(준법) : 법률이나 규칙을 좇아 지킴.
- 遵守(준수) : 전례나 규칙, 명령 따위를 그대로 좇아서 지킴.
- 遵行(준행) : 전례나 명령 따위를 그대로 좇아서 행함.

필순: 丷 丷 䒑 酋 酋 酋 尊 尊 尊 尊 遵 遵 遵

[활용]
遵據(준거) 遵施(준시)
遵用(준용)
遵法精神(준법 정신)

738. 贈 (줄 증)
부수: 貝, 총 19획

- 贈與(증여) : 물품 따위를 선물로 줌.
- 寄贈(기증) : 선물이나 기념으로 남에게 물품을 거저 줌.
- 追贈(추증) : 종이품 이상 벼슬아치의 죽은 아버지, 할아버지, 증조할아버지에게 벼슬을 주던 일

필순: 丨 冂 目 貝 貝' 貝'' 貯 贮 贮 贈 贈 贈

[활용]
贈與稅(증여세)
증여를 통하여 다른 사람의 권리나 재산을 받은 사람에게 물리는 세금

739. 只 (다만 지)
부수: 口, 총 5획

- 只今(지금) : 말하는 바로 이때
- 但只(단지) : 다른 것이 아니라 오로지

- 그는 只今 식사를 하고 있다.
- 친구는 但只 키가 크다는 이유 하나만으로 반장이 되었다.

필순: 丨 冂 口 口 只

740. 遲 (더딜·늦을 지)
부수: 辵(辶), 총 16획

날이 밝기를 기다린다는 뜻으로, 날이 샐 무렵을 이르는 말. '遲'가 '기다리다'를 뜻함.

- 遲刻(지각) : 정해진 시각보다 늦게 출근하거나 등교함.
- 遲延(지연) : 무슨 일을 더디게 끌어 시간을 늦춤. 또는 시간이 늦추어짐.
- 遲滯(지체) : 때를 늦추거나 질질 끎.

매우 더디어서 일 따위가 잘 진척되지 아니함.

필순: 丶 丶 尸 尸 尸 屈 犀 犀 犀 遲 遲 遲

[활용]
遲留(지류) 遲明(지명)
遲發(지발) 遲參(지참)
遲進兒(지진아)
遲遲不進(지지부진)

⚠ '지삼'으로 읽지 말 것. 정해진 시각보다 늦게 참석함.

3급 배정 한자 ⑤

한자의 훈과 음을 생각하며, 순서에 따라 써 보세요.

741 姪 (조카 질)

성과 본이 같은 사람들 가운데 유복친 안에 들지 않는 조카뻘이 되는 사람

- 姪女(질녀) : 조카딸
- 姪婦(질부) : 조카며느리
- 叔姪(숙질) : 아저씨와 조카를 아울러 이르는 말

[활용]
- 堂姪(당질) 族姪(족질)
- 從姪(종질)
  └ 사촌 형제의 아들로, 오촌이 되는 관계

획순: 〈 〈 女 女' 女´ 女´ 女´ 姪 姪

부수 : 女, 총 9획

742 懲 (징계할 징)

죄인을 교도소에 가두어 노동을 시키는 형벌

- 懲戒(징계) : 허물이나 잘못을 뉘우치도록 나무라며 경계함.
- 懲罰(징벌) : 옳지 아니한 일을 하거나 죄를 지은 데 대하여 벌을 줌. 또는 그 벌
- 勸善懲惡(권선징악) : 착한 일을 권장하고 악한 일을 징계함. 366쪽>>>

⚠ 모양이 비슷한 '徵(부를 징/3Ⅱ)'과 구별할 것!

[활용]
- 懲役(징역)
- 懲戒處分(징계 처분)

부수 : 心, 총 19획

743 且 (또 차)

⚠ 모양이 비슷한 '宜(마땅 의/3)'와 구별할 것! =却說(각설). 말이나 글 따위에서, 이제까지 다루던 내용을 그만두고 화제를 다른 쪽으로 돌림.

- 且置(차치) : 내버려 두고 문제 삼지 아니함.   '且置勿論'의 준말
- 苟且(구차) : 살림이 몹시 가난함. / 말이나 행동이 떳떳하거나 버젓하지 못함.
- 重且大(중차대) : 무겁고 큼.   한편으로 놀라면서 한편으로 기뻐함.
  └ '구차스럽다'를 뜻함.

[활용]
- 且說(차설)
- 且驚且喜(차경차희)
- 且置勿論(차치물론)

부수 : 一, 총 5획

744 捉 (잡을 착)

- 捉來(착래) : 사람을 붙잡아 옴.
- 推捉(추착) : 범죄자를 수색하여 붙잡아 옴.
- 捕捉(포착) : 꼭 붙잡음. / 요점이나 요령을 얻음. / 어떤 기회나 정세를 알아차림.

⚠ 모양이 비슷한 '促(재촉할 촉/3Ⅱ)'과 구별할 것!

[활용]
- 瞬間捕捉(순간 포착)

부수 : 手(扌), 총 10획

745 慘 (참혹할 참)

⚠ '참잠'으로 읽지 말 것! 비참하고 끔찍한 상태나 상황.

- 慘劇(참극) : 비참한 내용을 줄거리로 한 연극 / 참혹하고 끔찍하게 벌어진 일이나 사건
- 慘變(참변) : 뜻밖에 당하는 끔찍하고 비참한 재앙이나 사고
- 慘事(참사) : 비참하고 끔찍한 일

[활용]
- 慘死(참사) 慘狀(참상)
- 慘敗(참패) 慘禍(참화)
- 無慘(무참) 悲慘(비참)

비참하게 죽음. cf.慘事

약자는 惨. 418쪽>>>

└ 참혹하다 : 비참하고 끔찍하다.

부수 : 心(忄), 총 14획

322 읽기 배정 한자 익히기

한자의 훈과 음을 생각하며, 순서에 따라 써 보세요.

746 慙

부끄러울 참
부수: 心, 총 15획

치욕을 견디기 어려워 죽으려고 함. 또는 치욕을 견디느라 죽을 지경임. cf. 慘事(참사), 慘死(참사)

- 慙愧(참괴): 매우 부끄러워함.
- 慙伏(참복): 부끄러워서 머리를 숙임.
- 慙悔(참회): 부끄러워하여 뉘우침.

⚠ 모양이 비슷한 '暫(잠깐 잠/3Ⅱ)'과 구별할 것!

[활용]
慙德(참덕) 慙死(참사)
慙色(참색) 慙汗(참한)

747 暢

화창할 창
부수: 日, 총 14획

'통하다'를 뜻함.

- 暢達(창달): 의견, 주장, 견해 따위를 거리낌이나 막힘이 없이 자유롭게 표현하고 전달함. / 거침없이 쭉쭉 뻗어 나감.
- 暢懷(창회): 마음속의 회포를 헤쳐 열어서 시원하게 함. '暢'이 '펴다, 진술하다'를 뜻함.
- 流暢(유창): 글을 읽거나, 하는 말이 거침이 없음.

[활용]
暢茂(창무) 和暢(화창)
풀과 나무가 잘 자라서 무성함.
'暢'이 '왕성하다'를 뜻함.

748 斥

물리칠 척
부수: 斤, 총 5획

적의 형편이나 지형 따위를 정찰하고 탐색하는 임무를 맡은 병사. '斥'이 '엿보다'를 뜻함.

- 斥邪(척사): 간사한 것을 물리침.
- 斥和(척화): 화친하자는 논의를 배척함.
- 排斥(배척): 따돌리거나 거부하여 밀어 냄.

조선 후기에, 주자학을 지키고 가톨릭을 물리치기 위하여 내세운 주장

⚠ 모양이 비슷한 '斤(근ㆍ날 근/3)'과 구별할 것!

[활용]
斥言(척언)
斥和碑(척화비)
斥候兵(척후병)
衛正斥邪(위정척사)

749 薦

천거할 천
부수: 艸(⺿), 총 17획

철따라 새로 난 과실이나 농산물을 먼저 신위(神位)에 올리는 일

- 薦擧(천거): 어떤 일을 맡아 할 수 있는 사람을 그 자리에 쓰도록 소개하거나 추천함.
- 自薦(자천): 자기를 추천함.
- 推薦(추천): 어떤 조건에 적합한 대상을 책임지고 소개함.

[활용]
薦度(천도) 薦新(천신)
公薦(공천) 落薦(낙천)
毛遂自薦(모수자천)
자기가 자기를 추천함.

750 尖

뾰족할 첨
부수: 小, 총 6획

- 尖端(첨단): 물체의 뾰족한 끝 / 시대사조, 학문, 유행 따위의 맨 앞장
- 尖兵(첨병): 행군의 맨 앞에서 경계ㆍ수색하는 임무를 맡은 병사. 또는 그런 부대
- 尖銳(첨예): 날카롭고 뾰족함. / 상황이나 사태 따위가 날카롭고 격함.

[활용]
尖銳化(첨예화)
最尖端(최첨단)
尖端技術(첨단 기술)

⚠ 부수를 '大'로 혼동하지 말 것!

풀연서 익히기

1_ 다음 漢字의 訓과 音을 쓰세요.

(1) 玆 (　　　)　　(2) 宰 (　　　)　　(3) 愈 (　　　)
(4) 而 (　　　)　　(5) 云 (　　　)　　(6) 尤 (　　　)
(7) 滴 (　　　)　　(8) 訂 (　　　)　　(9) 遲 (　　　)

2_ 다음 訓과 音에 알맞은 漢字를 쓰세요.

(1) 닭 유 (　　　)　　(2) 또 차 (　　　)　　(3) 벼슬 작 (　　　)
(4) 마땅 의 (　　　)　　(5) 졸할 졸 (　　　)　　(6) 다만 지 (　　　)
(7) 조카 질 (　　　)　　(8) 생각할 유 (　　　)　　(9) 조상할 조 (　　　)

3_ 다음 漢字語의 讀音을 쓰세요.

(1) 堤防 (　　　)　　(2) 違約 (　　　)　　(3) 竊盜 (　　　)
(4) 泣訴 (　　　)　　(5) 凝視 (　　　)　　(6) 征夷 (　　　)
(7) 姻戚 (　　　)　　(8) 恣行 (　　　)　　(9) 寅時 (　　　)
(10) 參酌 (　　　)　　(11) 越墻 (　　　)　　(12) 快哉 (　　　)
(13) 閏年 (　　　)　　(14) 經緯 (　　　)　　(15) 俊傑 (　　　)

4_ 다음 문장에서 밑줄 친 漢字語를 漢字로 쓰세요.

(1) 방 안이 <u>건조</u>하여 가습기를 켰다.　　(　　　)
(2) 임금은 자신을 <u>보좌</u>하던 노신들을 내쳤다.　　(　　　)
(3) 운전자들은 도로 교통법을 <u>준수</u>해야 한다.　　(　　　)
(4) 이 도서관의 책 가운데 절반은 주민들에게 <u>기증</u> 받은 것이다.　　(　　　)

실제 시험에서는 2, 4, 5, 7번과 같이 읽기 배정 한자를 쓰는 문제는 출제되지 않으나, 보다 확실한 학습을 위해 쓰기 문제로 구성하였습니다.

5_ 다음 ( ) 안에 알맞은 漢字를 써 넣어 漢字語(四字成語)를 完成하세요.

(1) 一葉片(　　　) : 한 척의 조그마한 배

(2) 勸善(　　　)惡 : 착한 일을 권장하고 악한 일을 징계함.

(3) 萬事休(　　　) : 모든 것이 헛수고로 돌아감을 이르는 말

(4) (　　　)我獨尊 : 세상에서 자기 혼자 잘났다고 뽐내는 태도

6_ 다음 漢字의 部首를 쓰세요.

(1) 暢 → (　　　)　　(2) 慙 → (　　　)　　(3) 捉 → (　　　)

(4) 只 → (　　　)　　(5) 閏 → (　　　)　　(6) 且 → (　　　)

7_ 다음 漢字語의 同音異義語를 漢字로 쓰되, 제시된 뜻을 가진 漢字語를 쓰세요.

(1) 注油 – (　　　) : 뱃놀이

(2) 陰影 – (　　　) : 시가(詩歌) 따위를 읊음.

8_ 다음 漢字語의 뜻을 쓰세요.

(1) 姪婦 : (　　　　　　　　　　　　　　　　　)

(2) 自薦 : (　　　　　　　　　　　　　　　　　)

(3) 慘事 : (　　　　　　　　　　　　　　　　　)

(4) 排斥 : (　　　　　　　　　　　　　　　　　)

3급 배정한자 ❻

한자의 훈과 음을 생각하며, 순서에 따라 써 보세요.

751. 添 (더할 첨)
부수: 水(氵), 총 11획

- 添加(첨가): 이미 있는 것에 덧붙이거나 보탬.
- 添附(첨부): 안건이나 문서 따위를 덧붙임.
- 添削(첨삭): 시문(詩文)이나 답안 따위의 내용 일부를 보태거나 삭제하여 고침.
  예) 添削 지도

[활용]
別添(별첨)
添加物(첨가물)
錦上添花(금상첨화)
366쪽 >>>

752. 妾 (첩 첩)
부수: 女, 총 8획
— 정식 아내 외에 데리고 사는 여자

- 妾室(첩실): 첩을 점잖게 이르는 말
- 小妾(소첩): 부인이 남편을 상대하여 자기를 낮추어 이르던 일인칭 대명사
- 妻妾(처첩): 아내와 첩을 아울러 이르는 말
- ⚠ 모양이 비슷한 '妻(아내 처/3Ⅱ)'와 구별할 것!

[활용]
妾婦(첩부) 妾子(첩자)
妾出(첩출) 愛妾(애첩) — 첩이 낳은 자식
賤妾(천첩)

753. 晴 (갤 청)
부수: 日, 총 12획

- 晴雨(청우): 날이 갬과 비가 옴.
- 晴天(청천): 맑게 갠 하늘
- 快晴(쾌청): 하늘이 활짝 개어 맑음.
- ⚠ 모양이 비슷한 '靑(푸를 청/8)', '淸(맑을 청/6)', '情(뜻 정/5)', '請(청할 청/4Ⅱ)'과 구별할 것!

[활용]
晴朗(청랑) — 날씨가 맑고 화창함.
陰晴(음청) — 날씨가 흐린 날과 갠 날. 또는 흐림과 갬.

754. 替 (바꿀 체)
부수: 曰, 총 12획
- ⚠ 부수를 '日(날 일)'로 혼동하지 말 것!

- 交替(교체): 사람이나 사물을 다른 사람이나 사물로 대신하여 바꿈.
- 代替(대체): 다른 것으로 대신함.
- 移替(이체): 서로 갈리고 바뀜. 또는 서로 바꿈. =盛衰(성쇠), 성하고 쇠퇴함.

[활용] — 고치어 바꿈.
替當(체당) 改替(개체) — 남이 할 일을 대신하여 담당함.
隆替(융체) 立替(입체)
世代交替(세대 교체)

755. 逮 (잡을 체)
부수: 辵(辶), 총 12획

- 逮夜(체야): 밤이 됨. '逮'가 '미치다. 이르다'를 뜻함.
- 逮捕(체포): 형법에서, 사람의 신체에 대하여 직접적이고 현실적인 구속을 가하여 행동의 자유를 빼앗는 일
- 連逮(연체): 한 사람의 죄로 인하여 다른 사람까지 관련되어 붙잡힘.

[활용]
及逮(급체)
逮捕令狀(체포 영장) — 쫓아가 잡음.

한자의 훈과 음을 생각하며, 순서에 따라 써 보세요.

756 遞 갈릴 체
부수: 辵(辶), 총 14획
약자는 逓.

- '차례로'를 뜻함.
- **遞減(체감)**: 등수를 따라서 차례로 덜어 감. 예 한계 효용의 遞減
- **遞信(체신)**: 우편이나 전신 따위의 통신 / 차례로 여러 곳을 거쳐 소식이나 편지를 전하는 일
- **驛遞(역체)**: 역참에서 공문을 주고받던 일

[활용] 遞加(체가) 遞送(체송) 遞傳(체전) 遞增(체증) 郵遞局(우체국)
차례로 여러 곳을 거쳐서 전하여 보냄.

757 抄 뽑을 초
부수: 手(扌), 총 7획

- **抄啓(초계)**: 인재를 뽑아 임금에게 보고하던 일
- **抄錄(초록)**: 필요한 부분만을 뽑아서 적음. 또는 그런 기록
- **抄本(초본)**: 원본에서 필요한 부분만 뽑아서 베낀 책이나 문서
- cf. **草綠(초록)**: 풀의 빛깔과 같이 푸른빛을 약간 띤 녹색

갈리다: '갈다(이미 있는 사물을 다른 것으로 바꾸다)'의 피동형
원문에서 필요한 부분만을 뽑아서 번역함.

[활용] 抄掠(초략) 抄譯(초역) 戶籍抄本(호적 초본)

758 秒 분초 초
부수: 禾, 총 9획

⚠ 모양·훈·활용 한자어를 구별할 것!

- **秒速(초속)**: 1초를 단위로 하여 잰 속도. 1초 동안의 진행 거리로 나타냄.
- **秒針(초침)**: 시계에서 초(秒)를 가리키는 바늘
- **閏秒(윤초)**: 세계시(世界時)와 실제 시각과의 오차를 조정하기 위하여 더하거나 빼는 시간

시간의 단위인 분과 초를 아울러 이르는 말

[활용] 分秒(분초) 一分一秒(일분 일초)
1분과 1초라는 뜻으로, 아주 짧은 시간을 이르는 말

759 燭 촛불 촉
부수: 火, 총 17획

⚠ 모양이 비슷한 '獨(홀로 독/5)', '觸(닿을 촉/3Ⅱ)'과 구별할 것!

- **燭臺(촉대)**: 초를 꽂아 놓는 기구
- **洞燭(통촉)**: 윗사람이 아랫사람의 사정이나 형편 따위를 깊이 헤아려 살핌.
- **華燭(화촉)**: 빛깔을 들인 밀초. 흔히 혼례 의식에 씀. — 華燭을 밝히다 : 혼례식을 올리다.

⚠ '동촉'으로 읽지 말 것!

[활용] 燭光(촉광) 燭淚(촉루) 燭數(촉수) 燭察(촉찰) 華燭洞房(화촉동방)
첫날밤에 신랑 신부가 자는 방
⚠ '화촉동방'으로 읽지 말 것!

760 聰 귀밝을 총
부수: 耳, 총 17획

⚠ 모양이 비슷한 '總(다 총/4Ⅱ)'과 구별할 것!

- **聰氣(총기)**: 총명한 기운 / 좋은 기억력
- **聰明(총명)**: 보거나 들은 것을 오래 기억하는 힘이 있음. / 썩 영리하고 재주가 있음.
- **聰慧(총혜)**: 총명하고 슬기로움.

사물에 대한 이해가 빠르고 영리함.

[활용] 聰敏(총민) 聰悟(총오) 聖聰(성총)
임금의 총명

3급 배정 한자 ❻

한자의 훈과 음을 생각하며, 순서에 따라 써 보세요.

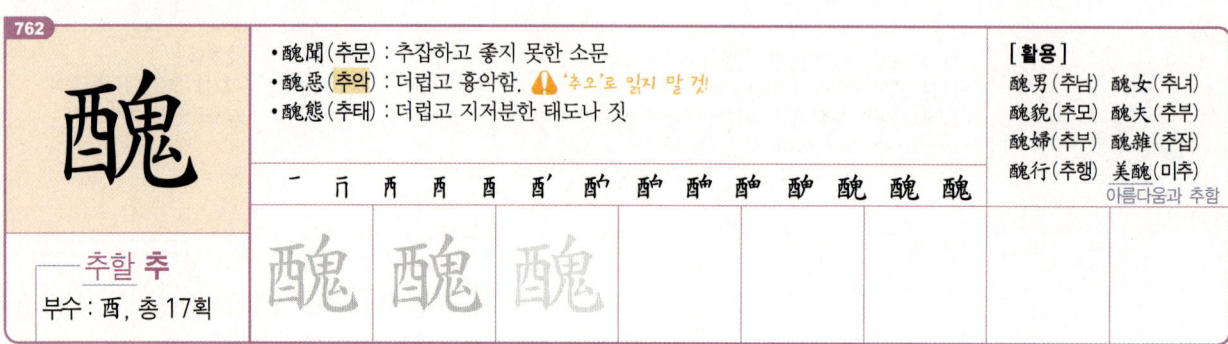

761 抽 뽑을 추 / 부수: 手(扌), 총 8획
- 抽象(추상): 여러 가지 사물이나 개념에서 공통되는 특성이나 속성 따위를 추출하여 파악하는 작용
- 抽身(추신): 바쁘거나 어려운 처지에서 몸을 뺌.
- 抽出(추출): 전체 속에서 어떤 물건, 생각, 요소 따위를 뽑아냄.

추상적인 것으로 만들거나 되게 함.

[활용] 抽拔(추발) 抽脫(추탈) 抽象化(추상화) 抽象畫(추상화)

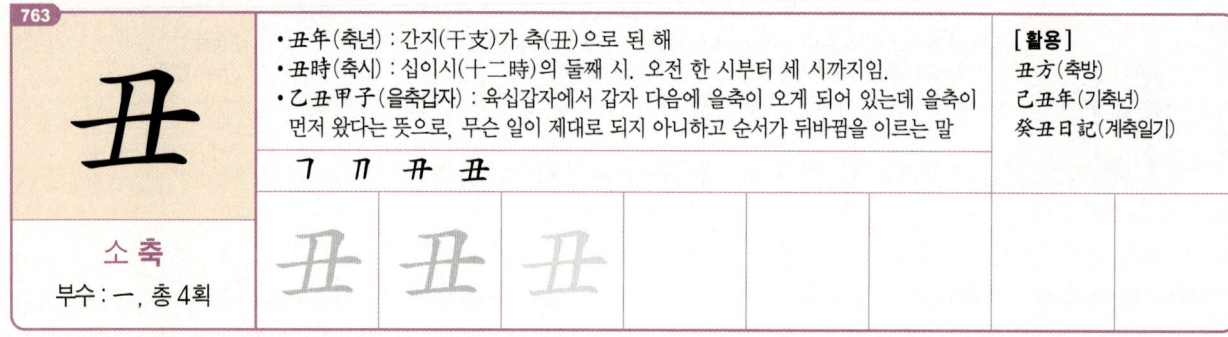

762 醜 추할 추 / 부수: 酉, 총 17획
- 醜聞(추문): 추잡하고 좋지 못한 소문
- 醜惡(추악): 더럽고 흉악함. ⚠ '추오'로 읽지 말 것!
- 醜態(추태): 더럽고 지저분한 태도나 짓

[활용] 醜男(추남) 醜女(추녀) 醜貌(추모) 醜夫(추부) 醜婦(추부) 醜雜(추잡) 醜行(추행) 美醜(미추) 아름다움과 추함

추하다: 옷차림이나 언행 따위가 지저분하고 더럽다. / 외모 따위가 못생겨서 흉하게 보이다.

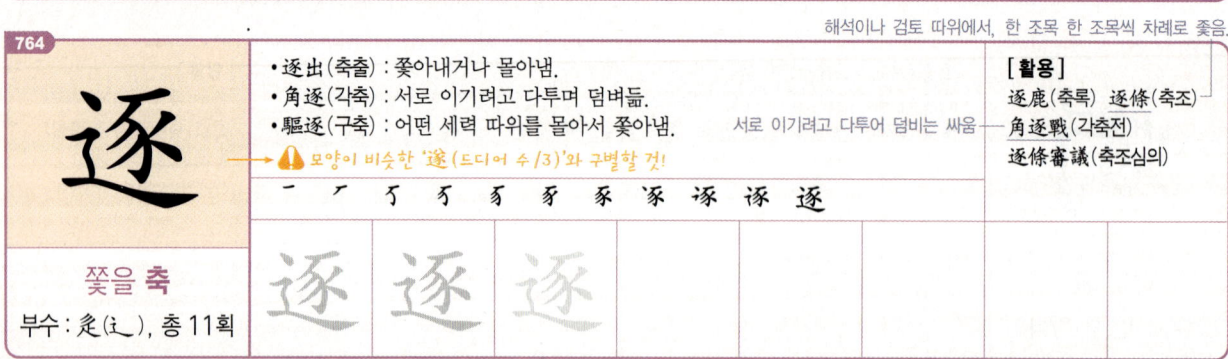

763 丑 소 축 / 부수: 一, 총 4획
- 丑年(축년): 간지(干支)가 축(丑)으로 된 해
- 丑時(축시): 십이시(十二時)의 둘째 시. 오전 한 시부터 세 시까지임.
- 乙丑甲子(을축갑자): 육십갑자에서 갑자 다음에 을축이 오게 되어 있는데 을축이 먼저 왔다는 뜻으로, 무슨 일이 제대로 되지 아니하고 순서가 뒤바뀜을 이르는 말

[활용] 丑方(축방) 己丑年(기축년) 癸丑日記(계축일기)

해석이나 검토 따위에서, 한 조목 한 조목씩 차례로 좇음.

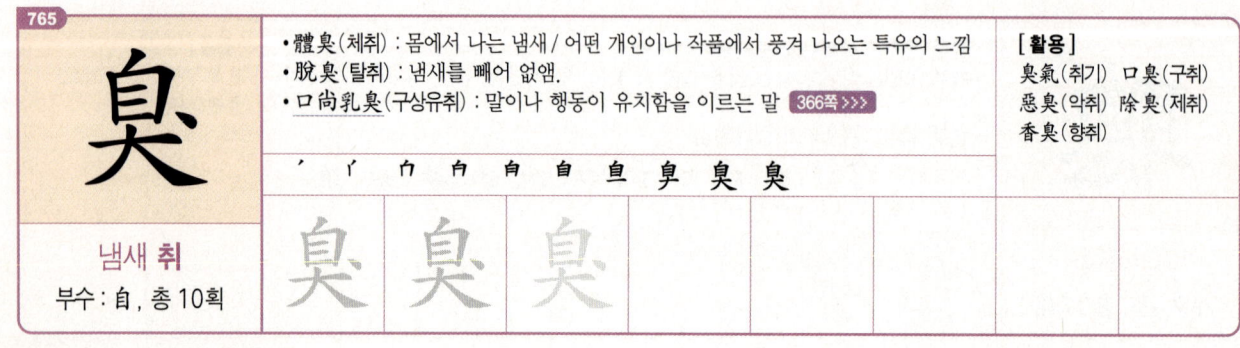

764 逐 쫓을 축 / 부수: 辵(辶), 총 11획
- 逐出(축출): 쫓아내거나 몰아냄.
- 角逐(각축): 서로 이기려고 다투며 덤벼듦.
- 驅逐(구축): 어떤 세력 따위를 몰아서 쫓아냄.

서로 이기려고 다투어 덤비는 싸움

⚠ 모양이 비슷한 '遂(드디어 수/3)'와 구별할 것!

[활용] 逐鹿(축록) 逐條(축조) 角逐戰(각축전) 逐條審議(축조심의)

765 臭 냄새 취 / 부수: 自, 총 10획
- 體臭(체취): 몸에서 나는 냄새 / 어떤 개인이나 작품에서 풍겨 나오는 특유의 느낌
- 脫臭(탈취): 냄새를 빼어 없앰.
- 口尚乳臭(구상유취): 말이나 행동이 유치함을 이르는 말 [366쪽 >>>]

[활용] 臭氣(취기) 口臭(구취) 惡臭(악취) 除臭(제취) 香臭(향취)

한자의 훈과 음을 생각하며, 순서에 따라 써 보세요.

766 枕 (베개 침)

- 枕木(침목) : 길고 큰 물건을 괴는 데 쓰는 나무토막
- 起枕(기침) : 윗사람이 잠을 깨어 일어남. 예) 할아버지께서는 아침 일찍 起枕하신다.
- 高枕短命(고침단명) : 베개를 높이 베면 오래 살지 못한다는 말

⚠ 모양이 비슷한 '沈(잠길 침/3Ⅱ)'과 구별할 것!

[활용] 枕頭(침두) 枕席(침석) 孤枕(고침) 木枕(목침)

부수 : 木, 총 8획

767 妥 (온당할 타)

- 妥結(타결) : 의견이 대립된 양편에서 서로 양보하여 일을 마무름.
- 妥當(타당) : 사리에 마땅하고 온당함.
- 妥協(타협) : 어떤 일을 서로 양보하여 협의함.

온당하다 : 판단이나 행동 따위가 사리에 어긋나지 아니하고 알맞다.

[활용] 妥當性(타당성) 妥協案(타협안) 普遍妥當(보편타당) 특별하지 않고 사리에 맞아 타당함.

⚠ 부수를 '爪(爫)'로 혼동하지 말 것!

부수 : 女, 총 7획

768 墮 (떨어질 타)

- 墮落(타락) : 올바른 길에서 벗어나 잘못된 길로 빠지는 일
- 墮淚(타루) : 눈물을 흘림. 또는 그 눈물
- 墮罪(타죄) : 죄에 빠짐. 또는 죄인이 됨.

약자는 堕. 418쪽 >>>

[활용] 墮獄(타옥) 失墮(실타) =失敗(실패)

⚠ 부수를 '阜(阝)'로 혼동하지 말 것!

부수 : 土, 총 15획

769 托 (맡길 탁)

- 托生(탁생) : 세상에 태어나서 살아감 / 남에게 의지하며 살아감.
- 依托(의탁) : 어떤 것에 몸이나 마음을 의지하여 맡김.
- 無依無托(무의무탁) : 몸을 의지하고 맡길 곳이 없음. 몹시 가난하고 외로운 상태를 이른다.

[활용] 托盤(탁반)

부수 : 手(扌), 총 6획

770 濁 (흐릴 탁)

- 濁流(탁류) : 흘러가는 흐린 물. 또는 그런 흐름.
- 鈍濁(둔탁) : 성질이 굼뜨고 흐리터분함. / 소리가 굵고 거칠며 웅숭깊음.
- 混濁(혼탁) : 불순물이 섞이어 깨끗하지 못하고 흐림.

도덕이나 풍속 따위가 어지럽고 더러운 세상

⚠ 모양이 비슷한 '獨(홀로 독/5)', '觸(닿을 촉/3Ⅱ)', '燭(촛불 촉/3)'과 구별할 것!

[활용] 濁世(탁세) 濁音(탁음) 濁酒(탁주) 막걸리 淸濁(청탁) 魚濁水(일어탁수) 368쪽 >>>

부수 : 水(氵), 총 16획

3급 배정 한자 ❻

한자의 훈과 음을 생각하며, 순서에 따라 써 보세요.

771 濯 (씻을 탁)
부수: 水(氵), 총 17획

- 濯足(탁족): 발을 씻음.
- 洗濯(세탁): 빨래
- 濯足會(탁족회): 여름에 산수 좋은 곳을 찾아 발을 씻으며 노는 모임

⚠️ 모양이 비슷한 '曜(빛날 요/5)'와 구별할 것!

[활용]
濯枝雨(탁지우)
음력 유월쯤에 오는 큰비

772 誕 (낳을·거짓 탄)
부수: 言, 총 14획

- 誕欺(탄기): 속임. 거짓말함.
- 誕生(탄생): 성인(聖人) 또는 귀인이 태어남을 높여 이르는 말 / 조직, 제도, 사업체 따위가 새로 생김.
- 誕辰(탄신): 임금이나 성인이 태어난 날 ⚠️ '탄진'으로 읽지 말 것!

⚠️ '탄향'으로 읽지 말 것! 임금이나 성인이 태어남.

[활용]
誕降(탄강) 誕妄(탄망)
誕日鍾(탄일종)
佛誕日(불탄일)
聖誕節(성탄절)

773 貪 (탐낼 탐)
부수: 貝, 총 11획

- 貪慾(탐욕): 지나치게 탐하는 욕심
- 食貪(식탐): 음식을 탐냄.
- 貪官汚吏(탐관오리): 백성의 재물을 탐내어 빼앗는, 행실이 깨끗하지 못한 관리

⚠️ 모양이 비슷한 '貧(가난할 빈/4Ⅱ)'과 구별할 것!

탐욕과 청렴
[활용]
貪權(탐권) 貪廉(탐렴)
貪利(탐리) 貪位(탐위)
小貪大失(소탐대실)
367쪽 >>>

774 怠 (게으를 태)
부수: 心, 총 9획

- 怠慢(태만): 열심히 하려는 마음이 없고 게으름.
- 怠業(태업): 일이나 공부 따위를 게을리 함.
- 勤怠(근태): 부지런함과 게으름 / 출근과 결근을 아울러 이르는 말

[활용]
怠傲(태오)
過怠料(과태료)
의무 이행을 태만히 한 사람에게 벌로 물게 하는 돈

775 把 (잡을 파)
부수: 手(扌), 총 7획

- 把守(파수): 경계하여 지킴.
- 把手(파수): 손을 잡음. / 그릇 따위의 손잡이
- 把持(파지): 꽉 움키어 쥐고 있음. cf. 破指(파지): 찢어진 종이

[활용]
把指(파지)
把守兵(파수병)
손으로 쥠. cf. 把持

■ 한자의 훈과 음을 생각하며, 순서에 따라 써 보세요.

776 播 (뿌릴 파)
부수: 手(扌), 총 15획

- 播多(파다) : 소문 따위가 널리 퍼져 있음.
- 播種(파종) : 논밭에 곡식의 씨앗을 뿌리는 일 *씨앗을 뿌리어 심음.*
- 傳播(전파) : 전하여 널리 퍼뜨림.

→ 모양이 비슷한 '番(차례 번/6)'과 구별할 것!

[활용] 播植(파식) 播遷(파천) 代播(대파) 直播(직파) 點播機(점파기) 乾畓直播(건답직파)

필순: 一 † † 扌 扩 扩 扩 扩 护 採 採 拣 播 播 播

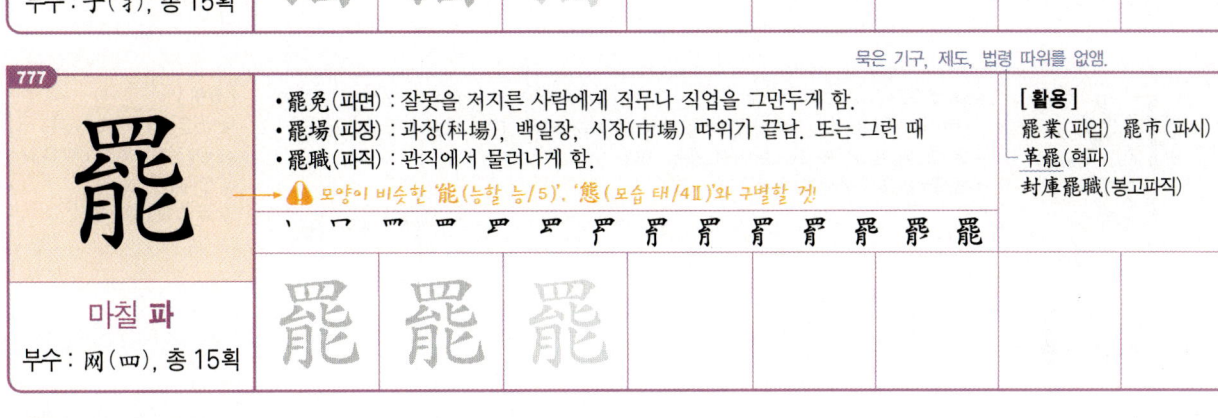

777 罷 (마칠 파)
부수: 网(罒), 총 15획

묵은 기구, 제도, 법령 따위를 없앰.
- 罷免(파면) : 잘못을 저지른 사람에게 직무나 직업을 그만두게 함.
- 罷場(파장) : 과장(科場), 백일장, 시장(市場) 따위가 끝남. 또는 그런 때
- 罷職(파직) : 관직에서 물러나게 함.

→ 모양이 비슷한 '能(능할 능/5)', '態(모습 태/4Ⅱ)'와 구별할 것!

[활용] 罷業(파업) 罷市(파시) 革罷(혁파) 封庫罷職(봉고파직)

필순: 丶 冖 冖 冂 罒 罒 罘 罘 罘 罢 罷 罷 罷

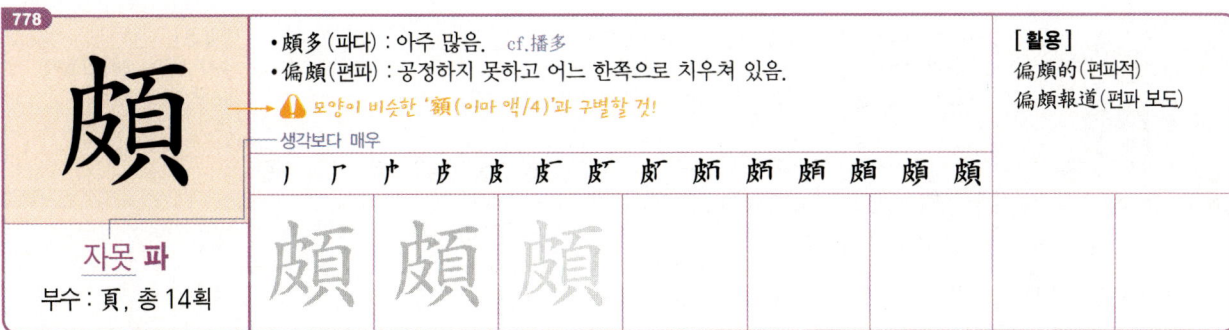

778 頗 (자못 파)
부수: 頁, 총 14획

- 頗多(파다) : 아주 많음. cf. 播多
- 偏頗(편파) : 공정하지 못하고 어느 한쪽으로 치우쳐 있음.

→ 모양이 비슷한 '額(이마 액/4)'과 구별할 것!

생각보다 매우

[활용] 偏頗的(편파적) 偏頗報道(편파 보도)

필순: 丿 厂 广 皮 皮 皮 皮 皮 皮 頗 頗 頗 頗 頗

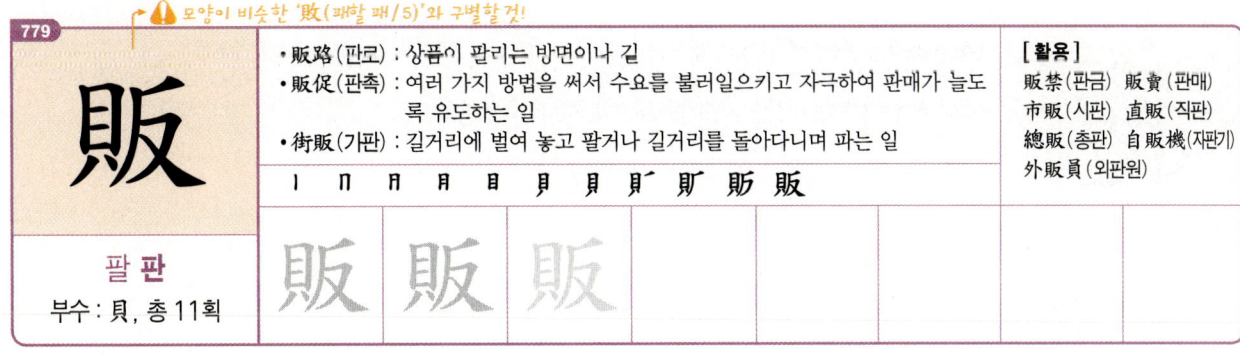

779 販 (팔 판)
부수: 貝, 총 11획

→ 모양이 비슷한 '敗(패할 패/5)'와 구별할 것!

- 販路(판로) : 상품이 팔리는 방면이나 길
- 販促(판촉) : 여러 가지 방법을 써서 수요를 불러일으키고 자극하여 판매가 늘도록 유도하는 일
- 街販(가판) : 길거리에 벌여 놓고 팔거나 길거리를 돌아다니며 파는 일

[활용] 販禁(판금) 販賣(판매) 市販(시판) 直販(직판) 總販(총판) 自販機(자판기) 外販員(외판원)

필순: 丨 冂 冃 目 目 貝 貝 貝 販 販 販

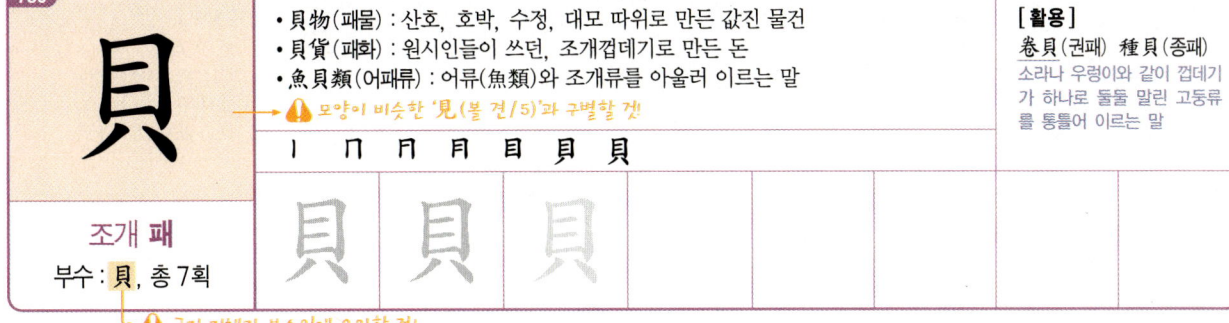

780 貝 (조개 패)
부수: 貝, 총 7획

- 貝物(패물) : 산호, 호박, 수정, 대모 따위로 만든 값진 물건
- 貝貨(패화) : 원시인들이 쓰던, 조개껍데기로 만든 돈
- 魚貝類(어패류) : 어류(魚類)와 조개류를 아울러 이르는 말

→ 모양이 비슷한 '見(볼 견/5)'과 구별할 것!

[활용] 卷貝(권패) 種貝(종패) *소라나 우렁이와 같이 껍데기가 하나로 둘둘 말린 고둥류를 통틀어 이르는 말*

필순: 丨 冂 冃 目 目 貝 貝

→ 글자 자체가 부수임에 유의할 것!

3급 배정 한자 ⑥

한자의 훈과 음을 생각하며, 순서에 따라 써 보세요.

781 遍 (두루 편)

- 遍在(편재) : 널리 퍼져 있음.
- 遍歷(편력) : 이곳저곳을 널리 돌아다님. / 여러 가지 경험을 함.
- 普遍性(보편성) : 모든 것에 두루 미치거나 통하는 성질

[활용]
- 遍踏(편답) 遍散(편산) =遍歷
- 普遍妥當(보편타당) 특별하지 않고 사리에 맞아 타당함.

필순: ⺊ ⺊ 乌 乌 乌 乌 乌 扁 扁 漏 遍 遍

부수 : 辵(辶), 총 13획

> 모양이 비슷한 '弊(폐단·해질 폐/3Ⅱ)'와 구별할 것!

782 幣 (화폐 폐)

- 納幣(납폐) : 혼인할 때에, 사주단자의 교환이 끝난 후 정혼이 이루어진 증거로 '폐백'을 뜻함. 신랑 집에서 신부 집으로 예물을 보냄. 또는 그 예물
- 僞幣(위폐) : 진짜처럼 보이게 만든 가짜 지폐
- 造幣(조폐) : 화폐를 만듦.

[활용]
- 幣物(폐물) 禮幣(예폐)
- 錢幣(전폐) 紙幣(지폐)
- 貨幣(화폐)
- 造幣公社(조폐 공사)

부수 : 巾, 총 15획

783 蔽 (덮을 폐)

- 蔽塞(폐색) : 가려 막음. 또는 가리어 막힘.
- 隱蔽(은폐) : 덮어 감추거나 가리어 숨김. 보이지 않도록 숨김.
- 蔽一言(폐일언) : 이러니저러니 할 것 없이 한마디로 말함.

[활용]
- 擁蔽(옹폐) 障蔽(장폐)
- 建蔽率(건폐율) 대지 면적에 대한 건물의 바닥 면적의 비율

부수 : 艸(艹), 총 16획

784 抱 (안을 포)

- 抱負(포부) : 마음속에 지니고 있는, 미래에 대한 계획이나 희망
- 懷抱(회포) : 마음속에 품은 생각이나 정(情)
- 抱腹絶倒(포복절도) : 배를 그러안고 넘어질 정도로 몹시 웃음.

알 품기
[활용]
- 抱卵(포란) 抱擁(포옹)
- 抱主(포주)

부수 : 手(扌), 총 8획

785 飽 (배부를 포)

- 飽滿(포만) : 넘치도록 가득함.
- 飽食(포식) : 배부르게 먹음.
- 飽和(포화) : 더 이상의 양을 수용할 수 없이 가득 참.
  예) 이 도시의 인구는 飽和 상태에 이르렀다.

배부르게 먹고 따뜻하게 입는다는 뜻으로, 의식(衣食)이 넉넉하게 지냄을 이르는 말
고기를 먹지 아니하면 배가 부르지 아니하다는 뜻으로, 늙은이가 쇠약해진 지경을 이르는 말

[활용]
- 飽聞(포문) 싫증이 날 만큼 많이 들음.
- 飽食暖衣(포식난의)
- 非肉不飽(비육불포)
- 飽和狀態(포화 상태)

부수 : 食(飠), 총 14획

한자의 훈과 음을 생각하며, 순서에 따라 써 보세요.

786 幅 폭 폭
부수: 巾, 총 12획

- 步幅(보폭): 걸음을 걸을 때 앞발 뒤축에서 뒷발 뒤축까지의 거리
- 增幅(증폭): 사물의 범위가 늘어나 커짐. 또는 사물의 범위를 넓혀 크게 함.
- 振幅(진폭): 진동하고 있는 물체가 정지 또는 평형 위치에서 최대 변위까지 이동하는 거리

지반의 흔들림이 지진계에 감촉되어 기록되는 그 너비. cf.振幅

[활용] 예) 廣幅 타이어
- 廣幅(광폭) 落幅(낙폭)
- 路幅(노폭) 大幅(대폭)
- 全幅(전폭) 震幅(진폭)
- 畫幅(화폭)

그림을 그려 놓은 천이나 종이의 조각

필순: 丨 冂 巾 忄 忄 忄 忄 忄 忄 帄 帎 幅 幅

787 漂 떠다닐 표
부수: 水(氵), 총 14획

'바래다', '빨래하다'를 뜻함.

- 漂流(표류): 물 위에 떠서 정처 없이 흘러감.
- 漂白(표백): 종이나 피륙 따위를 바래거나 화학 약품으로 탈색하여 희게 함.
- 浮漂(부표): 물 위에 떠서 이리저리 마구 떠돌아다님.

⚠ 모양이 비슷한 '標(표할 표/4)'와 구별할 것!

풍랑을 만나 배가 물 위에 정처 없이 떠돎.

[활용]
- 漂母(표모) 漂泊(표박)
- 漂着(표착) 漂漂(표표)
- 漂流記(표류기)

빨래하는 나이 든 여자

필순: 丶 丶 氵 氵 氵 沪 沪 沪 沪 沪 漂 漂 漂 漂

788 匹 짝 필
부수: 匚, 총 4획

'하나'를 뜻함.

- 匹夫(필부): 한 사람의 남자. 신분이 낮고 보잘것없는 사내
- 匹敵(필적): 능력이나 세력이 엇비슷하여 서로 맞섬.
- 配匹(배필): 부부로서의 짝 예) 配匹을 만나다.

'맞수'를 뜻함.

'마리'를 뜻함. 혼자 한 필의 말을 탐. 평범한 남녀

[활용]
- 匹馬(필마)
- 匹馬單騎(필마단기)
- 匹夫之勇(필부지용)
- 匹夫匹婦(필부필부) 368쪽 >>>

필순: 一 厂 兀 匹 → ⚠ 네 번째 획을 두 번째에 쓰지 않도록 주의!

789 旱 가물 한
부수: 日, 총 7획

⚠ 모양이 비슷한 '早(이를 조/4Ⅱ)'와 구별할 것!

- 旱炎(한염): 가뭄 때의 불같은 더위
- 旱害(한해): 가뭄으로 인하여 입은 재해
- 枯旱(고한): 가뭄 때문에 식물이 말라 죽음.

가물다: 땅이 물기가 바싹 마를 정도로 오랫동안 비가 오지 않다.

가물고 더움.

[활용]
- 旱鬼(한귀) 旱稻(한도)
- 旱路(한로) 旱雷(한뢰)
- 旱暑(한서) 旱熱(한열)
- 旱災(한재) 耐旱(내한)

필순: 丨 冂 冂 日 旦 므 旱

790 咸 다 함
부수: 口, 총 9획

⚠ 모양이 비슷한 '成(이룰 성/6)', '減(덜 감/4Ⅱ)'과 구별할 것!

- 咸告(함고): 빠짐없이 모두 일러바침.
- 咸池(함지): 해가 진다고 하는 서쪽의 큰 못   '咸'이 '함지'를 뜻함.
- 咸興差使(함흥차사): 심부름을 가서 오지 아니하거나 늦게 온 사람을 이르는 말 368쪽 >>>

곡식이 다 익음.

[활용]   모두 복종함.
- 咸登(함등) 咸服(함복)
- 咸若(함약) 咸悅(함열)
- 咸宜(함의)   모두 기뻐함.

모두 마땅함.

필순: 丿 厂 F F 厈 咸 咸 咸 咸

3급 배정 한자 ❻

한자의 훈과 음을 생각하며, 순서에 따라 써 보세요.

791 巷 — 거리 항
부수: 己, 총 9획

- 巷間(항간): 일반 민중들 사이 예) 巷間에 떠도는 소문
- 巷說(항설): 여러 사람의 입에서 입으로 옮겨지는 말
- 街談巷說(가담항설): 거리나 항간에 떠도는 소문 365쪽 >>>

⚠ 모양이 비슷한 "港(항구 항/4Ⅱ)"과 구별할 것!

[활용] 巷談(항담) 巷議(항의) 세상에 떠도는 평판이나 소문

필순: 一 十 卄 丑 井 共 共 巷 巷

⚠ 부수를 "巳(뱀 사)"로 혼동하지 말 것!

792 亥 — 돼지 해
부수: 亠, 총 6획

- 亥年(해년): 지지(地支)가 해(亥)로 된 해
- 亥時(해시): 십이시의 열두째 시. 밤 아홉 시부터 열한 시까지임.
- 亥正(해정): 해시(亥時)의 한가운데. 오후 열 시임.

[활용] 亥方(해방) 亥月(해월) 癸亥年(계해년)

필순: 丶 一 亠 亥 亥 亥

793 奚 — 어찌 해
부수: 大, 총 10획

⚠ "어찌"를 뜻하는 한자 "何(어찌 하/3Ⅱ)", "豈(어찌 기/3)", "那(어찌 나/3)", "奈(어찌 내/3)", "焉(어찌 언/3)"과 함께 익힐 것!

- 奚暇(해가): 어느 겨를
- 奚琴(해금): 민속 악기의 한 가지. 둥근 나무통에 긴 나무를 박고 두 가닥의 명주실을 매어 활로 비벼서 켬. 깡깡이
- 奚必(해필): 다른 방도를 취하지 아니하고 어찌하여 꼭 =何必(하필)

[활용] 奚奴(해노) 奚童(해동) 奚隸(해례) 奚兒(해아)
성년이 안 된 사내종
"奚"가 "종"을 뜻함.

794 該 — 갖출 · 마땅 해
부수: 言, 총 13획

- 該當(해당): 무엇에 관계되는 바로 그것
- 該博(해박): 여러 방면으로 학식이 넓음.
- 該地(해지): 바로 그 땅. 또는 그곳

[활용]
- 그것은 김 선생에게만 該當되는 일이 아니었다.
- 그는 자동차에 대한 該博한 지식을 가지고 있다.

795 享 — 누릴 향
부수: 亠, 총 8획

- 享年(향년): 한평생 살아 누린 나이. 죽을 때의 나이를 말할 때 씀.
- 享樂(향락): 쾌락을 누림. 예) 享年 87세를 일기로 별세하다.
- 享有(향유): 누리어 가짐.

⚠ 모양이 비슷한 "亨(형통할 형/3)"과 구별할 것!

오래 사는 복을 누림.

[활용] 享禮(향례) 享祀(향사) 享受(향수) 享壽(향수) 配享(배향) 時享(시향) 祭享(제향) 秋享(추향)
어떤 혜택을 받아 누림.
나라에서 지내는 제사

⚠ 부수를 "子"로 혼동하지 말 것!

334 읽기 배정 한자 익히기

🌱 한자의 훈과 음을 생각하며, 순서에 따라 써 보세요.

796 軒

집 헌
부수: 車, 총 10획

- 東軒(동헌): 지방 관아에서 고을 원(員)이나 감사(監司), 병사(兵使), 수사(水使) 및 그 밖의 수령(守令)들이 공사(公事)를 처리하던 중심 건물
- 烏竹軒(오죽헌): 강원도 강릉시 죽헌동에 있는, 이율곡이 태어난 집. 뜰 안에 오죽이 있어 이 이름을 붙였음.

[활용] 軒頭(헌두) 軒號(헌호) 軒軒丈夫(헌헌장부) 368쪽 >>>

필순: 一 ⼆ 亓 亓 亘 車 車 軒 軒

797 絃

줄 현
부수: 糸, 총 11획

중국 춘추 시대 거문고의 명수인 백아가 친구 종자기가 죽자, 자기의 거문고 소리를 이해하는 사람을 잃었다고 슬퍼한 나머지 현을 끊고 다시는 거문고를 타지 아니하였다는 데서 유래

- 絶絃(절현): 진정으로 자기를 알아주는 사람과 사별함을 이르는 말
- 絃樂器(현악기): 현을 켜거나 타서 소리를 내는 악기
- 管絃樂(관현악): 관악기, 타악기, 현악기 따위로 함께 연주하는 음악

[활용] 絃誦(현송) 續絃(속현) 絃樂三重奏(현악 삼중주) 거문고를 타면서 시를 읊음.

필순: ⼃ ⼂ ⼃ ⼅ ⺰ ⺰ 糸 糸 紀 絃 絃

798 縣

고을 현
부수: 糸, 총 16획
약자는 県. 418쪽 >>>

- 縣監(현감): 조선 시대에 둔, 작은 현(縣)의 으뜸 벼슬
- 縣令(현령): 신라 때부터 조선 시대까지 둔, 큰 현(縣)의 으뜸 벼슬

⚠ 모양이 비슷한 '顯(나타날 현/4)', '懸(달 현/3Ⅱ)'과 구별할 것!

[활용] 그는 문과에 급제하여 장수 縣監을 지냈다.

필순: ⼐ ⺆ ⽬ ⽬ 且 卽 呉 県 県 県 県 縣 縣

799 嫌

싫어할 혐
부수: 女, 총 13획

⚠ 모양이 비슷한 '謙(겸손할 겸/3Ⅱ)'과 구별할 것!

- 嫌忌(혐기): 싫어하고 꺼림
- 嫌惡(혐오): 싫어하고 미워함. ⚠ '혐악'으로 읽지 말 것!
- 嫌疑(혐의): 꺼리고 미워함. / 범죄를 저지른 사실이 있을 가능성
  예) 경찰은 그를 사기 嫌疑로 체포했다.

공기, 특히 산소를 싫어함. cf.嫌忌, 嫌棄

[활용] 嫌家(혐가) 嫌棄(혐기) 嫌氣(혐기) 싫어서 버림. 嫌惡感(혐오감) 嫌疑者(혐의자)

필순: ⼃ ⼂ ⼥ ⼥ ⼥ ⼥ 妒 妒 娕 娕 嫌 嫌 嫌

800 亨

형통할 형
부수: 亠, 총 7획

- 亨運(형운): 형통한 운세
- 亨通(형통): 모든 일이 뜻과 같이 잘되어 감.
- 萬事亨通(만사형통): 모든 것이 뜻대로 잘됨. 예) 무슨 일이든 萬事亨通이다.

⚠ 모양이 비슷한 '享(누릴 향/3)'과 구별할 것!

[활용] 亨途(형도) 亨泰(형태) 평탄한 길 일이 형통하고 태평무사함.

필순: ⼂ ⼀ ⼂ ⾼ 古 亨 亨

3급 배정 한자 ❻ 335

3급 배정 한자 ⑤

한자의 훈과 음을 생각하며, 순서에 따라 써 보세요.

801 螢

약자는 蛍. 418쪽 >>>
반딧불 형
부수: 虫, 총 16획

- 螢光(형광): 반딧불
- 螢光板(형광판): 형광 물질을 바른 판
- 螢雪之功(형설지공): 고생을 하면서 부지런하고 꾸준하게 공부하는 자세를 이르는 말 368쪽 >>>

필순: 丶 丷 ⺌ ⺍ ⺥ 𭕄 ⺍ 𤇾 𤇾 𤇾 螢 螢

[활용]
螢石(형석)
螢光燈(형광등)
螢光物質(형광 물질)

802 兮

어조사 혜
부수: 八, 총 4획

- 實兮歌(실혜가): 신라 진평왕 때 실혜가 지은 가요
  - 歸去來兮(귀거래혜): 돌아가자꾸나!
  - 力拔山兮 氣蓋世(역발산혜 기개세): 힘은 산을 뽑고, 기운을 세상을 덮는다.

필순: 丿 八 𠘧 兮

[활용]

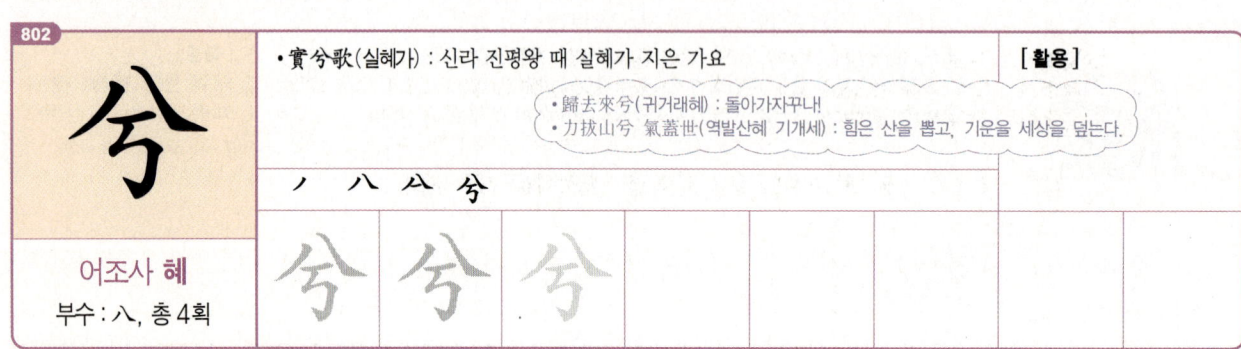

803 乎

어조사 호
부수: 丿, 총 5획

- 斷乎(단호): 결심이나 태도, 입장 따위가 과단성 있고 엄격함.
- 確乎(확호): 아주 든든하고 굳셈.
- 不亦樂乎(불역락호): 또한 즐겁지 아니한가?

⚠ 모양이 비슷한 '平(평평할 평/7)', '呼(부를 호/4Ⅱ)'와 구별할 것!

필순: 丿 丶 丶 𠂆 丆 乎

[활용]
- 그는 친구의 부탁을 斷乎하게 거절했다.

804 互

서로 호
부수: 二, 총 4획

통상 협정을 한 두 국가 사이에 서로 관세를 인하하여 무역 증진을 꾀하는 관세

- 相互(상호): 상대가 되는 이쪽과 저쪽 모두
- 互換(호환): 서로 교환함.
- 互角(호각): 서로 우열을 가릴 수 없을 정도로 역량이 비슷한 것. 쇠뿔의 양쪽이 서로 길이나 크기가 같다는 데서 유래함.

서로 특별한 혜택을 주고받는 일
예) 互惠 평등

역량이 서로 비슷비슷한 위세

필순: 一 丆 互 互

[활용]
互選(호선) 互讓(호양)
互惠(호혜)
互角之勢(호각지세)
互惠關稅(호혜 관세)

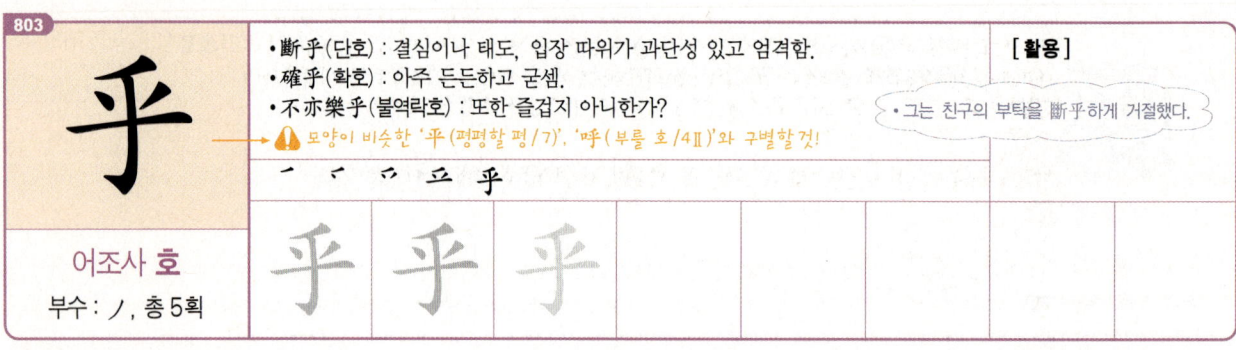

805 毫

⚠ 모양이 비슷한 '豪(호걸 호/3Ⅱ)'와 구별할 것!

터럭 호
부수: 毛, 총 11획

- 毫髮(호발): 가늘고 짧은 털. 곧 아주 작은 물건을 이름.
- 秋毫(추호): 가을에 짐승의 털이 아주 가늘다는 뜻으로, 아주 적거나 조금인 것을 비유적으로 이르는 말 예) 그럴 생각은 秋毫도 없다.
- 揮毫(휘호): 붓을 휘두른다는 뜻으로, 글씨를 쓰거나 그림을 이르는 말

'붓'을 뜻함.

필순: 丶 一 𠆢 亠 古 亨 亯 亮 亳 毫 毫

[활용]
毫端(호단) 毫末(호말) 털끝
毫忽之間(호홀지간)
지극히 짧은 사이 / 조금 어긋난 동안

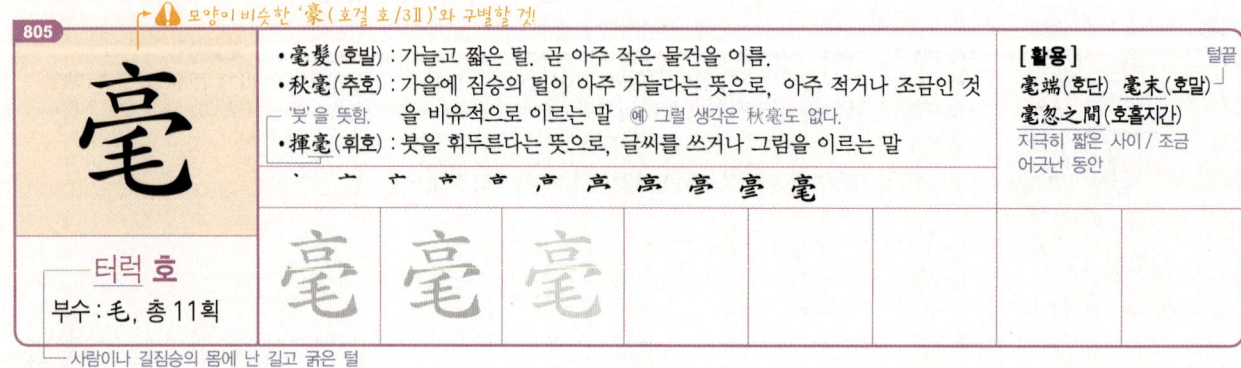

사람이나 길짐승의 몸에 난 길고 굵은 털

336 읽기 배정 한자 익히기

한자의 훈과 음을 생각하며, 순서에 따라 써 보세요.

모양이 비슷한 '婚(혼인할 혼/4)'과 구별할 것!

806

昏

어두울 **혼**

부수 : 日, 총 8획

- 昏迷(혼미) : 의식이 흐림. 또는 그런 상태
- 昏睡(혼수) : 정신없이 잠이 듦. / 의식을 잃고 인사불성이 되는 일
- 黃昏(황혼) : 해가 지고 어스름해질 때 / 사람의 생애나 나라의 운명 따위가 한창인 고비를 지나 쇠퇴하여 종말에 이른 상태를 비유적으로 이르는 말

cf. 婚需(혼수) : 혼인에 드는 물품

필순: 一 ㇐ 𠂆 氏 氏 昏 昏 昏

[활용]
昏絶(혼절)
昏定晨省(혼정신성)
368쪽 >>>

부수를 '曰(가로 왈)'로 혼동하지 말 것!

807

弘

클 **홍**

부수 : 弓, 총 5획

- 弘敎(홍교) : 석가모니의 가르침을 널리 퍼뜨림.
- 弘報(홍보) : 널리 알림. 또는 그 소식이나 보도
- 弘益人間(홍익인간) : 널리 인간을 이롭게 함. 단군의 건국이념으로서 우리 나라 정치, 교육, 문화의 최고 이념임.

'넓다'를 뜻함.

필순: ㇇ ㇆ 弓 弘 弘

[활용]
弘範(홍범) 弘誓(홍서)
弘濟(홍제) 弘通(홍통)

사람들을 널리 구제함.
세상을 널리 교화함.

부수를 '厶'로 혼동하지 말 것!

808

鴻

기러기 **홍**

부수 : 鳥, 총 17획

- 鴻毛(홍모) : 기러기의 털이라는 뜻으로, 매우 가벼운 사물을 이르는 말
- 鴻儒(홍유) : 거유(巨儒). 뭇사람의 존경을 받는 이름난 유학자
- 鴻學(홍학) : 배운 것이 많고 학식이 넓음. 또는 그 학식 =博學(박학)

'크다'를 뜻함.

필순: 丶 丶 氵 氵 氵 氵 氵 氵 氵 氵 鴻 鴻 鴻

[활용]
鴻基(홍기) 鴻名(홍명) =名聲(명성)
鴻明(홍명) 鴻雁(홍안)
鴻恩(홍은)

부수를 '水(氵)'로 혼동하지 말 것!

광대 / 버드나무를 세공하거나 소 잡는 일을 직업으로 하던 천민

809

禾

벼 **화**

부수 : 禾, 총 5획

- 禾穀(화곡) : 벼에 딸린 곡식을 통틀어 이르는 말
- 禾苗(화묘) : 볏모. 옮겨 심기 위하여 기른 벼의 싹
- 晩禾(만화) : 늦벼. 제철보다 늦게 여무는 벼

볏가릿대. 음력 정월 보름 전날에 풍년을 기원하여 여러 가지 곡식 이삭을 벼 짚단에 싸서 세우는 장대

필순: 丿 二 千 禾 禾

[활용]
禾積(화적) 禾尺(화척)
田禾(전화)
種禾稻(종화도) = 볏모

'오곡(五穀)'을 달리 이르는 말

글자 자체가 부수임에 유의할 것!

늘리고 넓혀 충실하게 함.

810

擴

약자는 扩. 418쪽 >>>

넓힐 **확**

부수 : 手(扌), 총 18획

- 擴大(확대) : 모양이나 규모 따위를 더 크게 함.
- 擴散(확산) : 흩어져 널리 퍼짐.
- 擴張(확장) : 범위, 규모, 세력 따위를 늘려서 넓힘.

필순: 一 十 扌 扌 扩 扩 扩 扩 扩 扩 擴 擴 擴 擴 擴

[활용]
擴戰(확전) 擴充(확충)
擴大鏡(확대경)
擴聲器(확성기)

3급 배정 한자 ❻

한자의 훈과 음을 생각하며, 순서에 따라 써 보세요.

811. 穫 (거둘 확)
부수: 禾, 총 19획

- 耕穫(경확): 논밭을 갈아 곡식을 심고 거두어들임.
- 收穫(수확): 익은 농작물을 거두어들임. 또는 거두어들인 농작물
- 秋穫(추확): 가을철에 수확함. 또는 그런 수확

⚠ 모양이 비슷한 '護(도울 호/4Ⅱ)', '獲(얻을 획/3Ⅱ)'과 구별할 것!

필순: 二 千 禾 禾 禾 禾 禾 禾 禾 稚 稚 稚 穫 穫

[활용]
穫稻(확도)
多收穫(다수확)

812. 丸 (둥글 환)
부수: 丶, 총 3획

- 丸藥(환약): 약재를 가루로 만들어 반죽하여 작고 둥글게 빚은 약
- 彈丸(탄환): 총이나 포에 재어서 목표물을 향하여 쏘아 보내는 물건
- 砲丸(포환): 대포의 탄알 / 포환던지기에 쓰는 기구
  └ '탄알'을 뜻함.

필순: 丿 九 丸

[활용]
淸心丸(청심환)
投砲丸(투포환)

813. 曉 (새벽 효)
부수: 日, 총 16획

- 曉星(효성): 샛별 / 매우 드문 존재를 비유적으로 이르는 말
- 拂曉(불효): 날이 막 밝아 동이 틀 무렵
- 殘月曉星(잔월효성): 새벽녘의 달과 별

⚠ 모양이 비슷한 '燒(사를 소/3Ⅱ)'와 구별할 것!

필순: 丨 冂 月 日 旷 旷 旷 晓 晓 睦 曉 曉

깨달아 앎. '曉'가 '깨닫다'를 뜻함.
'曉'가 '밝다'를 뜻함.

[활용]
曉得(효득) 曉習(효습)
曉然(효연) 曉悟(효오)
通曉(통효) 밝게 깨달음.
통하여 환하게 앎.

814. 侯 (제후 후)
부수: 人(亻), 총 9획

⚠ 모양이 비슷한 '候(기후 후/4)'와 구별할 것!

- 侯爵(후작): 다섯 등급으로 나눈 귀족의 작위 가운데 둘째 작위. 또는 그 작위에 있는 사람
- 諸侯(제후): 봉건 시대에 일정한 영토를 가지고 그 영내의 백성을 지배하는 권력을 가지던 사람

필순: 丿 亻 亻 宀 伊 伊 伃 侯 侯

[활용]
土侯國(토후국)
王侯將相(왕후장상)
제왕·제후·장수·재상을 아울러 이르는 말
예 王侯將相이 씨가 있나.

815. 毀 (헐 훼)
부수: 殳, 총 13획

- 毀慕(훼모): 몸이 상하도록, 죽은 어버이를 사모함.
- 毀傷(훼상): 헐어 상하게 함.
- 毀損(훼손): 체면이나 명예를 손상함. / 헐거나 깨뜨려 못 쓰게 만듦.

필순: 丶 亻 亻 亻 臼 臼 臼 皀 皀 皀 毀 毀

[활용]
毀壞(훼괴) 毀棄(훼기)
名譽毀損(명예 훼손)
공공연하게 다른 사람의 사회적 평가를 떨어뜨리는 사실 또는 허위 사실을 지적하는 일

한자의 훈과 음을 생각하며, 순서에 따라 써 보세요.

816 輝

빛날 **휘**
부수: 車, 총 15획

- 光輝(광휘): 환하고 아름답게 빛남. 또는 그 빛 / 눈부시게 훌륭함을 비유적으로 이르는 말
- 德輝(덕휘): 덕에서 나는 빛 / 덕이 겉으로 드러남.
- 星輝(성휘): 별빛

필순: 丨 ⺌ ⺌ 业 业 光 炉 炉 炉 焙 焙 煇 煇 輝 輝

[활용]
輝度(휘도) 輝巖(휘암)
輝映(휘영) 輝炭(휘탄)

⚠️ 부수를 '光'으로 혼동하지 말것!

817 携

이끌 **휴**
부수: 手(扌), 총 13획

- 携帶(휴대): 손에 들거나 몸에 지니고 다님. 예) 携帶 전화
- 携行(휴행): 늘 무엇인가를 몸에 지니고 다님.
- 提携(제휴): 행동을 함께하기 위하여 서로 붙들어 도와줌.
  '돌다'를 뜻함.

필순: 一 十 扌 扌 扌 扩 护 拃 拃 携 携

[활용]
携持(휴지) = 携帶
技術提携(기술 제휴)

풀면서 익히기

1_ 다음 漢字의 訓과 音을 쓰세요.

(1) 逮 (   ) (2) 絃 (   ) (3) 遍 (   )
(4) 蔽 (   ) (5) 燭 (   ) (6) 巷 (   )
(7) 享 (   ) (8) 飽 (   ) (9) 頗 (   )

2_ 다음 訓과 音에 알맞은 漢字를 쓰세요.

(1) 팔 판   (   ) (2) 벼 화   (   ) (3) 새벽 효 (   )
(4) 추할 추 (   ) (5) 씻을 탁   (   ) (6) 더할 첨 (   )
(7) 화폐 폐 (   ) (8) 기러기 홍 (   ) (9) 반딧불 형(   )

3_ 다음 漢字語의 讀音을 쓰세요.

(1) 妾室 (   ) (2) 快晴 (   ) (3) 交替 (   )
(4) 遞信 (   ) (5) 秒針 (   ) (6) 聰氣 (   )
(7) 角逐 (   ) (8) 脫臭 (   ) (9) 枕木 (   )
(10) 妥協 (   ) (11) 墮落 (   ) (12) 依托 (   )
(13) 鈍濁 (   ) (14) 誕辰 (   ) (15) 把持 (   )

4_ 다음 문장에서 밑줄 친 漢字語를 漢字로 쓰세요.

(1) 현감의 품계는 종육품이다.   (   )
(2) 김 대리는 근무 태만으로 징계를 받았다.   (   )
(3) 고을 사또는 파직을 당하고 의금부로 끌려갔다.   (   )
(4) 해양 오염으로 양식장의 어패류들이 폐사하였다.   (   )

실제 시험에서는 2, 4, 5, 7번과 같이 읽기 배정 한자를 쓰는 문제는 출제되지 않으나, 보다 확실한 학습을 위해 쓰기 문제로 구성하였습니다.

5_ 다음 ( ) 안에 알맞은 漢字를 써 넣어 漢字語(四字成語)를 完成하세요.

(1) 萬事(　　　)通 : 모든 것이 뜻대로 잘됨.
(2) (　　　)腹絶倒 : 배를 그러안고 넘어질 정도로 몹시 웃음.
(3) (　　　)官汚吏 : 백성의 재물을 탐내어 빼앗는, 행실이 깨끗하지 못한 관리
(4) (　　　)興差使 : 심부름을 가서 오지 아니하거나 늦게 온 사람을 이르는 말

6_ 다음 漢字의 部首를 쓰세요.

(1) 丑 → (　　　)　　(2) 幅 → (　　　)　　(3) 匹 → (　　　)
(4) 亥 → (　　　)　　(5) 互 → (　　　)　　(6) 乎 → (　　　)

7_ 다음 漢字語의 同音異義語를 漢字로 쓰되, 제시된 뜻을 가진 漢字語를 쓰세요.

(1) 婚需 - (　　　) : 정신없이 잠이 듦.
　　　　　　　　　　의식을 잃고 인사불성이 되는 일
(2) 草綠 - (　　　) : 필요한 부분만을 뽑아서 적음. 또는 그런 기록

8_ 다음 漢字語의 뜻을 쓰세요.

(1) 毁傷 (　　　　　　　　　　　　　　　　　　　)
(2) 旱害 (　　　　　　　　　　　　　　　　　　　)
(3) 漂流 (　　　　　　　　　　　　　　　　　　　)
(4) 擴大 (　　　　　　　　　　　　　　　　　　　)

'도리도리', '잼잼', '곤지곤지'의 유래

대부분의 사람들이 아기를 어르고 달랠 때 쓰는 '도리도리', '잼잼', '곤지곤지' 같은 표현을 단순히 아기의 몸동작을 유도하기 위한 의미 없는 말로 알고 있다. 하지만 이 표현들은 언제 누가 만들었는지는 알 수 없지만, 단군 시대부터 전해 내려오던 교육 방식으로 왕족들의 교육에 쓰이던 '단동십훈(檀童十訓)'의 하나라고 한다.

제1훈 : 불아불아(弗亞弗亞)
동작 : 걸음마를 막 시작한 아이의 허리를 양손으로 잡고 세워서 좌우로 기우뚱거리며 '불아불아'라고 부른다.

의미 : '弗(불)'은 '하늘에서 땅으로 내려온다'는 뜻이고, '亞(아)'는 '땅에서 하늘로 올라간다'는 뜻이다. 따라서 '불아불아'는 사람으로 땅에 내려와서, 신이 되어 다시 하늘로 올라가는 영원한 생명을 지닌 어린이를 예찬하는 뜻이다.

제2훈 : 시상시상(詩想詩想)
동작 : 아이를 앉혀 놓고 앞뒤로 끄덕끄덕 흔들면서 '시상시상' 하며 흥얼댄다.

의미 : 사람의 형상과 마음과 신체는 태극과 하늘과 땅에서 받은 것이므로, 사람이 곧 작은 우주라는 인식 아래 조상을 거슬러 올라가면 인간 태초의 하느님을 나의 몸에 모신 것이니, 조상과 하느님의 뜻에 맞도록 순종하겠다는 경로 사상을 표현한 것이다.

제3훈 : 도리도리(道理道理)
동작 : 아이의 머리를 좌우로 돌리게 하며 '도리도리'라고 한다.

의미 : 무궁무진한 하늘의 도리(道理)로 천지 만물이 생겨났듯이, 아이 자신도 이런 자연의 섭리로 태어났음을 가르치는 것이다.

제4훈 : 지암지암(持闇持闇)
동작 : 두 손을 앞으로 내놓고 손가락을 쥐었다 폈다 하며 '지암지암(=잼잼, 持闇持闇)'이라고 한다.

의미 : '闇(암)'은 '어둡고 혼미스럽다'는 뜻이니, '지암(持闇)'은 '세상의 혼미한 것을 가려서 파악하라'는 뜻이다. 그윽하고 무궁한 진리는 금방 깨우칠 수 없으니 두고두고 헤아려 깨달으라는 의미이다.

제5훈 : 곤지곤지(坤地坤地)
동작 : 왼쪽 손바닥을 펴게 한 후 오른쪽 검지로 왼쪽 손바닥을 찧게 하며 '곤지곤지'라고 한다.

의미 : '十(십)'은 음(一)을 양(丨)이 관통하는 모양으로, 음양의 조화를 상징한다. 이렇듯 하

늘의 이치를 깨달으면 사람과 만물이 서식하는 땅의 이치도 깨닫게 되어 천지간의 무궁무진한 조화를 알게 된다는 의미이다.

제6훈 : 섬마섬마(西魔西魔)

동작 : 아기가 걸음마를 익힐 때, 어른이 붙들었던 손을 떼면서 '섬마섬마'라고 한다.

의미 : '섬마'는 '서의 마귀'라는 의미이다. 이는 정신 문명인 삼강오륜(三綱五倫)의 이치에다가 '西魔道(서마도)'에 입각한 물질 문명을 받아들여 발전해 나가라는 뜻이다. 즉 '동도서기(東道西器)'의 조화로 자주 독립을 하라는 민족의 염원이 담긴 가르침이다.

우리의 전통적인 제도와 사상인 도(道)는 지키되, 근대 서구의 기술인 기(器)는 받아들이자는 이론

제7훈 : 업비업비(業非業非)

동작 : 약간 겁주는 듯이 '업비'라고 한다.

의미 : 무서움을 가르치는 말로써 어릴 때부터 조상들의 발자취와 하느님의 뜻에 맞는 삶을 살라는 뜻이다. 이는 자연 이치와 섭리에 맞는 업이 아니면 벌을 받게 될 것이라는 뜻이기도 하다.

제8훈 : 아함아함(亞合亞合)

동작 : 손바닥으로 입을 막으며 '아함아함'이라고 한다.

의미 : 두 손을 가로와 세로로 포개면 '亞(아)' 자 모양이 된다. 이것은 천지 좌우의 형국을 이 몸 속에 모신다는 것을 상징하는 것이다.

제9훈 : 작작궁 작작궁(作作弓 作作弓)

동작 : 손바닥을 마주쳐 소리내며 '작작궁 작작궁'이라고 한다.

의미 : 천지 좌우와 태극을 맞부딪쳐서 흥을 돋우며 '弓(궁 : 태극)'의 이치를 알았으니 이제는 손으로 '弓'을 만들어 보고 그 이치를 깨달으라는 것이다. 하늘에 오르고 땅으로 내리며, 사람으로 와서 신으로 가는 이치를 깨달았으니 손뼉을 치면서 재미있게 춤추자는 뜻이다.

제10훈 : 질라아비 훨훨의(地羅阿備 活活議)

동작 : 나팔을 불며 춤추는 동작을 하며 '질라아비 훨훨의'라고 한다.

의미 : 천지 우주의 모든 이치를 깨달았으니 이제 지기(地氣)를 받아 태어난 이 육신이 활활(活活) 잘 자라도록 즐겁게 살아가자는 뜻이다.

MEMO

Ⅲ 유형별 한자 익히기

●구성 및 출제 유형

이 단계는 배정 한자를 출제 유형별로 익히는 부분으로, 사자 성어, 반대자·상대자, 유의자, 반대어·상대어, 동음이의어, 약자, 첫 음절에서 장음으로 발음되는 한자, 첫 음절에서 장·단음으로 발음되는 한자, 일자다음자로 구성되어 있습니다. 대개 완성형 10문항, 반의어 10문항, 뜻풀이 5문항, 동의어 5문항, 장단음 5문항, 약자 3문항 정도가 출제됩니다.

●학습 방법

4급 시험에서 완성형, 반의어 문제가 각각 5문항이었던 것에 비해 3급Ⅱ, 3급 시험에서는 완성형 10문항, 반의어 10문항, 뜻풀이 5문항, 동의어 5문항 등 문항 수가 상대적으로 많이 책정되어 있습니다. 따라서 지속적인 반복 학습을 통해 유형별 한자를 완벽하게 익히도록 해야 합니다.

【차례】 사자 성어 346 | 반대자·상대자 369 | 유의자 375 | 반대어·상대어 392 | 동음이의어 398 | 약자 413 | 첫 음절에서 장음으로 발음되는 한자 419 | 첫 음절에서 장·단음으로 발음되는 한자 429 | 일자다음자 431

사자성어

● 3급 II, 3급 출제

佳人薄命 (가인박명)	아름다운 여자는 수명이 짧음. / 아름다울 **가**(3 II), 사람 **인**(8), 엷을 **박**(3 II), 목숨 **명**(7)
角者無齒 (각자무치)	뿔이 있는 짐승은 이가 없다는 뜻으로, 한 사람이 여러 가지 재주나 복을 다 가질 수 없다는 말 / 뿔 **각**(6), 놈 **자**(6), 없을 **무**(5), 이 **치**(4 II)
敢不生心 (감불생심)	감히 마음이 생겨나지 못한다는 뜻으로, 감히 엄두도 내지 못함을 이르는 말 / 감히 **감**(4), 아닐 **불**(7), 날 **생**(8), 마음 **심**(7)
甘言利說 (감언이설)	귀가 솔깃하도록 남의 비위를 맞추거나 이로운 조건을 내세워 꾀는 말 / 달 **감**(4), 말씀 **언**(6), 이로울 **리**(6), 말씀 **설**(5) 예 거북이는 甘言利說로 토끼를 꾀어 용궁으로 데리고 갔다.
感之德之 (감지덕지)	분에 넘치는 듯싶어 매우 고맙게 여기는 모양 / 느낄 **감**(6), 갈 **지**(3 II), 큰 **덕**(5)
甲男乙女 (갑남을녀)	갑이란 남자와 을이란 여자라는 뜻으로, 평범한 사람들을 이르는 말 / 갑옷 **갑**(4), 사내 **남**(7), 새 **을**(3 II), 계집 **녀**(8) =張三李四(장삼이사) 361쪽 >>> , 匹夫匹婦(필부필부) 368쪽 >>>
江湖煙波 (강호연파)	① 강이나 호수 위에 안개처럼 보얗게 이는 기운, ② 대자연의 풍경 / 강 **강**(7), 호수 **호**(5), 연기 **연**(4 II), 물결 **파**(4 II)
改過遷善 (개과천선)	지난날의 잘못이나 허물을 고쳐 올바르고 착하게 됨. '過'가 '잘못'을 뜻함. / 고칠 **개**(5), 지날 **과**(5), 옮길 **천**(3 II), 착할 **선**(5)
蓋世之才 (개세지재)	세상을 뒤덮을 만큼 뛰어난 재주. 또는 그 재주를 가진 사람 '世'가 '세상'을 뜻함. / 덮을 **개**(3 II), 인간 **세**(7), 갈 **지**(3 II), 재주 **재**(6)
居安思危 (거안사위)	편안히 살 때 위태로움을 생각하라는 뜻으로, 근심 걱정이 없을 때 미리 준비하고 대비하라는 말 / 살 **거**(4), 편안 **안**(7), 생각 **사**(5), 위태할 **위**(4)
格物致知 (격물치지)	사물에 이르러 앎에 이른다는 뜻으로, 실제 사물의 이치를 연구하여 지식의 완성에 이름을 의미 / 격식 **격**(5), 물건 **물**(7), 이를 **치**(5), 알 **지**(5) '格'이 '이르다'를 뜻함.
隔世之感 (격세지감)	세대(世代)의 격차를 느낀다는 뜻으로, 오래지 않은 동안에 몰라보게 변하여 아주 다른 세상이 된 것 같은 느낌을 이르는 말 / 사이뜰 **격**(3 II), 인간 **세**(7), 갈 **지**(3 II), 느낄 **감**(6) '世'가 '세대'를 뜻함.
見利思義 (견리사의)	이익을 보면 의로움을 생각하라는 뜻으로, 이익이 될 수 있는 어떤 일이든지 그것이 의리에 합당한가를 먼저 생각해서 행동하라는 말 / 볼 **견**(5), 이로울 **리**(6), 생각 **사**(5), 옳을 **의**(4 II)
見物生心 (견물생심)	어떠한 실물을 보게 되면 그것을 가지고 싶은 욕심이 생김. / 물건 **물**(7), 날 **생**(8), 마음 **심**(7)
犬馬之勞 (견마지로)	개나 말 정도의 하찮은 힘이라는 뜻으로, 윗사람에게 충성을 다하는 자신의 노력을 낮추어 이르는 말 / 개 **견**(4), 말 **마**(5), 갈 **지**(3 II), 일할 **로**(5)
堅忍不拔 (견인불발)	굳게 참고 견디어 마음이 흔들리지 않음. / 굳을 **견**(4), 참을 **인**(3 II), 아닐 **불**(7), 뽑을 **발**(3 II)

| 結者解之 (결자해지) | 맺은 사람이 풀어야 한다는 뜻으로, 자기가 저지른 일은 자기가 해결하여야 함을 이르는 말 / 맺을 결(5), 놈 자(6), 풀 해(4Ⅱ), 갈 지(3Ⅱ) |

| 結草報恩 (결초보은) | 죽은 뒤에라도 은혜를 잊지 않고 갚음을 이르는 말 / 풀 초(7), 갚을 보(4Ⅱ), 은혜 은(4Ⅱ) 춘추 시대 '위과'라는 사람이 순장시키라는 아버지의 유언을 어기고 새어머니를 재가시켰는데, 전쟁터에서 새어머니의 아버지 혼령이 위기에서 풀을 묶어 위과가 탈출할 수 있도록 도와 주었다는 고사에서 유래 |

| 兼人之勇 (겸인지용) | 혼자서 능히 몇 사람을 당해 낼만한 용기 / 겸할 겸(3Ⅱ), 사람 인(8), 갈 지(3Ⅱ), 날랠 용(6) |

| 輕擧妄動 (경거망동) | 경솔하여 생각 없이 망령되게 행동함. 또는 그런 행동 / 가벼울 경(5), 들 거(5), 망령될 망(3Ⅱ), 움직일 동(7) |

| 傾國之色 (경국지색) | 임금이 혹하여 나라가 기울어져도 모를 정도의 미인이라는 뜻으로, 뛰어나게 아름다운 미인을 이르는 말 / 기울 경(4), 나라 국(8), 갈 지(3Ⅱ), 빛 색(7) |

| 經世濟民 (경세제민) | 세상을 다스리고 백성을 구제함. '經'이 '다스리다', '世'가 '세상', '濟'가 '구제하다'를 뜻함. / 지날·글 경(4Ⅱ), 인간 세(7), 건널 제(4Ⅱ), 백성 민(8) |

| 敬天愛人 (경천애인) | 하늘을 숭배하고 인간을 사랑함. / 공경 경(5), 하늘 천(7), 사랑 애(6), 사람 인(8) 세종이 황희의 생활이 빈곤한 것을 알고 하루 동안 남대문으로 들어오는 물건을 모두 사서 주겠다고 약속했는데, 하루 종일 몰아친 폭풍우 때문에 겨우 달걀 한 꾸러미만 들어왔고 그것마저 모두 곯아서 먹을 수 없었다는 고사에서 유래 |

| 驚天動地 (경천동지) | 하늘을 놀라게 하고 땅을 뒤흔든다는 뜻으로, 세상을 몹시 놀라게 함을 비유적으로 이르는 말 / 놀랄 경(4), 하늘 천(7), 움직일 동(7), 땅 지(7) |

| 鷄卵有骨 (계란유골) | 달걀에도 뼈가 있다는 뜻으로, 운수가 나쁜 사람은 모처럼 좋은 기회를 만나도 역시 일이 잘 안됨을 이르는 말 / 닭 계(4), 알 란(4), 있을 유(7), 뼈 골(4) |

| 孤軍奮鬪 (고군분투) | ① 외로이 떨어져 있는 군사가 많은 수의 적군과 용감하게 잘 싸움, ② 남의 도움을 받지 아니하고 힘에 벅찬 일을 잘해 나감. / 외로울 고(4), 군사 군(8), 떨칠 분(3Ⅱ), 싸움 투(4) |

| 孤立無援 (고립무원) | 고립되어 구원을 받을 데가 없다는 뜻으로, 외로운 신세로 의지할 데가 없다는 의미 / 설 립(7), 없을 무(5), 도울 원(4) |

| 孤掌難鳴 (고장난명) | ① 외손뼉만으로는 소리가 울리지 않는다는 뜻으로, 혼자의 힘만으로 어떤 일을 이루기 어려움을 이름, ② 맞서는 사람이 없으면 싸움이 일어나지 아니함. / 손바닥 장(3Ⅱ), 어려울 난(4Ⅱ), 울 명(4) |

| 高臺廣室 (고대광실) | 높은 누대와 넓은 집이라는 뜻으로, 매우 크고 좋은 집을 이르는 말 / 높을 고(6), 대 대(3Ⅱ), 넓을 광(5), 집 실(8) |

| 鼓腹擊壤 (고복격양) | 배를 두드리고 땅을 친다는 뜻으로, 태평한 세월을 즐김을 이르는 말 / 북 고(3Ⅱ), 배 복(3Ⅱ), 칠 격(4), 흙덩이 양(3Ⅱ) '鼓'가 '두드리다'를 뜻함. 중국 요 임금 때 한 노인이 배를 두드리고 땅을 치면서 요 임금의 덕을 찬양하고 태평성대를 즐겼다는 데서 유래 |

| 姑息之計 (고식지계) | 잠시 쉬는 계책이라는 뜻으로, 우선 당장 편한 것만을 택하는 꾀나 방법을 이름. / 시어미 고(3Ⅱ), 쉴 식(4Ⅱ), 갈 지(3Ⅱ), 셀 계(6) '姑'가 '잠시', '計'가 '꾀'를 뜻함. |

| 苦肉之策 (고육지책) | 몸을 고통스럽게 하는 계책이라는 뜻으로, 적을 속이기 위하여 자신의 괴로움을 무릅쓰고 꾸미는 계책을 이름. / 쓸 고(6), 고기 육(4Ⅱ), 갈 지(3Ⅱ), 꾀 책(3Ⅱ) '苦'가 '괴롭다', '肉'이 '몸'을 뜻함. |

| 苦盡甘來 (고진감래) | 쓴 것이 다하면 단 것이 온다는 뜻으로, 고생 끝에 즐거움이 옴을 이르는 말 / 쓸 고(6), 다할 진(4), 달 감(4), 올 래(7) |

사자 성어

사자 성어

曲學阿世 (곡학아세)	배운 것을 굽혀 세상에 아첨한다는 뜻으로, 바른 길에서 벗어난 학문으로 세상 사람에게 아첨함을 의미 / 굽을 곡(5), 배울 학(8), 언덕 아(3Ⅱ), 인간 세(7) '阿'가 '아첨하다'를 뜻함.
骨肉相殘 (골육상잔)	가까운 혈족끼리 서로 해치고 죽임. =骨肉相爭(골육상쟁) / 뼈 골(4), 고기 육(4Ⅱ), 서로 상(5), 남을 잔(4) '殘'이 '해치다'를 뜻함.
空中樓閣 (공중누각)	공중에 떠 있는 누각이라는 뜻으로, 아무런 근거나 토대가 없는 사물이나 생각을 비유적으로 이르는 말 / 빌 공(7), 가운데 중(8), 다락 루(3Ⅱ), 집 각(3Ⅱ)
誇大妄想 (과대망상)	지나치게 과장하고 망령되게 생각한다는 뜻으로, 턱없이 과장하여 엉뚱하게 생각한다는 의미 / 자랑할 과(3Ⅱ), 큰 대(8), 망령될 망(3Ⅱ), 생각 상(4Ⅱ)
過猶不及 (과유불급)	지나친 것은 미치지 못한 것과 같다는 뜻으로, 중용(中庸)의 도를 지켜야 한다는 의미 / 지날 과(5), 오히려 유(3Ⅱ), 아닐 불(7), 미칠 급(3Ⅱ) '過'가 '지나치다', '猶'가 '같다'를 뜻함. 지나치거나 모자라지도 아니하고 한쪽으로 치우치지도 아니한, 떳떳하며 변함이 없는 상태나 정도
冠婚喪祭 (관혼상제)	관례, 혼례, 상례, 제례를 아울러 이르는 말로, 사람 일생의 통과 의례(儀禮)를 의미 / 갓 관(3Ⅱ), 혼인할 혼(4), 잃을 상(3Ⅱ), 제사 제(4Ⅱ)
巧言令色 (교언영색)	교묘한 말과 착한 척하는 낯빛이라는 뜻으로, 아첨하는 말과 알랑거리는 태도를 의미 / 공교할 교(3Ⅱ), 말씀 언(6), 하여금 령(5), 빛 색(7) '令'이 '착하다', '色'이 '낯빛'을 뜻함.
敎學相長 (교학상장)	가르치고 배우면서 서로 성장함. / 가르칠 교(8), 배울 학(8), 서로 상(5), 긴 장(8) '長'이 '자라다'를 뜻함.
九曲肝腸 (구곡간장)	굽이굽이 굽은 간과 창자라는 뜻으로, 깊은 마음속 또는 시름이 쌓인 마음속을 비유적으로 이르는 말 / 아홉 구(8), 굽을 곡(5), 간 간(3Ⅱ), 창자 장(4)
九死一生 (구사일생)	아홉 번 죽을 뻔하다 한 번 살아난다는 뜻으로, 죽을 고비를 여러 차례 넘기고 겨우 살아남을 이르는 말 / 죽을 사(6), 한 일(8), 날 생(8)
九牛一毛 (구우일모)	아홉 마리의 소 가운데 하나의 터럭이라는 뜻으로, 매우 많은 것 가운데 극히 적은 수를 이르는 말 / 소 우(5), 한 일(8), 터럭 모(4Ⅱ)
九折羊腸 (구절양장)	아홉 번 꺾인 양의 창자라는 뜻으로, 꼬불꼬불하며 험한 산길을 이르는 말 / 꺾을 절(4), 양 양(4Ⅱ), 창자 장(4)
國泰民安 (국태민안)	나라가 태평하고 백성이 편안함. / 나라 국(8), 클 태(3Ⅱ), 백성 민(8), 편안 안(7)
群鷄一鶴 (군계일학)	닭의 무리 가운데 한 마리의 학이라는 뜻으로, 많은 사람 가운데서 뛰어난 인물을 이르는 말 / 무리 군(4), 닭 계(4), 한 일(8), 학 학(3Ⅱ)
群雄割據 (군웅할거)	여러 영웅이 각기 한 지방씩 차지하고 위세를 부림. '雄'이 '영웅'을 뜻함. / 수컷 웅(5), 벨 할(3Ⅱ), 근거 거(4)
君臣有義 (군신유의)	임금과 신하 사이에는 의리가 있어야 함. '五倫(오륜)'의 하나 / 임금 군(4), 신하 신(5), 있을 유(7), 옳을 의(4Ⅱ)
君爲臣綱 (군위신강)	임금은 신하의 모범이 되어야 한다는 말 '三綱(삼강)'의 하나 / 할 위(4Ⅱ), 신하 신(5), 벼리 강(3Ⅱ)

348 유형별 한자 익히기

窮餘之策 (궁여지책)	궁한 나머지 짜낸 계책이라는 뜻으로, 막다른 상황에서 어쩔 수 없이 짜낸 계책을 이르는 말 / 궁할 **궁**(4), 남을 **여**(4Ⅱ), 갈 **지**(3Ⅱ), 꾀 **책**(3Ⅱ) '之'가 '~의, ~한'을 뜻함.
權謀術數 (권모술수)	목적 달성을 위하여 수단과 방법을 가리지 아니하는 온갖 모략이나 술책 / 권세 **권**(4Ⅱ), 꾀 **모**(3Ⅱ), 재주 **술**(6), 셈 **수**(7) 예) 그는 자신의 목적을 이루기 위해 온갖 權謀術數를 다 썼다.
權不十年 (권불십년)	권세는 십 년을 가지 못한다는 뜻으로, 아무리 높은 권세라도 오래가지 못함을 이르는 말 / 아닐 **불**(7), 열 **십**(8), 해 **년**(8)
克己復禮 (극기복례)	자신을 극복해 예로 돌아간다는 뜻으로, 자기의 욕심을 누르고 예의범절을 따름을 이름. / 이길 **극**(3Ⅱ), 몸 **기**(5), 회복할 **복**(4Ⅱ), 예도 **례**(6) ⚠ '극기부례'로 읽지 말 것!
極惡無道 (극악무도)	더할 나위 없이 악하고 도리에 완전히 어긋나 있음. '極'이 '극히', '道'가 '도리'를 뜻함. / 다할·극진할 **극**(4Ⅱ), 악할 **악**(5), 없을 **무**(5), 길 **도**(7) ⚠ '극오무도'로 읽지 말 것!
近墨者黑 (근묵자흑)	먹을 가까이하는 사람은 검어진다는 뜻으로, 나쁜 사람과 가까이 지내면 나쁜 버릇에 물들기 쉬움을 비유적으로 이르는 말 / 가까울 **근**(6), 먹 **묵**(3Ⅱ), 놈 **자**(6), 검을 **흑**(5)
金科玉條 (금과옥조)	금 같은 과목과 옥 같은 조목이라는 뜻으로, 매우 귀중하고 소중한 법칙이나 규정을 의미 / 쇠 **금**(8), 과목 **과**(6), 구슬 **옥**(4Ⅱ), 가지 **조**(4) '科'이 '금', '條'가 '조목'을 뜻함.
金蘭之契 (금란지계)	둘이 합심하면 그 단단하기가 능히 쇠를 자를 수 있고, 우정의 아름다움은 난의 향기와 같다는 뜻으로, 친구 사이의 매우 두터운 정을 이르는 말 / 난초 **란**(3Ⅱ), 갈 **지**(3Ⅱ), 맺을 **계**(3Ⅱ)
金石之交 (금석지교)	쇠나 돌 같이 굳고 단단한 사귐이라는 뜻으로, 깊고 단단한 우정을 이르는 말 / 돌 **석**(6), 갈 **지**(3Ⅱ), 사귈 **교**(6)
金城湯池 (금성탕지)	쇠로 만든 성과, 그 둘레에 파 놓은 뜨거운 물로 가득 찬 못이라는 뜻으로, 방어 시설이 잘 되어 있는 성을 이르는 말 / 재 **성**(4Ⅱ), 끓을 **탕**(3Ⅱ), 못 **지**(3Ⅱ)
金枝玉葉 (금지옥엽)	① 금으로 된 가지와 옥으로 된 잎이라는 뜻으로, 임금의 가족을 높여 이르는 말, ② 귀한 자손을 이르는 말, ③ 구름의 아름다운 모양을 이르는 말 / 가지 **지**(3Ⅱ), 구슬 **옥**(4Ⅱ), 잎 **엽**(5)
今時初聞 (금시초문)	바로 지금 처음으로 들음. 예) 그가 결혼을 한다는 이야기는 今時初聞이다. / 이제 **금**(6), 때 **시**(7), 처음 **초**(5), 들을 **문**(6)
錦衣夜行 (금의야행)	① 비단옷을 입고 밤길을 다닌다는 뜻으로, 자랑삼아 하지 않으면 생색이 나지 않음을 이르는 말, ② 아무 보람이 없는 일을 함을 이르는 말 / 비단 **금**(3Ⅱ), 옷 **의**(6), 밤 **야**(6), 다닐 **행**(6)
錦衣還鄉 (금의환향)	비단옷을 입고 고향에 돌아온다는 뜻으로, 출세를 하여 고향에 돌아가거나 돌아옴을 비유적으로 이르는 말 / 돌아올 **환**(3Ⅱ), 시골 **향**(4Ⅱ) '鄉'이 '고향'을 뜻함.
氣高萬丈 (기고만장)	① 펄펄 뛸 만큼 대단히 성이 남, ② 일이 뜻대로 잘될 때, 우쭐하여 뽐내는 기세가 대단함. / 기운 **기**(7), 높을 **고**(6), 일만 **만**(8), 어른 **장**(3Ⅱ) '丈'이 '길(길이의 단위. 한 길은 사람의 키 정도의 길이이다)'을 뜻함.
起死回生 (기사회생)	죽음에서 일어나 다시 살아난다는 뜻으로, 거의 죽을 뻔하다가 도로 살아남을 의미 / 일어날 **기**(4Ⅱ), 죽을 **사**(6), 돌아올 **회**(4Ⅱ), 날 **생**(8)
奇想天外 (기상천외)	기이한 생각이 세상 밖이라는 뜻으로, 착상이나 생각 따위가 쉽게 짐작할 수 없을 정도로 기발하고 엉뚱함을 의미 / 기특할 **기**(4), 생각 **상**(4Ⅱ), 하늘 **천**(7), 바깥 **외**(8) '奇'가 '기이하다'를 뜻함.

사자성어

騎虎之勢 (기호지세)
호랑이를 타고 달리는 형세라는 뜻으로, 이미 시작한 일을 중도에서 그만둘 수 없는 경우를 비유적으로 이르는 말 / 말탈 **기**(3Ⅱ), 범 **호**(3Ⅱ), 갈 **지**(3Ⅱ), 형세 **세**(4Ⅱ)

吉凶禍福 (길흉화복)
좋은 일과 언짢은 일, 재앙과 행복이라는 뜻으로, 인간의 삶 속에 이어지는 모든 일을 의미 / 길할 **길**(5), 흉할 **흉**(5), 재앙 **화**(3Ⅱ), 복 **복**(5)

落落長松 (낙락장송)
우뚝 크게 서 있는 소나무라는 뜻으로, 가지가 길게 축축 늘어진 키가 큰 소나무를 이르는 말 / 떨어질 **락**(5), 긴 **장**(8), 소나무 **송**(4) '落落'은 '우뚝 솟은 모양'임.

落花流水 (낙화유수)
떨어지는 꽃과 흐르는 물이라는 뜻으로, 가는 봄의 경치를 이르는 말 / 꽃 **화**(7), 흐를 **류**(5), 물 **수**(8)

難攻不落 (난공불락)
공격하기가 어려워 쉽사리 함락되지 아니함. 예 難攻不落의 요새 / 어려울 **난**(4Ⅱ), 칠 **공**(4), 아닐 **불**(7), 떨어질 **락**(5)

難兄難弟 (난형난제)
형이라 하기도 어렵고 동생이라 하기도 어렵다는 뜻으로, 두 사물이 비슷하여 낫고 못함을 정하기 어려움을 이르는 말 / 형 **형**(8), 아우 **제**(8) =莫上莫下(막상막하) 352쪽>>>

亂臣賊子 (난신적자)
어지러운 신하와 도적 같은 자식이라는 뜻으로, 나라를 어지럽히는 불충한 무리를 이르는 말 / 어지러울 **란**(4), 신하 **신**(5), 도둑 **적**(4), 아들 **자**(7)

南男北女 (남남북녀)
우리 나라에서, 남자는 남쪽 지방 사람이 잘나고 여자는 북쪽 지방 사람이 고움을 이르는 말 / 남녘 **남**(8), 사내 **남**(7), 북녘 **북**(8), 계집 **녀**(8)

男女有別 (남녀유별)
유교 사상에서, 남자와 여자 사이에 분별이 있어야 함을 이르는 말 / 있을 **유**(7), 나눌 **별**(6)

內憂外患 (내우외환)
나라 안팎의 여러 가지 어려움. / 안 **내**(7), 근심 **우**(3Ⅱ), 바깥 **외**(8), 근심 **환**(5)

內柔外剛 (내유외강)
안으로는 부드럽고 밖으로는 굳세다는 뜻으로, 속은 부드러우나 겉으로 보기에는 강하게 보인다는 의미 / 부드러울 **유**(3Ⅱ), 굳셀 **강**(3Ⅱ)

怒甲移乙 (노갑이을)
갑에게서 당한 노여움을 을에게 옮긴다는 뜻으로, 어떠한 사람에게서 당한 노여움을 애꿎은 다른 사람에게 화풀이함을 이르는 말 / 성낼 **노**(4Ⅱ), 갑옷 **갑**(4), 옮길 **이**(4Ⅱ), 새 **을**(3Ⅱ)

怒發大發 (노발대발)
화를 내고 또 크게 낸다는 뜻으로, 몹시 노하여 펄펄 뛰며 성냄을 이르는 말. / 필 **발**(6), 큰 **대**(8)

論功行賞 (논공행상)
공적을 논해서 상을 행한다는 뜻으로, 공적의 크고 작음 따위를 논의하여 그에 알맞은 상을 준다는 의미 / 논할 **론**(4Ⅱ), 공 **공**(6), 다닐 **행**(6), 상줄 **상**(5)

累卵之危 (누란지위)
층층이 쌓아 놓은 알의 위태로움이라는 뜻으로, 몹시 아슬아슬한 위기를 비유적으로 이르는 말 / 여러 **루**(3Ⅱ), 알 **란**(4), 갈 **지**(3Ⅱ), 위태할 **위**(4) =風前燈火(풍전등화) 364쪽>>>

能小能大 (능소능대)
작은 것과 큰 것에 모두 능하다는 뜻으로, 모든 일에 두루 능함을 의미 / 능할 **능**(5), 작을 **소**(8), 큰 **대**(8)

多多益善 (다다익선)
많으면 많을수록 더욱 좋음. / 많을 **다**(6), 더할 **익**(4Ⅱ), 착할 **선**(5)
'益'이 '더욱', '善'이 '좋다'를 뜻함. 漢(한)나라의 劉邦(유방)과 韓信(한신)의 술자리에서 한신이 자신은 군사들을 거느릴 수 있는 능력이 多多益善이라고 말한 데서 유래

多才多能 (다재다능)	재주와 능력이 여러 가지로 많음. / 많을 다(6), 재주 재(6), 능할 능(5)	맹자가 修學(수학) 도중에 집에 돌아오자, 그의 어머니가 짜던 베를 끊어 그를 훈계하였다는 데서 유래

斷機之戒 (단기지계) — 베틀을 자르는 경계라는 뜻으로, 학문을 중도에서 그만두면 짜던 베의 날을 끊는 것처럼 아무 쓸모 없음을 경계한 말 / 끊을 단(4Ⅱ), 틀 기(4), 갈 지(3Ⅱ), 경계할 계(4)

單刀直入 (단도직입) — 한 자루 칼만으로 곧장 들어간다는 뜻으로, 여러 말을 늘어놓지 아니하고 바로 요점이나 본문제를 중심적으로 말함을 의미 / 홀 단(4Ⅱ), 칼 도(3Ⅱ), 곧을 직(7), 들 입(7)

大驚失色 (대경실색) — 크게 놀라 얼굴색을 잃는다는 뜻으로, 몹시 놀라 얼굴빛이 하얗게 질린다는 의미 / 큰 대(8), 놀랄 경(4), 잃을 실(6), 빛 색(7)

大器晚成 (대기만성) — 큰 그릇은 늦게 이루어진다는 뜻으로, 크게 될 사람은 늦게 이루어짐을 이르는 말 / 그릇 기(4Ⅱ), 늦을 만(3Ⅱ), 이룰 성(6)

大同小異 (대동소이) — 크게 같고 작게 다르다는 뜻으로, 큰 차이 없이 거의 같음을 이르는 말 / 한가지 동(7), 작을 소(8), 다를 이(4)

大聲痛哭 (대성통곡) — 큰 소리로 몹시 슬프게 곡을 함. / 소리 성(4Ⅱ), 아플 통(4), 울 곡(3Ⅱ)

獨不將軍 (독불장군) — 혼자서는 장군이 될 수 없다는 뜻으로, ① 무슨 일이든 자기 생각대로 혼자서 처리하는 사람, ② 남과 의논하고 협조하여야 함을 이르는 말 / 홀로 독(5), 아닐 불(7), 장수 장(4Ⅱ), 군사 군(8)

同價紅裳 (동가홍상) — 같은 값이면 붉은 치마라는 뜻으로, 같은 값이면 좋은 물건을 가진다는 의미 / 한가지 동(7), 값 가(5), 붉을 홍(4), 치마 상(3Ⅱ)

同苦同樂 (동고동락) — 괴로움도 즐거움도 함께 함. '苦'가 '괴롭다'를 뜻함. / 쓸 고(6), 즐길 락(6)

同床異夢 (동상이몽) — 같은 잠자리에서 다른 꿈을 꾼다는 뜻으로, 겉으로는 같이 행동하면서도 속으로는 각각 딴 생각을 하고 있음을 이르는 말 / 상 상(4Ⅱ), 다를 이(4), 꿈 몽(3Ⅱ) '床'이 '평상'을 뜻함.

東問西答 (동문서답) — 동을 묻는데 서를 대답한다는 뜻으로, 물음과는 전혀 상관없는 엉뚱한 대답을 이르는 말 / 동녘 동(8), 물을 문(7), 서녘 서(8), 대답 답(7)

東奔西走 (동분서주) — 동쪽으로 뛰고 서쪽으로 뛴다는 뜻으로, 사방으로 이리저리 몹시 바쁘게 돌아다님을 이르는 말 / 달릴 분(3Ⅱ), 달릴 주(4Ⅱ)

登高自卑 (등고자비) — 높은 곳에 오르려면 낮은 곳에서부터 오른다는 뜻으로, 일을 순서대로 하여야 함을 이르는 말 / 오를 등(7), 높을 고(6), 스스로 자(7), 낮을 비(3Ⅱ) '自'가 '~부터'를 뜻함.

燈下不明 (등하불명) — 등잔 밑이 어둡다는 뜻으로, 가까이에 있는 물건이나 사람을 잘 찾지 못함을 이르는 말 / 등 등(4Ⅱ), 아래 하(7), 아닐 불(7), 밝을 명(6)

燈火可親 (등화가친) — 등불을 가까이할 만하다는 뜻으로, 서늘한 가을 밤은 등불을 가까이 하여 글 읽기에 좋음을 이르는 말 / 불 화(8), 옳을 가(5), 친할 친(6) ⓔ 가을은 燈火可親의 계절이다.

馬耳東風 (마이동풍) — 말의 귀에 동풍이 불어온다는 뜻으로, 남의 말을 귀담아듣지 아니하고 지나쳐 흘려 버림을 이르는 말 / 말 마(5), 귀 이(5), 동녘 동(8), 바람 풍(6)

사자 성어 **351**

사자 성어

사자성어	뜻풀이
莫上莫下 (막상막하)	위도 없고 아래도 없다는 뜻으로, 더 낫고 더 못함의 차이가 거의 없음을 이르는 말 / 없을 막(3Ⅱ), 윗 상(7), 아래 하(7)
莫逆之友 (막역지우)	거스릴 것이 없는 친구라는 뜻으로, 허물이 없이 아주 친한 친구를 이르는 말 / 없을 막(3Ⅱ), 거스릴 역(4Ⅱ), 갈 지(3Ⅱ), 벗 우(5)
萬頃蒼波 (만경창파)	만 이랑이나 되는 푸른 파도라는 뜻으로, 한없이 넓고 넓은 바다를 이르는 말 / 일만 만(8), 이랑 경(3Ⅱ), 푸를 창(3Ⅱ), 물결 파(4Ⅱ)
萬古不變 (만고불변)	아주 오랜 세월 동안 변하지 아니함. / 예 고(6), 아닐 불(7), 변할 변(5)
晩時之歎 (만시지탄)	시기에 늦어 기회를 놓쳤음을 안타까워하는 탄식 / 늦을 만(3Ⅱ), 때 시(7), 갈 지(3Ⅱ), 탄식할 탄(4)
亡羊之歎 (망양지탄)	갈림길이 매우 많아 잃어버린 양을 찾을 길이 없음을 탄식한다는 뜻으로, 학문의 길이 여러 갈래여서 한 갈래의 진리도 얻기 어려움을 이르는 말 / 망할 망(5), 양 양(4Ⅱ), 갈 지(3Ⅱ), 탄식할 탄(4) '亡'이 '잃다'를 뜻함.
面從腹背 (면종복배)	겉으로는 복종하는 체하면서 내심으로는 배반함. '背'가 '배반하다'를 뜻함. / 낯 면(7), 좇을 종(4), 배 복(3Ⅱ), 등 배(4Ⅱ)
名實相符 (명실상부)	이름과 실상이 서로 들어맞는다는 뜻으로, 겉으로 알려진 것과 실제의 내용이나 능력에 차이가 없다는 의미 / 이름 명(7), 열매 실(5), 서로 상(5), 부호 부(3Ⅱ) '符'가 '맞다'를 뜻함.
明鏡止水 (명경지수)	맑은 거울과 그쳐 있는 물이라는 뜻으로, 잡념과 가식과 허욕이 없는 아주 맑고 깨끗한 마음을 의미 / 밝을 명(6), 거울 경(4), 그칠 지(5), 물 수(8)
明若觀火 (명약관화)	밝기가 불을 보는 것과 같다는 뜻으로, 불을 보듯 분명하고 뻔함을 이르는 말 / 같을 약(3Ⅱ), 볼 관(5), 불 화(8)
命在頃刻 (명재경각)	목숨이 잠깐의 시각에 있다는 뜻으로, 거의 죽게 되어 곧 숨이 끊어질 지경에 이름을 의미 / 목숨 명(7), 있을 재(6), 잠깐 경(3Ⅱ), 새길 각(4) '刻'이 '시각'을 뜻함.
目不識丁 (목불식정)	아주 간단한 글자인 '丁' 자를 보고도 그것이 '고무래'인 줄을 알지 못한다는 뜻으로, 아주 까막눈임을 이르는 말 / 눈 목(6), 아닐 불(7), 알 식(5), 고무래 정(4)
目不忍見 (목불인견)	눈앞에 벌어진 상황 따위를 눈뜨고는 차마 볼 수 없음. / 참을 인(3Ⅱ), 볼 견(5)
武陵桃源 (무릉도원)	세상과 따로 떨어진 별천지를 비유적으로 이르는 말 / 호반 무(4Ⅱ), 언덕 릉(3Ⅱ), 복숭아 도(3Ⅱ), 근원 원(4)	중국 晉(진)나라 때 무릉의 한 어부가 복숭아 꽃잎을 따라가다가 굴속에서 秦(진)나라의 난리를 피하여 온 사람들을 만났는데, 그들은 하도 살기 좋아 그동안 바깥세상이 변한 줄도 몰랐다고 한다.
無不通知 (무불통지)	통해서 알지 못하는 것이 없다는 뜻으로, 무슨 일이든지 환히 통하여 모르는 것이 없음을 이르는 말 / 없을 무(5), 아닐 불(7), 통할 통(6), 알 지(5)
無所不爲 (무소불위)	하지 못하는 일이 없음. 예 그는 無所不爲의 권력을 휘둘렀다. / 바 소(7), 할 위(4Ⅱ)
無爲徒食 (무위도식)	하는 일 없이 다만 놀고먹음. '徒'가 '다만'을 뜻함. / 무리 도(4), 먹을 식(7)

352 유형별 한자 익히기

사자성어	뜻풀이
聞一知十 (문일지십)	하나를 듣고 열 가지를 미루어 안다는 뜻으로, 지극히 총명함을 이르는 말 / 들을 **문**(6), 한 **일**(8), 알 **지**(5), 열 **십**(8)
門前成市 (문전성시)	문 앞이 시장을 이루었다는 뜻으로, 찾아오는 사람이 많아 집 문 앞이 시장을 이루다시피 함을 이르는 말 / 문 **문**(8), 앞 **전**(7), 이룰 **성**(6), 저자 **시**(7)
勿失好機 (물실호기)	좋은 기회를 놓치지 아니함. ㉠ 이번 일은 전망이 밝으니 勿失好機할 수 있도록 도와 주십시오. / 말 **물**(3Ⅱ), 잃을 **실**(6), 좋을 **호**(4Ⅱ), 틀 **기**(4)
美辭麗句 (미사여구)	아름다운 말로 듣기 좋게 꾸민 글귀 / 아름다울 **미**(6), 말씀 **사**(4), 고울 **려**(4Ⅱ), 글귀 **구**(4Ⅱ)
博覽強記 (박람강기)	넓게 보고 잘 기억한다는 뜻으로, 여러 가지의 책을 널리 많이 읽고 기억을 잘한다는 의미 / 넓을 **박**(4Ⅱ), 볼 **람**(4), 강할 **강**(6), 기록할 **기**(7) '強'이 '잘하다'를 뜻함.
博學多識 (박학다식)	널리 배우고 많이 안다는 뜻으로, 학식과 견문이 넓다는 의미 / 배울 **학**(8), 많을 **다**(6), 알 **식**(5)
拍掌大笑 (박장대소)	손뼉을 치며 크게 웃음. ㉠ 그는 사진을 보더니 拍掌大笑하기 시작했다. / 칠 **박**(4), 손바닥 **장**(3Ⅱ), 큰 **대**(8), 웃음 **소**(4Ⅱ)
拔本塞源 (발본색원)	근본을 뽑고 근원을 막는다는 뜻으로, 좋지 않은 일의 근본 원인이 되는 요소를 완전히 없애 버려서 다시는 그러한 일이 생길 수 없도록 함을 이르는 말 / 뽑을 **발**(3Ⅱ), 근본 **본**(6), 막힐 **색**(3Ⅱ), 근원 **원**(4)
白面書生 (백면서생)	흰 얼굴의 글 읽는 선비라는 뜻으로, 한갓 글만 읽고 세상일에는 전혀 경험이 없는 사람을 이르는 말 / 흰 **백**(8), 낯 **면**(7), 글 **서**(6), 날 **생**(8) '生'이 '서생'을 뜻함.
白衣民族 (백의민족)	흰옷을 입은 민족이라는 뜻으로, '한민족'을 이르는 말 / 옷 **의**(6), 백성 **민**(8), 겨레 **족**(6)
白衣從軍 (백의종군)	흰옷을 입고 군대를 따른다는 뜻으로, 벼슬 없이 군대를 따라 싸움터로 감을 이르는 말 / 좇을 **종**(4), 군사 **군**(8) ㉠ 조정은 白衣從軍하던 이순신을 삼도 수군통제사로 기용하였다.
百家爭鳴 (백가쟁명)	수많은 사상가들이 다투며 주장한다는 뜻으로, 많은 학자나 문화인 등이 자기의 학설이나 주장을 자유롭게 발표하여, 논쟁하고 토론하는 일을 이르는 말 / 일백 **백**(7), 집 **가**(7), 다툴 **쟁**(5), 울 **명**(4) '鳴'이 '말하다'를 뜻함.
百計無策 (백계무책)	어려운 일을 당하여 온갖 계교를 다 써도 해결할 방도를 찾지 못함. / 셀 **계**(6), 없을 **무**(5), 꾀 **책**(3Ⅱ) '計'가 '꾀'를 뜻함.
百年大計 (백년대계)	먼 앞날까지 미리 내다보고 세우는 크고 중요한 계획 / 해 **년**(8), 큰 **대**(8), 셀 **계**(6) '計'가 '계획'을 뜻함.
百年河淸 (백년하청)	'백 년이 흘러도 황하의 물이 맑아질 수 있겠는가?'라는 뜻으로, 아무리 오랜 시일이 지나도 어떤 일이 이루어지기 어려움을 이르는 말 / 물 **하**(5), 맑을 **청**(6)
百發百中 (백발백중)	백 번 쏘아 백 번 맞힌다는 뜻으로, ① 총이나 활 따위를 쏠 때마다 겨눈 곳에 다 맞음을 이르는 말, ② 무슨 일이나 틀림없이 잘 들어맞음을 이르는 말 / 필 **발**(6), 가운데 **중**(8)
百戰老將 (백전노장)	무수히 많이 싸운 늙은 장수라는 뜻으로, ① 수많은 싸움을 치른 노련한 장수, ② 온갖 어려운 일을 많이 겪은 노련한 사람을 의미 / 싸움 **전**(6), 늙을 **로**(7), 장수 **장**(4Ⅱ)

사자 성어 **353**

사자 성어

| 百戰百勝 (백전백승) | 백 번을 싸워 백 번을 이긴다는 뜻으로, 싸울 때마다 다 이김을 이르는 말 / 일백 **백**(7), 싸움 **전**(6), 이길 **승**(6) |

| 百折不屈 (백절불굴) | 수없이 꺾여도 굽히지 않는다는 뜻으로, 어떠한 난관에도 결코 굽히지 않음을 이르는 말 / 꺾을 **절**(4), 아닐 **불**(7), 굽힐 **굴**(4)　예 그는 百折不屈하는 정신을 가지고 전투에 임했다. |

| 百害無益 (백해무익) | 해롭기만 하고 하나도 이로운 바가 없음.　예 담배는 건강에 百害無益하다. / 해할 **해**(5), 없을 **무**(5), 더할 **익**(4Ⅱ) |

| 伯仲之勢 (백중지세) | 서로 우열을 가리기 힘든 형세 / 맏 **백**(3Ⅱ), 버금 **중**(3Ⅱ), 갈 **지**(3Ⅱ), 형세 **세**(4Ⅱ) '伯'과 '仲'은 본디 형제의 순서를 구별하여 부르던 말로, 맏형을 伯(백), 둘째를 仲(중), 셋째를 叔(숙), 막내를 季(계)라고 불렀다. 따라서 伯仲은 맏이와 둘째라는 뜻인데, 형제는 보통 외모나 품성이 비슷하여 우열을 가릴 수 없어 이것을 伯仲之勢라 하였다. |

| 夫婦有別 (부부유별) | 남편과 아내 사이에는 구별이 있어야 함. 五倫(오륜)의 하나. '婦'가 '아내'를 뜻함. / 지아비 **부**(7), 며느리 **부**(4Ⅱ), 있을 **유**(7), 나눌 **별**(6) |

| 夫爲婦綱 (부위부강) | 남편은 아내의 모범이 되어야 한다는 말 三綱(삼강)의 하나. '婦'가 '아내'를 뜻함. / 할 **위**(4Ⅱ), 며느리 **부**(4Ⅱ), 벼리 **강**(3Ⅱ) |

| 夫唱婦隨 (부창부수) | 남편이 주장하고 아내가 이에 잘 따름. 또는 부부 사이의 그런 도리 '婦'가 '아내'를 뜻함. / 부를 **창**(5), 며느리 **부**(4Ⅱ), 따를 **수**(3Ⅱ) |

| 父爲子綱 (부위자강) | 부모는 자식의 모범이 되어야 한다는 말 / 아비 **부**(8), 할 **위**(4Ⅱ), 아들 **자**(7), 벼리 **강**(3Ⅱ) |

| 父傳子傳 (부전자전) | 아버지가 전하고 아들이 전한다는 뜻으로, 아버지가 아들에게 대대로 전함을 이르는 말 / 전할 **전**(5) |

| 不知其數 (부지기수) | 그 수를 알 수 없다는 뜻으로, 헤아릴 수가 없을 만큼 많음. 또는 그렇게 많은 수효를 이르는 말 / 아닐 **부**(7), 알 **지**(5), 그 **기**(3Ⅱ), 셈 **수**(7)　예 전쟁 중에 가족을 잃은 사람들이 不知其數이다. |

| 附和雷同 (부화뇌동) | 줏대 없이 남의 의견에 따라 움직임을 이르는 말 / 붙을 **부**(3Ⅱ), 화할 **화**(6), 우레 **뢰**(3Ⅱ), 한가지 **동**(7) |

| 北窓三友 (북창삼우) | 북쪽으로 난 창가의 세 벗이라는 뜻으로, 거문고·술·시(詩)를 아울러 이르는 말 / 북녘 **북**(8), 창 **창**(6), 석 **삼**(8), 벗 **우**(5) |

| 不可思議 (불가사의) | 생각하고 의논할 수가 없다는 뜻으로, 사람의 생각으로는 미루어 헤아릴 수 없이 이상하고 야릇함을 이르는 말 / 아닐 **불**(7), 옳을 **가**(5), 생각 **사**(5), 의논할 **의**(4Ⅱ) '可'가 '가히(가능의 말)'를 뜻함. |

| 不問可知 (불문가지) | 묻지 아니하여도 알 수 있음.　예 그가 출전하지 않는다면 결과는 不問可知이다. / 물을 **문**(7), 옳을 **가**(5), 알 **지**(5) '可'가 '가히(가능의 말)'를 뜻함. |

| 不問曲直 (불문곡직) | 옳고 그름을 따지지 아니함. '曲直(곡직)'은 굽음과 곧음이라는 뜻으로, 사리의 옳고 그름을 이르는 말임. / 굽을 **곡**(5), 곧을 **직**(7) |

| 不遠千里 (불원천리) | 천 리 길도 멀다고 여기지 않음. '里'가 '리(거리의 단위)'를 뜻함. / 멀 **원**(6), 일천 **천**(7), 마을 **리**(7) |

| 不恥下問 (불치하문) | 손아랫사람이나 지위나 학식이 자기만 못한 사람에게 모르는 것을 묻는 일을 부끄러워하지 아니함. / 부끄러울 **치**(3Ⅱ), 아래 **하**(7), 물을 **문**(7) |

不偏不黨 (불편부당)	치우치지 않고 무리짓지 않는다는 뜻으로, 아주 공평하여 어느 한쪽으로 치우치지 아니함을 이름. / 아닐 **불**(7), 치우칠 **편**(3Ⅱ), 무리 **당**(4Ⅱ)
非一非再 (비일비재)	같은 현상이나 일이 한두 번이나 한둘이 아니고 많음. 예 그 당시에는 밥을 굶는 일이 非一非再하였다. / 아닐 **비**(4Ⅱ), 한 **일**(8), 두 **재**(5)
貧者一燈 (빈자일등)	가난한 사람이 바치는 하나의 등(燈)이라는 뜻으로, 물질의 많고 적음보다 정성이 중요함을 비유적으로 이르는 말. / 가난할 **빈**(4Ⅱ), 놈 **자**(6), 등 **등**(4Ⅱ) — 왕이 부처에게 바친 백 개의 등은 밤 사이에 다 꺼졌으나 가난한 노파 난타가 정성으로 바친 하나의 등은 꺼지지 않았다는 데서 유래
氷炭之間 (빙탄지간)	얼음과 숯의 사이처럼 서로 화합할 수 없는 사이를 이르는 말 / 얼음 **빙**(5), 숯 **탄**(5), 갈 **지**(3Ⅱ), 사이 **간**(7)
四分五裂 (사분오열)	① 여러 갈래로 갈기갈기 찢어짐, ② 질서 없이 어지럽게 흩어지거나 헤어짐, ③ 천하가 심히 어지러워짐. / 넉 **사**(8), 나눌 **분**(6), 다섯 **오**(8), 찢어질 **렬**(3Ⅱ) ⚠ '사분오렬'로 읽지 말 것!
沙上樓閣 (사상누각)	모래 위에 세운 누각이라는 뜻으로, 기초가 튼튼하지 못하여 오래 견디지 못할 일이나 물건을 이르는 말 / 모래 **사**(3Ⅱ), 윗 **상**(7), 다락 **루**(3Ⅱ), 집 **각**(3Ⅱ)
死生決斷 (사생결단)	죽고 삶을 돌보지 않고 끝장을 내려고 함. / 죽을 **사**(6), 날 **생**(8), 결단할 **결**(5), 끊을 **단**(4Ⅱ)
事必歸正 (사필귀정)	모든 일은 반드시 바른길로 돌아감. / 일 **사**(7), 반드시 **필**(5), 돌아갈 **귀**(4), 바를 **정**(7)
殺身成仁 (살신성인)	자기의 몸을 희생하여 인(仁)을 이룸. 예 윤봉길 의사는 殺身成仁을 몸소 실천한 분이시다. / 죽일 **살**(4Ⅱ), 몸 **신**(6), 이룰 **성**(6), 어질 **인**(4)
森羅萬象 (삼라만상)	우주에 있는 온갖 사물과 현상 / 수풀 **삼**(3Ⅱ), 벌일 **라**(4Ⅱ), 일만 **만**(8), 코끼리 **상**(4) — '森羅(삼라)'는 벌여 있는 현상이 숲의 나무처럼 많음을 이르는 말임. '象'이 '모양'을 뜻함.
三綱五倫 (삼강오륜)	유교의 도덕에서 기본이 되는 세 가지의 강령과 지켜야 할 다섯 가지의 도리 / 석 **삼**(8), 벼리 **강**(3Ⅱ), 다섯 **오**(8), 인륜 **륜**(3Ⅱ) — 三綱(삼강) : 君爲臣綱(군위신강), 父爲子綱(부위자강), 夫爲婦綱(부위부강) / 五倫(오륜) : 父子有親(부자유친), 君臣有義(군신유의), 夫婦有別(부부유별), 長幼有序(장유유서), 朋友有信(붕우유신)
三旬九食 (삼순구식)	삼십 일 동안 아홉 끼니밖에 먹지 못한다는 뜻으로, 몹시 가난함을 이르는 말 / 열흘 **순**(3Ⅱ), 아홉 **구**(8), 먹을 **식**(7)
桑田碧海 (상전벽해)	뽕나무 밭이 변하여 푸른 바다가 된다는 뜻으로, 세상일의 변천이 심함을 비유적으로 이르는 말 / 뽕나무 **상**(3Ⅱ), 밭 **전**(4Ⅱ), 푸를 **벽**(3Ⅱ), 바다 **해**(7)
生不如死 (생불여사)	살아 있음이 차라리 죽는 것만 못하다는 뜻으로, 몹시 어려운 형편에 있음을 이르는 말 / 날 **생**(8), 아닐 **불**(7), 같을 **여**(4Ⅱ), 죽을 **사**(6)
先見之明 (선견지명)	어떤 일이 일어나기 전에 미리 앞을 내다보고 아는 지혜 / 먼저 **선**(8), 볼 **견**(5), 갈 **지**(3Ⅱ), 밝을 **명**(6)
先公後私 (선공후사)	공적인 일을 먼저 하고 사사로운 일은 뒤로 미룸. / 공평할 **공**(6), 뒤 **후**(7), 사사 **사**(4)
雪上加霜 (설상가상)	눈 위에 서리가 덮인다는 뜻으로, 난처한 일이나 불행한 일이 잇따라 일어남을 이르는 말 / 눈 **설**(6), 윗 **상**(7), 더할 **가**(5), 서리 **상**(3Ⅱ) → 錦上添花(금상첨화) 366쪽 >>>

사자 성어 **355**

사자 성어

| 說往說來 (설왕설래) | 말이 갔다가 왔다가 한다는 뜻으로, 서로 변론을 주고받으며 옥신각신함, 또는 말이 오고 감을 의미 / 말씀 **설**(5), 갈 **왕**(4Ⅱ), 올 **래**(7) |

| 束手無策 (속수무책) | 손을 묶은 것처럼 어찌할 도리가 없어 꼼짝 못함. / 묶을 **속**(5), 손 **수**(7), 없을 **무**(5), 꾀 **책**(3Ⅱ)　예) 강물에 떠내려가는 공을 束手無策으로 바라만 보았다. |

| 送舊迎新 (송구영신) | 묵은해를 보내고 새해를 맞음. / 보낼 **송**(4Ⅱ), 예 **구**(5), 맞을 **영**(4), 새 **신**(6) |

| 首丘初心 (수구초심) | 언덕에 머리를 향한 처음 마음이라는 뜻으로, 여우가 죽을 때에 머리를 자기가 살던 굴 쪽으로 둔다는 데서, 고향을 그리워하는 마음을 의미 / 머리 **수**(5), 언덕 **구**(3Ⅱ), 처음 **초**(5), 마음 **심**(7) |

| 手不釋卷 (수불석권) | 손에서 책을 놓지 아니하고 늘 글을 읽음. / 손 **수**(7), 아닐 **불**(7), 풀 **석**(3Ⅱ), 책 **권**(4) |

| 水魚之交 (수어지교) | 물과 물고기의 사귐이라는 뜻으로, 아주 친밀하여 떨어질 수 없는 사이를 비유적으로 이르는 말 / 물 **수**(8), 물고기 **어**(5), 갈 **지**(3Ⅱ), 사귈 **교**(6) |

| 守株待兔 (수주대토) | 그루터기를 지키며 토끼를 기다린다는 뜻으로, 한 가지 일에만 얽매여 발전을 모르는 어리석은 사람을 비유적으로 이르는 말 / 지킬 **수**(4Ⅱ), 그루 **주**(3Ⅱ), 기다릴 **대**(6), 토끼 **토**(3Ⅱ) |

송나라의 농부가 그루터기에 부딪쳐 죽은 토끼를 잡은 후, 그루터기에서 토끼가 잡히기만을 기다렸다는 고사에서 유래

| 宿虎衝鼻 (숙호충비) | 자는 호랑이의 코를 찌른다는 뜻으로, 가만히 있는 사람을 공연히 건드려서 화를 입거나 일을 불리하게 만듦을 이르는 말 / 잘 **숙**(5), 범 **호**(3Ⅱ), 찌를 **충**(3Ⅱ), 코 **비**(5) |

| 是是非非 (시시비비) | ① 여러 가지의 잘잘못, ② 옳고 그름을 따지며 다툼. / 옳을 **시**(4Ⅱ), 아닐 **비**(4Ⅱ) |

| 始終一貫 (시종일관) | 일 따위를 처음부터 끝까지 한결같이 함.　'始'가 '처음'을 뜻함. / 비로소 **시**(6), 마칠 **종**(5), 한 **일**(8), 꿸 **관**(3Ⅱ) |

| 識字憂患 (식자우환) | 글자를 아는 것이 근심이라는 뜻으로, 학식이 있는 것이 오히려 근심을 사게 됨을 이르는 말 / 알 **식**(5), 글자 **자**(7), 근심 **우**(3Ⅱ), 근심 **환**(5)　⚠ '지자우환'으로 읽지 말 것! |

| 信賞必罰 (신상필벌) | 진실로 상을 주고 반드시 벌을 준다는 뜻으로, 공이 있는 자에게는 반드시 상을 주고 죄가 있는 사람에게는 반드시 벌을 주는 일로 상과 벌을 공정하고 엄중하게 한다는 의미 / 믿을 **신**(6), 상줄 **상**(5), 반드시 **필**(5), 벌할 **벌**(4Ⅱ)　'信'이 '진실로'를 뜻함. |

| 身言書判 (신언서판) | 예전에, 인물을 선택하는 데 표준으로 삼던 조건. 곧 신수, 말씨, 문필, 판단력의 네 가지를 이름. / 몸 **신**(6), 말씀 **언**(6), 글 **서**(6), 판단할 **판**(4) |

| 神出鬼沒 (신출귀몰) | 귀신처럼 나왔다가 귀신처럼 사라진다는 뜻으로, 그 움직임을 쉽게 알 수 없을 만큼 자유자재로 나타나고 사라짐을 비유적으로 이르는 말 / 귀신 **신**(6), 날 **출**(7), 귀신 **귀**(3Ⅱ), 빠질 **몰**(3Ⅱ) |

| 實事求是 (실사구시) | 사실에 토대를 두어 진리를 탐구하는 일 / 열매 **실**(5), 일 **사**(7), 구할 **구**(4Ⅱ), 옳을 **시**(4Ⅱ) |

'實事求是'는 눈으로 보고 귀로 듣고 손으로 만져 보는 것과 같은 실험과 연구를 거쳐 아무도 부정할 수 없는 객관적 사실을 통하여 정확한 판단과 해답을 얻고자 하는 것임.

| 深思熟考 (심사숙고) | 깊이 잘 생각함. / 깊을 **심**(4Ⅱ), 생각 **사**(5), 익을 **숙**(3Ⅱ), 생각할 **고**(5) |

| 深山幽谷 (심산유곡) | 깊은 산속의 으슥한 골짜기 / 깊을 **심**(4Ⅱ), 메 **산**(8), 그윽할 **유**(3Ⅱ), 골 **곡**(3Ⅱ) |

十中八九 (십중팔구)	열 가운데 여덟이나 아홉 정도로 거의 대부분이거나 거의 틀림없음. / 열 **십**(8), 가운데 **중**(8), 여덟 **팔**(8), 아홉 **구**(8)
我田引水 (아전인수)	나의 밭에 물을 끌어댄다는 뜻으로, 자기에게만 이롭게 되도록 생각하거나 행동함을 이르는 말 / 나 **아**(3Ⅱ), 밭 **전**(4Ⅱ), 끌 **인**(4Ⅱ), 물 **수**(8) 예 양국은 협의가 끝나자마자 서로 我田引水 격의 해석을 내놓았다.
惡戰苦鬪 (악전고투)	매우 어려운 조건을 무릅쓰고 힘을 다하여 고생스럽게 싸움. 예 惡戰苦鬪 끝에 간신히 승리했다. / 악할 **악**(5), 싸움 **전**(6), 쓸 **고**(6), 싸움 **투**(4) '苦'가 '괴롭다'를 뜻함. ⚠ '오전고후'로 읽지 말 것!
安分知足 (안분지족)	분수를 편안하게 여기고 만족을 안다는 뜻으로, 편안한 마음으로 제 분수를 지키며 만족할 줄을 안다는 의미 / 편안 **안**(7), 나눌 **분**(6), 알 **지**(5), 발 **족**(7) '分'이 '분수', '足'이 '만족하다'를 뜻함.
安貧樂道 (안빈낙도)	가난함을 편하게 여기면서 도를 즐긴다는 뜻으로, 가난한 생활을 하면서도 편안한 마음으로 도를 즐겨 지킨다는 의미 / 가난할 **빈**(4Ⅱ), 즐길 **락**(6), 길 **도**(7) '道'는 '도리'를 뜻함. ⚠ '안빈악도', '안빈요도'로 읽지 말 것!
眼下無人 (안하무인)	눈 아래에 사람이 없다는 뜻으로, 방자하고 교만하여 다른 사람을 업신여김을 이르는 말 / 눈 **안**(4Ⅱ), 아래 **하**(7), 없을 **무**(5), 사람 **인**(8)
藥房甘草 (약방감초)	약방의 감초라는 뜻으로, 무슨 일이나 빠짐없이 끼임을 이르는 말 / 약 **약**(6), 방 **방**(4Ⅱ), 달 **감**(4), 풀 **초**(7)
弱肉強食 (약육강식)	약자의 살은 강자의 먹이가 된다는 뜻으로, 강한 자가 약한 자를 희생시켜서 번영하거나, 약한 자가 강한 자에게 끝내는 멸망됨을 이르는 말 / 약할 **약**(6), 고기 **육**(4Ⅱ), 강할 **강**(6), 밥·먹을 **식**(7)
梁上君子 (양상군자)	들보 위의 군자라는 뜻으로, 도둑을 완곡하게 이르는 말 / 들보 **량**(3Ⅱ), 윗 **상**(7), 임금 **군**(4), 아들 **자**(7)
良藥苦口 (양약고구)	좋은 약은 입에 쓰다는 뜻으로, 입에 쓴 약이 병을 잘 고치듯이 충언(忠言)은 귀에 거슬리나 자신에게 이로움을 이르는 말 / 어질 **량**(5), 약 **약**(6), 쓸 **고**(6), 입 **구**(7) 충고의 말 '良'이 '좋다'를 뜻함.
魚東肉西 (어동육서)	제사상을 차릴 때, 생선 반찬은 동쪽에 놓고 고기반찬은 서쪽에 놓는 일 / 물고기 **어**(5), 동녘 **동**(8), 고기 **육**(4Ⅱ), 서녘 **서**(8)
魚頭肉尾 (어두육미)	물고기는 머리 쪽이 맛이 있고 짐승 고기는 꼬리 쪽이 맛이 있다는 말 / 머리 **두**(6), 꼬리 **미**(3Ⅱ)
語不成說 (어불성설)	말이 말로 이루어지지 않는다는 뜻으로, 말이 조금도 사리에 맞지 아니함을 이르는 말 / 말씀 **어**(7), 아닐 **불**(7), 이룰 **성**(6), 말씀 **설**(5)
漁父之利 (어부지리)	두 사람이 이해관계로 서로 싸우는 사이에 엉뚱한 사람이 애쓰지 않고 가로챈 이익을 이르는 말 / 고기잡을 **어**(5), 아비 **부**(8), 갈 **지**(3Ⅱ), 이로울 **리**(6) 도요새와 무명조개가 서로 다투는 틈을 타서 어부가 둘 다 잡아 이익을 얻었다는 데서 유래
抑强扶弱 (억강부약)	강한 자를 억누르고 약한 자를 도와줌. / 누를 **억**(3Ⅱ), 강할 **강**(6), 도울 **부**(3Ⅱ), 약할 **약**(6)
言語道斷 (언어도단)	말할 길이 끊어졌다는 뜻으로, 어이가 없어서 말하려 해도 말할 수 없음을 이르는 말 / 말씀 **언**(6), 말씀 **어**(7), 길 **도**(7), 끊을 **단**(4Ⅱ)
言中有骨 (언중유골)	말 속에 뼈가 있다는 뜻으로, 예사로운 말 속에 단단한 속뜻이 들어 있음을 이르는 말 / 말씀 **언**(6), 가운데 **중**(8), 있을 **유**(7), 뼈 **골**(4)

사자 성어 **357**

사자 성어

言行一致 (언행일치)	말과 행동이 서로 같음. 또는 말한 대로 실행함. / 말씀 **언**(6), 다닐 **행**(6), 한 **일**(8), 이를 **치**(5) '行'이 '행실'을 뜻함.
如履薄氷 (여리박빙)	살얼음을 밟는 것과 같다는 뜻으로, 아슬아슬하고 위험한 일을 비유적으로 이르는 말 / 같을 **여**(4Ⅱ), 밟을 **리**(3Ⅱ), 엷을 **박**(3Ⅱ), 얼음 **빙**(5)
如出一口 (여출일구)	한 입에서 나오는 것 같다는 뜻으로, 여러 사람의 말이 한결같음을 이르는 말 / 날 **출**(7), 한 **일**(8), 입 **구**(7) = 異口同聲(이구동성) **359쪽 >>>**
易地思之 (역지사지)	처지를 바꾸어서 생각하여 봄. / 바꿀 **역**(4), 땅 **지**(7), 생각 **사**(5), 갈 **지**(3Ⅱ) '地'가 '처지'를 뜻함.
緣木求魚 (연목구어)	나무에 올라가서 물고기를 구한다는 뜻으로, 도저히 불가능한 일을 굳이 하려 함을 비유적으로 이르는 말 / 인연 **연**(4), 나무 **목**(8), 구할 **구**(4Ⅱ), 물고기 **어**(5) '緣'이 '오르다'를 뜻함.
五穀百果 (오곡백과)	온갖 곡식과 과실 / 다섯 **오**(8), 곡식 **곡**(4), 일백 **백**(7), 실과 **과**(6)
五車之書 (오거지서)	다섯 수레에 실을 만한 책이란 뜻으로, 많은 장서(藏書)를 이르는 말 '오차지서'로 읽지 말 것! / 수레 **거**(7), 갈 **지**(3Ⅱ), 글 **서**(6) └ 책을 간직하여 둠. 또는 그 책
烏合之卒 (오합지졸)	까마귀가 모인 것 같은 병졸이라는 뜻으로, 임시로 모여들어서 규율이 없고 무질서한 병졸 또는 군중을 이르는 말 / 까마귀 **오**(3Ⅱ), 합할 **합**(6), 갈 **지**(3Ⅱ), 마칠 **졸**(5) '卒'이 '군사'를 뜻함.
溫故知新 (온고지신)	옛 것을 익혀 새 것을 안다는 뜻으로, 과거의 것을 바탕으로 새로운 도리와 가치를 발견하고 실현해 나간다는 의미 / 따뜻할 **온**(6), 연고 **고**(4Ⅱ), 알 **지**(5), 새 **신**(6) '溫'이 '익히다'를 뜻함.
樂山樂水 (요산요수)	산을 좋아하고 물을 좋아함. 곧 산수(山水)의 자연을 즐기고 좋아함. / 좋아할 **요**(6), 메 **산**(8), 물 **수**(8) '낙산락수', '악산악수'로 읽지 말 것!
龍頭蛇尾 (용두사미)	용의 머리와 뱀의 꼬리라는 뜻으로, 처음은 왕성하나 끝이 부진한 현상을 이르는 말 / 용 **룡**(4), 머리 **두**(6), 긴뱀 **사**(3Ⅱ), 꼬리 **미**(3Ⅱ)
龍味鳳湯 (용미봉탕)	용의 맛과 봉황의 탕국이라는 뜻으로, 용과 봉황으로 만든 음식처럼 맛이 매우 좋은 음식을 비유적으로 이르는 말 / 맛 **미**(4Ⅱ), 봉새 **봉**(3Ⅱ), 끓을 **탕**(3Ⅱ)
右往左往 (우왕좌왕)	이리저리 왔다 갔다 하며 일이나 나아가는 방향을 종잡지 못함. / 오른 **우**(7), 갈 **왕**(4Ⅱ), 왼 **좌**(7)
優柔不斷 (우유부단)	부드럽고 유약해서 결단하지 못한다는 뜻으로, 어물어물 망설이기만 하고 결단성이 없음을 이르는 말 / 넉넉할 **우**(4), 부드러울 **유**(3Ⅱ), 아닐 **부**(7), 끊을 **단**(4Ⅱ) '優'가 '부드럽다'를 뜻함. '우유불단'으로 읽지 말 것!
牛耳讀經 (우이독경)	쇠귀에 경을 읽는다는 뜻으로, 아무리 가르치고 일러 주어도 알아듣지 못함을 이르는 말 / 소 **우**(5), 귀 **이**(5), 읽을 **독**(6), 글 **경**(4Ⅱ)
危機一髮 (위기일발)	여유가 조금도 없이 몹시 절박한 순간 / 위태할 **위**(4), 틀 **기**(4), 한 **일**(8), 터럭 **발**(4) '機'가 '때'를 뜻함.
有口無言 (유구무언)	입은 있어도 말은 없다는 뜻으로, 변명할 말이 없거나 변명을 못함을 이르는 말 / 있을 **유**(7), 입 **구**(7), 없을 **무**(5), 말씀 **언**(6)

有名無實 (유명무실)	이름만 그럴듯하고 실속은 없음. / 이름 **명**(7), 열매 **실**(5) '實'이 '참(사실이나 이치에 조금도 어긋남이 없는 것)'을 뜻함.
有備無患 (유비무환)	갖춤이 있으면 근심이 없다는 뜻으로, 미리 준비가 되어 있으면 걱정할 것이 없음을 이르는 말 / 갖출 **비**(4Ⅱ), 없을 **무**(5), 근심 **환**(5)
類類相從 (유유상종)	같은 무리끼리 서로 사귐. 예 類類相從이라더니 정말 끼리끼리 몰려다니는 구나. / 무리 **류**(5), 서로 **상**(5), 좇을 **종**(4)
悠悠自適 (유유자적)	한가히 스스로 만족한다는 뜻으로, 속세를 떠나 아무 속박 없이 조용하고 편안하게 삶. / 멀 **유**(3Ⅱ), 스스로 **자**(7), 맞을 **적**(4) '悠'가 '한가하다', '適'이 '마음에들다'를 뜻함.
隱忍自重 (은인자중)	마음속에 감추어 참고 견디면서 몸가짐을 신중하게 행동함. / 숨을 **은**(4), 참을 **인**(3Ⅱ), 무거울 **중**(7) 예 그는 隱忍自重하면서 다음 기회를 기다리기로 했다.
異口同聲 (이구동성)	입은 다르나 목소리는 같다는 뜻으로, 여러 사람의 말이 한결같음을 이르는 말 =如出一口(여출일구) / 다를 **이**(4), 입 **구**(7), 한가지 **동**(7), 소리 **성**(4Ⅱ) 예 사람들은 異口同聲으로 그의 인품을 칭찬했다.
以卵擊石 (이란격석)	달걀로써 돌을 친다는 뜻으로, 아주 약한 것으로 강한 것에 대항하려는 어리석음을 비유적으로 이르는 말 / 써 **이**(5), 알 **란**(4), 칠 **격**(4), 돌 **석**(6)
以心傳心 (이심전심)	마음으로써 마음에 전하다는 뜻으로, 마음과 마음으로 서로 뜻이 통함을 이르는 말 / 마음 **심**(7), 전할 **전**(5)
以熱治熱 (이열치열)	열로써 열을 다스린다는 뜻으로, 열이 날 때에 땀을 낸다든지, 더위를 뜨거운 차를 마셔서 이긴다든지, 힘은 힘으로 물리친다는 따위를 이를 때에 흔히 쓰는 말 / 더울 **열**(5), 다스릴 **치**(4Ⅱ)
利用厚生 (이용후생)	쓰임을 이롭게 하고 생활을 두텁게 한다는 뜻으로, 기구를 편리하게 쓰고 먹을 것과 입을 것을 넉넉하게 하여, 국민의 생활을 나아지게 한다는 의미 / 이로울 **리**(6), 쓸 **용**(6), 두터울 **후**(4), 날 **생**(8) '生'이 '생계'를 뜻함.
離合集散 (이합집산)	헤어졌다가 모였다가 하는 일 / 떠날 **리**(4), 합할 **합**(6), 모을 **집**(6), 흩을 **산**(4)
因果應報 (인과응보)	전생에 지은 선악에 따라 현재의 행과 불행이 있고, 현세에서의 선악의 결과에 따라 내세에서 행과 불행이 있는 일 / 인할 **인**(5), 실과 **과**(6), 응할 **응**(4Ⅱ), 갚을 **보**(4Ⅱ) '果'가 '결과'를 뜻함.
人面獸心 (인면수심)	사람의 얼굴을 하고 있으나 마음은 짐승과 같다는 뜻으로, 마음이나 행동이 몹시 흉악함을 이르는 말 / 사람 **인**(8), 낯 **면**(7), 짐승 **수**(3Ⅱ), 마음 **심**(7)
人命在天 (인명재천)	사람의 목숨은 하늘에 달려 있다는 뜻으로, 목숨의 길고 짧음은 사람의 힘으로 어쩔 수 없음을 이르는 말 / 목숨 **명**(7), 있을 **재**(6), 하늘 **천**(7)
人死留名 (인사유명)	사람은 죽어서 이름을 남긴다는 뜻으로, 사람의 삶이 헛되지 아니하면 그 이름이 길이 남음을 이르는 말 / 죽을 **사**(6), 머무를 **류**(4Ⅱ), 이름 **명**(7) ※ 虎死留皮(호사유피) : 호랑이는 죽어서 가죽을 남긴다.
日久月深 (일구월심)	날이 오래고 달이 깊어 간다는 뜻으로, 세월이 흐를수록 더함을 이르는 말 / 날 **일**(8), 오랠 **구**(3Ⅱ), 달 **월**(8), 깊을 **심**(4Ⅱ) 예 내집 장만을 日久月深으로 바라다.
日就月將 (일취월장)	날로 나아가고 달로 나아간다는 뜻으로, 나날이 다달이 자라거나 발전함을 이르는 말 / 나아갈 **취**(4), 달 **월**(8), 장수 **장**(4Ⅱ) '將'이 '나아가다'를 뜻함. 예 방학동안 그의 한문 실력이 日就月將하였다.

사자 성어

| 一刻千金 (일각천금) | 아무리 짧은 시간이라도 천금과 같이 귀중함을 이르는 말 / 한 **일**(8), 새길 **각**(4), 일천 **천**(7), 쇠 **금**(8) | '刻'이 '시각', '金'이 '금'을 뜻함. '一刻(일각)'은 한 시간의 4분의 1, 곧 15분을 이름. 또는 아주 짧은 시간을 이름. |

一擧兩得 (일거양득) 한 가지 일을 하여 두 가지 이익을 얻음. ＝一石二鳥(일석이조)
／ 들 **거**(5), 두 **량**(4Ⅱ), 얻을 **득**(4Ⅱ) '擧'가 '행하다'를 뜻함.

一刀兩斷 (일도양단) 한 칼로 두 동강이를 낸다는 뜻으로, 어떤 일을 머뭇거리지 아니하고 선뜻 결정함을 비유적으로 이르는 말 ／ 칼 **도**(3Ⅱ), 끊을 **단**(4Ⅱ)

一脈相通 (일맥상통) 한 줄기로 서로 통한다는 뜻으로, 사고방식, 상태, 성질 따위가 서로 통하거나 비슷해짐을 이르는 말 ／ 줄기 **맥**(4Ⅱ), 서로 **상**(5), 통할 **통**(6) 예 두 이론은 개방적이라는 점에서 서로 一脈相通한다.

一罰百戒 (일벌백계) 한 사람을 벌주어 백 사람을 경계한다는 뜻으로, 다른 사람들에게 경각심을 불러일으키기 위하여 본보기로 한 사람에게 엄한 처벌을 하는 일을 이르는 말 ／ 벌할 **벌**(4Ⅱ), 일백 **백**(7), 경계할 **계**(4)

一絲不亂 (일사불란) 한 오리 실도 엉키지 아니함이라는 뜻으로, 질서가 정연하여 조금도 흐트러지지 아니함을 이르는 말 ／ 실 **사**(4), 아닐 **불**(7), 어지러울 **란**(4)

一石二鳥 (일석이조) 돌 한 개를 던져 새 두 마리를 잡는다는 뜻으로, 동시에 두 가지 이득을 봄을 이르는 말 ／ 돌 **석**(6), 두 **이**(8), 새 **조**(4Ⅱ) ＝一擧兩得(일거양득)

一言半句 (일언반구) 한 마디 말과 반 구절이라는 뜻으로, 아주 짧은 말을 이르는 말 예 그녀는 一言半句도 없이 떠났다.
／ 말씀 **언**(6), 반 **반**(6), 글귀 **구**(4Ⅱ)

一葉知秋 (일엽지추) 하나의 나뭇잎을 보고 가을이 옴을 안다는 뜻으로, 조그마한 일을 가지고 장차 올 일을 미리 짐작함. ／ 잎 **엽**(5), 알 **지**(5), 가을 **추**(7)

一衣帶水 (일의대수) 한 가닥 옷의 띠만큼 좁은 강이라는 뜻으로, 한 줄기 좁은 강물이나 바닷물을 이르는 말 ／ 옷 **의**(6), 띠 **대**(4Ⅱ), 물 **수**(8) 隋(수)나라의 文帝(문제)가 陳(진)나라를 공격하면서 양쯔 강을 두고 '한 가닥 옷의 띠와 같은 물'이라고 말한 데서 유래

一以貫之 (일이관지) 하나로써 꿰다는 뜻으로, 하나의 방법이나 태도로써 처음부터 끝까지 한결같음. ／ 써 **이**(5), 꿸 **관**(3Ⅱ), 갈 **지**(3Ⅱ)

一場春夢 (일장춘몽) 한바탕의 봄꿈이라는 뜻으로, 헛된 영화나 덧없는 일을 비유적으로 이르는 말 ／ 마당 **장**(7), 봄 **춘**(7), 꿈 **몽**(3Ⅱ)

一波萬波 (일파만파) 하나의 물결이 연쇄적으로 많은 물결을 일으킨다는 뜻으로, 한 사건이 그 사건에 그치지 아니하고 잇따라 많은 사건으로 번짐을 이르는 말 ／ 물결 **파**(4Ⅱ), 일만 **만**(8)

一片丹心 (일편단심) 한 조각의 붉은 마음이라는 뜻으로, 진심에서 우러나오는 변치 아니하는 마음을 이르는 말 ／ 조각 **편**(3Ⅱ), 붉을 **단**(3Ⅱ), 마음 **심**(7) 예 임 향한 一片丹心이야 가실 줄이 있으랴.

一筆揮之 (일필휘지) 한 번 쓰는 붓이 휘날린다는 뜻으로, 글씨를 단숨에 죽 내리 씀을 이르는 말 ／ 붓 **필**(5), 휘두를 **휘**(4), 갈 **지**(3Ⅱ)

一喜一悲 (일희일비) 한편으로는 기뻐하고 한편으로는 슬퍼함. 또는 기쁨과 슬픔이 번갈아 일어남. ／ 기쁠 **희**(4), 슬플 **비**(4Ⅱ)

臨機應變 (임기응변) 때에 임해서 응하고 고친다는 뜻으로, 그때그때 처한 사태에 맞추어 즉각 그 자리에서 결정하거나 처리함을 의미 ／ 임할 **림**(3Ⅱ), 틀 **기**(4), 응할 **응**(4Ⅱ), 변할 **변**(5) '機'가 '때', '變'이 '고치다'를 뜻함.

360 유형별 한자 익히기

立身揚名 (입신양명)	몸을 세우고 이름을 날린다는 뜻으로, 출세하여 이름을 세상에 떨침을 이르는 말 / 설 **립**(7), 몸 **신**(6), 날릴 **양**(3Ⅱ), 이름 **명**(7) · '立身(입신)'은 '세상에서 떳떳한 자리를 차지하고 지위를 확고하게 세움.'이라는 뜻임.
自激之心 (자격지심)	자신을 격하게 하는 마음이라는 뜻으로, 자기가 한 일에 대하여 스스로 미흡하게 여기는 마음을 이르는 말 / 스스로 **자**(7), 격할 **격**(4), 갈 **지**(3Ⅱ), 마음 **심**(7)
自業自得 (자업자득)	자신의 일을 자신이 얻는다는 뜻으로, 자기가 저지른 일의 결과를 자기가 받음을 이르는 말 / 업 **업**(6), 얻을 **득**(4Ⅱ)
自中之亂 (자중지란)	자기 안에서의 어지러움이라는 뜻으로, 같은 편끼리 하는 싸움을 이르는 말 / 가운데 **중**(8), 갈 **지**(3Ⅱ), 어지러울 **란**(4)
自初至終 (자초지종)	처음부터 끝까지의 과정 / 처음 **초**(5), 이를 **지**(4Ⅱ), 마칠 **종**(5) ※ 自~ 至… : ~에서 …까지
自畫自讚 (자화자찬)	자기가 그린 그림을 스스로 칭찬한다는 뜻으로, 자기가 한 일을 스스로 자랑함을 이르는 말 / 그림 **화**(6), 기릴 **찬**(4) ㉑ 그녀는 자신이 만든 음식에 대한 自畫自讚을 늘어놓았다.
自強不息 (자강불식)	스스로 힘써 몸과 마음을 가다듬어 쉬지 아니함. / 스스로 **자**(7), 강할 **강**(6), 아닐 **불**(7), 쉴 **식**(4Ⅱ)
作心三日 (작심삼일)	마음 먹은 것이 사흘을 간다는 뜻으로, 결심이 굳지 못함을 이르는 말 / 지을 **작**(6), 마음 **심**(7), 석 **삼**(8), 날 **일**(8)
張三李四 (장삼이사)	장씨(張氏)의 셋째 아들과 이씨(李氏)의 넷째 아들이라는 뜻으로, 이름이나 신분이 특별하지 아니한 평범한 사람들을 이르는 말 / 베풀 **장**(4), 석 **삼**(8), 성 **리**(6), 넉 **사**(8) '張'이 '성'을 뜻함.
適材適所 (적재적소)	마땅한 인재의 마땅한 자리라는 뜻으로, 알맞은 인재를 알맞은 자리에 씀을 이르는 말 / 맞을 **적**(4), 재목 **재**(5), 바 **소**(7)
電光石火 (전광석화)	번갯불이나 부싯돌의 불이 번쩍거리는 것과 같이 매우 짧은 시간이나 매우 재빠른 움직임 따위를 비유적으로 이르는 말 / 번개 **전**(7), 빛 **광**(6), 돌 **석**(6), 불 **화**(8)
前無後無 (전무후무)	이전에도 없었고 앞으로도 없음. / 앞 **전**(7), 없을 **무**(5), 뒤 **후**(7)
轉禍爲福 (전화위복)	재앙과 화난이 바뀌어 오히려 복이 됨. ㉑ 지금의 난국을 轉禍爲福의 기회로 삼아야 한다. / 구를 **전**(4), 재앙 **화**(3Ⅱ), 할 **위**(4Ⅱ), 복 **복**(5) '轉'이 '변하다', '爲'가 '되다'를 뜻함.
切齒腐心 (절치부심)	몹시 분하여 이를 갈며 속을 썩임. ⚠ '체치 부심'으로 읽지 말 것! / 끊을 **절**(5), 이 **치**(4Ⅱ), 썩을 **부**(3Ⅱ), 마음 **심**(7)
漸入佳境 (점입가경)	점점 아름다운 경치로 들어간다는 뜻으로, 들어갈수록 점점 재미가 있음을 이르는 말 / 점점 **점**(3Ⅱ), 들 **입**(7), 아름다울 **가**(3Ⅱ), 지경 **경**(4Ⅱ)
朝變夕改 (조변석개)	아침에 바꾸었다가 저녁에 고친다는 뜻으로, 계획이나 결정 따위를 일관성이 없이 자주 고침을 이르는 말 / 아침 **조**(6), 변할 **변**(5), 저녁 **석**(7), 고칠 **개**(5)
鳥足之血 (조족지혈)	새 발의 피라는 뜻으로, 매우 적은 분량을 비유적으로 이르는 말 / 새 **조**(4Ⅱ), 발 **족**(7), 갈 **지**(3Ⅱ), 피 **혈**(4Ⅱ)

사자 성어

足脫不及 (족탈불급)	맨발로 뛰어도 따라가지 못한다는 뜻으로, 능력·역량·재질 따위가 두드러져 도저히 다른 사람이 따라가지 못할 정도임을 비유적으로 이르는 말 / 발 **족**(7Ⅱ), 벗을 **탈**(4), 아닐 **불**(7), 미칠 **급**(3Ⅱ)
存亡之秋 (존망지추)	존속과 멸망, 또는 생존과 사망이 결정되는 아주 절박한 경우나 시기를 이르는 말 / 있을 **존**(4), 망할 **망**(5), 갈 **지**(3Ⅱ), 가을 **추**(7) '秋'가 '시기, 때'를 뜻함.
種豆得豆 (종두득두)	콩을 심으면 콩을 얻는다는 뜻으로, 원인에 따라 결과가 생김을 이르는 말 / 씨 **종**(5), 콩 **두**(4Ⅱ), 얻을 **득**(4Ⅱ) =因果應報(인과응보) 359쪽 >>>
縱橫無盡 (종횡무진)	가로세로 다함이 없다는 뜻으로, 자유자재로 행동하여 거침이 없는 상태를 이르는 말 / 세로 **종**(3Ⅱ), 가로 **횡**(3Ⅱ), 없을 **무**(5), 다할 **진**(4)
坐不安席 (좌불안석)	앉아도 자리가 편안하지 않다는 뜻으로, 마음이 불안하거나 걱정스러워서 한군데에 가만히 앉아 있지 못하고 안절부절못하는 모양을 이르는 말 / 앉을 **좌**(3Ⅱ), 아닐 **불**(7), 편안 **안**(7), 자리 **석**(6)
坐井觀天 (좌정관천)	우물 속에 앉아서 하늘을 본다는 뜻으로, 사람의 견문(見聞)이 매우 좁음을 이르는 말 / 우물 **정**(3Ⅱ), 볼 **관**(5), 하늘 **천**(7) =우물 안 개구리
左之右之 (좌지우지)	이리저리 제 마음대로 휘두르거나 다룸을 이르는 말 / 왼 **좌**(7), 갈 **지**(3Ⅱ), 오른 **우**(7) 예 그는 세계의 석유 값을 左之右之해 왔다.
左衝右突 (좌충우돌)	좌우로 충돌한다는 뜻으로, 이리저리 마구 찌르고 부딪침을 이르는 말 / 찌를 **충**(3Ⅱ), 오른 **우**(7), 갑자기 **돌**(3Ⅱ) '突'이 '부딪치다'를 뜻함.
晝耕夜讀 (주경야독)	낮에는 농사짓고 밤에는 글을 읽는다는 뜻으로, 어려운 여건 속에서도 꿋꿋이 공부함을 이르는 말 / 낮 **주**(6), 밭갈 **경**(3Ⅱ), 밤 **야**(6), 읽을 **독**(6)
走馬看山 (주마간산)	말을 타고 달리며 산천을 구경한다는 뜻으로, 자세히 살피지 아니하고 대충대충 보고 지나감을 이르는 말 / 달릴 **주**(4Ⅱ), 말 **마**(5), 볼 **간**(4), 메 **산**(8) =수박 겉 핥기
酒池肉林 (주지육림)	술로 연못을 이루고 고기로 숲을 이룬다는 뜻으로, 호사스러운 술잔치를 이르는 말 / 술 **주**(4), 못 **지**(3Ⅱ), 고기 **육**(4Ⅱ), 수풀 **림**(7) 중국 殷(은)나라 紂王(주왕)이 못을 파 술을 채우고 숲의 나뭇가지에 고기를 걸어 잔치를 즐겼던 일에서 유래
竹馬故友 (죽마고우)	대말을 타고 놀던 벗이라는 뜻으로, 어릴 때부터 같이 놀며 자란 벗을 이르는 말 / 대 **죽**(4Ⅱ), 말 **마**(5), 연고 **고**(4Ⅱ), 벗 **우**(5) '故'가 '예'를 뜻함.
衆寡不敵 (중과부적)	무리가 적어서 상대가 되지 못한다는 뜻으로, 적은 수효로 많은 수효를 대적하지 못함을 이르는 말 / 무리 **중**(4Ⅱ), 적을 **과**(3Ⅱ), 아닐 **부**(7), 대적할 **적**(4Ⅱ)
衆口難防 (중구난방)	뭇사람의 말을 막기가 어렵다는 뜻으로, 막기 어려울 정도로 여럿이 마구 지껄임을 이르는 말 / 입 **구**(7), 어려울 **난**(4Ⅱ), 막을 **방**(4Ⅱ)
支離滅裂 (지리멸렬)	이리저리 흩어지고 찢기어 갈피를 잡을 수 없음. 예 적군은 아군의 급습을 받아 支離滅裂에 빠졌다. / 지탱할 **지**(4Ⅱ), 떠날 **리**(4), 꺼질·멸할 **멸**(3Ⅱ), 찢어질 **렬**(3Ⅱ) '支'가 '갈리다'를 뜻함.
知命之年 (지명지년)	천명을 알 수 있는 나이라는 뜻으로, 쉰 살의 나이를 달리 이르는 말 '年'이 '나이'를 뜻함. / 알 **지**(5), 목숨 **명**(7), 갈 **지**(3Ⅱ), 해 **년**(8) 孔子(공자)가 나이 쉰 살에 天命(천명)을 알았다는 데서 유래
至誠感天 (지성감천)	지극한 정성에 하늘이 감동함. / 이를 **지**(4Ⅱ), 정성 **성**(4Ⅱ), 느낄 **감**(6), 하늘 **천**(7)

指呼之間 (지호지간)	손짓하여 부를 만큼 가까운 거리를 이르는 말 / 가리킬 **지**(4Ⅱ), 부를 **호**(4Ⅱ), 갈 **지**(3Ⅱ), 사이 **간**(7)
盡忠報國 (진충보국)	충성을 다하여서 나라의 은혜를 갚음. / 다할 **진**(4), 충성 **충**(4Ⅱ), 갚을 **보**(4Ⅱ), 나라 **국**(8)
進退兩難 (진퇴양난)	나아가기도 어렵고 물러서기도 어렵다는 뜻으로, 이러지도 저러지도 못하는 어려운 처지를 이르는 말 / 나아갈 **진**(4Ⅱ), 물러날 **퇴**(4Ⅱ), 두 **량**(4Ⅱ), 어려울 **난**(4Ⅱ) 예) 그는 지지할 수도 비판할 수도 없는 進退兩難에 빠졌다.
進退維谷 (진퇴유곡)	나아가도 물러나도 골짜기가 이어졌다는 뜻으로, 이러지도 저러지도 못하고 꼼짝할 수 없는 궁지를 이르는 말 / 벼리 **유**(3Ⅱ), 골 **곡**(3Ⅱ)
此日彼日 (차일피일)	이날 저날 하고 자꾸 기한을 미루는 모양을 이르는 말 / 이 **차**(3Ⅱ), 날 **일**(8), 저 **피**(3Ⅱ)
天高馬肥 (천고마비)	하늘이 높고 말이 살찐다는 뜻으로, 하늘이 맑고 모든 것이 풍성함을 이르는 말 / 하늘 **천**(7), 높을 **고**(6), 말 **마**(5), 살찔 **비**(3Ⅱ) 예) 天高馬肥의 계절
天生緣分 (천생연분)	하늘이 정하여 준 연분 '緣分(연분)'은 서로 관계를 맺게 되는 인연을 뜻함. / 날 **생**(8), 인연 **연**(4), 나눌 **분**(6)
天壤之差 (천양지차)	하늘과 땅의 차이라는 뜻으로, 엄청난 차이를 이르는 말 / 흙덩이 **양**(3Ⅱ), 갈 **지**(3Ⅱ), 다를 **차**(4) =雲泥之差(운니지차) : 구름과 진흙의 차이라는 뜻으로, 서로 간의 차이가 매우 심함을 이르는 말
天人共怒 (천인공노)	하늘과 사람이 함께 노한다는 뜻으로, 누구나 분노할 만큼 증오스럽거나 도저히 용납할 수 없음을 이르는 말 / 사람 **인**(8), 한가지 **공**(6), 성낼 **노**(4Ⅱ)
千慮一得 (천려일득)	천 번을 생각하여 하나를 얻는다는 뜻으로, 어리석은 사람이라도 많은 생각을 하면 그 과정에서 한 가지쯤은 좋은 것이 나올 수 있음을 이르는 말 / 일천 **천**(7), 생각할 **려**(4), 한 **일**(8), 얻을 **득**(4Ⅱ)
千慮一失 (천려일실)	천 번 생각에 한 번 실수라는 뜻으로, 슬기로운 사람이라도 여러 가지 생각 가운데에는 잘못되는 것이 있을 수 있음을 이르는 말 / 잃을 **실**(6)
千載一遇 (천재일우)	천 년 동안 단 한 번 만난다는 뜻으로, 좀처럼 만나기 어려운 좋은 기회를 이르는 말 / 실을 **재**(3Ⅱ), 한 **일**(8), 만날 **우**(4) '載'가 '해(year)'를 뜻함.
千差萬別 (천차만별)	여러 가지 사물이 모두 차이가 있고 구별이 있음. 예) 같은 씨앗을 뿌렸어도 밭에 따라 그 수확은 千差萬別이다. / 다를 **차**(4), 일만 **만**(8), 다를 **별**(6)
千篇一律 (천편일률)	천 권의 책이 하나의 법령처럼 똑같다는 뜻으로, 여럿이 개별적 특성이 없이 모두 엇비슷한 현상을 비유적으로 이르는 말 / 책 **편**(4), 한 **일**(8), 법칙 **률**(4Ⅱ)
徹頭徹尾 (철두철미)	머리에서 꼬리까지 투철하다는 뜻으로, 처음부터 끝까지 철저함을 이르는 말 / 통할 **철**(3Ⅱ), 머리 **두**(6), 꼬리 **미**(3Ⅱ)
寸鐵殺人 (촌철살인)	한 치의 쇠붙이로도 사람을 죽일 수 있다는 뜻으로, 간단한 말로도 남을 감동시키거나 남의 약점을 찌를 수 있음을 이르는 말 / 마디 **촌**(8), 쇠 **철**(5), 죽일 **살**(4Ⅱ), 사람 **인**(8)
秋風落葉 (추풍낙엽)	① 가을바람에 떨어지는 나뭇잎, ② 어떤 형세나 세력이 갑자기 기울어지거나 헤어져 흩어지는 모양을 비유적으로 이르는 말 / 가을 **추**(7), 바람 **풍**(6), 떨어질 **락**(5), 잎 **엽**(5)

사자 성어

사자성어	뜻풀이
出將入相 (출장입상)	나가서는 장수가 되고 들어와서는 재상이 된다는 뜻으로, 문무를 다 갖추어 장상(將相)의 벼슬을 모두 지냄을 이르는 말 / 날 **출**(7), 장수 **장**(4Ⅱ), 들 **입**(7), 서로 **상**(5) '相'이 '재상'을 뜻함.
忠言逆耳 (충언역이)	충직한 말은 귀에 거슬림. / 충성 **충**(4Ⅱ), 말씀 **언**(6), 거스릴 **역**(4Ⅱ), 귀 **이**(5)
醉生夢死 (취생몽사)	술에 취하여 자는 동안에 꾸는 꿈 속에 살고 죽는다는 뜻으로, 한평생을 아무 하는 일 없이 흐리멍덩하게 살아감을 비유적으로 이르는 말 / 취할 **취**(3Ⅱ), 날 **생**(8), 꿈 **몽**(3Ⅱ), 죽을 **사**(6)
置之度外 (치지도외)	내버려 두어 문제로 삼지 아니함. 예) 그들은 이 문제를 아예 置之度外해 버렸다. / 둘 **치**(4Ⅱ), 갈 **지**(3Ⅱ), 법도 **도**(6), 바깥 **외**(8)
他山之石 (타산지석)	다른 산의 나쁜 돌이라도 자신의 옥돌을 가는 데에 쓸 수 있다는 뜻으로, 본이 되지 않은 남의 말이나 행동도 자신의 지식과 인격을 수양하는 데에 도움이 될 수 있음을 비유적으로 이르는 말 / 다를 **타**(5), 메 **산**(8), 갈 **지**(3Ⅱ), 돌 **석**(6)
卓上空論 (탁상공론)	탁상 위에서의 헛된 이론이라는 뜻으로, 현실성이 없는 허황한 이론이나 논의를 이르는 말 / 높을 **탁**(5), 윗 **상**(7), 빌 **공**(7), 논할 **론**(4Ⅱ) '卓'이 '탁자'를 뜻함.
泰山北斗 (태산북두)	① 태산(泰山)과 북두칠성을 아울러 이르는 말, ② 세상 사람들로부터 존경받는 사람을 비유적으로 이르는 말 / 클 **태**(3Ⅱ), 메 **산**(8), 북녘 **북**(8), 말 **두**(4Ⅱ)
破顏大笑 (파안대소)	근엄한 얼굴 표정을 깨고 크게 웃는다는 뜻으로, 매우 즐거운 표정으로 활짝 웃음을 이르는 말 / 깨뜨릴 **파**(4Ⅱ), 낯 **안**(3Ⅱ), 큰 **대**(8), 웃음 **소**(4Ⅱ)
破竹之勢 (파죽지세)	대를 쪼개는 기세라는 뜻으로, 적을 거침없이 물리치고 쳐들어가는 기세를 이르는 말 / 대 **죽**(4Ⅱ), 갈 **지**(3Ⅱ), 형세 **세**(4Ⅱ)
八方美人 (팔방미인)	① 어느 모로 보나 아름다운 사람, ② 여러 방면에 능통한 사람을 비유적으로 이르는 말 / 여덟 **팔**(8), 모 **방**(7), 아름다울 **미**(6), 사람 **인**(8)
表裏不同 (표리부동)	겉과 속이 같지 않다는 뜻으로, 마음이 음흉하고 불량하여 겉과 속이 다름을 이르는 말 / 겉 **표**(6), 속 **리**(3Ⅱ), 아닐 **부**(7), 한가지 **동**(7) ⚠ '표리불동'으로 읽지 말 것!
風前燈火 (풍전등화)	바람 앞의 등불이라는 뜻으로, 사물이 매우 위태로운 처지에 놓여 있음을 비유적으로 이르는 말 / 바람 **풍**(6), 앞 **전**(7), 등 **등**(4Ⅱ), 불 **화**(8)
彼此一般 (피차일반)	저것과 이것이 모두 한모양(마찬가지의 상태)이라는 뜻으로, 두 편이 서로 같음을 이르는 말 / 저 **피**(3Ⅱ), 이 **차**(3Ⅱ), 한 **일**(8), 일반 **반**(3Ⅱ)
鶴首苦待 (학수고대)	학의 목처럼 목을 길게 빼고 간절히 기다림. / 학 **학**(3Ⅱ), 머리 **수**(5), 쓸 **고**(6), 기다릴 **대**(6) '苦'가 '몹시, 간절히'를 뜻함.
恒茶飯事 (항다반사)	항상 있어서 이상하거나 신통할 것이 없는 일 =茶飯事(다반사). 본래 불교 용어로 차를 마시고 밥을 먹는 일을 의미한다. 극히 일반적이고도 당연한 일로서 불교 중에서도 선종에서 유래 ⚠ '항차반사'로 읽지 말 것! / 항상 **항**(3Ⅱ), 차 **다**(3Ⅱ), 밥 **반**(3Ⅱ), 일 **사**(7)
虛張聲勢 (허장성세)	실속은 없으면서 큰소리치거나 허세를 부림. / 빌 **허**(4Ⅱ), 베풀 **장**(4), 소리 **성**(4Ⅱ), 형세 **세**(4Ⅱ)
賢母良妻 (현모양처)	어진 어머니이면서 착한 아내 예) 신사임당은 賢母良妻의 귀감으로 추앙받고 있다. / 어질 **현**(4Ⅱ), 어미 **모**(8), 어질 **량**(5), 아내 **처**(3Ⅱ)

浩然之氣 (호연지기)	① 하늘과 땅 사이에 가득 찬 넓고 큰 원기, ② 거침 없이 넓고 큰 기개 / 넓을 호(3Ⅱ), 그럴 연(7), 갈 지(3Ⅱ), 기운 기(7) 孟子(맹자)의 가르침인 人格(인격)의 이상적 氣象(기상)이다.
好衣好食 (호의호식)	좋은 옷을 입고 좋은 음식을 먹음. / 좋을 호(4Ⅱ), 옷 의(6), 밥·먹을 식(7)
紅爐點雪 (홍로점설)	① 빨갛게 달아오른 화로 위에 눈을 조금 뿌린 것과 같다는 뜻으로, 큰일을 함에 있어 작은 힘으로는 아무 도움이 되지 아니함을 이르는 말, ② 사욕(私慾)이나 의혹(疑惑)이 일시에 꺼져 없어짐을 비유적으로 이르는 말 / 붉을 홍(4), 화로 로(3Ⅱ), 점 점(4), 눈 설(6)
花朝月夕 (화조월석)	꽃 피는 아침과 달 밝은 저녁이라는 뜻으로, 경치가 좋은 시절을 이르는 말 / 꽃 화(7), 아침 조(6), 달 월(8), 저녁 석(7)
會者定離 (회자정리)	만난 자는 반드시 헤어진다는 뜻으로, 모든 것이 무상함을 나타내는 말 / 모일 회(6), 놈 자(6), 정할 정(6), 떠날 리(4) '定'이 '반드시'를 뜻함.
興亡盛衰 (흥망성쇠)	흥하고 망함과 성하고 쇠함. 예 興亡盛衰와 부귀빈천이 물레바퀴 돌듯 한다. → 사람의 운명은 돌고 돌아 늘 변한다는 말 / 일 흥(4Ⅱ), 망할 망(5), 성할 성(4Ⅱ), 쇠할 쇠(3Ⅱ)
興盡悲來 (흥진비래)	즐거운 일이 다하면 슬픈 일이 닥쳐온다는 뜻으로, 세상일은 순환되는 것임을 이르는 말 / 다할 진(4), 슬플 비(4Ⅱ), 올 래(7)
喜怒哀樂 (희로애락)	기쁨과 노여움과 슬픔과 즐거움. / 기쁠 희(4), 성낼 노(4Ⅱ), 슬플 애(3Ⅱ), 즐길 락(6) ⚠ '희노애락'으로 읽지 말 것! (희노애락→희로애락 : 활음조 현상)
喜喜樂樂 (희희낙락)	매우 기뻐하고 즐거워함. / 즐길 락(6)

● 3급 출제

街談巷說 (가담항설)	거리의 말이나 이야기라는 뜻으로, 거리나 항간에 떠도는 소문을 이르는 말 / 거리 가(4Ⅱ), 말씀 담(5), 거리 항(3), 말씀 설(5)
刻骨難忘 (각골난망)	뼈에 새겨 잊기가 어렵다는 뜻으로, 남의 은혜에 대한 고마운 마음이 깊이 새겨져 잊혀지지 않음. / 새길 각(4), 뼈 골(4), 어려울 난(4Ⅱ), 잊을 망(3) 예 그동안 보살펴 주신 은혜는 실로 刻骨難忘입니다.
刻舟求劍 (각주구검)	뱃전에 새겨 칼을 찾는다는 뜻으로, 융통성 없이 현실에 맞지 않는 낡은 생각을 고집하는 어리석음을 이르는 말 / 배 주(3), 구할 구(4Ⅱ), 칼 검(3Ⅱ) — 초나라 사람이 배에서 칼을 물속에 떨어뜨리고 그 위치를 뱃전에 표시하였다가 나중에 배가 움직인 것을 생각하지 않고 칼을 찾았다는 고사에서 유래
感慨無量 (감개무량)	깊이 느끼고 탄식함이 한이 없다는 뜻으로, 마음속에서 느끼는 감동이나 느낌이 끝이 없음을 이르는 말 / 느낄 감(6), 슬퍼할 개(3), 없을 무(5), 헤아릴 량(5) 예 10년 만에 고향에 돌아오니 모든 것이 感慨無量하였다.
擧案齊眉 (거안제미)	밥상을 눈썹과 가지런하도록 공손히 들어 남편 앞에 가지고 간다는 뜻으로, 남편을 깍듯이 공경함을 이르는 말 / 들 거(5), 책상 안(5), 가지런할 제(3Ⅱ), 눈썹 미(3) '案'은 '소반'을 뜻함.
乞人憐天 (걸인연천)	거지가 하늘을 불쌍히 여긴다는 뜻으로, 불행한 처지에 놓여 있는 사람이 부질없이 행복한 사람을 동정함을 이르는 말 / 빌 걸(3), 사람 인(8), 불쌍히여길 련(3), 하늘 천(7)
牽強附會 (견강부회)	억지로 끌어다 붙여 모은다는 뜻으로, 이치에 맞지 않는 말을 억지로 끌어 붙여 자기에게 유리하게 함을 이르는 말 / 끌 견(3), 강할 강(6), 붙을 부(3Ⅱ), 모일 회(6) '強'이 '억지로'를 뜻함.

사자 성어

| 經天緯地 (경천위지) | 하늘을 날줄로 하고 땅을 씨줄로 한다는 뜻으로, 온 천하를 조직적으로 잘 계획하여 다스림을 이르는 말 / 지날·글 **경**(4Ⅱ), 하늘 **천**(7), 씨 **위**(3), 땅 **지**(7) '經'이 '날(돗자리 따위를 짤 때에 세로로 놓는 실)', '緯'가 '씨(돗자리, 짚신 따위를 짤 때에 가로로 놓는 실)'을 뜻함. |

| 鷄鳴狗盜 (계명구도) | 닭의 울음소리를 흉내내고 개처럼 기어 들어가 도둑질을 한다는 뜻으로, 비굴하게 남을 속이는 하찮은 재주를 이르는 말 / 닭 **계**(4), 울 **명**(4), 개 **구**(3), 도둑 **도**(4) |

| 矯角殺牛 (교각살우) | 소의 뿔을 바로잡으려다가 소를 죽인다는 뜻으로, 잘못된 점을 고치려다가 그 방법이나 정도가 지나쳐 오히려 일을 그르침을 이르는 말 / 바로잡을 **교**(3), 뿔 **각**(6), 죽일 **살**(4Ⅱ), 소 **우**(5) |

| 口蜜腹劍 (구밀복검) | 입에는 꿀이 있고 배 속에는 칼이 있다는 뜻으로, 말로는 친한 듯하나 속으로는 해칠 생각이 있음을 이르는 말 / 입 **구**(7), 꿀 **밀**(3), 배 **복**(3Ⅱ), 칼 **검**(3Ⅱ) |

| 口尙乳臭 (구상유취) | 입에서 아직 젖내가 난다는 뜻으로, 말이나 행동이 유치함을 이르는 말 / 입 **구**(7), 오히려 **상**(3Ⅱ), 젖 **유**(4), 냄새 **취**(3) 전국 시대 齊(제)나라의 '맹상군'이 秦(진)나라에 갔다가 하찮은 재주를 가진 식객들의 도움으로 목숨을 건져 탈출했던 고사에서 유래 |

| 勸善懲惡 (권선징악) | 착한 일을 권장하고 악한 일을 징계함. ⚠ '권선징오'로 읽지 말 것! / 권할 **권**(4), 착할 **선**(5), 징계할 **징**(3), 악할 **악**(5) |

| 錦上添花 (금상첨화) | 비단 위에 꽃을 더한다는 뜻으로, 좋은 일 위에 또 좋은 일이 더하여짐을 비유적으로 이르는 말 / 비단 **금**(3Ⅱ), 윗 **상**(7), 더할 **첨**(3), 꽃 **화**(7) ← 雪上加霜(설상가상) **355쪽 >>>** |

| 綠楊芳草 (녹양방초) | 푸른 버드나무와 향기로운 풀 / 푸를 **록**(6), 버들 **양**(3), 꽃다울 **방**(3Ⅱ), 풀 **초**(7) |

| 堂狗風月 (당구풍월) | 서당에서 기르는 개가 계속하여 글 읽는 소리를 들으면 풍월을 읊는다는 뜻으로, 그 분야에 대하여 경험과 지식이 전혀 없는 사람이라도 오래 있으면 얼마간의 경험과 지식을 가짐을 이르는 말 / 집 **당**(6), 개 **구**(3), 바람 **풍**(6), 달 **월**(8) |

| 獨也靑靑 (독야청청) | 홀로 푸르다는 뜻으로, 남들이 모두 절개를 꺾는 상황 속에서도 홀로 절개를 굳세게 지키고 있음을 비유적으로 이르는 말 / 홀로 **독**(5), 어조사 **야**(3), 푸를 **청**(8) 예 백설이 만건곤할 제 獨也靑靑하리라. |

| 同病相憐 (동병상련) | 같은 병을 앓는 사람끼리 서로 가엾게 여긴다는 뜻으로, 어려운 처지에 있는 사람끼리 서로 가엾게 여김을 이르는 말 / 한가지 **동**(7), 병 **병**(6), 서로 **상**(5), 불쌍히여길 **련**(3) |

| 茫然自失 (망연자실) | 멍하니 정신을 잃음. 예 그녀는 그 소식을 듣고 茫然自失하여 바닥에 주저앉았다. / 아득할 **망**(3), 그럴 **연**(7), 스스로 **자**(7), 잃을 **실**(6) '茫然'은 '넓고 멀어 아득한 모양'임. |

| 傍若無人 (방약무인) | 곁에 사람이 없는 것처럼 아무 거리낌 없이 함부로 말하고 행동하는 태도가 있음. / 곁 **방**(3), 같을 **약**(3Ⅱ), 없을 **무**(5), 사람 **인**(8) 예 왕은 傍若無人한 그의 행동에 몹시 노했다. |

| 背恩忘德 (배은망덕) | 은혜를 등지고 덕을 잊는다는 뜻으로, 남에게 입은 은덕을 저버리고 배신함. 또는 그런 태도가 있음을 이르는 말 / 등 **배**(4Ⅱ), 은혜 **은**(4Ⅱ), 잊을 **망**(3), 큰 **덕**(5) '背'가 '배신하다', '德'이 '덕'을 뜻함. |

| 白骨難忘 (백골난망) | 죽어서 백골이 되어도 잊을 수 없다는 뜻으로, 남에게 큰 은덕을 입었을 때 고마움의 뜻으로 이르는 말 / 흰 **백**(8), 뼈 **골**(4), 어려울 **난**(4Ⅱ), 잊을 **망**(3) |

| 百八煩惱 (백팔번뇌) | 사람이 지닌 108가지의 번뇌. 사람의 마음 속에 있는 엄청난 번뇌를 이름. / 일백 **백**(7), 여덟 **팔**(8), 번거로울 **번**(3), 번뇌할 **뇌**(3) |

| 朋友有信 (붕우유신) | 벗 사이에는 믿음이 있어야 함을 이름. 五倫(오륜)의 하나. / 벗 **붕**(3), 벗 **우**(5), 있을 **유**(7), 믿을 **신**(6) |

옛날에 변방의 늙은이가 기르던 말이 오랑캐 땅으로 달아나서 노인이 낙심하였는데, 그 후에 달아났던 말이 준마를 한 필 끌고 와서 그 덕분에 훌륭한 말을 얻게 되었다. 그러나 아들이 그 준마를 타다가 떨어져서 다리가 부러졌으므로 노인이 다시 낙심하였는데, 그 때문에 아들이 전쟁에 끌려 나가지 아니하고 죽음을 면할 수 있었다는 고사에서 유래

四顧無親 (사고무친)	사방을 둘러보아도 친한 이가 없다는 뜻으로, 의지할 만한 사람이 아무도 없음을 이르는 말 / 넉 **사**(8), 돌아볼 **고**(3), 없을 **무**(5), 친할 **친**(6)
塞翁之馬 (새옹지마)	변방 늙은이의 말이라는 뜻으로, 인생의 길흉화복은 변화가 많아서 예측하기가 어렵다는 의미 / 변방 **새**(3Ⅱ), 늙은이 **옹**(3), 갈 **지**(3Ⅱ), 말 **마**(5) ⚠ '색옹지마'로 읽지 말 것!
騷人墨客 (소인묵객)	시문(詩文)과 서화(書畫)를 일삼는 사람 / 떠들 **소**(3), 사람 **인**(8), 먹 **묵**(3Ⅱ), 손 **객**(5) · '騷人'은 詩人(시인)과 文士(문사)를 통틀어 이르는 말임.(중국 초나라의 굴원이 지은 〈離騷賦(이소부)〉에서 나온 말) · '墨客'은 먹을 가지고 글씨를 쓰거나 그림을 그리는 사람을 뜻함.
小貪大失 (소탐대실)	작은 것을 탐하다가 큰 것을 잃음. / 작을 **소**(8), 탐낼 **탐**(3), 큰 **대**(8), 잃을 **실**(6) · 虞(우)나라의 현인 궁지기가 우공에게 虢(괵)나라를 공격하려는 晉(진)나라에게 길을 내어 주어서는 안 된다고 간언한 고사에서 유래
脣亡齒寒 (순망치한)	입술이 없으면 이가 시리다는 뜻으로, 서로 이해관계가 밀접한 사이에 어느 한쪽이 망하면 다른 한쪽도 그 영향을 받아 온전하기 어려움을 이르는 말 / 입술 **순**(3), 망할 **망**(5), 이 **치**(4Ⅱ), 찰 **한**(5)
乘勝長驅 (승승장구)	싸움에 이긴 형세를 타고 계속 몰아침. / 탈 **승**(3Ⅱ), 이길 **승**(6), 긴 **장**(8), 몰 **구**(3) · 魏(위)나라 공략에 나선 제갈 량이 사마 의와 대치하고 있을 때, 제갈 량의 사자에게 사마 의가 '먹는 것은 적고 일은 많으니 어떻게 오래 지탱할 수 있겠소.'라고 말한 데서 유래
食少事煩 (식소사번)	먹을 것은 적고 할 일은 많다는 뜻으로, ① 몸을 돌보지 않고 일만 많이 함, ② 생기는 것도 없이 헛되이 바쁨을 이르는 말 / 먹을 **식**(7), 적을 **소**(7), 일 **사**(7), 번거로울 **번**(3)
羊頭狗肉 (양두구육)	양의 머리를 걸어 놓고 개고기를 판다는 뜻으로, 겉보기만 그럴듯하게 보이고 속은 변변하지 아니함을 이르는 말 / 양 **양**(4Ⅱ), 머리 **두**(6), 개 **구**(3), 고기 **육**(4Ⅱ)
焉敢生心 (언감생심)	어찌 감히 그런 마음을 먹을 수 있으랴는 뜻으로, 감히 그런 마음을 품을 수 없음을 이르는 말 / 어찌 **언**(3), 감히 **감**(4), 날 **생**(8), 마음 **심**(7) 예 넓은 집은 焉敢生心 꿈도 못 꿀 형편이다.
榮枯盛衰 (영고성쇠)	번영하다가 마르고 성하다가 시든다는 뜻으로, 인생이나 사물의 번성함과 쇠락함이 서로 바뀜을 이르는 말 / 영화 **영**(4Ⅱ), 마를 **고**(3), 성할 **성**(4Ⅱ), 쇠할 **쇠**(3Ⅱ)
五里霧中 (오리무중)	오리나 되는 짙은 안개 속에 있다는 뜻으로, 무슨 일에 대하여 방향이나 갈피를 잡을 수 없음을 이르는 말 / 다섯 **오**(8), 마을 **리**(7), 안개 **무**(3), 가운데 **중**(8) · '里'가 '리(거리의 단위)'를 뜻함.
吾鼻三尺 (오비삼척)	내 코가 석자라는 뜻으로, 자기 사정이 급하여 남을 돌볼 겨를이 없음을 이르는 말 / 나 **오**(3), 코 **비**(5), 석 **삼**(8), 자 **척**(3Ⅱ)
烏飛梨落 (오비이락)	까마귀 날자 배 떨어진다는 뜻으로, 아무 관계도 없이 한 일이 공교롭게도 때가 같아 억울하게 의심을 받거나 난처한 위치에 서게 됨을 이르는 말 / 까마귀 **오**(3Ⅱ), 날 **비**(4Ⅱ), 배 **리**(3), 떨어질 **락**(5)
傲霜孤節 (오상고절)	서릿발이 심한 속에서도 굴하지 아니하고 외로이 지키는 절개라는 뜻으로, '국화(菊花)'를 이르는 말 / 거만할 **오**(3), 서리 **상**(3Ⅱ), 외로울 **고**(4), 마디 **절**(5) · '節'이 '절개'를 뜻함.
搖之不動 (요지부동)	흔들어도 꼼짝하지 아니함. / 흔들 **요**(3), 갈 **지**(3Ⅱ), 아닐 **부**(7), 움직일 **동**(7) ⚠ '요지불동'으로 읽지 말 것!
唯我獨尊 (유아독존)	오직 나만이 유독 존귀하다는 뜻으로, 세상에서 자기 혼자 잘났다고 뽐내는 태도를 이르는 말 / 오직 **유**(3), 나 **아**(3Ⅱ), 홀로 **독**(5), 높을 **존**(4Ⅱ)
吟風弄月 (음풍농월)	바람을 읊고 달빛을 즐긴다는 뜻으로, 맑은 바람과 밝은 달을 대상으로 시를 짓고 흥취를 자아내어 즐겁게 놂을 이르는 말 / 읊을 **음**(3), 바람 **풍**(6), 희롱할 **롱**(3Ⅱ), 달 **월**(8) =吟風詠月(음풍영월)

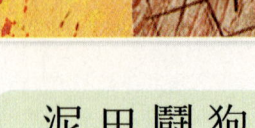

사자 성어

泥田鬪狗 (이전투구)	진흙탕에서 싸우는 개라는 뜻으로, ① 강인한 성격의 함경도 사람을 이르는 말, ② 자기의 이익을 위하여 비열하게 다툼을 비유적으로 이르는 말 / 진흙 니(3Ⅱ), 밭 전(4Ⅱ), 싸움 투(4), 개 구(3)
一魚濁水 (일어탁수)	한 마리의 물고기가 물을 흐린다는 뜻으로, 한 사람의 잘못으로 여러 사람이 피해를 입게 됨을 이르는 말 / 한 일(8), 물고기 어(5), 흐릴 탁(3), 물 수(8)
自暴自棄 (자포자기)	자신을 스스로 해치고 버린다는 뜻으로, 절망에 빠져 자신을 스스로 포기하고 돌아보지 아니함을 이르는 말 / 스스로 자(7), 모질 포(4Ⅱ), 버릴 기(3) ⚠ '자폭자기'로 읽지 말 것!
朝令暮改 (조령모개)	아침에 명령을 내렸다가 저녁에 다시 고친다는 뜻으로, 법령을 자꾸 고쳐서 갈피를 잡기가 어려움을 이르는 말 / 아침 조(6), 하여금 령(5), 저물 모(3), 고칠 개(5)
朝三暮四 (조삼모사)	아침에 세 개, 저녁에 네 개라는 뜻으로, 간사한 꾀로 남을 속여 희롱함을 이르는 말 / 석 삼(8), 저물 모(3), 넉 사(8) 宋(송)나라의 狙公(저공)이 먹이를 아침에 세 개, 저녁에 네 개씩 주겠다고 하자 원숭이들이 적다고 화를 내더니 아침에 네 개, 저녁에 세 개씩 주겠다고 하자 좋아하였다는 데서 유래
指鹿爲馬 (지록위마)	사슴을 가리켜 말이라 한다는 뜻으로, 윗사람을 농락하여 권세를 마음대로 함을 이르는 말 / 가리킬 지(4Ⅱ), 사슴 록(3), 할 위(4Ⅱ), 말 마(5) 중국 秦(진)나라의 趙高(조고)가 자신의 권세를 시험하여 보고자 황제 胡亥(호해)에게 사슴을 가리키며 말이라고 한 데서 유래
千辛萬苦 (천신만고)	천 가지 매운 것과 만 가지 쓴 것이라는 뜻으로, 온갖 어려운 고비를 다 겪으며 심하게 고생함을 이르는 말 / 일천 천(7), 매울 신(3), 일만 만(8), 쓸 고(6)
取捨選擇 (취사선택)	여럿 가운데서 쓸 것은 쓰고 버릴 것은 버림. / 가질 취(4Ⅱ), 버릴 사(3), 가릴 선(5), 가릴 택(4)
貪官汚吏 (탐관오리)	백성의 재물을 탐내어 빼앗는, 행실이 깨끗하지 못한 관리 / 탐낼 탐(3), 벼슬 관(4Ⅱ), 더러울 오(3), 벼슬아치·관리 리(3Ⅱ)
抱腹絶倒 (포복절도)	배를 그러안고 넘어질 정도로 몹시 웃음. / 안을 포(3), 배 복(3Ⅱ), 끊을 절(4Ⅱ), 넘어질 도(3Ⅱ)
匹夫匹婦 (필부필부)	평범한 남자와 평범한 여자라는 뜻으로, 평범한 남녀를 이르는 말 =甲男乙女(갑남을녀) 346쪽 >>> / 짝 필(3), 지아비 부(7), 며느리 부(4Ⅱ) '匹'은 '하나'를, '婦'는 '아내'를 뜻함.
咸興差使 (함흥차사)	함흥으로 간 차사라는 뜻으로, 심부름을 가서 오지 아니하거나 늦게 온 사람을 이르는 말 / 다 함(3), 일 흥(4Ⅱ), 다를 차(4), 하여금·부릴 사(6) 태조 이성계가 왕위를 물려주고 함흥에 있을 때에, 태종이 보낸 差使(차사)를 죽이거나 잡아 가두어 돌려보내지 아니하였던 데서 유래
軒軒丈夫 (헌헌장부)	외모가 준수하고 풍채가 당당한 남자 '軒軒(헌헌)'은 '풍채가 당당하고 빼어남'임. / 집 헌(3), 어른 장(3Ⅱ), 지아비 부(7)
螢雪之功 (형설지공)	반딧불·눈과 함께 하는 노력이라는 뜻으로, 고생을 하면서 부지런하고 꾸준하게 공부하는 자세를 이르는 말 / 반딧불 형(3), 눈 설(6), 갈 지(3Ⅱ), 공 공(6) 晉(진)나라 차윤이 반딧불 아래서 글을 읽고, 손강이 눈빛에 비추어 글을 읽었다는 고사에서 유래
昏定晨省 (혼정신성)	밤에는 부모의 잠자리를 보아 드리고 이른 아침에는 부모의 밤새 안부를 묻는다는 뜻으로, 부모를 잘 섬기고 효성을 다함을 이르는 말 / 어두울 혼(3), 정할 정(6), 새벽 신(3), 살필 성(6)
弘益人間 (홍익인간)	널리 인간을 이롭게 함. 國祖(국조) 檀君(단군)의 건국이념이며, 고조선 개국 이래 한국 政敎(정교)의 최고 이념 / 클 홍(3), 더할 익(4Ⅱ), 사람 인(8), 사이 간(7) '益'이 '이롭다'를 뜻함.
畫蛇添足 (화사첨족)	뱀을 다 그리고 나서 있지도 아니한 발을 덧붙여 그려 넣는다는 뜻으로, 쓸데없는 군짓을 하여 도리어 잘못되게 함을 이르는 말 / 그림 화(6), 긴뱀 사(3Ⅱ), 더할 첨(3), 발 족(7)

368 유형별 한자 익히기

반대자·상대자

※ 출제 유형 및 학습 방법은 437쪽 참조

3급Ⅱ, 3급 출제		

* 3급Ⅱ, 3급 읽기 배정 한자
※ 3급Ⅱ 읽기, 3급 쓰기 배정 한자
(표시가 없는 것은 3급Ⅱ, 3급 쓰기 배정 한자)

가감 (5)(4Ⅱ)	加 ⇔ 減	더할 가 / 덜 감 — 더함과 덜함
가제 (5)(4Ⅱ)	加 ⇔ 除	더할 가 / 덜 제 — 더함과 뺌
가부 (5)(4)	可 ⇔ 否※	옳을 가 / 아닐 부 — 옳음과 그름
간만 (4)(4Ⅱ)	干* ⇔ 滿	방패 간 / 찰 만 — 간조와 만조
간세 (4)(4Ⅱ)	簡* ⇔ 細	간략할 간 / 가늘 세 — 간략함과 세밀함
감고 (4)(6)	甘* ⇔ 苦	달 감 / 쓸 고 — 단맛과 쓴맛
강산 (7)(8)	江 ⇔ 山	강 강 / 메 산 — 강과 산
강약 (6)(6)	強 ⇔ 弱	강할 강 / 약할 약 — 강함과 약함
개폐 (6)(4)	開 ⇔ 閉※	열 개 / 닫을 폐 — 엶과 닫음
거래 (5)(7)	去 ⇔ 來	갈 거 / 올 래 — 감과 옴
거류 (5)(4Ⅱ)	去 ⇔ 留	갈 거 / 머무를 류 — 떠나감과 머물러 있음
거세 (4)(4Ⅱ)	巨 ⇔ 細	클 거 / 가늘 세 — 큼과 작음
경향 (6)(4Ⅱ)	京 ⇔ 鄕	서울 경 / 시골 향 — 서울과 시골
경중 (5)(7)	輕 ⇔ 重	가벼울 경 / 무거울 중 — 가벼움과 무거움
계절 (4)(4Ⅱ)	繼* ⇔ 絶	이을 계 / 끊을 절 — 이음과 끊음
고금 (6)(6)	古 ⇔ 今	예 고 / 이제 금 — 예전과 지금
고락 (6)(6)	苦 ⇔ 樂	쓸 고 / 즐길 락 — 괴로움과 즐거움
고하 (6)(7)	高 ⇔ 下	높을 고 / 아래 하 — 높음과 낮음
고저 (6)(4Ⅱ)	高 ⇔ 低	높을 고 / 낮을 저 — 높음과 낮음
고비 (6)(3Ⅱ)	高 ⇔ 卑*	높을 고 / 낮을 비 — 높음과 낮음
고부 (3Ⅱ)(4Ⅱ)	姑* ⇔ 婦	시어미 고 / 며느리 부 — 시어머니와 며느리
곡직 (5)(7)	曲 ⇔ 直	굽을 곡 / 곧을 직 — 굽음과 곧음
공륙 (7)(5)	空 ⇔ 陸	빌 공 / 뭍 륙 — 하늘과 땅
공과 (6)(5)	功 ⇔ 過	공 공 / 지날 과 — 공로와 과실
공죄 (6)(5)	功 ⇔ 罪	공 공 / 허물 죄 — 공로와 죄과
공사 (6)(4)	公 ⇔ 私*	공평할 공 / 사사 사 — 공공의 일과 사사로운 일
공방 (4)(4Ⅱ)	攻* ⇔ 防	칠 공 / 막을 방 — 공격과 방어
공수 (4)(4Ⅱ)	攻* ⇔ 守	칠 공 / 지킬 수 — 공격과 수비
관민 (4Ⅱ)(8)	官 ⇔ 民	벼슬 관 / 백성 민 — 공무원과 민간인
광음 (6)(4Ⅱ)	光 ⇔ 陰	빛 광 / 그늘 음 — 햇빛과 그늘
교학 (8)(8)	敎 ⇔ 學	가르칠 교 / 배울 학 — 가르침과 배움
교습 (8)(6)	敎 ⇔ 習	가르칠 교 / 익힐 습 — 가르침과 익힘
군민 (4)(8)	君* ⇔ 民	임금 군 / 백성 민 — 임금과 백성
군신 (4)(5)	君* ⇔ 臣	임금 군 / 신하 신 — 임금과 신하
귀천 (5)(3Ⅱ)	貴 ⇔ 賤*	귀할 귀 / 천할 천 — 부귀와 빈천
금고 (6)(6)	今 ⇔ 古	이제 금 / 예 고 — 지금과 예전
급완 (6)(3Ⅱ)	急 ⇔ 緩※	급할 급 / 느릴 완 — 빠름과 느림
급락 (3Ⅱ)(5)	及※ ⇔ 落	미칠 급 / 떨어질 락 — 급제와 낙제
기결 (4Ⅱ)(5)	起 ⇔ 結	일어날 기 / 맺을 결 — 시작과 끝맺음
기복 (4Ⅱ)(4)	起 ⇔ 伏※	일어날 기 / 엎드릴 복 — 지세의 높낮이
기함 (4Ⅱ)(3Ⅱ)	起 ⇔ 陷※	일어날 기 / 빠질 함 — 융기와 함몰
길흉 (5)(5)	吉 ⇔ 凶	길할 길 / 흉할 흉 — 길함과 흉함
난이 (4Ⅱ)(4)	難 ⇔ 易※	어려울 난 / 쉬울 이 — 어려움과 쉬움
남북 (8)(8)	南 ⇔ 北	남녘 남 / 북녘 북 — 남쪽과 북쪽
남녀 (7)(8)	男 ⇔ 女	사내 남 / 계집 녀 — 남자와 여자
내외 (7)(8)	內 ⇔ 外	안 내 / 바깥 외 — 안과 밖
다소 (6)(7)	多 ⇔ 少	많을 다 / 적을 소 — 많음과 적음
다과 (6)(3Ⅱ)	多 ⇔ 寡※	많을 다 / 적을 과 — 많음과 적음
단장 (6)(8)	短 ⇔ 長	짧을 단 / 긴 장 — 짧음과 긺
단속 (4Ⅱ)(4Ⅱ)	斷 ⇔ 續	끊을 단 / 이을 속 — 끊음과 이음
단복 (4Ⅱ)(4)	單 ⇔ 複※	홀 단 / 겹칠 복 — 단수와 복수
단석 (3Ⅱ)(7)	旦* ⇔ 夕	아침 단 / 저녁 석 — 아침과 저녁
답문 (7)(7)	答 ⇔ 問	대답 답 / 물을 문 — 대답과 물음
당락 (5)(5)	當 ⇔ 落	마땅 당 / 떨어질 락 — 당선과 낙선
당부 (5)(4)	當 ⇔ 否※	마땅 당 / 아닐 부 — 마땅함과 마땅하지 않음
대소 (8)(8)	大 ⇔ 小	큰 대 / 작을 소 — 큼과 작음
동서 (8)(8)	東 ⇔ 西	동녘 동 / 서녘 서 — 동쪽과 서쪽
동이 (7)(4)	同 ⇔ 異※	한가지 동 / 다를 이 — 같음과 다름

Ⅲ 유형별 한자 익히기

반대자 · 상대자

동지 (7)(5)	動 ⇔ 止 움직일 동 / 그칠 지 움직임과 멈춤	육해 (5)(7)	陸 ⇔ 海 뭍 륙 / 바다 해 육지와 바다	반상 (6)(4Ⅱ)	班 ⇔ 常 나눌 반 / 떳떳할 상 양반과 상사람	비희 (4Ⅱ)(4)	悲 ⇔ 喜 슬플 비 / 기쁠 희 슬픔과 기쁨
동정 (7)(4)	動 ⇔ 靜 움직일 동 / 고요할 정 움직임과 멈춤	이해 (6)(5)	利 ⇔ 害 이로울 리 / 해할 해 이익과 손해	발착 (6)(5)	發 ⇔ 着 필 발 / 붙을 착 출발과 도착	비고 (3Ⅱ)(6)	卑 ⇔ 高 낮을 비 / 높을 고 낮음과 높음
두미 (6)(3Ⅱ)	頭 ⇔ 尾 머리 두 / 꼬리 미 머리와 꼬리	이란 (6)(4)	理 ⇔ 亂 다스릴 리 / 어지러울 란 다스려짐과 어지러움	방원 (7)(4Ⅱ)	方 ⇔ 圓 모 방 / 둥글 원 모진 것과 둥근 것	빈부 (4Ⅱ)(4Ⅱ)	貧 ⇔ 富 가난할 빈 / 부자 부 가난함과 부유함
득실 (4Ⅱ)(6)	得 ⇔ 失 얻을 득 / 잃을 실 얻음과 잃음	이합 (4)(6)	離 ⇔ 合 떠날 리 / 합할 합 헤어짐과 모임	배향 (4Ⅱ)(6)	背 ⇔ 向 등 배 / 향할 향 등짐과 좇음	빙탄 (5)(5)	氷 ⇔ 炭 얼음 빙 / 숯 탄 얼음과 숯
득상 (4Ⅱ)(3Ⅱ)	得 ⇔ 喪 얻을 득 / 잃을 상 얻음과 잃음	이민 (3Ⅱ)(8)	吏 ⇔ 民 관리 리 / 백성 민 아전과 백성	백흑 (8)(5)	白 ⇔ 黑 흰 백 / 검을 흑 흰색과 검은색	사생 (6)(8)	死 ⇔ 生 죽을 사 / 날 생 죽음과 삶
등락 (7)(5)	登 ⇔ 落 오를 등 / 떨어질 락 급제와 낙제	만간 (4Ⅱ)(4)	滿 ⇔ 干 찰 만 / 방패 간 만조와 간조	복배 (3Ⅱ)(4Ⅱ)	腹 ⇔ 背 배 복 / 등 배 배와 등	사활 (6)(7)	死 ⇔ 活 죽을 사 / 살 활 죽음과 삶
등강 (7)(4)	登 ⇔ 降 오를 등 / 내릴 강 오름과 내림	매매 (5)(5)	賣 ⇔ 買 팔 매 / 살 매 팖과 삼	본말 (6)(5)	本 ⇔ 末 근본 본 / 끝 말 처음과 끝	사민 (5)(8)	士 ⇔ 民 선비 사 / 백성 민 양반과 평민
내거 (7)(5)	來 ⇔ 去 올 래 / 갈 거 옴과 감	명암 (6)(4Ⅱ)	明 ⇔ 暗 밝을 명 / 어두울 암 밝음과 어두움	부모 (8)(8)	父 ⇔ 母 아비 부 / 어미 모 아버지와 어머니	사제 (4Ⅱ)(8)	師 ⇔ 弟 스승 사 / 아우 제 스승과 제자
냉열 (5)(5)	冷 ⇔ 熱 찰 랭 / 더울 열 차가움과 뜨거움	명멸 (6)(3Ⅱ)	明 ⇔ 滅 밝을 명 / 꺼질 멸 불이 켜짐과 꺼짐	부자 (8)(7)	父 ⇔ 子 아비 부 / 아들 자 아버지와 아들	사정 (3Ⅱ)(7)	邪 ⇔ 正 간사할 사 / 바를 정 그릇됨과 올바름
냉난 (5)(4Ⅱ)	冷 ⇔ 暖 찰 랭 / 따뜻할 난 차가움과 따뜻함	모자 (8)(7)	母 ⇔ 子 어미 모 / 아들 자 어머니와 아들	부부 (7)(4Ⅱ)	夫 ⇔ 婦 지아비 부 / 며느리 부 남편과 아내	산천 (8)(7)	山 ⇔ 川 메 산 / 내 천 산과 내
양부 (5)(4)	良 ⇔ 否 어질 량 / 아닐 부 좋음과 나쁨	문답 (7)(7)	問 ⇔ 答 물을 문 / 대답 답 물음과 대답	부처 (7)(3Ⅱ)	夫 ⇔ 妻 지아비 부 / 아내 처 남편과 아내	산해 (8)(7)	山 ⇔ 海 메 산 / 바다 해 산과 바다
노소 (7)(7)	老 ⇔ 少 늙을 로 / 적을 소 늙은이와 젊은이	문언 (7)(6)	文 ⇔ 言 글월 문 / 말씀 언 글과 말	북남 (8)(8)	北 ⇔ 南 북녘 북 / 남녘 남 북쪽과 남쪽	산하 (8)(5)	山 ⇔ 河 메 산 / 물 하 산과 강
노동 (7)(6)	老 ⇔ 童 늙을 로 / 아이 동 늙은이와 아이	문무 (7)(4Ⅱ)	文 ⇔ 武 글월 문 / 호반 무 문관과 무관	분합 (6)(6)	分 ⇔ 合 나눌 분 / 합할 합 나눔과 합함	살활 (4Ⅱ)(7)	殺 ⇔ 活 죽일 살 / 살 활 죽임과 살림
노유 (7)(3Ⅱ)	老 ⇔ 幼 늙을 로 / 어릴 유 늙은이와 어린아이	물심 (7)(7)	物 ⇔ 心 물건 물 / 마음 심 물질과 정신	비락 (4Ⅱ)(6)	悲 ⇔ 樂 슬플 비 / 즐길 락 슬픔과 즐거움	상하 (7)(7)	上 ⇔ 下 윗 상 / 아래 하 위와 아래
노사 (5)(6)	勞 ⇔ 使 일할 로 / 하여금 사 노동자와 사용자	민관 (8)(4Ⅱ)	民 ⇔ 官 백성 민 / 벼슬 관 민간과 관공	비환 (4Ⅱ)(4)	悲 ⇔ 歡 슬플 비 / 기쁠 환 슬픔과 기쁨	상벌 (5)(4Ⅱ)	賞 ⇔ 罰 상줄 상 / 벌할 벌 상과 벌

상반 (4Ⅱ)(6)	常 ⇔ 班 떳떳할 상 나눌 반 상사람과 양반	수화 (8)(8)	水 ⇔ 火 물 수 불 화 물과 불	시말 (6)(5)	始 ⇔ 末 비로소 시 끝 말 처음과 끝	안위 (7)(4)	安 ⇔ 危 편안 안 위태할 위 편안함과 위태함
생사 (8)(6)	生 ⇔ 死 날 생 죽을 사 삶과 죽음	수륙 (8)(5)	水 ⇔ 陸 물 수 뭍 륙 물과 육지	시종 (6)(5)	始 ⇔ 終 비로소 시 마칠 종 처음과 끝	애오 (6)(5)	愛 ⇔ 惡 사랑 애 미워할 오 사랑과 미움
생살 (8)(4Ⅱ)	生 ⇔ 殺 날 생 죽일 살 살림과 죽임	수족 (7)(7)	手 ⇔ 足 손 수 발 족 손과 발	시비 (4Ⅱ)(4Ⅱ)	是 ⇔ 非 옳을 시 아닐 비 옳음과 그름	애증 (6)(3Ⅱ)	愛 ⇔ 憎 사랑 애 미울 증 사랑과 미움
생멸 (8)(3Ⅱ)	生 ⇔ 滅 날 생 멸할 멸 생김과 없어짐	수미 (5)(3Ⅱ)	首 ⇔ 尾 머리 수 꼬리 미 머리와 꼬리	신심 (6)(7)	身 ⇔ 心 몸 신 마음 심 몸과 마음	애락 (3Ⅱ)(6)	哀 ⇔ 樂 슬플 애 즐길 락 슬픔과 즐거움
생몰 (8)(3Ⅱ)	生 ⇔ 沒 날 생 빠질 몰 태어남과 죽음	수급 (4Ⅱ)(5)	收 ⇔ 給 거둘 수 줄 급 수입과 지급	신고 (6)(6)	新 ⇔ 古 새 신 예 고 새것과 헌것	양음 (6)(4Ⅱ)	陽 ⇔ 陰 볕 양 그늘 음 양과 음
선후 (8)(7)	先 ⇔ 後 먼저 선 뒤 후 먼저와 나중	수급 (4Ⅱ)(5)	受 ⇔ 給 받을 수 줄 급 받음과 줌	신구 (6)(5)	新 ⇔ 舊 새 신 예 구 새것과 헌것	언문 (6)(7)	言 ⇔ 文 말씀 언 글월 문 말과 글
선악 (5)(5)	善 ⇔ 惡 착할 선 악할 악 착한 것과 악한 것	수수 (4Ⅱ)(4Ⅱ)	授 ⇔ 受 줄 수 받을 수 줌과 받음	신의 (6)(4)	信 ⇔ 疑 믿을 신 의심할 의 믿음과 의심	언행 (6)(6)	言 ⇔ 行 말씀 언 다닐 행 말과 행동
성패 (6)(5)	成 ⇔ 敗 이룰 성 패할 패 성공과 실패	수지 (4Ⅱ)(4Ⅱ)	收 ⇔ 支 거둘 수 지탱할 지 수입과 지출	신민 (5)(8)	臣 ⇔ 民 신하 신 백성 민 관원과 백성	여야 (4)(6)	與 ⇔ 野 더불·줄 여 들 야 여당과 야당
성쇠 (4Ⅱ)(3Ⅱ)	盛 ⇔ 衰 성할 성 쇠할 쇠 성함과 쇠함	수여 (4Ⅱ)(4)	受 ⇔ 與 받을 수 줄 여 받음과 줌	실득 (6)(4Ⅱ)	失 ⇔ 得 잃을 실 얻을 득 잃음과 얻음	여수 (4)(4Ⅱ)	與 ⇔ 受 줄 여 받을 수 줌과 받음
세대 (4Ⅱ)(8)	細 ⇔ 大 가늘 세 큰 대 가는 것과 굵은 것	수불 (4Ⅱ)(3Ⅱ)	受 ⇔ 拂 받을 수 떨칠 불 받음과 치름	실부 (5)(4)	實 ⇔ 否 얼매 실 아닐 부 넉넉함과 넉넉하지 아니함	연부 (7)(4)	然 ⇔ 否 그럴 연 아닐 부 그러함과 그렇지 아니함
속단 (4Ⅱ)(4Ⅱ)	續 ⇔ 斷 이을 속 끊을 단 이음과 끊음	수급 (3Ⅱ)(5)	需 ⇔ 給 쓸 수 줄 급 수요와 공급	심신 (7)(6)	心 ⇔ 身 마음 심 몸 신 마음과 몸	영욕 (4Ⅱ)(3Ⅱ)	榮 ⇔ 辱 영화 영 욕될 욕 영예와 치욕
손득 (4)(4Ⅱ)	損 ⇔ 得 덜 손 얻을 득 손실과 이득	순역 (5)(4Ⅱ)	順 ⇔ 逆 순할 순 거스를 역 순종과 거역	심체 (7)(6)	心 ⇔ 體 마음 심 몸 체 마음과 몸	영송 (4)(4Ⅱ)	迎 ⇔ 送 맞을 영 보낼 송 맞음과 보냄
손익 (4)(4Ⅱ)	損 ⇔ 益 덜 손 더할 익 손해와 이익	승패 (6)(5)	勝 ⇔ 敗 이길 승 패할 패 승리와 패배	심천 (4Ⅱ)(3Ⅱ)	深 ⇔ 淺 깊을 심 얕을 천 깊음과 얕음	예결 (4)(5)	豫 ⇔ 決 미리 예 결단할 결 예산과 결산
송수 (4Ⅱ)(4Ⅱ)	送 ⇔ 受 보낼 송 받을 수 보냄과 받음	승부 (6)(4)	勝 ⇔ 負 이길 승 질 부 이김과 짐	아속 (3Ⅱ)(4Ⅱ)	雅 ⇔ 俗 맑을 아 풍속 속 아담한 것과 속된 것	옥석 (4Ⅱ)(6)	玉 ⇔ 石 구슬 옥 돌 석 옥과 돌
송영 (4Ⅱ)(4)	送 ⇔ 迎 보낼 송 맞을 영 보내고 맞음	승제 (3Ⅱ)(4Ⅱ)	乘 ⇔ 除 탈 승 덜 제 곱셈과 나눗셈	안부 (7)(4)	安 ⇔ 否 편안 안 아닐 부 편안함과 편안하지 아니함	온랭 (6)(5)	溫 ⇔ 冷 따뜻할 온 찰 랭 따뜻함과 참

Ⅲ 유형별 한자 익히기

반대자·상대자 **371**

반대자·상대자

온량 (6)(3Ⅱ)	溫 ⇔ 涼* 따뜻할 온 서늘할 량 따뜻함과 서늘함	이동 (4)(7)	異 ⇔ 同 다를 이 한가지 동 다름과 같음	전후 (7)(7)	前 ⇔ 後 앞 전 뒤 후 앞과 뒤	좌우 (7)(7)	左 ⇔ 右 왼 좌 오른 우 왼쪽과 오른쪽
완급 (3Ⅱ)(6)	*緩 ⇔ 急 느릴 완 급할 급 느림과 빠름	인과 (5)(6)	因 ⇔ 果 인할 인 실과 과 원인과 결과	정부 (7)(4Ⅱ)	正 ⇔ 副 바를 정 버금 부 으뜸과 버금	좌립 (3Ⅱ)(7)	*坐 ⇔ 立 앉을 좌 설 립 앉음과 섬
왕래 (4Ⅱ)(7)	往 ⇔ 來 갈 왕 올 래 감과 옴	일월 (8)(8)	日 ⇔ 月 날 일 달 월 해와 달	정오 (7)(4Ⅱ)	正 ⇔ 誤 바를 정 그르칠 오 바름과 틀림	죄벌 (5)(4Ⅱ)	罪 ⇔ 罰 허물 죄 벌할 벌 범죄와 형벌
왕복 (4Ⅱ)(4Ⅱ)	往 ⇔ 復 갈 왕 회복할 복 감과 돌아옴	임면 (5)(3Ⅱ)	任 ⇔ 免* 맡길 임 면할 면 임명과 해임	정사 (7)(3Ⅱ)	正 ⇔ 邪* 바를 정 간사할 사 정직함과 간사함	죄형 (5)(4)	罪 ⇔ 刑* 허물 죄 형벌 형 범죄와 형벌
우좌 (7)(7)	右 ⇔ 左 오른 우 왼 좌 오른쪽과 왼쪽	입출 (7)(7)	入 ⇔ 出 들 입 날 출 들어옴과 나감	정위 (7)(3Ⅱ)	正 ⇔ 僞* 바를 정 거짓 위 올바른 것과 거짓된 것	주객 (7)(5)	主 ⇔ 客 주인 주 손 객 주인과 손
원근 (6)(6)	遠 ⇔ 近 멀 원 가까울 근 멂과 가까움	입락 (7)(5)	入 ⇔ 落 들 입 떨어질 락 합격과 낙제	제형 (8)(8)	弟 ⇔ 兄 아우 제 형 형 아우와 형	주종 (7)(4)	主 ⇔ 從* 주인 주 좇을 종 주인과 부하
원은 (4)(4Ⅱ)	*怨 ⇔ 恩 원망할 원 은혜 은 원한과 은혜	자녀 (7)(8)	子 ⇔ 女 아들 자 계집 녀 아들과 딸	조손 (7)(6)	祖 ⇔ 孫 할아비 조 손자 손 할아버지와 손자	주야 (6)(6)	晝 ⇔ 夜 낮 주 밤 야 낮과 밤
월일 (8)(8)	月 ⇔ 日 달 월 날 일 달과 해	자모 (7)(8)	子 ⇔ 母 아들 자 어미 모 아들과 어머니	조석 (6)(7)	朝 ⇔ 夕 아침 조 저녁 석 아침과 저녁	중외 (8)(8)	中 ⇔ 外 가운데 중 바깥 외 안과 밖
유무 (7)(5)	有 ⇔ 無 있을 유 없을 무 있음과 없음	자타 (7)(5)	自 ⇔ 他 스스로 자 다를 타 자기와 남	조야 (6)(6)	朝 ⇔ 野 아침 조 들 야 조정과 민간	중경	重 ⇔ 輕 무거울 중 가벼울 경 무거움과 가벼움
은원 (4Ⅱ)(4)	恩 ⇔ 怨* 은혜 은 원망할 원 은혜와 원한	작금 (6)(6)	昨 ⇔ 今 어제 작 이제 금 어제와 오늘	조만 (4Ⅱ)(3Ⅱ)	早 ⇔ 晚* 이를 조 늦을 만 이름과 늦음	중과 (4Ⅱ)(3Ⅱ)	衆 ⇔ 寡* 무리 중 적을 과 많고 적음
은현 (4)(6)	*隱 ⇔ 現 숨을 은 나타날 현 숨음과 나타남	장단 (8)(6)	長 ⇔ 短 긴 장 짧을 단 긺과 짧음	존비 (4Ⅱ)(3Ⅱ)	尊 ⇔ 卑* 높을 존 낮을 비 존귀함과 비천함	증감 (4Ⅱ)(4Ⅱ)	增 ⇔ 減 더할 증 덜 감 많아지거나 적어짐
은견 (4)(5)	*隱 ⇔ 見 숨을 은 볼 견 숨음과 나타남	장유 (8)(3Ⅱ)	長 ⇔ 幼* 긴 장 어릴 유 어른과 어린이	존시 (4Ⅱ)(3Ⅱ)	尊 ⇔ 侍* 높을 존 모실 시 웃어른과 아랫사람	증손 (4Ⅱ)(4)	增 ⇔ 損* 더할 증 덜 손 많아지거나 적어짐
음훈 (6)(6)	音 ⇔ 訓 소리 음 가르칠 훈 음과 뜻	장병 (4Ⅱ)(5)	將 ⇔ 兵 장수 장 병사 병 장교와 사병	존망 (4)(5)	存 ⇔ 亡* 있을 존 망할 망 존속과 멸망	증삭 (4Ⅱ)(3Ⅱ)	增 ⇔ 削* 더할 증 깎을 삭 보탬과 뺌
음의 (6)(4Ⅱ)	音 ⇔ 義 소리 음 옳을 의 음과 뜻	장사 (4Ⅱ)(5)	將 ⇔ 士 장수 장 선비 사 장수와 병졸	존무 (4)(5)	存 ⇔ 無 있을 존 없을 무 존재함과 없음	증애 (3Ⅱ)(6)	*憎 ⇔ 愛 미울 증 사랑 애 미움과 사랑
음양 (4Ⅱ)(6)	陰 ⇔ 陽 그늘 음 볕 양 음과 양	장졸 (4Ⅱ)(5)	將 ⇔ 卒 장수 장 마칠 졸 장수와 병졸	종시 (5)(6)	終 ⇔ 始 마칠 종 비로소 시 마지막과 처음	지천 (7)(7)	地 ⇔ 天 땅 지 하늘 천 땅과 하늘

지행 (5)(6)	知 ⇔ 行 알 지 다닐 행 지식과 행동	출입 (7)(7)	出 ⇔ 入 날 출 들 입 나감과 들어옴	학문 (8)(7)	學 ⇔ 問 배울 학 물을 문 배움과 물음	호응 (4Ⅱ)(4Ⅱ)	呼 ⇔ 應 부를 호 응할 응 부름과 대답함
진래 (4Ⅱ)(7)	進 ⇔ 來 나아갈 진 올 래 나아감과 옴	출결 (7)(4Ⅱ)	出 ⇔ 缺 날 출 이지러질 결 출석과 결석/출근과 결근	한온 (5)(6)	寒 ⇔ 溫 찰 한 따뜻할 온 추움과 따뜻함	호흡 (4Ⅱ)(4Ⅱ)	呼 ⇔ 吸 부를 호 마실 흡 내뱉음과 들이마심
진퇴 (4Ⅱ)(4Ⅱ)	進 ⇔ 退 나아갈 진 물러날 퇴 나아감과 물러남	출납 (7)(4)	出 ⇔ 納 날 출 들일 납 내어줌과 받아들임	한열 (5)(5)	寒 ⇔ 熱 찰 한 더울 열 추움과 더움	화전 (6)(6)	和 ⇔ 戰 화할 화 싸움 전 화합과 싸움
진가 (4Ⅱ)(4Ⅱ)	眞 ⇔ 假 참 진 거짓 가 진짜와 가짜	출몰 (7)(3Ⅱ)	出 ⇔ 沒 날 출 빠질 몰 나타남과 사라짐	한난 (5)(4Ⅱ)	寒 ⇔ 暖 찰 한 따뜻할 난 추움과 따뜻함	화복 (3Ⅱ)(5)	禍 ⇔ 福 재앙 화 복 복 재화와 복록
진위 (4Ⅱ)(3Ⅱ)	眞 ⇔ 僞 참 진 거짓 위 진짜와 가짜	충역 (4Ⅱ)(4Ⅱ)	忠 ⇔ 逆 충성 충 거스릴 역 충신과 역적	해공 (7)(7)	海 ⇔ 空 바다 해 빌 공 바다와 하늘	활살 (7)(4Ⅱ)	活 ⇔ 殺 살 활 죽일 살 살림과 죽임
집배 (6)(4Ⅱ)	集 ⇔ 配 모을 집 나눌 배 모음과 나눔	취대 (4Ⅱ)(3Ⅱ)	取 ⇔ 貸 가질 취 꿜 대 꾸어 쓰거나 꾸어 줌	해륙 (7)(5)	海 ⇔ 陸 바다 해 뭍 륙 바다와 육지	회산 (6)(4)	會 ⇔ 散 모일 회 흩을 산 모임과 흩어짐
집산 (6)(4)	集 ⇔ 散 모을 집 흩을 산 모여듦과 흩어짐	치란 (4Ⅱ)(4)	治 ⇔ 亂 다스릴 치 어지러울 란 다스려짐과 어지러움	향배 (6)(4Ⅱ)	向 ⇔ 背 향할 향 등 배 좇는 것과 등지는 것	후선 (7)(8)	後 ⇔ 先 뒤 후 먼저 선 나중과 먼저
착발 (5)(6)	着 ⇔ 發 붙을 착 필 발 도착과 출발	탄빙 (5)(5)	炭 ⇔ 氷 숯 탄 얼음 빙 얼음과 숯	허실 (4Ⅱ)(5)	虛 ⇔ 實 빌 허 열매 실 허함과 실함	훈학 (6)(8)	訓 ⇔ 學 가르칠 훈 배울 학 가르침과 배움
찬반 (3Ⅱ)(6)	贊 ⇔ 反 도울 찬 돌이킬 반 찬성과 반대	투타 (4)(5)	投 ⇔ 打 던질 투 칠 타 투구와 타격	현우 (4Ⅱ)(3Ⅱ)	賢 ⇔ 愚 어질 현 어리석을 우 현명함과 어리석음	흉길 (5)(5)	凶 ⇔ 吉 흉할 흉 길할 길 흉함과 길함
천지 (7)(7)	天 ⇔ 地 하늘 천 땅 지 하늘과 땅	패흥 (5)(4Ⅱ)	敗 ⇔ 興 패할 패 일 흥 패함과 일어남	현밀 (4)(4Ⅱ)	顯 ⇔ 密 나타날 현 빽빽할 밀 뚜렷함과 은밀함	흉풍 (5)(4Ⅱ)	凶 ⇔ 豊 흉할 흉 풍년 풍 흉년과 풍년
천양 (7)(3Ⅱ)	天 ⇔ 壤 하늘 천 흙덩이 양 하늘과 땅	폐립 (3Ⅱ)(7)	廢 ⇔ 立 폐할 폐 설 립 폐지와 존립	현소 (3Ⅱ)(4Ⅱ)	玄 ⇔ 素 검을 현 흴 소 검은 것과 흰 것	흉배 (3Ⅱ)(4Ⅱ)	胸 ⇔ 背 가슴 흉 등 배 가슴과 등
천심 (3Ⅱ)(4Ⅱ)	淺 ⇔ 深 얕을 천 깊을 심 얕음과 깊음	폐치 (3Ⅱ)(4Ⅱ)	廢 ⇔ 置 폐할 폐 둘 치 폐함과 설치함	형제 (8)(8)	兄 ⇔ 弟 형 형 아우 제 형과 아우	흑백 (5)(8)	黑 ⇔ 白 검을 흑 흰 백 검은 것과 흰 것
철석 (5)(6)	鐵 ⇔ 石 쇠 철 돌 석 쇠와 돌	표리 (6)(3Ⅱ)	表 ⇔ 裏 겉 표 속 리 겉과 속/밖과 안	형영 (6)(3Ⅱ)	形 ⇔ 影 모양 형 그림자 영 형체와 그림자	흥망 (4Ⅱ)(5)	興 ⇔ 亡 일 흥 망할 망 흥함과 망함
추인 (4)(4Ⅱ)	推 ⇔ 引 밀 추 끌 인 밂과 끎	풍흉 (4Ⅱ)(5)	豊 ⇔ 凶 풍년 풍 흉할 흉 풍년과 흉년	형죄 (4)(5)	刑 ⇔ 罪 형벌 형 허물 죄 형벌과 범죄	흥패 (4Ⅱ)(5)	興 ⇔ 敗 일 흥 패할 패 일어남과 패함
춘추 (7)(7)	春 ⇔ 秋 봄 춘 가을 추 봄과 가을	하동 (7)(7)	夏 ⇔ 冬 여름 하 겨울 동 여름과 겨울	호오 (4Ⅱ)(5)	好 ⇔ 惡 좋을 호 미워할 오 좋음과 싫음	희로 (4)(4Ⅱ)	喜 ⇔ 怒 기쁠 희 성낼 노 기쁨과 노여움

반대자·상대자

희비 (4)(4Ⅱ)	喜 ⇔ 悲 기쁠 희 / 슬플 비 — 기쁨과 슬픔	상략 (3Ⅱ)(4)	詳 ⇔ 略 자세할 상 / 간략할 략 — 상세함과 간략함	전답 (4Ⅱ)(3)	田 ⇔ 畓 밭 전 / 논 답 — 밭과 논	토납 (3Ⅱ)(4)	吐 ⇔ 納 토할 토 / 들일 납 — 내뿜음과 들이마심
		서한 (3)(5)	暑 ⇔ 寒 더울 서 / 찰 한 — 더위와 추위	조모 (6)(3)	朝 ⇔ 暮 아침 조 / 저녁 모 — 아침과 저녁	피골 (3Ⅱ)(4)	皮 ⇔ 骨 가죽 피 / 뼈 골 — 살가죽과 뼈
3급 출제 ◇ 3급 읽기 배정 한자 (표시가 없는 것은 3급 쓰기 배정 한자)		숙질 (4)(3)	叔 ⇔ 姪 아재비 숙 / 조카 질 — 아저씨와 조카	존멸 (4)(3Ⅱ)	存 ⇔ 滅 있을 존 / 멸할 멸 — 존속과 멸망	한서 (5)(3)	寒 ⇔ 暑 찰 한 / 더울 서 — 추위와 더위
		승강 (3Ⅱ)(4)	乘 ⇔ 降 탈 승 / 내릴 강 — 오름과 내림	존몰 (4)(3Ⅱ)	存 ⇔ 沒 있을 존 / 빠질 몰 — 존속과 멸망	한망 (4)(3)	閑 ⇔ 忙 한가할 한 / 바쁠 망 — 한가로움과 바쁨
경위 (4Ⅱ)(3)	經 ⇔ 緯 지날 경 / 씨 위 — 날과 씨	승강 (3Ⅱ)(4)	昇 ⇔ 降 오를 승 / 내릴 강 — 오름과 내림	존폐 (4)(3Ⅱ)	存 ⇔ 廢 있을 존 / 폐할 폐 — 존속과 폐지	현미 (4)(3Ⅱ)	顯 ⇔ 微 나타날 현 / 작을 미 — 명백함과 미소함
경조 (4Ⅱ)(3)	慶 ⇔ 弔 경사 경 / 조상할 조 — 경사스러움과 불행함	신축 (3)(4)	伸 ⇔ 縮 펼 신 / 줄일 축 — 늚과 줆	증답 (3)(7)	贈 ⇔ 答 줄 증 / 대답 답 — 선물을 줌과 받음	혼명 (3)(6)	昏 ⇔ 明 어두울 혼 / 밝을 명 — 어둠과 밝음
계폐 (3Ⅱ)(4)	啓 ⇔ 閉 열 계 / 닫을 폐 — 엶과 닫음	애환 (3Ⅱ)(4)	哀 ⇔ 歡 슬플 애 / 기쁠 환 — 슬픔과 기쁨	지우 (4)(3Ⅱ)	智 ⇔ 愚 슬기·지혜 지 / 어리석을 우 — 슬기로움과 어리석음	후박 (4)(3Ⅱ)	厚 ⇔ 薄 두터울 후 / 엷을 박 — 두꺼움과 얇음
굴신 (4)(3)	屈 ⇔ 伸 굽힐 굴 / 펼 신 — 굽힘과 폄	영고 (4Ⅱ)(3)	榮 ⇔ 枯 영화 영 / 마를 고 — 번성함과 쇠퇴함	지속 (3)(6)	遲 ⇔ 速 더딜·늦을 지 / 빠를 속 — 더딤과 빠름		
근만 (4)(3)	勤 ⇔ 慢 부지런할 근 / 거만할 만 — 부지런함과 게으름	왕반 (4Ⅱ)(3)	往 ⇔ 返 갈 왕 / 돌이킬 반 — 감과 돌아옴	첨감 (3)(4Ⅱ)	添 ⇔ 減 더할 첨 / 덜 감 — 첨가와 삭감		
근태 (4)(3)	勤 ⇔ 怠 부지런할 근 / 게으를 태 — 부지런함과 게으름	용사 (6)(3)	用 ⇔ 捨 쓸 용 / 버릴 사 — 씀과 버림	청탁 (6)(3)	淸 ⇔ 濁 맑을 청 / 흐릴 탁 — 맑음과 흐림		
금석 (6)(3)	今 ⇔ 昔 이제 금 / 예 석 — 지금과 옛적	우청 (5)(3)	雨 ⇔ 晴 비 우 / 갤 청 — 비가 옴과 날이 갬	청우 (3)(5)	晴 ⇔ 雨 갤 청 / 비 우 — 날이 갬과 비가 옴		
낙부 (3Ⅱ)(4)	諾 ⇔ 否 허락할 낙 / 아닐 부 — 허락과 거절	우열 (4)(3)	優 ⇔ 劣 넉넉할 우 / 못할 렬 — 나음과 못함	청음 (3)(4Ⅱ)	晴 ⇔ 陰 갤 청 / 그늘 음 — 갬과 흐림		
미추 (6)(3)	美 ⇔ 醜 아름다울 미 / 추할 추 — 아름다움과 추함	은현 (4)(4)	隱 ⇔ 顯 숨을 은 / 나타날 현 — 숨음과 나타남	추미 (3)(6)	醜 ⇔ 美 추할 추 / 아름다울 미 — 추함과 아름다움		
번간 (3)(4)	煩 ⇔ 簡 번거로울 번 / 간략할 간 — 번거로움과 간략함	음청 (4Ⅱ)(3)	陰 ⇔ 晴 그늘 음 / 갤 청 — 흐림과 갬	취사 (4Ⅱ)(3)	取 ⇔ 捨 가질 취 / 버릴 사 — 취함과 버림		
빈주 (3)(7)	賓 ⇔ 主 손 빈 / 주인 주 — 손님과 주인	자매 (4)(4)	姉 ⇔ 妹 손윗누이 자 / 누이 매 — 언니와 아우	쾌둔 (4Ⅱ)(3)	快 ⇔ 鈍 쾌할 쾌 / 둔할 둔 — 시원스러움과 무딤		

유의자

※ 출제 유형 및 학습 방법은 437, 438쪽 참조

3급Ⅱ, 3급 출제 ☆ 3급 읽기 배정 한자 (표시가 없는 것은 3급 쓰기 배정 한자)	각명 刻－銘☆ (4)(3Ⅱ) 새길 각 / 새길 명	감용 敢－勇 (4)(6) 감히 감 / 날랠 용 '굳세다'를 뜻함. '용감하다'를 뜻함.	거주 居－住 (4)(7) 살 거 / 살 주
	각오 覺－悟☆ (4)(3Ⅱ) 깨달을 각 / 깨달을 오	강하 江－河 (7)(5) 강 강 / 물 하	거류 居－留 (4)(4Ⅱ) 살 거 / 머무를 류
	간격 間－隔☆ (7)(3Ⅱ) 사이 간 / 사이뜰 격	강건 强－健 (6)(5) 강할 강 / 굳셀 건	거관 居－館☆ (4)(3Ⅱ) 살 거 / 집 관
가실 家－室 (7)(8) 집 가 / 집 실	간략 簡－略 (4)(4) 간략할 간 / 간략할 략	강경 强－硬☆ (6)(3Ⅱ) 강할 강 / 굳을 경	거대 巨－大 (4)(8) 클 거 / 큰 대
	'가리다'를 뜻함.	'풀이하다'를 뜻함.	'떨어지다'를 뜻함.
가택 家－宅 (7)(5) 집 가 / 집 택	간택 簡－擇 (4)(4) 간략할 간 / 가릴 택	강해 講－解 (4Ⅱ)(4Ⅱ) 욀 강 / 풀 해	거리 距－離 (3Ⅱ)(4) 상거할 거 / 떠날 리
	'간절하다'를 뜻함.		
가옥 家－屋 (7)(5) 집 가 / 집 옥	간절 懇－切 (3Ⅱ)(5) 간절할 간 / 끊을 절	강석 講－釋 (4Ⅱ)(3Ⅱ) 욀 강 / 풀 석	건립 建－立 (5)(7) 세울 건 / 설 립
가호 家－戶 (7)(4Ⅱ) 집 가 / 집 호	간성 懇－誠 (3Ⅱ)(4Ⅱ) 간절할 간 / 정성 성	강녕 康－寧 (4Ⅱ)(3Ⅱ) 편안 강 / 편안 녕	건강 健－剛 (5)(3Ⅱ) 굳셀 건 / 굳셀 강
		'내리다'를 뜻함.	
가악 歌－樂 (7)(6) 노래 가 / 노래 악	간각 刊－刻 (3Ⅱ)(4) 새길 간 / 새길 각	강하 降－下 (4)(7) 내릴 강 / 아래 하	검사 檢－査 (4Ⅱ) 검사할 검 / 조사할 사
'가락'을 뜻함.			
가곡 歌－曲 (7)(5) 노래 가 / 굽을 곡	감각 感－覺 (6)(4) 느낄 감 / 깨달을 각	강건 剛－健 (3Ⅱ)(5) 굳셀 강 / 굳셀 건	검독 檢－督 (4Ⅱ)(4Ⅱ) 검사할 검 / 감독할 독
'노래'를 뜻함.			
가창 歌－唱 (7)(5) 노래 가 / 부를 창	감생 減－省 (4Ⅱ)(6) 덜 감 / 덜 생	강견 剛－堅 (3Ⅱ)(4) 굳셀 강 / 굳을 견	검찰 檢－察 (4Ⅱ)(4Ⅱ) 검사할 검 / 살필 찰
가요 歌－謠 (7)(4Ⅱ) 노래 가 / 노래 요	감손 減－損 (4Ⅱ)(4) 덜 감 / 덜 손	강기 綱－紀 (3Ⅱ)(4) 벼리 강 / 벼리 기	격식 格－式 (5)(6) 격식 격 / 법 식
			'사납다'를 뜻함.
가증 加－增 (5)(4Ⅱ) 더할 가 / 더할 증	감삭 減－削☆ (4Ⅱ)(3Ⅱ) 덜 감 / 깎을 삭	개계 開－啓☆ (6)(3Ⅱ) 열 개 / 열 계	격렬 激－烈 (4)(4) 격할 격 / 매울 렬
			'부딪치다'를 뜻함.
가치 價－値☆ (5)(3Ⅱ) 값 가 / 값 치	감관 監－觀 (4Ⅱ)(5) 볼 감 / 볼 관	객려 客－旅 (5)(5) 손 객 / 나그네 려	격충 激－衝☆ (4)(3Ⅱ) 격할 격 / 찌를 충
		'움직이다'를 뜻함.	
가도 街－道 (4Ⅱ)(7) 거리 가 / 길 도	감시 監－視 (4Ⅱ)(4Ⅱ) 볼 감 / 볼 시	거동 擧－動 (5)(7) 들 거 / 움직일 동	격타 擊－打 (4)(5) 칠 격 / 칠 타
		'집'을 뜻함.	
가로 街－路 (4Ⅱ)(6) 거리 가 / 길 로	감찰 監－察 (4Ⅱ)(4Ⅱ) 볼 감 / 살필 찰	거가 居－家 (4)(7) 살 거 / 집 가	격간 隔－間☆ (3Ⅱ)(7) 사이뜰 격 / 사이 간

유의자 **375**

유의자

견강 堅-強 (4)(6) 굳을 견 강할 강	경복 慶-福 (4Ⅱ)(5) 경사 경 복 복	계역 界-域 (6)(4) 지경 계 지경 역	고탁 高-卓 (6)(5) 높을 고 높을 탁
견고 堅-固 (4)(5) 굳을 견 굳을 고	경축 慶-祝 (4Ⅱ)(5) 경사 경 빌 축	계산 計-算 (6)(7) 셀 계 셈 산	'아뢰다'를 뜻함. 고백 告-白 (5)(8) 고할 고 흰 백
견강 堅-剛 (4)(3Ⅱ) 굳을 견 굳셀 강	경하 慶-賀 (4Ⅱ)(3Ⅱ) 경사 경 하례할 하	계수 計-數 (6)(7) 셀 계 셈 수	'알리다'를 뜻함. 고시 告-示 (5)(5) 고할 고 보일 시
견경 堅-硬 (4)(3Ⅱ) 굳을 견 굳을 경	'다스리다'를 뜻함. 경리 經-理 (4Ⅱ)(6) 지날 경 다스릴 리	'꾀'를 뜻함. 계책 計-策 (6)(3Ⅱ) 셀 계 꾀 책	고구 考-究 (5)(4Ⅱ) 생각할 고 연구할 구
'결단하다'를 뜻함. 결단 決-斷 (5)(4Ⅱ) 결단할 결 끊을 단	'지나다'를 뜻함. 경과 經-過 (4Ⅱ)(5) 지날 경 지날 과	'끝'을 뜻함. 계말 季-末 (4)(5) 계절 계 끝 말	고려 考-慮 (5)(4) 생각할 고 생각할 려
결판 決-判 (5)(4) 결단할 결 판단할 판	경력 經-歷 (4Ⅱ)(5) 지날 경 지날 력	'철'을 뜻함. '때'를 뜻함. 계절 季-節 (4)(5) 계절 계 마디 절	'예'를 뜻함. 고구 故-舊 (4Ⅱ)(5) 연고 고 예 구
결속 結-束 (5)(5) 맺을 결 묶을 속	'경영하다'를 뜻함. 경영 經-營 (4Ⅱ)(4) 지날 경 경영할 영	'층계'를 뜻함. 계급 階-級 (4)(6) 섬돌 계 등급 급	'홀로'를 뜻함. 고독 孤-獨 (4)(5) 외로울 고 홀로 독
결약 結-約 (5)(5) 맺을 결 맺을 약	경계 境-界 (4Ⅱ)(6) 지경 경 지경 계	계단 階-段 (4)(4) 섬돌 계 층계 단	곡량 穀-糧 (4)(4) 곡식 곡 양식 량
결구 結-構 (5)(4) 맺을 결 얽을 구	경역 境-域 (4Ⅱ)(4) 지경 경 지경 역	계층 階-層 (4)(4) 섬돌 계 층 층	곤궁 困-窮 (4)(4) 곤할 곤 궁할 궁
'깨끗하다'를 뜻함. 결백 潔-白 (4Ⅱ)(8) 깨끗할 결 흰 백	경각 警-覺 (4Ⅱ)(4) 깨우칠 경 깨달을 각	계속 繼-續 (4)(4Ⅱ) 이을 계 이을 속	'공업'을 뜻함. 공작 工-作 (7)(6) 장인 공 지을 작
결정 潔-淨 (4Ⅱ)(3Ⅱ) 깨끗할 결 깨끗할 정	'경계하다'를 뜻함. 경계 警-戒 (4Ⅱ)(4) 깨우칠 경 경계할 계	계승 繼-承 (4)(4Ⅱ) 이을 계 이을 승	공조 工-造 (7)(4Ⅱ) 장인 공 지을 조
'이별하다'를 뜻함. 결별 訣-別 (3Ⅱ)(6) 이별할 결 나눌 별	경감 鏡-鑑 (4)(3Ⅱ) 거울 경 거울 감	계약 契-約 (3Ⅱ)(6) 맺을 계 맺을 약	공허 空-虛 (7)(4Ⅱ) 빌 공 빌 허
경도 京-都 (6)(5) 서울 경 도읍 도	경도 傾-倒 (4)(3Ⅱ) 기울 경 넘어질 도	'계약서'를 뜻함. 계권 契-券 (3Ⅱ)(4) 맺을 계 문서 권	공동 共-同 (6)(7) 한가지 동 한가지 동
경광 景-光 (5)(6) 볕 경 빛 광	경사 傾-斜 (4)(3Ⅱ) 기울 경 비낄 사	계천 溪-川 (3Ⅱ)(7) 시내 계 내 천	공격 攻-擊 (4)(4) 칠 공 칠 격
경공 敬-恭 (5)(3Ⅱ) 공경 경 공손할 공	계경 界-境 (6)(4Ⅱ) 지경 계 지경 경	'괴롭다'를 뜻함. 고난 苦-難 (6)(4Ⅱ) 쓸 고 어려울 난	공토 攻-討 (4)(4) 칠 공 칠 토

공벌 攻-伐 (4)(4Ⅱ) 칠 공 / 칠 벌	관쇄 '잠그다'를 뜻함. 關-鎖 (5)(3Ⅱ) 관계할 관 / 쇠사슬 쇄	교훈 敎-訓 (8)(6) 가르칠 교 / 가르칠 훈	구원 久-遠 (3Ⅱ)(6) 오랠 구 / 멀 원
공혈 孔-穴 (4)(3Ⅱ) 구멍 공 / 굴 혈	관람 觀-覽 (5)(4) 볼 관 / 볼 람	교각 橋-脚 (5)(3Ⅱ) 다리 교 / 다리 각	군려 '군사'를 뜻함. 軍-旅 (8)(5) 군사 군 / 나그네 려
공경 恭-敬 (3Ⅱ)(5) 공손할 공 / 공경 경	관시 觀-視 (5)(4Ⅱ) 볼 관 / 볼 시	교량 橋-梁 (5)(3Ⅱ) 다리 교 / 돌다리 량	군병 軍-兵 (8)(5) 군사 군 / 병사 병
공납 '바치다'를 뜻함. 貢-納 (3Ⅱ)(4) 바칠 공 / 들일 납	관찰 觀-察 (5)(4Ⅱ) 볼 관 / 살필 찰	교묘 巧-妙 (3Ⅱ)(4) 공교할 교 / 묘할 묘	군사 '병사'를 뜻함. 軍-士 (8)(5) 군사 군 / 선비 사
공급 供-給 (3Ⅱ)(5) 이바지할 공 / 줄 급	관리 管-理 (4)(6) 주관할 관 / 다스릴 리	구별 '나누다'를 뜻함. 區-別 (6)(6) 구분할 구 / 다를 별	군읍 郡-邑 (6)(7) 고을 군 / 고을 읍
공여 供-與 (3Ⅱ)(4) 이바지할 공 / 줄 여	관장 '맡다'를 뜻함. 管-掌 (4)(3Ⅱ) 주관할 관 / 손바닥 장	구분 '나누다'를 뜻함. 區-分 (6)(6) 구분할 구 / 나눌 분	군왕 君-王 (4)(8) 임금 군 / 임금 왕
과실 果-實 (6)(5) 실과 과 / 열매 실	관습 '익숙하다'를 뜻함. 慣-習 (3Ⅱ)(6) 익숙할 관 / 익힐 습	구역 '지경'을 뜻함. 區-域 (6)(4) 구분할 구 / 지경 역	군주 君-主 (4)(7) 임금 군 / 임금 주
과감 '과감하다'를 뜻함. '굳세다'를 뜻함. 果-敢 (6)(4) 실과 과 / 감히 감	관통 貫-通 (3Ⅱ)(6) 꿸 관 / 통할 통	구제 '구제하다'를 뜻함. 救-濟 (5)(4Ⅱ) 구원할 구 / 건널 제	군당 群-黨 (4)(4Ⅱ) 무리 군 / 무리 당
과목 '조목'을 뜻함. 科-目 (6)(6) 과목 과 / 눈 목	광색 光-色 (6)(7) 빛 광 / 빛 색	구원 救-援 (5)(4) 구원할 구 / 도울 원	군중 群-衆 (4)(4Ⅱ) 무리 군 / 무리 중
과정 課-程 (5)(4Ⅱ) 과정 과 / 길 정	광명 光-明 (6)(6) 빛 광 / 밝을 명	구고 舊-故 (5)(4Ⅱ) 예 구 / 연고 고	굴곡 屈-曲 (4)(5) 굽힐 굴 / 굽을 곡
과실 '허물'을 뜻함. 過-失 (5)(6) 지날 과 / 잃을 실	광채 光-彩 (6)(3Ⅱ) 빛 광 / 채색 채	구비 具-備 (5)(4Ⅱ) 갖출 구 / 갖출 비	굴절 '굽히다'를 뜻함. 屈-折 (4)(4) 굽힐 굴 / 꺾을 절
과거 過-去 (5)(5) 지날 과 / 갈 거	광박 廣-博 (5)(4Ⅱ) 넓을 광 / 넓을 박	구조 構-造 (4)(4Ⅱ) 얽을 구 / 지을 조	궁가 宮-家 (4Ⅱ)(7) 집 궁 / 집 가
과오 '허물'을 뜻함. '잘못'을 뜻함. 過-誤 (5)(4Ⅱ) 지날 과 / 그르칠 오	광막 廣-漠 (5)(3Ⅱ) 넓을 광 / 넓을 막	구축 構-築 (4)(4Ⅱ) 얽을 구 / 쌓을 축	궁전 '대궐'을 뜻함. 宮-殿 (4Ⅱ)(3Ⅱ) 집 궁 / 전각 전
과소 寡-少 (3Ⅱ)(7) 적을 과 / 적을 소	괴기 怪-奇 (3Ⅱ)(4) 괴이할 괴 / 기특할 기	구색 求-索 (4Ⅱ)(3Ⅱ) 구할 구 / 찾을 색	궁구 '다하다'를 뜻함. 窮-究 (4Ⅱ)(4Ⅱ) 다할 궁 / 연구할 구
관여 '참여하다'를 뜻함. 關-與 (5)(4) 관계할 관 / 더불 여	괴이 怪-異 (3Ⅱ)(4) 괴이할 괴 / 다를 이	구고 究-考 (4Ⅱ)(5) 연구할 구 / 생각할 고	궁극 窮-極 (4Ⅱ)(4Ⅱ) 다할 궁 / 다할 극

유의자 377

유의자

궁진 (4Ⅱ)(4)	窮-盡 다할 궁 다할 진	규칙 (5)(5)	規-則 법 규 법칙 칙	급박 '급박하다'를 뜻함. (6)(3Ⅱ)	急-迫 급할 급 핍박할 박	기축 (3Ⅱ)(5)	祈-祝 빌 기 빌 축
궁색 '곤궁하다'를 뜻함. (4Ⅱ)(3Ⅱ)	窮-塞 다할 궁 막힐 색	규율 (5)(4Ⅱ)	規-律 법 규 법칙 률	급촉 (6)(3Ⅱ)	急-促 급할 급 재촉할 촉	긴요 (3Ⅱ)(5)	緊-要 긴할 긴 요긴할 요
권칭 '저울'을 뜻함. (4Ⅱ)(4)	權-稱 권세 권 일컬을 칭	규범 (5)(4)	規-範 법 규 법 범	급여 (5)(4)	給-與 줄 급 줄 여	난고 (4Ⅱ)(6)	難-苦 어려울 난 쓸 고
권형 (4Ⅱ)(3Ⅱ)	權-衡 권세 권 저울대 형	균평 (4)(7)	均-平 고를 균 평평할 평	기록 (7)(4Ⅱ)	記-錄 기록할 기 기록할 록	납입 (4)(7)	納-入 들일 납 들 입
권장 (4)(4)	勸-獎 권할 권 장려할 장	균등 '가지런히하다'를 뜻함. (4)(6)	均-等 고를 균 무리 등	기신 (5)(6)	己-身 몸 기 몸 신	납공 (4)(3Ⅱ)	納-貢 들일 납 바칠 공
권면 '권면하다'를 뜻함. (4)(4)	勸-勉 권할 권 힘쓸 면	균조 (4)(5)	均-調 고를 균 고를 조	기술 (5)(6)	技-術 재주 기 재주 술	납헌 (4)(3Ⅱ)	納-獻 들일 납 드릴 헌
권려 '권면하다'를 뜻함. (4)(3Ⅱ)	勸-勵 권할 권 힘쓸 려	극궁 (4Ⅱ)(4Ⅱ)	極-窮 다할 극 다할 궁	기예 (5)(4Ⅱ)	技-藝 재주 기 재주 예	여랑 (8)(3Ⅱ)	女-娘 계집 녀 계집 낭
권계 (4)(3Ⅱ)	券-契 문서 권 맺을 계	극단 (4Ⅱ)(4Ⅱ)	極-端 다할 극 끝 단	기립 (4Ⅱ)(7)	起-立 일어날 기 설 립	연세 (8)(5)	年-歲 해 년 해 세
귀중 '중하다'를 뜻함. (5)(7)	貴-重 귀할 귀 무거울 중	극진 (4Ⅱ)(4)	極-盡 다할 극 다할 진	기발 '일어나다'를 뜻함. (4Ⅱ)(6)	起-發 일어날 기 필 발	염상 (5)(4Ⅱ)	念-想 생각 념 생각 상
귀환 (4)(3Ⅱ)	歸-還 돌아갈 귀 돌아올 환	극심 (4)(3Ⅱ)	劇-甚 심할 극 심할 심	기구 '그릇'을 뜻함. (4Ⅱ)(5)	器-具 그릇 기 갖출 구	염려 (5)(4)	念-慮 생각 념 생각할 려
귀신 (3Ⅱ)(6)	鬼-神 귀신 귀 귀신 신	극승 (3Ⅱ)(6)	克-勝 이길 극 이길 승	기강 (4)(3Ⅱ)	紀-綱 벼리 기 벼리 강	노력 (4Ⅱ)(7)	努-力 힘쓸 노 힘 력
규도 (5)(6)	規-度 법 규 법도 도	근본 (6)(6)	根-本 뿌리 근 근본 본	기계 (4)(3Ⅱ)	機-械 틀 기 기계 계	농경 (7)(3Ⅱ)	農-耕 농사 농 밭갈 경
규례 (5)(6)	規-例 법 규 법식 례	금철 (8)(5)	金-鐵 쇠 금 쇠 철	기괴 (4)(3Ⅱ)	奇-怪 기특할 기 괴이할 괴	단결 (4Ⅱ)(5)	斷-決 끊을 단 결단할 결
규식 (5)(6)	規-式 법 규 법식 식	금조 (3Ⅱ)(4Ⅱ)	禽-鳥 새 금 새 조	기부 (4)(3Ⅱ)	寄-付 부칠 기 부칠 부	단원 (5)(4Ⅱ)	團-圓 둥글 단 둥글 원
규격 (5)(5)	規-格 법 규 격식 격	급속 (6)(6)	急-速 급할 급 빠를 속	기망 (3Ⅱ)(5)	企-望 꾀할 기 바랄 망	단정 '바르다'를 뜻함. (4Ⅱ)(7)	端-正 끝 단 바를 정

378 유형별 한자 익히기

단말 端-末 끝 단 / 끝 말 (4Ⅱ)(5)	도도 道-途 길 도 / 길 도 (7)(3Ⅱ)	동일 同-一 한가지 동 / 한 일 (7)(8)	여미 麗-美 고울 려 / 아름다울 미 (4Ⅱ)(6)
단독 單-獨 홀 단 / 홀로 독 (4Ⅱ)(5)	도화 圖-畫 그림 도 / 그림 화 (6)(6)	'같다'를 뜻함. 동등 同-等 한가지 동 / 무리 등 (7)(6)	연속 連-續 이을 련 / 이을 속 (4Ⅱ)(4Ⅱ)
단절 斷-切 끊을 단 / 끊을 절 (4Ⅱ)(5)	'다다르다'를 뜻함. 도착 到-着 이를 도 / 붙을 착 (5)(5)	'동네'를 뜻함. 동리 洞-里 골 동 / 마을 리 (7)(7)	'받다'를 뜻함. 영수 領-受 거느릴 령 / 받을 수 (5)(4Ⅱ)
단절 斷-絶 끊을 단 / 끊을 절 (4Ⅱ)(4Ⅱ)	'이르다'를 뜻함. 도달 到-達 이를 도 / 통달할 달 (5)(4Ⅱ)	동혈 洞-穴 골 동 / 굴 혈 (7)(3Ⅱ)	영통 領-統 거느릴 령 / 거느릴 통 (5)(4Ⅱ)
단계 段-階 층계 단 / 섬돌 계 (4)(4)	도시 都-市 도읍 도 / 저자 시 (5)(7)	두수 頭-首 머리 두 / 머리 수 (6)(5)	영솔 領-率 거느릴 령 / 거느릴 솔 (5)(3Ⅱ)
'달하다'를 뜻함. 달성 達-成 통달할 달 / 이룰 성 (4Ⅱ)(6)	도읍 都-邑 도읍 도 / 고을 읍 (5)(7)	'등급'을 뜻함. 등급 等-級 무리 등 / 등급 급 (6)(6)	영신 靈-神 신령 령 / 귀신 신 (3Ⅱ)(6)
달통 達-通 통달할 달 / 통할 통 (4Ⅱ)(6)	도훈 導-訓 인도할 도 / 가르칠 훈 (4Ⅱ)(6)	등류 等-類 무리 등 / 무리 류 (6)(5)	예식 例-式 법식 례 / 법 식 (6)(6)
담화 談-話 말씀 담 / 말씀 화 (5)(7)	도인 導-引 인도할 도 / 끌 인 (4Ⅱ)(4Ⅱ)	나열 羅-列 벌일 라 / 벌일 렬 (4Ⅱ)(4Ⅱ)	예규 例-規 법식 례 / 법 규 (6)(5)
담언 談-言 말씀 담 / 말씀 언 (5)(6)	'달아나다'를 뜻함. 도망 逃-亡 도망할 도 / 망할 망 (4)(5)	냉한 冷-寒 찰 랭 / 찰 한 (5)(5)	예법 例-法 법식 례 / 법 법 (6)(5)
담설 談-說 말씀 담 / 말씀 설 (5)(5)	도적 盜-賊 도둑 도 / 도둑 적 (4)(4)	냉량 冷-涼 찰 랭 / 서늘할 량 (5)(3Ⅱ)	예전 例-典 법식 례 / 법 전 (6)(5)
담임 擔-任 멜 담 / 맡길 임 (4Ⅱ)(5)	도당 徒-黨 무리 도 / 무리 당 (4)(4Ⅱ)	약생 略-省 간략할 략 / 덜 생 (4)(6)	노무 勞-務 일할 로 / 힘쓸 무 (5)(4Ⅱ)
당실 堂-室 집 당 / 집 실 (6)(8)	도배 徒-輩 무리 도 / 무리 배 (4)(3Ⅱ)	양선 良-善 어질 량 / 착할 선 (5)(5)	'힘쓰다'를 뜻함. 노근 勞-勤 일할 로 / 부지런할 근 (5)(4)
대거 大-巨 큰 대 / 클 거 (8)(4)	도피 逃-避 도망할 도 / 피할 피 (4)(4)	'좋다'를 뜻함. 양호 良-好 어질 량 / 좋을 호 (5)(4Ⅱ)	녹청 綠-靑 푸를 록 / 푸를 청 (6)(8)
도로 道-路 길 도 / 길 로 (7)(6)	독고 獨-孤 홀로 독 / 외로울 고 (5)(4)	양곡 糧-穀 양식 량 / 곡식 곡 (4)(4)	논의 論-議 논할 론 / 의논할 의 (4Ⅱ)(4Ⅱ)
'도덕'을 뜻함. '도리'를 뜻함. 도리 道-理 길 도 / 다스릴 리 (7)(6)	'해치다'를 뜻함. 독해 毒-害 독 독 / 해할 해 (4Ⅱ)(5)	여객 旅-客 나그네 려 / 손 객 (5)(5)	요탁 料-度 헤아릴 료 / 헤아릴 탁 (5)(6)

유의자 **379**

유의자

요량 (5)(5)	料 — 量 헤아릴 료 / 헤아릴 량	면용 (7)(4Ⅱ)	面 — 容 낯 면 / 얼굴 용	무성 (3Ⅱ)(4Ⅱ)	茂 — 盛 무성할 무 / 성할 성	발전 (6)(5)	發 — 展 필 발 / 펼 전
'표랑하다'를 뜻함.		'얼굴'을 뜻함.					
유랑 (5)(3Ⅱ)	流 — 浪 흐를 류 / 물결 랑	면모 (7)(3Ⅱ)	面 — 貌 낯 면 / 모양 모	무역 (3Ⅱ)(4)	貿 — 易 무역할 무 / 바꿀 역	발기 (6)(4Ⅱ)	發 — 起 필 발 / 일어날 기
						'쏘다'를 뜻함.	
유주 (4Ⅱ)(7)	留 — 住 머무를 류 / 살 주	면안 (7)(3Ⅱ)	面 — 顔 낯 면 / 낯 안	문서 (7)(6)	文 — 書 글월 문 / 글 서	발사 (6)(4)	發 — 射 필 발 / 쏠 사
						'길'을 뜻함.	
육지 (5)(7)	陸 — 地 뭍 륙 / 땅 지	면려 (4)(3Ⅱ)	勉 — 勵 힘쓸 면 / 힘쓸 려	문장 (7)(6)	文 — 章 글월 문 / 글 장	방도 (7)(7)	方 — 道 모 방 / 길 도
				'무늬'를 뜻함.		'바르다'를 뜻함.	
율법 (4Ⅱ)(5)	律 — 法 법칙 률 / 법 법	멸망 (3Ⅱ)(5)	滅 — 亡 멸할 멸 / 망할 망	문채 (7)(3Ⅱ)	文 — 彩 글월 문 / 채색 채	방정 (7)(7)	方 — 正 모 방 / 바를 정
'성하다'를 뜻함.				'지게'를 뜻함.			
융성 (3Ⅱ)(4Ⅱ)	隆 — 盛 높을 륭 / 성할 성	명호 (7)(6)	名 — 號 이름 명 / 이름 호	문호 (8)(4Ⅱ)	門 — 戶 문 문 / 집 호	방석 (6)(3Ⅱ)	放 — 釋 놓을 방 / 풀 석
		'이름'을 뜻함.					
융흥 (3Ⅱ)(4Ⅱ)	隆 — 興 높을 륭 / 일 흥	명칭 (7)(4)	名 — 稱 이름 명 / 일컬을 칭	물건 (7)(5)	物 — 件 물건 물 / 물건 건	방해 (4)(5)	妨 — 害 방해할 방 / 해할 해
'이롭다'를 뜻함.		'명령'을 뜻함.					
이익 (6)(4Ⅱ)	利 — 益 이로울 리 / 더할 익	명령 (7)(5)	命 — 令 목숨 명 / 하여금 령	미려 (6)(4Ⅱ)	美 — 麗 아름다울 미 / 고울 려	배분 (4Ⅱ)(6)	配 — 分 나눌 배 / 나눌 분
		'밝다'를 뜻함.					
이별 (4)(6)	離 — 別 떠날 리 / 나눌 별	명백 (6)(8)	明 — 白 밝을 명 / 흰 백	미소 (3Ⅱ)(8)	微 — 小 작을 미 / 작을 소	번제 (6)(6)	番 — 第 차례 번 / 차례 제
						'차례'를 뜻함.	
마연 (3Ⅱ)(4Ⅱ)	磨 — 硏 갈 마 / 갈 연	명광 (6)(6)	明 — 光 밝을 명 / 빛 광	미세 (3Ⅱ)(4Ⅱ)	微 — 細 작을 미 / 가늘 세	번차 (6)(4Ⅱ)	番 — 次 차례 번 / 버금 차
말단 (5)(4Ⅱ)	末 — 端 끝 말 / 끝 단	명랑	明 — 朗 밝을 명 / 밝을 랑	미말 (3Ⅱ)(5)	尾 — 末 꼬리 미 / 끝 말	법도 (5)(6)	法 — 度 법 법 / 법도 도
'끝'을 뜻함.				'순박하다'를 뜻함.			
말미 (5)(3Ⅱ)	末 — 尾 끝 말 / 꼬리 미	모발 (4Ⅱ)(4)	毛 — 髮 터럭 모 / 터럭 발	박질 (6)(5)	朴 — 質 성 박 / 바탕 질	법례 (5)(6)	法 — 例 법 법 / 법식 례
'항상'을 뜻함.		'법'을 뜻함.		'질박하다'를 뜻함.			
매상 (7)(4Ⅱ)	每 — 常 매양 매 / 떳떳할 상	모범 (4)(4)	模 — 範 본뜰 모 / 법 범	박소 (6)(4Ⅱ)	朴 — 素 성 박 / 본디 소	법식 (5)(6)	法 — 式 법 법 / 법 식
'날래다'를 뜻함.							
맹용 (3Ⅱ)(6)	猛 — 勇 사나울 맹 / 날랠 용	모애 (3Ⅱ)(6)	慕 — 愛 그릴 모 / 사랑 애	박급 (3Ⅱ)(6)	迫 — 急 핍박할 박 / 급할 급	법규 (5)(5)	法 — 規 법 법 / 법 규
'사납다'를 뜻함.							
맹포 (3Ⅱ)(4Ⅱ)	猛 — 暴 사나울 맹 / 모질 포	모양 (3Ⅱ)(4)	貌 — 樣 모양 모 / 모양 양	반식 (3Ⅱ)(7)	飯 — 食 밥 반 / 밥 식	법전 (5)(5)	法 — 典 법 법 / 법전 전

법칙 法-則 (5)(5) 법 법 법칙 칙	병졸 兵-卒 '군사'를 뜻함. (5)(5) 병사 병 마칠 졸	부하 負-荷 (4)(3Ⅱ) 질 부 멜 하	비평 批-評 (4)(4) 비평할 비 평할 평
법률 法-律 (5)(4Ⅱ) 법 법 법칙 률	보고 報-告 (4Ⅱ)(5) 알릴 보 고할 고	부착 附-着 (3Ⅱ)(5) 붙을 부 붙을 착	빈곤 貧-困 (4Ⅱ)(4) 가난할 빈 곤할 곤
벽청 碧-靑 (3Ⅱ)(8) 푸를 벽 푸를 청	보상 報-償 (4Ⅱ)(3Ⅱ) 갚을 보 갚을 상	부속 附-屬 (3Ⅱ)(4) 붙을 부 붙일 속	빈궁 貧-窮 (4Ⅱ)(4) 가난할 빈 궁할 궁
벽록 碧-綠 (3Ⅱ)(6) 푸를 벽 푸를 록	보위 保-衛 (4Ⅱ)(4Ⅱ) 지킬 보 지킬 위	부조 扶-助 (3Ⅱ)(4Ⅱ) 도울 부 도울 조	사업 事-業 (7)(6) 일 사 업 업
변개 變-改 '고치다'를 뜻함. (5)(5) 변할 변 고칠 개	보호 保-護 '지키다'를 뜻함. (4Ⅱ)(4Ⅱ) 지킬 보 도울 호	부호 扶-護 (3Ⅱ)(4Ⅱ) 도울 부 도울 호	사무 事-務 '일'을 뜻함. (7)(4Ⅱ) 일 사 힘쓸 무
변화 變-化 '화하다'를 뜻함. (5)(5) 변할 변 될 화	복경 福-慶 (5)(4Ⅱ) 복 복 경사 경	부여 賦-與 '주다'를 뜻함. (3Ⅱ)(4) 부세 부 줄 여	사회 社-會 (6)(6) 모일 사 모일 회
변경 變-更 (5)(4) 변할 변 고칠 경	본근 本-根 (6)(6) 근본 본 뿌리 근	분구 分-區 (6)(6) 나눌 분 구분할 구	사령 使-令 (6)(5) 하여금 사 하여금 령
변역 變-易 (5)(4) 변할 변 바꿀 역	본원 本-源 (6)(4) 근본 본 근원 원	분별 分-別 (6)(6) 나눌 분 나눌 별	사역 使-役 (6)(3Ⅱ) 부릴 사 부릴 역
변혁 變-革 '고치다'를 뜻함. (5)(4) 변할 변 가죽 혁	봉사 奉-仕 (5)(5) 받들 봉 섬길 사	분배 分-配 (6)(4Ⅱ) 나눌 분 나눌 배	사병 士-兵 (5)(5) 선비 사 병사 병
변제 邊-際 (4Ⅱ)(4Ⅱ) 가 변 가 제	봉승 奉-承 '받들다'를 뜻함. (5)(4Ⅱ) 받들 봉 이을 승	분할 分-割 '나누다'를 뜻함. (6)(3Ⅱ) 나눌 분 벨 할	사고 思-考 (5)(5) 생각 사 생각할 고
별선 別-選 (6)(5) 나눌 별 가릴 선	봉헌 奉-獻 '바치다'를 뜻함. (5)(3Ⅱ) 받들 봉 드릴 헌	분노 憤-怒 '성내다'를 뜻함. (4)(4Ⅱ) 분할 분 성낼 노	사념 思-念 (5)(5) 생각 사 생각 념
별리 別-離 (6)(4) 나눌 별 떠날 리	봉우 逢-遇 (3Ⅱ)(4) 만날 봉 만날 우	분주 奔-走 (3Ⅱ)(4Ⅱ) 달릴 분 달릴 주	사상 思-想 (5)(4Ⅱ) 생각 사 생각 상
별차 別-差 (6)(4) 다를 별 다를 차	부대 部-隊 (6)(4Ⅱ) 떼 부 무리 대	비용 費-用 (5)(6) 쓸 비 쓸 용	사려 思-慮 (5)(4) 생각 사 생각할 려
병환 病-患 (6)(5) 병 병 근심 환	부류 部-類 (6)(5) 떼 부 무리 류	비교 比-較 (5)(3Ⅱ) 견줄 비 비교교	사모 思-慕 (5)(3Ⅱ) 생각 사 그릴 모
병사 兵-士 '병사'를 뜻함. (5)(5) 병사 병 선비 사	부차 副-次 (4Ⅱ)(4Ⅱ) 버금 부 버금 차	비애 悲-哀 (4Ⅱ)(3Ⅱ) 슬플 비 슬플 애	사검 査-檢 (5)(4Ⅱ) 조사할 사 검사할 검

유의자

| 사찰 (5)(4Ⅱ) 査-察 조사할 사 살필 찰 | 상태 (4Ⅱ)(4Ⅱ) 狀-態 형상 상 모습 태 | 선려 (5) 鮮-麗 고울 선 고울 려 | 소질 (4Ⅱ)(5) 素-質 본디 소 바탕 질 |

사옥 (4Ⅱ)(5) 舍-屋 집 사 집 옥

상실 (3Ⅱ)(6) 喪-失 잃을 상 잃을 실

'돌다'를 뜻함.
선회 (3Ⅱ)(4Ⅱ) 旋-回 돌 선 돌아올 회

'잃다'를 뜻함.
손실 (4)(6) 損-失 덜 손 잃을 실

사택 (4Ⅱ)(5) 舍-宅 집 사 집 택

색채 (7)(3Ⅱ) 色-彩 빛 색 채색 채

설화 (5)(7) 說-話 말씀 설 말씀 화

'해'를 뜻함.
손해 (4)(5) 損-害 덜 손 해할 해

사설 (4)(5) 辭-說 말씀 사 말씀 설

생출 (8)(7) 生-出 날 생 날 출

설시 (4Ⅱ)(4Ⅱ) 設-施 베풀 설 베풀 시

손감 (4)(4Ⅱ) 損-減 덜 손 덜 감

'사양하다'를 뜻함.
사양 (4)(3Ⅱ) 辭-讓 말씀 사 사양할 양

'살다'를 뜻함.
생활 (8)(7) 生-活 날 생 살 활

성씨 (7)(4) 姓-氏 성 성 성씨 씨

'상하다'를 뜻함.
손상 (4)(4) 損-傷 덜 손 다칠 상

사경 (3Ⅱ)(4) 斜-傾 비낄 사 기울 경

생산 (8)(5) 生-産 날 생 낳을 산

성찰 (6)(4Ⅱ) 省-察 살필 성 살필 찰

쇠약 (3Ⅱ)(6) 衰-弱 쇠할 쇠 약할 약

산릉 (8)(3Ⅱ) 山-陵 메 산 언덕 릉

생감 (6)(4Ⅱ) 省-減 덜 생 덜 감

성취 (6)(4) 成-就 이룰 성 나아갈 취

수목 (6)(8) 樹-木 나무 수 나무 목

산수 (7)(7) 算-數 셈 산 셈 수

생략 (6)(4) 省-略 덜 생 간략할 략

성심 (5)(7) 性-心 성품 성 마음 심

수림 (6)(7) 樹-林 나무 수 수풀 림

산생 (5)(8) 産-生 낳을 산 날 생

'문서'를 뜻함.
서적 (6)(4) 書-籍 글 서 문서 적

성음 (4Ⅱ)(6) 聲-音 소리 성 소리 음

수두 (5)(6) 首-頭 머리 수 머리 두

삭감 (3Ⅱ)(4Ⅱ) 削-減 깎을 삭 덜 감

'책'을 뜻함.
서책 (6)(4) 書-冊 글 서 책 책

'세상'을 뜻함.
세계 (7)(6) 世-界 인간 세 지경 계

수습 (4Ⅱ)(6) 修-習 닦을 수 익힐 습

삼림 (3Ⅱ)(7) 森-林 수풀 삼 수풀 림

석방 (3Ⅱ)(6) 釋-放 풀 석 놓을 방

'대'를 뜻함.
세대 (7)(6) 世-代 인간 세 대신 대

수식 (4Ⅱ)(3Ⅱ) 修-飾 닦을 수 꾸밀 식

'오르다'를 뜻함.
상승 (7)(3Ⅱ) 上-昇 윗 상 오를 승

선량 (5)(5) 善-良 착할 선 어질 량

세미 (4Ⅱ)(3Ⅱ) 細-微 가늘 세 작을 미

수령 (4Ⅱ)(5) 受-領 받을 수 거느릴 령

'헤아리다'를 뜻함.
상량 (5)(5) 商-量 장사 상 헤아릴 량

선별 (5)(6) 選-別 가릴 선 나눌 별

소미 (8)(3Ⅱ) 小-微 작을 소 작을 미

수위 (4Ⅱ)(4Ⅱ) 守-衛 지킬 수 지킬 위

상념 (4Ⅱ)(5) 想-念 생각 상 생각 념

선택 (5)(4) 選-擇 가릴 선 가릴 택

소멸 (6)(3Ⅱ) 消-滅 사라질 소 멸할 멸

'거두다'를 뜻함.
수습 (4Ⅱ)(3Ⅱ) 收-拾 거둘 수 주울 습

상사 (4Ⅱ)(5) 想-思 생각 상 생각 사

선발 (5)(3Ⅱ) 選-拔 가릴 선 뽑을 발

소박 (4Ⅱ)(6) 素-朴 본디 소 성 박

수여 (4Ⅱ)(4) 授-與 줄 수 줄 여

수걸 秀-傑 (4)(4) 빼어날 수 뛰어날 걸	습련 習-練 (6)(5) 익힐 습 익힐 련	신령 神-靈 (6)(3Ⅱ) 귀신 신 신령 령	안목 眼-目 (4Ⅱ)(6) 눈 안 눈 목
수명 壽-命 (3Ⅱ)(7) 목숨 수 목숨 명	습관 習-慣 (6)(3Ⅱ) 익힐 습 익숙할 관	신고 申-告 '알하다'를 뜻함. (4Ⅱ)(5) 납 신 고할 고	안면 顔-面 (3Ⅱ)(7) 낯 안 낯 면
수특 殊-特 (3Ⅱ)(6) 다를 수 특별할 특	승봉 承-奉 (4Ⅱ)(5) 이을 승 받들 봉	신중 愼-重 '삼가다'를 뜻함. (3Ⅱ)(7) 삼갈 신 무거울 중	압억 壓-抑 (4Ⅱ)(3Ⅱ) 누를 압 누를 억
수송 輸-送 (3Ⅱ)(4Ⅱ) 보낼 수 보낼 송	승계 承-繼 (4Ⅱ)(4) 이을 승 이을 계	실가 室-家 (8)(7) 집 실 집 가	애련 愛-戀 (6)(3Ⅱ) 사랑 애 그릴 련
수이 殊-異 (3Ⅱ)(4) 다를 수 다를 이	시기 時-期 '때'를 뜻함. (7)(5) 때 시 기약할 기	실패 失-敗 (6)(5) 잃을 실 패할 패	애모 愛-慕 (6)(3Ⅱ) 사랑 애 그릴 모
숙침 宿-寢 (5)(4) 잘 숙 잘 침	시도 市-都 (7)(5) 저자 시 도읍 도	실과 實-果 (5)(6) 열매 실 실과 과	약결 約-結 (5)(5) 맺을 약 맺을 결
숙엄 肅-嚴 (4)(4) 엄숙할 숙 엄할 엄	시초 始-初 (6)(5) 비로소 시 처음 초	심성 心-性 (7)(5) 마음 심 성품 성	약속 約-束 (5)(5) 맺을 약 묶을 속
숙청 淑-淸 (3Ⅱ)(6) 맑을 숙 맑을 청	시창 始-創 (6)(4Ⅱ) 비로소 시 비롯할 창	심사 審-査 (3Ⅱ)(5) 살필 심 조사할 사	양육 養-育 (5)(7) 기를 양 기를 육
숙련 熟-練 (3Ⅱ)(5) 익을 숙 익힐 련	시설 施-設 (4Ⅱ)(4Ⅱ) 베풀 시 베풀 설	아동 兒-童 (5)(6) 아이 아 아이 동	양태 樣-態 (4)(4Ⅱ) 모양 양 모습 태
순결 純-潔 (4Ⅱ)(4Ⅱ) 순수할 순 깨끗할 결	시험 試-驗 (4Ⅱ)(4Ⅱ) 시험 시 시험 험	악가 樂-歌 (6)(7) 노래 악 노래 가	양토 壤-土 (3Ⅱ)(8) 흙덩이 양 흙 토
폐해 弊-害 (3Ⅱ)(5) 폐단 폐 해할 해	식재 植-栽 (7)(3Ⅱ) 심을 식 심을 재	안전 安-全 '안전하다'를 뜻함. (7)(7) 편안 안 온전 전	어사 語-辭 (7)(4) 말씀 어 말씀 사
술예 術-藝 (6)(4Ⅱ) 재주 술 재주 예	식례 式-例 (6)(6) 법식 식 법식 례	안평 安-平 '편안하다'를 뜻함. (7)(7) 편안 안 평평할 평	어령 御-領 (3Ⅱ)(5) 거느릴 어 거느릴 령
숭고 崇-高 (4)(6) 높을 숭 높을 고	식전 式-典 (6)(5) 법식 식 법전 전	안강 安-康 (7)(4Ⅱ) 편안 안 편안 강	억압 抑-壓 (3Ⅱ)(4Ⅱ) 누를 억 누를 압
숭상 崇-尙 '숭상하다'를 뜻함. (4)(3Ⅱ) 높을 숭 오히려 상	신체 身-體 (6)(6) 몸 신 몸 체	안녕 安-寧 (7)(3Ⅱ) 편안 안 편안 녕	언어 言-語 (6)(7) 말씀 언 말씀 어
습학 習-學 (6)(8) 익힐 습 배울 학	신귀 神-鬼 (6)(3Ⅱ) 귀신 신 귀신 귀	안일 安-逸 (7)(3Ⅱ) 편안 안 편안할 일	언담 言-談 (6)(5) 말씀 언 말씀 담

유의자 **383**

유의자

언설 (6)(5) 言-說 말씀 언 말씀 설	열락 (3Ⅱ)(6) 悅-樂 기쁠 열 즐길 락	용감 (6)(4) 勇-敢 날랠 용 감히 감	'넉넉하다'를 뜻함. 유족 (3Ⅱ)(7) 裕-足 넉넉할 유 발 족
언변 (6)(4) 言-辯 말씀 언 말씀 변	'빼어나다'를 뜻함. 영특 (6)(6) 英-特 꽃부리 영 특별할 특	'날래다'를 뜻함. 용맹 (6)(3Ⅱ) 勇-猛 날랠 용 사나울 맹	육양 (7)(5) 育-養 기를 육 기를 양
언사 (6)(4) 言-辭 말씀 언 말씀 사	영원 (6)(6) 永-遠 길 영 멀 원	'얼굴'을 뜻함. 용모 (4Ⅱ)(3Ⅱ) 容-貌 얼굴 용 모양 모	'몸'을 뜻함. 육신 (4Ⅱ)(6) 肉-身 고기 육 몸 신
엄숙 (4)(4) 嚴-肅 엄할 엄 엄숙할 숙	영구 (6)(3Ⅱ) 永-久 길 영 오랠 구	우환 (3Ⅱ)(5) 憂-患 근심 우 근심 환	육체 (4Ⅱ)(6) 肉-體 고기 육 몸 체
업사 (6)(7) 業-事 업 업 일 사	영화 (4Ⅱ)(4) 榮-華 영화 영 빛날 화	우려 (3Ⅱ)(4) 憂-慮 근심 우 생각할 려	은혜 (4Ⅱ)(4Ⅱ) 恩-惠 은혜 은 은혜 혜
'일'을 뜻함. 업무 (6)(4Ⅱ) 業-務 업 업 힘쓸 무	영조 (4)(3Ⅱ) 映-照 비칠 영 비칠 조	운동 (6)(7) 運-動 옮길 운 움직일 동	은비 (4)(4) 隱-祕 숨을 은 숨길 비
여가 (4Ⅱ)(4) 餘-暇 남을 여 겨를 가	예술 (4Ⅱ)(6) 藝-術 재주 예 재주 술	원망 (5)(5) 願-望 원할 원 바랄 망	음성 (6)(4Ⅱ) 音-聲 소리 음 소리 성
역경 (4)(4Ⅱ) 域-境 지경 역 지경 경	오착 (4Ⅱ)(3Ⅱ) 誤-錯 그르칠 오 어긋날 착	원우 (5)(3Ⅱ) 院-宇 집 원 집 우	의복 (6)(6) 衣-服 옷 의 옷 복
역병 (3Ⅱ)(6) 疫-病 전염병 역 병 병	옥사 (5)(4Ⅱ) 屋-舍 집 옥 집 사	원구 (4)(5) 援-救 도울 원 구원할 구	의사 (6)(5) 意-思 뜻 의 생각 사
역사 (3Ⅱ)(6) 役-使 부릴 역 부릴 사	옥우 (5)(3Ⅱ) 屋-宇 집 옥 집 우	원한 (4)(4) 怨-恨 원망할 원 한 한	'뜻'을 뜻함. 의의 (6)(4Ⅱ) 意-義 뜻 의 옳을 의
'궁구하다'를 뜻함. 연구 (4Ⅱ)(4Ⅱ) 研-究 갈 연 연구할 구	온난 (6)(4Ⅱ) 溫-暖 따뜻할 온 따뜻할 난	위대 (5)(8) 偉-大 클 위 큰 대	의지 (6)(4Ⅱ) 意-志 뜻 의 뜻 지
연수 (4Ⅱ)(4Ⅱ) 研-修 갈 연 닦을 수	'완전하다'를 뜻함. 완전 (5)(7) 完-全 완전할 완 온전할 전	'위태하다'를 뜻함. 위태 (4)(3Ⅱ) 危-殆 위태할 위 거의 태	의취 (6)(4) 意-趣 뜻 의 뜻 취
연마 (4Ⅱ)(3Ⅱ) 研-磨 갈 연 갈 마	'구하다'를 뜻함. 요구 (5)(4Ⅱ) 要-求 요긴할 요 구할 구	'잃다'를 뜻함. 유실 (4)(6) 遺-失 남길 유 잃을 실	의논 (4Ⅱ)(4Ⅱ) 議-論 의논할 의 논할 론
'인연'을 뜻함. 연인 (4)(5) 緣-因 인연 연 인할 인	요긴 (5)(3Ⅱ) 要-緊 요긴할 요 긴할 긴	유사 (4)(5) 儒-士 선비 유 선비 사	'의거하다'를 뜻함. 의거 (4)(4) 依-據 의지할 의 근거 거
연소 (4)(3Ⅱ) 燃-燒 탈 연 사를 소	용비 (6)(5) 用-費 쓸 용 쓸 비	'어리다'를 뜻함. 유소 (3Ⅱ)(7) 幼-少 어릴 유 적을 소	이운 (4Ⅱ)(6) 移-運 옮길 이 옮길 운

384 유형별 한자 익히기

이전 (4Ⅱ)(4)	移-轉 옮길 이 / 구를 전 ('옮기다'를 뜻함)	자인 (3Ⅱ)(4)	慈-仁 사랑 자 / 어질 인	쟁투 (5)(4)	爭-鬪 다툴 쟁 / 싸움 투	전법 (5)(5)	典-法 법 전 / 법 법
인연 (5)(4)	因-緣 인할 인 / 인연 연	잔여 (4)(4Ⅱ)	殘-餘 남을 잔 / 남을 여	저축 (5)(4Ⅱ)	貯-蓄 쌓을 저 / 모을 축 ('쌓다'를 뜻함)	전율 (5)(4Ⅱ)	典-律 법 전 / 법칙 률
인자 (4)(3Ⅱ)	仁-慈 어질 인 / 사랑 자	장구 (8)(3Ⅱ)	長-久 긴 장 / 오랠 구	저적 (5)(4)	貯-積 쌓을 저 / 쌓을 적	전범 (5)(4)	典-範 법 전 / 법 범
인도 (4Ⅱ)(4Ⅱ)	引-導 끌 인 / 인도할 도	장수 (4Ⅱ)(3Ⅱ)	將-帥 장수 장 / 장수 수	저작 (3Ⅱ)(6)	著-作 나타날 저 / 지을 작 ('짓다'를 뜻함)	전적 (5)(4)	典-籍 법 전 / 문서 적
인식 (4Ⅱ)(5)	認-識 알 인 / 알 식	장권 (4)(4)	奬-勸 장려할 장 / 권할 권	저항 (3Ⅱ)(4)	抵-抗 막을 저 / 겨룰 항 ('겨루다'를 뜻함)	전이 (4)(4Ⅱ)	轉-移 구를 전 / 옮길 이
인지 (4Ⅱ)(5)	認-知 알 인 / 알 지	장려 (4)(3Ⅱ)	奬-勵 장려할 장 / 힘쓸 려 ('권면하다'를 뜻함)	적저 (4)(5)	積-貯 쌓을 적 / 쌓을 저	전회 (4)(4Ⅱ)	轉-回 구를 전 / 돌아올 회 ('돌다'를 뜻함)
일동 (8)(7)	一-同 한 일 / 한가지 동	장막 (4)(3Ⅱ)	帳-幕 장막 장 / 장막 막	적축 (4)(4Ⅱ)	積-蓄 쌓을 적 / 모을 축 ('쌓다'를 뜻함)	절단 (5)(4Ⅱ)	切-斷 끊을 절 / 끊을 단
임위 (5)(4)	任-委 맡을 임 / 맡길 위	장부 (3Ⅱ)(7)	丈-夫 어른 장 / 지아비 부 ('사나이'를 뜻함)	적루 (4)(3Ⅱ)	積-累 쌓을 적 / 여러 루 ('포개다'를 뜻함)	절계 (5)(4)	節-季 마디 절 / 계절 계
입납 (7)(4)	入-納 들 입 / 들일 납	장관 (3Ⅱ)(4)	掌-管 손바닥 장 / 주관할 관	적도 (4)(4)	賊-盜 도둑 적 / 도둑 도	절단 (4Ⅱ)(4Ⅱ)	絶-斷 끊을 절 / 끊을 단
자기 (7)(5)	自-己 스스로 자 / 몸 기 ('자기'를 뜻함)	재술 (6)(6)	才-術 재주 재 / 재주 술	적정 (3Ⅱ)(4)	寂-靜 고요할 적 / 고요할 정	접속 (4Ⅱ)(4Ⅱ)	接-續 이을 접 / 이을 속
자재 (4)(5)	資-財 재물 자 / 재물 재	재예 (6)(4Ⅱ)	才-藝 재주 재 / 재주 예	전완 (7)(5)	全-完 온전 전 / 완전할 완	정방 (7)(7)	正-方 바를 정 / 모 방
자질 (4)(5)	資-質 재물 자 / 바탕 질 ('바탕'을 뜻함)	재화 (5)(3Ⅱ)	災-禍 재앙 재 / 재앙 화	전쟁 (6)(5)	戰-爭 싸움 전 / 다툴 쟁	정직 (7)(7)	正-直 바를 정 / 곧을 직
자화 (4)(4Ⅱ)	資-貨 재물 자 / 재물 화	재화 (5)(4Ⅱ)	財-貨 재물 재 / 재물 화	전투 (6)(4)	戰-鬪 싸움 전 / 싸움 투	정주 (5)(7)	停-住 머무를 정 / 살 주
자모 (4)(3Ⅱ)	姿-貌 모양 자 / 모양 모	재식 (3Ⅱ)(7)	栽-植 심을 재 / 심을 식	전례 (5)(6)	典-例 법 전 / 법식 례	정지 (5)(5)	停-止 머무를 정 / 그칠 지
자애 (3Ⅱ)(6)	慈-愛 사랑 자 / 사랑 애	쟁경 (5)(5)	爭-競 다툴 쟁 / 다툴 경	전식 (5)(6)	典-式 법 전 / 법 식	정류 (5)(4Ⅱ)	停-留 머무를 정 / 머무를 류

유의자

정의 (5)(6)	情—意 뜻 정 뜻 의	조화 (5)(6)	調—和 고를 조 화할 화	종지 (5)(5)	終—止 마칠 종 그칠 지	지혜 (4)(3Ⅱ)	智—慧 슬기 지 슬기로울 혜
정적 (4)(3Ⅱ)	靜—寂 고요할 정 고요할 적	조균 (5)(4)	調—均 고를 조 고를 균	종단 (5)(4Ⅱ)	終—端 마칠 종 끝 단	지조 (3Ⅱ)(4)	枝—條 가지 지 가지 조
정제 (4)(3Ⅱ)	整—齊 가지런할 정 가지런할 제	조속 (4Ⅱ)(6)	早—速 이를 조 빠를 속	좌석 (4)(6)	座—席 자리 좌 자리 석	진출 (4Ⅱ)(7)	進—出 나아갈 진 날 출
정직 (3Ⅱ)(7)	貞—直 곧을 정 곧을 직	조작 (4Ⅱ)(6)	造—作 지을 조 지을 작	죄과 (5)(5)	罪—過 허물 죄 지날 과	진취 (4Ⅱ)(4)	進—就 나아갈 진 나아갈 취
정벌 (3Ⅱ)(4Ⅱ)	征—伐 칠 정 칠 벌	조호 (4Ⅱ)(4Ⅱ)	助—護 도울 조 도울 호	주거 (7)(4)	住—居 살 주 살 거	진실 (4Ⅱ)(5)	眞—實 참 진 열매 실
정결 (3Ⅱ)(4Ⅱ)	淨—潔 깨끗할 정 깨끗할 결	조직 (4)(4)	組—織 짤 조 짤 직	주군 (7)(4)	主—君 임금 주 임금 군	진보 (4)(4Ⅱ)	珍—寶 보배 진 보배 보
제목 (6)(6)	題—目 제목 제 눈 목	조세 (3Ⅱ)(4Ⅱ)	租—稅 조세 조 세금 세	주군 (5)(6)	州—郡 고을 주 고을 군	진수 (3Ⅱ)(5)	辰—宿 별 진 별자리 수
제택 (6)(5)	第—宅 차례 제 집 택	조영 (3Ⅱ)(4)	照—映 비칠 조 비칠 영	주위 (4)(4)	周—圍 두루 주 에워쌀 위	진열 (3Ⅱ)(4Ⅱ)	陳—列 베풀 진 벌일 렬
제차 (6)(4Ⅱ)	第—次 차례 제 버금 차	존고 (4Ⅱ)(6)	尊—高 높을 존 높을 고	주홍 (4)(4)	朱—紅 붉을 주 붉을 홍	질박 (5)(6)	質—朴 바탕 질 성 박
제왕 (4)(8)	帝—王 임금 제 임금 왕	존귀 (4Ⅱ)(5)	尊—貴 높을 존 귀할 귀	주옥 (3Ⅱ)(4Ⅱ)	珠—玉 구슬 주 구슬 옥	질소 (5)(4Ⅱ)	質—素 바탕 질 본디 소
제작 (4Ⅱ)(6)	製—作 지을 제 지을 작	존숭 (4Ⅱ)(4)	尊—崇 높을 존 높을 숭	중앙 (8)(3Ⅱ)	中—央 가운데 중 가운데 앙	질병 (3Ⅱ)(6)	疾—病 병 질 병 병
제조 (4Ⅱ)(4Ⅱ)	製—造 지을 제 지을 조	존재 (4)(6)	存—在 있을 존 있을 재	중복 (7)(4)	重—複 무거울 중 겹칠 복	질환 (3Ⅱ)(5)	疾—患 병 질 근심 환
제감 (4Ⅱ)(4Ⅱ)	除—減 덜 제 덜 감	졸병 (5)(5)	卒—兵 마칠 졸 병사 병	증가 (4Ⅱ)(5)	增—加 더할 증 더할 가	질서 (3Ⅱ)(5)	秩—序 차례 질 차례 서
제사 (4Ⅱ)(3Ⅱ)	祭—祀 제사 제 제사 사	종결 (5)(5)	終—結 마칠 종 맺을 결	증오 (3Ⅱ)(5)	憎—惡 미울 증 미워할 오	집회 (6)(6)	集—會 모을 집 모일 회
제정 (3Ⅱ)(4)	齊—整 가지런할 제 가지런할 정	종말 (5)(5)	終—末 마칠 종 끝 말	지식 (5)(5)	知—識 알 지 알 식	집단 (6)(5)	集—團 모을 집 둥글 단

386 유형별 한자 익히기

'거두다'를 뜻함. 징수 徵-收 (3Ⅱ)(4Ⅱ) 부를 징 거둘 수	채광 彩-光 (3Ⅱ)(6) 채색 채 빛 광	촌절 寸-節 (8)(5) 마디 촌 마디 절	타격 打-擊 (5)(4) 칠 타 칠 격
차제 次-第 (4Ⅱ)(6) 버금 차 차례 제	채색 彩-色 (3Ⅱ)(7) 채색 채 빛 색	촌리 村-里 (7)(7) 마을 촌 마을 리	탁량 度-量 (6)(5) 헤아릴 탁 헤아릴 량
차별 差-別 (4)(6) 다를 차 다를 별	'책임'을 뜻함. 책임 責-任 (5)(5) 꾸짖을 책 맡길 임	'마을'을 뜻함. 촌락 村-落 (7)(5) 마을 촌 떨어질 락	탁월 卓-越 (5)(3Ⅱ) 높을 탁 넘을 월
차이 差-異 (4)(4) 다를 차 다를 이	책서 冊-書 (4)(6) 책 책 글 서	추종 追-從 (3Ⅱ)(4) 쫓을 추 좇을 종	탐색 探-索 (4)(3Ⅱ) 찾을 탐 찾을 색
착오 錯-誤 (3Ⅱ)(4Ⅱ) 어긋날 착 그르칠 오	청록 靑-綠 (8)(6) 푸를 청 푸를 록	축경 祝-慶 (5)(4Ⅱ) 빌 축 경사 경	태양 態-樣 (4Ⅱ)(4) 모습 태 모양 양
찬예 讚-譽 (4)(3Ⅱ) 기릴 찬 기릴 예	청벽 靑-碧 (8)(3Ⅱ) 푸를 청 푸를 벽	축구 築-構 (4Ⅱ)(4) 쌓을 축 얽을 구	'편안하다'를 뜻함. 태평 泰-平 (3Ⅱ)(7) 클 태 평평할 평
찰견 察-見 (4Ⅱ)(5) 살필 찰 볼 견	청창 靑-蒼 (8)(3Ⅱ) 푸를 청 푸를 창	축적 蓄-積 (4Ⅱ)(4) 모을 축 쌓을 적	택사 宅-舍 (5)(4Ⅱ) 집 택 집 사
찰관 察-觀 (4Ⅱ)(5) 살필 찰 볼 관	청결 淸-潔 (6)(4Ⅱ) 맑을 청 깨끗할 결	출생 出-生 (7)(8) 날 출 날 생	토지 土-地 (8)(7) 흙 토 땅 지
'참여하다'를 뜻함. 참여 參-與 (5)(4) 참여할 참 더불 여	청숙 淸-淑 (6)(3Ⅱ) 맑을 청 맑을 숙	충만 充-滿 (5)(4Ⅱ) 채울 충 찰 만	토양 土-壤 (8)(3Ⅱ) 흙 토 흙덩이 양
창가 唱-歌 (5)(7) 부를 창 노래 가	청정 淸-淨 (6)(3Ⅱ) 맑을 청 깨끗할 정	충격 衝-激 (3Ⅱ)(4) 찌를 충 격할 격	토벌 討-伐 (4)(4Ⅱ) 칠 토 칠 벌
창시 創-始 (4Ⅱ)(6) 비롯할 창 비로소 시	청문 聽-聞 (4)(6) 들을 청 들을 문	취의 趣-意 (4)(6) 뜻 취 뜻 의	'합치다'를 뜻함. 통합 統-合 (4Ⅱ)(6) 거느릴 통 합할 합
'비롯하다'를 뜻함. 창작 創-作 (4Ⅱ)(6) 비롯할 창 지을 작	체신 體-身 (6)(6) 몸 체 몸 신	측탁 測-度 (4Ⅱ)(6) 헤아릴 측 헤아릴 탁	통령 統-領 (4Ⅱ)(5) 거느릴 통 거느릴 령
창초 創-初 (4Ⅱ)(5) 비롯할 창 처음 초	초창 初-創 (5)(4Ⅱ) 처음 초 비롯할 창	층계 層-階 (4)(4) 층 층 섬돌 계	통수 統-帥 (4Ⅱ)(3Ⅱ) 거느릴 통 장수 수
창고 倉-庫 (3Ⅱ)(4) 곳집 창 곳집 고	'뛰어넘다'를 뜻함. 초과 超-過 (3Ⅱ)(5) 뛰어넘을 초 지날 과	치리 治-理 (4Ⅱ)(6) 다스릴 치 다스릴 리	통솔 統-率 (4Ⅱ)(3Ⅱ) 거느릴 통 거느릴 솔
채택 採-擇 (4)(4) 캘 채 가릴 택	'급하다'를 뜻함. 촉급 促-急 (3Ⅱ)(6) 재촉할 촉 급할 급	침범 侵-犯 (4Ⅱ)(4) 침노할 침 범할 범	통어 統-御 (4Ⅱ)(3Ⅱ) 거느릴 통 거느릴 어

유의자

통달 通—達 (6)(4Ⅱ) 통할 통 통달할 달	평화 '편안하다'를 뜻함. 平—和 (7)(6) 평평할 평 화할 화	피혁 皮—革 (3Ⅱ)(4) 가죽 피 가죽 혁	해석 解—釋 (4Ⅱ)(3Ⅱ) 풀 해 풀 석
통관 通—貫 (6)(3Ⅱ) 통할 통 꿸 관	평등 '고르다'를 뜻함. '같다'를 뜻함. 平—等 (7)(6) 평평할 평 무리 등	하강 下—降 (7)(4) 아래 하 내릴 강	행동 行—動 (6)(7) 다닐 행 움직일 동
통통 '꿰뚫다'를 뜻함. 洞—通 (7)(6) 밝을 통 통할 통	평균 平—均 (7)(4) 평평할 평 고를 균	하천 河—川 (5)(7) 물 하 내 천	행위 '행하다'를 뜻함. 行—爲 (6)(4Ⅱ) 다닐 행 할 위
통달 洞—達 (7)(4Ⅱ) 밝을 통 통달할 달	폐망 廢—亡 (3Ⅱ)(5) 폐할 폐 망할 망	하경 賀—慶 (3Ⅱ)(4Ⅱ) 하례할 하 경사 경	향촌 鄕—村 (4Ⅱ)(7) 시골 향 마을 촌
통철 通—徹 (6)(3Ⅱ) 통할 통 통할 철	포용 '용납하다'를 뜻함. '받아들이다'를 뜻함. 包—容 (4Ⅱ)(4Ⅱ) 쌀 포 얼굴 용	학습 學—習 (8)(6) 배울 학 익힐 습	허공 虛—空 (4Ⅱ)(7) 빌 허 빌 공
통투 通—透 (6)(3Ⅱ) 통할 통 사무칠 투	포위 '에워싸다'를 뜻함. 包—圍 (4Ⅱ)(4) 쌀 포 에워쌀 위	한랭 寒—冷 (5)(5) 찰 한 찰 랭	허무 虛—無 (4Ⅱ)(5) 빌 허 없을 무
투전 鬪—戰 (4)(6) 싸움 투 싸움 전	포함 '싸다'를 뜻함. 包—含 (4Ⅱ)(3Ⅱ) 쌀 포 머금을 함	한탄 恨—歎 (4)(4) 한 한 탄식할 탄	허위 虛—僞 (4Ⅱ)(3Ⅱ) 빌 허 거짓 위
투쟁 鬪—爭 (4)(5) 싸움 투 다툴 쟁	폭로 '드러나다'를 뜻함. 暴—露 (4Ⅱ)(3Ⅱ) 사나울 폭 이슬 로	항선 航—船 (4Ⅱ)(5) 배 항 배 선	허가 '들어주다'를 뜻함. 許—可 (5)(5) 허락할 허 옳을 가
투통 透—通 (3Ⅱ)(6) 사무칠 투 통할 통	표피 表—皮 (6)(3Ⅱ) 겉 표 가죽 피	항거 抗—拒 (4)(4) 겨룰 항 막을 거	허락 許—諾 (5)(3Ⅱ) 허락할 허 허락할 낙
파랑 波—浪 (4Ⅱ)(3Ⅱ) 물결 파 물결 랑	품물 品—物 (5)(7) 물건 품 물건 물	해양 海—洋 (7)(6) 바다 해 큰바다 양	헌법 憲—法 (4)(5) 법 헌 법 법
판결 判—決 (4)(5) 판단할 판 결단할 결	품건 品—件 (5)(5) 물건 품 물건 건	해독 害—毒 (5)(4Ⅱ) 해할 해 독 독	헌납 獻—納 (3Ⅱ)(4) 드릴 헌 들일 납
패배 敗—北 (5)(8) 패할 패 달아날 배	풍족 '넉넉하다'를 뜻함. 豊—足 (4Ⅱ)(7) 풍년 풍 발 족	해손 害—損 (5)(4) 해할 해 덜 손	현량 賢—良 (4Ⅱ)(5) 어질 현 어질 량
패망 敗—亡 (5)(5) 패할 패 망할 망	풍후 豊—厚 (4Ⅱ)(4) 풍년 풍 두터울 후	해방 解—放 (4Ⅱ)(6) 풀 해 놓을 방	현현 顯—現 (4)(6) 나타날 현 나타날 현
편안 便—安 (7)(7) 편할 편 편안 안	피로 '노곤하다'를 뜻함. 疲—勞 (4)(5) 피곤할 피 일할 로	해소 解—消 (4Ⅱ)(6) 풀 해 사라질 소	현묘 '오묘하다'를 뜻함. 玄—妙 (3Ⅱ)(4) 검을 현 묘할 묘
평안 平—安 (7)(7) 평평할 평 편안 안	피곤 疲—困 (4)(4) 피곤할 피 곤할 곤	해산 解—散 (4Ⅱ)(4) 풀 해 흩을 산	협화 協—和 (4Ⅱ)(6) 화할 협 화할 화

형식 形-式 (6)(6) 모양 형 법 식	화협 和-協 (6)(4Ⅱ) 화할 화 화할 협	회귀 回-歸 (4Ⅱ)(4) 돌아올 회 돌아갈 귀	희열 喜-悅 (4)(3Ⅱ) 기쁠 희 기쁠 열
'꼴'을 뜻함.			
형용 形-容 (6)(4Ⅱ) 모양 형 얼굴 용	화목 和-睦 (6)(3Ⅱ) 화할 화 화목할 목	회전 回-轉 (4Ⅱ)(4) 돌아올 회 구를 전	희소 稀-少 (3Ⅱ)(7) 드물 희 적을 소
'모습'을 뜻함.			
형태 形-態 (6)(4Ⅱ) 모양 형 모습 태	화도 畫-圖 (6)(6) 그림 화 그림 도	회선 回-旋 (4Ⅱ)(3Ⅱ) 돌아올 회 돌 선	희귀 稀-貴 (3Ⅱ)(5) 드물 희 귀할 귀
		'돌다'를 뜻함.	
형상 形-象 (6)(4) 모양 형 코끼리 상	화변 化-變 (5)(5) 될 화 변할 변	회한 悔-恨 (3Ⅱ)(4) 뉘우칠 회 한 한	희망 希-望 (4Ⅱ)(5) 바랄 희 바랄 망
'모양'을 뜻함.		'뉘우치다'를 뜻함.	
형모 形-貌 (6)(3Ⅱ) 모양 형 모양 모	화재 貨-財 (4Ⅱ)(5) 재물 화 재물 재	획득 獲-得 (3Ⅱ)(4Ⅱ) 얻을 획 얻을 득	희원 希-願 (4Ⅱ)(5) 바랄 희 원할 원
형상 形-像 (6)(3Ⅱ) 모양 형 모양 상	화재 禍-災 (3Ⅱ)(5) 재앙 화 재앙 재	훈교 訓-敎 (6)(8) 가르칠 훈 가르칠 교	희유 戱-遊 (3Ⅱ)(4) 놀이 희 놀 유
형벌 刑-罰 (4)(4Ⅱ) 형벌 형 벌할 벌	확고 確-固 (4Ⅱ)(5) 굳을 확 굳을 고	훈도 訓-導 (6)(4Ⅱ) 가르칠 훈 인도할 도	
혜은 惠-恩 (4Ⅱ)(4Ⅱ) 은혜 혜 은혜 은	환우 患-憂 (5)(3Ⅱ) 근심 환 근심 우	휴식 休-息 (7)(4Ⅱ) 쉴 휴 쉴 식	**3급 출제**
'은혜'를 뜻함.		'흉악하다'를 뜻함.	
혜택 惠-澤 (4Ⅱ)(3Ⅱ) 은혜 혜 못 택	환희 歡-喜 (4)(4) 기쁠 환 기쁠 희	흉악 凶-惡 (5)(5) 흉할 흉 악할 악	☆ 3급 읽기 배정 한자 (표시가 없는 것은 3급 쓰기 배정 한자)
혜지 慧-智 (3Ⅱ)(4) 슬기로울 혜 슬기 지	환열 歡-悅 (4)(3Ⅱ) 기쁠 환 기쁠 열	흉포 凶-暴 (5)(4Ⅱ) 흉할 흉 모질 포	
혼란 混-亂 (4)(4) 섞을 혼 어지러울 란	환귀 還-歸 (3Ⅱ)(4) 돌아올 환 돌아갈 귀	흉맹 凶-猛 (5)(3Ⅱ) 흉할 흉 사나울 맹	가영 歌-詠 (7)(3) 노래 가 읊을 영
혼잡 混-雜 (4)(4) 섞을 혼 섞일 잡	황왕 皇-王 (3Ⅱ)(8) 임금 황 임금 왕	흡음 吸-飮 (4Ⅱ)(6) 마실 흡 마실 음	가첨 加-添 (5)(3) 더할 가 더할 첨
화언 話-言 (7)(6) 말씀 화 말씀 언	황제 皇-帝 (3Ⅱ)(4) 임금 황 임금 제	흥기 興-起 (4Ⅱ)(4Ⅱ) 일 흥 일어날 기	가항 街-巷 (4Ⅱ)(3) 거리 가 거리 항
		'성하다'를 뜻함.	
화설 話-說 (7)(5) 말씀 화 말씀 설	회사 會-社 (6)(6) 모일 회 모일 사	흥륭 興-隆 (4Ⅱ)(3Ⅱ) 일 흥 높을 륭	걸구 乞-求 (3)(4Ⅱ) 빌 걸 구할 구
화평 和-平 (6)(7) 화할 화 평평할 평	회집 會-集 (6)(6) 모일 회 모을 집	희락 喜-樂 (4)(6) 기쁠 희 즐길 락	검열 檢-閱 (4Ⅱ)(3) 검사할 검 볼 열

유의자

견인 (3)(4Ⅱ)	牽-引 끌견 끌인	규탄 '들추어내다'를 뜻함. '탄핵하다'를 뜻함. (3)(4)	糾-彈 얽힐규 탄알탄	망실 (3)(6)	忘-失 '잊다'를 뜻함. 잊을망 잃을실	빙초 (3)(4)	聘-招 부를빙 부를초
계속 (3)(5)	繫-束 맬계 묶을속	급사 (5)(3)	給-賜 줄급 줄사	맥락 (4Ⅱ)(3)	脈-絡 줄기맥 이을락	사유 (5)(3)	思-惟 생각사 생각할유
고신 (6)(3)	苦-辛 '괴롭다'를 뜻함. 쓸고 매울신	당해 (5)(3)	當-該 마땅당 마땅해	명휘 (6)(3)	明-輝 밝을명 빛날휘	사열 (5)(3)	査-閱 조사할사 볼열
고석 (6)(3)	古-昔 예고 예석	대체 (6)(3)	代-替 대신대 바꿀체	모방 (4)(3)	模-倣 본뜰모 본뜰방	사급 (3)(5)	賜-給 줄사 줄급
관작 (4Ⅱ)(3)	官-爵 벼슬관 벼슬작	도도 (7)(3)	道-塗 길도 칠할도	모집 (3)(6)	募-集 모을모 모을집	산악 (8)(3)	山-岳 메산 큰산악
광휘 (6)(3)	光-輝 빛광 빛날휘	도절 (4)(3)	盜-竊 도둑도 훔칠절	민속 (3)(6)	敏-速 민첩할민 빠를속	산만 (4)(3)	散-漫 흩을산 흩어질만
교정 (3)(7)	矯-正 바로잡을교 바를정	돈후 (3)(4)	敦-厚 도타울돈 두터울후	방국 (3)(8)	邦-國 나라방 나라국	상호 (5)(3)	相-互 서로상 서로호
교직 (3)(7)	矯-直 '바로잡다'를 뜻함. 바로잡을교 곧을직	동요 (7)(3)	動-搖 움직일동 흔들요	배필 (4Ⅱ)(3)	配-匹 짝배 짝필	서거 (3)(5)	逝-去 갈서 갈거
교야 (3)(6)	郊-野 들교 들야	둔진 (3)(4)	屯-陣 진칠둔 진칠진	분석 (6)(3)	分-析 '나누다'를 뜻함. 나눌분 쪼갤석	서열 (3)(5)	暑-熱 더울서 더울열
구걸 (4Ⅱ)(3)	求-乞 구할구 빌걸	낙타 (5)(3)	落-墮 떨어질락 떨어질타	분개 (4)(3)	憤-慨 '분개하다'를 뜻함. 분할분 슬퍼할개	섭리 (3)(6)	攝-理 다스릴섭 다스릴리
구경 (4Ⅱ)(3)	究-竟 '다하다'를 뜻함. 연구할구 마침내경	낙맥 (3)(4Ⅱ)	絡-脈 '맥락'을 뜻함. 이을락 줄기맥	분묘 (3)(3)	墳-墓 무덤분 무덤묘	세탁 (5)(3)	洗-濯 씻을세 씻을탁
군현 (6)(3)	郡-縣 고을군 고을현	양지 (3)(5)	諒-知 살펴알량 알지	붕우 (3)(5)	朋-友 벗붕 벗우	수확 (4Ⅱ)(3)	收-穫 거둘수 거둘확
규명 (3)(6)	糾-明 '규명하다'를 뜻함. 얽힐규 밝을명	연애 (3)(6)	戀-愛 그릴련 사랑애	비참 (4Ⅱ)(3)	悲-慘 슬플비 참혹할참	신고 (3)(6)	辛-苦 매울신 쓸고
규결 (3)(5)	糾-結 얽힐규 맺을결	영락 (3)(5)	零-落 떨어질령 떨어질락	비개 (4Ⅱ)(3)	悲-慨 슬플비 슬퍼할개	신열 (3)(4)	辛-烈 매울신 매울렬
규찰 (3)(4Ⅱ)	糾-察 '규명하다'를 뜻함. 얽힐규 살필찰	노옹 (7)(3)	老-翁 늙을로 늙은이옹	빈객 (3)(5)	賓-客 손빈 손객	신장 (3)(4)	伸-張 '펴다'를 뜻함. 펼신 베풀장

| 심방 (3)(4Ⅱ) 尋-訪 찾을 심 찾을 방 | 재액 (5)(3) 災-厄 '재앙'을 뜻함. 재앙 재 액 액 | 초빙 (4)(3) 招-聘 부를 초 부를 빙 | 휴대 (3)(4Ⅱ) 携-帶 '들다'를 뜻함. 이끌 휴 띠 대 |

| 암명 (4Ⅱ)(3) 暗-冥 어두울 암 어두울 명 | 전폐 (4)(3) 錢-幣 돈 전 화폐 폐 | 총명 (3)(6) 聰-明 귀밝을 총 밝을 명 |

| 앙재 (3)(5) 殃-災 재앙 앙 재앙 재 | 절도 (3)(4) 竊-盜 훔칠 절 도둑 도 | 침략 (4Ⅱ)(3) 侵-掠 침노할 침 노략질할 략 |

| 양류 (3)(4) 楊-柳 버들 양 버들 류 | 종료 (5)(3) 終-了 마칠 종 마칠 료 | 타락 (3)(5) 墮-落 떨어질 타 떨어질 락 |

| 여지 (3)(7) 輿-地 '땅'을 뜻함. 수레 여 땅 지 | 주선 (3)(5) 舟-船 배 주 배 선 | 퇴각 (4Ⅱ)(3) 退-却 물러날 퇴 물리칠 각 |

| 영가 (3)(7) 詠-歌 읊을 영 노래 가 | 준수 (3)(4Ⅱ) 遵-守 좇을 준 지킬 수 | 판매 (3)(5) 販-賣 팔 판 팔 매 |

| 영창 (3)(5) 詠-唱 읊을 영 부를 창 | 준걸 (3)(4) 俊-傑 준걸 준 뛰어날 걸 | 해당 (3)(5) 該-當 마땅 해 마땅 당 |

| 예리 (3)(6) 銳-利 '날카롭다'를 뜻함. 날카로울 예 이로울 리 | 증급 (3)(5) 贈-給 줄 증 줄 급 | 현선 (3)(6) 絃-線 줄 현 줄 선 |

| 오락 (3)(6) 娛-樂 즐길 오 즐길 락 | 증여 (3)(4) 贈-與 줄 증 줄 여 | 혐오 (3)(5) 嫌-惡 싫어할 혐 미워할 오 |

| 요동 (3)(7) 搖-動 흔들 요 움직일 동 | 지여 (7)(3) 地-輿 땅 지 수레 여 | 호상 (3)(5) 互-相 서로 호 서로 상 |

| 요원 (3)(6) 遙-遠 멀 요 멀 원 | 집모 (6)(3) 集-募 모을 집 모을 모 | 호모 (3)(4Ⅱ) 毫-毛 터럭 호 터럭 모 |

| 용상 (3)(4Ⅱ) 庸-常 떳떳할 용 떳떳할 상 | 징계 (3)(4) 懲-戒 징계할 징 경계할 계 | 혼탁 (4)(3) 混-濁 '흐리다'를 뜻함. 섞을 혼 흐릴 탁 |

| 의당 (3)(5) 宜-當 마땅 의 마땅 당 | 첨가 (3)(5) 添-加 더할 첨 더할 가 | 혼인 (4)(3) 婚-姻 혼인할 혼 혼인 인 |

| 인견 (4Ⅱ)(3) 引-牽 끌 인 끌 견 | 첨단 (3)(4Ⅱ) 尖-端 '끝'을 뜻함. 뾰족할 첨 끝 단 | 화폐 (4Ⅱ)(3) 貨-幣 재물 화 화폐 폐 |

| 재앙 (5)(3) 災-殃 재앙 재 재앙 앙 | 체대 (3)(6) 替-代 바꿀 체 대신 대 | 휘광 (3)(6) 輝-光 빛날 휘 빛 광 |

반대어·상대어

※ 반대어·상대어는 주로 3급Ⅱ에서 출제되는 유형입니다. 출제 유형 및 학습 방법은 438쪽 참조

3급Ⅱ, 3급 출제

- ❇ : 3급Ⅱ, 3급 읽기 배정 한자가 포함된 한자어
- ✤ : 3급Ⅱ 읽기, 3급 쓰기 배정 한자가 포함된 한자어
- (표시가 없는 것은 3급Ⅱ, 3급 쓰기 배정 한자로 이루어진 한자어)

한자어	뜻	한자어	뜻
可決 (가결)	회의에서, 제출된 의안을 합당하다고 결정함.	否決 (부결)	의논한 안건을 받아들이지 아니하기로 결정함.
✤架空 (가공)	사실이 아니고 거짓이나 상상으로 꾸며 냄.	實在 (실재)	실제로 존재함.
加重 (가중)	책임이나 부담 등을 더 무겁게 함.	輕減 (경감)	부담이나 고통 따위를 덜어서 가볍게 함.
✤幹線 (간선)	도로, 수로, 전신, 철도 따위에서 줄기가 되는 주요한 선	支線 (지선)	철도나 수로, 통신 선로 따위에서 본선에서 곁가지로 갈려 나간 선
感性 (감성)	외계의 대상을 오관(五官)으로 감각하고 지각하여 표상을 형성하는 인간의 인식 능력	理性 (이성)	개념적으로 사유하는 능력
感情 (감정)	어떤 현상이나 일에 대하여 일어나는 마음이나 느끼는 기분	理性 (이성)	개념적으로 사유하는 능력
減少 (감소)	양이나 수치가 줆.	增加 (증가)	양이나 수치가 늚.
減退 (감퇴)	기운이나 세력 따위가 줄어 쇠퇴함.	增進 (증진)	기운이나 세력 따위가 점점 더 늘어 가고 나아감.
強固 (강고)	굳세고 튼튼함.	✤薄弱 (박약)	의지나 체력 따위가 굳세지 못하고 여림.
強大 (강대)	세고 큼.	弱小 (약소)	약하고 작음.
強制 (강제)	권력이나 위력으로 남의 자유의사를 억눌러 원하지 않는 일을 억지로 시킴.	任意 (임의)	일정한 기준이나 원칙 없이 하고 싶은 대로 함.
強風 (강풍)	세게 부는 바람	✤微風 (미풍)	약하게 부는 바람
開放 (개방)	문이나 어떠한 공간 따위를 열어 자유롭게 드나들고 이용하게 함.	✤閉鎖 (폐쇄)	문 따위를 닫아걸거나 막아 버림.
個別 (개별)	여럿 중에서 하나씩 따로 나뉘어 있는 상태	全體 (전체)	개개 또는 부분의 집합으로 구성된 것을 몰아서 하나의 대상으로 삼는 경우에 바로 그 대상
✤槪算 (개산)	대강 하는 계산	精算 (정산)	정밀하게 계산함. 또는 그런 계산
✤蓋然 (개연)	확실하게 단정할 수는 없지만 대개 그럴 것이라고 생각되는 상태	必然 (필연)	사물의 관련이나 일의 결과가 반드시 그렇게 됨
客觀 (객관)	자기와의 관계에서 벗어나 제삼자의 입장에서 사물을 보거나 생각함.	主觀 (주관)	자기만의 견해나 관점
客體 (객체)	작용의 대상이 되는 쪽	主體 (주체)	사물의 작용이나 어떤 행동의 주가 되는 것
❇巨富 (거부)	대단히 많은 재산	極貧 (극빈)	몹시 가난함.
❇拒否 (거부)	요구나 제의 따위를 받아들이지 않고 물리침.	承認 (승인)	어떤 사실을 마땅하다고 받아들임.
❇拒絶 (거절)	상대편의 요구, 제안, 선물, 부탁 따위를 받아들이지 않고 물리침.	承認 (승인)	어떤 사실을 마땅하다고 받아들임.
建設 (건설)	건물, 설비, 시설 따위를 새로 만들어 세움.	✤破壞 (파괴)	때려 부수거나 깨뜨려 헐어 버림.
✤結果 (결과)	어떤 원인으로 생긴 결말의 상태	動機 (동기)	어떤 일이나 행동을 일으키게 하는 계기
結果 (결과)	어떤 원인으로 생긴 결말의 상태	原因 (원인)	어떤 사물이나 상태를 변화시키거나 일으키게 하는 근본이 된 일이나 사건
結合 (결합)	둘 이상의 사물이나 사람이 서로 관계를 맺어 하나가 됨.	分離 (분리)	서로 나뉘어 떨어짐.
❇決裂 (결렬)	교섭이나 회의 따위에서 의견이 합쳐지지 않아 각각 갈라서게 됨.	合意 (합의)	서로 의견이 일치함. 또는 그 의견
決算 (결산)	일정한 기간 동안의 수입과 지출을 마감하여 계산함.	豫算 (예산)	필요한 비용을 미리 헤아려 계산함.
決定 (결정)	행동이나 태도를 분명하게 정함.	留保 (유보)	어떤 일을 당장 처리하지 아니하고 나중으로 미루어 둠.
經常 (경상)	일정한 상태로 계속하여 변동이 없음.	✤臨時 (임시)	미리 정하지 아니하고 그때그때 필요에 따라 정한 것
輕視 (경시)	대수롭지 않게 보거나 업신여김.	重視 (중시)	가볍게 여길 수 없을 만큼 매우 크고 중요하게 여김.
❇高尚 (고상)	품위나 몸가짐이 속되지 아니하고 훌륭함.	低俗 (저속)	품위가 낮고 속됨.
❇高雅 (고아)	뜻이나 품격 따위가 높고 우아함.	低俗 (저속)	품위가 낮고 속됨.
高遠 (고원)	높고 멂.	✤卑近 (비근)	흔히 주위에서 보고 들을 수 있을 만큼 알기 쉽고 실생활에 가까움.
高調 (고조)	사상이나 감정, 세력 따위가 한창 무르익거나 높아짐.	低調 (저조)	활동이나 감정이 왕성하지 못하고 침체함.

392 유형별 한자 익히기

故意 (고의)	일부러 하는 생각이나 태도	過失 (과실)	부주의나 태만 따위에서 비롯된 잘못이나 허물
固定 (고정)	한곳에 꼭 붙어 있거나 또는 박혀 있음.	流動 (유동)	이리저리 자주 옮겨 다님.
✽苦痛 (고통)	몸이나 마음의 괴로움과 아픔.	快樂 (쾌락)	유쾌하고 즐거움.
空想 (공상)	현실적이지 못하거나 실현될 가망이 없는 것을 막연히 그리어 봄.	現實 (현실)	현재 실제로 존재하는 사실이나 상태
✽攻勢 (공세)	공격하는 태세	守勢 (수세)	적의 공격을 맞아 지키는 형세나 그 세력
共用 (공용)	함께 씀.	✽專用 (전용)	남과 공동으로 쓰지 아니하고 혼자서만 씀.
共有 (공유)	두 사람 이상이 한 물건을 공동으로 소유함.	專有 (전유)	혼자 독차지하여 가짐.
官尊 (관존)	정부나 관리를 높여 봄.	✽民卑 (민비)	백성을 낮고 천하게 여김.
光明 (광명)	밝고 환함.	暗黑 (암흑)	어둡고 캄캄함.
✽拘束 (구속)	행동이나 의사의 자유를 제한하거나 속박함.	解放 (해방)	구속이나 억압, 부담 따위에서 벗어나게 함.
求心 (구심)	중심으로 가까워져 옴.	遠心 (원심)	중심에서 멀어져 감.
口語 (구어)	문장에서만 쓰는 특별한 말이 아닌, 일상적인 대화에서 쓰는 말	文語 (문어)	일상적인 대화에서 쓰는 말이 아닌, 문장에서만 쓰는 말
✽君子 (군자)	행실이 점잖고 어질며 덕과 학식이 높은 사람	小人 (소인)	도량이 좁고 간사한 사람
權利 (권리)	어떤 일을 행하거나 타인에 대하여 당연히 요구할 수 있는 힘이나 자격	義務 (의무)	규범에 의하여 부과되는 부담이나 구속
近接 (근접)	가까이 접근함.	✽遠隔 (원격)	멀리 떨어져 있음.
近海 (근해)	육지에 인접한 바다	遠洋 (원양)	뭍에서 멀리 떨어진 큰 바다
✽錦衣 (금의)	비단옷	布衣 (포의)	베로 지은 옷
禁止 (금지)	하지 못하도록 함.	解禁 (해금)	금지하던 것을 풂.
禁止 (금지)	하지 못하도록 함.	許可 (허가)	행동이나 일을 하도록 허용함.
✽及第 (급제)	시험이나 검사 따위에 합격함.	落第 (낙제)	진학 또는 진급을 못함.
急進 (급진)	서둘러 급히 나아감.	✽漸進 (점진)	조금씩 앞으로 나아감.
起立 (기립)	일어나서 섬.	着席 (착석)	자리에 앉음.
樂觀 (낙관)	인생이나 사물을 밝고 희망적인 것으로 봄.	悲觀 (비관)	인생을 어둡게만 보아 슬퍼하거나 절망스럽게 여김.
樂園 (낙원)	아무런 괴로움이나 고통이 없이 안락하게 살 수 있는 즐거운 곳	地獄 (지옥)	큰 죄를 짓고 죽은 사람들이 구원을 받지 못하고 끝없이 벌을 받는다는 곳
暖流 (난류)	적도 부근의 저위도 지역에서 고위도 지역으로 흐르는 따뜻한 해류	寒流 (한류)	온도가 비교적 낮은 해류. 보통 극에 가까운 지역에서 위도가 낮은 지역으로 흐름.
難解 (난해)	뜻을 이해하기 어려움.	容易 (용이)	어렵지 아니하고 매우 쉬움.
朗讀 (낭독)	글을 소리 내어 읽음.	默讀 (묵독)	소리를 내지 않고 속으로 글을 읽음.
內容 (내용)	그릇이나 포장 따위의 안에 든 것	外觀 (외관)	겉으로 드러난 모양
內容 (내용)	그릇이나 포장 따위의 안에 든 것	形式 (형식)	사물이 외부로 나타나 보이는 모양
✽內憂 (내우)	나라 안의 걱정	外患 (외환)	외적의 침범에 대한 걱정
內包 (내포)	어떤 성질이나 뜻 따위를 속에 품음.	✽外延 (외연)	일정한 개념이 적용되는 사물의 전 범위
能動 (능동)	스스로 내켜서 움직이거나 작용함.	✽被動 (피동)	남의 힘에 의하여 움직이는 일
多元 (다원)	근원이 많음.	一元 (일원)	단일한 근원이나 실체
單純 (단순)	복잡하지 않고 간단함.	✽複雜 (복잡)	일이나 감정 따위가 갈피를 잡기 어려울 만큼 여러 가지가 얽혀 있음.
✽單式 (단식)	단순한 방식이나 형식	複式 (복식)	두 겹 또는 그 이상으로 된 복잡한 방식
當番 (당번)	어떤 일을 책임지고 돌보는 차례가 됨.	非番 (비번)	당번을 설 차례가 아님.

반대어·상대어

對話 (대화)	마주 대하여 이야기를 주고받음.	獨白 (독백)	혼자서 중얼거림.
得意 (득의)	일이 뜻대로 이루어져 만족해하거나 뽐냄.	失意 (실의)	뜻이나 의욕을 잃음.
登場 (등장)	무대나 연단 따위에 나옴.	退場 (퇴장)	어떤 장소에서 물러남.
等質 (등질)	성분이나 특성이 고루 같음.	異質 (이질)	성질이 다름.
漠然 (막연)	갈피를 잡을 수 없게 아득함.	確然 (확연)	아주 확실함.
名目 (명목)	겉으로 내세우는 이름	實質 (실질)	실제로 있는 본바탕
明示 (명시)	분명하게 드러내 보임.	暗示 (암시)	넌지시 알림.
無能 (무능)	능력이나 재능이 없음.	有能 (유능)	능력이 있음.
物質 (물질)	정신에 대하여 인간의 의식 바깥에 존재하는 것	精神 (정신)	육체나 물질에 대립되는 영혼이나 마음
密集 (밀집)	빈틈없이 빽빽하게 모임.	散在 (산재)	여기저기 흩어져 있음.
反共 (반공)	공산주의에 반대함.	容共 (용공)	공산주의의 주장을 받아들이거나 그 정책에 동조하는 일
反目 (반목)	서로서로 시기하고 미워함.	和睦 (화목)	서로 뜻이 맞고 정다움.
發生 (발생)	어떤 일이나 사물이 생겨남.	消滅 (소멸)	사라져 없어짐.
發信 (발신)	소식이나 우편 또는 전신을 보냄.	受信 (수신)	우편이나 전보 따위의 통신을 받음.
放心 (방심)	마음을 다잡지 아니하고 풀어 놓아 버림.	操心 (조심)	잘못이나 실수가 없도록 말이나 행동에 마음을 씀.
背恩 (배은)	은혜를 저버림.	報恩 (보은)	은혜를 갚음.
白晝 (백주)	대낮	深夜 (심야)	깊은 밤
保守 (보수)	새로운 것이나 변화를 반대하고 전통적인 것을 옹호하며 유지하려 함.	進步 (진보)	역사 발전의 합법칙성에 따라 사회의 변화나 발전을 추구함.
保守 (보수)	보전하여 지킴.	革新 (혁신)	묵은 풍속, 관습, 조직, 방법 따위를 완전히 바꾸어서 새롭게 함.
本業 (본업)	주가 되는 직업	副業 (부업)	본업 외에 여가를 이용하여 갖는 직업
本質 (본질)	본디부터 갖고 있는 사물 스스로의 성질이나 모습	現象 (현상)	본질이나 객체의 외면에 나타나는 상
富貴 (부귀)	재산이 많고 지위가 높음.	貧賤 (빈천)	가난하고 천함.
否認 (부인)	어떤 내용이나 사실을 옳거나 그러하다고 인정하지 아니함.	是認 (시인)	어떤 내용이나 사실이 옳거나 그러하다고 인정함.
不調 (부조)	날씨나 건강의 상태가 고르지 못함.	快調 (쾌조)	일 따위가 되어 가는 상태가 아주 좋은 상태
分離 (분리)	서로 나뉘어 떨어짐.	合體 (합체)	둘 이상의 것이 합쳐져서 하나가 됨.
分散 (분산)	갈라져 흩어짐.	集中 (집중)	한곳을 중심으로 하여 모임.
分裂 (분열)	찢어져 나누어짐.	統一 (통일)	나누어진 것들을 합쳐서 하나의 조직·체계 아래로 모이게 함.
分解 (분해)	여러 부분이 결합되어 이루어진 것을 그 낱낱으로 나눔.	合成 (합성)	둘 이상의 것을 합쳐서 하나를 이룸.
紛爭 (분쟁)	말썽을 일으키어 시끄럽고 복잡하게 다툼.	和解 (화해)	싸움하던 것을 멈추고 서로 가지고 있던 안 좋은 감정을 풀어 없앰.
不備 (불비)	제대로 다 갖추어져 있지 아니함.	完備 (완비)	빠짐없이 완전히 갖춤.
不運 (불운)	운수가 좋지 않음.	幸運 (행운)	좋은 운수
非難 (비난)	남의 잘못이나 결점을 책잡아서 나쁘게 말함.	稱讚 (칭찬)	좋은 점이나 착하고 훌륭한 일을 높이 평가함.
死藏 (사장)	사물 따위를 필요한 곳에 활용하지 않고 썩혀 둠.	活用 (활용)	충분히 잘 이용함.
死後 (사후)	죽고 난 이후	生前 (생전)	살아 있는 동안
相對 (상대)	다른 것과 관계가 있어서 그것과 떨어져 존재할 수 없는 것	絶對 (절대)	비교하거나 상대되어 맞설 만한 것이 없음.
生家 (생가)	양자의 생가	養家 (양가)	양자로 들어간 집

394 유형별 한자 익히기

生産 (생산)	인간이 생활하는 데 필요한 각종 물건을 만들어 냄.	消費 (소비)	돈이나 물자, 시간, 노력 따위를 들이거나 써서 없앰.	靈魂 (영혼)	죽은 사람의 넋	肉體 (육체)	구체적인 물체로서 사람의 몸
生成 (생성)	사물이 생겨남.	消滅 (소멸)	사라져 없어짐.	溫暖 (온난)	날씨가 따뜻함.	寒冷 (한랭)	날씨 따위가 춥고 참.
生食 (생식)	익히지 아니하고 날로 먹음.	火食 (화식)	불에 익힌 음식을 먹음.	往復 (왕복)	갔다가 돌아옴.	片道 (편도)	가고 오는 길 가운데 어느 한쪽
善用 (선용)	알맞게 쓰거나 좋은 일에 씀.	惡用 (악용)	알맞지 않게 쓰거나 나쁜 일에 씀.	偶然 (우연)	아무런 인과 관계가 없이 뜻하지 아니하게 일어난 일	必然 (필연)	사물의 관련이나 일의 결과가 반드시 그렇게 됨.
先天 (선천)	태어나면서부터 몸에 지니고 있는 것	後天 (후천)	태어난 뒤에 여러 가지 경험이나 지식에 의하여 지니게 된 것	友好 (우호)	개인끼리나 나라끼리 서로 사이가 좋음.	敵對 (적대)	적과 같이 대함.
性急 (성급)	성질이 급함.	悠長 (유장)	급하지 않고 느릿함.	原理 (원리)	사물의 근본이 되는 이치	應用 (응용)	어떤 이론이나 이미 얻은 지식을 구체적인 개개의 사례나 다른 분야의 일에 적용시켜 이용함.
消極 (소극)	스스로 앞으로 나아가거나 상황을 개선하려는 기백이 부족하고 비활동적임.	積極 (적극)	대상에 대하여 긍정적이고 능동적으로 활동함.	怨恨 (원한)	억울하고 원통한 일을 당하여 응어리진 마음	恩惠 (은혜)	고맙게 베풀어 주는 신세나 혜택
所得 (소득)	일한 결과로 얻은 정신적·물질적 이익	損失 (손실)	잃어버리거나 축가서 손해를 봄.	應答 (응답)	부름이나 물음에 응하여 답함.	質疑 (질의)	의심나거나 모르는 점을 물음.
續行 (속행)	계속하여 행함.	中止 (중지)	하던 일을 중도에서 그만둠.	依存 (의존)	다른 것에 의지하여 존재함.	自立 (자립)	남에게 예속되거나 의지하지 아니하고 스스로 섬.
送信 (송신)	주로 전기적 수단을 이용하여 전신이나 전화, 라디오, 텔레비전 방송 따위의 신호를 보냄.	受信 (수신)	전신이나 전화, 라디오, 텔레비전 방송 따위의 신호를 받음.	依他 (의타)	남에게 의지하거나 의뢰(依賴)함.	自立 (자립)	남에게 예속되거나 의지하지 아니하고 스스로 섬.
手動 (수동)	다른 동력을 이용하지 않고 손의 힘만으로 움직임.	自動 (자동)	기계나 설비 따위가 자체 내에 있는 일정한 장치의 작용에 의하여 스스로 작동함.	異端 (이단)	전통이나 권위에 반항하는 주장이나 이론	正統 (정통)	바른 계통
順境 (순경)	일이 마음먹은 대로 잘 되어 가는 경우	逆境 (역경)	일이 순조롭지 않아 매우 어렵게 된 처지나 환경	異例 (이례)	상례에서 벗어난 특이한 예	通例 (통례)	일반적으로 통하여 쓰는 전례
順行 (순행)	거스르지 아니하고 행함.	逆行 (역행)	보통의 방향과 반대 방향으로 거슬러 나아감.	異說 (이설)	통용되는 것과는 다른 주장이나 의견	定說 (정설)	일정한 결론에 도달하여 이미 확정하거나 인정한 설
勝利 (승리)	겨루어서 이김.	敗北 (패배)	겨루어서 짐.	異說 (이설)	통용되는 것과는 다른 주장이나 의견	通說 (통설)	세상에 널리 알려지거나 일반적으로 인정되고 있는 설
室女 (실녀)	결혼하지 않은 성년 여자	總角 (총각)	결혼하지 않은 성년 남자	離陸 (이륙)	비행기 따위가 날기 위하여 땅에서 떠오름.	着陸 (착륙)	비행기 따위가 공중에서 활주로나 판판한 곳에 내림.
實際 (실제)	사실의 경우나 형편	理論 (이론)	사물의 이치나 지식 따위를 해명하기 위하여 논리적으로 정연하게 일반화한 명제의 체계	人爲 (인위)	자연의 힘이 아닌 사람의 힘으로 이루어지는 일	自然 (자연)	사람의 힘이 더해지지 아니하고 세상에 스스로 존재하는 것
惡材 (악재)	증권 거래소에서 시세 하락의 원인이 되는 조건	好材 (호재)	증권 거래에서, 시세 상승의 요인이 되는 조건	人造 (인조)	사람이 만듦.	天然 (천연)	사람의 힘을 가하지 아니한 상태
連勝 (연승)	싸움이나 경기에서 계속하여 이김.	連敗 (연패)	싸움이나 경기에서 계속하여 짐.	立體 (입체)	삼차원의 공간에서 여러 개의 평면이나 곡면으로 둘러싸인 부분	平面 (평면)	평평한 표면

반대어·상대어

반대어·상대어

自動 (자동)	기계나 설비 따위가 자체 내에 있는 일정한 장치의 작용에 의하여 스스로 작동함.	他動 (타동)	어떤 동작이 목적하는 대상이나 처분하는 대상을 필요로 하는 일
自律 (자율)	남의 지배나 구속을 받지 아니하고 자기 스스로의 원칙에 따라 어떤 일을 하는 일	他律 (타율)	자신의 의지와 관계없이 정해진 원칙이나 규율에 따라 움직이는 일
自意 (자의)	자기의 생각이나 의견	他意 (타의)	다른 사람의 생각이나 의견
子正 (자정)	밤 열두 시	正午 (정오)	낮 열두 시
低下 (저하)	정도, 수준, 능률 따위가 떨어져 낮아짐.	向上 (향상)	실력, 수준, 기술 따위가 나아짐.
眞實 (진실)	거짓이 없이 참되고 바름.	✤虛僞 (허위)	진실이 아닌 것을 진실인 것처럼 꾸민 것
和解 (화해)	싸움하던 것을 멈추고 서로 가지고 있던 안 좋은 감정을 풀어 없앰.	✤決裂 (결렬)	회의 따위에서 의견이 합쳐지지 않아 각각 갈라서게 됨.

3급 출제

◆ : 3급 읽기 배정 한자가 포함된 한자어
(표시가 없는 것은 3급 쓰기 배정 한자임.)

加熱 (가열)	어떤 물질에 열을 가함.	◆冷却 (냉각)	식어서 차게 됨. 또는 그렇게 함.
却下 (각하)	행정법에서, 국가 기관에 대한 행정상 신청을 배척하는 처분	受理 (수리)	서류를 받아서 처리함.
◆干涉 (간섭)	직접 관계가 없는 남의 일에 부당하게 참견함.	放任 (방임)	돌보거나 간섭하지 않고 제멋대로 내버려 둠.
干潮 (간조)	바다에서 조수가 빠져나가 해수면이 가장 낮아진 상태	滿潮 (만조)	밀물이 가장 높은 해면까지 꽉 차게 들어오는 현상
巨大 (거대)	엄청나게 큼.	◆微小 (미소)	아주 작음.
拒否 (거부)	요구나 제의 따위를 받아들이지 않고 물리침.	承諾 (승낙)	청하는 바를 들어줌.
拒絶 (거절)	상대편의 요구, 제안, 선물, 부탁 따위를 받아들이지 않고 물리침.	承諾 (승낙)	청하는 바를 들어줌.
傑作 (걸작)	매우 훌륭한 작품	拙作 (졸작)	솜씨가 서투르고 보잘것없는 작품

儉素 (검소)	사치하지 않고 꾸밈없이 수수함.	浪費 (낭비)	시간이나 재물 따위를 헛되이 헤프게 씀.
儉約 (검약)	돈이나 물건, 자원 따위를 낭비하지 않고 아껴 씀.	浪費 (낭비)	시간이나 재물 따위를 헛되이 헤프게 씀.
經度 (경도)	위도와 함께 지구상의 위치를 나타내는 좌표의 하나	緯度 (위도)	지구 위의 위치를 나타내는 좌표축 중에서 가로로 된 것
◆輕薄 (경박)	언행이 신중하지 못하고 가벼움.	重厚 (중후)	태도 따위가 정중하고 무게가 있음.
困難 (곤란)	사정이 몹시 딱하고 어려움.	容易 (용이)	어렵지 아니하고 매우 쉬움.
公開 (공개)	어떤 사실이나 사물, 내용 따위를 여러 사람에게 널리 터놓음.	隱蔽 (은폐)	덮어 감추거나 가리어 숨김.
◆公平 (공평)	어느 쪽으로도 치우치지 않고 고름.	偏頗 (편파)	공정하지 못하고 어느 한쪽으로 치우쳐 있음.
過多 (과다)	너무 많음.	僅少 (근소)	얼마 되지 않을 만큼 아주 적음.
寬大 (관대)	마음이 너그럽고 큼.	嚴格 (엄격)	말, 태도, 규칙 따위가 매우 엄하고 철저함.
郊外 (교외)	도시의 주변 지역	都心 (도심)	도시의 중심부
具體 (구체)	사물이 직접 경험하거나 지각할 수 있도록 일정한 형태와 성질을 갖춤.	抽象 (추상)	여러 가지 사물이나 개념에서 공통되는 특성이나 속성 따위를 추출하여 파악하는 작용
屈服 (굴복)	힘이 모자라서 복종함.	◆抵抗 (저항)	어떤 힘이나 조건에 굽히지 아니하고 거역하거나 버팀.
急激 (급격)	변화의 움직임 따위가 급하고 격렬함.	緩慢 (완만)	움직임이 느릿느릿함.
急性 (급성)	병 따위의 증세가 갑자기 나타나고 빠르게 진행되는 성질	慢性 (만성)	버릇이 되다시피 하여 쉽게 고쳐지지 아니하는 상태나 성질
急行 (급행)	급히 감.	◆緩行 (완행)	느리게 감.
◆肯定 (긍정)	그러하다고 생각하여 옳다고 인정함.	否定 (부정)	그렇지 아니하다고 단정하거나 옳지 아니하다고 반대함.
◆旣決 (기결)	이미 결정함.	未決 (미결)	아직 결정하거나 해결하지 아니함.
◆奇數 (기수)	홀수	◆偶數 (우수)	짝수

한자	뜻	한자	뜻
濫讀 (남독)	책의 내용이나 수준 따위를 가리지 아니하고 아무 책이나 닥치는 대로 마구 읽음.	精讀 (정독)	뜻을 새겨 가며 자세히 읽음.
濫用 (남용)	일정한 기준이나 한도를 넘어서 함부로 씀.	節約 (절약)	함부로 쓰지 아니하고 꼭 필요한 데에만 써서 아낌.
短縮 (단축)	시간이나 거리 따위가 짧게 줄어듦.	延長 (연장)	시간이나 거리 따위를 본래보다 길게 늘림.
獨創 (독창)	다른 것을 모방함이 없이 새로운 것을 처음으로 만들어 내거나 생각해 냄.	模倣 (모방)	다른 것을 본뜨거나 본받음.
同居 (동거)	한집이나 한방에서 같이 삶.	別居 (별거)	부부나 한집안 식구가 따로 떨어져 삶.
動搖 (동요)	물체 따위가 흔들리고 움직임.	安定 (안정)	바뀌어 달라지지 아니하고 일정한 상태를 유지함.
模倣 (모방)	다른 것을 본뜨거나 본받음.	創造 (창조)	전에 없던 것을 처음으로 만듦.
微官 (미관)	보잘것없는 관직	顯官 (현관)	높은 벼슬
反抗 (반항)	다른 사람이나 대상에 맞서 대들거나 반대함.	服從 (복종)	남의 명령이나 의사를 그대로 따라서 좇음.
傍系 (방계)	직접적이고 주(主)된 계통에서 갈라져 나가거나 벗어나 있는 관련 계통	直系 (직계)	혈연이 친자 관계에 의하여 직접적으로 이어져 있는 계통
白髮 (백발)	하얗게 센 머리털	紅顔 (홍안)	붉은 얼굴이라는 뜻으로, 젊어서 혈색이 좋은 얼굴을 이르는 말
繁忙 (번망)	번거롭고 어수선하여 매우 바쁨.	閑散 (한산)	일이 없어 한가함.
不當 (부당)	이치에 맞지 아니함.	妥當 (타당)	일의 이치로 보아 옳음.
富裕 (부유)	재물이 넉넉함.	貧窮 (빈궁)	가난하고 궁색함.
分析 (분석)	얽혀 있거나 복잡한 것을 풀어서 개별적인 요소나 성질로 나눔.	統合 (통합)	둘 이상의 조직이나 기구 따위를 하나로 합침.
不況 (불황)	경제 활동이 일반적으로 침체되는 상태	好況 (호황)	경기(景氣)가 좋음.
悲哀 (비애)	슬퍼하고 서러워함.	歡喜 (환희)	매우 기뻐함.
辭任 (사임)	맡아보던 일자리를 스스로 그만두고 물러남.	就任 (취임)	새로운 직무를 수행하기 위하여 맡은 자리에 처음으로 나아감.
散文 (산문)	율격과 같은 외형적 규범에 얽매이지 않고 자유로운 문장으로 쓴 글	韻文 (운문)	언어의 배열에 일정한 규율 또는 운율이 있는 글
上昇 (상승)	낮은 데서 위로 올라감.	下降 (하강)	높은 곳에서 아래로 향하여 내려옴.
歲暮 (세모)	한 해가 끝날 무렵	年頭 (연두)	새해의 첫머리
騷亂 (소란)	시끄럽고 어수선함.	靜肅 (정숙)	조용하고 엄숙함.
守節 (수절)	절의(節義)를 지킴.	毁節 (훼절)	절개나 지조를 깨뜨림.
拾得 (습득)	주워서 얻음.	遺失 (유실)	가지고 있던 돈이나 물건 따위를 부주의로 잃어버림.
安靜 (안정)	육체적 또는 정신적으로 편안하고 고요함.	興奮 (흥분)	어떤 자극을 받아 감정이 북받쳐 일어남.
愛好 (애호)	사랑하고 좋아함.	嫌惡 (혐오)	미워하고 꺼림.
逆轉 (역전)	형세가 뒤집혀짐.	好轉 (호전)	일의 형세가 좋은 쪽으로 바뀜.
劣惡 (열악)	품질이나 능력, 시설 따위가 매우 떨어지고 나쁨.	優良 (우량)	물건의 품질이나 상태가 좋음.
榮轉 (영전)	전보다 더 좋은 자리나 직위로 옮김.	左遷 (좌천)	낮은 관직이나 지위로 떨어지거나 외직으로 전근됨을 이르는 말
違法 (위법)	법률이나 명령 따위를 어김.	合法 (합법)	법령이나 규범에 맞음.
抵抗 (저항)	어떤 힘이나 조건에 굽히지 아니하고 거역하거나 버팀.	投降 (투항)	적에게 항복함.
定着 (정착)	일정한 곳에 자리를 잡아 붙박이로 있거나 머물러 삶.	漂流 (표류)	물 위에 떠서 정처 없이 흘러감.
存續 (존속)	어떤 대상이 그대로 있거나 어떤 현상이 계속됨.	廢止 (폐지)	실시하여 오던 제도나 법규, 일 따위를 그만두거나 없앰.
縮小 (축소)	모양이나 규모 따위를 줄여서 작게 함.	擴大 (확대)	모양이나 규모 따위를 더 크게 함.
暴騰 (폭등)	물건의 값이나 주가 따위가 갑자기 큰 폭으로 오름.	暴落 (폭락)	물건의 값이나 주가 따위가 갑자기 큰 폭으로 떨어짐.

Ⅲ 유형별 한자 익히기

반대어・상대어

동음이의어

※ 출제 유형 및 학습 방법은 439쪽 참조

ㄱ

가격 加擊 : 손이나 주먹, 몽둥이 따위로 때리거나 침.
　　　價格 : 물건이 지니고 있는 가치를 돈으로 나타낸 것

加 더할 **가**(5), 擊 칠 **격**(4), 價 값 **가**(5), 格 격식 **격**(5)

가공 加工 : 원료나 재료에 손을 더 대어 새로운 물건을 만드는 일
　　　架空 : 이유나 근거가 없음.

加 더할 **가**(5), 工 장인 **공**(7), 架 시렁 **가**(3Ⅱ), 空 빌 **공**(7)

가담 加擔 : 같은 편이 되어 일을 함께 하거나 도움.
　　　街談 : 길거리에 떠도는 말이나 화젯거리

加 더할 **가**(5), 擔 멜 **담**(4Ⅱ), 街 거리 **가**(4Ⅱ), 談 말씀 **담**(5)

가미 加味 : 음식에 양념이나 식료품을 더 넣어 맛이 나게 함.
　　　佳味 : 입에 맞는 좋은 맛

加 더할 **가**(5), 味 맛 **미**(4Ⅱ), 佳 아름다울 **가**(3Ⅱ)

가산 加算 : 더하여 셈함.
　　　家産 : 한 집안의 재산

加 더할 **가**(5), 算 셈 **산**(7), 家 집 **가**(7), 産 낳을 **산**(5)

가세 加勢 : 힘을 보태거나 거듦.
　　　家勢 : 집안의 운수나 살림살이 따위의 형세

加 더할 **가**(5), 勢 형세 **세**(4Ⅱ), 家 집 **가**(7)

각색 各色 : 갖가지 빛깔
　　　脚色 : 시·소설·실화 따위를 각본으로 고쳐 쓰는 일

各 각각 **각**(6), 色 빛 **색**(7), 脚 다리 **각**(3Ⅱ)

감사 感謝 : 고마움을 나타내는 인사
　　　監事 : 단체의 서무를 맡아보는 직책
　　　監査 : 감독하고 검사함.

感 느낄 **감**(6), 謝 사례할 **사**(4Ⅱ), 監 볼 **감**(4Ⅱ), 事 일 **사**(7), 査 조사할 **사**(5)

감상 感想 : 마음속에서 일어나는 느낌이나 생각
　　　感傷 : 하찮은 일에도 쓸쓸하고 슬퍼져서 마음이 상함.
　　　鑑賞 : 주로 예술 작품을 이해하여 즐기고 평가함.

感 느낄 **감**(6), 想 생각 **상**(4Ⅱ), 傷 다칠 **상**(4), 鑑 거울 **감**(3Ⅱ), 賞 상줄 **상**(5)

감수 甘受 : 책망이나 괴로움 따위를 달갑게 받아들임.
　　　監修 : 책의 저술이나 편찬 따위를 지도하고 감독함.

甘 달 **감**(4), 受 받을 **수**(4Ⅱ), 監 볼 **감**(4Ⅱ), 修 닦을 **수**(4Ⅱ)

감정 感情 : 어떤 현상에 대하여 일어나는 마음이나 느끼는 기분
　　　鑑定 : 사물의 특성이나 좋고 나쁨을 분별하여 판정함.

感 느낄 **감**(6), 情 뜻 **정**(5), 鑑 거울 **감**(3Ⅱ), 定 정할 **정**(6)

감축 減縮 : 덜어서 줄임.
　　　感祝 : 경사스러운 일을 함께 감사하고 축하함.

減 덜 **감**(4Ⅱ), 縮 줄일 **축**(4), 感 느낄 **감**(6), 祝 빌 **축**(5)

강도 剛度 : 금속의 단단하고 센 정도
　　　强度 : 센 정도
　　　强盜 : 폭행이나 협박 따위의 수단으로 남의 재물을 빼앗는 일

剛 굳셀 **강**(3Ⅱ), 度 법도 **도**(6), 强 강할 **강**(6), 盜 도둑 **도**(4)

강화 强化 : 세력이나 힘을 더 강하고 튼튼하게 함.
　　　講和 : 싸우던 두 편이 싸움을 그치고 평화로운 상태가 됨.

强 강할 **강**(6), 化 될 **화**(5), 講 욀 **강**(4Ⅱ), 和 화할 **화**(6)

개설 改設 : 새로 수리하거나 기구(機構)를 바꾸어 설치함.
　　　開設 : 설비나 제도 따위를 새로 마련하고 그에 관한 일을 시작함.
　　　槪說 : 내용을 줄거리만 잡아 대강 설명함. 또는 그런 글이나 책

改 고칠 **개**(5), 設 베풀 **설**(4Ⅱ), 開 열 **개**(6), 槪 대개 **개**(3Ⅱ), 說 말씀 **설**(5)

398　유형별 한자 익히기

견지 見地 : 어떤 사물을 판단하거나 관찰하는 입장
　　　 堅持 : 어떤 견해나 입장 따위를 굳게 지니거나 지킴.

見 볼 **견**(5), 地 땅 **지**(7), 堅 굳을 **견**(4), 持 가질 **지**(4)

결단 決斷 : 결정적인 판단을 하거나 단정을 내림.
　　　 結團 : 단체를 결성함.

決 결단할 **결**(5), 斷 끊을 **단**(4Ⅱ), 結 맺을 **결**(5), 團 둥글 **단**(5)

결석 缺席 : 나가야 할 자리에 나가지 않음.
　　　 結石 : 몸 안의 장기 속에 생기는 돌처럼 단단한 물질

缺 이지러질 **결**(4Ⅱ), 席 자리 **석**(6), 結 맺을 **결**(5), 石 돌 **석**(6)

경계 境界 : 사물이 어떠한 기준에 의하여 분간되는 한계
　　　 警戒 : 뜻밖의 사고가 생기지 않도록 조심하여 단속함.

境 지경 **경**(4Ⅱ), 界 지경 **계**(6), 警 깨우칠 **경**(4Ⅱ), 戒 경계할 **계**(4)

경기 景氣 : 매매나 거래에 나타나는 호황·불황 따위의 경제 활동 상태
　　　 競技 : 일정한 규칙 아래 기량과 기술을 겨룸.
　　　 驚起 : 놀라서 일어남. 또는 놀라게 하여 일으킴.
　　　 京畿 : 서울을 중심으로 한 가까운 주위의 지방

景 별 **경**(5), 氣 기운 **기**(7), 競 다툴 **경**(5), 技 재주 **기**(5), 驚 놀랄 **경**(4), 起 일어날 **기**(4Ⅱ), 京 서울 **경**(6), 畿 경기 **기**(3Ⅱ)

경도 硬度 : 굳기
　　　 經度 : 위도와 함께 지구상의 위치를 나타내는 좌표의 하나

硬 굳을 **경**(3Ⅱ), 度 법도 **도**(6), 經 지날 **경**(4Ⅱ)

경로 經路 : 지나는 길
　　　 敬老 : 노인을 공경함.

經 지날 **경**(4Ⅱ), 路 길 **로**(6), 敬 공경 **경**(5), 老 늙을 **로**(7)

경비 經費 : 어떤 일을 하는 데 드는 비용
　　　 警備 : 만일에 대비하여 경계하고 지킴.

經 지날 **경**(4Ⅱ), 費 쓸 **비**(5), 警 깨우칠 **경**(4Ⅱ), 備 갖출 **비**(4Ⅱ)

경사 傾斜 : 비스듬히 기울어짐.
　　　 慶事 : 축하할 만한 기쁜 일

傾 기울 **경**(4), 斜 비낄 **사**(3Ⅱ), 慶 경사 **경**(4Ⅱ), 事 일 **사**(7)

경유 經由 : 어떤 곳을 거쳐 지남.
　　　 輕油 : 석유의 원유를 증류할 때, 등유 다음으로 얻는 기름

經 지날 **경**(4Ⅱ), 由 말미암을 **유**(6), 輕 가벼울 **경**(5), 油 기름 **유**(6)

경향 京鄕 : 서울과 시골을 아울러 이르는 말
　　　 傾向 : 현상이나 사상, 행동 따위가 어떤 방향으로 기울어짐.

京 서울 **경**(6), 鄕 시골 **향**(4Ⅱ), 傾 기울 **경**(4), 向 향할 **향**(6)

고가 高架 : 높이 건너질러 가설하는 것
　　　 高價 : 비싼 가격. 또는 값이 비싼 것

高 높을 **고**(6), 架 시렁 **가**(3Ⅱ), 價 값 **가**(5)

고수 固守 : 차지한 물건이나 형세 따위를 굳게 지킴.
　　　 高手 : 바둑이나 장기 따위에서 수가 높음. 또는 그런 사람
　　　 鼓手 : 북이나 장구 따위를 치는 사람

固 굳을 **고**(5), 守 지킬 **수**(4Ⅱ), 高 높을 **고**(6), 手 손 **수**(7), 鼓 북 **고**(3Ⅱ)

고시 考試 : 공무원의 임용 자격을 결정하는 시험
　　　 告示 : 행정 기관이 일반 국민들에게 글로 써서 널리 알림.

考 생각할 **고**(5), 試 시험 **시**(4Ⅱ), 告 고할 **고**(5), 示 보일 **시**(5)

고전 古典 : 오랫동안 많은 사람에게 널리 읽히고 모범이 될 만한 문학이나 예술 작품
　　　 苦戰 : 전쟁이나 운동 경기 따위에서, 몹시 힘들고 어렵게 싸움.

古 예 **고**(6), 典 법 **전**(5), 苦 쓸 **고**(6), 戰 싸움 **전**(6)

공동 共同 : 두 사람 이상이 일을 같이 함.
　　　 空洞 : 아무것도 없이 텅 비어 있는 굴

共 한가지 **공**(6), 同 한가지 **동**(7), 空 빌 **공**(7), 洞 골 **동**(7)

동음이의어

공사 工事 : 토목이나 건축 따위의 일
公私 : 공공의 일과 사사로운 일을 아울러 이르는 말
公社 : 국가적 사업을 수행하기 위하여 설립된 공공 기업체의 하나

工 장인 **공**(7), 事 일 **사**(7), 公 공평할 **공**(6), 私 사사 **사**(4), 社 모일 **사**(6)

공수 攻守 : 공격과 수비를 아울러 이르는 말
空手 : 빈손
空輸 : '항공 수송'을 줄여 이르는 말

攻 칠 **공**(4), 守 지킬 **수**(4Ⅱ), 空 빌 **공**(7), 手 손 **수**(7), 輸 보낼 **수**(3Ⅱ)

공중 公衆 : 사회의 대부분의 사람들
空中 : 하늘과 땅 사이의 빈 곳

公 공평할 **공**(6), 衆 무리 **중**(4Ⅱ), 空 빌 **공**(7), 中 가운데 **중**(8)

과정 過程 : 일이 되어 가는 경로
課程 : 과업(課業)의 정도/학년의 정도에 따른 과목

過 지날 **과**(5), 程 한도 **정**(4Ⅱ), 課 과정 **과**(5)

관상 觀相 : 사람의 얼굴을 보고 그의 운명 등을 판단하는 일
觀象 : 천문이나 기상을 관측함.

觀 볼 **관**(5), 相 서로 **상**(5), 象 코끼리 **상**(4)

교장 校長 : [학교장(學校長)]의 준말
敎場 : 가르치는 곳

校 학교 **교**(8), 長 긴 **장**(8), 敎 가르칠 **교**(8), 場 마당 **장**(7)

교정 校正 : 교정지와 원고를 대조하여 틀린 글자 등을 바로잡는 일
校庭 : 학교의 마당이나 운동장

校 학교 **교**(8), 正 바를 **정**(7), 庭 뜰 **정**(6)

구비 口碑 : 옛날부터 두고두고 전해 오는 말
具備 : 빠짐없이 갖춤.

口 입 **구**(7), 碑 비석 **비**(4), 具 갖출 **구**(5), 備 갖출 **비**(4Ⅱ)

구조 救助 : 위험한 상태에 있는 사람을 도와서 구원함.
構造 : 부분이나 요소가 어떤 전체를 짜 이룸.

救 구원할 **구**(5), 助 도울 **조**(4Ⅱ) 構 얽을 **구**(4), 造 지을 **조**(4Ⅱ)

구호 口號 : 집회 등에서 어떤 요구를 간결한 형식으로 표현한 문구
救護 : 재해나 재난 따위로 어려움에 처한 사람을 도와 보호함.

口 입 **구**(7), 號 이름 **호**(6), 救 구원할 **구**(5), 護 도울 **호**(4Ⅱ)

근간 近間 : 요사이
根幹 : 사물의 바탕이나 중심이 되는 중요한 것

近 가까울 **근**(6), 間 사이 **간**(7), 根 뿌리 **근**(6), 幹 줄기 **간**(3Ⅱ)

금주 今週 : 이번 주일
禁酒 : 술을 못 마시게 함. 술을 끊음.

今 이제 **금**(6), 週 주일 **주**(5), 禁 금할 **금**(4Ⅱ), 酒 술 **주**(4)

기간 期間 : 어느 일정한 시기에서 다른 일정한 시기까지의 사이
基幹 : 어떤 조직이나 체계를 이룬 것 가운데 중심이 되는 것

期 기약할 **기**(5), 間 사이 **간**(7), 基 터 **기**(5), 幹 줄기 **간**(3Ⅱ)

기관 器官 : 생물체를 형성하는 한 부분
機關 : 어떤 목적을 이루기 위하여 설치된 조직

器 그릇 **기**(4Ⅱ), 官 벼슬 **관**(4Ⅱ), 機 틀 **기**(4), 關 관계할 **관**(5)

기구 氣球 : 공기보다 가벼운 기체를 넣어 공중에 띄우는 물건
器具 : 세간, 도구, 기계 따위를 통틀어 이르는 말
機構 : 하나의 조직을 이루고 있는 구조적인 체계

氣 기운 **기**(7), 球 공 **구**(6), 器 그릇 **기**(4Ⅱ), 具 갖출 **구**(5), 機 틀 **기**(4), 構 얽을 **구**(4)

기술 技術 : 어떤 일을 정확하고 능률적으로 해내는 솜씨
記述 : 문장으로 적음.

技 재주 **기**(5), 術 재주 **술**(6), 記 기록할 **기**(7), 述 펼 **술**(3Ⅱ)

400 유형별 한자 익히기

기체 氣體 : 일정한 모양이 없고 자유로이 유동하는 성질을 가진 물질
機體 : 비행기의 몸통

氣 기운 **기**(7), 體 몸 **체**(6), 機 틀 **기**(4)

ㄴ

난국 難局 : 일을 하기 어려운 상황이나 국면
亂局 : 어지러운 판국

難 어려울 **난**(4Ⅱ), 局 판 **국**(5), 亂 어지러울 **란**(4)

내사 內査 : 비공식으로 몰래 조사함.
來社 : 회사 따위에 찾아옴.

內 안 **내**(7), 査 조사할 **사**(5), 來 올 **래**(7), 社 모일 **사**(6)

냉대 冷待 : 푸대접
冷帶 : 온대와 한대의 중간으로 위도 50~70도 사이에 있는 지역

冷 찰 **랭**(5), 待 기다릴 **대**(6), 帶 띠 **대**(4Ⅱ)

녹음 綠陰 : 푸른 잎이 우거진 나무나 수풀
錄音 : 소리를 재생할 수 있도록 기계로 기록하는 일

綠 푸를 **록**(6), 陰 그늘 **음**(4Ⅱ), 錄 기록할 **록**(4Ⅱ), 音 소리 **음**(6)

녹화 綠化 : 나무를 심어, 산이나 들을 푸르게 함.
錄畫 : 화상(畫像)을 필름이나 자기(磁氣) 테이프 등에 기록함.

綠 푸를 **록**(6), 化 될 **화**(5), 錄 기록할 **록**(4Ⅱ), 畫 그림 **화**(6)

능사 能士 : 능력이 남보다 뛰어난 사람
能事 : 잘하는 일

能 능할 **능**(5), 士 선비 **사**(5), 事 일 **사**(7)

ㄷ

단기 短期 : 짧은 기간
團旗 : '단(團)'의 이름이 붙은 단체나 모임의 상징이 되는 기

短 짧을 **단**(6), 期 기약할 **기**(5), 團 둥글 **단**(5), 旗 기 **기**(7)

단발 單發 : 총알이나 대포의 한 발/엔진이 하나인 것
斷髮 : 머리털을 짧게 깎거나 자름. 또는 그 머리털

單 홑 **단**(4Ⅱ), 發 필 **발**(6), 斷 끊을 **단**(4Ⅱ), 髮 터럭 **발**(4)

단수 單數 : 단일한 수
斷水 : 수도의 급수가 끊어지거나 급수를 끊음.

單 홑 **단**(4Ⅱ), 數 셈 **수**(7), 斷 끊을 **단**(4Ⅱ), 水 물 **수**(8)

답사 答辭 : 회답을 함. 또는 그런 말
踏査 : 현장에 가서 직접 보고 조사함.

答 대답 **답**(7), 辭 말씀 **사**(4), 踏 밟을 **답**(3Ⅱ), 査 조사할 **사**(5)

대가 大家 : 전문 분야에서 뛰어난 권위를 인정받는 사람
代價 : 물건을 값으로 치르는 돈

大 큰 **대**(8), 家 집 **가**(7), 代 대신 **대**(6), 價 값 **가**(5)

대국 大國 : 국력이 강하거나 국토가 넓은 나라
對局 : 바둑이나 장기를 마주 대하여 둠.

大 큰 **대**(8), 國 나라 **국**(8), 對 대할 **대**(6), 局 판 **국**(5)

대기 大氣 : 지구 중력에 의해 지구 둘레를 싸고 있는 기체
大器 : 큰일을 할 만한 뛰어난 인재
待機 : 때나 기회를 기다림.

大 큰 **대**(8), 氣 기운 **기**(7), 器 그릇 **기**(4Ⅱ), 待 기다릴 **대**(6), 機 틀 **기**(4)

대동 大同 : 큰 세력이 합동함.
帶同 : 함께 데리고 감.

大 큰 **대**(8), 同 한가지 **동**(7), 帶 띠 **대**(4Ⅱ)

대령 大領 : 준장의 아래, 중령의 위로 영관 계급에서 가장 높은 계급
待令 : 윗사람의 지시나 명령을 기다림.

大 큰 **대**(8), 領 거느릴 **령**(5), 待 기다릴 **대**(6), 令 하여금 **령**(5)

동음이의어

대변 大便 : '똥'을 점잖게 이르는 말
    代辯 : 어떤 사람이나 단체를 대신하여 그의 의견 등을 발표함.

大 큰 **대**(8), 便 똥오줌 **변**(7), 代 대신 **대**(6), 辯 말씀 **변**(4)

대상 大商 : 장사를 크게 하는 상인
    對象 : 행위의 목표가 되는 것

大 큰 **대**(8), 商 장사 **상**(5), 對 대할 **대**(6), 象 코끼리 **상**(4)

대서 大暑 : 이십사절기의 하나. 양력 7월 24일경
    代書 : 서류 따위를 본인 대신 써 주는 일

大 큰 **대**(8), 暑 더울 **서**(3), 代 대신 **대**(6), 書 글 **서**(6)

대우 待遇 : 어떤 사회적 관계나 태도로 대하는 일
    對偶 : 쌍이 되어 있는 것/대칭이 되어 있는 것

待 기다릴 **대**(6), 遇 만날 **우**(4), 對 대할 **대**(6), 偶 짝 **우**(3Ⅱ)

도장 道場 : 무예를 닦는 곳
    圖章 : 개인이나 단체의 이름을 새긴 물건

道 길 **도**(7), 場 마당 **장**(7), 圖 그림 **도**(6), 章 글 **장**(6)

도통 都統 : 도무지
    道通 : 사물의 깊은 도리에 통함.

都 도읍 **도**(5), 統 거느릴 **통**(4Ⅱ), 道 길 **도**(7), 通 통할 **통**(6)

도화 圖畫 : 도안과 그림을 아울러 이르는 말
    導火 : 폭약을 터지게 하는 불

圖 그림 **도**(6), 畫 그림 **화**(6), 導 인도할 **도**(4Ⅱ), 火 불 **화**(8)

동기 同氣 : 형제와 자매, 남매를 통틀어 이르는 말
    同期 : 같은 시기
    動機 : 어떤 일이나 행동을 일으키게 하는 계기

同 한가지 **동**(7), 氣 기운 **기**(7), 期 기약할 **기**(5), 動 움직일 **동**(7), 機 틀 **기**(4)

동상 凍傷 : 추위 때문에 살갗이 얼어서 조직이 상하는 일
    銅像 : 구리로 만든 사람의 형상
    銅賞 : '금·은·동'으로 상의 등급을 매길 때의 3등상

凍 얼 **동**(3Ⅱ), 傷 다칠 **상**(4), 銅 구리 **동**(4Ⅱ), 像 모양 **상**(3Ⅱ), 賞 상줄 **상**(5)

동시 同時 : 같은 때나 시기
    童詩 : 어린이를 위한 시

同 한가지 **동**(7), 時 때 **시**(7), 童 아이 **동**(6), 詩 시 **시**(4Ⅱ)

동요 動搖 : 물체 따위가 흔들리고 움직임.
    童謠 : 어린이를 위하여 지은 노래

動 움직일 **동**(7), 搖 흔들 **요**(3), 童 아이 **동**(6), 謠 노래 **요**(4Ⅱ)

동지 同志 : 목적이나 뜻이 서로 같음. 또는 그런 사람
    冬至 : 이십사절기의 하나. 양력 12월 22일경임.

同 한가지 **동**(7), 志 뜻 **지**(4Ⅱ), 冬 겨울 **동**(7), 至 이를 **지**(4Ⅱ)

ㅁ

만선 萬善 : 온갖 착한 일
    滿船 : 사람이나 짐 따위를 가득히 실음. 또는 그런 배

萬 일만 **만**(8), 善 착할 **선**(5), 滿 찰 **만**(4Ⅱ), 船 배 **선**(5)

명사 名士 : 세상에 널리 알려진 사람
    名詞 : 사물의 이름을 나타내는 말
    明沙 : 아주 곱고 깨끗한 모래

名 이름 **명**(7), 士 선비 **사**(5), 詞 말 **사**(3Ⅱ), 明 밝을 **명**(6), 沙 모래 **사**(3Ⅱ)

명시 名詩 : 이름난 시. 또는 아주 잘 지은 시
    明示 : 분명하게 드러내 보임.

名 이름 **명**(7), 詩 시 **시**(4Ⅱ), 明 밝을 **명**(6), 示 보일 **시**(5)

무기 武器 : 전쟁에 사용되는 기구를 통틀어 이르는 말
    無機 : 생명이나 활력을 지니고 있지 않음.

武 호반 **무**(4Ⅱ), 器 그릇 **기**(4Ⅱ), 無 없을 **무**(5), 機 틀 **기**(4)

무상 無常 : 모든 것이 덧없음.
　　　 無償 : 어떤 행위에 대하여 아무런 대가나 보상이 없음.

無 없을 무(5), 常 떳떳할 상(4Ⅱ), 償 갚을 상(3Ⅱ)

미관 美觀 : 아름답고 훌륭한 풍경
　　　 微官 : 보잘 것 없는 관직

美 아름다울 미(6), 觀 볼 관(5), 微 작을 미(3Ⅱ), 官 벼슬 관(4Ⅱ)

ㅂ

반감 反感 : 반대하거나 반항하는 감정
　　　 半減 : 절반으로 줆. 또는 그렇게 줄임.

反 돌이킬·돌아올 반(6), 感 느낄 감(6), 半 반 반(6), 減 덜 감(4Ⅱ)

방면 方面 : 어떤 장소나 지역이 있는 방향
　　　 放免 : 붙잡아 가두어 두었던 사람을 놓아줌.

方 모 방(7), 面 낯 면(7), 放 놓을 방(6), 免 면할 면(3Ⅱ)

방문 房門 : 방으로 드나드는 문
　　　 訪問 : 어떤 사람이나 장소를 찾아가서 만나거나 봄.

房 방 방(4Ⅱ), 門 문 문(8), 訪 찾을 방(4Ⅱ), 問 물을 문(7)

방한 防寒 : 추위를 막음.
　　　 訪韓 : 한국을 방문함.

防 막을 방(4Ⅱ), 寒 찰 한(5), 訪 찾을 방(4Ⅱ), 韓 한국 한(8)

배수 排水 : 불필요한 물을 다른 곳으로 흘려 보냄.
　　　 倍數 : 어떤 수의 갑절이 되는 수

排 밀칠 배(3Ⅱ), 水 물 수(8), 倍 곱 배(5), 數 셈 수(7)

변사 辯士 : 말솜씨가 아주 능란한 사람
　　　 變死 : 뜻밖의 사고로 죽음.

辯 말씀 변(4), 士 선비 사(5), 變 변할 변(5), 死 죽을 사(6)

병력 兵力 : 군대의 인원. 또는 그 숫자
　　　 病歷 : 이제까지 걸렸던 병의 경력

兵 병사 병(5), 力 힘 력(7), 病 병 병(6), 歷 지날 력(5)

복권 復權 : 법률상 일정한 자격이나 권리를 다시 찾음.
　　　 福券 : 번호나 그림 따위의 특정 표시를 기입한 표(票)

復 회복할 복(4Ⅱ), 權 권세 권(4Ⅱ), 福 복 복(5), 券 문서 권(4)

복식 服飾 : 옷의 꾸밈새
　　　 複式 : 두 겹 또는 그 이상으로 된 복잡한 방식

服 옷 복(6), 飾 꾸밀 식(3Ⅱ), 複 겹칠 복(4), 式 법 식(6)

복장 腹臟 : 가슴의 한복판
　　　 服裝 : 옷차림

腹 배 복(3Ⅱ), 臟 오장 장(3Ⅱ), 服 옷 복(6), 裝 꾸밀 장(4)

부기 簿記 : 재산의 출납 변동 등을 밝히는 기장법(記帳法)
　　　 浮氣 : 부종(浮腫)으로 인하여 부은 상태

簿 문서 부(3Ⅱ), 記 기록할 기(7), 浮 뜰 부(3Ⅱ), 氣 기운 기(7)

부녀 父女 : 아버지와 딸을 아울러 이르는 말
　　　 婦女 : 결혼한 여자와 성숙한 여자를 통틀어 이르는 말

父 아비 부(8), 女 계집 녀(8), 婦 며느리 부(4Ⅱ)

부상 負傷 : 몸에 상처를 입음.
　　　 浮上 : 물 위로 떠오름.

負 질 부(4), 傷 다칠 상(4), 浮 뜰 부(3Ⅱ), 上 윗 상(7)

부인 夫人 : 남의 아내를 높여 이르는 말
　　　 否認 : 인정하지 않음.
　　　 婦人 : 결혼한 여자

夫 지아비 부(7), 人 사람 인(8), 否 아닐 부(4), 認 알 인(4Ⅱ), 婦 며느리 부(4Ⅱ)

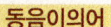

부자 父子 : 아버지와 아들을 아울러 이르는 말
富者 : 재물이 많아 살림이 넉넉한 사람

父 아비 부(8), 子 아들 자(7), 富 부자 부(4Ⅱ), 者 놈 자(6)

부정 不正 : 올바르지 아니하거나 옳지 못함.
不貞 : 부부가 서로의 정조를 지키지 아니함.
不淨 : 깨끗하지 못함.
否定 : 그렇지 않다고 단정함.

不 아닐 부(7), 正 바를 정(7), 貞 곧을 정(3Ⅱ), 淨 깨끗할 정(3Ⅱ), 否 아닐 부(4), 定 정할 정(6)

분단 分團 : 하나의 단체를 몇 개의 작은 단위로 나눔.
分斷 : 동강이 나게 끊어 감.

分 나눌 분(6), 團 둥글 단(5), 斷 끊을 단(4Ⅱ)

비상 非常 : 뜻밖의 긴급한 사태
飛上 : 날아오름.

非 아닐 비(4Ⅱ), 常 떳떳할 상(4Ⅱ), 飛 날 비(4Ⅱ), 上 윗 상(7)

ㅅ

사고 事故 : 뜻밖에 일어난 불행한 일
思考 : 생각하고 궁리함.

事 일 사(7), 故 연고 고(4Ⅱ), 思 생각 사(5), 考 생각할 고(5)

사기 士氣 : 의욕이나 자신감에 차서 굽힐 줄 모르는 기세
史記 : 역사적 사실을 기록한 책
詐欺 : 나쁜 꾀로 남을 속임.

士 선비 사(5), 氣 기운 기(7), 史 사기 사(5), 記 기록할 기(7), 詐 속일 사(3), 欺 속일 기(3)

사례 事例 : 어떤 일이 전에 실제로 일어난 예
謝禮 : 언행이나 금품으로 고마운 뜻을 나타내는 인사

事 일 사(7), 例 법식 례(6), 謝 사례할 사(4Ⅱ), 禮 예도 례(6)

사설 私設 : 어떤 시설을 개인이 사사로이 설립함.
社說 : 신문·잡지에서, 그 사(社)의 주장으로 싣는 논설
辭說 : 늘어놓는 말이나 이야기

私 사사 사(4), 設 베풀 설(4Ⅱ), 社 모일 사(5), 說 말씀 설(5), 辭 말씀 사(4)

사양 斜陽 : 저녁때의 햇빛. 또는 저녁때의 저무는 해
辭讓 : 겸손하여 받지 아니하거나 응하지 아니함.

斜 비낄 사(3Ⅱ), 陽 볕 양(6), 辭 말씀 사(4), 讓 사양할 양(3Ⅱ)

사유 事由 : 일의 까닭
私有 : 개인이 사사로이 소유함.

事 일 사(7), 由 말미암을 유(6), 私 사사 사(4), 有 있을 유(7)

사장 死藏 : 사물 따위를 필요한 곳에 활용하지 않고 썩혀 둠.
社長 : 회사의 책임자

死 죽을 사(6), 藏 감출 장(3Ⅱ), 社 모일 사(6), 長 긴 장(8)

사전 事前 : 일이 일어나기 전
辭典 : 낱말을 순서대로 배열하여 발음·뜻·용법 등을 해설한 책

事 일 사(7), 前 앞 전(7), 辭 말씀 사(4), 典 법 전(5)

사정 事情 : 일의 형편이나 까닭
射程 : 사격에서, 탄환이 나가는 최대 거리
査定 : 조사하거나 심사하여 결정함.

事 일 사(7), 情 뜻 정(5), 射 쏠 사(4), 程 한도 정(4Ⅱ), 査 조사할 사(5), 定 정할 정(6)

산란 産卵 : 알을 낳음.
散亂 : 어지럽고 어수선함.

産 낳을 산(5), 卵 알 란(4), 散 흩을 산(4), 亂 어지러울 란(4)

산발 散發 : 때때로 일어남.
散髮 : 머리를 풀어 헤침. 또는 그 머리

散 흩을 산(4), 發 필 발(6), 髮 터럭 발(4)

상관 上官 : 직책상 자기보다 더 높은 자리에 있는 사람
相關 : 서로 관련을 가짐. 또는 그런 관계
上 윗 **상**(7), 官 벼슬 **관**(4Ⅱ), 相 서로 **상**(5), 關 관계할 **관**(5)

상품 商品 : 사고파는 물품
賞品 : 상으로 주는 물품
上品 : 상등의 품위/질이 좋은 물품
商 장사 **상**(5), 品 물건 **품**(5), 賞 상줄 **상**(5), 上 윗 **상**(7)

소장 小腸 : 작은창자
訴狀 : 소송을 제기하기 위하여 제출하는 서류
小 작을 **소**(8), 腸 창자 **장**(4), 訴 호소할 **소**(3Ⅱ), 狀 문서 **장**(4Ⅱ)

소지 所持 : 가지고 있는 일. 또는 그런 물건
掃地 : 땅을 쏢.
所 바 **소**(7), 持 가질 **지**(4), 掃 쓸 **소**(4Ⅱ), 地 땅 **지**(7)

소화 消火 : 불을 끔.
消化 : 먹은 음식을 삭임.
消 사라질 **소**(6), 火 불 **화**(8), 化 될 **화**(5)

수도 水道 : 수돗물을 받아 쓸 수 있게 만든 시설
首都 : 한 나라의 중앙 정부가 있는 도시
修道 : 도를 닦음.
水 물 **수**(8), 道 길 **도**(7), 首 머리 **수**(5), 都 도읍 **도**(5), 修 닦을 **수**(4Ⅱ)

수면 水面 : 물의 겉면
睡眠 : 잠을 자는 일
水 물 **수**(8), 面 낯 **면**(7), 睡 졸음 **수**(3), 眠 잘 **면**(3Ⅱ)

수상 水上 : 물의 위. 또는 물길
首相 : 내각의 우두머리
受賞 : 상을 받음.
水 물 **수**(8), 上 윗 **상**(7), 首 머리 **수**(5), 相 서로 **상**(5), 受 받을 **수**(4Ⅱ), 賞 상줄 **상**(5)

수심 水深 : 강이나 바다, 호수 따위의 물의 깊이
獸心 : 짐승같이 사납고 모진 마음
水 물 **수**(8), 深 깊을 **심**(4Ⅱ), 獸 짐승 **수**(3Ⅱ), 心 마음 **심**(7)

수입 收入 : 돈이나 물품 따위를 거두어들임.
輸入 : 다른 나라로부터 물품을 사들임.
收 거둘 **수**(4Ⅱ), 入 들 **입**(7), 輸 보낼 **수**(3Ⅱ)

수행 修行 : 행실, 학문, 기예 따위를 닦음.
隨行 : 일정한 임무를 띠고 가는 사람을 따라감.
修 닦을 **수**(4Ⅱ), 行 다닐 **행**(6), 隨 따를 **수**(3Ⅱ)

시각 時刻 : 시간의 어느 한 시점
視覺 : 눈을 통해 빛의 자극을 받아들이는 감각 작용
時 때 **시**(7), 刻 새길 **각**(4), 視 볼 **시**(4Ⅱ), 覺 깨달을 **각**(4)

시공 施工 : 공사를 시행함.
時空 : 시간과 공간을 아울러 이르는 말
施 베풀 **시**(4Ⅱ), 工 장인 **공**(7), 時 때 **시**(7), 空 빌 **공**(7)

시청 市廳 : 시의 행정 사무를 맡아보는 기관
視聽 : 눈으로 보고 귀로 들음.
市 저자 **시**(7), 廳 관청 **청**(4), 視 볼 **시**(4Ⅱ), 聽 들을 **청**(4)

식수 食水 : 먹는 물
植樹 : 나무를 심음. 또는 심은 나무
食 먹을 **식**(7), 水 물 **수**(8), 植 심을 **식**(7), 樹 나무 **수**(6)

신부 神父 : 사제(司祭) 서품을 받은 성직자
新婦 : 갓 결혼하였거나 결혼하는 여자
神 귀신 **신**(6), 父 아비 **부**(8), 新 새 **신**(6), 婦 며느리 **부**(4Ⅱ)

실명 失明 : 시력을 잃어 앞을 못 보게 됨.
實名 : 실제의 이름
失 잃을 **실**(6), 明 밝을 **명**(6), 實 열매 **실**(5), 名 이름 **명**(7)

동음이의어

ㅇ

야경
夜景 : 밤의 경치
夜警 : 밤사이에 화재나 범죄 따위가 없도록 살피고 지킴.

夜 밤 야(6), 景 볕 경(5), 警 깨우칠 경(4Ⅱ)

양식
良識 : 뛰어난 식견이나 건전한 판단
洋食 : 서양식 음식
樣式 : 일정한 모양이나 형식
糧食 : 생존을 위하여 필요한 사람의 먹을거리

良 어질 량(5), 識 알 식(5), 洋 큰바다 양(6), 食 밥·먹을 식(7), 樣 모양 양(4), 式 법 식(6), 糧 양식 량(4)

양지
陽地 : 볕이 바로 드는 곳
諒知 : 살피어 앎.

陽 볕 양(6), 地 땅 지(7), 諒 살펴알 량(3), 知 알 지(5)

양호
良好 : 대단히 괜찮음.
養護 : 기르고 보호함.

良 어질 량(5), 好 좋을 호(4Ⅱ), 養 기를 양(5), 護 도울 호(4Ⅱ)

역사
力士 : 뛰어나게 힘이 센 사람
役事 : 토목이나 건축 따위의 공사
歷史 : 인간 사회가 거쳐 온 변천의 모습. 또는 그 기록
驛舍 : 역으로 쓰는 건물

力 힘 력(7), 士 선비 사(5), 役 부릴 역(3Ⅱ), 事 일 사(7), 歷 지날 력(5), 史 사기 사(5), 驛 역 역(3Ⅱ), 舍 집 사(4Ⅱ)

역전
逆轉 : 형세가 뒤집혀짐.
歷戰 : 이곳저곳에서 많은 전쟁을 겪음.
驛前 : 역의 앞쪽

逆 거스릴 역(4Ⅱ), 轉 구를 전(4), 歷 지날 력(5), 戰 싸움 전(6), 驛 역 역(3Ⅱ), 前 앞 전(7)

연기
延期 : 정해진 기한을 뒤로 물려서 늘림.
煙氣 : 무엇이 불에 탈 때에 생겨나는 흐릿한 기체나 기운
演技 : 관객 앞에서 연극·노래 따위의 재주를 나타내 보임.

延 늘일 연(4), 期 기약할 기(5), 煙 연기 연(4Ⅱ), 氣 기운 기(7), 演 펼 연(4Ⅱ), 技 재주 기(5)

연대
年代 : 지나간 시간을 일정한 햇수로 나눈 것
連帶 : 여럿이 함께 무슨 일을 하거나 함께 책임을 짐.

年 해 년(8), 代 대신 대(6), 連 이을 련(4Ⅱ), 帶 띠 대(4Ⅱ)

연소
燃燒 : 물질이 산소와 화합할 때에, 많은 빛과 열을 냄.
年少 : 나이가 젊음. 또는 나이가 어림.

燃 탈 연(4), 燒 사를 소(3Ⅱ), 年 해 년(8), 少 적을 소(7)

연장
年長 : 서로 비교하여 보아 나이가 많음.
延長 : 시간이나 거리 따위를 본래보다 길게 늘임.

年 해 년(8), 長 긴 장(8), 延 늘일 연(4)

용기
用器 : 기구를 사용함. 또는 그 기구
勇氣 : 씩씩하고 굳센 기운
容器 : 물건을 담는 그릇

用 쓸 용(6), 器 그릇 기(4Ⅱ), 勇 날랠 용(6), 氣 기운 기(7), 容 얼굴 용(4Ⅱ)

우수
右手 : 오른손
雨水 : 빗물/이십사절기의 하나
憂愁 : 근심과 걱정을 아울러 이르는 말
優秀 : 여럿 가운데 뛰어남.

右 오른 우(7), 手 손 수(7), 雨 비 우(5), 水 물 수(8), 憂 근심 우(3Ⅱ), 愁 근심 수(3Ⅱ), 優 넉넉할 우(4), 秀 빼어날 수(4)

원조
元祖 : 첫 대의 조상
援助 : 물품이나 돈 따위로 도와줌.

元 으뜸 원(5), 祖 할아비 조(7), 援 도울 원(4), 助 도울 조(4Ⅱ)

원형
原形 : 본디의 꼴
圓形 : 둥근 모양

原 언덕 원(5), 形 모양 형(6), 圓 둥글 원(4Ⅱ)

| 유독 | 有毒 : 독성이 있음.
| | 唯獨 : 많은 것 가운데 홀로 두드러지게

有 있을 유(7), 毒 독 독(4Ⅱ), 唯 오직 유(3), 獨 홀로 독(5)

| 유세 | 有勢 : 세력이 있음./자랑삼아 세력을 부림.
| | 遊說 : 자기 의견·자기 소속 정당의 주장을 선전하며 돌아다님.

有 있을 유(7), 勢 형세 세(4Ⅱ), 遊 놀 유(4), 說 달랠 세(5)

| 유전 | 油田 : 석유가 나는 곳
| | 流轉 : 이리저리 떠돎.
| | 遺傳 : 물려받아 내려옴. 또는 그렇게 정함.

油 기름 유(6), 田 밭 전(4Ⅱ), 流 흐를 류(5), 轉 구를 전(4), 遺 남길 유(4), 傳 전할 전(5)

| 유치 | 乳齒 : 유아기에 사용한 뒤 갈게 되어 있는 이
| | 留置 : 남의 물건을 맡아 둠.
| | 誘致 : 꾀어서 데려옴./행사나 사업 따위를 이끌어 들임.
| | 幼稚 : 사람의 나이가 어림./생각이나 하는 짓이 어림.

乳 젖 유(4), 齒 이 치(4Ⅱ), 留 머무를 류(4Ⅱ), 置 둘 치(4Ⅱ), 誘 꾈 유(3Ⅱ), 致 이를 치(5), 幼 어릴 유(3Ⅱ), 稚 어릴 치(3Ⅱ)

| 유학 | 遊學 : 타향에서 공부함.
| | 儒學 : 중국의 공자를 시조(始祖)로 하는 전통적인 학문
| | 留學 : 외국에 머물면서 공부함.

遊 놀 유(4), 學 배울 학(8), 儒 선비 유(4), 留 머무를 류(4Ⅱ)

| 의거 | 依據 : 어떤 사실이나 원리 따위에 근거함.
| | 義擧 : 정의를 위하여 개인이나 집단이 의로운 일을 도모함.

依 의지할 의(4), 據 근거 거(4), 義 옳을 의(4Ⅱ), 擧 들 거(5)

| 의사 | 義士 : 의로운 지사(志士)
| | 意思 : 무엇을 하고자 하는 생각
| | 醫師 : 의술로 병을 치료·진찰하는 것을 직업으로 삼는 사람

義 옳을 의(4Ⅱ), 士 선비 사(5), 意 뜻 의(6), 思 생각 사(5), 醫 의원 의(6), 師 스승 사(4Ⅱ)

| 의식 | 意識 : 깨어 있을 때의 마음의 작용이나 상태
| | 儀式 : 행사를 치르는 일정한 법식

意 뜻 의(6), 識 알 식(5), 儀 거동 의(4), 式 법 식(6)

| 의지 | 依支 : 다른 것에 몸을 기댐.
| | 意志 : 어떠한 일을 이루고자 하는 마음

依 의지할 의(4), 支 지탱할 지(4Ⅱ), 意 뜻 의(6), 志 뜻 지(4Ⅱ)

| 이상 | 以上 : 수량이나 정도가 일정한 기준보다 더 많거나 나음.
| | 異狀 : 평소와는 다른 상태
| | 理想 : 이성으로 생각할 수 있는, 사물의 가장 완전한 상태

以 써 이(5), 上 윗 상(7), 異 다를 이(4), 狀 형상 상(4Ⅱ), 理 다스릴 리(6), 想 생각 상(4Ⅱ)

| 이성 | 異性 : 성(性)이 다른 것
| | 理性 : 사물의 이치를 논리적으로 판단하는 마음의 작용

異 다를 이(4), 性 성품 성(5), 理 다스릴 리(6)

| 이해 | 利害 : 이익과 손해를 아울러 이르는 말
| | 理解 : 사리를 분별하여 해석함.

利 이로울 리(6), 害 해할 해(5), 理 다스릴 리(6), 解 풀 해(4Ⅱ)

| 인도 | 人道 : 사람으로서 마땅히 지켜야 할 도리
| | 引渡 : 사물이나 권리 따위를 넘겨줌.
| | 引導 : 이끌어 지도함.

人 사람 인(8), 道 길 도(7), 引 끌 인(4Ⅱ), 渡 건널 도(3Ⅱ), 導 인도할 도(4Ⅱ)

| 인상 | 引上 : 물건 따위를 끌어 올림./물건 값, 봉급, 요금 따위를 올림.
| | 印象 : 어떤 대상에 대하여 마음속에 새겨지는 느낌

引 끌 인(4Ⅱ), 上 윗 상(7), 印 도장 인(4Ⅱ), 象 코끼리 상(4)

동음이의어

인정 　人情 : 사람이 본래 가지고 있는 감정이나 심정
　　　　認定 : 확실히 그렇다고 여김.

人 사람 인(8), 情 뜻 정(5), 認 알 인(4Ⅱ), 定 정할 정(6)

일기 　日記 : 그날그날 겪은 일이나 감상 등을 적은 개인의 기록
　　　　日氣 : 날씨

日 날 일(8), 記 기록할 기(7), 氣 기운 기(7)

일정 　一定 : 정해져 있어 바뀌거나 달라지지 않고 한결같음.
　　　　日程 : 그날에 할 일, 또는 그 분량이나 차례

一 한 일(8), 定 정할 정(6), 日 날 일(8), 程 한도·길 정(4Ⅱ)

ㅈ

자원 　自願 : 어떤 일을 자기 스스로 하고자 하여 나섬.
　　　　資源 : 생산의 바탕이 되는 여러 가지 물자(物資)

自 스스로 자(7), 願 원할 원(5), 資 재물 자(4), 源 근원 원(4)

장관 　壯觀 : 훌륭하고 장대한 광경
　　　　長官 : 국무를 나누어 맡아 처리하는 행정 각부의 우두머리

壯 장할 장(4), 觀 볼 관(5), 長 긴 장(8), 官 벼슬 관(4Ⅱ)

장기 　臟器 : 내장의 여러 기관
　　　　長技 : 가장 잘하는 재주
　　　　長期 : 오랜 기간

臟 오장 장(3Ⅱ), 器 그릇 기(4Ⅱ), 長 긴 장(8), 技 재주 기(5), 期 기약할 기(5)

재고 　再考 : 어떤 일이나 문제 따위에 대하여 다시 생각함.
　　　　在庫 : 창고 따위에 쌓여 있음.

再 두 재(5), 考 생각할 고(5), 在 있을 재(6), 庫 곳집 고(4)

재배 　再拜 : 두 번 절함. 또는 그 절
　　　　栽培 : 식물을 심어 가꿈.

再 두 재(5), 拜 절 배(4Ⅱ), 栽 심을 재(3Ⅱ), 培 북돋을 배(3Ⅱ)

재화 　災禍 : 재앙(災殃)과 화난(禍難)을 아울러 이르는 말
　　　　財貨 : 사람이 바라는 바를 충족시켜 주는 모든 물건

災 재앙 재(5), 禍 재앙 화(3Ⅱ), 財 재물 재(5), 貨 재물 화(4Ⅱ)

저속 　低俗 : 품위가 낮고 속됨.
　　　　低速 : 느린 속도

低 낮을 저(4Ⅱ), 俗 풍속 속(4Ⅱ), 速 빠를 속(6)

적기 　適期 : 알맞은 시기
　　　　敵機 : 적군의 비행기

適 맞을 적(4), 期 기약할 기(5), 敵 대적할 적(4Ⅱ), 機 틀 기(4)

전공 　專攻 : 어느 한 분야를 전문적으로 연구함. 또는 그 분야
　　　　戰功 : 전투에서 세운 공로

專 오로지 전(4), 攻 칠 공(4), 戰 싸움 전(6), 功 공 공(6)

전기 　傳記 : 한 사람의 일생 동안의 행적을 적은 기록
　　　　電氣 : 전자의 이동으로 생기는 에너지의 한 형태
　　　　轉機 : 전환점이 되는 기회나 시기

傳 전할 전(5), 記 기록할 기(7), 電 번개 전(7), 氣 기운 기(7), 轉 구를 전(4), 機 틀 기(4)

전력 　全力 : 모든 힘
　　　　前歷 : 과거의 경력
　　　　電力 : 전류가 단위 시간에 하는 일

全 온전 전(7), 力 힘 력(7), 前 앞 전(7), 歷 지날 력(5), 電 번개 전(7)

전반 　全般 : 어떤 일이나 부문에 대하여 그것에 관계되는 전체
　　　　前半 : 전체를 둘로 나누었을 때의 앞 부분

全 온전 전(7), 般 가지·일반 반(3Ⅱ), 前 앞 전(7), 半 반 반(6)

전승 　全勝 : 전쟁이나 경기 따위에서 한 번도 지지 않고 모두 이김.
　　　　傳承 : 문화, 풍속, 제도 따위를 이어받아 계승함.
　　　　戰勝 : 전쟁이나 경기 따위에서 싸워 이김.

全 온전 전(7), 勝 이길 승(6), 傳 전할 전(5), 承 이을 승(4Ⅱ), 戰 싸움 전(6)

전시 展示 : 여러 가지 물품을 한곳에 벌여 놓고 보임.
戰時 : 전쟁이 벌어진 때

展 펼 전(5), 示 보일 시(5), 戰 싸움 전(6), 時 때 시(7)

전원 田園 : 도시에서 떨어진 시골이나 교외(郊外)를 이르는 말
全員 : 소속된 인원의 전체
電源 : 전력을 공급하는 원천

田 밭 전(4Ⅱ), 園 동산 원(6), 全 온전 전(7), 員 인원 원(4Ⅱ), 電 번개 전(7), 源 근원 원(4)

전직 前職 : 전에 가졌던 직업이나 직위
轉職 : 직업이나 직무를 바꾸어 옮김.

前 앞 전(7), 職 직분 직(4Ⅱ), 轉 구를 전(4)

전파 電波 : 도체 중의 전류가 진동함으로써 방사되는 전자기파
傳播 : 전하여 널리 퍼뜨림.

電 번개 전(7), 波 물결 파(4Ⅱ), 傳 전할 전(5), 播 뿌릴 파(3)

절감 切感 : 절실히 느낌.
節減 : 아끼어 줄임.

切 끊을 절(5), 感 느낄 감(6), 節 마디 절(5), 減 덜 감(4Ⅱ)

절제 切除 : 잘라 냄.
節制 : 정도에 넘지 아니하도록 알맞게 조절하여 제한함.

切 끊을 절(5), 除 덜 제(4Ⅱ), 節 마디 절(5), 制 절제할 제(4Ⅱ)

정도 正道 : 올바른 길. 또는 정당한 도리
定都 : 도읍을 정함.
程度 : 알맞은 한도

正 바를 정(7), 道 길 도(7), 定 정할 정(6), 都 도읍 도(5), 程 한도·길 정(4Ⅱ), 度 법도 도(6)

정상 正常 : 특별한 변동이나 탈이 없이 제대로인 상태
頂上 : 산 따위의 맨 꼭대기
情狀 : 있는 그대로의 사정과 형편

正 바를 정(7), 常 떳떳할 상(4Ⅱ), 頂 정수리 정(3Ⅱ), 上 윗 상(7), 情 뜻 정(5), 狀 형상 상(4Ⅱ)

정원 定員 : 일정한 규정에 의하여 정한 인원
庭園 : 집 안에 있는 뜰이나 꽃밭

定 정할 정(6), 員 인원 원(4Ⅱ), 庭 뜰 정(6), 園 동산 원(6)

정전 停電 : 오던 전기가 끊어짐.
停戰 : 교전 중에 있는 쌍방이 일시적으로 전투를 중단하는 일

停 머무를 정(5), 電 번개 전(7), 戰 싸움 전(6)

제도 制度 : 관습이나 도덕, 법률 따위의 규범이나 사회 구조의 체계
製圖 : 기계, 건축물, 공작물 따위의 도면이나 도안을 그림.

制 절제할 제(4Ⅱ), 度 법도 도(6), 製 지을 제(4Ⅱ), 圖 그림 도(6)

제약 制約 : 조건을 붙여 내용을 제한함. 또는 그 조건
製藥 : 약재를 섞어서 약을 만듦. 또는 그 약

制 절제할 제(4Ⅱ), 約 맺을 약(5), 製 지을 제(4Ⅱ), 藥 약 약(6)

제지 制止 : 말려서 못하게 함.
製紙 : 종이를 만듦.

制 절제할 제(4Ⅱ), 止 그칠 지(5), 製 지을 제(4Ⅱ), 紙 종이 지(7)

제창 提唱 : 어떤 일을 처음 내놓아 주장함.
齊唱 : 여러 사람이 다 같이 큰 소리로 외침.

提 끌 제(4Ⅱ), 唱 부를 창(5), 齊 가지런할 제(3Ⅱ)

조류 鳥類 : 조강의 척추동물을 일상적으로 통틀어 이르는 말
潮流 : 밀물과 썰물 때문에 일어나는 바닷물의 흐름

鳥 새 조(4Ⅱ), 類 무리 류(5), 潮 조수 조(4), 流 흐를 류(5)

동음이의어 **409**

동음이의어

조리	條理 : 앞뒤가 들어맞고 체계가 서는 갈피
	調理 : 건강이 회복되도록 몸을 보살피고 병을 다스림.

條 가지 조(4), 理 다스릴 리(6), 調 고를 조(5)

조선 造船 : 배를 설계하여 만듦.
朝鮮 : 1392년 이성계가 고려를 무너뜨리고 세운 나라

造 지을 조(4Ⅱ), 船 배 선(5), 朝 아침 조(6), 鮮 고울 선(5)

조정 朝廷 : 임금이 나라의 정치를 집행하던 곳
調停 : 분쟁을 중간에서 화해하게 하여 합의하도록 함.
調整 : 어떤 기준이나 실정에 맞게 정돈함.

朝 아침 조(6), 廷 조정 정(3Ⅱ), 調 고를 조(5), 停 머무를 정(5), 整 가지런할 정(4)

조화 造化 : 만물을 창조하고 기르는 대자연의 이치
造花 : 종이, 천, 비닐 따위를 재료로 하여 인공적으로 만든 꽃
調和 : 서로 잘 어울림.

造 지을 조(4Ⅱ), 化 될 화(5), 花 꽃 화(7), 調 고를 조(5), 和 화할 화(6)

주식 主食 : 밥이나 빵과 같이 끼니에 주로 먹는 음식
株式 : 주식회사의 자본을 구성하는 단위

主 주인 주(7), 食 밥·먹을 식(7), 株 그루 주(3Ⅱ), 式 법 식(6)

주장 主張 : 자기의 의견이나 주의를 굳게 내세움.
主將 : 운동 경기에서, 팀을 대표하는 선수

主 주인 주(7), 張 베풀 장(4), 將 장수 장(4Ⅱ)

중지 中止 : 하던 일을 중도에서 그만둠.
中指 : 가운뎃손가락
衆智 : 여러 사람의 지혜

中 가운데 중(8), 止 그칠 지(5), 指 가리킬 지(4Ⅱ), 衆 무리 중(4Ⅱ), 智 슬기·지혜 지(4)

지각 知覺 : 알아서 깨달음./사물의 이치나 도리를 분별하는 능력
遲刻 : 정해진 시각보다 늦게 출근하거나 등교함.

知 알 지(5), 覺 깨달을 각(4), 遲 더딜·늦을 지(3), 刻 새길 각(4)

지구 地球 : 태양에서 세 번째로 가까운 행성
持久 : 오랫동안 버티어 견딤.

地 땅 지(7), 球 공 구(6), 持 가질 지(4), 久 오랠 구(3Ⅱ)

지도 地圖 : 지구 표면을 일정한 축척에 따라 평면 위에 나타낸 그림
指導 : 어떤 목적이나 방향으로 남을 가르쳐 이끎.

地 땅 지(7), 圖 그림 도(6), 指 가리킬 지(4Ⅱ), 導 인도할 도(4Ⅱ)

지사 志士 : 크고 높은 뜻을 가진 사람
支社 : 본사에서 갈려 나가, 본사의 일을 대신 맡아 하는 곳

志 뜻 지(4Ⅱ), 士 선비 사(5), 支 지탱할 지(4Ⅱ), 社 모일 사(6)

지성 至誠 : 지극한 정성
知性 : 사물을 알고 생각하고 판단하는 능력

至 이를 지(4Ⅱ), 誠 정성 성(4Ⅱ), 知 알 지(5), 性 성품 성(5)

ㅊ

차선 次善 : 최선의 다음
車線 : 자동차 도로에 주행 방향을 따라 그어 놓은 선

次 버금 차(4Ⅱ), 善 착할 선(5), 車 수레 차(7), 線 줄 선(6)

천재 天才 : 선천적으로 타고난, 뛰어난 재능을 가진 사람
天災 : 지진, 가뭄 따위와 같이 자연의 변화로 일어나는 재앙

天 하늘 천(7), 才 재주 재(6), 災 재앙 재(5)

청산 靑山 : 풀과 나무가 무성한 푸른 산
淸算 : 서로 간에 채무·채권 관계를 셈하여 깨끗이 해결함.

靑 푸를 청(8), 山 메 산(8), 淸 맑을 청(6), 算 셈 산(7)

초대 初代 : 어떤 계통의 첫 번째 사람. 또는 그 사람의 시대
招待 : 어떤 모임에 참가해 줄 것을 청함.

初 처음 초(5), 代 대신 대(6), 招 부를 초(4), 待 기다릴 대(6)

최고 　最古 : 가장 오래됨.
　　　　最高 : 가장 높음./으뜸인 것. 또는 으뜸이 될 만한 것
　　　　催告 : 재촉하는 뜻을 알림.

最 가장 **최**(5), 古 예 **고**(6), 高 높을 **고**(6), 催 재촉할 **최**(3Ⅱ), 告 고할 **고**(5)

축객 　祝客 : 축하하기 위하여 온 손님
　　　　逐客 : 손님을 푸대접하여 쫓아냄.

祝 빌 **축**(5), 客 손 **객**(5), 逐 쫓을 **축**(3)

축전 　祝典 : 축하하는 뜻으로 행하는 의식이나 행사
　　　　祝電 : 축하하는 뜻을 나타내기 위하여 보내는 전보
　　　　蓄電 : 축전기나 축전지에 전기를 모아 둠.

祝 빌 **축**(5), 典 법 **전**(5), 電 번개 **전**(7), 蓄 모을 **축**(4Ⅱ)

치부 　致富 : 재물을 모아 부자가 됨.
　　　　恥部 : 남에게 드러내고 싶지 아니한 부끄러운 부분
　　　　置簿 : 금전이나 물품의 출납을 적어 넣음.

致 이를 **치**(5), 富 부자 **부**(4Ⅱ), 恥 부끄러울 **치**(3Ⅱ), 部 떼 **부**(6), 置 둘 **치**(4Ⅱ), 簿 문서 **부**(3Ⅱ)

ㅌ

타자 　打者 : 야구에서, 상대편 투수의 공을 치는 공격진의 선수
　　　　他者 : 자기 외의 사람. 또는 다른 것

打 칠 **타**(5), 者 놈 **자**(6), 他 다를 **타**(5)

탄성 　彈性 : 외부로부터 힘을 받아 모양이 달라진 물체가, 그 힘이 없어지면 다시 본디의 모양으로 되돌아가려 하는 성질
　　　　歎聲 : 몹시 한탄하거나 탄식하는 소리

彈 탄알 **탄**(4), 性 성품 **성**(5), 歎 탄식할 **탄**(4), 聲 소리 **성**(4Ⅱ)

통상 　通常 : 특별하지 아니하고 예사임.
　　　　通商 : 나라들 사이에 서로 물품을 사고팖. 또는 그런 관계

通 통할 **통**(6), 常 떳떳할 **상**(4Ⅱ), 商 장사 **상**(5)

통화 　通貨 : 유통 수단이나 지불 수단으로서 기능하는 화폐
　　　　通話 : 전화로 말을 주고받음.

通 통할 **통**(6), 貨 재물 **화**(4Ⅱ), 話 말씀 **화**(7)

ㅍ

파장 　波長 : 파동에서, 같은 위상을 가진 서로 이웃한 두 점 사이의 거리
　　　　罷場 : 과장(科場), 백일장, 시장(市場) 따위가 끝남.

波 물결 **파**(4Ⅱ), 長 긴 **장**(8), 罷 마칠 **파**(3), 場 마당 **장**(7)

포구 　浦口 : 배가 드나드는 개의 어귀
　　　　砲口 : 대포의 탄알이 나가는 구멍

浦 개 **포**(3Ⅱ), 口 입 **구**(7), 砲 대포 **포**(4Ⅱ)

포수 　砲手 : 총으로 짐승을 잡는 사냥꾼
　　　　捕手 : 야구에서, 본루를 지키며 투수가 던지는 공을 받는 선수

砲 대포 **포**(4Ⅱ), 手 손 **수**(7), 捕 잡을 **포**(3Ⅱ)

폭주 　暴走 : 매우 빠른 속도로 난폭하게 달림.
　　　　暴注 : 어떤 일이 처리하기 힘들 정도로 한꺼번에 몰림.
　　　　暴酒 : 술을 한꺼번에 많이 마심.

暴 사나울 **폭**(4Ⅱ), 走 달릴 **주**(4Ⅱ), 注 부을 **주**(6), 酒 술 **주**(4)

표지 　表紙 : 책의 맨 앞뒤의 겉장
　　　　標識 : 다른 것과 구별하여 알게 하는 데 필요한 표시나 특징

表 겉 **표**(6), 紙 종이 **지**(7), 標 표할 **표**(4), 識 기록할 **지**(5)

풍속 　風俗 : 예로부터 지켜 내려오는, 생활에 관한 사회적 습관
　　　　風速 : 바람의 속도

風 바람 **풍**(6), 俗 풍속 **속**(4Ⅱ), 速 빠를 **속**(6)

ㅎ

학력 　學力 : 교육을 통하여 얻은 지식이나 기술 따위의 능력
　　　　學歷 : 학교를 다닌 경력

學 배울 **학**(8), 力 힘 **력**(7), 歷 지날 **력**(5)

한문 寒門 : 가난하고 문벌이 없는 집안
漢文 : 중국 고전(古典)의 문장

寒 찰 **한**(5), 門 문 **문**(8), 漢 한수·한나라 **한**(7), 文 글월 **문**(7)

항구 港口 : 바닷가에 배를 댈 수 있도록 시설해 놓은 곳
恒久 : 변함없이 오래 감.

港 항구 **항**(4Ⅱ), 口 입 **구**(7), 恒 항상 **항**(3Ⅱ), 久 오랠 **구**(3Ⅱ)

해독 害毒 : 좋고 바른 것을 망치거나 손해를 끼침. 또는 그 손해
解毒 : 몸 안에 들어간 독성 물질의 작용을 없앰.
解讀 : 어려운 문구 따위를 읽어 이해하거나 해석함.

害 해할 **해**(5), 毒 독 **독**(4Ⅱ), 解 풀 **해**(4Ⅱ), 讀 읽을 **독**(6)

향수 享壽 : 오래 사는 복을 누림.
香水 : 액체 화장품의 하나
鄕愁 : 고향을 그리워하는 마음이나 시름

享 누릴 **향**(3), 壽 목숨 **수**(3Ⅱ), 香 향기 **향**(4Ⅱ), 水 물 **수**(8), 鄕 시골 **향**(4Ⅱ), 愁 근심 **수**(3Ⅱ)

허구 虛構 : 사실에 없는 일을 사실처럼 꾸며 만듦.
許久 : 날이나 세월 따위가 매우 오래임.

虛 빌 **허**(4Ⅱ), 構 얽을 **구**(4), 許 허락할 **허**(5), 久 오랠 **구**(3Ⅱ)

현상 現狀 : 나타나 보이는 현재의 상태
現象 : 형상을 나타냄. 또는 그 형상
現像 : 인간이 지각할 수 있는, 사물의 모양과 상태
懸賞 : 상금이나 상품을 내거는 일

現 나타날 **현**(6), 狀 형상 **상**(4Ⅱ), 象 코끼리 **상**(4), 像 모양 **상**(3Ⅱ), 懸 달 **현**(3Ⅱ), 賞 상줄 **상**(5)

호구 戶口 : 호적상 집의 수효와 식구 수
虎口 : 매우 위태로운 처지나 형편을 이르는 말

戶 집 **호**(4Ⅱ), 口 입 **구**(7), 虎 범 **호**(3Ⅱ)

호기 好期 : 좋은 시기
好機 : 좋은 기회
呼氣 : 기운을 내뿜음.
豪氣 : 씩씩하고 호방한 기상

好 좋을 **호**(4Ⅱ), 期 기약할 **기**(5), 機 틀 **기**(4), 呼 부를 **호**(4Ⅱ), 氣 기운 **기**(7), 豪 호걸 **호**(3Ⅱ)

화기 火氣 : 불에서 나오는 뜨거운 기운
火器 : '화약의 힘으로 탄알을 쏘는 병기'를 통틀어 이르는 말
和氣 : 따스하고 화창한 기온

火 불 **화**(8), 氣 기운 **기**(7), 器 그릇 **기**(4Ⅱ), 和 화할 **화**(6)

화상 火傷 : 높은 온도의 기체 등에 데었을 때에 일어나는 피부의 손상
華商 : 화교 상인
畫商 : 그림을 파는 장사. 또는 그런 장수
畫像 : 사람의 얼굴을 그림으로 그린 형상

火 불 **화**(8), 傷 다칠 **상**(4), 華 빛날 **화**(4), 商 장사 **상**(5), 畫 그림 **화**(6), 像 모양 **상**(3Ⅱ)

화제 畫題 : 그림의 이름 또는 제목
話題 : 이야기의 제목

畫 그림 **화**(6), 題 제목 **제**(6), 話 말씀 **화**(7)

후대 後代 : 뒤에 오는 세대나 시대
厚待 : 아주 잘 대접함. 또는 그런 대접

後 뒤 **후**(7), 代 대신 **대**(6), 厚 두터울 **후**(4), 待 기다릴 **대**(6)

후문 後門 : 뒷문
後聞 : 어떤 일에 관한 뒷말

後 뒤 **후**(7), 門 문 **문**(8), 聞 들을 **문**(6)

후원 後援 : 뒤에서 도와줌.
後園 : 집 뒤에 있는 정원이나 작은 동산

後 뒤 **후**(7), 援 도울 **원**(4), 園 동산 **원**(6)

약자 (8~4급)

※ 4급 배정 한자를 쓰는 문제는 3급에서만 출제됩니다. 출제 유형 및 학습 방법은 439쪽 참조

훈·음	정자	약자	약자 연습
거짓 가 (4Ⅱ)	假	仮	
값 가 (5)	價	価	
깨달을 각 (4)	覺	覚	
볼 감 (4Ⅱ)	監	监	
근거 거 (4)	據	拠	
들 거 (5)	擧	挙	
검소할 검 (4)	儉	倹	
검사할 검 (4Ⅱ)	檢	検	
굳을 견 (4)	堅	坚	
이지러질 결 (4Ⅱ)	缺	欠	
지날·글 경 (4Ⅱ)	經	経	
가벼울 경 (5)	輕	軽	
이을 계 (4)	繼	継	
볼 관 (5)	觀	覌	
관계할 관 (5)	關	関	
넓을 광 (5)	廣	広	
쇳돌 광 (4)	鑛	鉱	

훈·음	정자	약자	약자 연습
구분할·지경 구 (6)	區	区	
예 구 (5)	舊	旧	
나라 국 (8)	國	国	
권할 권 (4)	勸	劝	
권세 권 (4Ⅱ)	權	权	
돌아갈 귀 (4)	歸	帰	
기운 기 (7)	氣	気	
홑 단 (4Ⅱ)	單	単	
둥글 단 (5)	團	団	
끊을 단 (4Ⅱ)	斷	断	
멜 담 (4Ⅱ)	擔	担	
마땅 당 (5)	當	当	
무리 당 (4Ⅱ)	黨	党	
대할 대 (6)	對	対	
그림 도 (6)	圖	図	
홀로 독 (5)	獨	独	

약자(8급~4급)

훈·음	정자	약자	약자 연습		훈·음	정자	약자	약자 연습	
읽을 독 (6)	讀	読	読	読	없을 무 (5)	無	无	无	无
한가지 동 (7)	同	仝	仝	仝	필 발 (6)	發	発	発	発
등 등 (4Ⅱ)	燈	灯	灯	灯	변할 변 (5)	變	変	変	変
즐길 락, 노래 악 (6)	樂	楽	楽	楽	가 변 (4Ⅱ)	邊	辺	辺	辺
어지러울 란 (4)	亂	乱	乱	乱	보배 보 (4Ⅱ)	寶	宝	宝	宝
볼 람 (4)	覽	覧	覧	覧	부처 불 (4Ⅱ)	佛	仏	仏	仏
올 래 (7)	來	来	来	来	베낄 사 (5)	寫	写	写	写
두 량 (4Ⅱ)	兩	両	両	両	스승 사 (4Ⅱ)	師	师	师	师
고울 려 (4Ⅱ)	麗	麗	麗	麗	실 사 (4)	絲	糸	糸	糸
예도 례 (6)	禮	礼	礼	礼	말씀 사 (4)	辭	辞	辞	辞
일할 로 (5)	勞	労	労	労	형상 상, 문서 장 (4Ⅱ)	狀	状	状	状
용 룡 (4)	龍	竜	竜	竜	소리 성 (4Ⅱ)	聲	声	声	声
떠날 리 (4)	離	雎	雎	雎	인간 세 (7)	世	丗	丗	丗
찰 만 (4Ⅱ)	滿	満	満	満	붙일 속 (4)	屬	属	属	属
일만 만 (8)	萬	万	万	万	이을 속 (4Ⅱ)	續	続	続	続
팔 매 (5)	賣	売	売	売	거둘 수 (4Ⅱ)	收	収	収	収
줄기 맥 (4Ⅱ)	脈	脉	脉	脉	셈 수 (7)	數	数	数	数

유형별 한자 익히기

훈·음	정자	약자	약자 연습		훈·음	정자	약자	약자 연습	
엄숙할 숙 (4)	肅	粛	粛	粛	그늘 음 (4Ⅱ)	陰	陰	陰	陰
열매 실 (5)	實	実	実	実	응할 응 (4Ⅱ)	應	応	応	応
아이 아 (5)	兒	児	児	児	의원 의 (6)	醫	医	医	医
악할 악, 미워할 오 (5)	惡	悪	悪	悪	남을 잔 (4)	殘	残	残	残
누를 압 (4Ⅱ)	壓	圧	圧	圧	섞일 잡 (4)	雜	雑	雑	雑
약 약 (6)	藥	薬	薬	薬	장할 장 (4)	壯	壮	壮	壮
엄할 엄 (4)	嚴	厳	厳	厳	장수 장 (4Ⅱ)	將	将	将	将
더불·줄 여 (4)	與	与	与	与	장려할 장 (4)	奬	奨	奨	奨
남을 여 (4Ⅱ)	餘	余	余	余	꾸밀 장 (4)	裝	装	装	装
영화 영 (4Ⅱ)	榮	栄	栄	栄	다툴 쟁 (5)	爭	争	争	争
경영할 영 (4)	營	営	営	営	전할 전 (5)	傳	伝	伝	伝
재주 예 (4Ⅱ)	藝	芸	芸	芸	싸움 전 (6)	戰	战	战	战
미리 예 (4)	豫	予	予	予	구를 전 (4)	轉	転	転	転
인원 원 (4Ⅱ)	員	貟	貟	貟	돈 전 (4)	錢	銭	銭	銭
에워쌀 위 (4)	圍	囲	囲	囲	점 점 (4)	點	点	点	点
할 위 (4Ⅱ)	爲	為	為	為	정할 정 (6)	定	㝎	㝎	㝎
숨을 은 (4)	隱	隱	隱	隱	고요할 정 (4)	靜	静	静	静

약자 (8~4급) **415**

약자(8급~4급)

훈·음	정자	약자	약자 연습		훈·음	정자	약자	약자 연습	
건널 제 (4Ⅱ)	濟	済	済	済	벌레 충 (4Ⅱ)	蟲	虫	虫	虫
가지 조 (4)	條	条	条	条	이 치 (4Ⅱ)	齒	歯	歯	歯
마칠 졸 (5)	卒	卆	卆	卆	일컬을 칭 (4)	稱	称	称	称
좇을 종 (4)	從	从	从	从	탄알 탄 (4)	彈	弾	弾	弾
낮 주 (6)	晝	昼	昼	昼	가릴 택 (4)	擇	択	択	択
더할 증 (4Ⅱ)	增	増	増	増	배울 학 (8)	學	学	学	学
증거 증 (4)	證	証	証	証	풀 해 (4Ⅱ)	解	觧	觧	觧
보배 진 (4)	珍	珎	珎	珎	빌 허 (4Ⅱ)	虛	虚	虚	虚
다할 진 (4)	盡	尽	尽	尽	험할 험 (4)	險	険	険	険
바탕 질 (5)	質	貭	貭	貭	시험 험 (4Ⅱ)	驗	験	験	験
참여할 참, 석 삼 (5)	參	参	参	参	어질 현 (4Ⅱ)	賢	賢	賢	賢
곳 처 (4Ⅱ)	處	処	処	処	나타날 현 (4)	顯	顕	顕	顕
쇠 철 (5)	鐵	鉄	鉄	鉄	이름 호 (6)	號	号	号	号
관청 청 (4)	廳	庁	庁	庁	그림 화, 그을 획 (6)	畫	画	画	画
들을 청 (4)	聽	聴	聴	聴	기쁠 환 (4)	歡	欢	欢	欢
몸 체 (6)	體	体	体	体	모일 회 (6)	會	会	会	会
다 총 (4Ⅱ)	總	総	総	総	일 흥 (4Ⅱ)	興	兴	兴	兴

416 유형별 한자 익히기

약자 3급Ⅱ, 3급

훈·음	정자	약자	용례
거울 감 (3Ⅱ)	鑑	鑑	図鑑(도감)
덮을 개 (3Ⅱ)	蓋	盖	覆盖(복개)
칼 검 (3Ⅱ)	劍	剣	剣客(검객)
지름길·길 경 (3Ⅱ)	徑	径	直径(직경)
집 관 (3Ⅱ)	館	舘	会舘(회관)
무너질 괴 (3Ⅱ)	壞	壊	破壊(파괴)
몰 구 (3)	驅	駆	駆步(구보)
거북 구·귀, 터질 균 (3)	龜	亀	亀鑑(귀감)
버릴 기 (3)	棄	弃	遺弃(유기)
긴할 긴 (3Ⅱ)	緊	紧	紧張(긴장)
편안 녕 (3Ⅱ)	寧	寍	安寍(안녕)
번뇌할 뇌 (3)	惱	悩	苦悩(고뇌)
골·뇌수 뇌 (3Ⅱ)	腦	脳	洗脳(세뇌)
대 대 (3Ⅱ)	臺	台	灯台(등대)
넘칠 람 (3)	濫	滥	滥発(남발)
힘쓸 려 (3Ⅱ)	勵	励	奨励(장려)
그리워할·그릴 련 (3Ⅱ)	戀	恋	恋情(연정)
연이을 련 (3Ⅱ)	聯	联	関联(관련)
사냥 렵 (3)	獵	猟	密猟(밀렵)
신령 령 (3Ⅱ)	靈	灵	魂灵(혼령)
화로 로 (3Ⅱ)	爐	炉	香炉(향로)
다락 루 (3Ⅱ)	樓	楼	楼閣(누각)
임할 림 (3Ⅱ)	臨	临	君临(군림)
보리 맥 (3Ⅱ)	麥	麦	麦酒(맥주)
모양 모 (3Ⅱ)	貌	皃	変皃(변모)
꿈 몽 (3Ⅱ)	夢	梦	鮮梦(해몽)
사당 묘 (3)	廟	庿	庿堂(묘당)
떨칠 불 (3Ⅱ)	拂	払	還払(환불)
맛볼 상 (3)	嘗	甞	甞味(상미)
뽕나무 상 (3Ⅱ)	桑	桒	桒田(상전)
펼 서 (3)	敍	叙	叙述(서술)
풀 석 (3Ⅱ)	釋	釈	釈放(석방)
다스릴·잡을 섭 (3)	攝	摂	摂理(섭리)
사를 소 (3Ⅱ)	燒	焼	燃焼(연소)
목숨 수	壽	寿	寿命(수명)
짐승 수 (3Ⅱ)	獸	獣	猛獣(맹수)

약자(3급Ⅱ, 3급)

훈·음	정자	약자	용례
따를 수 (3Ⅱ)	隨	随	随筆(수필)
젖을 습 (3Ⅱ)	濕	湿	湿度(습도)
탈 승 (3Ⅱ)	乘	乗	乗車(승차)
두·쌍 쌍 (3Ⅱ)	雙	双	双方(쌍방)
버금 아 (3Ⅱ)	亞	亜	亜流(아류)
흙덩이 양 (3Ⅱ)	壤	壌	土壌(토양)
사양할 양 (3Ⅱ)	讓	譲	辞譲(사양)
번역할 역 (3Ⅱ)	譯	訳	国訳(국역)
역 역 (3Ⅱ)	驛	駅	駅長(역장)
소금 염 (3Ⅱ)	鹽	塩	塩田(염전)
기릴·명예 예 (3Ⅱ)	譽	誉	栄誉(영예)
거짓 위 (3Ⅱ)	僞	偽	偽証(위증)
씩씩할 장 (3Ⅱ)	莊	荘	荘厳(장엄)
어조사 재 (3)	哉	㦲	快㦲(쾌재)
훔칠 절 (3)	竊	窃	窃盗(절도)
가지런할 제 (3Ⅱ)	齊	斉	斉唱(제창)
쇠불릴 주 (3Ⅱ)	鑄	鋳	鋳鉄(주철)
일찍 증 (3Ⅱ)	曾	曽	曽孫(증손)

훈·음	정자	약자	용례
찔 증 (3Ⅱ)	蒸	蒸	蒸気(증기)
참혹할 참 (3)	慘	惨	悲惨(비참)
얕을 천 (3Ⅱ)	淺	浅	浅薄(천박)
천할 천 (3Ⅱ)	賤	賎	貴賎(귀천)
밟을 천 (3Ⅱ)	踐	践	実践(실천)
옮길 천 (3Ⅱ)	遷	迁	迁都(천도)
갈릴 체 (3)	遞	逓	逓信(체신)
닿을 촉 (3Ⅱ)	觸	触	触覚(촉각)
취할 취 (3Ⅱ)	醉	酔	満酔(만취)
옻 칠 (3)	漆	柒	柒器(칠기)
떨어질 타 (3)	墮	堕	堕落(타락)
못 택 (3Ⅱ)	澤	沢	恵沢(혜택)
폐할·버릴 폐 (3Ⅱ)	廢	廃	廃鉱(폐광)
드릴 헌 (3Ⅱ)	獻	献	献花(헌화)
고을 현 (3)	縣	県	県監(현감)
반딧불 형 (3)	螢	蛍	蛍光(형광)
넓힐 확 (3)	擴	拡	拡散(확산)
품을 회 (3Ⅱ)	懷	懐	懐抱(회포)

첫 음절에서 장음으로 발음되는 한자

※ 표는 3급 배정 한자를 의미합니다. ※ 출제 유형 및 학습 방법은 437쪽 참조

한자	훈·음	용례	한자	훈·음	용례
可	옳을 가:	可能(가능), 可否(가부)	見	볼 견:	見聞(견문), 見學(견학)
假	거짓 가:	假令(가령), 假名(가명)	敬	공경 경:	敬禮(경례), 敬意(경의)
暇	겨를·틈 가:	暇食(가식), 暇日(가일)	競	다툴 경:	競技(경기), 競爭(경쟁)
架	시렁 가:	架設(가설), 架版(가판)	慶	경사 경:	慶事(경사), 慶弔(경조)
佳	아름다울 가:	佳景(가경), 佳約(가약)	警	깨우칠 경:	警戒(경계), 警告(경고)
懇	간절할 간:	懇曲(간곡), 懇切(간절)	鏡	거울 경:	鏡鑑(경감), 鏡臺(경대)
姦	간음할 간:	姦夫(간부), 姦通(간통)	界	지경 계:	界標(계표), 界限(계한)
感	느낄 감:	感動(감동), 感謝(감사)	計	셀 계:	計量(계량), 計算(계산)
減	덜 감:	減少(감소), 減縮(감축)	係	맬 계:	係員(계원), 係長(계장)
敢	감히·구태여 감:	敢然(감연), 敢行(감행)	系	이어맬 계:	系列(계열), 系統(계통)
講	욀 강:	講讀(강독), 講習(강습)	戒	경계할 계:	戒嚴(계엄), 戒律(계율)
介	낄 개:	介入(개입), 介在(개재)	季	계절 계:	季刊(계간), 季節(계절)
槪	대개 개:	槪念(개념), 槪要(개요)	繼	이을 계:	繼續(계속), 繼承(계승)
更	다시 갱: ※고칠 경은 단음임	更生(갱생), 更新(갱신)	繫	맬 계:	繫留(계류), 繫馬(계마)
去	갈 거:	去來(거래), 去就(거취)	古	예 고:	古今(고금), 古代(고대)
擧	들 거:	擧國(거국), 擧手(거수)	告	고할 고:	告發(고발), 告白(고백)
巨	클 거:	巨大(거대), 巨人(거인)	困	곤할 곤:	困境(곤경), 困難(곤란)
拒	막을 거:	拒否(거부), 拒絶(거절)	共	한가지 공:	共感(공감), 共通(공통)
據	근거 거:	據守(거수), 據點(거점)	孔	구멍 공:	孔口(공구), 孔孟(공맹)
距	상거할 거:	距骨(거골), 距離(거리)	攻	칠 공:	攻擊(공격), 攻守(공수)
建	세울 건:	建國(건국), 建物(건물)	貢	바칠 공:	貢物(공물), 貢獻(공헌)
健	굳셀 건:	健康(건강), 健在(건재)	供	이바지할 공:	供給(공급), 供物(공물)
檢	검사할 검:	檢擧(검거), 檢査(검사)	果	실과 과:	果實(과실), 果然(과연)
儉	검소할 검:	儉素(검소), 儉約(검약)	過	지날 과:	過去(과거), 過誤(과오)
劍	칼 검:	劍客(검객), 劍道(검도)	誇	자랑할 과:	誇大(과대), 誇示(과시)

첫 음절에서 장음으로 발음되는 한자

한자	훈·음	용례	한자	훈·음	용례
寡	적을 과:	寡婦(과부), 寡人(과인)	乃	이에 내:	乃子(내자), 乃至(내지)
廣	넓을 광:	廣告(광고), 廣州(광주)	念	생각 념:	念頭(염두), 念願(염원)
鑛	쇳돌 광:	鑛山(광산), 鑛石(광석)	怒	성낼 노:	怒氣(노기), 怒色(노색)
校	학교 교:	校長(교장), 校訓(교훈)	斷	끊을 단:	斷水(단수), 斷食(단식)
敎	가르칠 교:	敎育(교육), 敎訓(교훈)	但	다만 단:	但書(단서), 但只(단지)
矯	바로잡을 교:	矯導(교도), 矯僞(교위)	代	대신 대:	代理(대리), 代表(대표)
救	구원할 구:	救命(구명), 救助(구조)	待	기다릴 대:	待遇(대우), 待避(대피)
舊	예 구:	舊習(구습), 舊式(구식)	對	대할 대:	對決(대결), 對話(대화)
久	오랠 구:	久雨(구우), 久遠(구원)	貸	빌릴·뀔 대:	貸金(대금), 貸出(대출)
郡	고을 군:	郡民(군민), 郡守(군수)	道	길 도:	道德(도덕), 道理(도리)
勸	권할 권:	勸農(권농), 勸誘(권유)	到	이를 도:	到達(도달), 到着(도착)
拳	주먹 권:	拳銃(권총), 拳鬪(권투)	導	인도할 도:	導入(도입), 導出(도출)
軌	바퀴자국 궤:	軌道(궤도), 軌範(궤범)	倒	넘어질 도:	倒産(도산), 倒着(도착)
貴	귀할 귀:	貴族(귀족), 貴重(귀중)	途	길 도:	途上(도상), 途中(도중)
歸	돌아갈 귀:	歸家(귀가), 歸國(귀국)	洞	골 동: 밝을 통:	洞內(동내), 洞察(통찰)
近	가까울 근:	近世(근세), 近況(근황)	動	움직일 동:	動力(동력), 動物(동물)
僅	겨우 근:	僅僅(근근), 僅少(근소)	凍	얼 동:	凍結(동결), 凍傷(동상)
謹	삼갈 근:	謹愼(근신), 謹嚴(근엄)	鈍	둔할 둔:	鈍感(둔감), 鈍器(둔기)
禁	금할 금:	禁煙(금연), 禁止(금지)	等	무리 등:	等級(등급), 等式(등식)
錦	비단 금:	錦衣(금의), 錦地(금지)	卵	알 란:	卵管(난관), 卵子(난자)
肯	즐길 긍:	肯首(긍수), 肯定(긍정)	亂	어지러울 란:	亂動(난동), 亂離(난리)
那	어찌 나:	那落(나락), 那邊(나변)	濫	넘칠 람:	濫發(남발), 濫用(남용)
暖	따뜻할 난:	暖帶(난대), 暖流(난류)	朗	밝을 랑:	朗讀(낭독), 朗報(낭보)
內	안 내:	內科(내과), 內外(내외)	冷	찰 랭:	冷氣(냉기), 冷凍(냉동)
耐	견딜 내:	耐性(내성), 耐熱(내열)	兩	두 량:	兩家(양가), 兩親(양친)

한자	훈·음	용례	한자	훈·음	용례
勵	힘쓸 려ː	勵精(여정), 勵行(여행)	望	바랄 망ː	望樓(망루), 望鄕(망향)
練	익힐 련ː	練武(연무), 練習(연습)	妄	망령될 망ː	妄念(망념), 妄動(망동)
戀	그리워할·그릴 련ː	戀愛(연애), 戀情(연정)	買	살 매ː	買入(매입), 買占(매점)
鍊	쇠불릴·단련할 련ː	鍊鋼(연강), 鍊磨(연마)	猛	사나울 맹ː	猛犬(맹견), 猛烈(맹렬)
例	법식 례ː	例示(예시), 例外(예외)	面	낯 면ː	面接(면접), 面會(면회)
禮	예도 례ː	禮物(예물), 禮拜(예배)	勉	힘쓸 면ː	勉勵(면려), 勉學(면학)
隷	종 례ː	隷書(예서), 隷屬(예속)	免	면할 면ː	免稅(면세), 免罪(면죄)
老	늙을 로ː	老衰(노쇠), 老人(노인)	命	목숨 명ː	命令(명령), 命中(명중)
路	길 로ː	路上(노상), 路線(노선)	母	어미 모ː	母校(모교), 母情(모정)
弄	희롱할 롱ː	弄談(농담), 弄調(농조)	慕	그릴 모ː	慕心(모심), 慕情(모정)
累	여러·자주 루ː	累計(누계), 累積(누적)	某	아무 모ː	某年(모년), 某氏(모씨)
漏	샐 루ː	漏落(누락), 漏泄(누설)	暮	저물 모ː	暮景(모경), 暮春(모춘)
淚	눈물 루ː	淚管(누관), 淚水(누수)	妙	묘할 묘ː	妙技(묘기), 妙味(묘미)
屢	여러 루ː	屢度(누도), 屢次(누차)	墓	무덤 묘ː	墓碑(묘비), 墓所(묘소)
里	마을 리ː	里數(이수), 里長(이장)	卯	토끼 묘ː	卯時(묘시), 卯初(묘초)
理	다스릴 리ː	理論(이론), 理致(이치)	苗	모 묘ː	苗木(묘목), 苗床(묘상)
利	이로울 리ː	利器(이기), 利潤(이윤)	廟	사당 묘ː	廟堂(묘당), 廟議(묘의)
離	떠날 리ː	離陸(이륙), 離別(이별)	武	호반 무ː	武器(무기), 武力(무력)
裏	속 리ː	裏面(이면), 裏書(이서)	舞	춤출 무ː	舞曲(무곡), 舞臺(무대)
吏	벼슬아치·관리 리ː	吏道(이도), 吏讀(이두)	茂	무성할 무ː	茂林(무림), 茂盛(무성)
履	밟을 리ː	履歷(이력), 履行(이행)	貿	무역할 무ː	貿穀(무곡), 貿易(무역)
馬	말 마ː	馬力(마력), 馬上(마상)	戊	천간 무ː	戊戌(무술), 戊辰(무진)
萬	일만 만ː	萬能(만능), 萬歲(만세)	霧	안개 무ː	霧露(무로), 霧散(무산)
晩	늦을 만ː	晩學(만학), 晩秋(만추)	問	물을 문ː	問答(문답), 問安(문안)
漫	흩어질 만ː	漫談(만담), 漫畫(만화)	味	맛 미ː	味覺(미각), 味感(미감)

첫 음절에서 장음으로 발음되는 한자

첫 음절에서 장음으로 발음되는 한자

한자	훈·음	용례	한자	훈·음	용례
反	돌이킬·돌아올 반:	反對(반대), 反省(반성)	譜	족보 보:	譜所(보소), 譜學(보학)
半	반 반:	半減(반감), 半生(반생)	復	다시 부: ⚠ '회복할 복'은 단음임	復活(부활), 復興(부흥)
返	돌이킬 반:	返納(반납), 返品(반품)	奉	받들 봉:	奉公(봉공), 奉仕(봉사)
叛	배반할 반:	叛軍(반군), 叛亂(반란)	鳳	봉새 봉:	鳳眼(봉안), 鳳湯(봉탕)
伴	짝 반:	伴奏(반주), 伴行(반행)	副	버금 부:	副官(부관), 副業(부업)
訪	찾을 방:	訪客(방객), 訪問(방문)	富	부자 부:	富貴(부귀), 富者(부자)
傍	곁 방:	傍觀(방관), 傍白(방백)	否	아닐 부:	否決(부결), 否定(부정)
拜	절 배:	拜禮(배례), 拜席(배석)	負	질 부:	負擔(부담), 負傷(부상)
背	등 배:	背景(배경), 背叛(배반)	付	부칠 부:	付壁(부벽), 付與(부여)
配	나눌·짝 배:	配給(배급), 配當(배당)	簿	문서 부:	簿記(부기), 簿籍(부적)
培	북돋을 배:	培根(배근), 培養(배양)	賦	부세 부:	賦課(부과), 賦金(부금)
輩	무리 배:	輩出(배출), 輩行(배행)	腐	썩을 부:	腐心(부심), 腐敗(부패)
犯	범할 범:	犯人(범인), 犯行(범행)	赴	다다를·갈 부:	赴役(부역), 赴任(부임)
範	법 범:	範式(범식), 範圍(범위)	憤	분할 분:	憤慨(분개), 憤氣(분기)
變	변할 변:	變更(변경), 變化(변화)	奮	떨칠 분:	奮發(분발), 奮戰(분전)
辯	말씀 변:	辯論(변론), 辯士(변사)	比	견줄 비:	比較(비교), 比率(비율)
辨	분별할 변:	辨明(변명), 辨別(변별)	費	쓸 비:	費目(비목), 費用(비용)
病	병 병:	病暇(병가), 病患(병환)	鼻	코 비:	鼻炎(비염), 鼻祖(비조)
丙	남녘 병:	丙夜(병야), 丙子(병자)	悲	슬플 비:	悲觀(비관), 悲哀(비애)
竝	나란히 병:	竝列(병렬), 竝行(병행)	備	갖출 비:	備考(비고), 備蓄(비축)
步	걸음 보:	步道(보도), 步行(보행)	批	비평할 비:	批判(비판), 批評(비평)
報	갚을·알릴 보:	報答(보답), 報償(보상)	祕	숨길 비:	祕訣(비결), 祕密(비밀)
寶	보배 보:	寶物(보물), 寶石(보석)	卑	낮을 비:	卑賤(비천), 卑下(비하)
普	넓을 보:	普及(보급), 普遍(보편)	婢	계집종 비:	婢子(비자), 婢妾(비첩)
補	기울 보:	補強(보강), 補充(보충)	肥	살찔 비:	肥料(비료), 肥滿(비만)

한자	훈·음	용례	한자	훈·음	용례
四	넉 사 :	四季(사계), 四時(사시)	敍	펼 서 :	敍事(서사), 敍述(서술)
事	일 사 :	事件(사건), 事理(사리)	善	착할 선 :	善惡(선악), 善行(선행)
死	죽을 사 :	死力(사력), 死亡(사망)	選	가릴 선 :	選擧(선거), 選出(선출)
使	하여금·부릴 사 :	使命(사명), 使臣(사신)	性	성품 성 :	性格(성격), 性品(성품)
士	선비 사 :	士氣(사기), 士兵(사병)	姓	성 성 :	姓名(성명), 姓氏(성씨)
史	사기 사 :	史記(사기), 史學(사학)	聖	성인 성 :	聖歌(성가), 聖人(성인)
謝	사례할 사 :	謝禮(사례), 謝恩(사은)	盛	성할 성 :	盛大(성대), 盛衰(성쇠)
巳	뱀 사 :	巳生(사생), 巳時(사시)	世	인간 세 :	世界(세계), 世上(세상)
似	닮을 사 :	似而非(사이비), 似虎(사호)	洗	씻을 세 :	洗鍊(세련), 洗禮(세례)
賜	줄 사 :	賜暇(사가), 賜藥(사약)	歲	해 세 :	歲暮(세모), 歲拜(세배)
算	셈 산 :	算數(산수), 算出(산출)	細	가늘 세 :	細密(세밀), 細胞(세포)
産	낳을 산 :	産卵(산란), 産母(산모)	稅	세금 세 :	稅關(세관), 稅金(세금)
散	흩을 산 :	散文(산문), 散在(산재)	勢	형세 세 :	勢道(세도), 勢力(세력)
殺	감할·빠를 쇄 :	殺到(쇄도), 殺損(쇄손)	小	작을 소 :	小說(소설), 小兒(소아)
上	윗 상 :	上層(상층), 上下(상하)	少	적을 소 :	少量(소량), 少數(소수)
狀	문서 장 : '형상 상'은 단음임	狀啓(장계), 狀頭(장두)	所	바 소 :	所見(소견), 所信(소신)
想	생각 상 :	想念(상념), 想像(상상)	笑	웃음 소 :	笑聲(소성), 笑話(소화)
序	차례 서 :	序頭(서두), 序列(서열)	損	덜 손 :	損益(손익), 損害(손해)
恕	용서할 서 :	恕諒(서량), 恕免(서면)	送	보낼 송 :	送年(송년), 送別(송별)
署	마을 서 :	署理(서리), 署長(서장)	頌	기릴·칭송할 송 :	頌歌(송가), 頌祝(송축)
緖	실마리 서 :	緖論(서론), 緖言(서언)	訟	송사할 송 :	訟官(송관), 訟事(송사)
庶	여러 서 :	庶民(서민), 庶子(서자)	誦	욀 송 :	誦經(송경), 誦讀(송독)
暑	더울 서 :	暑滯(서체), 暑退(서퇴)	刷	인쇄할 쇄 :	刷馬(쇄마), 刷新(쇄신)
逝	갈 서 :	逝去(서거), 逝世(서세)	鎖	쇠사슬 쇄 :	鎖骨(쇄골), 鎖國(쇄국)
誓	맹세할 서 :	誓約(서약), 誓言(서언)	數	셈 수 :	數量(수량), 數學(수학)

첫 음절에서 장음으로 발음되는 한자

한자	훈·음	용례	한자	훈·음	용례
順	순할 순:	順序(순서), 順位(순위)	壤	흙덩이 양:	壤地(양지), 壤土(양토)
市	저자 시:	市民(시민), 市場(시장)	讓	사양할 양:	讓步(양보), 讓位(양위)
始	비로소 시:	始作(시작), 始終(시종)	語	말씀 어:	語感(어감), 語根(어근)
示	보일 시:	示範(시범), 示威(시위)	御	거느릴 어:	御命(어명), 御前(어전)
是	이·옳을 시:	是日(시일), 是認(시인)	與	더불·줄 여:	與件(여건), 與野(여야)
施	베풀 시:	施工(시공), 施行(시행)	汝	너 여:	汝等(여등), 汝輩(여배)
視	볼 시:	視力(시력), 視野(시야)	輿	수레 여:	輿論(여론), 輿望(여망)
侍	모실 시:	侍女(시녀), 侍墓(시묘)	易	쉬울 이: '바꿀 역'은 단음임	易簡(이간), 易行(이행)
矢	화살 시:	矢心(시심), 矢言(시언)	研	갈 연:	硏究(연구), 硏修(연수)
信	믿을 신:	信用(신용), 信義(신의)	演	펼 연:	演藝(연예), 演出(연출)
愼	삼갈 신:	愼口(신구), 愼重(신중)	宴	잔치 연:	宴席(연석), 宴會(연회)
甚	심할 심:	甚難(심난), 甚至於(심지어)	軟	연할 연:	軟骨(연골), 軟弱(연약)
我	나 아:	我國(아국), 我軍(아군)	永	길 영:	永久(영구), 永生(영생)
餓	주릴 아:	餓鬼(아귀), 餓死(아사)	影	그림자 영:	影像(영상), 影響(영향)
案	책상 안:	案件(안건), 案內(안내)	詠	읊을 영:	詠歌(영가), 詠物(영물)
眼	눈 안:	眼鏡(안경), 眼目(안목)	藝	재주 예:	藝能(예능), 藝術(예술)
岸	언덕 안:	岸曲(안곡), 岸壁(안벽)	豫	미리 예:	豫感(예감), 豫見(예견)
顔	낯 안:	顔料(안료), 顔色(안색)	譽	기릴·명예 예:	譽望(예망), 譽言(예언)
雁	기러기 안:	雁信(안신), 雁行(안항)	銳	날카로울 예:	銳角(예각), 銳利(예리)
暗	어두울 암:	暗記(암기), 暗示(암시)	五	다섯 오:	五感(오감), 五倫(오륜)
仰	우러를 앙:	仰望(앙망), 仰視(앙시)	午	낮 오:	午睡(오수), 午後(오후)
夜	밤 야:	夜間(야간), 夜勤(야근)	誤	그르칠 오:	誤算(오산), 誤解(오해)
野	들 야:	野球(야구), 野人(야인)	悟	깨달을 오:	悟道(오도), 悟性(오성)
也	이끼·어조사 야:	也帶(야대)	汚	더러울 오:	汚名(오명), 汚染(오염)
養	기를 양:	養成(양성), 養育(양육)	娛	즐길 오:	娛樂(오락), 娛遊(오유)

424 유형별 한자 익히기

한자	훈·음	용례	한자	훈·음	용례
傲	거만할 오:	傲氣(오기), 傲慢(오만)	閏	윤달 윤:	閏年(윤년), 閏月(윤월)
擁	낄 옹:	擁立(옹립), 擁護(옹호)	應	응할 응:	應當(응당), 應手(응수)
瓦	기와 와:	瓦屋(와옥), 瓦解(와해)	凝	엉길 응:	凝結(응결), 凝固(응고)
臥	누울 와:	臥龍(와룡), 臥病(와병)	意	뜻 의:	意見(의견), 意圖(의도)
緩	느릴 완:	緩急(완급), 緩行(완행)	義	옳을 의:	義理(의리), 義務(의무)
往	갈 왕:	往來(왕래), 往復(왕복)	二	두 이:	二流(이류), 二重(이중)
外	바깥 외:	外家(외가), 外國(외국)	以	써 이:	以南(이남), 以上(이상)
畏	두려워할 외:	畏敬(외경), 畏友(외우)	耳	귀 이:	耳目(이목), 耳順(이순)
曜	빛날 요:	曜靈(요령), 曜日(요일)	異	다를 이:	異見(이견), 異端(이단)
用	쓸 용:	用途(용도), 用品(용품)	已	이미 이:	已甚(이심), 已往(이왕)
勇	날랠 용:	勇氣(용기), 勇士(용사)	賃	품삯 임:	賃金(임금), 賃貸(임대)
右	오른 우:	右翼(우익), 右側(우측)	姿	모양 자:	姿勢(자세), 姿態(자태)
友	벗 우:	友邦(우방), 友情(우정)	壯	장할 장:	壯觀(장관), 壯丁(장정)
雨	비 우:	雨期(우기), 雨備(우비)	藏	감출 장:	藏府(장부), 藏書(장서)
遇	만날 우:	遇害(우해), 遇賊歌(우적가)	掌	손바닥 장:	掌甲(장갑), 掌風(장풍)
羽	깃 우:	羽毛(우모), 羽翼(우익)	丈	어른 장:	丈母(장모), 丈人(장인)
偶	짝 우:	偶發(우발), 偶然(우연)	葬	장사지낼 장:	葬禮(장례), 葬地(장지)
運	옮길 운:	運命(운명), 運行(운행)	在	있을 재:	在庫(재고), 在野(재야)
韻	운 운:	韻律(운율), 韻致(운치)	再	두 재:	再建(재건), 再現(재현)
遠	멀 원:	遠隔(원격), 遠近(원근)	宰	재상 재:	宰相(재상), 宰人(재인)
願	원할 원:	願望(원망), 願書(원서)	栽	심을 재:	栽培(재배), 栽植(재식)
援	도울 원:	援軍(원군), 援助(원조)	貯	쌓을 저:	貯金(저금), 貯蓄(저축)
有	있을 유:	有感(유감), 有用(유용)	低	낮을 저:	低價(저가), 低調(저조)
裕	넉넉할 유:	裕福(유복), 裕足(유족)	底	밑 저:	底力(저력), 底邊(저변)
潤	불을 윤:	潤氣(윤기), 潤澤(윤택)	著	나타날 저:	著書(저서), 著者(저자)

첫 음절에서 장음으로 발음되는 한자

한자	훈·음	용례	한자	훈·음	용례
抵	막을 저:	抵當(저당), 抵抗(저항)	左	왼 좌:	左傾(좌경), 左翼(좌익)
電	번개 전:	電氣(전기), 電話(전화)	座	자리 좌:	座談(좌담), 座席(좌석)
戰	싸움 전:	戰略(전략), 戰爭(전쟁)	坐	앉을 좌:	坐觀(좌관), 坐藥(좌약)
典	법 전:	典據(전거), 典範(전범)	罪	허물 죄:	罪惡(죄악), 罪人(죄인)
展	펼 전:	展開(전개), 展望(전망)	住	살 주:	住民(주민), 住所(주소)
錢	돈 전:	錢穀(전곡), 錢貨(전화)	注	부을 주:	注目(주목), 注意(주의)
轉	구를 전:	轉移(전이), 轉換(전환)	準	준할 준:	準備(준비), 準則(준칙)
殿	전각 전:	殿堂(전당), 殿下(전하)	遵	좇을 준:	遵法(준법), 遵守(준수)
店	가게 점:	店員(점원), 店村(점촌)	俊	준걸 준:	俊傑(준걸), 俊秀(준수)
漸	점점 점:	漸進(점진), 漸次(점차)	重	무거울 중:	重大(중대), 重力(중력)
定	정할 정:	定價(정가), 定着(정착)	衆	무리 중:	衆論(중론), 衆生(중생)
整	가지런할 정:	整理(정리), 整備(정비)	進	나아갈 진:	進路(진로), 進退(진퇴)
弟	아우 제:	弟婦(제부), 弟子(제자)	盡	다할 진:	盡力(진력), 盡忠(진충)
第	차례 제:	第一(제일), 第三者(제삼자)	振	떨칠 진:	振動(진동), 振作(진작)
制	절제할 제:	制度(제도), 制約(제약)	陳	베풀 진:	陳列(진열), 陳設(진설)
祭	제사 제:	祭器(제기), 祭物(제물)	震	우레 진:	震度(진도), 震源(진원)
製	지을 제:	製藥(제약), 製作(제작)	借	빌·빌릴 차:	借用(차용), 借入(차입)
際	즈음·가 제:	際遇(제우), 際會(제회)	讚	기릴 찬:	讚歌(찬가), 讚美(찬미)
濟	건널 제:	濟度(제도), 濟世(제세)	贊	도울 찬:	贊成(찬성), 贊助(찬조)
帝	임금 제:	帝國(제국), 帝王(제왕)	唱	부를 창:	唱歌(창가), 唱劇(창극)
早	이를 조:	早産(조산), 早退(조퇴)	創	비롯할 창:	創立(창립), 創造(창조)
助	도울 조:	助敎(조교), 助言(조언)	暢	화창할 창:	暢達(창달), 暢茂(창무)
造	지을 조:	造景(조경), 造成(조성)	採	캘 채:	採點(채점), 採取(채취)
照	비칠 조:	照度(조도), 照明(조명)	菜	나물 채:	菜蔬(채소), 菜食(채식)
弔	조상할 조:	弔旗(조기), 弔問(조문)	債	빚 채:	債權(채권), 債務(채무)

한자	훈·음	용례	한자	훈·음	용례
處	곳 처:	處理(처리), 處世(처세)	歎	탄식할 탄:	歎服(탄복), 歎息(탄식)
踐	밟을 천:	踐歷(천력), 踐約(천약)	誕	낳을·거짓 탄:	誕降(탄강), 誕生(탄생)
淺	얕을 천:	淺薄(천박), 淺學(천학)	湯	끓을 탕:	湯液(탕액), 湯藥(탕약)
遷	옮길 천:	遷都(천도), 遷延(천연)	態	모습 태:	態度(태도), 態勢(태세)
賤	천할 천:	賤視(천시), 賤職(천직)	統	거느릴 통:	統一(통일), 統合(통합)
薦	천거할 천:	薦擧(천거), 薦新(천신)	痛	아플 통:	痛哭(통곡), 痛症(통증)
寸	마디 촌:	寸數(촌수), 寸陰(촌음)	退	물러날 퇴:	退却(퇴각), 退去(퇴거)
村	마을 촌:	村落(촌락), 村老(촌로)	破	깨뜨릴 파:	破壞(파괴), 破産(파산)
總	다 총:	總計(총계), 總額(총액)	罷	마칠 파:	罷業(파업), 罷場(파장)
最	가장 최:	最近(최근), 最善(최선)	把	잡을 파:	把守(파수), 把持(파지)
催	재촉할 최:	催眠(최면), 催促(최촉)	敗	패할 패:	敗北(패배), 敗戰(패전)
取	가질 취:	取得(취득), 取消(취소)	貝	조개 패:	貝類(패류), 貝物(패물)
就	나아갈 취:	就業(취업), 就學(취학)	評	평할 평:	評價(평가), 評論(평론)
趣	뜻 취:	趣味(취미), 趣向(취향)	閉	닫을 폐:	閉校(폐교), 閉會(폐회)
吹	불 취:	吹入(취입), 吹奏(취주)	弊	폐단·해질 폐:	弊端(폐단), 弊害(폐해)
醉	취할 취:	醉客(취객), 醉中(취중)	廢	폐할·버릴 폐:	廢業(폐업), 廢人(폐인)
致	이를 치:	致死(치사), 致賀(치하)	肺	허파 폐:	肺病(폐병), 肺炎(폐렴)
置	둘 치:	置簿(치부), 置換(치환)	砲	대포 포:	砲擊(포격), 砲彈(포탄)
寢	잘 침:	寢臺(침대), 寢室(침실)	飽	배부를 포:	飽食(포식), 飽和(포화)
枕	베개 침:	枕木(침목), 枕上(침상)	抱	안을 포:	抱負(포부), 抱擁(포옹)
浸	잠길 침:	浸水(침수), 浸透(침투)	捕	잡을 포:	捕手(포수), 捕捉(포착)
打	칠 타:	打開(타개), 打算(타산)	暴	모질 포: ⚠'사나울 폭'은 단음임.	暴棄(포기), 暴惡(포악)
妥	온당할 타:	妥結(타결), 妥當(타당)	品	물건 품:	品性(품성), 品質(품질)
炭	숯 탄:	炭鑛(탄광), 炭素(탄소)	被	입을 피:	被擊(피격), 被殺(피살)
彈	탄알 탄:	彈頭(탄두), 彈丸(탄환)	彼	저 피:	彼我(피아), 彼岸(피안)

첫 음절에서 장음으로 발음되는 한자

한자	훈·음	용례	한자	훈·음	용례
避	피할 피:	避難(피난), 避身(피신)	顯	나타날 현:	顯示(현시), 顯著(현저)
下	아래 하:	下山(하산), 下車(하차)	懸	달 현:	懸案(현안), 懸板(현판)
夏	여름 하:	夏季(하계), 夏服(하복)	縣	고을 현:	縣監(현감), 縣令(현령)
賀	하례할 하:	賀客(하객), 賀禮(하례)	惠	은혜 혜:	惠存(혜존), 惠澤(혜택)
漢	한수·한나라 한:	漢文(한문), 漢字(한자)	戶	집 호:	戶口(호구), 戶籍(호적)
限	한할 한:	限界(한계), 限度(한도)	好	좋을 호:	好感(호감), 好調(호조)
恨	한 한:	恨事(한사), 恨歎(한탄)	護	도울 호:	護國(호국), 護衛(호위)
旱	가물 한:	旱災(한재), 旱害(한해)	浩	넓을 호:	浩氣(호기), 浩然(호연)
陷	빠질 함:	陷落(함락), 陷沒(함몰)	互	서로 호:	互惠(호혜), 互換(호환)
航	배 항:	航空(항공), 航海(항해)	混	섞을 혼:	混同(혼동), 混亂(혼란)
港	항구 항:	港口(항구), 港都(항도)	畫	그림 화:	畫家(화가), 畫幅(화폭)
抗	겨룰 항:	抗辯(항변), 抗議(항의)	貨	재물 화:	貨物(화물), 貨幣(화폐)
項	항목 항:	項領(항령), 項目(항목)	禍	재앙 화:	禍根(화근), 禍福(화복)
巷	거리 항:	巷間(항간), 巷談(항담)	患	근심 환:	患難(환난), 患者(환자)
海	바다 해:	海女(해녀), 海洋(해양)	換	바꿀 환:	換率(환율), 換錢(환전)
害	해할 해:	害惡(해악), 害蟲(해충)	會	모일 회:	會見(회견), 會計(회계)
解	풀 해:	解答(해답), 解明(해명)	悔	뉘우칠 회:	悔改(회개), 悔恨(회한)
幸	다행 행:	幸福(행복), 幸運(행운)	孝	효도 효:	孝道(효도), 孝誠(효성)
向	향할 향:	向方(향방), 向後(향후)	效	본받을 효:	效果(효과), 效力(효력)
享	누릴 향:	享樂(향락), 享有(향유)	曉	새벽 효:	曉星(효성), 曉鍾(효종)
憲	법 헌:	憲法(헌법), 憲章(헌장)	後	뒤 후:	後代(후대), 後世(후세)
獻	드릴 헌:	獻金(헌금), 獻身(헌신)	厚	두터울 후:	厚待(후대), 厚意(후의)
驗	시험 험:	驗算(험산), 驗電氣(험전기)	候	기후 후:	候補(후보), 候鳥(후조)
險	험할 험:	險難(험난), 險談(험담)	訓	가르칠 훈:	訓練(훈련), 訓示(훈시)
現	나타날 현:	現實(현실), 現在(현재)	毀	헐 훼:	毀傷(훼상), 毀損(훼손)

첫 음절에서 장·단음 두 가지로 발음되는 한자

※ 표는 3급 배정 한자를 의미합니다. ※ 출제 유형 및 학습 방법은 437쪽 참조

한자	훈·음	장음 예	단음 예	한자	훈·음	장음 예	단음 예
街	거리 가(:)	街道(가도) 街頭(가두)	街談(가담) 街路(가로)	露	이슬 로(:)	露積(노적)	露骨(노골) 露出(노출)
簡	대쪽·간략할 간(:)	簡易(간이) 簡紙(간지)	簡單(간단) 簡略(간략)	料	헤아릴 료(:)	料金(요금) 料給(요급)	料量(요량) 料理(요리)
肝	간 간(:)	肝要(간요) 肝臟(간장)	肝氣(간기) 肝腸(간장)	柳	버들 류(:)	柳器(유기) 柳綠(유록)	柳氏(유씨)
間	사이 간(:)	間食(간식) 間接(간접)	間隔(간격) 間數(간수)	類	무리 류(:)	類萬不同(유만부동) 類類相從(유유상종)	類(유)달리
強	강할 강(:)	強盜(강도) 強制(강제)	強力(강력) 強化(강화)	滿	찰 만(:)	滿面(만면) 滿發(만발)	滿朔(만삭) 滿足(만족)
個	낱 개(:)	個別(개별) 個性(개성)	個人(개인)	每	매양 매(:)	每年(매년) 每事(매사)	每(매)양 每日(매일)
改	고칠 개(:)	改良(개량) 改作(개작)	改漆(개칠)	賣	팔 매(:)	賣却(매각) 賣上(매상)	賣買(매매)
蓋	덮을 개(:)	蓋頭(개두) 蓋然(개연)	蓋草(개초)	孟	맏 맹(:)	孟冬(맹동) 孟子(맹자)	孟浪(맹랑)
固	굳을 고(:)	固城(고성)	固守(고수) 固執(고집)	侮	업신여길 모(:)	侮慢(모만)	侮辱(모욕)
故	연고 고(:)	故國(고국) 故事(고사)	故鄕(고향)	未	아닐 미(:)	未開(미개) 未來(미래)	未安(미안)
考	생각할 고(:)	考查(고사) 考試(고시)	考案(고안) 考察(고찰)	美	아름다울 미(:)	美術(미술) 美人(미인)	美國(미국) 美軍(미군)
課	공부할·과정 과(:)	課稅(과세)	課業(과업) 課題(과제)	迷	미혹할 미(:)	迷宮(미궁) 迷信(미신)	迷兒(미아) 迷惑(미혹)
貫	꿸 관(:)	貫珠(관주)	貫徹(관철) 貫通(관통)	放	놓을 방(:)	放浪(방랑) 放送(방송)	放學(방학)
怪	괴이할 괴(:)	怪物(괴물) 怪變(괴변)	怪常(괴상) 怪異(괴이)	倍	곱 배(:)	倍加(배가) 倍率(배율)	倍達族(배달족)
口	입 구(:)	口辯(구변) 口號(구호)	口文(구문) 口錢(구전)	凡	무릇 범(:)	凡例(범례) 凡俗(범속)	凡節(범절)
卷	책 권(:)	卷煙草(권연초)	卷頭(권두) 卷數(권수)	保	지킬 보(:)	保健(보건) 保管(보관)	保證(보증)
難	어려울 난(:)	難色(난색) 難處(난처)	難關(난관) 難解(난해)	府	마을 부(:)	府君(부군)	府使(부사) 府域(부역)
唐	당나라·당황할 당(:)	唐突(당돌)	唐書(당서) 唐詩(당시)	符	부호 부(:)	符籍(부적) 符號(부호)	符節(부절)
大	큰 대(:)	大家(대가) 大將(대장)	大斗(대두) 大田(대전)	附	붙을 부(:)	附錄(부록) 附設(부설)	附子(부자)
帶	띠 대(:)	帶劍(대검) 帶同(대동)	帶狀(대상) 帶率(대솔)	分	나눌 분(:)	分量(분량) 分數(분수)	分家(분가) 分配(분배)
度	법도 도(:)	度量(도량) 度數(도수)	度外視(도외시)	粉	가루 분(:)	粉紅(분홍)	粉食(분식)
冬	겨울 동(:)	冬期(동기) 冬眠(동면)	冬至(동지)	非	아닐 비(:)	非常(비상) 非行(비행)	非但(비단)
童	아이 동(:)	童心(동심) 童話(동화)	童蒙(동몽)	射	쏠 사(:)	射場(사장) 射亭(사정)	射殺(사살) 射手(사수)
來	올 래(:)	來客(내객) 來賓(내빈)	來年(내년) 來日(내일)	思	생각 사(:)	思想(사상)	思考(사고) 思慕(사모)
令	하여금 령(:)	令監(영감)	令夫人(영부인) 令愛(영애)	喪	잃을 상(:)	喪配(상배) 喪妻(상처)	喪家(상가) 喪服(상복)

첫 음절에서 장·단음 두 가지로 발음되는 한자

한자	훈·음	장음 예	단음 예	한자	훈·음	장음 예	단음 예
尙	오히려 상(:)	尙古(상고) 尙武(상무)	尙宮(상궁) 尙州(상주)	從	좇을 종(:)	從弟(종제) 從兄(종형)	從軍(종군) 從屬(종속)
徐	천천할 서(:)	徐步(서보) 徐行(서행)	徐氏(서씨) 徐羅伐(서라벌)	種	씨 종(:)	種類(종류) 種目(종목)	種子(종자) 種族(종족)
燒	사를 소(:)	燒紙(소지)	燒却(소각) 燒火(소화)	奏	아뢸 주(:)	奏功(주공) 奏請(주청)	奏效(주효)
素	본디·흴 소(:)	素服(소복)	素朴(소박) 素質(소질)	仲	버금 중(:)	仲氏(중씨) 仲兄(중형)	仲介人(중개인) 仲媒(중매)
試	시험 시(:)	試官(시관) 試食(시식)	試驗(시험)	鎭	진압할 진(:)	鎭壓(진압) 鎭痛(진통)	鎭南浦(진남포) 鎭魂祭(진혼제)
審	살필 심(:)	審議(심의) 審判(심판)	審理(심리) 審査(심사)	倉	곳집 창(:)	倉卒(창졸)	倉庫(창고)
亞	버금 아(:)	亞流(아류) 亞聖(아성)	亞細亞(아세아) 亞鉛(아연)	昌	창성할 창(:)	昌德宮(창덕궁) 昌盛(창성)	昌寧(창녕) 昌平(창평)
雅	맑을 아(:)	雅俗(아속) 雅趣(아취)	雅淡(아담)	針	바늘 침(:)	針母(침모) 針線(침선)	針葉樹(침엽수)
愛	사랑 애(:)	愛誦(애송) 愛煙(애연)	愛國(애국) 愛情(애정)	吐	토할 토(:)	吐根(토근) 吐血(토혈)	吐露(토로) 吐(토)하다
沿	물따라갈·따를 연(:)	沿革(연혁)	沿邊(연변) 沿岸(연안)	討	칠 토(:)	討論(토론) 討議(토의)	討伐(토벌) 討食(토식)
燕	제비 연(:)	燕子(연자)	燕京(연경) 燕行(연행)	播	뿌릴 파(:)	播種(파종) 播遷(파천)	播多(파다) 播植(파식)
映	비칠 영(:)	映窓(영창)	映寫(영사) 映畵(영화)	便	편할 편(:)	便紙(편지)	便利(편리) 便安(편안)
要	요긴할 요(:)	要求(요구) 要點(요점)	要緊(요긴) 要約(요약)	片	조각 편(:)	片紙(편지)	片影(편영) 片肉(편육)
爲	할 위(:)	爲(위)하다	爲始(위시)	包	쌀 포(:)	包容(포용)	包裝(포장) 包含(포함)
飮	마실 음(:)	飮福(음복) 飮食(음식)	飮毒(음독) 飮料(음료)	布	베·펼 포(:)	布告(포고) 布石(포석)	布木(포목)
議	의논할 의(:)	議政府(의정부)	議決(의결) 議事(의사)	荷	멜 하(:)	荷物(하물) 荷役(하역)	荷香(하향) 荷花(하화)
任	맡길 임(:)	任命(임명) 任務(임무)	任氏(임씨)	韓	한국·나라 한(:)	韓國(한국) 韓服(한복)	韓山(한산) 韓氏(한씨)
暫	잠깐 잠(:)	暫時(잠시)	暫別(잠별) 暫定(잠정)	汗	땀 한(:)	汗馬(한마)	汗黨(한당)
將	장수 장(:)	將校(장교) 將星(장성)	將軍(장군) 將來(장래)	行	다닐 행(:)	行實(행실)	行動(행동) 行事(행사)
長	긴 장(:)	長官(장관) 長老(장로)	長久(장구) 長短(장단)	虎	범 호(:)	虎口(호구) 虎患(호환)	虎班(호반)
獎	장려할 장(:)	獎勵(장려) 獎學生(장학생)	獎忠壇(장충단)	號	이름 호(:)	號哭(호곡) 號外(호외)	號角(호각)
點	점 점(:)	點心(점심)	點線(점선) 點數(점수)	化	될 화(:)	化石(화석) 化身(화신)	化粧(화장) 化學(화학)
井	우물 정(:)	井邑詞(정읍사)	井間(정간) 井華水(정화수)	火	불 화(:)	火氣(화기) 火力(화력)	火曜日(화요일)
正	바를 정(:)	正當(정당) 正直(정직)	正月(정월) 正初(정초)	環	고리 환(:)	環境(환경)	環狀(환상)
操	잡을 조(:)	操鍊(조련) 操心(조심)	操作(조작) 操縱(조종)	興	일 흥(:)	興味(흥미) 興趣(흥취)	興亡(흥망) 興盛(흥성)

일자다음자

降	내릴 강	▶ 下降(하강): 높은 곳에서 아래로 향하여 내려옴.
	항복할 항	▶ 投降(투항): 적에게 항복함. •降伏(항복)

車	수레 거	▶ 人力車(인력거): 사람이 끄는, 바퀴가 두 개 달린 수레 •自轉車(자전거)
	수레 차	▶ 車庫(차고): 자동차, 기차, 전차 따위의 차량을 넣어 두는 곳

見	볼 견	▶ 見聞(견문): 보고 들음.
	뵈올 현	▶ 謁見(알현): 지체가 높고 귀한 사람을 찾아가 뵘.

更	고칠 경	▶ 變更(변경): 다르게 바꾸어 새롭게 고침.
	다시 갱	▶ 更生(갱생): 거의 죽을 지경에서 다시 살아남. •更紙(갱지), 更年期(갱년기)

告	고할 고	▶ 報告(보고): 일에 관한 내용이나 결과를 말이나 글로 알림.
	고할 곡	▶ 出必告(출필곡): 밖에 나갈 일이 있을 때마다 부모에게 가는 곳을 아룀.

龜	거북 구	▶ 龜旨歌(구지가): 가락국 추장들이 구지봉(龜旨峯)에 모여서 김수로왕을 맞이하기 위해 불렀다는 노래
	거북 귀	▶ 龜鑑(귀감): 거울로 삼아 본받을 만한 모범 ※旨(뜻 지)-2급 배정 한자
	터질 균	▶ 龜裂(균열): 거북의 등에 있는 무늬처럼 갈라져 터짐.

金	쇠 금	▶ 純金(순금): 다른 금속이 섞이지 아니한 순수한 금
	성(姓) 김	▶ 金氏(김씨)

茶	차 다	▶ 茶道(다도): 차를 달이거나 마실 때의 방식이나 예의범절 •茶房(다방), 茶器(다기)
	차 차	▶ 綠茶(녹차): 푸른빛이 그대로 나도록 말린 부드러운 찻잎. 또는 그것을 우린 물

單	홑 단	▶ 單純(단순): 복잡하지 않고 간단함.
	오랑캐임금 선	▶ 單于(선우): 흉노(匈奴)가 그들의 군주나 추장을 높여 이르던 이름

度	법도 도	▶ 禮度(예도): 예의와 법도를 아울러 이르는 말
	헤아릴 탁	▶ 度地(탁지): 토지(土地)를 측량함.

讀	읽을 독	▶ 讀書(독서): 책을 읽음.
	구절 두	▶ 吏讀(이두): 한자의 음과 뜻을 빌려 우리말을 적은 표기법 •句讀點(구두점)

洞	골 동	▶ 洞長(동장): 한 동네의 우두머리
	밝을 통	▶ 洞察(통찰): 예리한 관찰력으로 사물을 꿰뚫어 봄.

樂	즐길 락	▶ 苦樂(고락): 괴로움과 즐거움을 아울러 이르는 말 •樂園(낙원)
	노래 악	▶ 樂譜(악보): 음악의 곡조를 일정한 기호를 써서 기록한 것 •樂器(악기)
	좋아할 요	▶ 樂山樂水(요산요수): 산수(山水)의 자연을 즐기고 좋아함.

率	비율 률	▶ 比率(비율): 다른 수나 양에 대한 어떤 수나 양의 비(比)
	거느릴 솔	▶ 引率(인솔): 여러 사람을 이끌고 감. •統率(통솔), 率先(솔선)

일자다음자

| 復 | 회복할 복 | ▶ 光復(광복) : 빼앗긴 주권을 도로 찾음. ・復職(복직), 復原(복원) |
| | 다시 부 | ▶ 復活(부활) : 죽었다가 다시 살아남. ・復興(부흥) |

| 覆 | 덮을 부 | ▶ 覆育(부육) : 천지가 만물을 덮어 기름. |
| | 다시 복 | ▶ 覆刻(복각) : 판각본을 거듭 펴내는 경우에 원형을 모방하여 다시 판각함. |

| 否 | 아닐 부 | ▶ 否認(부인) : 어떤 내용이나 사실을 옳거나 그러하다고 인정하지 아니함. |
| | 막힐 비 | ▶ 否塞(비색) : 운수가 꽉 막힘. |

| 北 | 북녘 북 | ▶ 北極(북극) : 자침(磁針)이 가리키는 북쪽 끝 |
| | 달아날 배 | ▶ 敗北(패배) : 겨루어서 짐. |

| 寺 | 절 사 | ▶ 山寺(산사) : 산속에 있는 절 |
| | 내관 시 | ▶ 寺人(시인) : 조선 시대에, 내시부에 속한 궁중의 남자 내관 |

| 殺 | 죽일 살 | ▶ 殺蟲(살충) : 벌레나 해충을 죽임. |
| | 감할・빠를 쇄 | ▶ 減殺(감쇄) : 줄어 없어짐. ・惱殺(뇌쇄), 相殺(상쇄), 殺到(쇄도) |

| 狀 | 형상 상 | ▶ 狀態(상태) : 사물・현상이 놓여 있는 모양이나 형편 |
| | 문서 장 | ▶ 賞狀(상장) : 상을 주는 뜻을 표하여 주는 증서 |

| 塞 | 막힐 색 | ▶ 閉塞(폐색) : 닫혀서 막힘. |
| | 변방 새 | ▶ 塞翁之馬(새옹지마) : 인생의 길흉화복은 변화가 많아서 예측하기가 어렵다는 말 367쪽 >>> |

| 索 | 찾을 색 | ▶ 搜索(수색) : 구석구석 뒤지어 찾음. ・探索(탐색) |
| | 노 삭 | ▶ 鐵索(철삭) : 철사를 꼬아서 만든 줄 ・索道(삭도) |

說	말씀 설	▶ 發說(발설) : 입 밖으로 말을 냄.
	달랠 세	▶ 遊說(유세) : 자기 의견 또는 자기 소속 정당의 주장을 선전하며 돌아다님.
	기쁠 열	▶ 說樂(열락) : 기뻐하고 즐거워함.

| 省 | 살필 성 | ▶ 反省(반성) : 자신의 언행에 대하여 잘못이나 부족함이 없는지 돌이켜 봄. |
| | 덜 생 | ▶ 省略(생략) : 전체에서 일부를 줄이거나 뺌. |

| 衰 | 쇠할 쇠 | ▶ 興亡盛衰(흥망성쇠) : 흥하고 망함과 성하고 쇠함. |
| | 상복 최 | ▶ 衰服(최복) : 아들이 부모, 증조부모, 고조부모의 상중에 입는 상복 |

數	셈 수	▶ 數學(수학) : 수량 및 공간의 성질에 관하여 연구하는 학문
	자주 삭	▶ 煩數(번삭) : 번거롭게 잦음.
	빽빽할 촉	▶ 數罟(촉고) : 눈을 상당히 잘게 떠서 촘촘하게 만든 그물 ※罟(그물 고)-배정 한자 이외의 한자

| 宿 | 잘 숙 | ▶ 宿所(숙소) : 집을 떠난 사람이 임시로 묵는 곳 |
| | 별자리 수 | ▶ 星宿(성수) : 모든 별자리의 별들 |

拾	주울 습	▶ 拾得(습득) : 주워서 얻음.
	열 십	▶ 拾萬(십만) : 만의 열 배가 되는 수 ※ '拾'이 '十(열 십)'의 갖은자로 쓰임.

識	알 식	▶ 常識(상식) : 사람들이 보통 알고 있거나 알아야 하는 지식
	기록할 지	▶ 標識(표지) : 표시나 특징으로 어떤 사물을 다른 것과 구별하게 함.

食	밥·먹을 식	▶ 食事(식사) : 끼니로 음식을 먹음.
	밥 사	▶ 簞食(단사) : 대나무로 만든 밥그릇에 담은 밥 ※簞(소쿠리 단)-1급 배정 한자

氏	각시·성씨 씨	▶ 姓氏(성씨) : 성(姓)을 높여 이르는 말
	나라이름 지	▶ 月氏(월지) : 중국의 전국(戰國) 시대에서 한대(漢代)에 걸쳐 중앙아시아에서 활약하던 터키계의 민족

惡	악할 악	▶ 善惡(선악) : 착한 것과 악한 것을 아울러 이르는 말
	미워할 오	▶ 憎惡(증오) : 아주 사무치게 미워함.

若	같을 약	▶ 若此(약차) : 이와 같이
	반야 야	▶ 般若(반야) : 대승 불교에서, 만물의 참다운 실상을 깨닫고 불법을 꿰뚫는 지혜

於	어조사 어	▶ 甚至於(심지어) : 더욱 심하다 못하여 나중에는 •於此彼(어차피)
	탄식할 오	▶ 於戲(오희) : 감탄하거나 찬미할 때 내는 소리

易	바꿀 역	▶ 交易(교역) : 주로 나라와 나라 사이에서 물건을 사고팔고 하여 서로 바꿈.
	쉬울 이	▶ 容易(용이) : 아주 쉬움. •安易(안이)

葉	잎 엽	▶ 落葉(낙엽) : 나뭇잎이 떨어짐./말라서 떨어진 나뭇잎
	고을이름 섭	▶ 葉縣(섭현) : 춘추(春秋) 시대 때 초(楚)의 땅. 지금은 하남성(河南省)에 속함.

咽	목구멍 인	▶ 咽喉(인후) : 식도와 기도를 통하는 입속 깊숙한 곳 •喉(목구멍 후)-2급 배정 한자
	목멜 열	▶ 哀咽(애열) : 슬퍼서 목이 멤.
	삼킬 연	▶ 吞咽(탄연) : 삼켜 버림. •吞(삼킬 탄)-1급 배정 한자

刺	찌를 자	▶ 刺傷(자상) : 칼 따위의 날카로운 것에 찔려서 입은 상처
	찌를 척	▶ 刺殺(자살·척살) : 칼 따위로 사람을 찔러 죽임.
	수라 라	▶ 水刺(수라) : 궁중에서, 임금에게 올리던 밥을 높여 이르던 말

著	나타날 저	▶ 顯著(현저) : 뚜렷이 드러남.
	붙을 착	▶ 著押(착압) : 자기의 성명이나 직함 아래에 도장 대신 일정한 자형(字形)을 씀.

切	끊을 절	▶ 切斷(절단) : 자르거나 베어서 끊음.
	온통 체	▶ 一切(일체) : 모든 것 ※一切(일절) : 아주, 전혀, 절대로의 뜻으로, 흔히 사물을 부인하거나 행위를 금지할 때에 쓰는 말

諸	모두 제	▶ 諸國(제국) : 여러 나라
	어조사 저	▶ 忽諸(홀저) : 소멸(消滅)하는 모양

일자다음자

| 辰 | 별 진 | ➡ 辰星(진성) : 태양에서 첫 번째로 가까운 행성. 수성 |
| | 때 신 | ➡ 生辰(생신) : 생일을 높여 이르는 말 |

| 徵 | 부를 징 | ➡ 徵兵(징병) : 국가가 법령으로 병역 의무자를 강제적으로 징집하여 일정 기간 병역에 복무시키는 일 |
| | 화음 치 | ➡ 宮商角徵羽(궁상각치우) : 동양 음악에서, 오음의 각 이름 |

| 差 | 다를 차 | ➡ 差異(차이) : 서로 같지 아니하고 다름. |
| | 어긋날 치 | ➡ 參差(참치) : 가지런하지 아니한 모양 |

| 參 | 참여할 참 | ➡ 參與(참여) : 어떤 일에 끼어들어 관계함. |
| | 석 삼 | ➡ 參十(삼십) : 십의 세 배가 되는 수 ※ '參'이 '三(석 삼)'의 갖은자로 쓰임. |

| 拓 | 넓힐 척 | ➡ 開拓(개척) : 거친 땅을 일구어 논이나 밭과 같이 쓸모 있는 땅으로 만듦. |
| | 박을 탁 | ➡ 拓本(탁본) : 금석에 새긴 글씨나 그림 따위를 박아냄. 또는 박아낸 종이 |

| 推 | 밀 추 | ➡ 推測(추측) : 미루어 생각하여 헤아림. |
| | 밀 퇴 | ➡ 推敲(퇴고) : 글을 지을 때 여러 번 생각하여 고치고 다듬음. ※敲(두드릴 고)-1급 배정 한자 |

| 則 | 법칙 칙 | ➡ 法則(법칙) : 반드시 지켜야만 하는 규범 • 規則(규칙) |
| | 곧 즉 | ➡ 然則(연즉) : '그러면', '그런즉'의 뜻을 나타내는 접속 부사 |

| 沈 | 잠길 침 | ➡ 沈沒(침몰) : 물속에 가라앉음. |
| | 성(姓) 심 | ➡ 沈氏(심씨) |

| 便 | 편할 편 | ➡ 便安(편안) : 편하고 걱정 없이 좋음. |
| | 똥오줌 변 | ➡ 便所(변소) : 대소변을 보도록 만들어 놓은 곳 • 用便(용변), 小便(소변) |

| 布 | 베 · 펼 포 | ➡ 布衣(포의) : 베로 지은 옷 |
| | 보시 보 | ➡ 布施(보시) : 자비심으로 남에게 재물이나 불법을 베풂. |

| 暴 | 사나울 폭 | ➡ 亂暴(난폭) : 행동이 몹시 거칠고 사나움. • 暴發(폭발), 暴雨(폭우) |
| | 모질 포 | ➡ 暴惡(포악) : 사납고 악함. |

| 合 | 합할 합 | ➡ 合算(합산) : 합하여 계산함. |
| | 홉 홉 | ➡ 一合(일홉) : 한 되의 10분의 1로 약 180ml에 해당한다. |

| 行 | 다닐 행 | ➡ 步行(보행) : 걸어 다님. |
| | 항렬 항 | ➡ 行列(항렬) : 같은 혈족의 직계에서 갈라져 나간 계통 사이의 대수 관계를 나타내는 말 |

| 畫 | 그림 화 | ➡ 畫家(화가) : 그림 그리는 것을 직업으로 하는 사람 |
| | 그을 획 | ➡ 畫順(획순) : 글씨를 쓸 때 획을 긋는 순서 |

Ⅳ 실전 감각 익히기

● 구성

이 단계는 지금까지 학습한 내용을 정리하고 자신의 실력을 점검해 볼 수 있는 부분입니다. 출제 유형을 익혀 **실제 시험에 완벽하게 대비할 수 있도록 출제 유형 및 대책 코너를 마련**하였고, 고득점 합격을 위해 최근에 출제되었던 시험과 유사한 내용의 **기출 유사 문제(3급Ⅱ, 3급 각 2회)** 및 높은 적중률을 자랑하는 **적중 예상 문제(3급Ⅱ 4회, 3급 6회)**를 수록하였습니다.

 출제 유형 및 대책 436 | 3급Ⅱ 기출 유사 문제 ❶, ❷ 440 | 3급 기출 유사 문제 ❶, ❷ 446 | 3급Ⅱ 적중 예상 문제 ❶~❹ 452 | 3급 적중 예상 문제 ❶~❻ 464

출제 유형 및 대책

유형 1
한자어의 독음 쓰기

반영 급수 : 3급Ⅱ, 3급
출제 범위 : 각 급수 쓰기·읽기 배정 한자

전체 150문항 중에서 45문항 정도 출제되는 유형으로, 주어진 한자어를 제대로 읽을 수 있는지 확인하는 문제입니다.

다음 漢字語의 讀音을 쓰시오.

(1) 戀情 (연정) (2) 蒼天 (창천)
(3) 露骨 (노골) (4) 安寧 (안녕)
(5) 洪水 (홍수) (6) 率先 (솔선)
(7) 頃刻 (경각) (8) 許諾 (허락)

 **대책**
한자 각각의 음을 익히는 것도 중요하지만, 두 개 이상의 한자들이 모여 한자어를 이루었을 때 음에 변화가 생기는 한자들을 가려내어 정확하게 읽을 줄 알아야 합니다. 이를 위해서는 **두음 법칙이 적용되는 한자**〔예)女(계집 녀)-子女(자녀), 女子(여자)〕와 **두 개 이상의 훈과 음을 가진 한자**〔예)便(편할 편, 똥오줌 변)-便安(편안 : 편하고 걱정 없이 좋음.), 小便(소변 : 오줌)〕에 유의하여 한자어를 익혀야 합니다.

유형 2
한자의 훈과 음 쓰기

반영 급수 : 3급Ⅱ, 3급
출제 범위 : 각 급수 쓰기·읽기 배정 한자

전체 150문항 중에서 27문항 정도 출제되는 유형으로, 한자의 훈과 음을 정확하게 알고 있는지 확인하는 문제입니다.

다음 漢字의 訓과 音을 쓰시오.

(1) 熟 (익을 숙) (2) 荷 (멜 하)
(3) 蓋 (덮을 개) (4) 坐 (앉을 좌)
(5) 照 (비칠 조) (6) 錦 (비단 금)
(7) 湯 (끓을 탕) (8) 弄 (희롱할 롱)

대책
한자를 익힐 때 가장 기본적으로 학습해야 할 부분입니다. 특히 훈과 음이 여러 가지인 한자에 주의해야 합니다.
한자의 훈과 음은 '한국어문회'에서 제시한 대표 훈·음으로 표기하는 것을 원칙으로 하고 있습니다.

유형 3
한자어를 한자로 쓰기

반영 급수 : 3급Ⅱ, 3급
출제 범위 : 각 급수 쓰기 배정 한자

전체 150문항 중에서 20~25문항 정도 출제되는 유형으로, 한자어의 뜻을 파악하여 한자로 정확히 쓸 수 있는지 확인하는 문제입니다.

다음 밑줄 친 漢字語를 漢字로 쓰시오.

(1) 설날 아침에 어른들께 <u>세배</u>를 올렸다.
　　　　　　　　　　　　　　　　- (歲拜)

(2) 수입과 수출에 대한 <u>규제</u>가 더욱 강화되었다.
　　　　　　　　　　　　　　　　- (規制)

(3) 오랜 대화로 그 동안의 <u>오해</u>가 말끔히 풀렸다.
　　　　　　　　　　　　　　　　- (誤解)

(4) 양을 치는 <u>목동</u>은 사람들에게 거짓말을 하곤 했다.
　　　　　　　　　　　　　　　　- (牧童)

(5) <u>고향</u>을 찾는 사람들로 고속국도의 정체가 심해졌다.
　　　　　　　　　　　　　　　　- (故鄕)

 **대책**
한자어에는 同音異義語(동음이의어 : 음은 같으나 뜻이 다른 한자어)가 많아 문맥상 어떤 한자어가 적당한지 헷갈리는 경우가 많습니다. 따라서, 한자어를 익힐 때에 **독음뿐만 아니라 뜻도 함께 익혀 문맥에 맞는 한자어를 정확히 찾아낼 수 있도록** 해야 합니다. 이 유형의 문제는 반드시 각 급수의 쓰기 배정 한자로 결합된 한자어를 위주로, 쓰면서 익혀야 합니다.

유형 4

훈과 음에 알맞은 한자 쓰기

반영 급수 : 3급
출제 범위 : 쓰기 배정 한자

전체 150문항 중에서 5문항 정도 출제되는 유형으로, 주어진 훈과 음에 해당하는 한자를 정확히 쓸 수 있는지 확인하는 문제입니다.

다음 訓과 音을 가진 漢字를 쓰시오.

(1) 청할 청 (請) (2) 다칠 상 (傷)
(3) 항구 항 (港) (4) 구할 구 (求)

대책: 한자를 익힐 때에는 훈과 음을 정확히 익혀야 합니다. 한자에는 훈은 같은데 음이 다른 경우도 있고, 음은 같은데 훈이 다른 경우도 있기 때문입니다. 한자를 정확히 익히기 위해서는 소리를 내어 읽으면서 한자를 써 보는 것이 효과적입니다.

유형 5

유의자를 써 넣어 한자어 완성하기

반영 급수 : 3급
출제 범위 : 쓰기·읽기 배정 한자

전체 150문항 중에서 10문항 정도 출제되는 유형으로, 주어진 한자와 훈이 같거나 비슷한 한자를 써 넣어 한자어를 완성할 수 있는지 확인하는 문제입니다.

다음 빈 칸에 訓이 같은 漢字를 써 넣어 單語를 完成하시오.

(1) 連(續) (2) (攻)擊
(3) (樹)木 (4) (思)考
(5) (溫)暖 (6) (眼)目

대책: 주어진 한자의 類義字(유의자 : 뜻이 서로 비슷한 한자)를 써 넣어 한자어를 완성하는 문제입니다. 특히 주의할 점은 주어진 한자와 써 넣은 한자가 결합하여 한자어를 이루어야 한다는 것입니다.
문제에 주어지는 한자는 쓰기·읽기 배정 한자의 범위에서 제시되지만, 빈 칸에 써야 할 한자는 쓰기 배정 한자의 범위에 속합니다.
이 유형은 출제되는 한자가 한정되어 있기 때문에, 훈이 비슷한 한자들로 이루어진 한자어를 중심으로 학습하는 것이 효과적입니다.

유형 6

한자어의 장·단음 구별하기

반영 급수 : 3급Ⅱ, 3급
출제 범위 : 각 급수 쓰기·읽기 배정 한자

전체 150문항 중에서 5문항 정도 출제되는 유형으로, 첫 음절에 위치한 한자의 장·단음 여부를 구별할 수 있는지 확인하는 문제입니다.

다음 漢字語 중 첫 소리(첫 音節)가 長音인 漢字語를 가려 그 번호를 쓰시오.

(1) ① 急行 ② 繁榮 ③ 腹部 ④ 季節   (④)
(2) ① 照明 ② 逢着 ③ 申請 ④ 渡河   (①)

대책: 장·단음은 하루아침에 익힐 수 없습니다. 그러므로 단순하게 한자 하나하나의 장·단음을 외울 것이 아니라, 평소 단어를 발음할 때에 장·단을 정확하게 구별하여 연습하는 것이 가장 효과적인 학습 방법입니다.

유형 7

반대(상대)자를 써 넣어 한자어 완성하기

반영 급수 : 3급Ⅱ, 3급
출제 범위 : 각 급수 쓰기·읽기 배정 한자

전체 150문항 중에서 10문항 정도 출제되는 유형으로, 주어진 한자와 훈이 반대(상대) 되는 한자를 써 넣어 한자어를 완성할 수 있는지 확인하는 문제입니다.

다음 漢字와 뜻이 反對 또는 相對 되는 漢字를 써 넣어 單語를 完成하시오.

(1) (榮) ↔ 辱   (2) 陰 ↔ (陽)
(3) (興) ↔ 亡   (4) (白) ↔ 黑
(5) (愛) ↔ 憎   (6) (正) ↔ 誤

대책: 주어진 한자의 정확한 뜻을 파악한 후에 이와 뜻이 반대(상대) 되는 한자를 써 넣어 한자어를 완성하는 문제입니다.
유형 5와 마찬가지로 주어진 한자와 써 넣은 한자가 결합하여 한자어를 이루어야 합니다.
문제에 주어지는 한자는 쓰기·읽기 배정 한자의 범위에서 제시되지만, 빈 칸에 써야 할 한자는 쓰기 배정 한자의 범위에 속합니다.
이 유형도 시험에 출제되는 한자가 한정되어 있기 때문에, 뜻이 반대 또는 상대 되는 한자들로 이루어진 한자어를 중심으로 학습하는 것이 효과적입니다.

유형 8

반대어(상대어) 쓰기
반영 급수 : 3급Ⅱ
출제 범위 : 쓰기·읽기 배정 한자

전체 150문항 중에서 5문항 정도 출제되는 유형으로, 주어진 한자어와 뜻이 반대(상대) 되는 한자어를 쓸 수 있는지 확인하는 문제입니다.

다음 漢字語의 反對語(또는 相對語)를 漢字로 쓰시오.
(1) 自律 ↔ (他律)　(2) 輕視 ↔ (重視)
(3) 增加 ↔ (減少)　(4) 原因 ↔ (結果)

대책: 유형 7과 비슷하게 보이지만 전혀 다른 문제입니다. 유형 7은 낱글자의 반대자(상대자)를 쓰는 것이지만, 이 유형은 주어진 한자어의 뜻을 풀이하고 이와 뜻이 반대(상대) 되는 한자어를 유추하여 한자로 써야 합니다. 효과적인 학습을 위해, 한자어를 익힐 때 그 한자어와 뜻이 반대(상대) 되는 한자어를 함께 익히도록 합니다.

유형 9

한자 성어 완성하기
반영 급수 : 3급Ⅱ, 3급
출제 범위 : 각 급수 쓰기·읽기 배정 한자

전체 150문항 중에서 10문항 정도 출제되는 유형으로, 빈 칸에 한자를 써 넣어 한자 성어를 완성할 수 있는지 확인하는 문제입니다.

다음 빈 칸에 알맞은 漢字를 써 넣어 四字成語를 完成하시오.
(1) 克己(復)禮　(2) (衆)寡不敵
(3) 自業自(得)　(4) 燈火可(親)

대책: 이 유형은 한자 성어의 의미를 완전히 파악해야만 풀 수 있는 문제입니다. 한자 성어를 학습 할 때에는 한자 각각의 뜻을 정확히 아는 것은 물론, 한자 성어의 속뜻도 정확히 이해해야 합니다. 빈 칸에 써 넣어야 할 한자는 쓰기 배정 한자에 한정되므로 한자 성어를 읽고 쓰면서 익히되, 쓰기 배정 한자에는 더욱 주의를 기울여야 합니다.

유형 10

한자의 부수 쓰기
반영 급수 : 3급Ⅱ, 3급
출제 범위 : 각 급수 쓰기·읽기 배정 한자

전체 150문항 중에서 5문항 정도 출제되는 유형으로, 주어진 한자의 부수를 정확히 쓸 수 있는지 확인하는 문제입니다.

다음 漢字의 部首를 쓰시오.
(1) 霜 (雨)　(2) 補 (衣)
(3) 菜 (艸)　(4) 阿 (阜)

대책: 이 유형은 한자에서 부수 부분을 추출하여 쓰는 문제이지만 쓰기 문제로 분류되지 않습니다. 따라서 읽기·쓰기 배정 한자 모두에 대해 부수를 익혀야 합니다. 또한 문제에 원형 부수로 쓰라는 단서가 없으면 변형 부수로 써도 답으로 인정됩니다.
부수는 자전에서 한자를 찾는 길잡이 역할을 하며, 한자의 뜻과 밀접한 관련이 있어서 부수를 알면 그 한자의 뜻을 짐작할 수 있습니다. 그러므로 효과적인 학습을 위해, 부수를 익힐 때 한자의 뜻과 연관지어 학습하도록 합니다.

유형 11

뜻이 비슷한 한자 찾기
반영 급수 : 3급Ⅱ
출제 범위 : 쓰기·읽기 배정 한자

전체 150문항 중에서 5문항 정도 출제되는 유형으로, 주어진 한자와 뜻이 비슷한 한자를 찾아낼 수 있는지 확인하는 문제입니다.

다음 漢字의 〈例〉에서 (1)~(4)의 뜻과 비슷한 漢字를 골라 그 번호를 써 넣으시오.

【例】　①仁　②認　③輩　④扶
　　　　⑤與　⑥滿　⑦族　⑧價

(1) 徒 (③)　(2) 慈 (①)
(3) 助 (④)　(4) 給 (⑤)

대책: 유형 5와 같은 맥락의 문제입니다. 단 3급에 출제되는 유형 5는 類義字(유의자 : 뜻이 서로 비슷한 한자)를 써 넣어 한자어를 완성하는 문제이지만, 이 유형은 뜻이 비슷한 한자를 고르는 문제입니다.
유형 5와 마찬가지로 출제되는 한자가 한정되어 있기 때문에, 뜻이 비슷한 한자들로 이루어진 한자어를 중심으로 학습하도록 합니다.

유형 12
뜻풀이에 알맞은 동음이의어 쓰기

반영 급수 : 3급Ⅱ
출제 범위 : 쓰기·읽기 배정 한자

전체 150문항 중에서 5문항 정도 출제되는 유형으로, 주어진 한자어와 독음이 같고 제시된 뜻풀이에 알맞은 한자어를 쓸 수 있는지 확인하는 문제입니다.

다음 漢字語와 音이 같고 다음 뜻을 가진 漢字語를 쓰시오. (長短音 무관)

(1) 科擧 – (過去) : 이미 지나간 때
(2) 修身 – (受信) : 우편이나 전보 따위의 통신을 받음.

이 유형은 한자어에서 독음을, 뜻풀이에서 뜻을 취하여 이에 부합되는 한자어를 쓰는 문제입니다.
효과적인 학습을 위해, 한자어를 익힐 때 '同音異義語(동음이의어 : 음은 같으나 뜻이 다른 한자어)'들을 한데 모아 뜻과 함께 익히도록 합니다.

유형 13
동음이의어 쓰기

반영 급수 : 3급
출제 범위 : 쓰기·읽기 배정 한자

전체 150문항 중에서 5문항 정도 출제되는 유형으로, 주어진 한자어와 독음은 같지만 뜻이 다른 한자어를 쓸 수 있는지 확인하는 문제입니다.

다음 漢字語와 音이 같고 뜻이 다른 漢字語를 한 가지씩 쓰시오. (長短音 관계 없이)

(1) 半減 – (反感)   (2) 庭園 – (定員)
(3) 至誠 – (知性)   (4) 事故 – (思考)

유형 12와 비슷하지만 한자어의 뜻풀이가 주어지지 않는 점이 다릅니다. 뜻풀이가 주어지지 않아 독음이 같은 한자어는 장·단음에 관계 없이 모두 쓸 수 있지만, 참고할 만한 뜻풀이가 없기 때문에 난이도가 더 높은 문제라고 할 수 있습니다.
同音異義語들을 정확히 구분하기 위해서는 한자어를 익힐 때 독음만 익힐 것이 아니라 그 뜻도 함께 익혀야 합니다. 유형 12와 마찬가지로 효과적인 학습을 위해, 同音異義語들을 한데 모아서 뜻을 비교하면서 익히도록 합니다.

유형 14
한자어의 뜻 쓰기

반영 급수 : 3급Ⅱ, 3급
출제 범위 : 각 급수 쓰기·읽기 배정 한자

전체 150문항 중에서 5문항 정도 출제되는 유형으로, 주어진 한자어를 풀이할 수 있는지 확인하는 문제입니다.

다음 漢字語의 뜻을 쓰시오.

(1) 懇求 (간절히 바람.)
(2) 洋弓 (서양식으로 만든 활)
(3) 磨滅 (갈려서 닳아 없어짐.)

한자어의 뜻을 묻는 문제는 대체로 뜻이 분명하고 간결한 한자어가 주로 출제됩니다. 따라서 이 유형은 뜻이 분명하고 간결한 한자어 중심으로 학습하되, 뜻풀이가 비교적 길고 복잡한 한자어는 한자어의 짜임을 분석하여 뜻풀이를 간단하게 바꾸어 익히도록 합니다.

유형 15
한자의 약자 또는 정자 쓰기

반영 급수 : 3급Ⅱ, 3급
출제 범위 : 각 급수 쓰기·읽기 배정 한자

전체 150문항 중에서 3문항 정도 출제되는 유형으로, 한자의 약자와 정자를 쓸 수 있는지 확인하는 문제입니다.

다음 漢字의 正字는 略字로, 略字는 正字로 쓰시오.

(1) 團 – (団)   (2) 欢 – (歡)
(3) 区 – (區)   (4) 聲 – (声)

획수가 많은 한자를 간단하게 줄여 쓴 것을 '略字(약자)'라고 합니다. 정자가 기본이지만 획수가 많은 경우에는 약자를 쓰기도 합니다. 정자를 약자로 바꾸어 쓰거나 약자를 정자로 바꾸어 쓰는 문제는 쓰기 배정 한자 범위에서 익히도록 하고, 약자를 보고 그에 알맞은 훈과 음을 쓰는 문제가 나올 경우를 대비해 읽기 배정 한자 범위까지 약자를 익히도록 합니다.

기출유사문제 1

1_ 다음 漢字語의 讀音을 쓰시오. (1~45)

(1) 早晚 (　　　)　(2) 到達 (　　　)
(3) 愚弄 (　　　)　(4) 都邑 (　　　)
(5) 妄想 (　　　)　(6) 漸次 (　　　)
(7) 勇敢 (　　　)　(8) 頭角 (　　　)
(9) 可決 (　　　)　(10) 必死 (　　　)
(11) 益鳥 (　　　)　(12) 雙眼 (　　　)
(13) 獎勵 (　　　)　(14) 列位 (　　　)
(15) 悠久 (　　　)　(16) 新郞 (　　　)
(17) 巨商 (　　　)　(18) 惡鬼 (　　　)
(19) 慶祝 (　　　)　(20) 銀幕 (　　　)
(21) 緩急 (　　　)　(22) 比率 (　　　)
(23) 幹線 (　　　)　(24) 陽曆 (　　　)
(25) 沙漠 (　　　)　(26) 歸家 (　　　)
(27) 虛弱 (　　　)　(28) 怒號 (　　　)
(29) 抑壓 (　　　)　(30) 帳簿 (　　　)
(31) 寧日 (　　　)　(32) 騎兵 (　　　)
(33) 經營 (　　　)　(34) 辯護 (　　　)
(35) 布木 (　　　)　(36) 但書 (　　　)
(37) 歡迎 (　　　)　(38) 監督 (　　　)
(39) 財貨 (　　　)　(40) 空欄 (　　　)
(41) 仰望 (　　　)　(42) 童顔 (　　　)
(43) 談笑 (　　　)　(44) 街路 (　　　)
(45) 遊覽 (　　　)

2_ 다음 漢字의 訓과 音을 쓰시오. (46~72)

(46) 樓 (　　　　　　)
(47) 桃 (　　　　　　)
(48) 趣 (　　　　　　)
(49) 凍 (　　　　　　)
(50) 隊 (　　　　　　)
(51) 泥 (　　　　　　)
(52) 項 (　　　　　　)
(53) 糖 (　　　　　　)
(54) 綠 (　　　　　　)
(55) 朗 (　　　　　　)
(56) 拒 (　　　　　　)
(57) 突 (　　　　　　)
(58) 鑑 (　　　　　　)
(59) 歷 (　　　　　　)
(60) 蒼 (　　　　　　)
(61) 端 (　　　　　　)
(62) 策 (　　　　　　)
(63) 等 (　　　　　　)
(64) 羅 (　　　　　　)
(65) 契 (　　　　　　)
(66) 納 (　　　　　　)
(67) 寄 (　　　　　　)
(68) 勤 (　　　　　　)
(69) 莊 (　　　　　　)
(70) 旅 (　　　　　　)
(71) 渡 (　　　　　　)
(72) 寡 (　　　　　　)

3_ 다음 밑줄 친 漢字語를 漢字로 쓰시오. (73~102)

○논술이 <u>학생</u>(73)과 학부모의 최대 <u>관심</u>(74)사로 떠오르면서 이목이 <u>집중</u>(75)되고 있다. 대학 입시에서 <u>통합</u>(76) 교과형 논술이 도입되는 등 대학 입시에서 논술 고사의 중요성이 <u>강조</u>(77)되고 있기 때문이다. K고등학교에서는 <u>전문 강사</u>(78)를 초빙하여 <u>매주</u>(79) 화요일 <u>방과</u>(80) 후에 논술 <u>수업</u>(81)을 <u>실시</u>(82)하고 있다.

○<u>광고</u>(83)주는 <u>최대</u>(84)의 <u>효과</u>(85)를 얻기 위해 <u>소비</u>(86) <u>위주</u>(87)의 광고를 만들어 내고 있다. 예를 들면, '<u>당신</u>(88)이 살고 있는 곳이 당신을 말해 줍니다.' 와 같은 문구들로 끊임없이 <u>물질</u>(89)의 <u>소유</u>(90)를 부추기고 있는 것이다. 이에 소비자들은 상품에 대한 정확한 <u>지식</u>(91)과 정보를 가지고 현명한 소비를 해야 할 것이다.

○학자들은 공동(92) 연구(93)에 대한 성과 발표(94)에 앞서 협의(95)된 내용(96)과 진행(97)되어 온 연구 사업의 배경(98)을 설명(99)하였다. 발표 후에는 학자들 전원(100)이 참석자들의 질문에 자세하고도 다양한 해결 방법(101)들을 제시(102)하였다.

(73) (   )   (74) (   )
(75) (   )   (76) (   )
(77) (   )   (78) (   )
(79) (   )   (80) (   )
(81) (   )   (82) (   )
(83) (   )   (84) (   )
(85) (   )   (86) (   )
(87) (   )   (88) (   )
(89) (   )   (90) (   )
(91) (   )   (92) (   )
(93) (   )   (94) (   )
(95) (   )   (96) (   )
(97) (   )   (98) (   )
(99) (   )   (100) (   )
(101) (   )   (102) (   )

4_ 다음 漢字語 가운데 첫 音節이 長音으로 발음되는 것을 골라 그 번호를 쓰시오. (103~107)

(103) ①奴婢 ②成功 ③羽毛 ④差異 (   )
(104) ①皮革 ②貿易 ③鼓舞 ④組織 (   )
(105) ①拍子 ②許諾 ③陶器 ④彼此 (   )
(106) ①厚待 ②蓮根 ③縱橫 ④傑作 (   )
(107) ①借用 ②溪谷 ③壁畫 ④索引 (   )

5_ 다음 漢字와 反對(또는 相對) 되는 漢字를 써 넣어 漢字語를 만드시오. (108~112)

(108) (   ) ↔ 入
(109) 貧 ↔ (   )
(110) (   ) ↔ 減
(111) 興 ↔ (   )
(112) (   ) ↔ 暖

6_ 다음 漢字語의 反對語(또는 相對語)를 漢字로 쓰시오. (113~117)

(113) (   ) ↔ 破壞
(114) 高尙 ↔ (   )
(115) (   ) ↔ 苦痛
(116) 權利 ↔ (   )
(117) (   ) ↔ 敵對

7_ 다음 빈 칸에 알맞은 漢字를 써 넣어 四字成語를 完成하시오. (118~127)

(118) 百戰老(   )
(119) 孤掌(   )鳴
(120) 犬馬之(   )
(121) 三旬(   )食
(122) 落(   )流水

3급 Ⅱ

(123) 甲男乙(　　　)
(124) 萬(　　　)不變
(125) 夫唱(　　　)隨
(126) (　　　)墨者黑
(127) 驚(　　　)動地

8_ 다음 漢字의 部首를 쓰시오. (128~132)

(128) 度 – (　　　)
(129) 衰 – (　　　)
(130) 脚 – (　　　)
(131) 少 – (　　　)
(132) 盜 – (　　　)

9_ 다음 漢字의 〈例〉에서 (133~137)의 뜻과 비슷한 漢字를 골라 그 번호를 써 넣으시오.
(133~137)

〈例〉			
① 耐	② 居	③ 兼	④ 章
⑤ 福	⑥ 貴	⑦ 巡	⑧ 界
	⑨ 別	⑩ 特	

(133) 住 – (　　　)　(134) 文 – (　　　)
(135) 尊 – (　　　)　(136) 分 – (　　　)
(137) 境 – (　　　)

10_ 다음 漢字語와 음이 같고 다음 뜻을 가진 漢字語를 쓰시오. (長短音 무관)
(138~142)

(138) 五氣 – (　　　) : 잘못 적음.
(139) 碑銘 – (　　　) : 뜻밖의 재난으로 죽음.
(140) 結石 – (　　　) : 나가야 할 자리에 나가지 않음.
(141) 介然 – (　　　) : 연극, 연설, 연주 등을 시작함.
(142) 在庫 – (　　　) : 어떤 일이나 문제 따위에 대하여 다시 생각함.

11_ 다음 漢字語의 뜻을 쓰시오. (143~147)

(143) 橋梁 (　　　　　　　　　)
(144) 漏刻 (　　　　　　　　　)
(145) 精讀 (　　　　　　　　　)
(146) 單色 (　　　　　　　　　)
(147) 默殺 (　　　　　　　　　)

12_ 다음 漢字의 略字를 쓰시오. (148~150)

(148) 來 – (　　　)
(149) 聲 – (　　　)
(150) 假 – (　　　)

기출 유사 문제 ❷

1_ 다음 漢字語의 讀音을 쓰시오. (1~45)

(1) 仰望 (   )　(2) 外戚 (   )
(3) 甚深 (   )　(4) 督促 (   )
(5) 眼目 (   )　(6) 邪惡 (   )
(7) 伐草 (   )　(8) 街路 (   )
(9) 否認 (   )　(10) 獸醫 (   )
(11) 是非 (   )　(12) 看護 (   )
(13) 肥滿 (   )　(14) 快擧 (   )
(15) 簡素 (   )　(16) 昨年 (   )
(17) 銅錢 (   )　(18) 釋放 (   )
(19) 勇敢 (   )　(20) 色盲 (   )
(21) 威信 (   )　(22) 業績 (   )
(23) 打擊 (   )　(24) 術數 (   )
(25) 謝過 (   )　(26) 壁報 (   )
(27) 暗記 (   )　(28) 詳細 (   )
(29) 鑑賞 (   )　(30) 亞流 (   )
(31) 降等 (   )　(32) 御製 (   )
(33) 出仕 (   )　(34) 齊唱 (   )
(35) 壓迫 (   )　(36) 監査 (   )
(37) 姿態 (   )　(38) 競爭 (   )
(39) 柔軟 (   )　(40) 休息 (   )
(41) 宿命 (   )　(42) 甘受 (   )
(43) 校舍 (   )　(44) 讚揚 (   )
(45) 將帥 (   )

2_ 다음 漢字의 訓과 音을 쓰시오. (46~72)

(46) 黨 (   )
(47) 飾 (   )
(48) 灰 (   )
(49) 氷 (   )
(50) 鮮 (   )
(51) 奴 (   )
(52) 普 (   )
(53) 暇 (   )
(54) 疏 (   )
(55) 差 (   )
(56) 徒 (   )
(57) 構 (   )
(58) 微 (   )
(59) 履 (   )
(60) 辭 (   )
(61) 邑 (   )
(62) 逢 (   )
(63) 已 (   )
(64) 旬 (   )
(65) 刻 (   )
(66) 領 (   )
(67) 堂 (   )
(68) 祈 (   )
(69) 裳 (   )
(70) 幹 (   )
(71) 裏 (   )
(72) 鼻 (   )

3_ 다음 밑줄 친 漢字語를 漢字로 쓰시오. (73~102)

○ 멘델은 완두콩을 이용하여 유전의 <u>법칙</u>(73)을 <u>설명</u>(74)하였다.
○ 현대 산업 문명은 <u>자연</u>(75) <u>과학</u>(76)의 발달과 더불어 <u>발전</u>(77)해 왔다.
○ 정보 통신 <u>분야</u>(78)의 기술적 <u>진보</u>(79)로 <u>세계</u>(80)가 하나로 <u>연결</u>(81)되었다.
○ 예정되어 있던 <u>순서</u>(82)가 바뀌어 그가 제일 먼저 일을 <u>시작</u>(83)하게 되었다.
○ 그는 그의 발명품으로 <u>인류</u>(84) 문화와 삶의 질 (85) <u>향상</u>(86)에 큰 공헌을 했다.
○ <u>응용</u>(87)문제를 풀기 위해서는 무엇보다도 원리를 <u>확실</u>(88)하게 <u>이해</u>(89)해야 한다.

○이 광고는 상업주의(90)에 물든 이 시대(91)의 어두운 단면(92)을 잘 드러내고 있다.
○중대(93)한 결정을 내리기 위해서는 논리적인 사고(94)로 문제에 접근(95)해야 한다.
○역사(96)의 진실을 밝히기 위해서는 국민 전체(97)가 관심(98)을 갖는 것이 중요하다.
○사람들은 불투명한 미래(99)에 대한 불안(100)과 삶의 궁극적인 답(101)을 얻기 위해 종교(102)를 선택하기도 한다.

(73) (   )   (74) (   )
(75) (   )   (76) (   )
(77) (   )   (78) (   )
(79) (   )   (80) (   )
(81) (   )   (82) (   )
(83) (   )   (84) (   )
(85) (   )   (86) (   )
(87) (   )   (88) (   )
(89) (   )   (90) (   )
(91) (   )   (92) (   )
(93) (   )   (94) (   )
(95) (   )   (96) (   )
(97) (   )   (98) (   )
(99) (   )   (100) (   )
(101) (   )   (102) (   )

5_ 다음 漢字와 反對(또는 相對) 되는 漢字를 써 넣어 漢字語를 만드시오. (108~112)

(108) (   ) ↔ 幼
(119) 貧 ↔ (   )
(110) (   ) ↔ 閉
(111) 坐 ↔ (   )
(112) (   ) ↔ 果

6_ 다음 漢字語의 反對語(또는 相對語)를 漢字로 쓰시오. (113~117)

(113) (   ) ↔ 怨恨
(114) 敵對 ↔ (   )
(115) (   ) ↔ 散在
(116) 片道 ↔ (   )
(117) (   ) ↔ 複雜

4_ 다음 漢字語 가운데 첫 音節이 長音으로 발음되는 것을 골라 그 번호를 쓰시오. (103~107)

(103) ①福券 ②哭聲 ③死亡 ④刊行 (   )
(104) ①三光 ②毛根 ③換率 ④量産 (   )
(105) ①意見 ②玄米 ③諸君 ④席卷 (   )
(106) ①名士 ②百家 ③筋肉 ④性格 (   )
(107) ①茶房 ②租稅 ③訴訟 ④佳景 (   )

7_ 다음 빈 칸에 알맞은 漢字를 써 넣어 四字成語를 完成하시오. (118~127)

(118) 衆口(   )防
(119) 賢(   )良妻
(120) (   )篇一律
(121) 縱橫(   )盡
(122) (   )前燈火

(123) (　　　　)言逆耳
(124) 喜怒哀(　　　　)
(125) 江湖煙(　　　　)
(126) 我(　　　　)引水
(127) 破(　　　　)之勢

8_ 다음 漢字의 部首를 쓰시오. (128~132)

(128) 郡 - (　　　　)
(129) 表 - (　　　　)
(130) 奇 - (　　　　)
(131) 題 - (　　　　)
(132) 兩 - (　　　　)

9_ 다음 漢字의 〈例〉에서 (133~137)의 뜻과 비슷한 漢字를 골라 그 번호를 써 넣으시오. (133~137)

〈例〉

① 緖	② 較	③ 髮	④ 屈
⑤ 與	⑥ 烏	⑦ 害	⑧ 或
	⑨ 衛	⑩ 曲	

(133) 歌 - (　　　)　(134) 毒 - (　　　)
(135) 比 - (　　　)　(136) 守 - (　　　)
(137) 給 - (　　　)

10_ 다음 漢字語와 音이 같고 다음 뜻을 가진 漢字語를 쓰시오.(長短音 무관) (138~142)

(138) 私有 - (　　　　　) : 일의 까닭
(139) 樣式 - (　　　　　) : 서양식 음식
(140) 可恐 - (　　　　　) : 천연물이나 덜된 물건에 인공을 더함.
(141) 青山 - (　　　　　) : 상호간에 채권, 채무 관계를 셈하여 깨끗이 정리함.
(142) 新古 - (　　　　　) : 국민이 행정 관청에 일정한 사실을 진술, 보고하는 일

11_ 다음 漢字語의 뜻을 쓰시오. (143~147)

(143) 凡夫 (　　　　　　　　　)
(144) 落雷 (　　　　　　　　　)
(145) 秀麗 (　　　　　　　　　)
(146) 假裝 (　　　　　　　　　)
(147) 礎石 (　　　　　　　　　)

12_ 다음 漢字의 略字를 쓰시오. (148~150)

(148) 當 - (　　　　)
(149) 圖 - (　　　　)
(150) 價 - (　　　　)

기출유사문제 ①

1_ 다음 漢字語의 讀音을 쓰시오. (1~45)

(1) 奚琴 (　　　)　(2) 崩御 (　　　)
(3) 泣訴 (　　　)　(4) 踏橋 (　　　)
(5) 督促 (　　　)　(6) 謁見 (　　　)
(7) 參酌 (　　　)　(8) 赴任 (　　　)
(9) 狀啓 (　　　)　(10) 嫌疑 (　　　)
(11) 聘丈 (　　　)　(12) 毁慕 (　　　)
(13) 墮獄 (　　　)　(14) 巧妙 (　　　)
(15) 覆蓋 (　　　)　(16) 拓本 (　　　)
(17) 桂皮 (　　　)　(18) 睡眠 (　　　)
(19) 弔喪 (　　　)　(20) 掛念 (　　　)
(21) 疏遠 (　　　)　(22) 竝列 (　　　)
(23) 透徹 (　　　)　(24) 漏電 (　　　)
(25) 詐欺 (　　　)　(26) 丙戌 (　　　)
(27) 揮毫 (　　　)　(28) 尖銳 (　　　)
(29) 誇張 (　　　)　(30) 錯覺 (　　　)
(31) 互換 (　　　)　(32) 提携 (　　　)
(33) 姦淫 (　　　)　(34) 該博 (　　　)
(35) 癸丑 (　　　)　(36) 涉獵 (　　　)
(37) 妥協 (　　　)　(38) 廢棄 (　　　)
(39) 畏懼 (　　　)　(40) 龜鑑 (　　　)
(41) 排斥 (　　　)　(42) 慙愧 (　　　)
(43) 肯諾 (　　　)　(44) 頻繁 (　　　)
(45) 吟誦 (　　　)

2_ 다음 漢字의 訓과 音을 쓰시오. (46~72)

(46) 債 (　　　　　)
(47) 須 (　　　　　)
(48) 遵 (　　　　　)
(49) 祥 (　　　　　)
(50) 鴻 (　　　　　)
(51) 宰 (　　　　　)
(52) 庶 (　　　　　)
(53) 稻 (　　　　　)
(54) 叫 (　　　　　)
(55) 乃 (　　　　　)
(56) 瓦 (　　　　　)
(57) 旱 (　　　　　)
(58) 竊 (　　　　　)
(59) 析 (　　　　　)
(60) 冥 (　　　　　)
(61) 墻 (　　　　　)
(62) 屛 (　　　　　)
(63) 誰 (　　　　　)
(64) 循 (　　　　　)
(65) 忌 (　　　　　)
(66) 鳴 (　　　　　)
(67) 且 (　　　　　)
(68) 殉 (　　　　　)
(69) 蔽 (　　　　　)
(70) 孰 (　　　　　)
(71) 翼 (　　　　　)
(72) 遣 (　　　　　)

3_ 다음 밑줄 친 漢字語를 漢字로 쓰시오. (73~97)

(73) 아버지는 검소한 생활을 몸소 실천하신다.
　　　　　　　　　　　　　－ (　　　　　)
(74) 그들은 한 치의 오차도 없이 일을 진행했다.
　　　　　　　　　　　　　－ (　　　　　)
(75) 그는 이번 대회를 마지막으로 은퇴를 선언했다.　　　　　　　　　　　－ (　　　　　)
(76) 시민들의 환희에 찬 함성이 광장에 울려 퍼졌다.　　　　　　　　　　　－ (　　　　　)
(77) 부모의 이혼은 자녀의 인생에 많은 영향을 끼친다.　　　　　　　　　　 － (　　　　　)

(78) 생물 시간에 현미경으로 식물의 <u>세포</u>를 관찰했다. －(　　　)

(79) 일제의 극심한 <u>탄압</u> 속에서도 독립 운동은 계속되었다. －(　　　)

(80) 독감이 유행하여 수업에 <u>결석</u>하는 학생이 크게 늘었다. －(　　　)

(81) 삼촌은 집을 마련하기 위해 몇 개의 <u>통장</u>을 더 만들었다. －(　　　)

(82) 한신은 조나라 군사를 맞아 필승의 전략으로 <u>배수진</u>을 쳤다. －(　　　)

(83) 설상가상으로 그 해 가뭄이 들어 농민들은 큰 <u>곤경</u>에 빠졌다. －(　　　)

(84) 이승만 대통령은 대한민국 정부 수립을 국내외에 <u>선포</u>했다. －(　　　)

(85) 그녀는 감자 한 소쿠리와 <u>계란</u> 한 꾸러미를 선물로 가져왔다. －(　　　)

(86) 그는 말도 통하지 않는 <u>이역</u>에서 청춘을 바쳐 열심히 공부했다. －(　　　)

(87) <u>우표</u>와 함께 크리스마스실을 붙여 친구들에게 카드를 보냈다. －(　　　)

(88) 마을에 나무를 많이 심어 <u>쾌적</u>한 주거 환경을 조성하기로 했다. －(　　　)

(89) 순국선열들의 충성을 기리기 위해 <u>현충일</u> 아침에 묵념을 했다. －(　　　)

(90) 신물을 마련하는 데 든 비용이 <u>예산</u>하였던 것보다 많이 들었다. －(　　　)

(91) 미개한 사회나 고대 사회에서는 태양을 최고의 신으로 <u>숭배</u>했다. －(　　　)

(92) 천년의 고도 <u>경주</u>에 가면 곳곳에서 신라인의 숨결을 느낄 수 있다. －(　　　)

(93) 이번 경기에서는 주전 선수들의 <u>부상</u>으로 후보 선수들이 대거 기용되었다. －(　　　)

(94) 할머니는 8시에 <u>취침</u>하고 6시에 일어나는 것이 장수의 비결이라고 하셨다. －(　　　)

(95) 국민에게는 국방, <u>납세</u>, 교육, 근로, 재산권 행사, 환경 보전의 의무가 있다. －(　　　)

(96) 많은 추측들이 난무하고 있는 가운데 한 조사 기관이 신빙성 있는 예측을 내 놓았다. －(　　　)

(97) 금속 활자의 발명과 사용에 있어서 역사상 <u>고려</u>가 가장 앞섰다는 것은 이미 알려진 사실이다. －(　　　)

4_ 다음 빈 칸에 **訓**이 같은 **漢字**를 써 넣어 **單語**를 **完成**하시오. (98~107)

(98) 鬼 －(　　　)
(99) (　　　) － 償
(100) 著 －(　　　)
(101) (　　　) － 目
(102) 皇 －(　　　)
(103) (　　　) － 綱
(104) 旋 －(　　　)
(105) (　　　) － 漠
(106) 墳 －(　　　)
(107) (　　　) － 穫

5_ 다음 **漢字語** 중 첫 소리가 **長音**인 **漢字語**를 가려 그 번호를 쓰시오. (108~112)

(108) ①安靜　②沙器　③碑文　④整備(　　　)
(109) ①衆論　②謀議　③業務　④鉛筆(　　　)
(110) ①克己　②槪要　③愚民　④純潔(　　　)
(111) ①採光　②巡察　③得意　④班常(　　　)
(112) ①梨花　②聰明　③否決　④傾注(　　　)

3급

6_ 다음 漢字와 뜻이 反對 또는 相對 되는 漢字를 써 넣어 單語를 完成하시오. (113~122)

(113) 旦 – (　　)
(114) 利 – (　　)
(115) 吉 – (　　)
(116) 辱 – (　　)
(117) 是 – (　　)
(118) 怨 – (　　)
(119) 陽 – (　　)
(120) 訓 – (　　)
(121) 濁 – (　　)
(122) 醜 – (　　)

7_ 다음 빈 칸에 알맞은 漢字를 써 넣어 四字成語를 完成하시오. (123~132)

(123) 傲霜(　　)節
(124) (　　)舟求劍
(125) 附和雷(　　)
(126) (　　)陵桃源
(127) 桑田碧(　　)
(128) 群(　　)割據
(129) 窮(　　)之策
(130) 抱腹(　　)倒
(131) 勸善懲(　　)
(132) (　　)掌大笑

8_ 다음 漢字의 部首를 쓰시오. (133~137)

(133) 肩 – (　　)
(134) 幅 – (　　)
(135) 辯 – (　　)
(136) 必 – (　　)
(137) 歲 – (　　)

9_ 다음 漢字語와 음이 같고 뜻이 다른 漢字語를 한 가지씩 쓰시오. (長短音 관계 없이) (138~142)

(138) 訟事 – (　　)
(139) 保釋 – (　　)
(140) 遲延 – (　　)
(141) 錄畫 – (　　)
(142) 憂愁 – (　　)

10_ 다음 漢字語의 뜻을 쓰시오. (143~147)

(143) 偶數 (　　)
(144) 豚舍 (　　)
(145) 謹嚴 (　　)
(146) 貢獻 (　　)
(147) 燒却 (　　)

11_ 다음 漢字의 正字는 略字로, 略字는 正字로 쓰시오. (148~150)

(148) 醫 – (　　)
(149) 証 – (　　)
(150) 廳 – (　　)

한자능력검정시험 3급 기출유사문제 ❷

1_ 다음 漢字語의 讀音을 쓰시오. (1~45)

(1) 啓蒙 (   )
(2) 凝滯 (   )
(3) 汚染 (   )
(4) 携帶 (   )
(5) 肩章 (   )
(6) 勉勵 (   )
(7) 稚拙 (   )
(8) 燕巖 (   )
(9) 斥邪 (   )
(10) 押韻 (   )
(11) 履修 (   )
(12) 泣訴 (   )
(13) 悔悟 (   )
(14) 妥協 (   )
(15) 疏漏 (   )
(16) 埋沒 (   )
(17) 遵守 (   )
(18) 棄却 (   )
(19) 抱擁 (   )
(20) 移替 (   )
(21) 幕僚 (   )
(22) 謁見 (   )
(23) 龜裂 (   )
(24) 稀微 (   )
(25) 栗谷 (   )
(26) 掛念 (   )
(27) 漸騰 (   )
(28) 必須 (   )
(29) 顧慮 (   )
(30) 尖銳 (   )
(31) 寬厚 (   )
(32) 猶豫 (   )
(33) 蒸發 (   )
(34) 踏襲 (   )
(35) 惡寒 (   )
(36) 懷疑 (   )
(37) 暢達 (   )
(38) 懇談 (   )
(39) 干涉 (   )
(40) 拔群 (   )
(41) 獵奇 (   )
(42) 隷書 (   )
(43) 橫暴 (   )
(44) 飢渴 (   )
(45) 慙愧 (   )

(50) 循 (   )
(51) 肯 (   )
(52) 庚 (   )
(53) 匹 (   )
(54) 尋 (   )
(55) 吹 (   )
(56) 孰 (   )
(57) 那 (   )
(58) 叫 (   )
(59) 嘗 (   )
(60) 汗 (   )
(61) 翼 (   )
(62) 冥 (   )
(63) 螢 (   )
(64) 苗 (   )
(65) 逝 (   )
(66) 稻 (   )
(67) 戚 (   )
(68) 析 (   )
(69) 雖 (   )
(70) 臥 (   )
(71) 墻 (   )
(72) 蔽 (   )

2_ 다음 漢字의 訓과 音을 쓰시오. (46~72)

(46) 乃 (   )
(47) 涯 (   )
(48) 屛 (   )
(49) 廟 (   )

3_ 다음 訓과 音을 가진 漢字를 쓰시오. (73~77)

(73) 닭 계   (   )
(74) 남을 잔   (   )
(75) 모양 자   (   )
(76) 쌓을 축   (   )
(77) 본받을 효   (   )

**4_ 다음 밑줄 친 漢字語를 漢字로 쓰시오.
(78~97)**

(78) 그는 단기 4313년 봄에 이 곳을 떠났다.
　　　　　　　　　　　－(　　　　　)
(79) 의원들은 만장일치로 결의안을 채택하였다.
　　　　　　　　　　　－(　　　　　)
(80) 중요한 서류는 복사하여 따로 보관해 두었다.
　　　　　　　　　　　－(　　　　　)
(81) 이 마을의 길은 바둑판처럼 잘 정비되어 있다.
　　　　　　　　　　　－(　　　　　)
(82) 궂은 날씨로 며칠째 여객기의 취항이 금지되었다.　　　　　　　－(　　　　　)
(83) 그는 여가 시간을 활용하여 테니스를 배우고 있다.　　　　　　　－(　　　　　)
(84) 삼촌은 나에게 졸업 선물로 영어 사전을 사주셨다.　　　　　　　－(　　　　　)
(85) 어머니는 구청에 제출할 서류를 꼼꼼히 확인하셨다.　　　　　　　－(　　　　　)
(86) 회사의 경영 위기를 극복하기 위해 노사가 힘을 모았다.　　　　　　－(　　　　　)
(87) 이 농작물은 식량난 해결에 큰 기여를 할 것으로 기대된다.　　　　　－(　　　　　)
(88) 언론과 전문가들은 그를 금세기 최고의 선수라고 극찬했다.　　　　　－(　　　　　)
(89) 유권자들은 학교 운동장에 모여 후보자들의 유세를 경청했다.　　　　　－(　　　　　)
(90) 아버지는 침착하고 위엄이 있는 목소리로 우리에게 말씀하셨다.　　　　－(　　　　　)
(91) 그는 이번 작품을 통해서 사회의 모순을 신랄하게 비판하고 있다.　　　　－(　　　　　)
(92) 현직에서 은퇴한 최 교수는 인생의 후반기를 사회에 봉사하며 보냈다.
　　　　　　　　　　　－(　　　　　)
(93) 절벽의 기기묘묘한 암석들은 보는 이로 하여금 절로 경탄을 자아내게 한다.
　　　　　　　　　　　－(　　　　　)
(94) 화랑도는 정신 수양과 심신 단련을 위해 명산대천의 명승지를 찾아 유람했다.
　　　　　　　　　　　－(　　　　　)

(95) 요새는 우표를 붙여서 보내는 우편보다 전자우편을 이용하는 경우가 더 많다.
　　　　　　　　　　　－(　　　　　)
(96) 정부는 내년도 인적자원부 예산을 올해보다 20% 증액하는 방안을 논의 중이다.
　　　　　　　　　　　－(　　　　　)
(97) 제헌절은 우리 나라의 헌법을 제정·공포한 것을 기념하기 위하여 제정한 국경일이다.
　　　　　　　　　　　－(　　　　　)

5_ 다음 빈 칸에 訓이 같은 漢字를 써 넣어 單語를 完成하시오. (98~107)

(98) 倉 －(　　　　)
(99) (　　　　) － 避
(100) 禽 －(　　　　)
(101) (　　　　) － 寂
(102) 紛 －(　　　　)
(103) (　　　　) － 議
(104) 邊 －(　　　　)
(105) (　　　　) － 聘
(106) 皮 －(　　　　)
(107) (　　　　) － 穴

6_ 다음 漢字語 중 첫 소리가 長音인 漢字語를 가려 그 번호를 쓰시오. (108~112)

(108) ①亡靈　②倫理　③絃樂　④巳時(　　　)
(109) ①詳述　②猛將　③樓閣　④娘子(　　　)
(110) ①吏房　②飜譯　③菊花　④耕作(　　　)
(111) ①脅迫　②芳年　③催淚　④驛長(　　　)
(112) ①雷同　②但只　③丸藥　④毛布(　　　)

7_ 다음 漢字와 뜻이 反對 또는 相對 되는 漢字를 써 넣어 單語를 完成하시오. (113~122)

(113) 巨 - (　　)
(114) (　　) - 怠
(115) (　　) - 弔
(116) (　　) - 淺
(117) (　　) - 妹
(118) 玄 - (　　)
(119) (　　) - 僞
(120) (　　) - 益
(121) 廢 - (　　)
(122) (　　) - 歡

8_ 다음 빈 칸에 알맞은 漢字를 써 넣어 四字成語를 完成하시오. (123~132)

(123) 龍(　　)蛇尾
(124) 悠悠(　　)適
(125) (　　)刀直入
(126) (　　)齒腐心
(127) 甘言利(　　)
(128) 刻舟(　　)劍
(129) 烏飛梨(　　)
(130) 錦(　　)還鄕
(131) 咸興差(　　)
(132) 泥(　　)鬪狗

9_ 다음 漢字의 部首를 쓰시오. (133~137)

(133) 載 - (　　)
(134) 廷 - (　　)
(135) 雁 - (　　)
(136) 奔 - (　　)
(137) 衡 - (　　)

10_ 다음 漢字語와 음이 같고 뜻이 다른 漢字語를 한 가지씩 쓰시오. (長短音 관계 없이) (138~142)

(138) 栽培 - (　　)
(139) 專攻 - (　　)
(140) 恒久 - (　　)
(141) 定員 - (　　)
(142) 曉星 - (　　)

11_ 다음 漢字語의 뜻을 쓰시오. (143~147)

(143) 蜂蜜 (　　)
(144) 午睡 (　　)
(145) 姪婦 (　　)
(146) 荷重 (　　)
(147) 降福 (　　)

12_ 다음 漢字의 正字는 略字로, 略字는 正字로 쓰시오. (148~150)

(148) 点 - (　　)
(149) 勸 - (　　)
(150) 珎 - (　　)

한자능력검정시험 3급Ⅱ 적중예상문제 ①

1_ 다음 漢字語의 讀音을 쓰시오. (1~45)

(1) 乾性 (   )   (2) 覆育 (   )
(3) 天倫 (   )   (4) 摘發 (   )
(5) 靈魂 (   )   (6) 愛惜 (   )
(7) 紅茶 (   )   (8) 肥料 (   )
(9) 泥土 (   )   (10) 漸進 (   )
(11) 巡視 (   ) (12) 鑄鐵 (   )
(13) 阿附 (   ) (14) 貞節 (   )
(15) 默殺 (   ) (16) 陳腐 (   )
(17) 桂皮 (   ) (18) 此際 (   )
(19) 橋梁 (   ) (20) 幼蟲 (   )
(21) 催促 (   ) (22) 荷役 (   )
(23) 共謀 (   ) (24) 寢臺 (   )
(25) 滅菌 (   ) (26) 審判 (   )
(27) 憎惡 (   ) (28) 洪水 (   )
(29) 含有 (   ) (30) 排卵 (   )
(31) 干拓 (   ) (32) 唐突 (   )
(33) 演奏 (   ) (34) 孟浪 (   )
(35) 徹底 (   ) (36) 恐龍 (   )
(37) 酒邪 (   ) (38) 仲介 (   )
(39) 油井 (   ) (40) 肖像 (   )
(41) 達磨 (   ) (42) 詳述 (   )
(43) 寬容 (   ) (44) 已往 (   )
(45) 染色 (   )

2_ 다음 漢字의 訓과 音을 쓰시오. (46~72)

(46) 嶺 (   )
(47) 濕 (   )
(48) 核 (   )
(49) 蛇 (   )
(50) 凍 (   )
(51) 封 (   )
(52) 脫 (   )
(53) 栗 (   )
(54) 縮 (   )
(55) 克 (   )
(56) 震 (   )
(57) 批 (   )
(58) 禪 (   )
(59) 愚 (   )
(60) 飯 (   )
(61) 途 (   )
(62) 譽 (   )
(63) 凡 (   )
(64) 紛 (   )
(65) 胡 (   )
(66) 騎 (   )
(67) 徐 (   )
(68) 蘇 (   )
(69) 委 (   )
(70) 喪 (   )
(71) 械 (   )
(72) 梅 (   )

3_ 다음 밑줄 친 漢字語를 漢字로 쓰시오. (73~102)

○ 친한 친구(73)와는 절대 금전 거래(74)를 하지 않겠다고 내 자신과 약속(75)했다.

○ 병환(76)으로 몸이 편찮으신 할머니는 미음(77)을 드신 후 어머니와 함께 동네 의원(78)을 찾으셨다.

○ 초등학교 동창(79)인 그들은 산동 반도(80)에 있는 한국(81)과 가까운 항구 도시(82) '위해'를 여행할 계획이다.

○ 엽서(83)와 함께 배달된 정체불명의 물건은 중고품 매매(84) 광고(85)가 실린 신문지로 꼼꼼히 포장되어 있었다.

452 실전 감각 익히기

○ 정원(86)이 내려다보이도록 창을 넓히고, 베란다에 화단(87)을 조성하며, 욕실(88)에 욕조 대신 샤워 부스를 설치하는 등 새봄을 맞아 집안을 새롭게 단장하려는 사람들이 부쩍 늘고 있다.

○ 보름간의 제주도 합숙(89) 훈련을 마친 태극 전사들이 오늘 새벽 서울에 도착했다. 이틀 후에 있을 마지막 연습(90) 경기를 앞둔 선수들은 공항에서 기자 회견을 갖고 월드 컵 첫 경기에서의 필승(91)을 다짐했다.

○ 수강 신청 개시 10분 만에 정원을 채울 정도로 화제가 되고 있는 김 교수의 수업에서는 '시를 읊고 울어보기', '등교(92)하기 전 선행 베풀기' 등의 독특한 과제(93)들을 수행해야 학점을 받을 수 있다.

○ 경치(94) 좋은 동해안의 한 어촌(95)에서 식당을 운영하고 있는 최씨는 여러 척의 배를 소유한 선주(96)이기도 하다. 최씨는 식당을 찾는 여행(97)객들에게 음식은 물론이고 그날 잡아 올린 싱싱한 생선(98)을 저렴한 가격(99)에 제공하고 있다.

○ 조선 22대 왕인 정조는 역사(100)적으로 유례를 찾기 힘들 만큼 많은 저작을 남긴 인물이다. 이는 정조가 세손 시절부터 엄청난 학구열로 교육을 받았기 때문인데, 왕위(101) 계승자로 확정되어 25세에 왕위에 올랐을 때는 이미 신하(102)들을 가르칠 만큼 높은 학문 수준을 견지하고 있었다.

(73) (　　　) (74) (　　　)
(75) (　　　) (76) (　　　)
(77) (　　　) (78) (　　　)
(79) (　　　) (80) (　　　)
(81) (　　　) (82) (　　　)
(83) (　　　) (84) (　　　)
(85) (　　　) (86) (　　　)
(87) (　　　) (88) (　　　)
(89) (　　　) (90) (　　　)
(91) (　　　) (92) (　　　)
(93) (　　　) (94) (　　　)
(95) (　　　) (96) (　　　)
(97) (　　　) (98) (　　　)
(99) (　　　) (100) (　　　)
(101) (　　　) (102) (　　　)

4_ 다음 漢字語 가운데 첫 音節이 長音으로 발음되는 것을 골라 그 번호를 쓰시오. (103~107)

(103) ①茂盛　②巖壁　③奔走　④留學 (　　　)
(104) ①征伐　②冊床　③疫疾　④效力 (　　　)
(105) ①費用　②師團　③輪回　④畜舍 (　　　)
(106) ①丹心　②賢明　③豫見　④勿論 (　　　)
(107) ①依支　②整理　③朱黃　④踏襲 (　　　)

5_ 다음 漢字와 反對(또는 相對) 되는 漢字를 써 넣어 漢字語를 만드시오. (108~112)

(108) 班 ↔ (　　　)
(109) (　　　) ↔ 卑
(110) 授 ↔ (　　　)
(111) (　　　) ↔ 陷
(112) 胸 ↔ (　　　)

6_ 다음 漢字語의 反對語(또는 相對語)를 漢字로 쓰시오. (113~117)

(113) 白晝 ↔ (　　　)
(114) (　　　) ↔ 自動
(115) 閉鎖 ↔ (　　　)
(116) (　　　) ↔ 決裂
(117) 巨富 ↔ (　　　)

3급 II

7_ 다음 빈 칸에 알맞은 漢字를 써 넣어 四字成語를 完成하시오. (118~127)

(118) 縱橫(　　)盡
(119) (　　)上加霜
(120) 孤掌(　　)鳴
(121) 因果應(　　)
(122) 大(　　)晚成
(123) (　　)實相符
(124) 森羅(　　)象
(125) (　　)載一遇
(126) 多多(　　)善
(127) (　　)覽強記

8_ 다음 漢字의 部首를 쓰시오. (128~132)

(128) 殊 - (　　)
(129) 賴 - (　　)
(130) 肅 - (　　)
(131) 將 - (　　)
(132) 狂 - (　　)

9_ 다음 漢字의 〈例〉에서 (133~137)의 뜻과 비슷한 漢字를 골라 그 번호를 써 넣으시오. (133~137)

〈例〉
① 吏　② 階　③ 射　④ 安
⑤ 差　⑥ 紫　⑦ 納　⑧ 辯
⑨ 爆　⑩ 施

(133) 段 - (　　)　(134) 入 - (　　)
(135) 別 - (　　)　(136) 設 - (　　)
(137) 逸 - (　　)

10_ 다음 漢字語와 음이 같고 다음 뜻을 가진 漢字語를 쓰시오.(長短音 무관) (138~142)

(138) 制止 - (　　) : 종이를 만듦.
(139) 死藏 - (　　) : 회사의 책임자
(140) 感謝 - (　　) : 감독하고 검사함.
(141) 不淨 - (　　) : 그렇지 않다고 단정함.
(142) 連帶 - (　　) : 지나간 시간을 일정한 햇수로 나눈 것

11_ 다음 漢字語의 뜻을 쓰시오. (143~147)

(143) 丘陵 (　　　　　)
(144) 伯父 (　　　　　)
(145) 涼風 (　　　　　)
(146) 端雅 (　　　　　)
(147) 曾孫 (　　　　　)

12_ 다음 漢字의 略字를 쓰시오. (148~150)

(148) 兒 - (　　)
(149) 驗 - (　　)
(150) 獨 - (　　)

적중 예상 문제 ❷

1_ 다음 漢字語의 讀音을 쓰시오. (1~45)

(1) 漏電 (　　) (2) 彼岸 (　　)
(3) 涼風 (　　) (4) 虛僞 (　　)
(5) 亞鉛 (　　) (6) 生辰 (　　)
(7) 狀啓 (　　) (8) 蒸發 (　　)
(9) 丙坐 (　　) (10) 多彩 (　　)
(11) 瓦解 (　　) (12) 停滯 (　　)
(13) 賤視 (　　) (14) 扶助 (　　)
(15) 狂暴 (　　) (16) 緊急 (　　)
(17) 德澤 (　　) (18) 沈氏 (　　)
(19) 誘致 (　　) (20) 汽笛 (　　)
(21) 吏讀 (　　) (22) 吐露 (　　)
(23) 大概 (　　) (24) 定礎 (　　)
(25) 弄談 (　　) (26) 吹打 (　　)
(27) 曆法 (　　) (28) 野卑 (　　)
(29) 肺炎 (　　) (30) 符籍 (　　)
(31) 浦邊 (　　) (32) 署名 (　　)
(33) 頃刻 (　　) (34) 雪糖 (　　)
(35) 泰斗 (　　) (36) 割增 (　　)
(37) 衡平 (　　) (38) 透明 (　　)
(39) 檢疫 (　　) (40) 鎭壓 (　　)
(41) 綠茶 (　　) (42) 反響 (　　)
(43) 驛舍 (　　) (44) 隨筆 (　　)
(45) 畿湖 (　　)

2_ 다음 漢字의 訓과 音을 쓰시오. (46~72)

(46) 誇 (　　　　)
(47) 片 (　　　　)
(48) 慈 (　　　　)
(49) 碑 (　　　　)
(50) 稚 (　　　　)
(51) 兔 (　　　　)
(52) 漸 (　　　　)
(53) 忽 (　　　　)
(54) 緩 (　　　　)
(55) 陶 (　　　　)
(56) 翼 (　　　　)
(57) 泥 (　　　　)
(58) 鑄 (　　　　)
(59) 默 (　　　　)
(60) 懷 (　　　　)
(61) 殿 (　　　　)
(62) 譜 (　　　　)
(63) 貿 (　　　　)
(64) 裳 (　　　　)
(65) 媒 (　　　　)
(66) 梁 (　　　　)
(67) 荷 (　　　　)
(68) 企 (　　　　)
(69) 祿 (　　　　)
(70) 倒 (　　　　)
(71) 憶 (　　　　)
(72) 茂 (　　　　)

3_ 다음 밑줄 친 漢字語를 漢字로 쓰시오. (73~102)

○ 북한 우표(73)의 수집은 현행법으로는 국가 보안법에 저촉되기 때문에 통일부의 허가(74)를 받아야 한다.

○ 불법 현수막 및 벽보(75)에 대한 민원을 해결하기 위해 대로변은 구청에서, 주택가 등은 동사무소에서 책임(76) 정비키로 했다.

○ 갯벌에서의 철새 관찰(77) 요령(78) 중 하나는 새 무리를 먼 곳에서부터 파악한 연후(79)에 될 수 있는 대로 천천히 조심스럽게 접근(80)해야 한다는 것이다.

○ '승리를 향한 열정(81)과 성공(82)에 대한 목마름!' 플랫폼에 밀집(83)한 많은 시민들은 월드컵 대회 참가(84)차 특별 열차(85)에 올라타는 선수들을 향해 구호를 외치며 행운(86)의 키스를 보냈다.

○ 친척을 이야기하는 말 가운데 보통 '삼족'이라는 말을 쓰는데, 이는 '아버지와 아들과 손자(87)'를 가리키기도 하고, '부모(88)와 형제(89)와 처자'를 가리키기도 하며, '아버지 쪽의 친족, 어머니 쪽의 외족, 처가 쪽의 처족'을 가리키는 말로도 쓴다.

○ 그의 최근작 '흙'은 양친(90)을 여의고 고아로 자란 소년이 어느 날 찰흙 인형(91)을 만들게 되고, 그 인형이 생명을 얻어 소년과 평생을 함께 한다는 내용의 소설이다. 그의 전체(92) 작품 중에서 가장 심혈을 기울였다는 '흙'은 가까운 장래(93)에 일본어 번역판으로도 출간할 예정이라고 한다.

○ 지난 일주일간 열린 광어 축제가 성황리에 막을 내렸다. 직접 잡아 올린 싱싱한 해산물 요리(94)를 맛볼 수 있다는 것만으로도 관광객들을 유치하기에 충분(95)할 것이라는 주최측의 예상은 그대로 적중(96)했다. 축제 기간 동안 무려 10만여 명이 다녀간 것이다. '자연산 광어 구별하기 대회', '크기 순서(97)대로 맨손 광어 잡기 대회' 등 다양하고 특색(98) 있는 이벤트 행사도 축제 성공에 한몫을 했다.

○ 한 번 주유(99)로 서울과 부산 간을 5번 왕복(100)할 수 있는 승용차가 개발되어 화제가 되고 있다. 5년간의 연구 끝에 완성된 이 차는 뛰어난 연비 외에 첨단 기술을 집약한 각종 편의 장치가 갖추어져 있다. 게다가 어떠한 악조건에서도 편안(101)하고 안정감 있는 주행을 할 수 있는 등 안전과 성능에도 만전을 기한 제품이다. 업체측은 '벌써부터 문의 전화와 주문 신청(102)이 쇄도하고 있다'며 다음 달부터 양산에 들어간다고 밝혔다.

(73) (　　　) (74) (　　　)
(75) (　　　) (76) (　　　)
(77) (　　　) (78) (　　　)
(79) (　　　) (80) (　　　)
(81) (　　　) (82) (　　　)
(83) (　　　) (84) (　　　)
(85) (　　　) (86) (　　　)
(87) (　　　) (88) (　　　)
(89) (　　　) (90) (　　　)
(91) (　　　) (92) (　　　)
(93) (　　　) (94) (　　　)
(95) (　　　) (96) (　　　)
(97) (　　　) (98) (　　　)
(99) (　　　) (100) (　　　)
(101) (　　　) (102) (　　　)

4 다음 漢字語 가운데 첫 音節이 長音으로 발음되는 것을 골라 그 번호를 쓰시오. (103~107)

(103) ①綿絲 ②禽獸 ③港口 ④雜技 (　　)
(104) ①離陸 ②徹夜 ③恒星 ④陰極 (　　)
(105) ①硬直 ②雙方 ③橫隊 ④病暇 (　　)
(106) ①郎君 ②珠玉 ③歲拜 ④排球 (　　)
(107) ①臨時 ②愼重 ③得意 ④拔群 (　　)

5 다음 漢字와 反對(또는 相對)되는 漢字를 써 넣어 漢字語를 만드시오. (108~112)

(108) (　　　) ↔ 尾
(109) 巨 ↔ (　　　)
(110) (　　　) ↔ 他
(111) 需 ↔ (　　　)
(112) (　　　) ↔ 沒

6_ 다음 漢字語의 反對語(또는 相對語)를 漢字로 쓰시오. (113~117)

(113) (　　　) ↔ 拒否
(114) 革新 ↔ (　　　)
(115) (　　　) ↔ 薄弱
(116) 稱讚 ↔ (　　　)
(117) (　　　) ↔ 外延

7_ 다음 빈 칸에 알맞은 漢字를 써 넣어 四字成語를 完成하시오. (118~127)

(118) (　　)丘初心
(119) 我(　　)引水
(120) 轉禍爲(　　)
(121) 甲男乙(　　)
(122) 走(　　)看山
(123) 類類(　　)從
(124) (　　)退維谷
(125) 九(　　)肝腸
(126) 喜怒哀(　　)
(127) (　　)不釋卷

8_ 다음 漢字의 部首를 쓰시오. (128~132)

(128) 般 - (　　)
(129) 契 - (　　)
(130) 鬪 - (　　)
(131) 豪 - (　　)
(132) 鹽 - (　　)

9_ 다음 漢字의 〈例〉에서 (133~137)의 뜻과 비슷한 漢字를 골라 그 번호를 써 넣으시오. (133~137)

〈例〉			
① 考	② 鳴	③ 貌	④ 亡
⑤ 裂	⑥ 告	⑦ 頂	⑧ 腐
⑨ 鶴	⑩ 和		

(133) 滅 - (　　)　　(134) 思 - (　　)
(135) 協 - (　　)　　(136) 白 - (　　)
(137) 面 - (　　)

10_ 다음 漢字語와 音이 같고 다음 뜻을 가진 漢字語를 쓰시오.(長短音 무관) (138~142)

(138) 團旗 - (　　) : 짧은 기간
(139) 知性 - (　　) : 지극한 정성
(140) 滿船 - (　　) : 온갖 착한 일
(141) 圖畫 - (　　) : 폭약을 터지게 하는 불
(142) 傾向 - (　　) : 서울과 시골을 아울러 이르는 말

11_ 다음 漢字語의 뜻을 쓰시오. (143~147)

(143) 投獄 (　　　)
(144) 被襲 (　　　)
(145) 執務 (　　　)
(146) 勝訴 (　　　)
(147) 管掌 (　　　)

12_ 다음 漢字의 略字를 쓰시오. (148~150)

(148) 勞 - (　　)
(149) 總 - (　　)
(150) 濟 - (　　)

적중 예상문제 ③

1_ 다음 漢字語의 讀音을 쓰시오. (1~45)

(1) 畫廊 (   )   (2) 踏査 (   )
(3) 亂麻 (   )   (4) 潛跡 (   )
(5) 解夢 (   )   (6) 溫柔 (   )
(7) 微妙 (   )   (8) 發芽 (   )
(9) 懇曲 (   )   (10) 硬直 (   )
(11) 練武 (   )   (12) 償還 (   )
(13) 親戚 (   )   (14) 卽興 (   )
(15) 妄言 (   )   (16) 浸透 (   )
(17) 窮塞 (   )   (18) 斜陽 (   )
(19) 賦與 (   )   (20) 倒置 (   )
(21) 破裂 (   )   (22) 佳約 (   )
(23) 端緒 (   )   (24) 王妃 (   )
(25) 覺悟 (   )   (26) 累進 (   )
(27) 逢着 (   )   (28) 猛烈 (   )
(29) 伯仲 (   )   (30) 拘束 (   )
(31) 奇怪 (   )   (32) 朱丹 (   )
(33) 懸板 (   )   (34) 永訣 (   )
(35) 森嚴 (   )   (36) 盲腸 (   )
(37) 假借 (   )   (38) 雷管 (   )
(39) 軟骨 (   )   (40) 刻薄 (   )
(41) 愼重 (   )   (42) 距離 (   )
(43) 銀幕 (   )   (44) 經絡 (   )
(45) 裁斷 (   )

2_ 다음 漢字의 訓과 音을 쓰시오. (46~72)

(46) 簿 (   )
(47) 衰 (   )
(48) 莊 (   )
(49) 唐 (   )
(50) 垂 (   )
(51) 渡 (   )
(52) 綿 (   )
(53) 琴 (   )
(54) 症 (   )
(55) 悅 (   )
(56) 鑑 (   )
(57) 蒸 (   )
(58) 寧 (   )
(59) 礎 (   )
(60) 拳 (   )
(61) 刷 (   )
(62) 勵 (   )
(63) 淫 (   )
(64) 湯 (   )
(65) 齊 (   )
(66) 姑 (   )
(67) 司 (   )
(68) 飾 (   )
(69) 銘 (   )
(70) 盤 (   )
(71) 汗 (   )
(72) 糖 (   )

3_ 다음 밑줄 친 漢字語를 漢字로 쓰시오. (73~102)

○ 그녀는 현실에 대해 만족(73)하고 늘 감사(74)하는 마음으로 살고 있기 때문에 스스로 진정(75) 행복(76)한 사람이라고 확신하고 있다.

○ 독도(77) 근해는 남하하는 한류(78)와 북상하는 난류가 서로 접하는 청정 해역이다. 이 때문에 주변 해역은 플랑크톤이 많아서 여러 종류(79)의 회유성 어족이 풍부(80)하다.

○ 미국의 부활절 연휴(81)를 앞두고 휘발유 수요가 늘어날 것이라는 전망이 있긴 하지만, 국제 유가 시장(82)은 아직 어떠한 변화(83)의 조짐도 보이지 않고 있다.

○ 한 설문 조사에 따르면 대학생들이 대학 생활 중 가장 중요하게 생각하는 것은 전공이나 취업 관련 공부(84)보다 다양한 경험(85)을 통하여 견문(86)을 넓히는 것으로 나타났다

○ 육군(87) 사관학교 졸업 및 임관식이 국방부 장관(88)을 비롯한 내외 귀빈, 육·해·공군 고위 장성, 4년간 육사 교육(89) 과정을 마친 졸업생들이 참석(90)한 가운데 거행되었다.

○ 이 전기(91) 난방기의 가장 큰 장점은 '자동 전원 차단' 기능이다. 온도가 과열되거나 난방기가 기울어졌을 때 자동으로 전원이 끊겨 화재(92)의 위험을 최소화 한다. 좌우(93) 회전과 높이 및 강약(94) 조절 기능은 기본이다.

○ 이번 사건(95)을 수사 중인 검·경 합동수사본부는 '완전(96) 범죄를 계획했던 피의자 박씨가 애초의 진술과는 달리 작년(97)에도 세 차례에 걸쳐 공금을 빼돌렸던 사실을 시인(98)했다'며 최선(99)을 다해 진상을 밝혀 국민 앞에 공개(100)할 것이라고 발표했다.

○ 모낭충은 피부 속에 사는 진드기의 일종인데, 이로 인해 생기는 대표적인 문제가 탈모이다. 모낭 깊숙한 곳에 사는 모낭충이 모근(101)을 갉아먹으면서 머리카락이 빠지게 되는 것이다. 모낭충을 직접 없애는 약은 따로 없지만, 병원에 가면 먹는 약이나 바르는 연고를 처방(102) 받을 수 있다.

(73) (   )   (74) (   )
(75) (   )   (76) (   )
(77) (   )   (78) (   )
(79) (   )   (80) (   )
(81) (   )   (82) (   )
(83) (   )   (84) (   )
(85) (   )   (86) (   )
(87) (   )   (88) (   )
(89) (   )   (90) (   )
(91) (   )   (92) (   )
(93) (   )   (94) (   )
(95) (   )   (96) (   )
(97) (   )   (98) (   )
(99) (   )   (100) (   )
(101) (   )   (102) (   )

4_ 다음 漢字語 가운데 첫 音節이 長音으로 발음되는 것을 골라 그 번호를 쓰시오. (103~107)

(103) ①憲法 ②委員 ③聯立 ④辰宿 (   )
(104) ①浮揚 ②禁煙 ③肖像 ④玄米 (   )
(105) ①豪傑 ②培養 ③蒙古 ④恭敬 (   )
(106) ①犬馬 ②滅菌 ③丈母 ④承諾 (   )
(107) ①哀愁 ②泰斗 ③桃花 ④品質 (   )

5_ 다음 漢字와 反對(또는 相對) 되는 漢字를 써 넣어 漢字語를 만드시오. (108~112)

(108) 賞 ↔ (   )
(109) (   ) ↔ 吸
(110) 乘 ↔ (   )
(111) (   ) ↔ 淺
(112) 皇 ↔ (   )

6_ 다음 漢字語의 反對語(또는 相對語)를 漢字로 쓰시오. (113~117)

(113) (   ) ↔ 片道
(114) 複雜 ↔ (   )
(115) (   ) ↔ 高雅
(116) 遠隔 ↔ (   )
(117) (   ) ↔ 明示

3급 Ⅱ

7_ 다음 빈 칸에 알맞은 漢字를 써 넣어 四字成語를 完成하시오. (118~127)

(118) 起死(　　)生
(119) (　　)終一貫
(120) 面從腹(　　)
(121) 居安(　　)危
(122) 魚(　　)肉尾
(123) 萬頃蒼(　　)
(124) 盡(　　)報國
(125) (　　)知其數
(126) 拍掌大(　　)
(127) (　　)張聲勢

8_ 다음 漢字의 部首를 쓰시오. (128~132)

(128) 景 - (　　)
(129) 再 - (　　)
(130) 徹 - (　　)
(131) 筋 - (　　)
(132) 疑 - (　　)

9_ 다음 漢字의 〈例〉에서 (133~137)의 뜻과 비슷한 漢字를 골라 그 번호를 써 넣으시오.
(133~137)

〈例〉
① 放　② 緊　③ 硏　④ 附
⑤ 肥　⑥ 爭　⑦ 胃　⑧ 穴
⑨ 靑　⑩ 略

(133) 省 - (　　)　(134) 碧 - (　　)
(135) 釋 - (　　)　(136) 磨 - (　　)
(137) 競 - (　　)

10_ 다음 漢字語와 音이 같고 다음 뜻을 가진 漢字語를 쓰시오.(長短音 무관)
(138~142)

(138) 所持 - (　　) : 땅을 씀.
(139) 遺傳 - (　　) : 석유가 나는 곳
(140) 同時 - (　　) : 어린이를 위한 시
(141) 訪問 - (　　) : 방으로 드나드는 문
(142) 神父 - (　　) : 갓 결혼하였거나 결혼하는 여자

11_ 다음 漢字語의 뜻을 쓰시오. (143~147)

(143) 元旦 (　　　　　　)
(144) 妻兄 (　　　　　　)
(145) 賀客 (　　　　　　)
(146) 寡默 (　　　　　　)
(147) 信賴 (　　　　　　)

12_ 다음 漢字의 略字를 쓰시오. (148~150)

(148) 廣 - (　　)
(149) 燈 - (　　)
(150) 戰 - (　　)

적중 예상 문제 ❹

1_ 다음 漢字語의 讀音을 쓰시오. (1~45)

(1) 慧眼 (   )   (2) 陶醉 (   )
(3) 奔放 (   )   (4) 祭祀 (   )
(5) 投影 (   )   (6) 豪傑 (   )
(7) 錯誤 (   )   (8) 諸般 (   )
(9) 恥辱 (   )   (10) 皇帝 (   )
(11) 照鑑 (   )   (12) 洗腦 (   )
(13) 因襲 (   )   (14) 茂盛 (   )
(15) 版圖 (   )   (16) 隆崇 (   )
(17) 捕獲 (   )   (18) 謙讓 (   )
(19) 遷都 (   )   (20) 廢鑛 (   )
(21) 觸媒 (   )   (22) 補充 (   )
(23) 沿革 (   )   (24) 貫祿 (   )
(25) 紀綱 (   )   (26) 訴訟 (   )
(27) 稀釋 (   )   (28) 疲弊 (   )
(29) 旋盤 (   )   (30) 貢獻 (   )
(31) 早熟 (   )   (32) 耐久 (   )
(33) 超越 (   )   (34) 陷沒 (   )
(35) 操縱 (   )   (36) 怪獸 (   )
(37) 繁昌 (   )   (38) 綿密 (   )
(39) 栽培 (   )   (40) 支拂 (   )
(41) 宣揚 (   )   (42) 不惑 (   )
(43) 冷淡 (   )   (44) 肝油 (   )
(45) 優雅 (   )

2_ 다음 漢字의 訓과 音을 쓰시오. (46~72)

(46) 弄 (   )
(47) 愼 (   )
(48) 奮 (   )
(49) 欄 (   )
(50) 項 (   )
(51) 粧 (   )
(52) 枝 (   )
(53) 奪 (   )
(54) 劃 (   )
(55) 突 (   )
(56) 肯 (   )
(57) 脚 (   )
(58) 署 (   )
(59) 換 (   )
(60) 浦 (   )
(61) 値 (   )
(62) 肺 (   )
(63) 奴 (   )
(64) 臺 (   )
(65) 芳 (   )
(66) 慣 (   )
(67) 貞 (   )
(68) 償 (   )
(69) 仲 (   )
(70) 芽 (   )
(71) 誘 (   )
(72) 睦 (   )

3_ 다음 밑줄 친 漢字語를 漢字로 쓰시오. (73~102)

○ 출중한 지략과 비상한 통솔력으로 고구려와 당대 동북아시아의 역사를 바꿔 놓은 연개소문은 수차례에 걸친 당나라와의 <u>전쟁</u>(73)을 <u>승리</u>(74)로 이끈 고구려의 <u>영웅</u>(75)이었다.

○ 청소년기의 <u>봉사</u>(76) 활동은 학교에서 배운 여러 가지 <u>지식</u>(77)이나 기술, 자신의 재능이나 <u>특기</u>(78) 등을 적극 활용하도록 <u>지도</u>(79)해야 한다.

○ 명절에 입는 <u>한복</u>(80)은 <u>색상</u>(81)이 너무 현란하거나 화려한 것보다는 차분한 느낌을 주는 것이 좀더 <u>고급</u>(82)스러워 보인다고 전문가들은 <u>조언</u>(83)한다.

○ 인라인 스케이트는 심폐 기능 향상에 효과적인

유산소 운동(84)이다. 게다가 속도(85)를 즐기는 재미가 있어 젊은층을 중심으로 동호인들이 급격히 늘고 있는 추세이다.

○도로 교통법에는 음주 운전으로 2회 이상 적발된 사람이 다시 음주 운전을 하다 적발된 경우 운전면허를 취소하거나 1년 범위 안에서 운전면허 효력(86)을 정지(87)시킬 수 있다고 규정(88)되어 있다.

○5일에 기공식을 갖는 이 공장은 고성능 타이어를 생산할 수 있는 최신(89)의 설비가 투자되며, 품질(90) 측면에서도 가장 우수한 공정(91)을 도입해 생산 제품 대부분을 ○○자동차 회사에 공급하게 된다.

○약 3만 5천여 명의 관중(92)이 운집(93)한 가운데 펼쳐진 개막 축하 공연(94)이 끝나고, 각국 선수(95)들이 입장(96)을 마치자 그리스 올림피아에서 채화되어 주야(97)로 달려온 성화(98)가 경기장에 도착(99)했다.

○ '희생과 헌신'을 기업의 모토로 삼고 있는 ○○마트는 '편의 시설 강화'의 일환으로 전국 49개 모든 점포에 은행(100), 서점(101), 세탁소, 약국(102), 미용실 등을 설치하여 단순히 쇼핑 공간으로만 여겨지던 할인점의 개념을 원스톱 생활 문화 공간으로 바꾸어 가고 있다.

(73) (　　　)　(74) (　　　)
(75) (　　　)　(76) (　　　)
(77) (　　　)　(78) (　　　)
(79) (　　　)　(80) (　　　)
(81) (　　　)　(82) (　　　)
(83) (　　　)　(84) (　　　)
(85) (　　　)　(86) (　　　)
(87) (　　　)　(88) (　　　)
(89) (　　　)　(90) (　　　)
(91) (　　　)　(92) (　　　)
(93) (　　　)　(94) (　　　)
(95) (　　　)　(96) (　　　)
(97) (　　　)　(98) (　　　)
(99) (　　　)　(100) (　　　)
(101) (　　　)　(102) (　　　)

4_ 다음 漢字語 가운데 첫 音節이 長音으로 발음되는 것을 골라 그 번호를 쓰시오. (103~107)

(103) ①納期　②恨歎　③略歷　④歡喜 (　　　)
(104) ①對決　②模範　③探問　④劇本 (　　　)
(105) ①寶物　②側面　③燃料　④妨害 (　　　)
(106) ①伏中　②隔差　③殘黨　④語根 (　　　)
(107) ①段階　②秀才　③標示　④住民 (　　　)

5_ 다음 漢字와 反對(또는 相對)되는 漢字를 써 넣어 漢字語를 만드시오. (108~112)

(108) 迎 ↔ (　　　)
(109) (　　　) ↔ 邪
(110) 玄 ↔ (　　　)
(111) (　　　) ↔ 怨
(112) 刑 ↔ (　　　)

6_ 다음 漢字語의 反對語(또는 相對語)를 漢字로 쓰시오. (113~117)

(113) (　　　) ↔ 消費
(114) 死藏 ↔ (　　　)
(115) (　　　) ↔ 臨時
(116) 靈魂 ↔ (　　　)
(117) (　　　) ↔ 悠長

462　실전 감각 익히기

7_ 다음 빈 칸에 알맞은 漢字를 써 넣어 四字成語를 完成하시오. (118~127)

(118) 沙(　　)樓閣
(119) 先見之(　　)
(120) (　　)馬故友
(121) 適(　　)適所
(122) 鶴(　　)苦待
(123) 克己(　　)禮
(124) 宿虎衝(　　)
(125) (　　)山幽谷
(126) 曲(　　)阿世
(127) 隱忍自(　　)

8_ 다음 漢字의 部首를 쓰시오. (128~132)

(128) 報 - (　　)
(129) 賊 - (　　)
(130) 憂 - (　　)
(131) 整 - (　　)
(132) 泰 - (　　)

9_ 다음 漢字의 〈例〉에서 (133~137)의 뜻과 비슷한 漢字를 골라 그 번호를 써 넣으시오. (133~137)

〈例〉
① 繼　② 妃　③ 美　④ 擇
⑤ 鎖　⑥ 疏　⑦ 實　⑧ 坐
⑨ 就　⑩ 悔

(133) 進 - (　　)　(134) 間 - (　　)
(135) 承 - (　　)　(136) 麗 - (　　)
(137) 果 - (　　)

10_ 다음 漢字語와 음이 같고 다음 뜻을 가진 漢字語를 쓰시오.(長短音 무관) (138~142)

(138) 斷水 - (　　) : 단일한 수
(139) 好機 - (　　) : 기운을 내뿜음.
(140) 電源 - (　　) : 소속된 인원의 전체
(141) 街談 - (　　) : 같은 편이 되어 일을 함께 하거나 도움.
(142) 槪說 - (　　) : 설비나 제도 따위를 새로 마련하고 그에 관한 일을 시작함.

11_ 다음 漢字語의 뜻을 쓰시오. (143~147)

(143) 快擧 (　　)
(144) 顯著 (　　)
(145) 歸家 (　　)
(146) 若干 (　　)
(147) 暗算 (　　)

12_ 다음 漢字의 略字를 쓰시오. (148~150)

(148) 會 - (　　)
(149) 缺 - (　　)
(150) 卒 - (　　)

한자능력검정시험 3급 적중예상문제 ①

1_ 다음 漢字語의 讀音을 쓰시오. (1~45)

(1) 派遣 (　　)　　(2) 乙卯 (　　)
(3) 受諾 (　　)　　(4) 頻繁 (　　)
(5) 追敍 (　　)　　(6) 暢達 (　　)
(7) 比肩 (　　)　　(8) 猛獸 (　　)
(9) 飜譯 (　　)　　(10) 風琴 (　　)
(11) 謁聖 (　　)　　(12) 推尋 (　　)
(13) 欄干 (　　)　　(14) 宗廟 (　　)
(15) 疑懼 (　　)　　(16) 却下 (　　)
(17) 攝生 (　　)　　(18) 假拂 (　　)
(19) 丹楓 (　　)　　(20) 統率 (　　)
(21) 憂慮 (　　)　　(22) 忌避 (　　)
(23) 突擊 (　　)　　(24) 腦裏 (　　)
(25) 坤殿 (　　)　　(26) 騰貴 (　　)
(27) 枯渴 (　　)　　(28) 傲慢 (　　)
(29) 緊迫 (　　)　　(30) 育苗 (　　)
(31) 茂盛 (　　)　　(32) 堤防 (　　)
(33) 幕僚 (　　)　　(34) 符節 (　　)
(35) 僅少 (　　)　　(36) 屯陣 (　　)
(37) 耶蘇 (　　)　　(38) 漠然 (　　)
(39) 佳景 (　　)　　(40) 加盟 (　　)
(41) 辨別 (　　)　　(42) 罔測 (　　)
(43) 牽制 (　　)　　(44) 搜檢 (　　)
(45) 獵奇 (　　)

(51) 漆 (　　)
(52) 隸 (　　)
(53) 庸 (　　)
(54) 漸 (　　)
(55) 鹽 (　　)
(56) 祿 (　　)
(57) 酉 (　　)
(58) 曆 (　　)
(59) 戌 (　　)
(60) 謙 (　　)
(61) 鑄 (　　)
(62) 逮 (　　)
(63) 荒 (　　)
(64) 拳 (　　)
(65) 頂 (　　)
(66) 巡 (　　)
(67) 毁 (　　)
(68) 已 (　　)
(69) 厥 (　　)
(70) 屢 (　　)
(71) 戚 (　　)
(72) 遵 (　　)

2_ 다음 漢字의 訓과 音을 쓰시오. (46~72)

(46) 睡 (　　　　)
(47) 賴 (　　　　)
(48) 懷 (　　　　)
(49) 塔 (　　　　)
(50) 雙 (　　　　)

3_ 다음 밑줄 친 漢字語를 漢字로 쓰시오. (73~97)

(73) 친구들과 함께 뮤지컬을 관람했다.
　　　　　　　　　　　　－ (　　　)

(74) 그녀는 인형 수집에 취미를 붙였다.
　　　　　　　　　　　　－ (　　　)

(75) 수학 시험지의 여백에다 계산을 했다.
　　　　　　　　　　　　－ (　　　)

(76) 정성이 지극하면 돌 위에도 꽃이 핀다.
　　　　　　　　　　　－ (　　　　)
(77) 이 자동차는 휘발유를 연료로 사용한다.
　　　　　　　　　　　－ (　　　　)
(78) 부모님과 어른들께 세배를 하러 다녔다.
　　　　　　　　　　　－ (　　　　)
(79) 태양열을 급탕과 난방에 이용하고 있다.
　　　　　　　　　　　－ (　　　　)
(80) 이 곳은 일반인의 접근이 금지된 곳이다.
　　　　　　　　　　　－ (　　　　)
(81) 박 교수는 그간의 연구 결과를 발표했다.
　　　　　　　　　　　－ (　　　　)
(82) 상대국의 문화적인 차이를 인정해야 한다.
　　　　　　　　　　　－ (　　　　)
(83) 백 명이 넘는 선수들이 참가 신청을 했다.
　　　　　　　　　　　－ (　　　　)
(84) 경기 중에 두 명의 선수가 퇴장을 당했다.
　　　　　　　　　　　－ (　　　　)
(85) 아버지는 매일 산보 삼아 뒷산에 오르신다.
　　　　　　　　　　　－ (　　　　)
(86) 카메라를 사기 위해 새로 통장을 만들었다.
　　　　　　　　　　　－ (　　　　)
(87) 그는 신입 사원들의 교육을 담당하고 있다.
　　　　　　　　　　　－ (　　　　)
(88) 자동판매기에 동전을 넣고 음료수를 뽑았다.
　　　　　　　　　　　－ (　　　　)
(89) 담징은 일본의 호류사에 금당벽화를 그렸다.
　　　　　　　　　　　－ (　　　　)
(90) 그는 자손들에게 근면함을 유산으로 남겼다.
　　　　　　　　　　　－ (　　　　)
(91) 몇몇을 제외하고는 모두들 산행에 찬성했다.
　　　　　　　　　　　－ (　　　　)
(92) 김 화백은 모델의 얼굴을 세밀하게 묘사했다.
　　　　　　　　　　　－ (　　　　)
(93) 가족과 담소를 나누며 오붓한 시간을 가졌다.
　　　　　　　　　　　－ (　　　　)
(94) 정 선수는 부상에서 벗어나 제 기량을 발휘했다.　　　　　　　　　　　－ (　　　　)

(95) 우리 마을이 농어촌 정보화 시범 마을로 선정되었다.　　　　　－ (　　　　)
(96) 그들은 겨우내 먹을 양식을 곳간에 가득 쌓아 두었다.　　　　　－ (　　　　)
(97) 2030년 우리 국민의 평균 수명은 81세가 넘을 것으로 예상된다.　　－ (　　　　)

4_ 다음 빈 칸에 訓이 같은 漢字를 써 넣어 單語를 完成하시오. (98~107)

(98) 販(　　　)
(99) (　　　)驗
(100) 裕(　　　)
(101) (　　　)慨
(102) 淨(　　　)
(103) (　　　)移
(104) 屈(　　　)
(105) (　　　)童
(106) 竊(　　　)
(107) (　　　)冥

5_ 다음 漢字語 중 첫 소리가 長音인 漢字語를 가려 그 번호를 쓰시오. (108~112)

(108) ①梨花　②陸橋　③扶養　④小說 (　　)
(109) ①輕車　②稚拙　③意見　④設置 (　　)
(110) ①遙遠　②代表　③遲刻　④其他 (　　)
(111) ①郡守　②肉眼　③皇帝　④波動 (　　)
(112) ①伏兵　②革帶　③冷氣　④漂流 (　　)

6_ 다음 漢字와 뜻이 反對 또는 相對 되는 漢字를 써 넣어 單語를 完成하시오. (113~122)

(113) (　　) ↔ 常
(114) 需 ↔ (　　)
(115) (　　) ↔ 薄
(116) 緩 ↔ (　　)
(117) (　　) ↔ 益
(118) 單 ↔ (　　)
(119) (　　) ↔ 打
(120) 贊 ↔ (　　)
(121) (　　) ↔ 果
(122) 姉 ↔ (　　)

7_ 다음 빈 칸에 알맞은 漢字를 써 넣어 四字成語를 完成하시오. (123~132)

(123) 先公後(　　)
(124) (　　)思熟考
(125) 明(　　)止水
(126) 苦盡(　　)來
(127) (　　)耳讀經
(128) (　　)蜜腹劍
(129) (　　)離滅裂
(130) 朋友有(　　)
(131) 種豆(　　)豆
(132) 改(　　)遷善

8_ 다음 漢字의 部首를 쓰시오. (133~137)

(133) 博 – (　　)
(134) 尖 – (　　)
(135) 軒 – (　　)
(136) 疲 – (　　)
(137) 乞 – (　　)

9_ 다음 漢字語와 음이 같고 뜻이 다른 漢字語를 한 가지씩 쓰시오. (長短音 관계 없이) (138~142)

(138) 放免 – (　　)
(139) 理解 – (　　)
(140) 事前 – (　　)
(141) 記述 – (　　)
(142) 綠陰 – (　　)

10_ 다음 漢字語의 뜻을 쓰시오. (143~147)

(143) 國債 (　　)
(144) 殆半 (　　)
(145) 暫定 (　　)
(146) 蒼空 (　　)
(147) 昇進 (　　)

11_ 다음 漢字의 正字는 略字로, 略字는 正字로 쓰시오. (148~150)

(148) 壓 – (　　)
(149) 仏 – (　　)
(150) 滿 – (　　)

적중 예상문제 ❷

1_ 다음 漢字語의 讀音을 쓰시오. (1~45)

(1) 洞燭 (　　)　(2) 胡蝶 (　　)
(3) 伯爵 (　　)　(4) 曉星 (　　)
(5) 而立 (　　)　(6) 蔽塞 (　　)
(7) 侮辱 (　　)　(8) 誕辰 (　　)
(9) 逮捕 (　　)　(10) 蜜月 (　　)
(11) 快哉 (　　)　(12) 城郭 (　　)
(13) 掛念 (　　)　(14) 翁主 (　　)
(15) 遲滯 (　　)　(16) 揮毫 (　　)
(17) 軌跡 (　　)　(18) 薦擧 (　　)
(19) 押韻 (　　)　(20) 征夷 (　　)
(21) 凝固 (　　)　(22) 餘滴 (　　)
(23) 斷乎 (　　)　(24) 赴任 (　　)
(25) 豚舍 (　　)　(26) 燒却 (　　)
(27) 幾微 (　　)　(28) 絶叫 (　　)
(29) 脣音 (　　)　(30) 角逐 (　　)
(31) 寄贈 (　　)　(32) 補佐 (　　)
(33) 竊盜 (　　)　(34) 閏年 (　　)
(35) 酌定 (　　)　(36) 滿了 (　　)
(37) 雲霧 (　　)　(38) 乾燥 (　　)
(39) 姻戚 (　　)　(40) 畢竟 (　　)
(41) 叔姪 (　　)　(42) 尖兵 (　　)
(43) 隷屬 (　　)　(44) 放恣 (　　)
(45) 濫獲 (　　)

(50) 遣 (　　)
(51) 徹 (　　)
(52) 矯 (　　)
(53) 栗 (　　)
(54) 殆 (　　)
(55) 憫 (　　)
(56) 冒 (　　)
(57) 尤 (　　)
(58) 騷 (　　)
(59) 互 (　　)
(60) 慘 (　　)
(61) 涙 (　　)
(62) 鎖 (　　)
(63) 逸 (　　)
(64) 菌 (　　)
(65) 茫 (　　)
(66) 契 (　　)
(67) 螢 (　　)
(68) 醉 (　　)
(69) 絹 (　　)
(70) 巳 (　　)
(71) 紋 (　　)
(72) 托 (　　)

2_ 다음 漢字의 訓과 音을 쓰시오. (46~72)

(46) 把 (　　)
(47) 竝 (　　)
(48) 矣 (　　)
(49) 涉 (　　)

3_ 다음 訓과 音을 가진 漢字를 쓰시오. (73~77)

(73) 제사 제　(　　)
(74) 상황 황　(　　)
(75) 감독할 독　(　　)
(76) 비평할 비　(　　)
(77) 위로할 위　(　　)

4_ 다음 밑줄 친 漢字語를 漢字로 쓰시오. (78~97)

(78) 아니 땐 굴뚝에 <u>연기</u> 날까. - (　　　)

(79) 호수 <u>주위</u>에 꽃나무를 심었다. - (　　　)

(80) 목격자들은 그를 <u>범인</u>으로 지목했다. - (　　　)

(81) 그들은 양 손을 들어 <u>항복</u>을 선언했다. - (　　　)

(82) 행사가 예정대로 순조롭게 <u>추진</u>되고 있다. - (　　　)

(83) 이 해수욕장은 <u>수심</u>이 얕고 백사장이 넓다. - (　　　)

(84) 그녀는 전통 <u>악기</u>로 현대 음악을 연주했다. - (　　　)

(85) 축구 선수는 하체 <u>근육</u>이 잘 발달되어 있다. - (　　　)

(86) 약속을 어기는 사람에게는 <u>벌칙</u>이 적용된다. - (　　　)

(87) 우리 선수들에게 열화와 같은 <u>응원</u>을 보냈다. - (　　　)

(88) 대원들은 24시간 <u>비상</u> 경계 태세에 들어갔다. - (　　　)

(89) 누나가 그린 그림을 <u>액자</u>에 넣어 벽에 걸었다. - (　　　)

(90) 그녀는 <u>화려</u>한 의상을 입고 대중 앞에 나섰다. - (　　　)

(91) 그의 방에는 <u>책상</u> 하나만 덩그러니 놓여 있었다. - (　　　)

(92) 모유 수유가 늘어 <u>분유</u>의 매출이 감소하고 있다. - (　　　)

(93) 새로 산 컴퓨터는 작업 <u>처리</u> 속도가 무척 빠르다. - (　　　)

(94) 글쓰기를 배울 때에는 볼펜보다 <u>연필</u>이 더 좋다. - (　　　)

(95) 그들은 절대로 미래에 대한 <u>희망</u>을 버리지 않았다. - (　　　)

(96) 영현이는 자동차에 관련된 <u>잡지</u>를 정기 구독하고 있다. - (　　　)

(97) <u>충치</u>를 예방하기 위해서는 산도가 높은 음식을 피해야 한다. - (　　　)

5_ 다음 빈 칸에 訓이 같은 漢字를 써 넣어 單語를 完成하시오. (98~107)

(98) (　　　)晝
(99) 超(　　　)
(100) (　　　)奬
(101) 貴(　　　)
(102) (　　　)貌
(103) 首(　　　)
(104) (　　　)索
(105) 逝(　　　)
(106) (　　　)穀
(107) 記(　　　)

6_ 다음 漢字語 중 첫 소리가 長音인 漢字語를 가려 그 번호를 쓰시오. (108~112)

(108) ①末期 ②散文 ③元老 ④吉鳥 (　　　)
(109) ①思考 ②宜當 ③都邑 ④命令 (　　　)
(110) ①耳目 ②崩御 ③乘船 ④斥候 (　　　)
(111) ①郞君 ②泰斗 ③炭鑛 ④靈魂 (　　　)
(112) ①盤石 ②丸藥 ③墳墓 ④系列 (　　　)

3급

7_ 다음 漢字와 뜻이 反對 또는 相對 되는 漢字를 써 넣어 單語를 完成하시오. (113~122)

(113) 伸 ↔ (　　　)
(114) (　　　) ↔ 現
(115) 方 ↔ (　　　)
(116) (　　　) ↔ 誤
(117) 增 ↔ (　　　)
(118) (　　　) ↔ 暖
(119) 詳 ↔ (　　　)
(120) (　　　) ↔ 慢
(121) 攻 ↔ (　　　)
(122) (　　　) ↔ 靜

8_ 다음 빈 칸에 알맞은 漢字를 써 넣어 四字成語를 完成하시오. (123~132)

(123) 大同小(　　　)
(124) 束(　　　)無策
(125) 一(　　　)不亂
(126) 指鹿爲(　　　)
(127) 紅爐(　　　)雪
(128) (　　　)差萬別
(129) 錦上添(　　　)
(130) 內憂外(　　　)
(131) (　　　)初至終
(132) 背恩忘(　　　)

9_ 다음 漢字의 部首를 쓰시오. (133~137)

(133) 零 - (　　　)
(134) 影 - (　　　)
(135) 飜 - (　　　)
(136) 丑 - (　　　)
(137) 鄕 - (　　　)

10_ 다음 漢字語와 음이 같고 뜻이 다른 漢字語를 한 가지씩 쓰시오. (長短音 관계 없이) (138~142)

(138) 施工 - (　　　)
(139) 標識 - (　　　)
(140) 養護 - (　　　)
(141) 名詩 - (　　　)
(142) 腹臟 - (　　　)

11_ 다음 漢字語의 뜻을 쓰시오. (143~147)

(143) 桑葉 (　　　　　)
(144) 金塊 (　　　　　)
(145) 黃沙 (　　　　　)
(146) 牽引 (　　　　　)
(147) 喜悅 (　　　　　)

12_ 다음 漢字의 正字는 略字로, 略字는 正字로 쓰시오. (148~150)

(148) 辞 - (　　　)
(149) 輕 - (　　　)
(150) 兴 - (　　　)

적중예상문제 3

1 다음 漢字語의 讀音을 쓰시오. (1~45)

(1) 朋黨 (　　)　(2) 橫厄 (　　)
(3) 某氏 (　　)　(4) 納涼 (　　)
(5) 庶民 (　　)　(6) 遞減 (　　)
(7) 循環 (　　)　(8) 腰帶 (　　)
(9) 逝去 (　　)　(10) 媒介 (　　)
(11) 憤慨 (　　)　(12) 周旋 (　　)
(13) 外泊 (　　)　(14) 塗裝 (　　)
(15) 浪漫 (　　)　(16) 催淚 (　　)
(17) 哀乞 (　　)　(18) 元旦 (　　)
(19) 養蜂 (　　)　(20) 監獄 (　　)
(21) 聘丈 (　　)　(22) 天涯 (　　)
(23) 迷宮 (　　)　(24) 朗誦 (　　)
(25) 紅疫 (　　)　(26) 隔差 (　　)
(27) 跳躍 (　　)　(28) 午睡 (　　)
(29) 卜債 (　　)　(30) 恐龍 (　　)
(31) 拔群 (　　)　(32) 未遂 (　　)
(33) 歲暮 (　　)　(34) 鈍濁 (　　)
(35) 覆蓋 (　　)　(36) 汚染 (　　)
(37) 晩秋 (　　)　(38) 賜額 (　　)
(39) 掠奪 (　　)　(40) 謙讓 (　　)
(41) 缺陷 (　　)　(42) 侍衛 (　　)
(43) 交涉 (　　)　(44) 零點 (　　)
(45) 隨伴 (　　)

(51) 叛 (　　　)
(52) 享 (　　　)
(53) 煩 (　　　)
(54) 滴 (　　　)
(55) 該 (　　　)
(56) 擁 (　　　)
(57) 妥 (　　　)
(58) 驅 (　　　)
(59) 篤 (　　　)
(60) 屛 (　　　)
(61) 秒 (　　　)
(62) 綿 (　　　)
(63) 朔 (　　　)
(64) 塊 (　　　)
(65) 肥 (　　　)
(66) 訂 (　　　)
(67) 拙 (　　　)
(68) 諒 (　　　)
(69) 禪 (　　　)
(70) 渴 (　　　)
(71) 蔬 (　　　)
(72) 襲 (　　　)

2 다음 漢字의 訓과 音을 쓰시오. (46~72)

(46) 潛 (　　　　　)
(47) 那 (　　　　　)
(48) 畏 (　　　　　)
(49) 杯 (　　　　　)
(50) 絃 (　　　　　)

3 다음 訓과 音을 가진 漢字를 쓰시오. (73~82)

(73) 층 층　　(　　　)
(74) 법 범　　(　　　)
(75) 쓸 소　　(　　　)
(76) 가지 조　(　　　)
(77) 얽을 구　(　　　)
(78) 모양 자　(　　　)

(79) 수컷 웅   (   )
(80) 줄일 축   (   )
(81) 양식 량   (   )
(82) 숨길 비   (   )

(96) 그녀는 눈이 나빠서 <u>안경</u>을 쓰지 않으면 일상 생활이 어렵다.   - (   )
(97) 이럴 때일수록 감정을 앞세우기 보다는 <u>현명</u>한 판단이 필요하다.   - (   )

4_ 다음 밑줄 친 漢字語를 漢字로 쓰시오. (83~97)

(83) 그는 매사에 <u>근면</u>하고 성실하다.   - (   )
(84) 이번 만큼은 그의 <u>예상</u>이 빗나갔다.   - (   )
(85) 사촌 형에게 보낼 선물을 <u>소포</u>로 부쳤다.   - (   )
(86) 함부로 남을 <u>의심</u>하는 것은 옳지 못하다.   - (   )
(87) 사건의 <u>진실</u>은 반드시 밝혀지고 말 것이다.   - (   )
(88) 백록담은 화산이 <u>폭발</u>하여 생성된 호수이다   - (   )
(89) 갈대와 억새는 <u>모양</u>이 비슷하여 혼동하기 쉽다.   - (   )
(90) 지금 <u>한가</u>하게 낮잠을 자고 있을 때가 아니다.   - (   )
(91) 갑작스런 친구의 <u>방문</u>으로 읽던 책을 덮어야 했다.   - (   )
(92) 그들은 우연한 만남이 <u>인연</u>이 되어 부부가 되었다.   - (   )
(93) 그는 친구들과의 <u>이별</u>을 아쉬워하며 눈물을 흘렸다.   - (   )
(94) 우리는 환경 보존 방안에 대하여 열띤 <u>토론</u>을 벌였다.   - (   )
(95) 종일 일을 하느라 그랬는지 얼굴에 <u>피곤</u>한 기색이 역력했다.   - (   )

5_ 다음 빈 칸에 訓이 같은 漢字를 써 넣어 單語를 完成하시오. (98~107)

(98) (   )絡
(99) 俊(   )
(100) (   )甚
(101) 刑(   )
(102) (   )地
(103) 具(   )
(104) (   )濯
(105) 尖(   )
(106) (   )立
(107) 墳(   )

6_ 다음 漢字語 중 첫 소리가 長音인 漢字語를 가려 그 번호를 쓰시오. (108~112)

(108) ①盲兒 ②比較 ③田園 ④醜態 (   )
(109) ①募集 ②爵位 ③菌類 ④友邦 (   )
(110) ①贊成 ②飛行 ③執着 ④嶺南 (   )
(111) ①職責 ②壁報 ③容器 ④卯時 (   )
(112) ①錯視 ②埋葬 ③誤解 ④妨害 (   )

3급

7_ 다음 漢字와 뜻이 反對 또는 相對 되는 漢字를 써 넣어 單語를 完成하시오. (113~122)

(113) 簡 ↔ (　　　)
(114) (　　　) ↔ 寡
(115) 理 ↔ (　　　)
(116) (　　　) ↔ 童
(117) 向 ↔ (　　　)
(118) (　　　) ↔ 免
(119) 氷 ↔ (　　　)
(120) (　　　) ↔ 引
(121) 遲 ↔ (　　　)
(122) (　　　) ↔ 衰

8_ 다음 빈 칸에 알맞은 漢字를 써 넣어 四字成語를 完成하시오. (123~132)

(123) 羊(　　　)狗肉
(124) 抑強扶(　　　)
(125) (　　　)捨選擇
(126) 格物(　　　)知
(127) 泰山北(　　　)
(128) (　　　)陵桃源
(129) 佳人薄(　　　)
(130) 美(　　　)麗句
(131) 東奔西(　　　)
(132) 權謀(　　　)數

9_ 다음 漢字의 部首를 쓰시오. (133~137)

(133) 就 - (　　　)
(134) 衡 - (　　　)
(135) 載 - (　　　)
(136) 戊 - (　　　)
(137) 卽 - (　　　)

10_ 다음 漢字語와 음이 같고 뜻이 다른 漢字語를 한 가지씩 쓰시오. (長短音 관계 없이) (138~142)

(138) 壯觀 - (　　　)
(139) 加算 - (　　　)
(140) 恒久 - (　　　)
(141) 初代 - (　　　)
(142) 大國 - (　　　)

11_ 다음 漢字語의 뜻을 쓰시오. (143~147)

(143) 飢餓 (　　　　　　)
(144) 雷聲 (　　　　　　)
(145) 蓮根 (　　　　　　)
(146) 信賴 (　　　　　　)
(147) 剛直 (　　　　　　)

12_ 다음 漢字의 正字는 略字로, 略字는 正字로 쓰시오. (148~150)

(148) 擔 - (　　　)
(149) 虫 - (　　　)
(150) 奬 - (　　　)

한자능력검정시험 3급 적중예상문제 ❹

1. 다음 漢字語의 讀音을 쓰시오. (1~45)

(1) 步幅 (　　) (2) 添削 (　　)
(3) 乃至 (　　) (4) 鐵索 (　　)
(5) 播種 (　　) (6) 經絡 (　　)
(7) 賃借 (　　) (8) 咸池 (　　)
(9) 妻妾 (　　) (10) 俱現 (　　)
(11) 割賦 (　　) (12) 桑葉 (　　)
(13) 潛伏 (　　) (14) 畫廊 (　　)
(15) 指紋 (　　) (16) 垂直 (　　)
(17) 刺客 (　　) (18) 拾得 (　　)
(19) 巷間 (　　) (20) 隆崇 (　　)
(21) 啓蒙 (　　) (22) 覺悟 (　　)
(23) 逸話 (　　) (24) 漂流 (　　)
(25) 癸時 (　　) (26) 耐久 (　　)
(27) 弔旗 (　　) (28) 驛長 (　　)
(29) 巖壁 (　　) (30) 丘陵 (　　)
(31) 雪糖 (　　) (32) 毁損 (　　)
(33) 降臨 (　　) (34) 越墻 (　　)
(35) 斜陽 (　　) (36) 封合 (　　)
(37) 肝炎 (　　) (38) 麥芽 (　　)
(39) 紛爭 (　　) (40) 誇張 (　　)
(41) 仰望 (　　) (42) 冷淡 (　　)
(43) 惟獨 (　　) (44) 龜裂 (　　)
(45) 食貪 (　　)

(52) 齊 (　　)
(53) 斯 (　　)
(54) 枕 (　　)
(55) 昭 (　　)
(56) 透 (　　)
(57) 症 (　　)
(58) 默 (　　)
(59) 峯 (　　)
(60) 觸 (　　)
(61) 須 (　　)
(62) 敦 (　　)
(63) 肯 (　　)
(64) 旬 (　　)
(65) 胸 (　　)
(66) 妃 (　　)
(67) 寬 (　　)
(68) 錯 (　　)
(69) 雅 (　　)
(70) 沿 (　　)
(71) 械 (　　)
(72) 慧 (　　)

2. 다음 漢字의 訓과 音을 쓰시오. (46~72)

(46) 惑 (　　)
(47) 幼 (　　)
(48) 柔 (　　)
(49) 冥 (　　)
(50) 梅 (　　)
(51) 廉 (　　)

3. 다음 밑줄 친 漢字語를 漢字로 쓰시오. (73~97)

(73) 그녀는 다섯 남매 중 막내로 태어났다.
　　　　　　　　　　－(　　　　)
(74) 그는 수석 졸업의 영광을 부모님께 돌렸다.
　　　　　　　　　　－(　　　　)
(75) 그녀는 항상 긍정적인 태도로 업무에 임한다.
　　　　　　　　　　－(　　　　)
(76) 권리를 주장하려면 먼저 의무를 다해야 한다.
　　　　　　　　　　－(　　　　)

(77) <u>연휴</u>를 이용해 가족들과 여행을 떠나기로 했다. - (   )

(78) 우리는 우승을 <u>목표</u>로 열심히 훈련을 하고 있다. - (   )

(79) 엄지손가락에 <u>인주</u>를 묻혀 서류에 지장을 찍었다. - (   )

(80) 그는 <u>저축</u>해 두었던 돈으로 어머니의 선물을 샀다. - (   )

(81) 컴퓨터가 <u>고장</u>나서 제 시간에 일을 마칠 수 없었다. - (   )

(82) 태풍이 거세져 주민들을 안전한 곳으로 <u>대피</u>시켰다. - (   )

(83) 명동 <u>성당</u>은 고딕 양식으로 지어진 교회당 건물이다. - (   )

(84) 그는 한 번도 <u>복권</u>에 당첨된 적이 없다며 투덜거렸다. - (   )

(85) 이 사진은 그가 유죄라는 결정적인 <u>증거</u>가 될 것이다. - (   )

(86) 선수들끼리 <u>호흡</u>이 맞지 않으면 경기에서 이길 수 없다. - (   )

(87) 이 문제에 대한 결정을 다음 회의까지 <u>보류</u>하기로 했다. - (   )

(88) 각 기업의 상반기 <u>채용</u> 인원이 전년에 비해 크게 늘었다. - (   )

(89) 그들은 집으로 돌아오는 길에 <u>온천</u>에 들러서 피로를 풀었다. - (   )

(90) 그는 실제로 쓰는 이름과 <u>호적</u>에 올라 있는 이름이 다르다. - (   )

(91) 자녀를 바르게 교육하기 위해서는 좋은 <u>환경</u>이 필수적이다. - (   )

(92) 그 바위는 <u>장정</u> 열 명이 힘을 합해도 옮길 수 없을 만큼 무거웠다. - (   )

(93) 아버지는 외국에서 오는 손님을 맞기 위해 <u>공항</u>으로 출발하셨다. - (   )

(94) 그는 시험에 떨어진 친구에게 뭐라 <u>위로</u>의 말을 해야 할지 몰랐다. - (   )

(95) 그는 시험에 합격하여 학생들을 가르칠 수 있는 <u>자격</u>을 얻게 되었다. - (   )

(96) 이 탑은 나선형 <u>계단</u>을 이용하여 꼭대기까지 올라갈 수 있도록 되어 있다. - (   )

(97) 취침 시간을 하루 평균 8시간으로 본다면, 사람들은 인생의 30%를 <u>침실</u>에서 보내는 것이다. - (   )

4_ 다음 빈 칸에 訓이 같은 漢字를 써 넣어 單語를 完成하시오. (98~107)

(98) (   )祀
(99) 打(   )
(100) (   )鑑
(101) 抑(   )
(102) (   )賊
(103) 携(   )
(104) (   )列
(105) 巨(   )
(106) (   )髮
(107) 座(   )

5_ 다음 漢字語 중 첫 소리가 長音인 漢字語를 가려 그 번호를 쓰시오. (108~112)

(108) ①提供 ②罷業 ③燈臺 ④阿附 (   )
(109) ①丹靑 ②孝誠 ③象形 ④兼任 (   )
(110) ①投手 ②樓閣 ③督促 ④介入 (   )
(111) ①弄談 ②米飮 ③淨水 ④判決 (   )
(112) ①搖亂 ②商品 ③祕訣 ④開校 (   )

6_ 다음 漢字와 뜻이 反對 또는 相對 되는 漢字를 써 넣어 單語를 完成하시오. (113~122)

(113) 忠 ↔ (　　　)
(114) (　　　) ↔ 晚
(115) 可 ↔ (　　　)
(116) (　　　) ↔ 醜
(117) 海 ↔ (　　　)
(118) (　　　) ↔ 怨
(119) 授 ↔ (　　　)
(120) (　　　) ↔ 憎
(121) 吐 ↔ (　　　)
(122) (　　　) ↔ 微

7_ 다음 빈 칸에 알맞은 漢字를 써 넣어 四字成語를 完成하시오. (123~132)

(123) 梁(　　　)君子
(124) 安貧樂(　　　)
(125) (　　　)頭蛇尾
(126) 泥田(　　　)狗
(127) 異口同(　　　)
(128) 日(　　　)月將
(129) 鷄(　　　)有骨
(130) (　　　)耕夜讀
(131) 脣亡(　　　)寒
(132) 千辛萬(　　　)

8_ 다음 漢字의 部首를 쓰시오. (133~137)

(133) 肅 - (　　　)
(134) 隸 - (　　　)
(135) 戚 - (　　　)
(136) 子 - (　　　)
(137) 署 - (　　　)

9_ 다음 漢字語와 음이 같고 뜻이 다른 漢字語를 한 가지씩 쓰시오. (長短音 관계 없이) (138~142)

(138) 武器 - (　　　)
(139) 切感 - (　　　)
(140) 次善 - (　　　)
(141) 元祖 - (　　　)
(142) 所持 - (　　　)

10_ 다음 漢字語의 뜻을 쓰시오. (143~147)

(143) 諒知 (　　　)
(144) 頗多 (　　　)
(145) 履行 (　　　)
(146) 消滅 (　　　)
(147) 脫臭 (　　　)

11_ 다음 漢字의 正字는 略字로, 略字는 正字로 쓰시오. (148~150)

(148) 応 - (　　　)
(149) 舊 - (　　　)
(150) 属 - (　　　)

한자능력검정시험 3급 적중예상문제 ⑤

1_ 다음 漢字語의 讀音을 쓰시오. (1~45)

(1) 快晴 (　　　)　(2) 騷亂 (　　　)
(3) 且置 (　　　)　(4) 黃栗 (　　　)
(5) 緯線 (　　　)　(6) 弱冠 (　　　)
(7) 貫徹 (　　　)　(8) 香爐 (　　　)
(9) 驅蟲 (　　　)　(10) 依托 (　　　)
(11) 乘船 (　　　)　(12) 硏磨 (　　　)
(13) 雷同 (　　　)　(14) 亨通 (　　　)
(15) 踏襲 (　　　)　(16) 輿論 (　　　)
(17) 亞鉛 (　　　)　(18) 輝度 (　　　)
(19) 附設 (　　　)　(20) 皆勤 (　　　)
(21) 中央 (　　　)　(22) 骨盤 (　　　)
(23) 桂皮 (　　　)　(24) 吟味 (　　　)
(25) 東軒 (　　　)　(26) 密輸 (　　　)
(27) 架空 (　　　)　(28) 拳鬪 (　　　)
(29) 但只 (　　　)　(30) 惱殺 (　　　)
(31) 繫留 (　　　)　(32) 非凡 (　　　)
(33) 失戀 (　　　)　(34) 奴婢 (　　　)
(35) 怠業 (　　　)　(36) 配匹 (　　　)
(37) 那落 (　　　)　(38) 沙果 (　　　)
(39) 吉夢 (　　　)　(40) 兒役 (　　　)
(41) 渡來 (　　　)　(42) 隣接 (　　　)
(43) 鴻毛 (　　　)　(44) 臥病 (　　　)
(45) 絹絲 (　　　)

(51) 巷 (　　　)
(52) 抄 (　　　)
(53) 鼓 (　　　)
(54) 懇 (　　　)
(55) 蛇 (　　　)
(56) 侯 (　　　)
(57) 茂 (　　　)
(58) 竊 (　　　)
(59) 暢 (　　　)
(60) 暑 (　　　)
(61) 乃 (　　　)
(62) 埋 (　　　)
(63) 碧 (　　　)
(64) 貞 (　　　)
(65) 搖 (　　　)
(66) 飽 (　　　)
(67) 陶 (　　　)
(68) 絡 (　　　)
(69) 卿 (　　　)
(70) 誕 (　　　)
(71) 傲 (　　　)
(72) 甚 (　　　)

2_ 다음 漢字의 訓과 音을 쓰시오. (46~72)

(46) 聯 (　　　　　　)
(47) 述 (　　　　　　)
(48) 稻 (　　　　　　)
(49) 封 (　　　　　　)
(50) 蔽 (　　　　　　)

3_ 다음 訓과 音을 가진 漢字를 쓰시오. (73~77)

(73) 볼 람　　(　　　)
(74) 세금 세　(　　　)
(75) 쇳돌 광　(　　　)
(76) 잡을 조　(　　　)
(77) 섞을 혼　(　　　)

4_ 다음 밑줄 친 漢字語를 漢字로 쓰시오. (78~97)

(78) 그는 성공하기 위해 피나는 노력을 기울였다. – (   )

(79) 그의 소설은 각색되어 연극으로 상연될 예정이다. – (   )

(80) 우리 부모님께서는 작은 제과점을 운영하고 계신다. – (   )

(81) 올해 고등학교를 졸업한 형은 사립 대학교에 입학했다. – (   )

(82) 우리는 환경과 매우 밀접한 관계를 맺으며 살고 있다. – (   )

(83) 아버지는 성실과 근면, 검소를 생활 신조로 삼고 계신다. – (   )

(84) 이 지역은 연구와 기술 개발에 좋은 여건을 갖추고 있다. – (   )

(85) 나의 꿈은 대륙 횡단 열차를 타고 세계 여행을 하는 것이다. – (   )

(86) 할아버지의 산소를 찾아가 벌초를 하고 꽃을 꽂아 놓고 왔다. – (   )

(87) 공포 영화가 상영되는 내내 객석에서는 비명이 터져 나왔다. – (   )

(88) 허둥지둥 도망을 치던 범인은 끝내 경찰에게 붙잡히고 말았다. – (   )

(89) 선생님은 나의 서예 작품을 족자로 만들어 교실 벽에 거셨다. – (   )

(90) 간판을 단일 디자인으로 통일시켜 건축물과 잘 어울리도록 했다. – (   )

(91) 출발부터 단독 선두로 달리던 박 선수가 결국 우승을 차지했다. – (   )

(92) 어릴 때부터 수재였던 오일러는 특히 수학 분야에 관심이 많았다. – (   )

(93) 응원단은 흥겨운 노래에 맞추어 신나는 율동을 관중석에 선보였다. – (   )

(94) 다음 달부터 피카소의 걸작들을 시립 미술관에서 전시하기로 했다. – (   )

(95) 혈압은 심장에서 혈액을 밀어낼 때, 혈관 내에 생기는 압력을 말한다. – (   )

(96) 우정 사업 본부는 이번 정상 회의를 기념해 기념 우표 2종을 발행했다. – (   )

(97) 어머니는 방으로 들어가셔서는 가보로 내려오는 옥가락지를 가지고 나오셨다. – (   )

5_ 다음 빈 칸에 訓이 같은 漢字를 써 넣어 單語를 完成하시오. (98~107)

(98) 旅(   )
(99) (   )迫
(100) 批(   )
(101) (   )殃
(102) 銳(   )
(103) (   )姻
(104) 削(   )
(105) (   )歎
(106) 審(   )
(107) (   )斜

6_ 다음 漢字語 중 첫 소리가 長音인 漢字語를 가려 그 번호를 쓰시오. (108~112)

(108) ①栽培 ②京畿 ③鑄造 ④呼稱 (   )
(109) ①窓戶 ②敗戰 ③慾求 ④浮揚 (   )
(110) ①銘心 ②能熟 ③謹愼 ④自己 (   )
(111) ①幼年 ②鹿角 ③收益 ④顔料 (   )
(112) ①稚魚 ②偏頗 ③凝固 ④伯父 (   )

3급

7_ 다음 漢字와 뜻이 反對 또는 相對 되는 漢字를 써 넣어 單語를 完成하시오. (113~122)

(113) (　　) ↔ 劣
(114) 昇 ↔ (　　)
(115) (　　) ↔ 濁
(116) 信 ↔ (　　)
(117) (　　) ↔ 忙
(118) 雅 ↔ (　　)
(119) (　　) ↔ 過
(120) 卑 ↔ (　　)
(121) (　　) ↔ 辱
(122) 干 ↔ (　　)

8_ 다음 빈 칸에 알맞은 漢字를 써 넣어 四字成語를 完成하시오. (123~132)

(123) 結者(　　)之
(124) 巧言(　　)色
(125) (　　)善懲惡
(126) 金枝玉(　　)
(127) 明若觀(　　)
(128) 拔(　　)塞源
(129) (　　)寡不敵
(130) (　　)雄割據
(131) 神(　　)鬼沒
(132) 如履薄(　　)

9_ 다음 漢字의 部首를 쓰시오. (133~137)

(133) 慕 - (　　)
(134) 響 - (　　)
(135) 叛 - (　　)
(136) 奉 - (　　)
(137) 屢 - (　　)

10_ 다음 漢字語와 音이 같고 뜻이 다른 漢字語를 한 가지씩 쓰시오. (長短音 관계 없이) (138~142)

(138) 講和 - (　　)
(139) 排水 - (　　)
(140) 印象 - (　　)
(141) 訴狀 - (　　)
(142) 甘受 - (　　)

11_ 다음 漢字語의 뜻을 쓰시오. (143~147)

(143) 完了 (　　)
(144) 眉間 (　　)
(145) 昭詳 (　　)
(146) 誓約 (　　)
(147) 謁見 (　　)

12_ 다음 漢字의 正字는 略字로, 略字는 正字로 쓰시오. (148~150)

(148) 珍 - (　　)
(149) 挙 - (　　)
(150) 賢 - (　　)

478　실전 감각 익히기

적중예상문제 ❻

1_ 다음 漢字語의 讀音을 쓰시오. (1~45)

(1) 把持 (　　　)　(2) 謀叛 (　　　)
(3) 虛飢 (　　　)　(4) 諸般 (　　　)
(5) 此後 (　　　)　(6) 荷重 (　　　)
(7) 僧舞 (　　　)　(8) 早熟 (　　　)
(9) 慙悔 (　　　)　(10) 罷職 (　　　)
(11) 旱害 (　　　)　(12) 竹鹽 (　　　)
(13) 縮尺 (　　　)　(14) 栽培 (　　　)
(15) 嫌惡 (　　　)　(16) 返品 (　　　)
(17) 史蹟 (　　　)　(18) 庸拙 (　　　)
(19) 均衡 (　　　)　(20) 雁行 (　　　)
(21) 報償 (　　　)　(22) 賢哲 (　　　)
(23) 擴大 (　　　)　(24) 抄錄 (　　　)
(25) 造幣 (　　　)　(26) 偶發 (　　　)
(27) 宰相 (　　　)　(28) 解凍 (　　　)
(29) 擁護 (　　　)　(30) 敬畏 (　　　)
(31) 齒牙 (　　　)　(32) 傍系 (　　　)
(33) 薄氷 (　　　)　(34) 懲戒 (　　　)
(35) 梅實 (　　　)　(36) 鑄物 (　　　)
(37) 族譜 (　　　)　(38) 歌詞 (　　　)
(39) 遠郊 (　　　)　(40) 企劃 (　　　)
(41) 肖像 (　　　)　(42) 莫甚 (　　　)
(43) 召集 (　　　)　(44) 模倣 (　　　)
(45) 閱覽 (　　　)

(50) 皆 (　　　)
(51) 余 (　　　)
(52) 惟 (　　　)
(53) 遍 (　　　)
(54) 斥 (　　　)
(55) 拘 (　　　)
(56) 似 (　　　)
(57) 謹 (　　　)
(58) 募 (　　　)
(59) 頻 (　　　)
(60) 瞬 (　　　)
(61) 振 (　　　)
(62) 幅 (　　　)
(63) 奚 (　　　)
(64) 跳 (　　　)
(65) 徐 (　　　)
(66) 寧 (　　　)
(67) 巧 (　　　)
(68) 湯 (　　　)
(69) 凡 (　　　)
(70) 粧 (　　　)
(71) 履 (　　　)
(72) 晨 (　　　)

2_ 다음 漢字의 訓과 音을 쓰시오. (46~72)

(46) 侮 (　　　)
(47) 携 (　　　)
(48) 仲 (　　　)
(49) 掠 (　　　)

3_ 다음 訓과 音을 가진 漢字를 쓰시오. (73~82)

(73) 줄기 맥　(　　　)
(74) 힘쓸 노　(　　　)
(75) 빛날 화　(　　　)
(76) 엎드릴 복　(　　　)

(77) 맬 계　　　(　　　)
(78) 뛸 약　　　(　　　)
(79) 남을 잔　　(　　　)
(80) 베풀 선　　(　　　)
(81) 기릴 찬　　(　　　)
(82) 피곤할 피　(　　　)

(95) 착륙을 시도하던 비행기가 강풍을 만나 다른 공항으로 회항했다. － (　　　)
(96) 정전 사고가 발생하여 마을이 1시간여 동안 암흑 천지로 변했다. － (　　　)
(97) 모든 조직의 활동은 구성원들의 적극적이고 자발적인 협조가 있을 때 비로소 활성화 된다.
－ (　　　)

4_ 다음 밑줄 친 漢字語를 漢字로 쓰시오.
(83~97)

(83) 그는 시청에 소속된 배구 선수이다.
－ (　　　)
(84) 무분별한 수액 채취로 산림 자원이 황폐화되었다. － (　　　)
(85) 오랫동안 소식이 끊겼던 친구에게서 연락이 왔다. － (　　　)
(86) 심한 감기에 걸려 사흘 동안이나 학교를 결석했다. － (　　　)
(87) 수차례 넘어진 끝에 자전거 타는 요령을 터득했다. － (　　　)
(88) 그녀는 쾌활하고 부지런한 성격 때문에 친구가 많다. － (　　　)
(89) 신자들이 예배당에 모여 정숙하게 기도를 올리고 있다. － (　　　)
(90) 그는 수행원 십여 명을 대동하고 우리 나라를 방문했다. － (　　　)
(91) 당신이 무엇을 상상하든 그 이상의 것을 보게 될 것이다. － (　　　)
(92) 어머니는 쌀밥에 엿기름 우린 물을 부어 감주를 만드셨다. － (　　　)
(93) 그는 친구를 배신하면서까지 행복한 삶을 얻고 싶지는 않았다. － (　　　)
(94) 그의 영화에 대한 평론가들의 날카로운 비평이 신문에 실렸다. － (　　　)

5_ 다음 빈 칸에 訓이 같은 漢字를 써 넣어 單語를 完成하시오. (98~107)

(98) (　　)緣
(99) 牽(　　)
(100) (　　)覺
(101) 衰(　　)
(102) (　　)態
(103) 賦(　　)
(104) (　　)了
(105) 楊(　　)
(106) (　　)含
(107) 課(　　)

6_ 다음 漢字語 중 첫 소리가 長音인 漢字語를 가려 그 번호를 쓰시오. (108~112)

(108) ①最善 ②增加 ③雙方 ④奪還 (　　)
(109) ①私費 ②答案 ③蒸氣 ④計量 (　　)
(110) ①懇切 ②透明 ③恒常 ④隆起 (　　)
(111) ①蒙古 ②紛糾 ③役割 ④伴奏 (　　)
(112) ①組合 ②刷新 ③麥芽 ④浴室 (　　)

7_ 다음 漢字와 뜻이 反對 또는 相對 되는 漢字를 써 넣어 單語를 完成하시오. (113~122)

(113) 及 ↔ (　　　)
(114) (　　　) ↔ 賤
(115) 吏 ↔ (　　　)
(116) (　　　) ↔ 弔
(117) 難 ↔ (　　　)
(118) (　　　) ↔ 捨
(119) 喜 ↔ (　　　)
(120) (　　　) ↔ 續
(121) 姑 ↔ (　　　)
(122) (　　　) ↔ 姪

8_ 다음 빈 칸에 알맞은 漢字를 써 넣어 四字成語를 完成하시오. (123~132)

(123) 識(　　)憂患
(124) (　　)擧妄動
(125) 唯我獨(　　)
(126) 冠婚喪(　　)
(127) (　　)狗風月
(128) 三綱(　　)倫
(129) 焉(　　)生心
(130) 一(　　)揮之
(131) 刻舟(　　)劍
(132) (　　)株待兔

9_ 다음 漢字의 部首를 쓰시오. (133~137)

(133) 肥 – (　　　)
(134) 普 – (　　　)
(135) 展 – (　　　)
(136) 壓 – (　　　)
(137) 氏 – (　　　)

10_ 다음 漢字語와 음이 같고 뜻이 다른 漢字語를 한 가지씩 쓰시오. (長短音 관계 없이) (138~142)

(138) 依支 – (　　　)
(139) 遊說 – (　　　)
(140) 內査 – (　　　)
(141) 製藥 – (　　　)
(142) 根幹 – (　　　)

11_ 다음 漢字語의 뜻을 쓰시오. (143~147)

(143) 泳法 (　　　)
(144) 于先 (　　　)
(145) 免稅 (　　　)
(146) 寡默 (　　　)
(147) 逐出 (　　　)

12_ 다음 漢字의 正字는 略字로, 略字는 正字로 쓰시오. (148~150)

(148) 从 – (　　　)
(149) 寶 – (　　　)
(150) 竜 – (　　　)

Ⅱ 읽기 배정 한자 익히기

📖 3급Ⅱ 풀면서 익히기

144~145쪽

1. (1) 집 각 (2) 갓 관 (3) 간 간 (4) 대개 개 (5) 강철 강 (6) 너그러울 관 (7) 이바지할 공 (8) 지름길·길 경 (9) 원고·볏짚 고 **2.** (1) 介 (2) 鼓 (3) 劍 (4) 架 (5) 貢 (6) 綱 (7) 械 (8) 怪 (9) 誇 **3.** (1) 간격 (2) 건성 (3) 간절 (4) 강건 (5) 과시 (6) 공경 (7) 간행 (8) 반경 (9) 관용 (10) 계약 (11) 경각 (12) 간부 (13) 파괴 (14) 가교 (15) 계수 **4.** (1) 脚光 (2) 強硬 (3) 兼備 (4) 鑑別 **5.** (1) 哭 (2) 耕 (3) 寡 (4) 姑 **6.** (1) 人 (2) 口 (3) 八 (4) 心 (5) 谷 (6) 艸 **7.** (1) 根幹 (2) 鑑賞 **8.** (1) 꿰뚫어서 통함. (2) 두려워하거나 놀랄 만함. (3) 시어머니와 며느리를 아울러 이르는 말 (4) 겸손한 태도로 남에게 양보하거나 사양함.

156~157쪽

1. (1) 오랠 구 (2) 대 대 (3) 종 노 (4) 질그릇 도 (5) 넘어질 도 (6) 이을·얽을 락 (7) 귀신 귀 (8) 골·뇌수 뇌 (9) 당나라·당황할 당 **2.** (1) 途 (2) 弓 (3) 淡 (4) 祈 (5) 但 (6) 寧 (7) 企 (8) 蘭 (9) 諾 **3.** (1) 기마 (2) 구묘 (3) 낭자 (4) 용도 (5) 가금 (6) 급제 (7) 난간 (8) 살균 (9) 세단 (10) 녹차 (11) 각기 (12) 천도 (13) 도래 (14) 격랑 (15) 비교 **4.** (1) 菊花 (2) 丹青 (3) 突擊 (4) 踏査 **5.** (1) 巧 (2) 克 (3) 錦 (4) 刀 **6.** (1) 貝 (2) 日 (3) 玉 (4) 水 (5) 米 (6) 宀 **7.** (1) 凍死 (2) 京畿 **8.** (1) 맨주먹 (2) 높은 열에 견딤. (3) 바짝 줄이거나 조임. (4) 행동이나 의사의 자유를 제한하거나 속박함.

170~171쪽

1. (1) 밤 률 (2) 책력 력 (3) 신령 령 (4) 사내 랑 (5) 소경·눈멀 맹 (6) 그리워할·그릴 련 (7) 서늘할 량 (8) 쇠불릴·단련할 련 (9) 들보·돌다리 량 **2.** (1) 祿 (2) 樓 (3) 孟 (4) 爐 (5) 隆 (6) 麥 (7) 雷 (8) 漠 (9) 蓮 **3.** (1) 농담 (2) 매개 (3) 윤리 (4) 연마 (5) 면밀 (6) 화랑 (7) 영남 (8) 용맹 (9) 개막 (10) 관리 (11) 매실 (12) 뇌성 (13) 누각 (14) 마의 (15) 맥주 **4.** (1) 漏電 (2) 獎勵 (3) 信賴 (4) 滅種 **5.** (1) 梁 (2) 莫 (3) 妄 (4) 臨 **6.** (1) 目 (2) 阜 (3) 雨 (4) 尸 (5) 皿 (6) 玄 **7.** (1) 戀情 (2) 聯想 **8.** (1) 지은 죄를 면함. (2) 깨어지거나 갈라져 터짐. (3) 잊지 않도록 마음에 깊이 새겨 둠. (4) 물체의 겉과 속 또는 안과 밖을 통틀어 이르는 말

182~183쪽

1. (1) 봉새 봉 (2) 썩을 부 (3) 문서 부 (4) 그릴 모 (5) 붙을 부 (6) 무늬 문 (7) 꽃다울 방 (8) 어지러울 분 (9) 어두울 몽 **2.** (1) 伯 (2) 浮 (3) 封 (4) 薄 (5) 付 (6) 拂 (7) 貿 (8) 睦 (9) 培 **3.** (1) 배격 (2) 압박 (3) 비범 (4) 전반 (5) 모략 (6) 복개 (7) 봉착 (8) 운봉 (9) 지문 (10) 외모 (11) 부과 (12) 부호 (13) 족보 (14) 몽상 (15) 벽안 **4.** (1) 基盤 (2) 補強 (3) 先後輩 (4) 繁盛 **5.** (1) 扶 (2) 奔 (3) 丙 (4) 奮 **6.** (1) 黑 (2) 勹 (3) 食 (4) 土 (5) 竹 (6) 肉 **7.** (1) 茂盛 (2) 尾行 **8.** (1) 서로 만남. (2) 약간 움직임. (3) 깊이 파고들거나 빠짐. (4) 여럿 가운데에서 특별히 뛰어남.

196~197쪽

1. (1) 선 선 (2) 풀 석 (3) 모래 사 (4) 따를 수 (5) 모양 상 (6) 낮을 비 (7) 인쇄할 쇄 (8) 천천히 서 (9) 되살아날 소 **2.** (1) 帥 (2) 償 (3) 淑 (4) 妃 (5) 司 (6) 壽 (7) 恕 (8) 婢 (9) 訟 **3.** (1) 숙고 (2) 상실 (3) 단서 (4) 상술 (5) 소멸 (6) 수심 (7) 수출 (8) 사선 (9) 맹수 (10) 소송 (11) 상해 (12) 색인 (13) 서장 (14) 제사 (15) 특수 **4.** (1) 署名 (2) 旋風 (3) 肥滿 (4) 疏外 **5.** (1) 森 (2) 尙 (3) 裳 (4) 桑 **6.** (1) 女 (2) 金 (3) 土 (4) 巾 (5) 衣 (6) 虫 **7.** (1) 邪說 (2) 臺詞 **8.** (1) 깎아서 줄임. (2) 근원을 아예 없애 버림. (3) 수요와 공급을 아울러 이르는 말 (4) 이빨에 독이 있어 독액을 분비하는 뱀

208~209쪽

1. (1) 싹 아 (2) 탈 승 (3) 또 역 (4) 물들 염 (5) 살필 심 (6) 날릴 양 (7) 물따라갈·따를 연 (8) 제비 연 (9) 거느릴 어 **2.** (1) 僧 (2)

侍 (3) 抑 (4) 旬 (5) 役 (6) 悅 (7) 疫 (8) 央 (9) 若   **3.** (1) 역사 (2) 우아 (3) 발아 (4) 영예 (5) 통역 (6) 순간 (7) 기억 (8) 염기 (9) 가식 (10) 양보 (11) 공습 (12) 아류 (13) 축연 (14) 암벽 (15) 애석   **4.** (1) 巡察 (2) 暴炎 (3) 土壤 (4) 濕度   **5.** (1) 顔 (2) 我 (3) 阿 (4) 揚   **6.** (1) 山 (2) 手 (3) 鹵 (4) 隹 (5) 彡 (6) 甘   **7.** (1) 詳述 (2) 審査   **8.** (1) 말을 삼감. (2) 몹시 심함. (3) 무르고 약함. (4) 차, 배, 비행기 따위를 타고 내림.

222~223쪽

1. (1) 운 운 (2) 옥 옥 (3) 멀 유 (4) 편안할 일 (5) 날개 익 (6) 벼리 유 (7) 장사지낼 장 (8) 심을 재 (9) 찌를 자·척   **2.** (1) 羽 (2) 藏 (3) 慈 (4) 宇 (5) 載 (6) 已 (7) 掌 (8) 栽 (9) 粧   **3.** (1) 위선 (2) 잠시 (3) 유아 (4) 위엄 (5) 옥구 (6) 잠입 (7) 유예 (8) 인내 (9) 와해 (10) 음란 (11) 월등 (12) 유령 (13) 이윤 (14) 임대 (15) 자색   **4.** (1) 困辱 (2) 偶然 (3) 餘裕 (4) 誘發   **5.** (1) 已 (2) 乙 (3) 欲 (4) 烏   **6.** (1) 心 (2) 艸 (3) 士 (4) 言 (5) 幺 (6) 木   **7.** (1) 臟器 (2) 柔道   **8.** (1) 이른바 (2) 느림과 빠름 (3) 어리석고 고지식함. (4) 남의 아버지를 높여 이르는 말

234~235쪽

1. (1) 구슬 주 (2) 일찍 증 (3) 조정 정 (4) 곧을 정 (5) 진압할 진 (6) 나타날 저 (7) 쇠불릴 주 (8) 고요할 적 (9) 가지런할 제   **2.** (1) 池 (2) 此 (3) 殿 (4) 抵 (5) 執 (6) 震 (7) 井 (8) 柱 (9) 縱   **3.** (1) 정결 (2) 징집 (3) 주식 (4) 제반 (5) 개정 (6) 백중 (7) 만주 (8) 주악 (9) 조도 (10) 증오 (11) 우주 (12) 증발 (13) 생신 (14) 조세 (15) 사적   **4.** (1) 亭子 (2) 警笛 (3) 摘發 (4) 疾病   **5.** (1) 漸 (2) 頂 (3) 坐 (4) 之   **6.** (1) 禾 (2) 疒 (3) 彳 (4) 儿 (5) 土 (6) 手   **7.** (1) 頂上 (2) 鎭靜   **8.** (1) 발자취 (2) 식물의 줄기와 가지 (3) 돈이나 물건을 꾸어 들임. (4) 어떤 일이 행하여지는 바로 그때

248~249쪽

1. (1) 값 치 (2) 밝을 철 (3) 밟을 천 (4) 막힐 체 (5) 재촉할 촉 (6) 창성할 창 (7) 어긋날 착 (8) 뛰어넘을 초 (9) 잠길 침, 성 심   **2.** (1) 吹 (2) 淺 (3) 彩 (4) 倉 (5) 兔 (6) 拓 (7) 妻 (8) 吐 (9) 蒼   **3.** (1) 탐약 (2) 편중 (3) 가축 (4) 개최 (5) 침습 (6) 윤택 (7) 유치 (8) 추억 (9) 철탑 (10) 치욕 (11) 도취 (12) 월척 (13) 채식 (14) 측근 (15) 미천   **4.** (1) 出版 (2) 衝突 (3) 爭奪 (4) 策定   **5.** (1) 蒼 (2) 遷 (3) 觸 (4) 片   **6.** (1) 田 (2) 毛 (3) 尸 (4) 貝 (5) 大 (6) 戈   **7.** (1) 肖像 (2) 倒錯   **8.** (1) 주춧돌 (2) 거의 절반 (3) 아내의 언니 (4) 총명하고 사리에 밝음.

260~261쪽

1. (1) 되 호 (2) 검을 현 (3) 거칠 황 (4) 저 피 (5) 그을 획 (6) 어찌 하 (7) 임금 황 (8) 폐단·해실 폐 (9) 엮을 편   **2.** (1) 割 (2) 浩 (3) 橫 (4) 捕 (5) 被 (6) 項 (7) 換 (8) 戲 (9) 洪   **3.** (1) 포구 (2) 폐간 (3) 흉상 (4) 출하 (5) 단풍 (6) 희박 (7) 항구 (8) 형평 (9) 혜안 (10) 소홀 (11) 의혹 (12) 현명 (13) 획득 (14) 결함 (15) 위협   **4.** (1) 賀客 (2) 肺炎 (3) 豪雨 (4) 含有   **5.** (1) 浩 (2) 皮 (3) 彼 (4) 鶴   **6.** (1) 虍 (2) 鬼 (3) 行 (4) 穴 (5) 音 (6) 豕   **7.** (1) 災禍 (2) 懷疑   **8.** (1) 갚거나 돌려줌. (2) 아직 끝내지 못함. (3) 잘못을 뉘우치는 마음 (4) 돈을 바침. 또는 그 돈

📖 3급 풀면서 익히기

274~275쪽

1. (1) 별 경 (2) 벼슬 경 (3) 그 궐 (4) 두려워할 구 (5) 함께 구 (6) 몰 구 (7) 바퀴자국 궤 (8) 흙덩이 괴 (9) 북방·천간 계   **2.** (1) 乞 (2) 坤 (3) 旣 (4) 僅 (5) 忌 (6) 飢 (7) 棄 (8) 乃 (9) 斤   **3.** (1) 괘념 (2) 구차 (3) 간통 (4) 고객 (5) 퇴각 (6) 절규 (7) 분규 (8) 귀감 (9) 개근 (10) 성곽 (11) 갈구 (12) 견장 (13) 자괴 (14) 견사 (15) 파견   **4.** (1) 首肯 (2) 那落 (3) 畢竟 (4) 苦惱   **5.** (1) 幾 (2) 慨 (3) 謹 (4) 狗   **6.** (1) 豆 (2) 欠 (3) 乙 (4) 大 (5) 肉 (6) 田   **7.** (1) 枯死 (2) 矯正   **8.** (1) 끌어서 당김. (2) 도시의 주변 지역 (3) 논과 밭을 아울러 이르는 말 (4) 서로 밀접한 관련을 가짐. 또는 그런 관계

286~287쪽

1. (1) 사냥 렵 (2) 동료 료 (3) 눈물 루 (4) 사당 묘 (5) 잊을 망 (6) 이웃 린 (7) 살펴알·믿을 량 (8) 민첩할 민 (9) 머무를·배댈 박 **2.** (1) 隸 (2) 跳 (3) 了 (4) 騰 (5) 劣 (6) 忙 (7) 卯 (8) 憫 (9) 慢 **3.** (1) 도발 (2) 명복 (3) 도작 (4) 독실 (5) 돈사 (6) 둔탁 (7) 이화 (8) 남용 (9) 약탈 (10) 가련 (11) 청렴 (12) 영세 (13) 녹각 (14) 누차 (15) 둔병 **4.** (1) 苗板 (2) 冒險 (3) 侮辱 (4) 某處 **5.** (1) 茫 (2) 岡 (3) 暮 (4) 蜜 **6.** (1) 戈 (2) 土 (3) 力 (4) 木 (5) 冂 (6) 目 **7.** (1) 公募 (2) 埋葬 **8.** (1) 두 눈썹의 사이 (2) 연기와 안개를 아울러 이르는 말 (3) 무엇에 홀려 정신을 차리지 못함. (4) 어수선하여 질서나 통일성이 없음.

298~299쪽

1. (1) 병풍 병 (2) 떠들 소 (3) 조 속 (4) 나물 소 (5) 나란히 병 (6) 쪼갤 석 (7) 다스릴·잡을 섭 (8) 모름지기 수 (9) 여러 서 **2.** (1) 昔 (2) 墳 (3) 祥 (4) 倣 (5) 誰 (6) 昭 (7) 返 (8) 逐 (9) 飜 **3.** (1) 반주 (2) 연방 (3) 축배 (4) 번뇌 (5) 반역 (6) 변별 (7) 복채 (8) 봉침 (9) 붕괴 (10) 빈번 (11) 빙장 (12) 삭풍 (13) 사액 (14) 상미 (15) 서엽 **4.** (1) 朗誦 (2) 追敍 (3) 干涉 (4) 誓約 **5.** (1) 朋 (2) 煩 (3) 斯 (4) 捨 **6.** (1) 走 (2) 貝 (3) 己 (4) 虫 (5) 尸 (6) 斤 **7.** (1) 詐欺 (2) 長逝 **8.** (1) 낮잠 (2) 서로 비슷함. (3) 죄수가 입는 옷 (4) 임금이 신하를 부르는 명령

312~313쪽

1. (1) 나 여 (2) 화살 시 (3) 비록 수 (4) 큰산 악 (5) 물가 애 (6) 누구 숙 (7) 버들 양 (8) 기러기 안 (9) 늙은이 옹 **2.** (1) 遙 (2) 殃 (3) 厄 (4) 閼 (5) 臥 (6) 予 (7) 汝 (8) 詠 (9) 又 **3.** (1) 경외 (2) 오락 (3) 여론 (4) 알현 (5) 순환 (6) 요절 (7) 예리 (8) 비약 (9) 기아 (10) 순직 (11) 오호 (12) 유영 (13) 압수 (14) 신축 (15) 수색 **4.** (1) 于先 (2) 擁壁 (3) 汚名 (4) 中庸 **5.** (1) 也 (2) 搖 (3) 吾 (4) 腎 **6.** (1) 戈 (2) 寸 (3) 耳 (4) 火 (5) 日 (6) 人 **7.** (1) 晨星 (2) 辛苦 **8.** (1) 허리띠 (2) 아득히 멂. (3) 직각보다 작은 각 (4) 먼 곳에서 소식을 전하는 편지

324~325쪽

1. (1) 이 자 (2) 재상 재 (3) 나을 유 (4) 말이을 이 (5) 이를 운 (6) 더욱 우 (7) 물방울 적 (8) 바로잡을 정 (9) 더딜·늦을 지 **2.** (1) 酉 (2) 且 (3) 爵 (4) 宜 (5) 拙 (6) 只 (7) 姪 (8) 惟 (9) 弔 **3.** (1) 제방 (2) 위약 (3) 절도 (4) 읍소 (5) 응시 (6) 정이 (7) 인척 (8) 자행 (9) 인시 (10) 참작 (11) 월장 (12) 쾌재 (13) 윤년 (14) 경위 (15) 준걸 **4.** (1) 乾燥 (2) 補佐 (3) 遵守 (4) 寄贈 **5.** (1) 舟 (2) 懲 (3) 矣 (4) 唯 **6.** (1) 日 (2) 心 (3) 手 (4) 口 (5) 門 (6) 一 **7.** (1) 舟遊 (2) 吟詠 **8.** (1) 조카며느리 (2) 자기를 추천함. (3) 비참하고 끔찍한 일 (4) 따돌리거나 거부하여 밀어 내침.

340~341쪽

1. (1) 잡을 체 (2) 줄 현 (3) 두루 편 (4) 덮을 폐 (5) 촛불 촉 (6) 거리 항 (7) 누릴 향 (8) 배부를 포 (9) 자못 파 **2.** (1) 販 (2) 禾 (3) 曉 (4) 醜 (5) 濯 (6) 添 (7) 幣 (8) 鴻 (9) 螢 **3.** (1) 첩실 (2) 쾌청 (3) 교체 (4) 체신 (5) 초침 (6) 총기 (7) 각축 (8) 탈취 (9) 침목 (10) 타협 (11) 타락 (12) 의탁 (13) 둔탁 (14) 탄신 (15) 파지 **4.** (1) 縣監 (2) 怠慢 (3) 罷職 (4) 魚貝類 **5.** (1) 亨 (2) 抱 (3) 貪 (4) 咸 **6.** (1) 一 (2) 巾 (3) 匚 (4) 亠 (5) 二 (6) 丿 **7.** (1) 昏睡 (2) 抄錄 **8.** (1) 헐어 상하게 함. (2) 가뭄으로 인하여 입은 재해 (3) 물 위에 떠서 정처 없이 흘러감. (4) 모양이나 규모 따위를 더 크게 함.

Ⅳ 실전 감각 익히기

📖 3급Ⅱ 기출 유사 문제 1

440~442쪽

1. (1) 조만 (2) 도달 (3) 우롱 (4) 도읍 (5) 망상 (6) 점차 (7) 용감 (8) 두각 (9) 가결 (10) 필사 (11) 익조 (12) 쌍안 (13) 장려 (14) 열위 (15) 유구 (16) 신랑 (17) 거상 (18) 악귀 (19) 경축 (20) 은막 (21) 완급 (22) 비율 (23) 간선 (24) 양력 (25) 사막 (26) 귀가 (27) 허약 (28) 노호 (29) 억압 (30) 장부 (31) 영일 (32) 기병 (33) 경영 (34) 변호 (35) 포목 (36) 단서 (37) 환영 (38) 감독 (39) 재화 (40) 공란 (41) 앙망 (42) 동안 (43) 담소 (44) 가로 (45) 유람 **2.** (46) 다락 루 (47) 복숭아 도 (48) 뜻 취 (49) 얼 동 (50) 무리 대 (51) 진흙 니 (52) 항목 항 (53) 엿 당 (54) 푸를 록 (55) 밝을 랑 (56) 막을 거 (57) 갑자기 돌 (58) 거울 감 (59) 지날 력 (60) 푸를 창 (61) 끝 단 (62) 꾀 책 (63) 무리 등 (64) 벌일 라 (65) 맺을 계 (66) 들일 납 (67) 부칠 기 (68) 부지런할 근 (69) 씩씩할 장 (70) 나그네 려 (71) 건널 도 (72) 적을 과 **3.** (73) 學生 (74) 關心 (75) 集中 (76) 統合 (77) 強調 (78) 講師 (79) 每週 (80) 放課 (81) 授業 (82) 實施 (83) 廣告 (84) 最大 (85) 效果 (86) 消費 (87) 爲主 (88) 當身 (89) 物質 (90) 所有 (91) 知識 (92) 共同 (93) 硏究 (94) 發表 (95) 協議 (96) 內容 (97) 進行 (98) 背景 (99) 說明 (100) 全員 (101) 方法 (102) 提示 **4.** (103) ③ (104) ② (105) ④ (106) ① (107) ① **5.** (108) 出 (109) 富 (110) 加 (111) 亡 (112) 寒 **6.** (113) 建設 (114) 低俗 (115) 快樂 (116) 義務 (117) 友好 **7.** (118) 將 (119) 難 (120) 勞 (121) 九 (122) 花 (123) 女 (124) 古 (125) 婦 (126) 近 (127) 天 **8.** (128) 广 (129) 衣 (130) 肉 (131) 小 (132) 皿 **9.** (133) ② (134) ④ (135) ⑥ (136) ⑦ (137) ⑧ **10.** (138) 誤記 (139) 非命 (140) 缺席 (141) 開演 (142) 再考 **11.** (143) 다리 (144) 물시계 (145) 자세히 읽음. (146) 한 가지 빛깔 (147) 보고도 못 본 체하고 내버려 둠. **12.** (148) 来 (149) 声 (150) 仮

📖 3급Ⅱ 기출 유사 문제 2

443~445쪽

1. (1) 앙망 (2) 외척 (3) 심심 (4) 독촉 (5) 안목 (6) 사악 (7) 벌초 (8) 가로 (9) 부인 (10) 수의 (11) 시비 (12) 간호 (13) 비만 (14) 쾌거 (15) 간소 (16) 작년 (17) 동전 (18) 석방 (19) 용감 (20) 색맹 (21) 위신 (22) 업적 (23) 타격 (24) 술수 (25) 사과 (26) 벽보 (27) 암기 (28) 상세 (29) 감상 (30) 아류 (31) 강등 (32) 어제 (33) 출사 (34) 제창 (35) 압박 (36) 감사 (37) 자태 (38) 경쟁 (39) 유연 (40) 휴식 (41) 숙명 (42) 감수 (43) 교사 (44) 찬양 (45) 장수 **2.** (46) 무리 당 (47) 꾸밀 식 (48) 재 회 (49) 얼음 빙 (50) 고울 선 (51) 종노 (52) 넓을 보 (53) 겨를 가 (54) 소통할 소 (55) 다를 차 (56) 무리 도 (57) 얽을 구 (58) 작을 미 (59) 밟을 리 (60) 말씀 사 (61) 고을 읍 (62) 만날 봉 (63) 이미 이 (64) 열흘 순 (65) 새길 각 (66) 거느릴 령 (67) 집 당 (68) 빌 기 (69) 치마 상 (70) 줄기 간 (71) 속 리 (72) 코 비 **3.** (73) 法則 (74) 說明 (75) 自然 (76) 科學 (77) 發展 (78) 分野 (79) 進步 (80) 世界 (81) 連結 (82) 順序 (83) 始作 (84) 人類 (85) 質 (86) 向上 (87) 應用 (88) 確實 (89) 理解 (90) 主義 (91) 時代 (92) 斷面 (93) 重大 (94) 思考 (95) 接近 (96) 歷史 (97) 全體 (98) 關心 (99) 未來 (100) 不安 (101) 答 (102) 宗教 **4.** (103) ③ (104) ③ (105) ① (106) ④ (107) ④ **5.** (108) 長 (109) 富 (110) 開 (111) 立 (112) 因 **6.** (113) 恩惠 (114) 友好 (115) 集合 (116) 往復 (117) 單純 **7.** (118) 難 (119) 母 (120) 千 (121) 無 (122) 風 (123) 忠 (124) 樂 (125) 波 (126) 田 (127) 竹 **8.** (128) 邑 (129) 衣 (130) 大 (131) 頁 (132) 入 **9.** (133) ⑩ (134) ⑦ (135) ② (136) ⑨ (137) ⑤ **10.** (138) 事由 (139) 洋食 (140) 加工 (141) 淸算 (142) 申告 **11.** (143) 평범한 사내 (144) 벼락이 떨어짐. (145) 빼어나게 아름다움. (146) 태도를 거짓으로 꾸밈. (147) 주춧돌/어떤 사물의 기초 **12.** (148) 当 (149) 図 (150) 価

📖 3급 기출 유사 문제 1

446~448쪽

1. (1) 해금 (2) 붕어 (3) 읍소 (4) 답교 (5) 독촉 (6) 알현 (7) 참작 (8) 부임 (9) 장계 (10) 혐의 (11) 빙장 (12) 훼모 (13) 타옥 (14) 교

묘 (15) 복개 (16) 탁본 (17) 계피 (18) 수면 (19) 조상 (20) 괘념 (21) 소원 (22) 병렬 (23) 투철 (24) 누전 (25) 사기 (26) 병술 (27) 휘호 (28) 첨예 (29) 과장 (30) 착각 (31) 호환 (32) 제휴 (33) 간음 (34) 해박 (35) 계축 (36) 섭렵 (37) 타협 (38) 폐기 (39) 외구 (40) 귀감 (41) 배척 (42) 참괴 (43) 긍낙 (44) 빈번 (45) 음송 **2.** (46) 빛 채 (47) 모름지기 수 (48) 좇을 준 (49) 상서로울 상 (50) 큰기러기 홍 (51) 재상 재 (52) 여러 서 (53) 벼 도 (54) 부르짖을 규 (55) 이에 내 (56) 기와 와 (57) 가물 한 (58) 훔칠 절 (59) 쪼갤 석 (60) 어두울 명 (61) 담 장 (62) 병풍 병 (63) 누구 수 (64) 돌 순 (65) 꺼릴 기 (66) 슬플 오 (67) 또 차 (68) 따라죽을 순 (69) 덮을 폐 (70) 누구 숙 (71) 날개 익 (72) 보낼 견 **3.** (73) 儉素 (74) 誤差 (75) 隱退 (76) 歡喜 (77) 離婚 (78) 細布 (79) 彈壓 (80) 缺席 (81) 通帳 (82) 背水陣 (83) 困境 (84) 宣布 (85) 鷄卵 (86) 異域 (87) 郵票 (88) 快適 (89) 顯忠日 (90) 豫算 (91) 崇拜 (92) 慶州 (93) 負傷 (94) 就寢 (95) 納稅 (96) 亂舞 (97) 高麗 **4.** (98) 神 (99) 報 (100) 作 (101) 眼 (102) 帝 (103) 紀 (104) 回 (105) 廣 (106) 墓 (107) 收 **5.** (108) ④ (109) ① (110) ② (111) ① (112) ③ **6.** (113) 夕 (114) 害 (115) 凶 (116) 榮 (117) 非 (118) 恩 (119) 陰 (120) 學 (121) 淸 (122) 美 **7.** (123) 孤 (124) 刻 (125) 同 (126) 武 (127) 海 (128) 雄 (129) 餘 (130) 絶 (131) 惡 (132) 拍 **8.** (133) 肉 (134) 巾 (135) 辛 (136) 心 (137) 止 **9.** (138) 頌辭 또는 送辭 (139) 寶石 (140) 地緣 (141) 綠化 (142) 優秀 또는 右手 또는 雨水 **10.** (143) 짝수 (144) 돼지우리 (145) 점잖고 엄숙함. (146) 힘을 써 이바지함. (147) 불에 태워 없애 버림. **11.** (148) 医 (149) 證 (150) 庁

📖 3급 기출 유사 문제 2

449~451쪽

1. (1) 계몽 (2) 응체 (3) 오염 (4) 휴대 (5) 견장 (6) 면려 (7) 치졸 (8) 연암 (9) 척사 (10) 압운 (11) 이수 (12) 읍소 (13) 회오 (14) 타협 (15) 소루 (16) 매몰 (17) 준수 (18) 기각 (19) 포옹 (20) 이체 (21) 막료 (22) 알현 (23) 균열 (24) 희미 (25) 율곡 (26) 괘념 (27) 점등 (28) 필수 (29) 고려 (30) 첨예 (31) 관후 (32) 유예 (33) 증발 (34) 답습 (35) 오한 (36) 회의 (37) 창달 (38) 간담 (39) 간섭 (40) 발군 (41) 엽기 (42) 예서 (43) 횡포 (44) 기갈 (45) 참괴 **2.** (46) 이에 내 (47) 물가 애 (48) 병풍 병 (49) 사당 묘 (50) 돌 순 (51) 즐길 긍 (52) 별 경 (53) 짝 필 (54) 찾을 심 (55) 불 취 (56) 누구 숙 (57) 어찌 나 (58) 부르짖을 규 (59) 맛볼 상 (60) 땀 한 (61) 날개 익 (62) 어두울 명 (63) 반딧불 형 (64) 모 묘 (65) 갈 서 (66) 벼 도 (67) 친척 척 (68) 쪼갤 석 (69) 비록 수 (70) 누울 와 (71) 담 장 (72) 덮을 폐 **3.** (73) 鷄 (74) 殘 (75) 姿 (76) 築 (77) 效 **4.** (78) 檀紀 (79) 採擇 (80) 複寫 (81) 整備 (82) 就航 (83) 餘暇 (84) 辭典 (85) 確認 (86) 危機 (87) 寄與 (88) 極讚 (89) 傾聽 (90) 威嚴 (91) 批判 (92) 隱退 (93) 驚歎 (94) 遊覽 (95) 郵票 (96) 增額 (97) 制憲節 **5.** (98) 庫 (99) 逃 (100) 鳥 (101) 孤 (102) 亂 (103) 論 (104) 際 (105) 招 (106) 革 (107) 孔 **6.** (108) ④ (109) ② (110) ① (111) ③ (112) ② **7.** (113) 細 (114) 勤 (115) 慶 (116) 深 (117) 姊 (118) 素 (119) 眞 (120) 損 (121) 置 (122) 悲 **8.** (123) 頭 (124) 自 (125) 單 (126) 切 (127) 說 (128) 求 (129) 落 (130) 衣 (131) 使 (132) 田 **9.** (133) 車 (134) 辶 (135) 隹 (136) 大 (137) 行 **10.** (138) 再拜 (139) 戰功 (140) 港口 (141) 庭園 (142) 孝誠 **11.** (143) 꿀 (144) 낮잠 (145) 조카며느리 (146) 어떤 물체 따위의 무게 (147) 하느님이 인간에게 복을 내림. **12.** (148) 點 (149) 劝 (150) 珍

📖 3급Ⅱ 적중 예상 문제 1

452~454쪽

1. (1) 건성 (2) 부육 (3) 천륜 (4) 적발 (5) 영혼 (6) 애석 (7) 홍차 (8) 비료 (9) 이토 (10) 점진 (11) 순시 (12) 주철 (13) 아부 (14) 정절 (15) 묵살 (16) 진부 (17) 계피 (18) 차제 (19) 교량 (20) 유충 (21) 최촉 (22) 하역 (23) 공모 (24) 침대 (25) 멸균 (26) 심판 (27) 증오 (28) 홍수 (29) 함유 (30) 배란 (31) 간척 (32) 당돌 (33) 연주 (34) 맹랑 (35) 철저 (36) 공룡 (37) 주사 (38) 중개 (39) 유정 (40) 초상 (41) 달마 (42) 상술 (43) 관용 (44) 이왕 (45) 염색 **2.** (46) 고개 령 (47) 젖을 습 (48) 씨 핵 (49) 긴뱀 사 (50) 얼 동 (51) 봉할 봉 (52) 벗을 탈 (53) 밤 률 (54) 줄일 축 (55) 이길 극 (56) 우레 진 (57) 비평할 비 (58) 선 선 (59) 어리석을 우 (60) 밥 반 (61) 길 도 (62) 기릴·명예 예 (63) 무릇 범 (64) 어지러울 분 (65) 되 호 (66) 말탈 기 (67) 천천할 서 (68) 되살아날 소 (69) 맡길 위 (70) 잃을 상 (71) 기계 계 (72) 매화 매 **3.** (73) 親舊 (74) 去來 (75) 約束 (76) 病患 (77) 米飮 (78) 醫院 (79) 同窓 (80) 半島 (81) 韓國

486 모범 답안

(82) 都市 (83) 葉書 (84) 賣買 (85) 廣告 (86) 庭園 (87) 花壇 (88) 浴室 (89) 合宿 (90) 練習 (91) 必勝 (92) 登校 (93) 課題 (94) 景致 (95) 漁村 (96) 船主 (97) 旅行 (98) 生鮮 (99) 價格 (100) 歷史 (101) 王位 (102) 臣下 **4.** (103) ① (104) ④ (105) ① (106) ③ (107) ② **5.** (108) 常 (109) 高 (110) 受 (111) 起 (112) 背 **6.** (113) 深夜 (114) 手動 (115) 開放 (116) 和解 (117) 極貧 **7.** (118) 無 (119) 雪 (120) 難 (121) 報 (122) 器 (123) 名 (124) 萬 (125) 千 (126) 益 (127) 博 **8.** (128) 歹 (129) 貝 (130) 聿 (131) 寸 (132) 犬 **9.** (133) ② (134) ⑦ (135) ⑤ (136) ⑩ (137) ④ **10.** (138) 製紙 (139) 社長 (140) 監査 (141) 否定 (142) 年代 **11.** (143) 언덕 (144) 큰아버지 (145) 서늘한 바람 (146) 단정하고 아담함. (147) 손자의 아들. 또는 아들의 손자 **12.** (148) 児 (149) 験 (150) 独

📖 3급 Ⅱ 적중 예상 문제 2

455~457쪽

1. (1) 누전 (2) 피안 (3) 양풍 (4) 허위 (5) 아연 (6) 생신 (7) 장계 (8) 증발 (9) 병좌 (10) 다채 (11) 와해 (12) 정체 (13) 천시 (14) 부조 (15) 광포 (16) 긴급 (17) 덕택 (18) 심씨 (19) 유치 (20) 기적 (21) 이두 (22) 토로 (23) 대개 (24) 정초 (25) 농담 (26) 취타 (27) 역법 (28) 아비 (29) 폐렴 (30) 부적 (31) 포변 (32) 서명 (33) 경각 (34) 설탕 (35) 태두 (36) 할증 (37) 형평 (38) 투명 (39) 검역 (40) 진압 (41) 녹차 (42) 반향 (43) 역사 (44) 수필 (45) 기호 **2.** (46) 자랑할 과 (47) 조각 편 (48) 사랑 자 (49) 비석 비 (50) 어릴 치 (51) 토끼 토 (52) 점점 점 (53) 갑자기 홀 (54) 느릴 완 (55) 질그릇 도 (56) 날개 익 (57) 진흙 니 (58) 쇠불릴 주 (59) 잠잠할 묵 (60) 품을 회 (61) 전각 전 (62) 족보 보 (63) 무역할 무 (64) 치마 상 (65) 중매 매 (66) 들보・돌다리 량 (67) 멜 하 (68) 꾀할 기 (69) 녹 록 (70) 넘어질 도 (71) 생각할 억 (72) 무성할 무 **3.** (73) 郵票 (74) 許可 (75) 壁報 (76) 責任 (77) 觀察 (78) 要領 (79) 然後 (80) 接近 (81) 熱情 (82) 成功 (83) 密集 (84) 參加 (85) 列車 (86) 幸運 (87) 孫子 (88) 父母 (89) 兄弟 (90) 兩親 (91) 人形 (92) 全體 (93) 將來 (94) 料理 (95) 充分 (96) 的中 (97) 順序 (98) 特色 (99) 注油 (100) 往復 (101) 便安 (102) 申請 **4.** (103) ③ (104) ① (105) ④ (106) ③ (107) ② **5.** (108) 頭 또는 首 (109) 細 (110) 自 (111) 給 (112) 出 **6.** (113) 承認 (114) 保守 (115) 强固 (116) 非難 (117) 內包 **7.** (118) 首 (119) 田 (120) 福 (121) 女 (122) 馬 (123) 相 (124) 進 (125) 曲 (126) 樂 (127) 手 **8.** (128) 舟 (129) 大 (130) 鬥 (131) 豕 (132) 鹵 **9.** (133) ④ (134) ① (135) ⑩ (136) ⑥ (137) ③ **10.** (138) 短期 (139) 至誠 (140) 萬善 (141) 導火 (142) 京鄕 **11.** (143) 옥에 가둠. (144) 습격을 당함. (145) 사무를 행함. (146) 소송에서 이기는 일 (147) 일을 맡아서 주관함. **12.** (148) 労 (149) 総 (150) 済

📖 3급 Ⅱ 적중 예상 문제 3

458~460쪽

1. (1) 화랑 (2) 답사 (3) 난마 (4) 잠적 (5) 해몽 (6) 온유 (7) 미묘 (8) 발아 (9) 간곡 (10) 경직 (11) 연무 (12) 상환 (13) 친척 (14) 즉흥 (15) 망언 (16) 침투 (17) 궁색 (18) 사양 (19) 부여 (20) 도치 (21) 파열 (22) 가약 (23) 단서 (24) 왕비 (25) 각오 (26) 누진 (27) 봉착 (28) 맹렬 (29) 백중 (30) 구속 (31) 기괴 (32) 주단 (33) 현판 (34) 영결 (35) 삼엄 (36) 맹장 (37) 가차 (38) 뇌관 (39) 연골 (40) 각박 (41) 신중 (42) 거리 (43) 은막 (44) 경락 (45) 재단 **2.** (46) 문서 부 (47) 쇠할 쇠 (48) 씩씩할 장 (49) 당나라・당황할 당 (50) 드리울 수 (51) 건널 도 (52) 솜 면 (53) 거문고 금 (54) 증세 증 (55) 기쁠 열 (56) 거울 감 (57) 찔 증 (58) 편안 녕 (59) 주춧돌 초 (60) 주먹 권 (61) 인쇄할 쇄 (62) 힘쓸 려 (63) 음란할 음 (64) 끓을 탕 (65) 가지런할 제 (66) 시어미 고 (67) 맡을 사 (68) 꾸밀 식 (69) 새길 명 (70) 소반 반 (71) 땀 한 (72) 엿 당 **3.** (73) 滿足 (74) 感謝 (75) 眞正 (76) 幸福 (77) 獨島 (78) 寒流 (79) 種類 (80) 豊富 (81) 連休 (82) 市場 (83) 變化 (84) 工夫 (85) 經驗 (86) 見聞 (87) 陸軍 (88) 長官 (89) 敎育 (90) 參席 (91) 電氣 (92) 火災 (93) 左右 (94) 强弱 (95) 事件 (96) 完全 (97) 昨年 (98) 是認 (99) 最善 (100) 公開 (101) 毛根 (102) 處方 **4.** (103) ① (104) ② (105) ② (106) ③ (107) ④ **5.** (108) 罰 (109) 呼 (110) 除 (111) 深 (112) 民 **6.** (113) 往復 (114) 單純 (115) 低俗 (116) 近接 (117) 暗示 **7.** (118) 回 (119) 始 (120) 背 (121) 思 (122) 頭 (123) 波 (124) 忠 (125) 不 (126) 笑 (127) 虛 **8.** (128) 日 (129) 門 (130) 彳 (131) 竹 (132) 疋 **9.** (133) ⑩ (134) ⑨ (135) ① (136) ③ (137) ⑥ **10.** (138) 掃地 (139) 油田 (140) 童詩 (141) 房門 (142) 新婦 **11.** (143) 설날 아침 (144) 아내의 언니 (145) 축하하는 손님 (146) 말이 적고 침착함. (147) 굳게 믿고 의지함. **12.** (148) 広 (149) 灯 (150) 战

3급Ⅱ 적중 예상 문제 4

461~463쪽

1. (1) 혜안 (2) 도취 (3) 분방 (4) 제사 (5) 투영 (6) 호걸 (7) 착오 (8) 제반 (9) 치욕 (10) 황제 (11) 조감 (12) 세뇌 (13) 인습 (14) 무성 (15) 판도 (16) 융숭 (17) 포획 (18) 겸양 (19) 천도 (20) 폐광 (21) 촉매 (22) 보충 (23) 연혁 (24) 관록 (25) 기강 (26) 소송 (27) 희석 (28) 피폐 (29) 선반 (30) 공헌 (31) 조숙 (32) 내구 (33) 초월 (34) 함몰 (35) 조종 (36) 괴수 (37) 번창 (38) 면밀 (39) 재배 (40) 지불 (41) 선양 (42) 불혹 (43) 냉담 (44) 간유 (45) 우아 **2.** (46) 희롱할 롱 (47) 삼갈 신 (48) 떨칠 분 (49) 난간 란 (50) 항목 항 (51) 단장할 장 (52) 가지 지 (53) 빼앗을 탈 (54) 그을 획 (55) 갑자기 돌 (56) 닮을·같을 초 (57) 다리 각 (58) 마을 서 (59) 바꿀 환 (60) 개 포 (61) 값 치 (62) 허파 폐 (63) 종 노 (64) 대 대 (65) 꽃다울 방 (66) 익숙할 관 (67) 곧을 정 (68) 갚을 상 (69) 버금 중 (70) 싹 아 (71) 꾈 유 (72) 화목할 목 **3.** (73) 戰爭 (74) 勝利 (75) 英雄 (76) 奉仕 (77) 知識 (78) 特技 (79) 指導 (80) 韓服 (81) 色相 (82) 高級 (83) 助言 (84) 運動 (85) 速度 (86) 效力 (87) 停止 (88) 規定 (89) 最新 (90) 品質 (91) 工程 (92) 觀衆 (93) 雲集 (94) 公演 (95) 選手 (96) 入場 (97) 晝夜 (98) 聖火 (99) 到着 (100) 銀行 (101) 書店 (102) 藥局 **4.** (103) ② (104) ① (105) ① (106) ④ (107) ④ **5.** (108) 送 (109) 正 (110) 素 (111) 恩 (112) 罪 **6.** (113) 生産 (114) 活用 (115) 經常 (116) 肉體 (117) 性急 **7.** (118) 上 (119) 明 (120) 竹 (121) 材 (122) 首 (123) 復 (124) 鼻 (125) 深 (126) 學 (127) 重 **8.** (128) 土 (129) 貝 (130) 心 (131) 攵 (132) 水 **9.** (133) ⑨ (134) ④ (135) ① (136) ③ (137) ⑦ **10.** (138) 單數 (139) 呼氣 (140) 全員 (141) 加擔 (142) 開設 **11.** (143) 통쾌한 행동 (144) 뚜렷이 드러남. (145) 집으로 돌아감. (146) 얼마 되지 않음. (147) 머릿속으로 계산함. **12.** (148) 会 (149) 欠 (150) 卆

3급 적중 예상 문제 1

464~466쪽

1. (1) 파견 (2) 을묘 (3) 수락 (4) 빈번 (5) 추서 (6) 창달 (7) 비견 (8) 맹수 (9) 번역 (10) 풍금 (11) 알성 (12) 추심 (13) 난간 (14) 종묘 (15) 의구 (16) 각하 (17) 섭생 (18) 가불 (19) 단풍 (20) 통솔 (21) 우려 (22) 기피 (23) 돌격 (24) 뇌리 (25) 곤전 (26) 등귀 (27) 고갈 (28) 오만 (29) 긴박 (30) 육묘 (31) 무성 (32) 제방 (33) 막료 (34) 부절 (35) 근소 (36) 둔진 (37) 야소 (38) 막연 (39) 가경 (40) 가맹 (41) 변별 (42) 망측 (43) 견제 (44) 수검 (45) 엽기 **2.** (46) 졸음 수 (47) 의뢰할 뢰 (48) 품을 회 (49) 탑 탑 (50) 두·쌍 쌍 (51) 옻 칠 (52) 종 례 (53) 떳떳할 용 (54) 점점 점 (55) 소금 염 (56) 녹 록 (57) 닭 유 (58) 책력 력 (59) 개 술 (60) 겸손할 겸 (61) 쇠불릴 주 (62) 잡을 체 (63) 거칠 황 (64) 주먹 권 (65) 정수리 정 (66) 돌·순행할 순 (67) 헐 훼 (68) 이미 이 (69) 그 궐 (70) 여러 루 (71) 친척 척 (72) 좇을 준 **3.** (73) 觀覽 (74) 趣味 (75) 餘白 (76) 精誠 (77) 燃料 (78) 歲拜 (79) 暖房 (80) 接近 (81) 硏究 (82) 差異 (83) 申請 (84) 退場 (85) 散步 (86) 通帳 (87) 擔當 (88) 銅錢 (89) 壁畫 (90) 遺産 (91) 除外 (92) 細密 (93) 談笑 (94) 負傷 (95) 示範 (96) 糧食 (97) 平均 **4.** (98) 賣 (99) 試 (100) 足 (101) 愼 (102) 潔 (103) 轉 (104) 曲 (105) 兒 (106) 盜 (107) 暗 **5.** (108) ④ (109) ③ (110) ② (111) ① (112) ③ **6.** (113) 班 (114) 給 (115) 厚 (116) 急 (117) 損 (118) 複 (119) 投 (120) 反 (121) 因 (122) 妹 **7.** (123) 私 (124) 深 (125) 鏡 (126) 甘 (127) 牛 (128) 口 (129) 支 (130) 信 (131) 得 (132) 過 **8.** (133) 十 (134) 小 (135) 車 (136) 广 (137) 乙 **9.** (138) 方面 (139) 利害 (140) 辭典 (141) 技術 (142) 錄音 **10.** (143) 나라의 빚 (144) 거의 절반 (145) 임시로 정함. (146) 맑고 푸른 하늘 (147) 직위의 등급이나 계급이 오름. **11.** (148) 圧 (149) 佛 (150) 満

3급 적중 예상 문제 2

467~469쪽

1. (1) 통촉 (2) 호접 (3) 백작 (4) 효성 (5) 이립 (6) 폐색 (7) 모욕 (8) 탄신 (9) 체포 (10) 밀월 (11) 쾌재 (12) 성곽 (13) 괘념 (14) 옹주 (15) 지체 (16) 휘호 (17) 궤적 (18) 천거 (19) 압운 (20) 정이 (21) 응고 (22) 여적 (23) 단호 (24) 부임 (25) 돈사 (26) 소각 (27) 기미 (28) 절규 (29) 순음 (30) 각축 (31) 기증 (32) 보좌 (33) 절도 (34) 윤년 (35) 작정 (36) 만료 (37) 운무 (38) 건조 (39) 인척 (40) 필경 (41) 숙질 (42) 첨병 (43) 예속 (44) 방자 (45) 남획 **2.** (46) 잡을 파 (47) 나란히 병 (48) 어조사 의 (49) 건널 섭 (50) 보낼 견

(51) 통할 철 (52) 바로잡을 교 (53) 밤 률 (54) 거의 태 (55) 민망할 민 (56) 무릅쓸 모 (57) 더욱 우 (58) 떠들 소 (59) 서로 호 (60) 참혹할 참 (61) 눈물 루 (62) 쇠사슬 쇄 (63) 편안할 일 (64) 버섯 균 (65) 아득할 망 (66) 맺을 계 (67) 반딧불 형 (68) 취할 취 (69) 비단 견 (70) 뱀 사 (71) 무늬 문 (72) 맡길 탁 **3.** (73) 祭 (74) 況 (75) 督 (76) 批 (77) 慰 **4.** (78) 煙氣 (79) 周圍 (80) 犯人 (81) 降伏 (82) 推進 (83) 水深 (84) 樂器 (85) 筋肉 (86) 罰則 (87) 應援 (88) 非常 (89) 額子 (90) 華麗 (91) 冊床 (92) 粉乳 (93) 處理 (94) 鉛筆 (95) 希望 (96) 雜誌 (97) 蟲齒 **5.** (98) 圖 (99) 過 (100) 勸 (101) 重 (102) 容 또는 面 (103) 頭 (104) 探 (105) 去 (106) 糧 (107) 錄 **6.** (108) ② (109) ④ (110) ① (111) ③ (112) ④ **7.** (113) 縮 (114) 隱 (115) 圓 (116) 正 (117) 減 (118) 寒 또는 冷 (119) 略 (120) 勤 (121) 守 (122) 動 **8.** (123) 異 (124) 手 (125) 絲 (126) 馬 (127) 點 (128) 千 (129) 花 (130) 患 (131) 自 (132) 德 **9.** (133) 雨 (134) 彡 (135) 飛 (136) 一 (137) 邑 **10.** (138) 時空 (139) 表紙 (140) 良好 (141) 明示 (142) 服裝 **11.** (143) 뽕잎 (144) 금덩이 (145) 누런 모래 (146) 끌어서 당김. (147) 기쁨과 즐거움 **12.** (148) 辭 (149) 輕 (150) 興

📖 3급 적중 예상 문제 3

470～472쪽

1. (1) 붕당 (2) 횡액 (3) 모씨 (4) 납량 (5) 서민 (6) 체감 (7) 순환 (8) 요대 (9) 서거 (10) 매개 (11) 분개 (12) 주선 (13) 외박 (14) 도장 (15) 낭만 (16) 최루 (17) 애걸 (18) 원단 (19) 양봉 (20) 감옥 (21) 빙장 (22) 천애 (23) 미궁 (24) 낭송 (25) 홍역 (26) 격차 (27) 도약 (28) 오수 (29) 복채 (30) 공룡 (31) 발군 (32) 미수 (33) 세모 (34) 둔탁 (35) 복개 (36) 오염 (37) 만추 (38) 사액 (39) 약탈 (40) 겸양 (41) 결함 (42) 시위 (43) 교섭 (44) 영점 (45) 수반 **2.** (46) 잠길 잠 (47) 어찌 나 (48) 두려워할 외 (49) 잔 배 (50) 줄 현 (51) 배반할 반 (52) 누릴 향 (53) 번거로울 번 (54) 물방울 적 (55) 갖출·마땅 해 (56) 길 옹 (57) 온당할 타 (58) 몰 구 (59) 도타울 독 (60) 병풍 병 (61) 분초 초 (62) 솜 면 (63) 초하루 삭 (64) 흙덩이 괴 (65) 살찔 비 (66) 바로잡을 정 (67) 졸할 졸 (68) 살펴알·믿을 량 (69) 선선 (70) 목마를 갈 (71) 나물 소 (72) 엄습할 습 **3.** (73) 層 (74) 範 (75) 掃 (76) 條 (77) 構 (78) 姿 (79) 雄 (80) 縮 (81) 糧 (82) 祕 **4.** (83) 勤勉 (84) 豫想 (85) 小包 (86) 疑心 (87) 眞實 (88) 爆發 (89) 模樣 (90) 閑暇 (91) 訪問 (92) 因緣 (93) 離別 (94) 討論 (95) 疲困 (96) 眼鏡 (97) 賢明 **5.** (98) 脈 (99) 傑 (100) 劇 (101) 罰 (102) 陸 (103) 備 (104) 洗 (105) 端 (106) 建 (107) 墓 **6.** (108) ② (109) ④ (110) ① (111) ④ (112) ③ **7.** (113) 細 (114) 多 (115) 亂 (116) 老 (117) 背 (118) 任 (119) 炭 (120) 推 (121) 速 (122) 盛 **8.** (123) 頭 (124) 弱 (125) 取 (126) 致 (127) 斗 (128) 武 (129) 命 (130) 辭 (131) 走 (132) 術 **9.** (133) 尢 (134) 行 (135) 車 (136) 戈 (137) 口 **10.** (138) 長官 (139) 家産 (140) 港口 (141) 招待 (142) 對局 **11.** (143) 굶주림 (144) 천둥소리 (145) 연꽃의 뿌리 (146) 굳게 믿고 의지함. (147) 마음이 굳세고 꿋꿋함. **12.** (148) 担 (149) 蟲 (150) 奬

📖 3급 적중 예상 문제 4

473～475쪽

1. (1) 보폭 (2) 첨삭 (3) 내지 (4) 철삭 (5) 파종 (6) 경락 (7) 임차 (8) 함지 (9) 처첩 (10) 구현 (11) 할부 (12) 상엽 (13) 잠복 (14) 화랑 (15) 지문 (16) 수직 (17) 자객 (18) 습득 (19) 항간 (20) 융숭 (21) 계몽 (22) 각오 (23) 일화 (24) 표류 (25) 계시 (26) 내구 (27) 조기 (28) 역장 (29) 암벽 (30) 구릉 (31) 설탕 (32) 훼손 (33) 강림 (34) 월장 (35) 사양 (36) 봉합 (37) 간염 (38) 맥아 (39) 분쟁 (40) 과장 (41) 앙망 (42) 냉담 (43) 유독 (44) 균열 (45) 식탐 **2.** (46) 미혹할 혹 (47) 어릴 유 (48) 부드러울 유 (49) 어두울 명 (50) 매화 매 (51) 청렴할 렴 (52) 가지런할 제 (53) 이 사 (54) 베개 침 (55) 밝을 소 (56) 사무칠 투 (57) 증세 증 (58) 잠잠할 묵 (59) 봉우리 봉 (60) 닿을 촉 (61) 모름지기 수 (62) 도타울 돈 (63) 즐길 긍 (64) 열흘 순 (65) 가슴 흉 (66) 왕비 비 (67) 너그러울 관 (68) 어긋날 착 (69) 맑을 아 (70) 물따라갈·따를 연 (71) 기계 계 (72) 슬기로울 혜 **3.** (73) 男妹 (74) 榮光 (75) 態度 (76) 義務 (77) 連休 (78) 目標 (79) 印朱 (80) 貯蓄 (81) 故障 (82) 待避 (83) 聖堂 (84) 福券 (85) 證據 (86) 呼吸 (87) 保留 (88) 採用 (89) 溫泉

(90) 戶籍 (91) 環境 (92) 壯丁 (93) 空港 (94) 慰勞 (95) 資格 (96) 階段 (97) 寢室 **4.** (98) 祭 (99) 擊 (100) 鏡 (101) 壓 (102) 盜 (103) 帶 (104) 羅 (105) 大 (106) 毛 (107) 席 **5.** (108) ② (109) ② (110) ④ (111) ① (112) ③ **6.** (113) 逆 (114) 早 (115) 否 (116) 美 (117) 陸 (118) 恩 (119) 受 (120) 愛 (121) 納 (122) 顯 **7.** (123) 上 (124) 道 (125) 龍 (126) 鬪 (127) 聲 (128) 就 (129) 卵 (130) 畫 (131) 齒 (132) 苦 **8.** (133) 聿 (134) 隸 (135) 戈 (136) 亅 (137) 网 **9.** (138) 無機 (139) 節減 (140) 車線 (141) 援助 (142) 掃地 **10.** (143) 살피어 앎. (144) 아주 많음. (145) 실제로 행함. (146) 사라져 없어짐. (147) 냄새를 빼어 없앰. **11.** (148) 應 (149) 旧 (150) 屬

📖 3급 적중 예상 문제 5

476~478쪽

1. (1) 쾌청 (2) 소란 (3) 차치 (4) 황률 (5) 위선 (6) 약관 (7) 관철 (8) 향로 (9) 구충 (10) 의탁 (11) 승선 (12) 연마 (13) 뇌동 (14) 형통 (15) 답습 (16) 여론 (17) 아연 (18) 휘도 (19) 부설 (20) 개근 (21) 중앙 (22) 골반 (23) 계피 (24) 음미 (25) 동헌 (26) 밀수 (27) 가공 (28) 권투 (29) 단지 (30) 뇌쇄 (31) 계류 (32) 비범 (33) 실연 (34) 노비 (35) 태업 (36) 배필 (37) 나락 (38) 사과 (39) 길몽 (40) 아역 (41) 도래 (42) 인접 (43) 홍모 (44) 와병 (45) 견사 **2.** (46) 연이을 련 (47) 펼 술 (48) 벼 도 (49) 봉할 봉 (50) 덮을 폐 (51) 거리 항 (52) 뽑을 초 (53) 북 고 (54) 간절할 간 (55) 긴뱀 사 (56) 제후 후 (57) 무성할 무 (58) 훔칠 절 (59) 화창할 창 (60) 더울 서 (61) 이에 내 (62) 묻을 매 (63) 푸를 벽 (64) 곧을 정 (65) 흔들 요 (66) 배부를 포 (67) 질그릇 도 (68) 이을·얽을 락 (69) 벼슬 경 (70) 낳을·거짓 탄 (71) 거만할 오 (72) 심할 심 **3.** (73) 覽 (74) 稅 (75) 鑛 (76) 操 (77) 混 **4.** (78) 努力 (79) 演劇 (80) 運營 (81) 私立 (82) 關係 (83) 儉素 (84) 與件 (85) 列車 (86) 伐草 (87) 悲鳴 (88) 逃亡 (89) 書藝 (90) 看板 (91) 單獨 (92) 秀才 (93) 律動 (94) 傑作 (95) 血管 (96) 郵票 (97) 家寶 **5.** (98) 客 (99) 急 (100) 評 (101) 災 (102) 利 (103) 婚 (104) 減 (105) 恨 (106) 查 (107) 傾 **6.** (108) ① (109) ② (110) ③ (111) ④ (112) ③ **7.** (113) 優 (114) 降 (115) 淸 (116) 疑 (117) 閑 (118) 俗 (119) 功 (120) 高 (121) 榮 (122) 滿 **8.** (123) 解 (124) 令 (125) 勸 (126) 葉 (127) 火 (128) 本 (129) 衆 (130) 群 (131) 出 (132) 氷 **9.** (133) 心 (134) 音 (135) 又 (136) 大 (137) 尸 **10.** (138) 强化 (139) 倍數 (140) 引上 (141) 小腸 (142) 監修 **11.** (143) 완전히 끝마침. (144) 두 눈썹의 사이 (145) 분명하고 자세함. (146) 맹세하고 약속함. (147) 지체가 높고 귀한 사람을 찾아가 뵘. **12.** (148) 珎 (149) 擧 (150) 賢

📖 3급 적중 예상 문제 6

479~481쪽

1. (1) 파지 (2) 모반 (3) 허기 (4) 제반 (5) 차후 (6) 하중 (7) 승무 (8) 조숙 (9) 참회 (10) 파직 (11) 한해 (12) 죽염 (13) 축척 (14) 재배 (15) 혐오 (16) 반품 (17) 사적 (18) 용졸 (19) 균형 (20) 안항 (21) 보상 (22) 현철 (23) 확대 (24) 초록 (25) 조폐 (26) 우발 (27) 재상 (28) 해동 (29) 옹호 (30) 경외 (31) 치아 (32) 방계 (33) 박빙 (34) 징계 (35) 매실 (36) 주물 (37) 족보 (38) 가사 (39) 원교 (40) 기획 (41) 초상 (42) 막심 (43) 소집 (44) 모방 (45) 열람 **2.** (46) 업신여길 모 (47) 이끌 휴 (48) 버금 중 (49) 노략질할 략 (50) 다 개 (51) 나 여 (52) 생각할 유 (53) 두루 편 (54) 물리칠 척 (55) 잡을 구 (56) 닮을 사 (57) 삼갈 근 (58) 모을·뽑을 모 (59) 자주 빈 (60) 눈 깜짝일 순 (61) 떨칠 진 (62) 폭 폭 (63) 어찌 해 (64) 뛸 도 (65) 천천할 서 (66) 편안 녕 (67) 공교할 교 (68) 끓을 탕 (69) 무릇 범 (70) 단장할 장 (71) 밟을 리 (72) 새벽 신 **3.** (73) 脈 (74) 努 (75) 華 (76) 伏 (77) 係 (78) 躍 (79) 殘 (80) 宣 (81) 讚 (82) 疲 **4.** (83) 所屬 (84) 樹液 (85) 消息 (86) 缺席 (87) 要領 (88) 快活 (89) 靜肅 (90) 帶同 (91) 以上 (92) 甘酒 (93) 背信 (94) 批評 (95) 回航 (96) 暗黑 (97) 協助 **5.** (98) 因 (99) 引 (100) 感 (101) 弱 (102) 樣 (103) 與 (104) 終 (105) 柳 (106) 包 (107) 程 **6.** (108) ① (109) ④ (110) ① (111) ④ (112) ② **7.** (113) 落 (114) 貴 (115) 民 (116) 慶 (117) 易 (118) 用 (119) 怒 또는 悲 (120) 斷 (121) 婦 (122) 叔 **8.** (123) 字 (124) 輕 (125) 尊 (126) 祭 (127) 堂 (128) 五 (129) 敢 (130) 筆 (131) 求 (132) 守 **9.** (133) 肉 (134) 日 (135) 尸 (136) 土 (137) 氏 **10.** (138) 意志 (139) 有勢 (140) 來社 (141) 制約 (142) 近間 **11.** (143) 헤엄치는 방법 (144) 어떤 일에 앞서서 (145) 세금을 면제함. (146) 말이 적고 침착함. (147) 쫓아내거나 몰아냄. **12.** (148) 從 (149) 宝 (150) 龍

국가공인 漢字能力檢定試驗 3級 II 實戰 問題紙

1. (1) 단서 (2) 부호 (3) 낭군 (4) 요새 (5) 삭막 (6) 염전 (7) 이방 (8) 현철 (9) 지문 (10) 윤기 (11) 반경 (12) 요정 (13) 앙망 (14) 십만 (15) 쇄신 (16) 노출 (17) 악보 (18) 관례 (19) 제창 (20) 초상 (21) 편승 (22) 임박 (23) 수락 (24) 몽고 (25) 파편 (26) 태연 (27) 억류 (28) 능곡 (29) 원수 (30) 도리 (31) 저당 (32) 현관 (33) 항성 (34) 연맹 (35) 금지 (36) 난간 (37) 소맥 (38) 황당 (39) 건각 (40) 환율 (41) 아성 (42) 피복 (43) 영일 (44) 칠흑 (45) 오장 **2.** (46) 피리 적 (47) 이을·얽을 락 (48) 거의 태 (49) 밟을 리 (50) 견줄·비교할 교 (51) 마칠 필 (52) 가슴 흉 (53) 골·뇌수 뇌 (54) 아내 처 (55) 짝 우 (56) 또 역 (57) 넋 혼 (58) 재촉할 최 (59) 기울 보 (60) 억조 조 (61) 아침 단 (62) 무리 배 (63) 닿을 촉 (64) 줄기 간 (65) 부칠 부 (66) 비칠 조 (67) 빌 기 (68) 기둥 주 (69) 꼬리 미 (70) 말·글 사 (71) 밟을 답 (72) 돌 선 **3.** (73) 世上 (74) 太白 (75) 雪景 (76) 連續 (77) 安打 (78) 許容 (79) 始終 (80) 監督 (81) 登板 (82) 命令 (83) 導入 (84) 表現 (85) 文章 (86) 部分 (87) 消化 (88) 方向 (89) 男女 (90) 衣類 (91) 時計 (92) 賣場 (93) 見學 (94) 最高 (95) 參加 (96) 英才 (97) 訪問 (98) 可能 (99) 夜間 (100) 基本 (101) 施設 (102) 完備 **4.** (103) ④ (104) ③ (105) ④ (106) ① (107) ② **5.** (108) 理 (109) 俗 (110) 任 (111) 實 (112) 多 **6.** (113) 密集 (114) 敗北 (115) 感情 (116) 自立 (117) 所得 **7.** (118) 草 (119) 難 (120) 子 (121) 識 (122) 卒 (123) 齒 (124) 一 (125) 過 (126) 味 (127) 益 **8.** (128) 豸 (129) 火 (130) 戈 (131) 阝 (132) 馬 **9.** (133) ⑨ (134) ④ (135) ① (136) ③ (137) ⑤ **10.** (138) 事由 (139) 美觀 (140) 名士 (141) 病歷 (142) 銅賞 **11.** (143) 물의 압력 (144) 도움을 옮김. (145) 자세히 읽음. (146) 물 속에 가라앉음. (147) 추측하여 판정함. **12.** (148) 芸 (149) 麗 (150) 団

국가공인 漢字能力檢定試驗 3級 實戰 問題紙

1. (1) 수긍 (2) 향유 (3) 은괴 (4) 모험 (5) 준걸 (6) 번잡 (7) 사회 (8) 의상 (9) 국빈 (10) 읍소 (11) 잔인 (12) 근수 (13) 찬반 (14) 참사 (15) 고분 (16) 판촉 (17) 억압 (18) 주유 (19) 탁본 (20) 명복 (21) 참선 (22) 교도 (23) 회고 (24) 초침 (25) 고취 (26) 산장 (27) 파다 (28) 고배 (29) 유일 (30) 기재 (31) 붕괴 (32) 추상 (33) 주구 (34) 치아 (35) 조항 (36) 석탑 (37) 궐자 (38) 칠흑 (39) 서약 (40) 자당 (41) 유령 (42) 충동 (43) 대체 (44) 목침 (45) 규명 **2.** (46) 민첩할 민 (47) 싫어할 혐 (48) 바퀴자국 궤 (49) 길쌈 세 (50) 땀 한 (51) 따라죽을 순 (52) 이길 극 (53) 마칠 료 (54) 이를 운 (55) 번뇌할 뇌 (56) 고요할 적 (57) 재상 재 (58) 따를 수 (59) 조세 조 (60) 갈 서 (61) 잠길 침 (62) 실마리 서 (63) 돼지 돈 (64) 피리 적 (65) 모양 모 (66) 다다를·갈 부 (67) 맑을 숙 (68) 곁 방 (69) 도울 좌 (70) 벼리 유 (71) 돋울 도 (72) 속일 기 **3.** (73) 將來 (74) 副賞 (75) 寸陰 (76) 謝過 (77) 鐵絲 (78) 飛行 (79) 健康 (80) 準備 (81) 改革 (82) 怨恨 (83) 確認 (84) 指揮 (85) 殺害 (86) 暴惡 (87) 智略 (88) 政府 (89) 宣傳 (90) 裝置 (91) 憤怒 (92) 好轉 (93) 屈折 (94) 去就 (95) 監察 (96) 施設 (97) 現狀 **4.** (98) 獨 (99) 比 (100) 落 (101) 色 (102) 命 (103) 餘 (104) 玉 (105) 休 (106) 送 (107) 朱 **5.** (108) ③ (109) ① (110) ④ (111) ① (112) ② **6.** (113) 經 (114) 決 (115) 天 (116) 散 (117) 形 (118) 答 (119) 深 (120) 正 (121) 發 (122) 同 **7.** (123) 高 (124) 榮 (125) 海 (126) 不 (127) 勝 (128) 變 (129) 孤 (130) 絶 (131) 唱 (132) 入 **8.** (133) 攴 (134) 大 (135) 豕 (136) 黑 (137) 大 **9.** (138) 彈性 (139) 再拜 (140) 祝客 (141) 財貨 (142) 主食 **10.** (143) 나비 (144) 조카 딸 (145) 여러 해 (146) 발을 씻음. (147) 점잖고 엄숙함. **11.** (148) 賢 (149) 畫 (150) 庁

색인 index

ㄱ

家(가)	25
歌(가)	25
加(가)	50
可(가)	50
價(가)	50
街(가)	70
假(가)	70
暇(가)	95
架(가)	134
佳(가)	134
角(각)	35
各(각)	35
刻(각)	95
覺(각)	95
脚(각)	134
閣(각)	134
却(각)	264
間(간)	25
簡(간)	95
干(간)	95
看(간)	95
刊(간)	134
幹(간)	135
懇(간)	135
肝(간)	135
姦(간)	264
渴(갈)	264
感(감)	35
監(감)	70
減(감)	70
甘(감)	95
敢(감)	95
鑑(감)	135
甲(갑)	95
江(강)	25
强(강)	35
康(강)	70
講(강)	70
降(강)	95
剛(강)	135
綱(강)	136
鋼(강)	136
開(개)	35
改(개)	50
個(개)	70
介(개)	136
概(개)	136
蓋(개)	136
慨(개)	264
皆(개)	264
客(객)	50
更(갱)	97
車(거)	25
擧(거)	50
去(거)	50
據(거)	96
居(거)	96
巨(거)	96
拒(거)	96
距(거)	137
建(건)	50
件(건)	50
健(건)	50
乾(건)	137
傑(걸)	96
乞(걸)	265
檢(검)	70
儉(검)	96
劍(검)	137
格(격)	51
激(격)	96
擊(격)	96
隔(격)	137
見(견)	51
犬(견)	96
堅(견)	96
牽(견)	265
絹(견)	265
肩(견)	265
遣(견)	265
結(결)	51
決(결)	51
缺(결)	70
潔(결)	70
訣(결)	137
兼(겸)	138
謙(겸)	138
京(경)	35
競(경)	51
輕(경)	51
景(경)	51
敬(경)	51
警(경)	71
經(경)	71
慶(경)	71
境(경)	71
鏡(경)	97
驚(경)	97
更(경)	97
傾(경)	97
硬(경)	138
徑(경)	138
耕(경)	138
頃(경)	139
竟(경)	266
庚(경)	266
卿(경)	266
計(계)	35
界(계)	35
係(계)	71
繼(계)	97
鷄(계)	97
階(계)	97
系(계)	97
戒(계)	97
季(계)	97
械(계)	139
契(계)	139
桂(계)	139
啓(계)	139
溪(계)	140
繫(계)	266
癸(계)	266
古(고)	35
苦(고)	35
高(고)	36
告(고)	51
固(고)	51
考(고)	52
故(고)	71
庫(고)	98
孤(고)	98
稿(고)	140
姑(고)	140
鼓(고)	140
枯(고)	267
顧(고)	267
曲(곡)	52
穀(곡)	98
哭(곡)	140
谷(곡)	141
困(곤)	98
坤(곤)	267
骨(골)	98
空(공)	25
工(공)	25
公(공)	36
共(공)	36
功(공)	36
孔(공)	98
攻(공)	98
貢(공)	141
恭(공)	141
供(공)	141
恐(공)	141
果(과)	36
科(과)	36
課(과)	52
過(과)	52
寡(과)	142
誇(과)	142
郭(곽)	267
觀(관)	52
關(관)	52
官(관)	71
管(관)	98
寬(관)	142
慣(관)	142
冠(관)	142
貫(관)	143
館(관)	143
光(광)	36
廣(광)	52
鑛(광)	98
狂(광)	143
掛(괘)	267
壞(괴)	143
怪(괴)	143
塊(괴)	268
愧(괴)	268
敎(교)	20
校(교)	20
交(교)	36
橋(교)	52
巧(교)	146
較(교)	146
矯(교)	268
郊(교)	268
九(구)	20
口(구)	25
球(구)	36
區(구)	36
救(구)	52
具(구)	52
舊(구)	53
句(구)	71
求(구)	71
究(구)	71
構(구)	98
丘(구)	146
久(구)	146
拘(구)	146
俱(구)	268
苟(구)	269
狗(구)	269
懼(구)	269
驅(구)	269
龜(구)	269
國(국)	20
局(국)	53
菊(국)	147
軍(군)	20
郡(군)	37
君(군)	99
群(군)	99
屈(굴)	99
宮(궁)	72
窮(궁)	99
弓(궁)	147
權(권)	72
卷(권)	99
券(권)	99
勸(권)	99
拳(권)	147
厥(궐)	270
軌(궤)	270
貴(귀)	53
歸(귀)	99
鬼(귀)	147
龜(귀)	269
規(규)	53
叫(규)	270
糾(규)	270
均(균)	99
菌(균)	147
龜(균)	269
極(극)	72
劇(극)	99
克(극)	148
近(근)	37
根(근)	37
勤(근)	100
筋(근)	100
斤(근)	270
僅(근)	271
謹(근)	271
金(금)	20
今(금)	37
禁(금)	72
琴(금)	148
禽(금)	148
錦(금)	148
級(급)	37
急(급)	37
給(급)	53
及(급)	148
肯(긍)	271
氣(기)	25
旗(기)	25
記(기)	26
己(기)	53
基(기)	53
技(기)	53
期(기)	53
汽(기)	53
起(기)	72
器(기)	72
紀(기)	100
寄(기)	100
機(기)	100
奇(기)	100
企(기)	149
騎(기)	149
祈(기)	149
畿(기)	149
其(기)	149
幾(기)	271
忌(기)	271
飢(기)	272
豈(기)	272
欺(기)	272
棄(기)	272
旣(기)	272
緊(긴)	150
吉(길)	54
金(김)	20

ㄴ

那(나)	273
諾(낙)	150
暖(난)	72
難(난)	72
南(남)	20
男(남)	26
納(납)	100
娘(낭)	150
內(내)	26
耐(내)	150
乃(내)	273
奈(내)	273
女(녀)	20
年(년)	20
念(념)	54
寧(녕)	150
努(노)	72
怒(노)	72
奴(노)	151
農(농)	26
腦(뇌)	151
惱(뇌)	273
能(능)	54
泥(니)	151

ㄷ

多(다)	37
茶(다)	151
短(단)	37
團(단)	54
壇(단)	54
檀(단)	73
斷(단)	73
單(단)	73
端(단)	73
段(단)	100
丹(단)	151
旦(단)	152
但(단)	152
達(달)	73
談(담)	54
擔(담)	73
淡(담)	152
答(답)	26
踏(답)	152
畓(답)	273
堂(당)	37
當(당)	54
黨(당)	73
唐(당)	152
糖(당)	153
大(대)	20
代(대)	37
對(대)	38
待(대)	38
帶(대)	73
隊(대)	73
臺(대)	153
貸(대)	153
宅(댁)	68
德(덕)	54
道(도)	26
圖(도)	38
度(도)	38
島(도)	54
到(도)	54
都(도)	55
導(도)	73
徒(도)	100
盜(도)	100
逃(도)	101
刀(도)	153
倒(도)	153
途(도)	154
陶(도)	154
渡(도)	154
桃(도)	154

稻(도)	276	練(련)	55	梨(리)	280	牧(목)	75	防(방)	76	父(부)	21
挑(도)	276	連(련)	75	隣(린)	281	睦(목)	172	妨(방)	103	不(부)	28
跳(도)	276	戀(련)	161	林(림)	27	沒(몰)	172	芳(방)	176	夫(부)	28
塗(도)	276	聯(련)	161	臨(림)	166	夢(몽)	173	倣(방)	288	部(부)	41
讀(독)	38	蓮(련)	161	立(립)	27	蒙(몽)	173	傍(방)	288	府(부)	78
獨(독)	55	鍊(련)	161			墓(묘)	102	邦(방)	289	富(부)	78
督(독)	74	憐(련)	278	ㅁ		妙(묘)	102	北(배)	21	婦(부)	78
毒(독)	74	列(렬)	75	馬(마)	56	卯(묘)	283	倍(배)	57	副(부)	78
篤(독)	276	烈(렬)	101	磨(마)	166	廟(묘)	284	拜(배)	76	復(부)	78
敦(돈)	277	裂(렬)	162	麻(마)	166	苗(묘)	284	背(배)	77	負(부)	103
豚(돈)	277	劣(렬)	278	幕(막)	166	無(무)	57	配(배)	77	否(부)	103
突(돌)	154	廉(렴)	279	莫(막)	166	務(무)	76	培(배)	176	覆(부)	178
東(동)	21	獵(렵)	279	漠(막)	167	武(무)	76	排(배)	176	付(부)	179
洞(동)	26	領(령)	56	萬(만)	21	舞(무)	102	輩(배)	176	扶(부)	179
冬(동)	26	令(령)	56	滿(만)	75	茂(무)	173	杯(배)	289	浮(부)	180
動(동)	26	嶺(령)	162	晩(만)	167	貿(무)	173	白(백)	21	腐(부)	180
同(동)	26	靈(령)	162	慢(만)	281	戊(무)	284	百(백)	28	簿(부)	180
童(동)	38	零(령)	279	漫(만)	281	霧(무)	284	伯(백)	177	符(부)	180
銅(동)	74	例(례)	38	末(말)	56	墨(묵)	173	番(번)	40	賦(부)	180
凍(동)	155	禮(례)	39	亡(망)	56	默(묵)	174	繁(번)	177	附(부)	181
頭(두)	38	隷(례)	279	望(망)	57	門(문)	21	煩(번)	289	赴(부)	290
斗(두)	74	老(로)	27	妄(망)	167	問(문)	28	飜(번)	289	北(북)	21
豆(두)	74	路(로)	39	忘(망)	281	文(문)	28	伐(벌)	77	分(분)	41
屯(둔)	277	勞(로)	56	忙(망)	281	聞(문)	39	罰(벌)	77	憤(분)	104
鈍(둔)	277	爐(로)	162	罔(망)	282	紋(문)	174	犯(범)	103	粉(분)	104
得(득)	74	露(로)	162	茫(망)	282	物(물)	28	範(범)	103	奔(분)	181
登(등)	27	綠(록)	39	每(매)	27	勿(물)	174	凡(범)	177	奮(분)	181
等(등)	38	錄(록)	75	賣(매)	57	米(미)	39	法(법)	57	紛(분)	181
燈(등)	74	祿(록)	163	買(매)	57	美(미)	40	壁(벽)	77	墳(분)	291
騰(등)	277	鹿(록)	279	妹(매)	102	味(미)	76	碧(벽)	177	不(불)	28
		論(론)	75	媒(매)	167	未(미)	76	便(변)	33	佛(불)	78
ㄹ		弄(롱)	163	梅(매)	167	尾(미)	174	變(변)	57	拂(불)	181
羅(라)	74	賴(뢰)	163	埋(매)	282	微(미)	174	邊(변)	77	崩(붕)	291
樂(락)	38	雷(뢰)	163	脈(맥)	75	眉(미)	284	辯(변)	103	朋(붕)	291
落(락)	55	料(료)	56	麥(맥)	168	迷(미)	285	辨(변)	289	比(비)	58
絡(락)	155	了(료)	280	孟(맹)	168	民(민)	21	別(별)	40	鼻(비)	58
亂(란)	101	僚(료)	280	猛(맹)	168	憫(민)	285	病(병)	40	費(비)	58
卵(란)	101	龍(룡)	101	盲(맹)	168	敏(민)	285	兵(병)	57	飛(비)	78
欄(란)	155	樓(루)	163	盟(맹)	168	密(밀)	76	丙(병)	177	非(비)	78
蘭(란)	155	漏(루)	164	面(면)	27	蜜(밀)	285	屛(병)	290	悲(비)	78
覽(람)	101	累(루)	164	勉(면)	102			竝(병)	290	備(비)	78
濫(람)	278	屢(루)	280	免(면)	169	ㅂ		寶(보)	77	祕(비)	104
朗(랑)	55	淚(루)	280	眠(면)	169	朴(박)	40	步(보)	77	碑(비)	104
浪(랑)	155	流(류)	56	綿(면)	169	博(박)	76	報(보)	77	批(비)	104
廊(랑)	160	類(류)	56	滅(멸)	169	拍(박)	102	保(보)	77	肥(비)	186
郞(랑)	160	留(류)	75	名(명)	27	薄(박)	175	布(보)	92	婢(비)	186
來(래)	27	柳(류)	101	命(명)	28	迫(박)	175	普(보)	103	妃(비)	186
冷(랭)	55	六(륙)	21	明(명)	39	泊(박)	285	補(보)	178	卑(비)	186
略(략)	101	陸(륙)	56	鳴(명)	102	半(반)	40	譜(보)	178	貧(빈)	79
掠(략)	278	輪(륜)	102	銘(명)	169	反(반)	40	服(복)	41	賓(빈)	291
量(량)	55	倫(륜)	164	冥(명)	282	班(반)	40	福(복)	57	頻(빈)	291
良(량)	55	律(률)	75	母(모)	21	盤(반)	175	復(복)	78	氷(빙)	58
兩(량)	74	栗(률)	164	毛(모)	75	般(반)	175	伏(복)	103	聘(빙)	292
糧(량)	101	率(률)	164	模(모)	102	飯(반)	175	複(복)	103		
梁(량)	160	隆(륭)	165	慕(모)	172	伴(반)	288	腹(복)	178	ㅅ	
涼(량)	160	陵(릉)	165	謀(모)	172	叛(반)	288	覆(복)	178	四(사)	22
諒(량)	278	里(리)	27	貌(모)	172	返(반)	288	卜(복)	290	事(사)	28
旅(려)	55	理(리)	39	侮(모)	282	發(발)	40	本(본)	41	死(사)	41
麗(려)	74	利(리)	39	募(모)	283	髮(발)	103	奉(봉)	57	使(사)	41
慮(려)	101	李(리)	39	暮(모)	283	拔(발)	176	封(봉)	178	社(사)	41
勵(려)	160	離(리)	102	某(모)	283	方(방)	28	峯(봉)	179	思(사)	58
力(력)	27	吏(리)	165	冒(모)	283	放(방)	40	逢(봉)	179	寫(사)	58
歷(력)	55	履(리)	165	木(목)	21	訪(방)	76	鳳(봉)	179	士(사)	58
曆(력)	161	裏(리)	165	目(목)	39	房(방)	76	蜂(봉)	290	査(사)	58

仕(사)	58	徐(서)	190	束(속)	60	拾(습)	198	眼(안)	83	然(연)	30
史(사)	58	署(서)	191	俗(속)	81	濕(습)	199	岸(안)	202	演(연)	83
師(사)	79	緒(서)	191	續(속)	81	襲(습)	199	顔(안)	202	研(연)	84
舍(사)	79	暑(서)	294	屬(속)	105	勝(승)	43	雁(안)	304	煙(연)	84
謝(사)	79	誓(서)	294	粟(속)	296	承(승)	82	謁(알)	305	延(연)	106
寺(사)	79	逝(서)	294	孫(손)	42	乘(승)	199	暗(암)	83	鉛(연)	107
辭(사)	104	庶(서)	294	損(손)	105	僧(승)	199	巖(암)	202	緣(연)	107
絲(사)	104	敍(서)	294	率(솔)	164	昇(승)	199	壓(압)	83	燃(연)	107
射(사)	104	夕(석)	29	送(송)	81	市(시)	29	押(압)	305	宴(연)	206
私(사)	104	席(석)	41	松(송)	105	時(시)	30	仰(앙)	203	軟(연)	206
司(사)	186	石(석)	41	頌(송)	105	始(시)	43	央(앙)	203	沿(연)	206
詞(사)	187	惜(석)	191	訟(송)	193	示(시)	60	殃(앙)	305	燕(연)	206
祀(사)	187	釋(석)	191	誦(송)	296	詩(시)	82	愛(애)	43	熱(열)	62
沙(사)	187	昔(석)	295	殺(쇄)	79	試(시)	82	哀(애)	203	悅(열)	206
斜(사)	187	析(석)	295	刷(쇄)	193	施(시)	82	涯(애)	305	閱(열)	308
蛇(사)	187	先(선)	22	鎖(쇄)	193	是(시)	82	液(액)	83	染(염)	207
邪(사)	188	線(선)	42	衰(쇠)	193	視(시)	82	額(액)	106	炎(염)	207
捨(사)	292	仙(선)	59	水(수)	22	侍(시)	200	厄(액)	305	鹽(염)	207
似(사)	292	鮮(선)	59	數(수)	29	矢(시)	303	夜(야)	43	葉(엽)	62
巳(사)	292	選(선)	59	手(수)	29	食(식)	30	野(야)	44	英(영)	44
斯(사)	292	船(선)	59	樹(수)	42	植(식)	30	若(야)	203	永(영)	44
賜(사)	293	善(선)	59	首(수)	60	式(식)	43	也(야)	306	榮(영)	84
詐(사)	293	宣(선)	105	宿(수)	60	識(식)	60	耶(야)	306	映(영)	107
削(삭)	188	旋(선)	191	授(수)	81	息(식)	82	弱(약)	44	營(영)	107
索(삭)	190	禪(선)	192	守(수)	81	飾(식)	200	藥(약)	44	迎(영)	107
朔(삭)	293	雪(설)	42	受(수)	81	新(신)	43	約(약)	61	影(영)	207
山(산)	22	說(설)	60	修(수)	81	信(신)	43	若(약)	203	泳(영)	308
算(산)	28	設(설)	80	收(수)	82	神(신)	43	躍(약)	306	詠(영)	308
産(산)	59	舌(설)	105	秀(수)	105	身(신)	43	陽(양)	44	藝(예)	84
散(산)	104	攝(섭)	295	垂(수)	193	臣(신)	61	洋(양)	44	豫(예)	107
殺(살)	79	涉(섭)	295	殊(수)	194	申(신)	82	養(양)	61	譽(예)	207
三(삼)	22	姓(성)	29	獸(수)	194	愼(신)	200	羊(양)	83	銳(예)	308
參(삼)	67	成(성)	42	帥(수)	194	辰(신)	232	樣(양)	106	五(오)	23
森(삼)	188	省(성)	42	愁(수)	194	晨(신)	303	壤(양)	203	午(오)	30
上(상)	29	性(성)	60	壽(수)	194	伸(신)	303	揚(양)	204	惡(오)	61
商(상)	59	城(성)	80	需(수)	195	辛(신)	304	讓(양)	204	誤(오)	84
賞(상)	59	星(성)	80	隨(수)	195	室(실)	22	楊(양)	306	悟(오)	212
相(상)	59	盛(성)	80	輸(수)	195	失(실)	43	語(어)	30	烏(오)	212
狀(상)	79	聖(성)	80	須(수)	297	實(실)	61	漁(어)	61	於(오)	306
想(상)	79	聲(성)	80	遂(수)	297	心(심)	30	魚(어)	61	傲(오)	308
床(상)	79	誠(성)	80	誰(수)	297	深(심)	83	御(어)	204	嗚(오)	309
常(상)	79	世(세)	29	囚(수)	297	審(심)	200	於(어)	306	娛(오)	309
傷(상)	105	說(세)	60	睡(수)	297	甚(심)	200	億(억)	61	汚(오)	309
象(상)	105	歲(세)	60	雖(수)	302	沈(심)	245	憶(억)	204	吾(오)	309
償(상)	188	洗(세)	60	搜(수)	302	尋(심)	304	抑(억)	204	屋(옥)	62
像(상)	188	勢(세)	80	宿(숙)	60	十(십)	22	言(언)	44	玉(옥)	84
裳(상)	189	稅(세)	80	叔(숙)	105	拾(십)	198	焉(언)	307	獄(옥)	212
詳(상)	189	細(세)	80	肅(숙)	106	雙(쌍)	201	嚴(엄)	106	溫(온)	44
喪(상)	189	小(소)	22	淑(숙)	195	氏(씨)	106	業(업)	44	擁(옹)	309
桑(상)	189	少(소)	29	熟(숙)	195			餘(여)	83	翁(옹)	310
尙(상)	189	所(소)	29	孰(숙)	302	ㅇ		如(여)	83	瓦(와)	212
霜(상)	190	消(소)	42	順(순)	60	兒(아)	61	與(여)	106	臥(와)	310
祥(상)	293	掃(소)	81	純(순)	82	亞(아)	201	予(여)	307	完(완)	62
嘗(상)	293	素(소)	81	巡(순)	198	我(아)	201	余(여)	307	緩(완)	212
塞(새)	190	笑(소)	81	旬(순)	198	牙(아)	201	汝(여)	307	日(왈)	310
色(색)	29	訴(소)	192	瞬(순)	198	芽(아)	201	輿(여)	307	王(왕)	23
塞(색)	190	疏(소)	192	循(순)	302	阿(아)	202	逆(역)	83	往(왕)	84
索(색)	190	蘇(소)	192	殉(순)	302	雅(아)	202	域(역)	106	外(외)	23
生(생)	22	燒(소)	192	脣(순)	303	餓(아)	304	易(역)	106	畏(외)	310
省(생)	42	召(소)	295	術(술)	42	樂(악)	38	亦(역)	205	曜(요)	62
西(서)	22	騷(소)	296	述(술)	198	惡(악)	61	役(역)	205	要(요)	62
書(서)	41	蔬(소)	296	戌(술)	303	岳(악)	304	疫(역)	205	謠(요)	84
序(서)	59	昭(소)	296	崇(숭)	106	安(안)	30	譯(역)	205	搖(요)	310
恕(서)	190	速(속)	42	習(습)	42	案(안)	61	驛(역)	205	腰(요)	311

遙(요)	311	幽(유)	215	入(입)	31	績(적)	111	齊(제)	227	增(증)	89
浴(욕)	62	猶(유)	216			賊(적)	111	堤(제)	319	憎(증)	230
慾(욕)	213	裕(유)	216	**ㅈ**		適(적)	111	祖(조)	32	曾(증)	230
欲(욕)	213	柔(유)	216	子(자)	31	積(적)	111	朝(조)	47	症(증)	230
辱(욕)	213	悠(유)	216	字(자)	31	摘(적)	224	調(조)	65	蒸(증)	231
勇(용)	45	維(유)	216	自(자)	31	寂(적)	224	操(조)	65	贈(증)	321
用(용)	45	誘(유)	217	者(자)	46	笛(적)	224	鳥(조)	88	紙(지)	32
容(용)	84	唯(유)	314	姉(자)	109	跡(적)	225	助(조)	88	地(지)	32
庸(용)	311	惟(유)	315	姿(자)	109	蹟(적)	225	早(조)	88	識(지)	60
右(우)	30	愈(유)	315	資(자)	110	滴(적)	319	造(조)	88	止(지)	66
友(우)	62	酉(유)	315	紫(자)	219	電(전)	31	潮(조)	112	知(지)	66
雨(우)	62	育(육)	31	慈(자)	219	前(전)	31	條(조)	112	支(지)	89
牛(우)	62	肉(육)	85	刺(자)	219	全(전)	31	組(조)	112	指(지)	89
郵(우)	107	潤(윤)	217	恣(자)	317	戰(전)	46	照(조)	227	志(지)	89
優(우)	107	閏(윤)	315	玆(자)	317	傳(전)	65	兆(조)	227	至(지)	89
遇(우)	107	銀(은)	45	作(작)	46	展(전)	65	租(조)	228	智(지)	113
偶(우)	213	恩(은)	85	昨(작)	46	典(전)	65	弔(조)	320	誌(지)	113
宇(우)	213	隱(은)	109	爵(작)	318	田(전)	86	燥(조)	320	持(지)	113
憂(우)	214	乙(을)	217	酌(작)	318	錢(전)	111	足(족)	32	之(지)	231
愚(우)	214	飮(음)	45	殘(잔)	110	轉(전)	111	族(족)	47	池(지)	231
羽(우)	214	音(음)	45	暫(잠)	219	專(전)	111	尊(존)	88	枝(지)	231
于(우)	311	陰(음)	85	潛(잠)	219	殿(전)	225	存(존)	112	遲(지)	321
又(우)	311	淫(음)	217	雜(잡)	110	節(절)	65	卒(졸)	66	只(지)	321
尤(우)	314	吟(음)	315	長(장)	23	切(절)	65	拙(졸)	320	直(직)	32
運(운)	45	邑(읍)	31	場(장)	31	絶(절)	86	種(종)	66	職(직)	89
雲(운)	63	泣(읍)	316	章(장)	46	折(절)	111	終(종)	66	織(직)	113
韻(운)	214	應(응)	85	狀(장)	79	竊(절)	319	宗(종)	88	眞(진)	89
云(운)	314	凝(응)	316	將(장)	86	店(점)	65	從(종)	112	進(진)	89
雄(웅)	63	意(의)	46	障(장)	86	占(점)	111	鍾(종)	113	盡(진)	114
園(원)	45	醫(의)	46	壯(장)	110	點(점)	112	縱(종)	228	陣(진)	114
遠(원)	45	衣(의)	46	腸(장)	110	漸(점)	225	左(좌)	32	珍(진)	114
元(원)	63	議(의)	85	張(장)	110	接(접)	87	座(좌)	113	振(진)	231
願(원)	63	義(의)	85	裝(장)	110	蝶(접)	319	坐(좌)	228	陳(진)	232
原(원)	63	疑(의)	109	帳(장)	110	正(정)	32	佐(좌)	320	震(진)	232
院(원)	63	儀(의)	109	獎(장)	110	庭(정)	47	罪(죄)	66	辰(진)	232
員(원)	84	依(의)	109	丈(장)	220	定(정)	47	周(주)	113	鎭(진)	232
圓(원)	85	矣(의)	316	莊(장)	220	情(정)	65	朱(주)	113	質(질)	66
源(원)	108	宜(의)	316	掌(장)	220	停(정)	65	酒(주)	113	疾(질)	232
援(원)	108	二(이)	23	粧(장)	220	程(정)	87	證(증)	113	秩(질)	233
怨(원)	108	耳(이)	63	葬(장)	220	精(정)	87	主(주)	32	姪(질)	322
月(월)	23	以(이)	63	臟(장)	221	政(정)	87	住(주)	32	集(집)	47
越(월)	214	移(이)	85	藏(장)	221	靜(정)	112	晝(주)	47	執(집)	233
偉(위)	63	易(이)	106	墻(장)	318	丁(정)	112	注(주)	47	徵(징)	233
位(위)	63	異(이)	109	在(재)	46	整(정)	112	週(주)	66	懲(징)	322
爲(위)	85	已(이)	217	才(재)	46	井(정)	225	州(주)	66		
衛(위)	85	夷(이)	316	材(재)	64	淨(정)	226	走(주)	88	**ㅊ**	
委(위)	108	而(이)	317	財(재)	64	征(정)	226	奏(주)	228	車(차)	25
威(위)	108	益(익)	86	災(재)	64	亭(정)	226	宙(주)	228	次(차)	89
慰(위)	108	翼(익)	218	再(재)	64	廷(정)	226	株(주)	229	差(차)	114
圍(위)	108	人(인)	23	栽(재)	221	貞(정)	226	柱(주)	229	茶(차)	151
危(위)	108	因(인)	64	載(재)	221	頂(정)	227	鑄(주)	229	借(차)	233
胃(위)	215	認(인)	86	裁(재)	221	訂(정)	319	珠(주)	229	此(차)	233
僞(위)	215	印(인)	86	宰(재)	318	弟(제)	23	洲(주)	229	且(차)	322
謂(위)	215	引(인)	86	哉(재)	318	題(제)	47	舟(주)	320	着(착)	66
違(위)	314	仁(인)	109	爭(쟁)	64	第(제)	47	竹(죽)	88	錯(착)	238
緯(위)	314	忍(인)	218	貯(저)	64	制(제)	87	準(준)	88	捉(착)	322
有(유)	30	姻(인)	317	低(저)	86	濟(제)	87	俊(준)	321	讚(찬)	114
油(유)	45	寅(인)	317	底(저)	110	除(제)	87	遵(준)	321	贊(찬)	238
由(유)	45	一(일)	23	抵(저)	224	製(제)	87	中(중)	24	察(찰)	90
儒(유)	108	日(일)	23	著(저)	224	祭(제)	87	重(중)	32	參(참)	67
乳(유)	108	逸(일)	218	赤(적)	64	提(제)	87	衆(중)	89	慘(참)	322
遊(유)	109	任(임)	64	的(적)	64	際(제)	88	仲(중)	230	慚(참)	323
遺(유)	109	壬(임)	218	敵(적)	86	帝(제)	112	則(즉)	67	窓(창)	47
幼(유)	215	賃(임)	218	籍(적)	111	諸(제)	227	卽(즉)	230	唱(창)	67

創(창)	90	秋(추)	33	奪(탈)	245	抱(포)	332	響(향)	254	禍(화)	257
倉(창)	238	推(추)	115	探(탐)	116	暴(폭)	92	享(향)	334	禾(화)	337
昌(창)	238	追(추)	243	貪(탐)	330	爆(폭)	117	虛(허)	93	確(확)	94
蒼(창)	238	抽(추)	328	塔(탑)	245	幅(폭)	333	許(허)	69	擴(확)	337
暢(창)	323	醜(추)	328	湯(탕)	246	表(표)	48	憲(헌)	118	穫(확)	338
採(채)	114	祝(축)	67	太(태)	48	票(표)	92	獻(헌)	254	患(환)	69
債(채)	239	蓄(축)	90	態(태)	91	標(표)	117	軒(헌)	335	歡(환)	119
彩(채)	239	築(축)	90	泰(태)	246	漂(표)	333	驗(험)	93	環(환)	119
菜(채)	239	縮(축)	115	殆(태)	246	品(품)	68	險(험)	118	還(환)	257
責(책)	67	畜(축)	243	怠(태)	330	風(풍)	48	革(혁)	118	換(환)	257
冊(책)	114	丑(축)	328	宅(택)	68	豊(풍)	92	現(현)	49	丸(환)	338
策(책)	239	逐(축)	328	擇(택)	116	楓(풍)	251	見(현)	51	活(활)	34
處(처)	90	春(춘)	33	澤(택)	246	避(피)	117	賢(현)	93	黃(황)	49
妻(처)	239	出(출)	33	土(토)	24	疲(피)	117	顯(현)	118	況(황)	119
刺(척)	219	充(충)	67	討(토)	116	彼(피)	251	懸(현)	254	皇(황)	258
尺(척)	240	忠(충)	90	兎(토)	246	皮(피)	251	玄(현)	254	荒(황)	258
戚(척)	240	蟲(충)	90	吐(토)	247	被(피)	251	絃(현)	335	會(회)	49
拓(척)	240	衝(충)	243	洞(통)	26	筆(필)	68	縣(현)	335	回(회)	94
斥(척)	323	取(취)	91	通(통)	48	必(필)	68	血(혈)	93	灰(회)	119
天(천)	33	就(취)	115	統(통)	91	畢(필)	252	穴(혈)	255	悔(회)	258
千(천)	33	趣(취)	115	痛(통)	116	匹(필)	333	嫌(혐)	335	懷(회)	258
川(천)	33	吹(취)	243	退(퇴)	91			協(협)	93	畫(획)	49
泉(천)	114	醉(취)	244	投(투)	116	**ㅎ**		脅(협)	255	劃(획)	258
淺(천)	240	臭(취)	328	鬪(투)	116	下(하)	34	兄(형)	24	獲(획)	259
賤(천)	240	測(측)	91	透(투)	247	夏(하)	34	形(형)	49	橫(횡)	259
踐(천)	241	側(측)	244	特(특)	48	河(하)	69	刑(형)	118	孝(효)	34
遷(천)	241	層(층)	115			何(하)	252	衡(형)	255	效(효)	69
薦(천)	323	致(치)	67	**ㅍ**		荷(하)	252	亨(형)	335	曉(효)	338
鐵(철)	67	治(치)	91	波(파)	92	賀(하)	252	螢(형)	336	後(후)	34
哲(철)	241	置(치)	91	破(파)	92	學(학)	24	惠(혜)	93	候(후)	119
徹(철)	241	齒(치)	91	派(파)	116	鶴(학)	252	慧(혜)	255	厚(후)	119
尖(첨)	323	値(치)	244	把(파)	330	韓(한)	24	兮(혜)	336	侯(후)	338
添(첨)	326	恥(치)	244	播(파)	331	漢(한)	34	號(호)	49	訓(훈)	49
妾(첩)	326	稚(치)	244	罷(파)	331	寒(한)	69	湖(호)	69	毁(훼)	338
青(청)	24	則(칙)	67	頗(파)	331	限(한)	92	護(호)	94	揮(휘)	119
清(청)	48	親(친)	48	板(판)	68	恨(한)	117	呼(호)	94	輝(휘)	339
請(청)	90	七(칠)	24	判(판)	116	閑(한)	117	好(호)	94	休(휴)	34
廳(청)	114	漆(칠)	245	版(판)	247	汗(한)	253	戶(호)	94	携(휴)	339
聽(청)	114	侵(침)	91	販(판)	331	旱(한)	333	浩(호)	255	凶(흉)	69
晴(청)	326	寢(침)	115	八(팔)	24	割(할)	253	豪(호)	256	胸(흉)	259
體(체)	48	針(침)	115	敗(패)	68	含(함)	253	胡(호)	256	黑(흑)	69
切(체)	65	沈(침)	245	貝(패)	331	陷(함)	253	虎(호)	256	吸(흡)	94
滯(체)	241	浸(침)	245	便(편)	33	咸(함)	333	乎(호)	336	興(흥)	94
替(체)	326	枕(침)	329	篇(편)	117	合(합)	48	毫(호)	336	希(희)	94
逮(체)	326	稱(칭)	115	偏(편)	247	行(항)	49	互(호)	336	喜(희)	119
遞(체)	327			片(편)	247	港(항)	92	或(혹)	118	稀(희)	259
草(초)	33	**ㅋ**		編(편)	250	航(항)	93	惑(혹)	256	戱(희)	259
初(초)	67	快(쾌)	91	遍(편)	332	降(항)	95	婚(혼)	118		
招(초)	115			平(평)	33	抗(항)	118	混(혼)	118		
礎(초)	242	**ㅌ**		評(평)	117	恒(항)	253	魂(혼)	256		
肖(초)	242	他(타)	68	閉(폐)	117	項(항)	254	昏(혼)	337		
超(초)	242	打(타)	68	廢(폐)	250	巷(항)	334	忽(홀)	257		
抄(초)	327	墮(타)	329	弊(폐)	250	海(해)	34	紅(홍)	119		
秒(초)	327	妥(타)	329	肺(폐)	250	害(해)	69	洪(홍)	257		
促(촉)	242	度(탁)	38	幣(폐)	332	解(해)	93	弘(홍)	337		
觸(촉)	242	卓(탁)	68	蔽(폐)	332	亥(해)	334	鴻(홍)	337		
燭(촉)	327	托(탁)	329	包(포)	92	奚(해)	334	火(화)	24		
寸(촌)	24	濁(탁)	329	布(포)	92	該(해)	334	花(화)	34		
村(촌)	33	濯(탁)	330	暴(포)	92	核(핵)	118	話(화)	34		
總(총)	90	炭(탄)	68	砲(포)	92	幸(행)	48	和(화)	49		
銃(총)	90	彈(탄)	115	胞(포)	117	行(행)	49	畫(화)	49		
聰(총)	327	歎(탄)	116	捕(포)	250	向(향)	49	化(화)	69		
最(최)	67	誕(탄)	330	浦(포)	251	香(향)	93	貨(화)	94		
催(최)	243	脫(탈)	116	飽(포)	332	鄕(향)	93	華(화)	119		

(94) 그는 이번 사건과 관련하여 자신의 거취를 분명히 밝힐 예정이다.

(95) 감사원은 앞으로 공직자들의 비리를 철저히 감찰할 것이라고 발표했다.

(96) 우리 마을은 병원, 극장, 백화점 등의 생활 편의 시설이 잘 갖추어져 있다.

(97) 현상을 유지하는데 급급한 지도자가 아닌 지속적인 성장의 길을 열어 나가는 지도자가 필요하다.

4. 다음 빈 칸에 訓이 같은 漢字를 써 넣어 單語를 完成하시오. (98~107)

(98) 單(　)　　(99) (　)較
(100) 零(　)　　(101) (　)彩
(102) 壽(　)　　(103) (　)暇
(104) 珠(　)　　(105) (　)息
(106) 輸(　)　　(107) (　)紅

5. 다음 漢字語 중 첫 소리가 長音인 漢字語를 가려 그 번호를 쓰시오. (108~112)

(108) ①滅共 ②疏通 ③到着 ④劣等
(109) ①妙技 ②編著 ③悅樂 ④拍子
(110) ①獸心 ②幕舍 ③獄中 ④警戒
(111) ①姿勢 ②尺度 ③徵用 ④段階
(112) ①堤防 ②墓碑 ③循環 ④蜂蜜

6. 다음 漢字와 뜻이 反對 또는 相對 되는 漢字를 써 넣어 單語를 完成하시오. (113~122)

(113) (　)↔緯　　(114) 豫↔(　)
(115) (　)↔壤　　(116) 會↔(　)
(117) (　)↔影　　(118) 贈↔(　)
(119) (　)↔淺　　(120) 邪↔(　)
(121) (　)↔着　　(122) 異↔(　)

7. 다음 빈 칸에 알맞은 漢字를 써 넣어 四字成語를 完成하시오. (123~132)

(123) 登(　)自卑　　(124) (　)枯盛衰
(125) 桑田碧(　)　　(126) 優柔(　)斷
(127) 乘(　)長驅　　(128) 臨機應(　)
(129) 傲霜(　)節　　(130) 抱腹(　)倒
(131) 夫(　)婦隨　　(132) 漸(　)佳境

8. 다음 漢字의 部首를 쓰시오. (133~137)

(133) 整　　(134) 夷　　(135) 豪
(136) 黨　　(137) 奮

9. 다음 漢字語와 음이 같고 뜻이 다른 漢字語를 한 가지씩 쓰시오. (長短音 관계 없이) (138~142)

(138) 歎聲　　(139) 栽培　　(140) 逐客
(141) 災禍　　(142) 株式

10. 다음 漢字語의 뜻을 쓰시오. (143~147)

(143) 胡蝶　　(144) 姪女　　(145) 屢年
(146) 濯足　　(147) 謹嚴

11. 다음 漢字의 正字는 略字로, 略字는 正字로 쓰시오. (148~150)

(148) 覽　　(149) 尽　　(150) 廳

국가공인 漢字能力檢定試驗 3級 實戰 問題紙
(시험 시간 : 60분)

(社)韓國語文會 · 韓國漢字能力檢定會　　　문제지와 답안지는 함께 제출하시오.

1. 다음 漢字語의 讀音을 쓰시오. (1~45)

(1) 首肯　　(2) 享有　　(3) 銀塊
(4) 冒險　　(5) 俊傑　　(6) 煩雜
(7) 司會　　(8) 衣裳　　(9) 國賓
(10) 泣訴　　(11) 殘忍　　(12) 斤數
(13) 贊反　　(14) 慘事　　(15) 古墳
(16) 販促　　(17) 抑壓　　(18) 舟遊
(19) 拓本　　(20) 冥福　　(21) 參禪
(22) 矯導　　(23) 回顧　　(24) 秒針
(25) 鼓吹　　(26) 山莊　　(27) 頗多
(28) 苦杯　　(29) 唯一　　(30) 記載
(31) 崩壞　　(32) 抽象　　(33) 走狗
(34) 稚魚　　(35) 條項　　(36) 石塔
(37) 厥者　　(38) 漆黑　　(39) 誓約
(40) 慈堂　　(41) 幽靈　　(42) 衝動
(43) 代替　　(44) 木枕　　(45) 糾明

2. 다음 漢字의 訓과 音을 쓰시오. (46~72)

(46) 敏　　(47) 嫌　　(48) 軌
(49) 遞　　(50) 汗　　(51) 殉
(52) 克　　(53) 了　　(54) 云
(55) 惱　　(56) 寂　　(57) 宰
(58) 隨　　(59) 租　　(60) 逝
(61) 浸　　(62) 緖　　(63) 豚
(64) 笛　　(65) 貌　　(66) 赴
(67) 淑　　(68) 傍　　(69) 佐
(70) 維　　(71) 挑　　(72) 欺

3. 다음 밑줄 친 漢字語를 漢字로 쓰시오. (73~97)

(73) 노력하지 않는 사람은 장래가 불투명하다.
(74) 경시 대회에서 부상으로 자전거를 받았다.
(75) 김 박사는 촌음을 아끼어 연구에 몰두했다.
(76) 그는 허리를 굽혀 잘못을 정중하게 사과했다.
(77) 버려진 철사를 재활용하여 옷걸이를 만들었다.
(78) 13시간의 비행 끝에 고국 땅을 밟을 수 있었다.
(79) 환절기에는 건강 관리에 더욱 신경을 써야 한다.
(80) 만일의 경우를 대비해 비상식량을 준비해 두었다.
(81) 본격적인 종교 개혁은 M.루터에 의해서 비롯되었다.
(82) 정 부사는 장화와 홍련의 피맺힌 원한을 풀어 주었다.
(83) 담당자는 제보 내용의 사실 여부를 확인해 보기로 했다.
(84) 대원들은 소대장의 지휘에 따라 일사분란하게 움직였다.
(85) 김 형사는 박씨를 이번 살해 사건의 용의자로 지목했다.
(86) 마을 사람들은 성질이 포악한 그를 상대하려 하지 않았다.
(87) 와룡 선생으로 불리던 제갈량은 지략에 능한 정치가였다.
(88) 정부는 고령자의 취업을 늘이기 위해 대책을 마련 중이다.
(89) 그 회사는 새로 개발한 제품을 대대적으로 선전하고 있다.
(90) 거실에 걸린 액자 뒤에서 초소형 도청 장치가 발견되었다.
(91) 나는 무엇보다도 친구가 나를 배신했다는 사실에 분노했다.
(92) 그 소식을 들은 이후 할머니의 병세가 눈에 띄게 호전되었다.
(93) 무지개는 햇빛이 물방울에 의해 굴절되어 반사되면서 생긴다.

국가공인 漢字能力檢定試驗 3級Ⅱ 實戰 問題紙   문제지와 답안지는 함께 제출하시오.

4. 다음 漢字語 가운데 첫 音節이 長音으로 발음되는 것을 골라 그 번호를 쓰시오. (103~107)

(103) ①甘苦 ②華婚 ③氏族 ④弟子
(104) ①逃亡 ②堅固 ③下山 ④招待
(105) ①投藥 ②紅顔 ③聽取 ④送年
(106) ①貯金 ②遺言 ③松竹 ④拍掌
(107) ①糧穀 ②富貴 ③宣敎 ④威風

5. 다음 漢字와 反對(또는 相對) 되는 漢字를 써 넣어 漢字語를 만드시오. (108~112)

(108) (　) ↔ 亂　　(109) 雅 ↔ (　)
(110) (　) ↔ 免　　(111) 虛 ↔ (　)
(112) (　) ↔ 寡

6. 다음 漢字語의 反對語(또는 相對語)를 漢字로 쓰시오. (113~117)

(113) (　) ↔ 散在　　(114) 勝利 ↔ (　)
(115) (　) ↔ 理性　　(116) 依存 ↔ (　)
(117) (　) ↔ 損失

7. 다음 빈 칸에 알맞은 漢字를 써 넣어 四字成語를 완성하시오. (118~127)

(118) 結(　)報恩　　(119) 進退兩(　)
(120) 夫爲(　)綱　　(121) (　)字憂患
(122) 烏合之(　)　　(123) 切(　)腐心
(124) 彼此(　)般　　(125) (　)猶不及
(126) 龍(　)鳳湯　　(127) 百害無(　)

8. 다음 漢字의 部首를 쓰시오. (128~132)

(128) 貌　　(129) 燕　　(130) 戚
(131) 卷　　(132) 驚

9. 다음 漢字의 〈例〉에서 (133~137)의 뜻과 비슷한 漢字를 골라 그 번호를 써 넣으시오. (133~137)

〈例〉
①法　②丙　③純　④境
⑤路　⑥燒　⑦宴　⑧浸
⑨斷　⑩戲

(133) 絶　　(134) 界　　(135) 度
(136) 潔　　(137) 道

10. 다음 漢字語와 음이 같고 다음 뜻을 가진 漢字語를 쓰시오. (長短音 무관) (138~142)

(138) 私有 - (　) : 일의 까닭
(139) 微官 - (　) : 아름답고 훌륭한 풍경
(140) 明沙 - (　) : 세상에 널리 알려진 사람
(141) 兵力 - (　) : 이제까지 걸렸던 병의 경력
(142) 凍傷 - (　) : '금·은·동'으로 상의 등급을 매길 때의 3등상

11. 다음 漢字語의 뜻을 쓰시오. (143~147)

(143) 水壓　　(144) 遷都　　(145) 精讀
(146) 沈沒　　(147) 推定

12. 다음 漢字의 略字를 쓰시오. (148~150)

(148) 藝　　(149) 麗　　(150) 團

국가공인 漢字能力檢定試驗 3級Ⅱ 實戰 問題紙
(시험 시간 : 60분)

(社)韓國語文會 · 韓國漢字能力檢定會   문제지와 답안지는 함께 제출하시오.

1. 다음 漢字語의 讀音을 쓰시오. (1~45)

(1) 但書	(2) 符號	(3) 郎君
(4) 要塞	(5) 索莫	(6) 鹽田
(7) 吏房	(8) 賢哲	(9) 指紋
(10) 潤氣	(11) 半徑	(12) 料亭
(13) 仰望	(14) 拾萬	(15) 刷新
(16) 露出	(17) 樂譜	(18) 慣例
(19) 齊唱	(20) 初喪	(21) 便乘
(22) 臨迫	(23) 受諾	(24) 蒙古
(25) 破片	(26) 泰然	(27) 抑留
(28) 陵谷	(29) 元帥	(30) 桃李
(31) 抵當	(32) 玄關	(33) 恒星
(34) 聯盟	(35) 錦地	(36) 欄干
(37) 小麥	(38) 荒唐	(39) 健脚
(40) 換率	(41) 牙城	(42) 被服
(43) 寧日	(44) 漆黑	(45) 五臟

2. 다음 漢字의 訓과 音을 쓰시오. (46~72)

(46) 笛	(47) 絡	(48) 殆
(49) 履	(50) 較	(51) 畢
(52) 胸	(53) 腦	(54) 妻
(55) 偶	(56) 亦	(57) 魂
(58) 催	(59) 補	(60) 兆
(61) 旦	(62) 輩	(63) 觸
(64) 幹	(65) 付	(66) 照
(67) 祈	(68) 柱	(69) 尾
(70) 詞	(71) 踏	(72) 旋

3. 다음 밑줄 친 漢字語를 漢字로 쓰시오. (73~102)

○ 지난 주 내린 폭설이 능선, 계곡 할 것 없이 온통 눈 세상(73)을 꾸며 놓은 까닭에 태백(74) 준령을 넘는 관광객들은 설경(75)에서 눈을 뗄 수 없었다.

○ 선발 투수 이왕준 선수가 연속(76) 안타(77)를 허용(78)해 팀이 위기에 처하자, 시종(79) 웃음을 잃지 않았던 김 감독(80)은 굳은 표정으로 장용 선수에게 등판(81) 명령(82)을 내렸다.

○ 교육인적자원부와 국립국어원은 현행 어문 규정에 따라 표기법을 단일화하고 교과서 감수제를 도입(83)하여 교과서 표기 및 표현(84)이 문장(85)의 모범이 되도록 노력하기로 업무 협정을 체결했다.

○ 엄지와 검지손가락 사이 골짜기 부분을 사관혈이라고 하는데, 이 부분(86)을 지압하면 소화(87)에 도움이 된다. 또한 따뜻한 손으로 배꼽 주위를 시계 방향(88)으로 20번 이상 돌려주면 더부룩함이 가시는 효과가 있다.

○ 천재 백화점이 16일부터 여름 정기 세일을 실시한다. 이 기간에는 남녀(89) 의류(90)를 비롯하여 전품목을 10%에서 최고 50%까지 할인한다. 특히 이 기간 동안 시계(91) 매장(92)을 이용한 고객 가운데 총 10명을 추첨하여 '해법 전자' 견학(93)의 기회를 제공할 예정이다.

○ 국내 최고(94)의 역사와 권위를 자랑하는 '거장 음악 콩쿠르'가 다음 주부터 참가(95) 신청을 받는다. 국내외에서 활동하고 있는 많은 유명 음악인들을 배출한 이 경연회는 지난 30년간 음악 영재(96)들의 등용문 역할을 해 왔다. 방문(97) 접수 외에 인터넷 접수도 가능(98)하다.

○ 서울 천문대는 지난 달 개관한 '천문우주체험관'을 매일 오전 11시부터 밤 10시까지 시민들에게 무료로 개방하고 있다. 이 곳에서 주간에는 태양의 흑점을, 야간(99)에는 달과 태양계 행성들을 관측할 수 있는데, 별자리와 기본(100) 천문 지식 등도 학습할 수 있도록 시설(101)이 완비(102)되어 있다.

전국 한자능력검정시험 3급Ⅱ 답안지(2)

번호	정답	1검	2검	번호	정답	1검	2검	번호	정답	1검	2검
70				97				124			
71				98				125			
72				99				126			
73				100				127			
74				101				128			
75				102				129			
76				103				130			
77				104				131			
78				105				132			
79				106				133			
80				107				134			
81				108				135			
82				109				136			
83				110				137			
84				111				138			
85				112				139			
86				113				140			
87				114				141			
88				115				142			
89				116				143			
90				117				144			
91				118				145			
92				119				146			
93				120				147			
94				121				148			
95				122				149			
96				123				150			

■ 사단법인 한국어문회 · 한국한자능력검정회

수험 번호 ☐☐☐-☐☐-☐☐☐☐ 성명 ☐☐☐☐☐
주민 등록 번호 ☐☐☐☐☐☐-☐☐☐☐☐☐☐
※ 한글, 한자 이름 모두 사용 가능.
※ 유성펜, 연필, 붉은색 필기구 사용 불가.
※ 답안지는 컴퓨터로 처리되므로 구기거나 더럽히지 마시고, 정답 칸 안에만 쓰십시오.
  글씨가 채점란으로 들어오면 오답처리가 됩니다.

전국 한자능력검정시험 3급Ⅱ 답안지(1)

번호	정답	1검	2검	번호	정답	1검	2검	번호	정답	1검	2검
1				24				47			
2				25				48			
3				26				49			
4				27				50			
5				28				51			
6				29				52			
7				30				53			
8				31				54			
9				32				55			
10				33				56			
11				34				57			
12				35				58			
13				36				59			
14				37				60			
15				38				61			
16				39				62			
17				40				63			
18				41				64			
19				42				65			
20				43				66			
21				44				67			
22				45				68			
23				46				69			

감독위원	채점위원(1)	채점위원(2)	채점위원(3)
(서명)	(득점) (서명)	(득점) (서명)	(득점) (서명)

※ 뒷면으로 이어짐

전국 한자능력검정시험 3급 답안지(2)

번호	정답	1검	2검	번호	정답	1검	2검	번호	정답	1검	2검
70				97				124			
71				98				125			
72				99				126			
73				100				127			
74				101				128			
75				102				129			
76				103				130			
77				104				131			
78				105				132			
79				106				133			
80				107				134			
81				108				135			
82				109				136			
83				110				137			
84				111				138			
85				112				139			
86				113				140			
87				114				141			
88				115				142			
89				116				143			
90				117				144			
91				118				145			
92				119				146			
93				120				147			
94				121				148			
95				122				149			
96				123				150			

■ 사단법인 한국어문회 · 한국한자능력검정회

수험 번호 ☐☐☐-☐☐-☐☐☐☐ 성명 ☐☐☐☐☐
주민 등록 번호 ☐☐☐☐☐☐-☐☐☐☐☐☐☐
※ 한글, 한자 이름 모두 사용 가능.
※ 유성펜, 연필, 붉은색 필기구 사용 불가.

※ 답안지는 컴퓨터로 처리되므로 구기거나 더럽히지 마시고, 정답 칸 안에만 쓰십시오.
  글씨가 채점란으로 들어오면 오답처리가 됩니다.

전국 한자능력검정시험 3급 답안지(1)

번호	정답 (답안란)	1검 (채점란)	2검	번호	정답 (답안란)	1검 (채점란)	2검	번호	정답 (답안란)	1검 (채점란)	2검
1				24				47			
2				25				48			
3				26				49			
4				27				50			
5				28				51			
6				29				52			
7				30				53			
8				31				54			
9				32				55			
10				33				56			
11				34				57			
12				35				58			
13				36				59			
14				37				60			
15				38				61			
16				39				62			
17				40				63			
18				41				64			
19				42				65			
20				43				66			
21				44				67			
22				45				68			
23				46				69			

감독위원	채점위원(1)		채점위원(2)		채점위원(3)	
(서명)	(득점)	(서명)	(득점)	(서명)	(득점)	(서명)

※ 뒷면으로 이어짐

[자격증 한번에 따기]

한자 쓰기 연습장

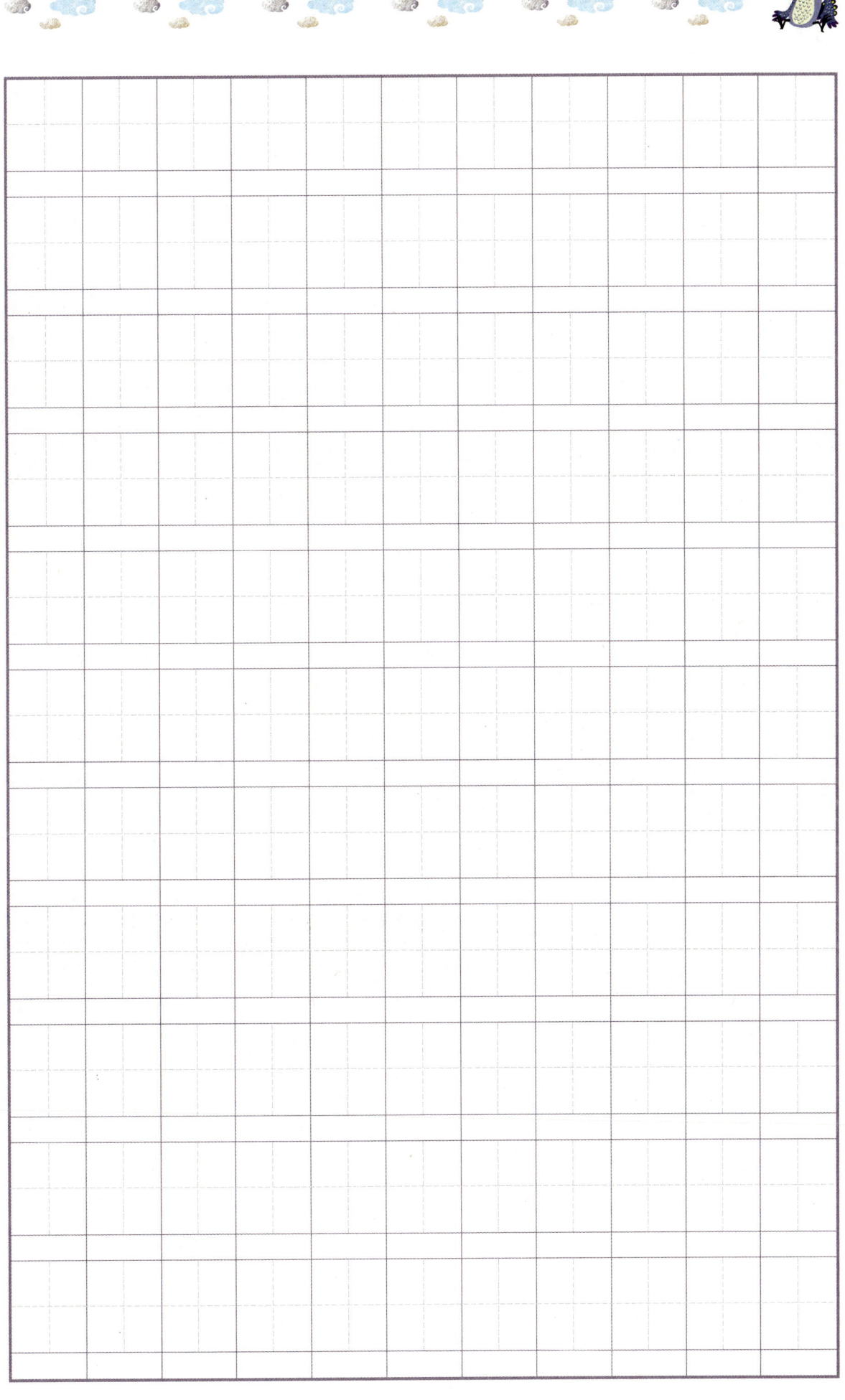

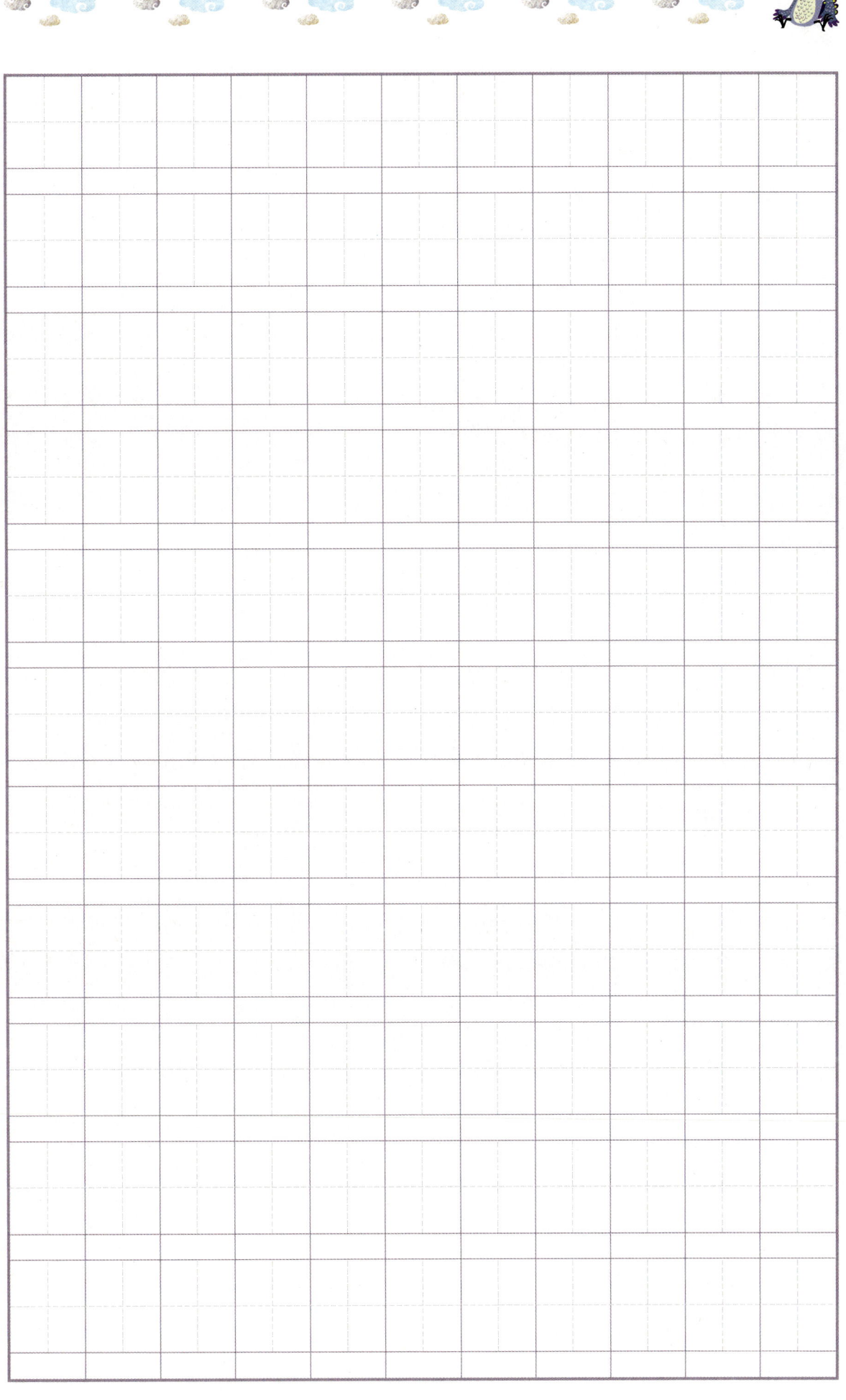

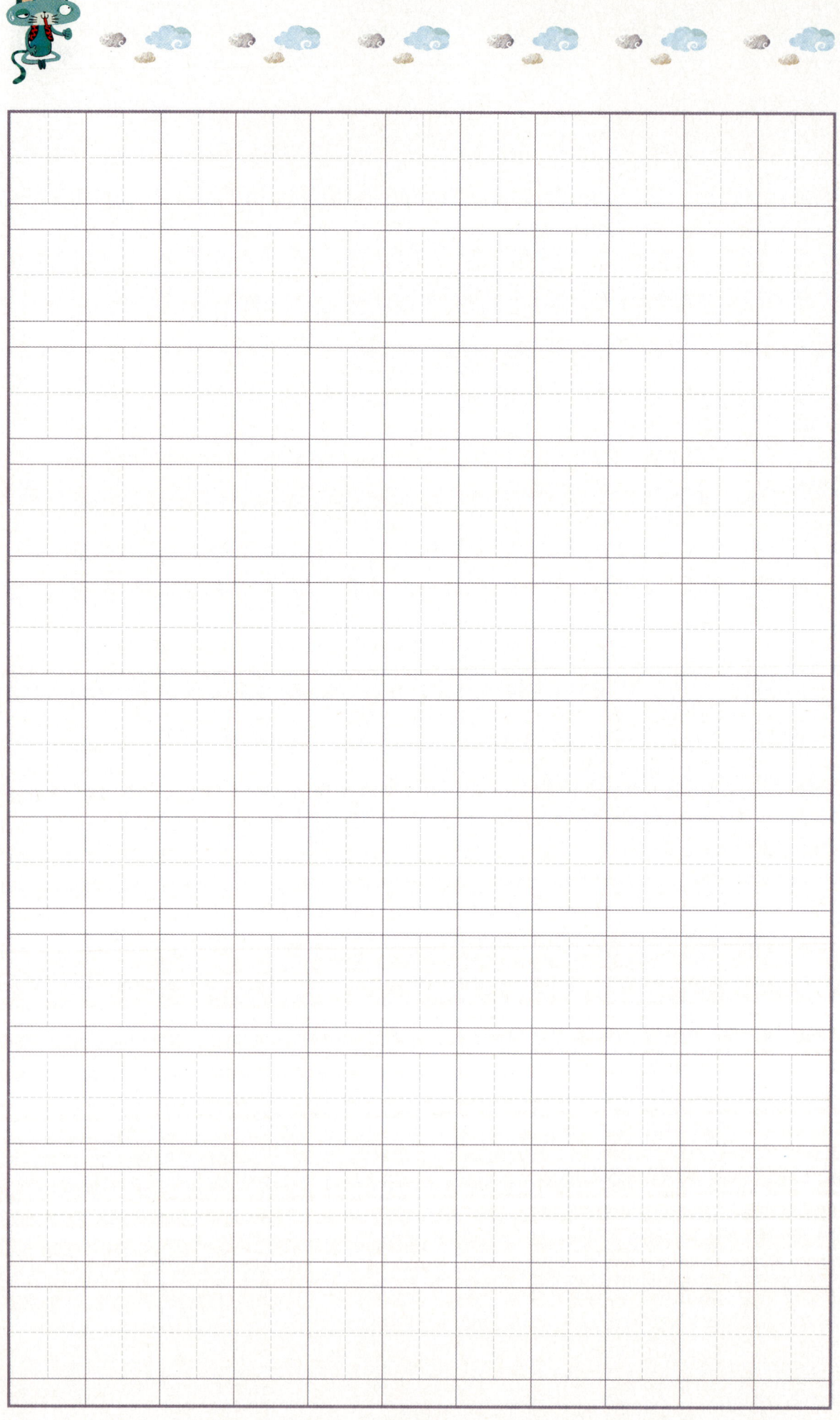

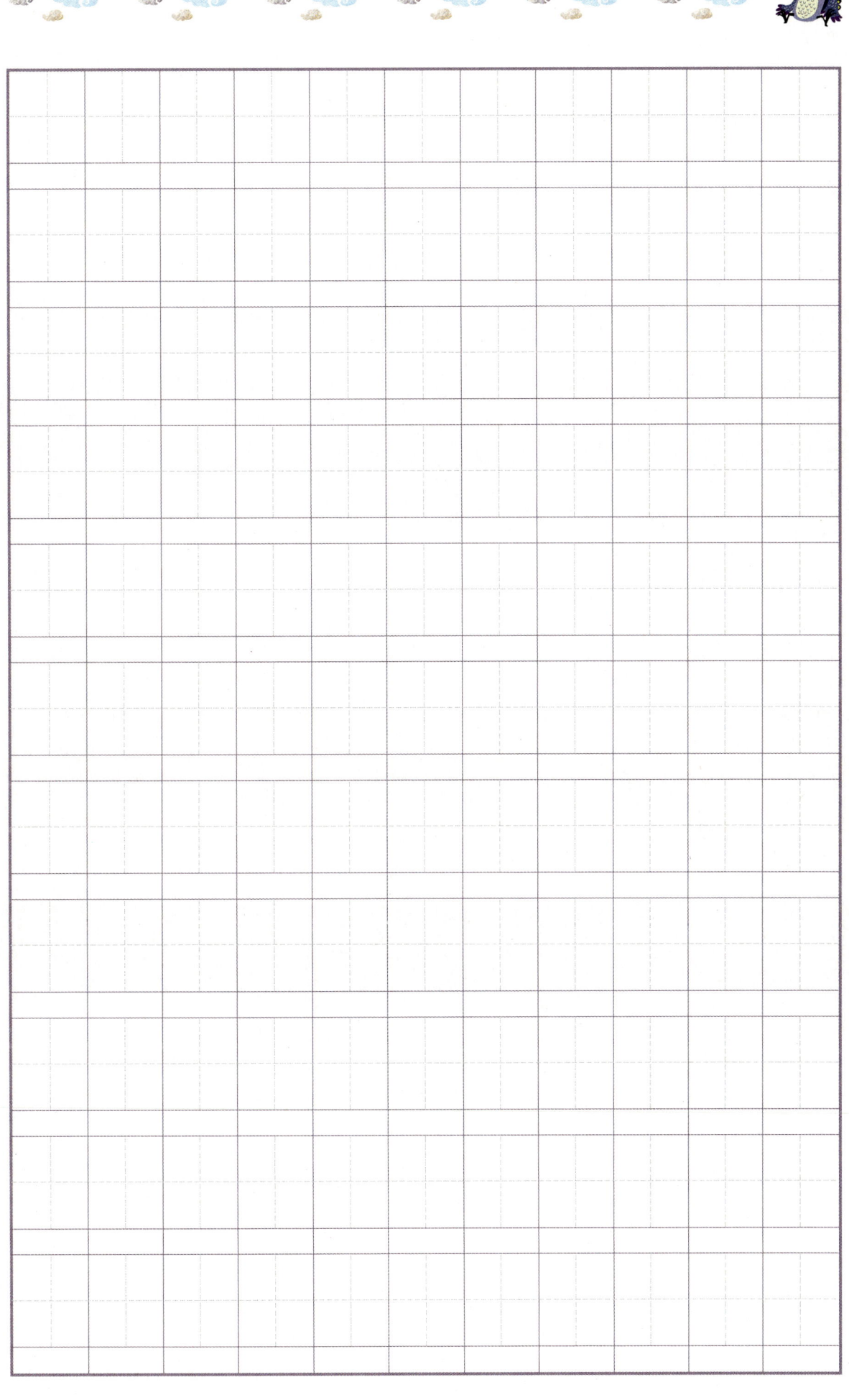

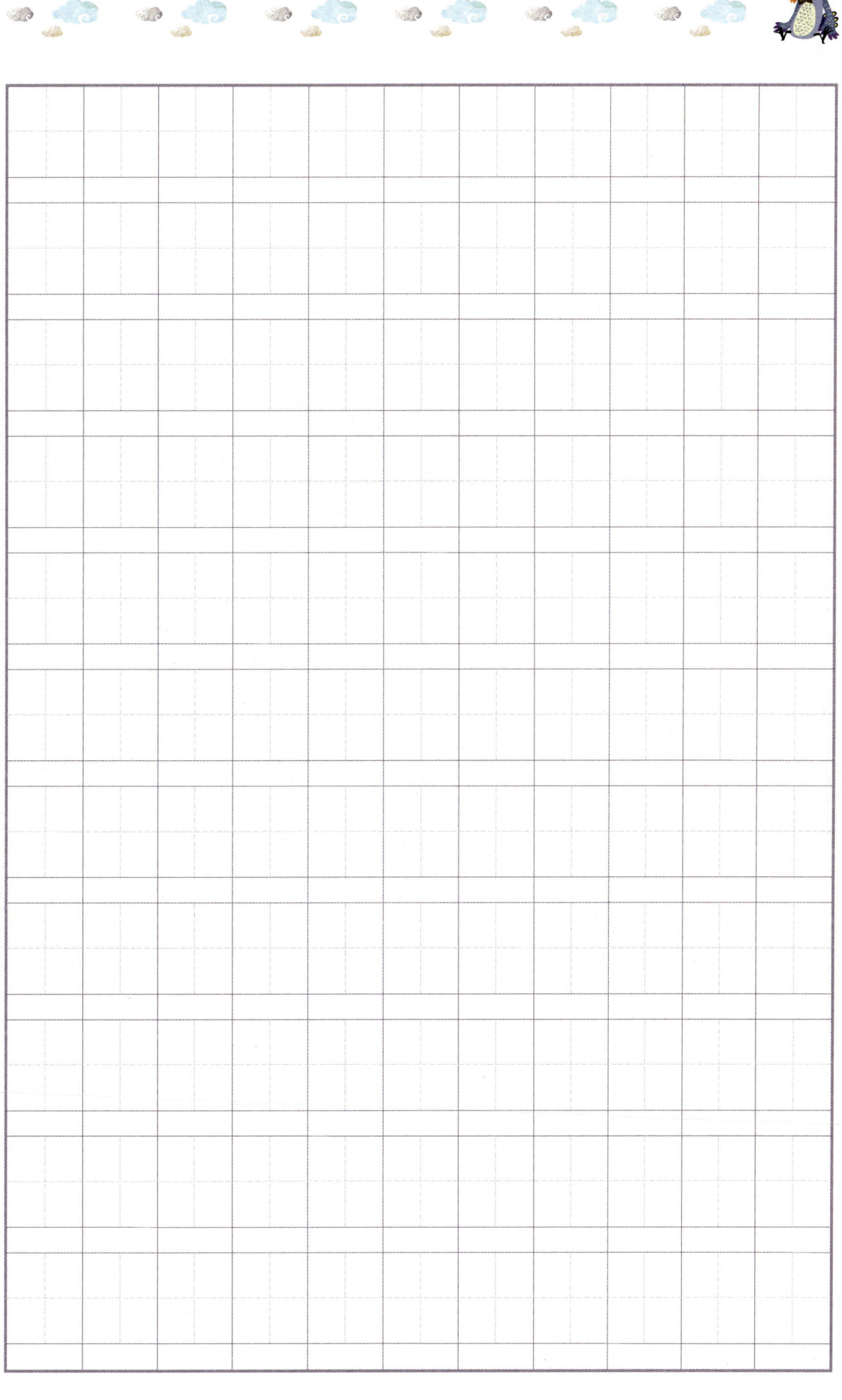

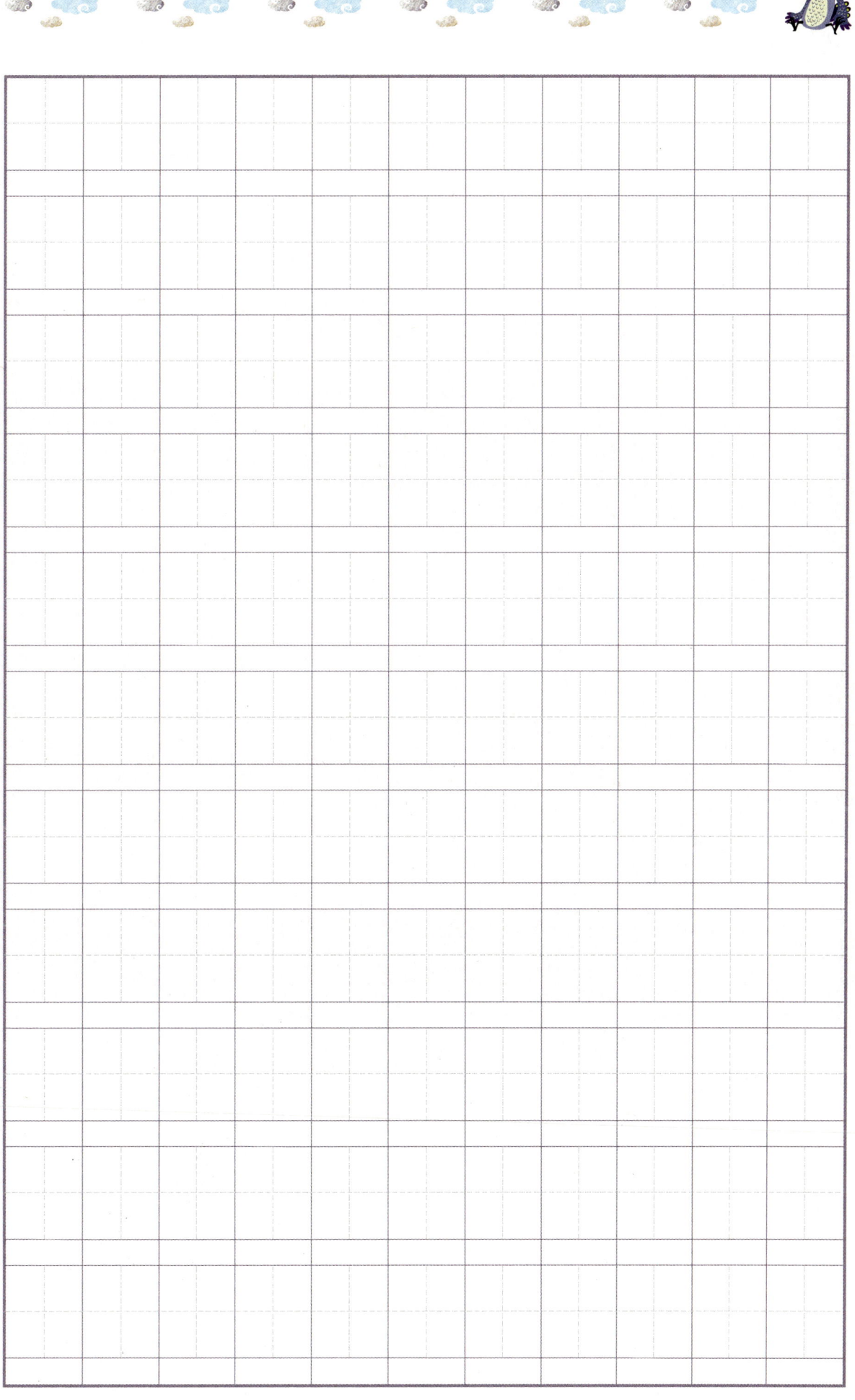

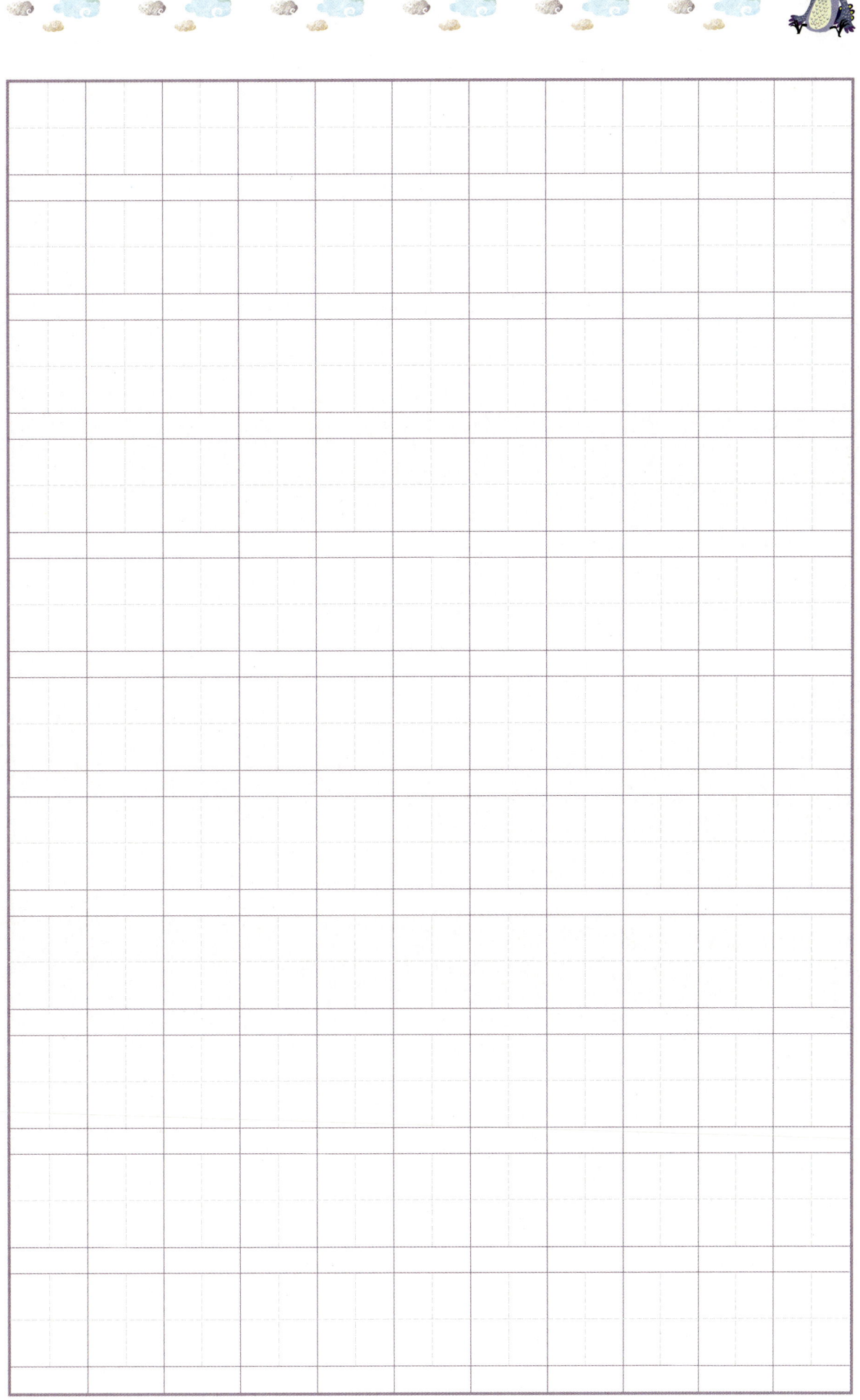

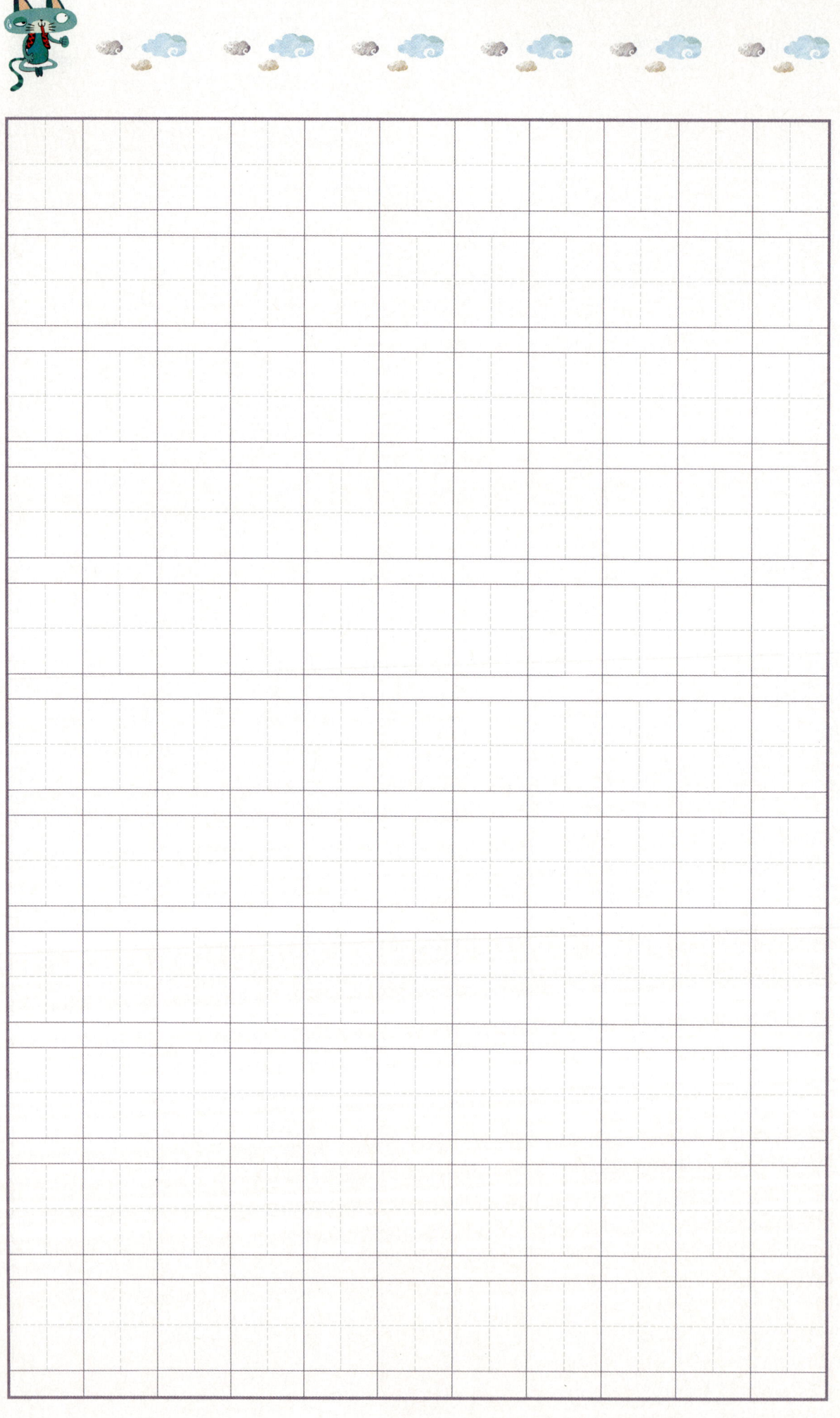

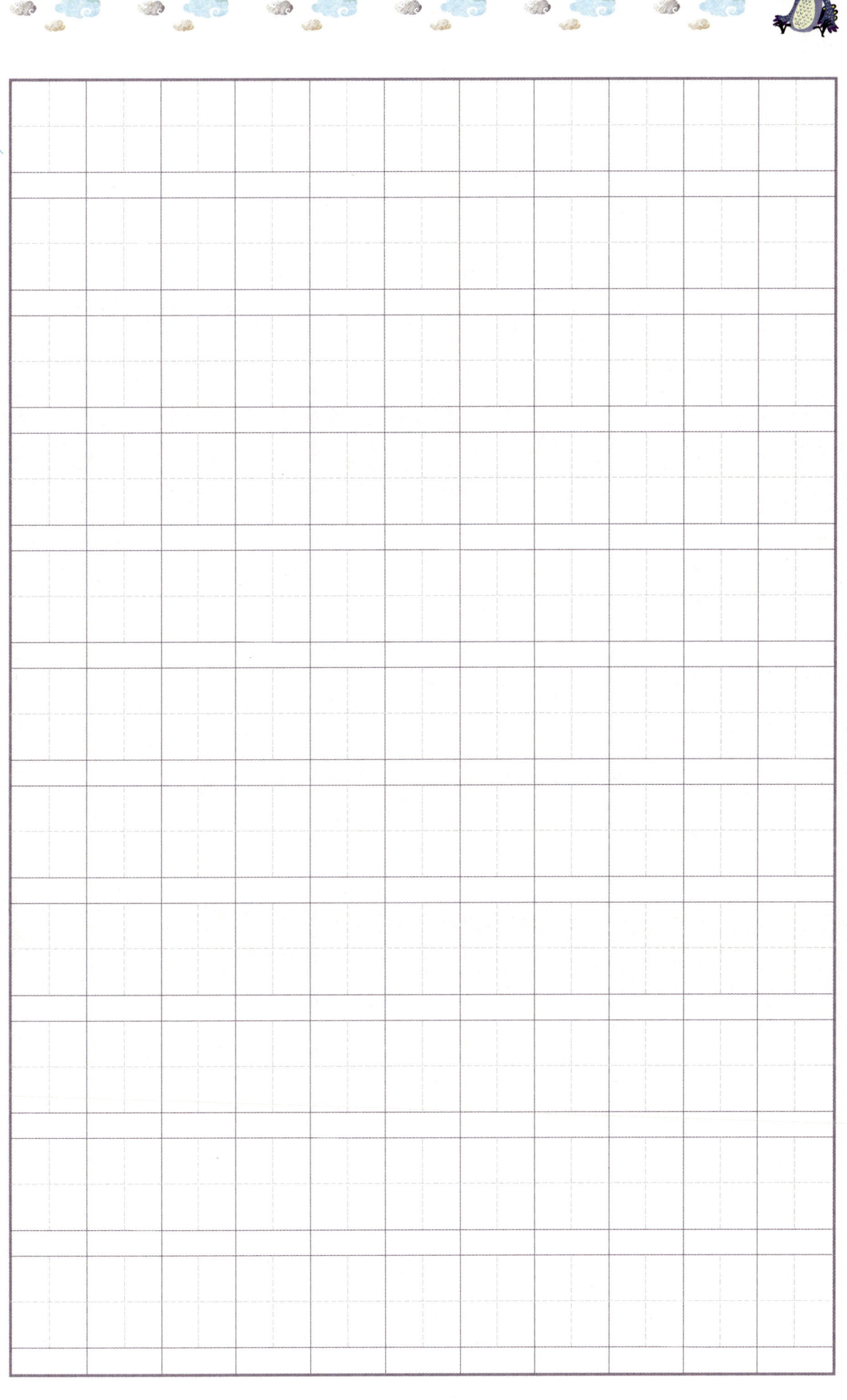

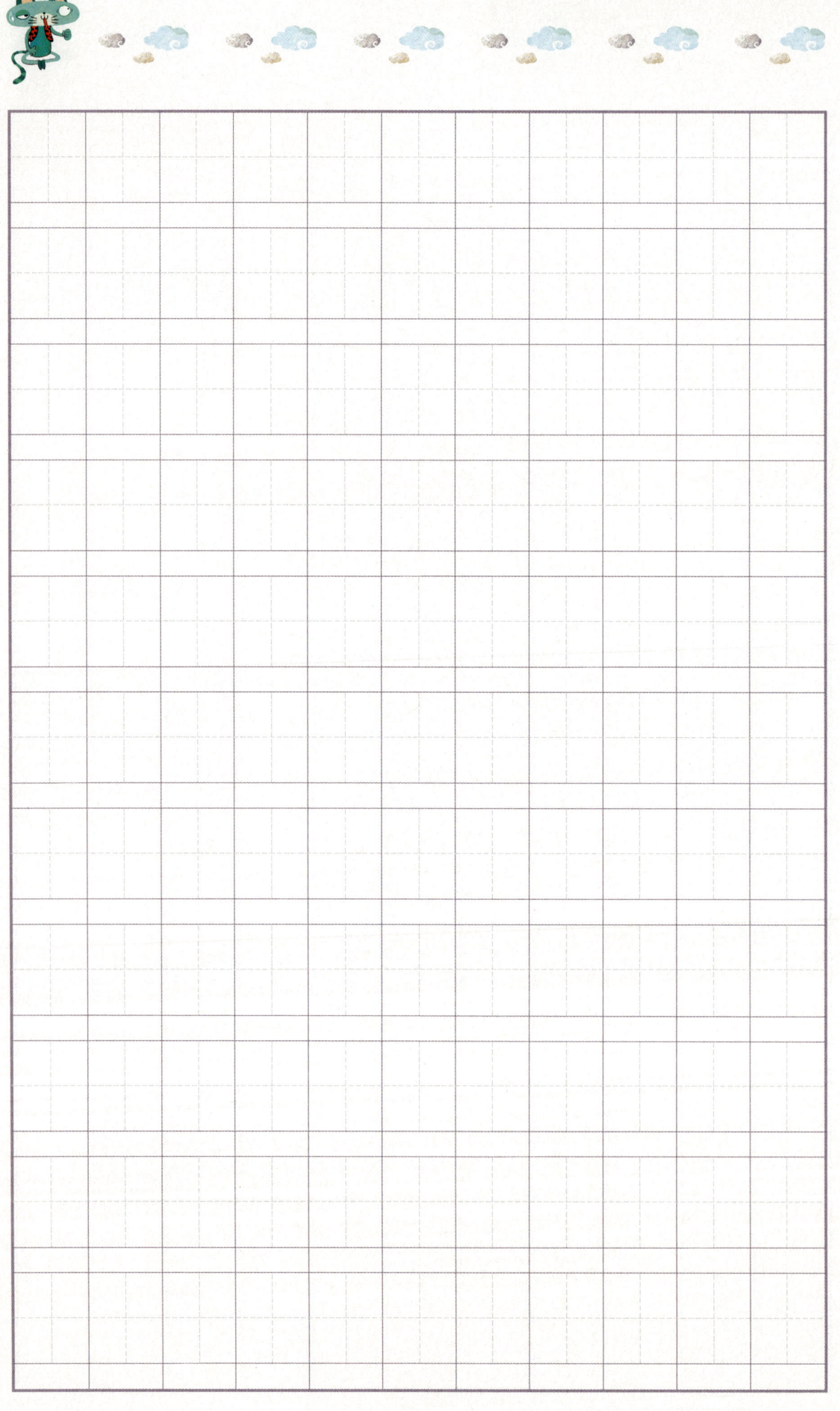

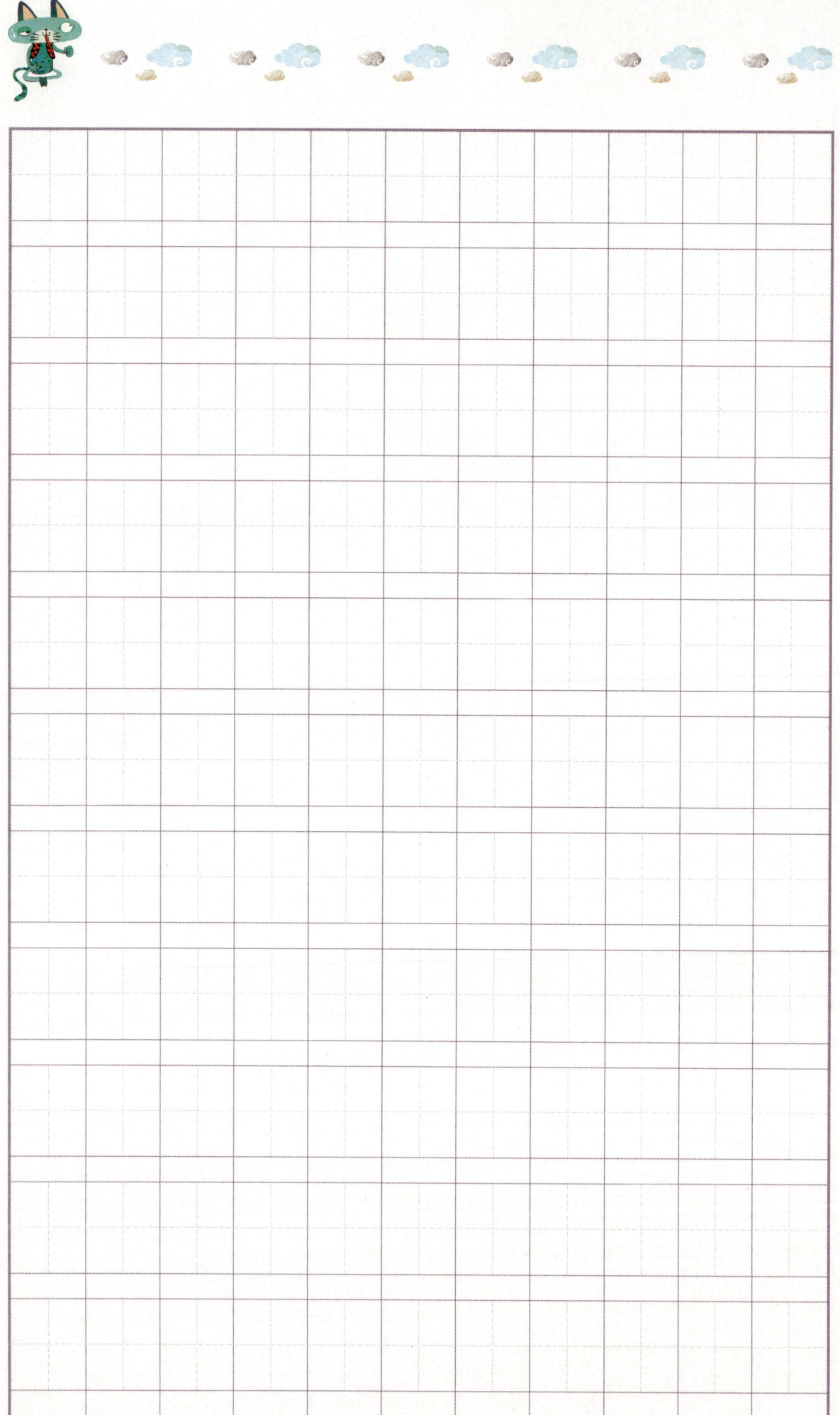

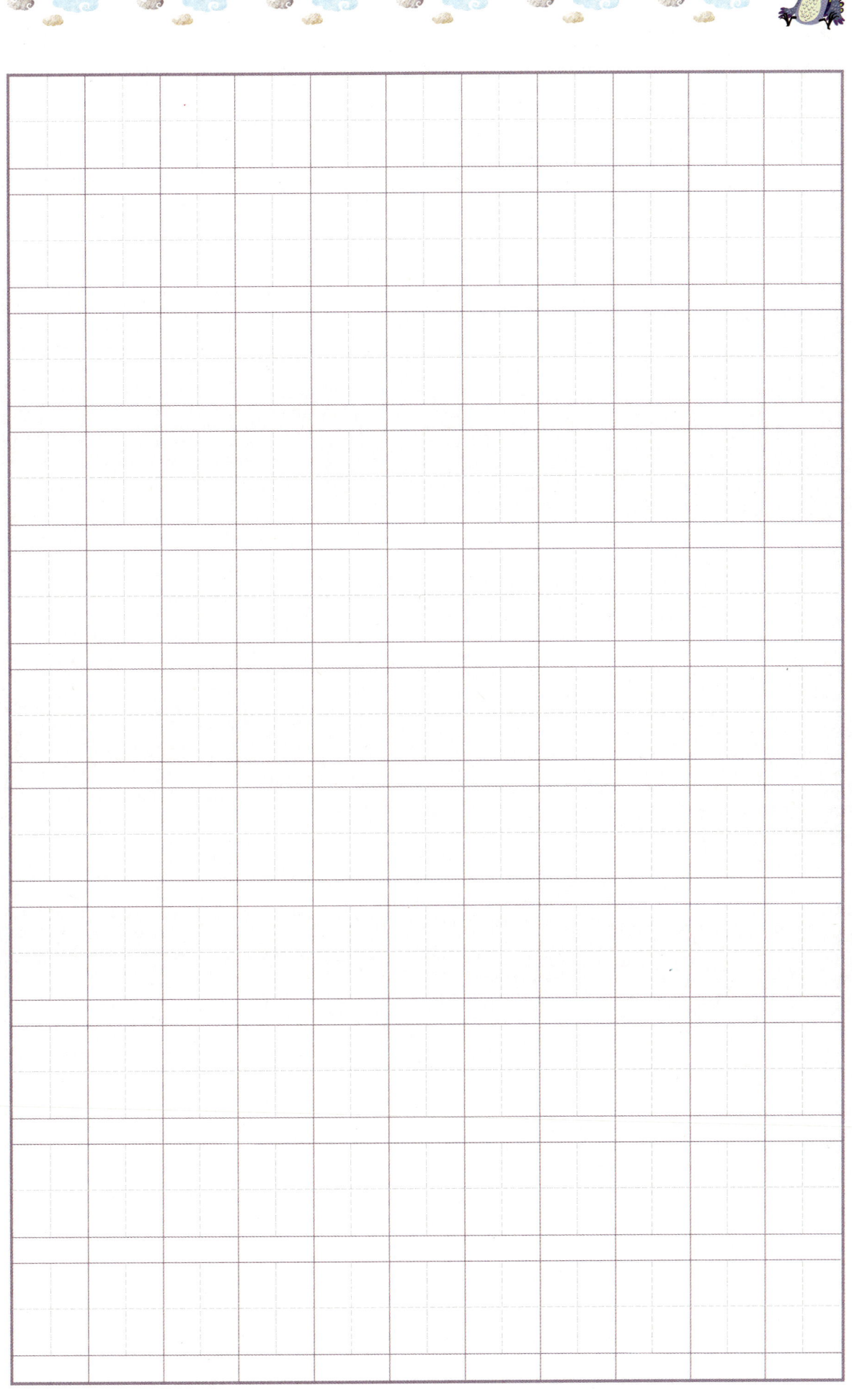

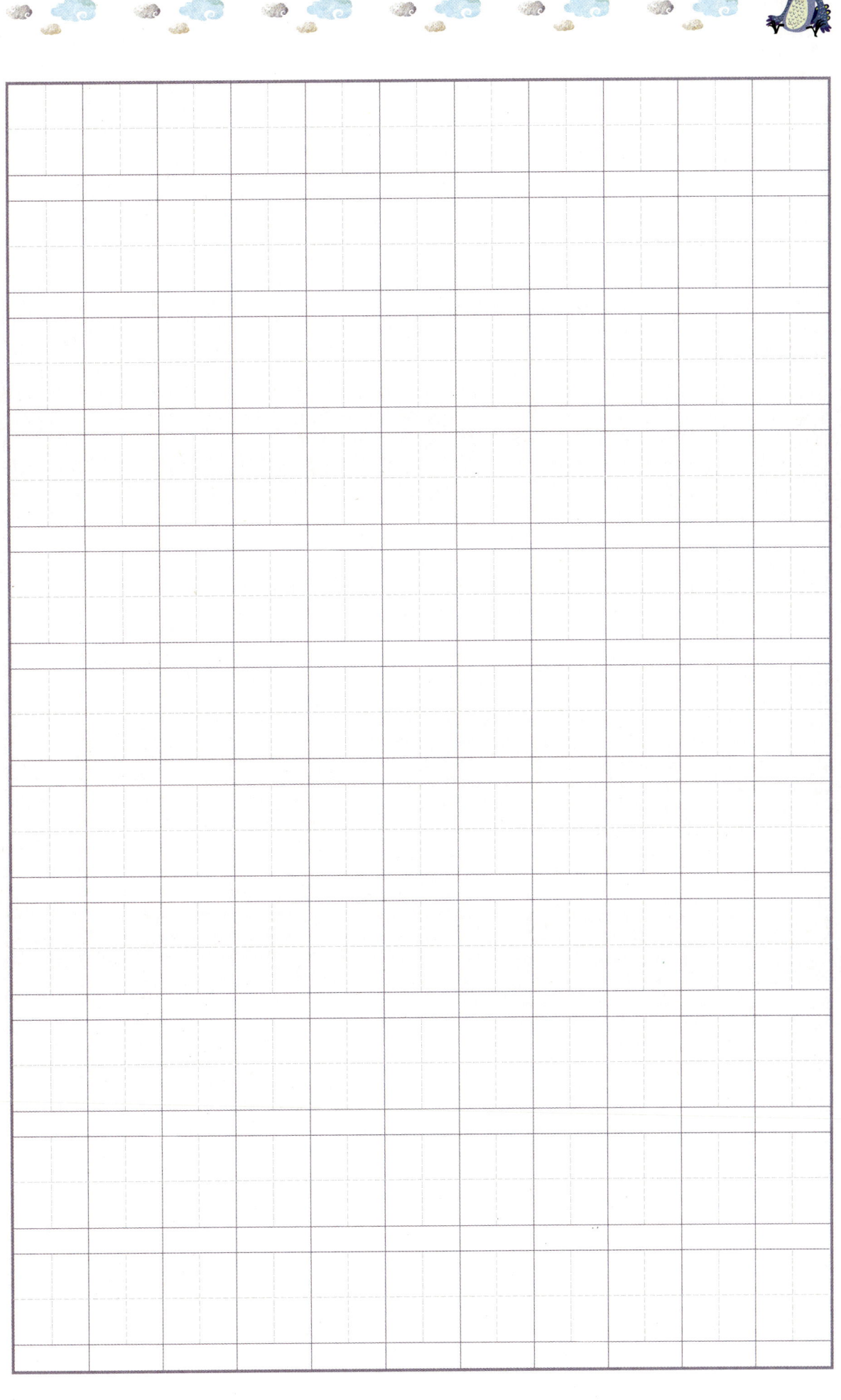

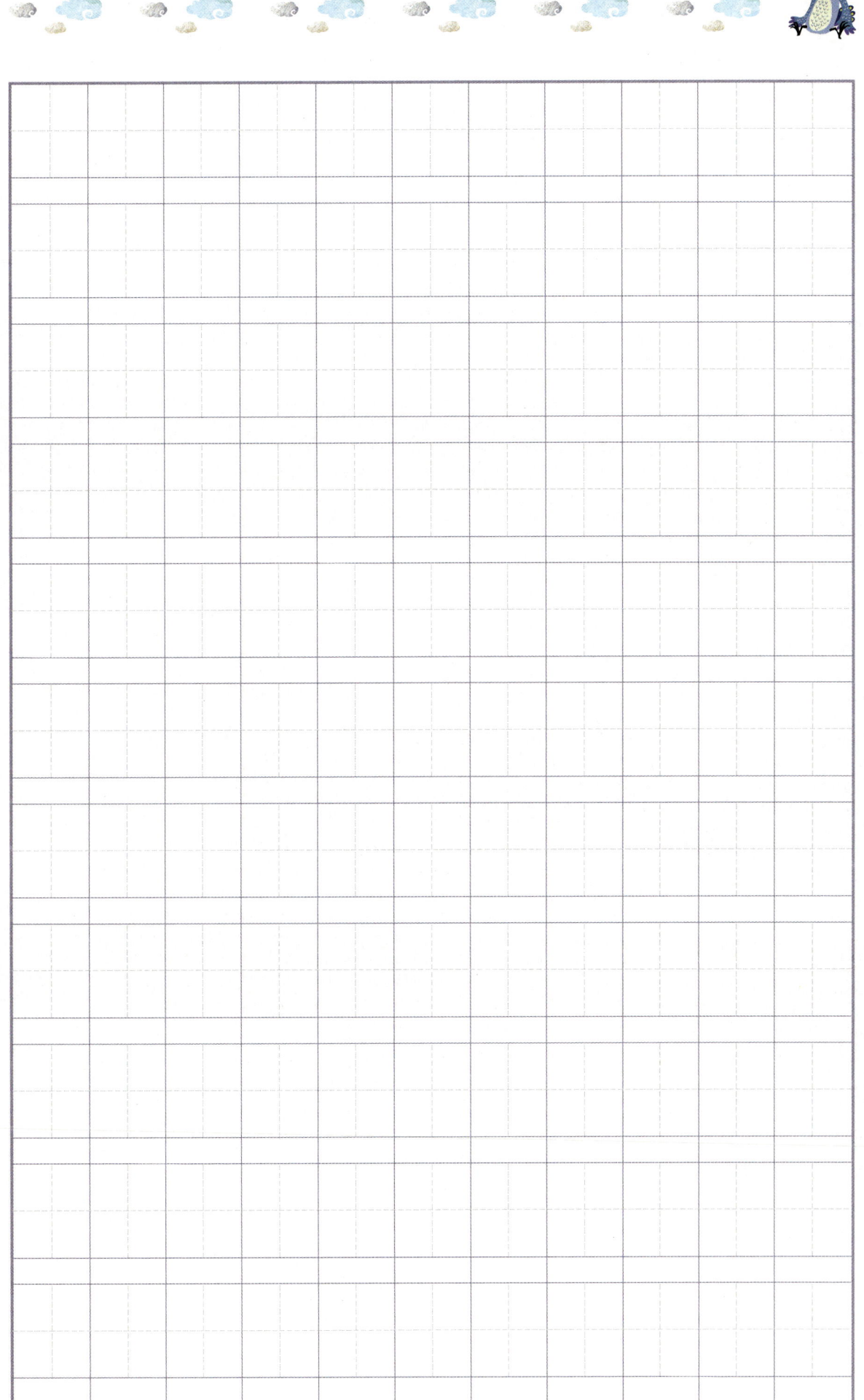

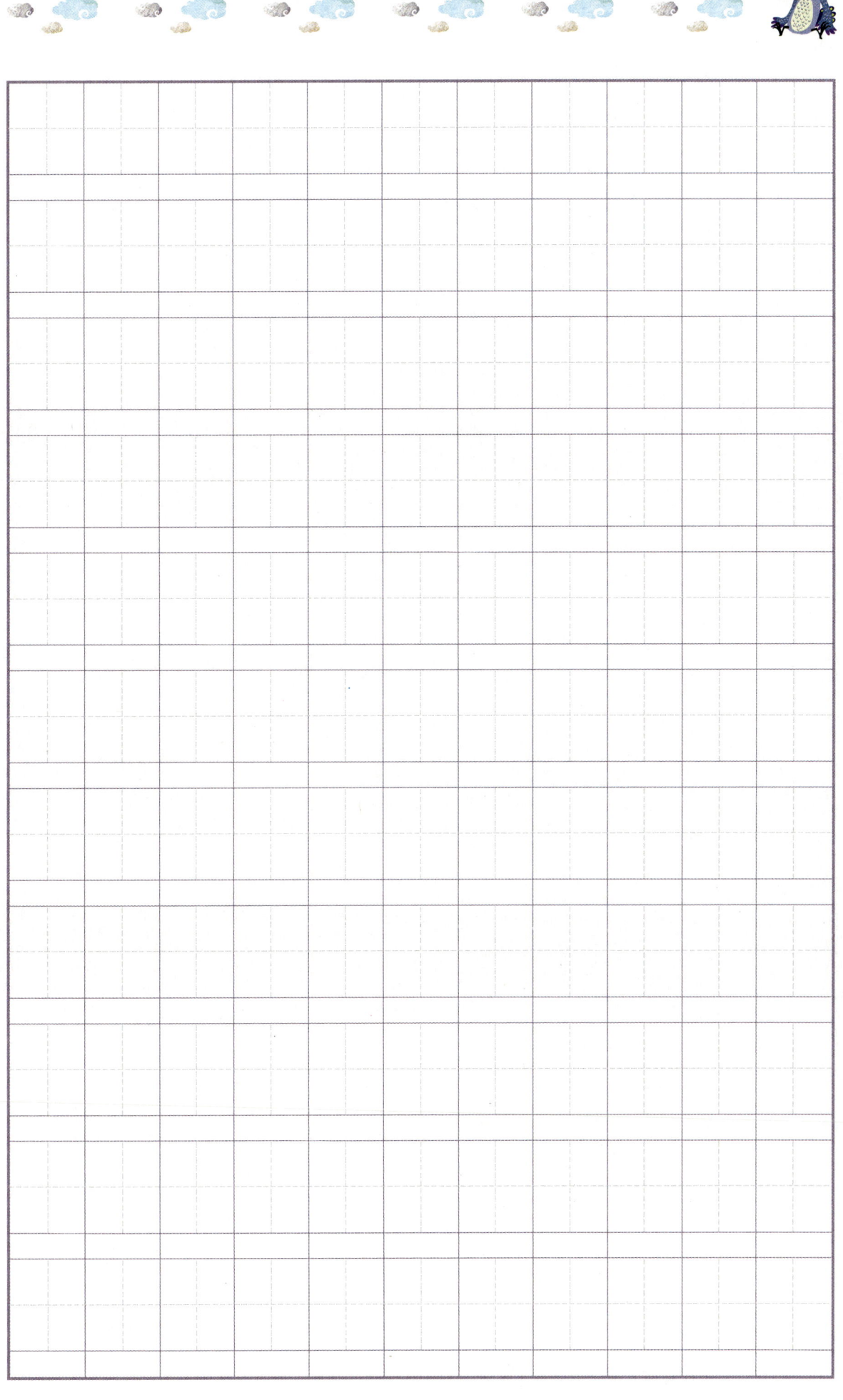

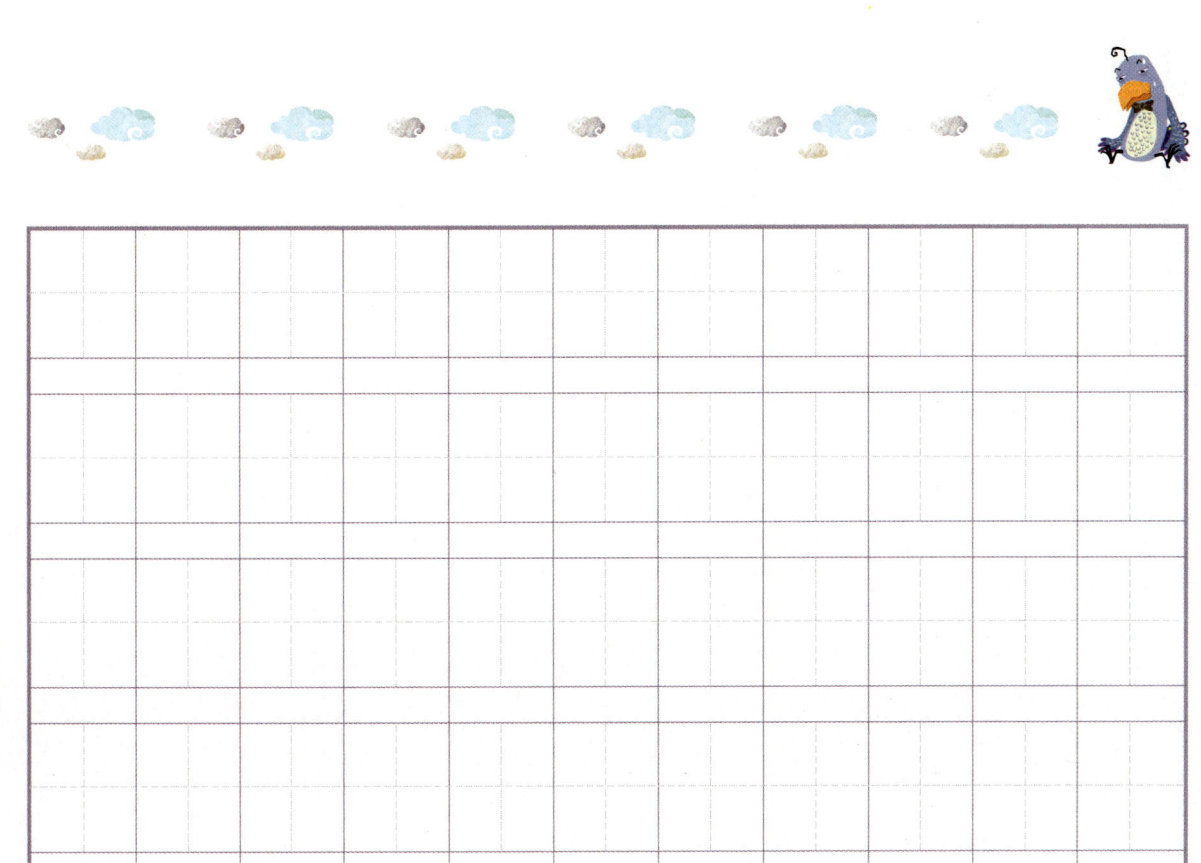

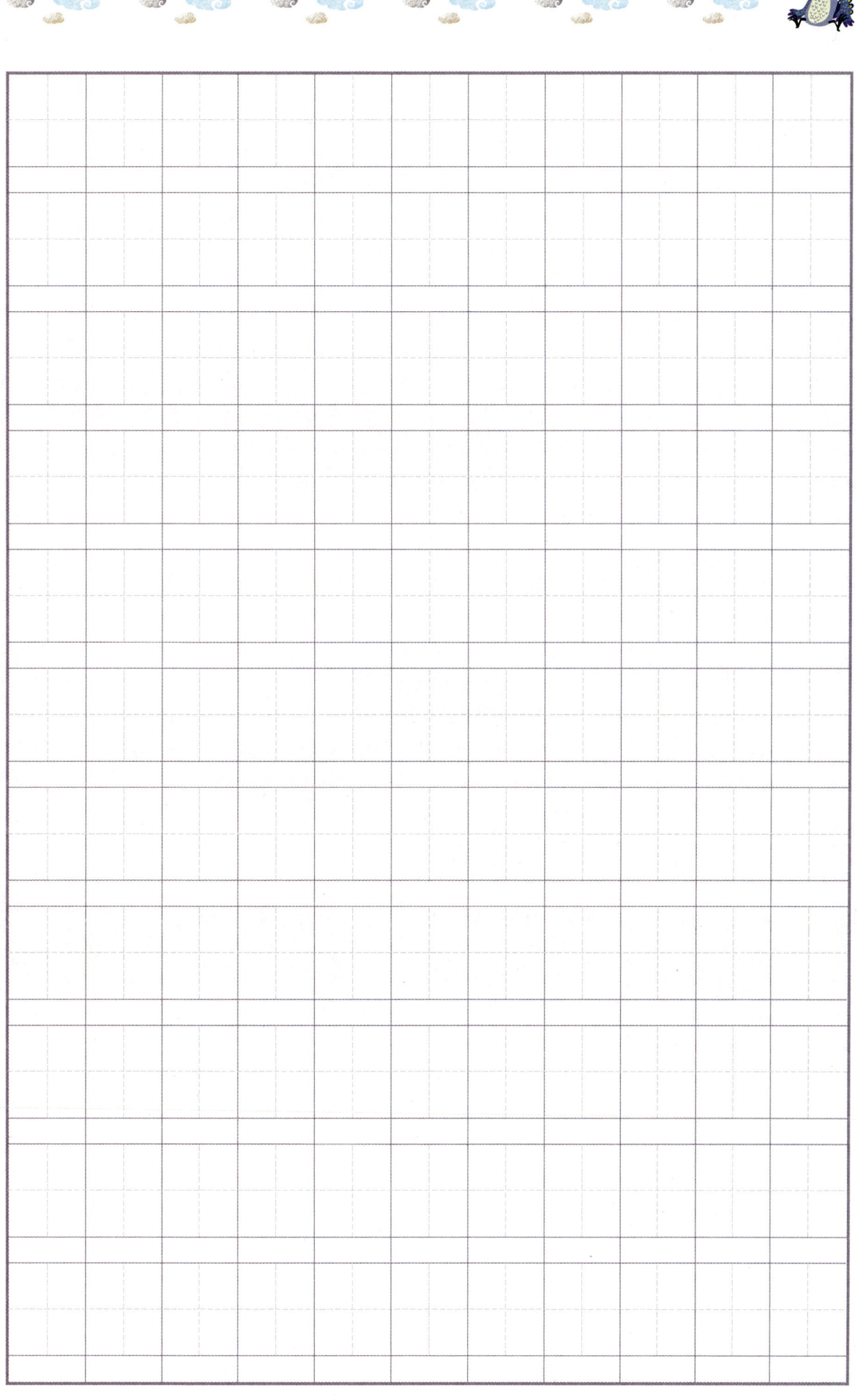